U0818781

刑罚改革问题研究

戴玉忠　刘明祥　主编

中国人民公安大学出版社
·北　京·

图书在版编目（CIP）数据
刑罚改革问题研究/戴玉忠，刘明祥主编．—北京：中国人民公安大学出版社，2013.1
ISBN 978-7-5653-1142-0
Ⅰ.①刑… Ⅱ.①戴… ②刘… Ⅲ.①刑罚—研究—中国
Ⅳ.①D924.104
中国版本图书馆CIP数据核字（2012）第294071号

刑罚改革问题研究

戴玉忠　刘明祥　主编

出版发行：中国人民公安大学出版社
地　　址：北京市西城区木樨地南里
邮政编码：100038
经　　销：新华书店
印　　刷：北京市泰锐印刷有限责任公司

版　　次：2013年1月第1版
印　　次：2013年1月第1次
印　　张：28
开　　本：787毫米×1092毫米　1/16
字　　数：518千字

书　　号：ISBN 978-7-5653-1142-0
定　　价：88.00元

网　　址：www.cppsup.com.cn　www.porclub.com.cn
电子邮箱：zbs@cppsup.com　zbs@cppsu.edu.cn

营销中心电话：010-83903254
读者服务部电话（门市）：010-83903257
警官读者俱乐部电话（网购、邮购）：010-83903253
法律图书分社电话：010-83905745

本社图书出现印装质量问题，由本社负责退换
版权所有　侵权必究

前 言

“鞭朴不可驰于家，刑罚不可废于国。”国家出现后，刑罚一直是各国维护统治秩序的重要工具。我国古代的刑罚制度非常发达，各朝代的法典都对刑罚裁量原则和刑种设置进行了详细规定，尽管明显带有残酷性和恣意性，但用发展的眼光来看，无疑还是在不断进步和发展的。特别是自清末变法修律之后，西方先进的刑罚理念和刑罚制度设计对我国刑罚制度的发展具有革命性的意义。近些年来，学者们开始更多地关注并重视刑罚基本问题的研究，如刑罚的本质到底是报应还是威慑的问题、死刑废除的问题以及保安处分设置的问题。当然，对刑罚问题的研究不能局限于理论探讨，必须解决我国司法实践中遇到的问题，并指导刑罚制度的改革和完善。得益于学者们的研究推动和实务部门的高度重视，我国刑罚制度改革已取得了可喜的进展，尤其是2011年颁布的《中华人民共和国刑法修正案（八）》对刑法中的死刑、自由刑、刑罚执行等内容进行了修改补充，迈出了刑罚制度改革的坚定步伐。在社会发展大潮的推动下，一股对现有刑罚观念进行反思的刑法思潮正悄然兴起，一场刑罚制度改革运动也正方兴未艾。

在这一背景下，中国人民大学刑事法律科学研究中心于2011年12月17日主办了“刑罚改革研讨会”，邀请了全国知名法学院校的专家学者和司法实务部门人士齐聚一堂，就我国刑罚改革问题展开了热烈而深入的讨论，会议共收录了近百篇论文，全面反映了国内外理论和实务部门对刑罚改革问题研究的最新进展。研讨会中，专家学者和实务界人士展开了广泛而有益的对话交流，不仅针对司法实践中的刑罚问题进行了理论性阐释，展示了专家学者在刑罚问题上的最新理论成果，而且针对刑罚理论中若干争议问题进行了经验性剖析，反映了司法实务工作者对刑罚疑难和前沿问题的关注。总的来说，本次研讨会激荡着观点的碰撞与交融，可谓精彩纷呈。

为及时将本次研讨会的成果反馈社会，我们特精选会议论文36篇结集出版，取名“刑罚改革问题研究”。全书根据有关论文的内容分为六个栏目：宏观刑罚结构及其调整、死刑制度及其改革、其他刑种的改革、社区矫正制度、量刑制度改革以及刑罚执行制度改革。需要特别说明的是，尽管向会议提交的论文大多具有较高的理论和实践价值，但囿于篇幅，我们只能忍痛割爱，好中择优。在此，谨向所有提交会议论文、支持中国人民大学刑事法律科学研究中心发展的同仁们，致以深深的谢意。

若本次研讨会及出版的文集能有助于我国的刑罚改革发展，我们将感到无比欣慰。最后，必须提及的是，本论文集得以顺利出版，得益于中国人民公安大学出版社的特别襄助，在此对该出版社的各位领导和编辑，致以深深的谢意。

中国人民大学刑事法律科学研究中心

2012 年 10 月

目　录

◇ 第一部分　宏观刑罚结构及其调整 ◇

◇ 第二部分　死刑制度及其改革 ◇

◇ 第三部分　其他刑种的改革 ◇

◇ 第四部分　社区矫正制度 ◇

◇ 第五部分 量刑制度改革 ◇

◇ 第六部分 刑罚执行制度改革 ◇

第一部分
宏观刑罚结构及其调整

论刑法边界的坚守

——犯罪本位与刑罚本位的思辨

黄伟明*

刑法不能不讲逻辑。我们不能一方面宣扬犯罪是社会上最具危害性的行为，一方面却认可对犯罪行为的处罚可以与非犯罪行为等同甚至轻于非犯罪行为。[①]如果我们不能区分犯罪与其他违法行为的界限，就不能说打击犯罪在维护社会秩序方面有更重要的作用。如果打击犯罪不是有效的预防危害行为的手段，我们不断增加罪名和适用刑罚的理由就有欠缺。所以刑法理论的构建必须首先在逻辑上成立。难怪有学者指出："我国刑法理论缺乏理论根基的争论，因而存在具体结论与基本立场不相一致的现象，尤其缺少真正的学术创新。"[②] 刑法研究的创新不可少，但刑法的根基更要站稳。如果我们不能站稳刑法的根基，所谓的刑法创新就可能突破了刑法的底线，使得刑法不再是刑法了。

一、犯罪本位与刑罚本位的界分

刑法概念大体可分为两类：一类的典型表述是"刑法是规定犯罪和刑罚的法律规范的总和"；[③] 另一类的典型表述是"刑法是规定犯罪及其法律后果（主要是刑罚）的法律规范"。[④] 两种表述中似乎都共同包含了犯罪和刑罚的内容，但其中除了对犯罪内容的确定之外，二者对刑罚的态度是根本不同的。前者将刑罚作为犯罪的唯一后果，而后者除了以刑罚为犯罪的主要法律后果，显然还包括了非刑罚的法律后果。二者在犯罪的法律后果上的不同，实际代表了两种不同的刑法构建模式。前者是典型的，也是传统的罪—刑结构，有罪必有刑罚，刑罚必当其罪，刑罚是犯罪的唯一后果。而后者则打破了刑罚唯一的结构，对犯罪的处

---

* 烟台大学法学院教授。

① 我国刑法明确规定了定罪免刑的处罚方法，就是对行为进行了犯罪评价，但不适用刑罚。

② 张明楷：《刑法学》，法律出版社2007年版，第12页。

③ 杨春洗等主编：《中国刑法论》，北京大学出版社2005年版，第4页。

④ 张明楷：《刑法学》，法律出版社2011年版，第19页。

罚被扩展到了非刑罚方法。由于前者主张刑罚唯一，因此笔者称其为刑罚本位。而后者不承认刑罚唯一，因此只能是以犯罪为中心，所以称其为犯罪本位。

为了减少误解和不必要的争论，笔者首先要阐明一些基础性的观点。

第一，笔者承认犯罪和刑罚都是刑法的重要内容，在理论组成中，二者不可偏废。本文所说的"本位"，是就理论体系构建基础而言的，本位之所在就是理论构建的逻辑起点和中心。确立理论构建的基础，更能充分理解该理论体系的逻辑合理性。逻辑起点的确立并不影响犯罪理论或是刑罚理论本身的重要性。第二，目前我们所使用的主要研究方法仍然是思辨的逻辑推理研究。现代刑法的基本理论框架都是以思辨的逻辑建立起来的。美国大法官、著名法学家波斯纳认为："三段论有很令人信服的有效性。而当我们离开诸如三段论这种最简单、最明显的逻辑推理的例子时，这种推理的性质和融贯力就变得不那么明确了。"①三段论推理需要有正确的大前提和小前提，作为刑法理论推理的基本大前提就是基础概念。所有的刑法理论建构都应该基于基础概念来展开。这样做的目的就是为了保证理论叙述的逻辑一致性。逻辑的成立仍然是现代刑法学体系构建的基本价值追求。笔者认为刑法的逻辑起点只能有一个。我们无法想象以两个或更多的基本概念做起点去进行推理，来达到构建同一个刑法体系的目的。所以，笔者认为只能从犯罪或刑罚中选择其一。第三，刑法理论构建的本位选择不等同于历史产生顺序的考察。本文也不试图解答犯罪和刑罚的历史先后问题。实际上，到底是先有犯罪然后才有了刑罚，还是刑罚创造了犯罪，还是犯罪与刑罚同时产生？这个问题不比解答先有鸡还是先有蛋的问题更容易。第四，刑法理论构建本位的选择也不同于司法认知顺序的考察。在刑事司法实践中，当然是先认定犯罪，其次才有处罚的问题。犯罪为因，刑罚为果。但这种司法顺序不意味着我们思考问题也要将犯罪放在首位和中心。

犯罪本位和刑罚本位并非明确的派别，但却是现实存在的两种对立的思维方式。通过对二者的分析，我们不仅可以了解基于两种不同推理会得出什么样的最终结论，更可以认清不同思维方式对刑法体系的影响。

二、犯罪本位的逻辑质疑及评析

在犯罪本位的刑法概念中，只有"犯罪"这一个元素是确定的，而犯罪的法律后果则不限于刑罚的开放结构。犯罪本位的逻辑推导是以犯罪概念为中心展

---

① ［美］理查德·A. 波斯纳：《法理学问题》，苏力译，中国政法大学出版社 2002 年版，第 49 页。

开的。犯罪是刑法的基础，刑法是研究犯罪及其处罚的。

（一）犯罪定义的困惑使犯罪本位难以选择立足点

“犯罪的定义总是被视为一大难题。”① 这虽是20世纪初英国学者发出的感叹，但时至今日，这个难题依然存在。尽管犯罪一词早已出现，但犯罪的内涵却始终在不断地变化。不论是人类一般观念上的感知评价，还是法律条文的规定和解释，被我们称之为“犯罪”的这类事物始终让我们无法用准确的语言来定义和描述。“在奴隶制和封建制国家的法律中，只有具体罪以及具体罪的刑罚的规定，而并没有犯罪一般概念的规定。”② 早在古罗马时期，受古希腊伦理学的影响，就开始用“恶”来说明犯罪，“这就是主观责任的肇始”。③ 中世纪盛行的是宗教的犯罪观，认为犯罪是对上帝的违背或者对教义的亵渎。近现代关于犯罪概念和实质的论述更是种类繁多。仅从分类的多样上就可以让我们领略到犯罪概念的繁杂：可以从学科类别上分刑法的犯罪概念和其他学科的犯罪概念；可以从阶级属性上区分资产阶级的犯罪概念和无产阶级的犯罪概念；可以从刑法流派上分古典学派的犯罪概念和新派的犯罪概念；可以从刑法属性上分行为刑法的犯罪概念和行为人刑法的犯罪概念。其中，以古典学派和新派的观点最为对立，以古典学派的犯罪概念学说最为丰富。例如，古典学派贝卡里亚提出的“社会危害性”说，毕恩鲍姆提出的“法益侵害说”以及“权利侵害说”、“义务侵害说”④等。面对如此众多的犯罪概念，犯罪本位主义该如何选择作为理论体系逻辑起点的犯罪概念就是个难题。“刑法并未将所有侵害法益的行为都规定为犯罪，而只是将其中部分严重侵害法益的行为规定为犯罪。但由于刑事政策方面的原因，即使是严重侵害法益的行为，立法者也可能不将其规定为犯罪。”⑤ 也就是说，其实有时轻微的侵害法益的行为被认为是犯罪了，而严重侵害法益的行为却没有被认为是犯罪。这其中的原因是任何人也不可能说明白的。“任何概念，只要不能

---

① ［英］J. W. 塞西尔·特纳：《肯尼刑法原理》，王国庆、李启家等译，华夏出版社1989年版，第1页。

② 高铭暄、马克昌主编：《刑法学》，北京大学出版社、高等教育出版社2011年版，第40页。

③ 陈兴良：《刑法哲学》，中国政法大学出版社1992年版，第25页。

④ 参见赵秉志主编：《外国刑法原理（大陆法系）》，中国人民大学出版社2000年版，第62页。

⑤ 张明楷：《刑法学》，法律出版社2011年版，第24页。

科学地概括法律规定的所有犯罪，就不是犯罪的实质概念。”① 如果我们无法找到一个可以准确说明一切犯罪现象的犯罪概念，我们的逻辑起点选择就从根本上存在问题。如果说理论上的犯罪概念众说纷纭，那么立法的犯罪定义是否会减少在犯罪概念表述上的分歧呢？根据我国刑法教科书的观点，法定的犯罪概念分为形式概念、实质概念和混合概念三类。以德日为代表的大陆法系国家普遍采用形式定义的方式。苏联在1922年《苏俄刑法典》中规定了实质的犯罪定义。后来，苏联刑法学者开始主张混合概念，并在1958年《苏联和各加盟共和国刑事立法纲要》中体现。② 我国也采用了这种混合概念的方式。如此看来，犯罪的法律定义也有多种形式，同样难以统一。这表明，犯罪本位主义的理论基点从一开始就遇到了问题。如果概念本身就存在争议，想以此为基础去发展出体系性理论就是值得怀疑的。

（二）犯罪本位主义评析

犯罪本位主义的观点在现实中还是存在的。他们都有一个共同特征：从犯罪概念出发论证刑法问题，以犯罪来说明刑法问题。在犯罪本位主义看来，犯罪概念是确定的。刑法的研究范围也依靠犯罪来区分。这样，研究犯罪及其处罚的就都是刑法了。

1. 用“社会危害性”统领犯罪实质，用实质概念统领形式概念。犯罪本位主义必须基于一定的犯罪概念进行推理。在我国，这个概念就是“社会危害性”。社会危害性的观念最早可归根于贝卡里亚，他提出：“什么是衡量犯罪的真正标尺，即犯罪对社会的危害。”③ 在其论述中，“对社会的危害”是相对于“意图”、“罪孽”等纯主观评价而言的，表达的是贝卡里亚在衡量犯罪时的客观主义倾向。在我国，使用“社会危害性”来说明犯罪的本质是理论的通说。但我国对“社会危害性”的解释却与贝卡里亚不同，“犯罪的本质就在于它危害了国家和人民的利益，危害了社会主义。”④ 这表明，我们的“社会危害性说突出了犯罪对社会的危害性，而这种危害性又往往被解读为阶级危害性，是犯罪阶级

---

① ［意］杜里奥·帕多瓦尼：《意大利刑法学原理》，陈忠林译，法律出版社1998年版，第73页。

② 高铭暄、马克昌主编：《刑法学》，北京大学出版社、高等教育出版社2011年版，第43页。

③ ［意］切萨雷·贝卡里亚：《论犯罪与刑罚》，黄风译，中国大百科全书出版社1993年版，第67页。

④ 高铭暄、马克昌主编：《刑法学》，北京大学出版社、高等教育出版社2011年版，第44页。

性的体现。因此，社会危害性是以政治内容为其蕴含的”。[①] 在通说理论的表述中，将“社会危害性”分解为行为的客观损害和主体评价。但事实上，最终有决定作用的还是评价主体。这就揭示了我国的“社会危害性”理论实质上是一种以客观主义为包装的主观主义定罪模式。基于这种认识，我国在犯罪的认定中，“社会危害性”始终居于决定性地位。当某一行为被认为具有了社会危害性之后，行为的违法性就失去了应有的限制作用。在很多案件的判断中，很多人习惯于先下一个肯定性的评判：行为具有严重的社会危害性，构成犯罪，然后再去寻找合适的罪名。这也是犯罪本位主义者惯常的推理方式。在这样的推理面前，形式定义也好，混合定义也好，其实都要归结到实质定义的犯罪概念上。也就说，犯罪本位主义最终是用实质定义否定了形式定义，而这个“形式”就是法律本身，但那个“实质”却依然是捉摸不定的。这样犯罪本位主义虽未探求到犯罪的本质，却先摧毁了对刑法的尊重。所以基于犯罪起点的构建，不仅无法形成体系，反而会对刑法起到破坏作用。

2. 主张犯罪中心概念，却无法用犯罪概念来说明自身和解释刑法。犯罪本位主义必须阐明犯罪与其他违法行为的不同，而这种区分还不能借用犯罪与刑罚的关系，只能试图用犯罪自身的特性来说明。然而，“如果将犯罪当做刑法的对象和基点而探求其概念，会陷入循环定义的怪圈”。[②] 犯罪与民事违法是长期以来都在探讨的问题。“在古代法中，刑事的和民事的违法行为之间并无明显的区别。”[③] 随着社会的发展，犯罪现象不是越来越简单了，而是越来越复杂了。犯罪的分类也具有了多角度性。从行为的主体角度可以划分为身份犯和非身份犯；从行为的形态划分，可以分为实质犯、形式犯、结果犯、举动犯、侵害犯、危险犯、结合犯、结果加重犯等；从基本构成要件和修正的构成要件角度划分，可以分为既遂犯、未遂犯、单独犯、共犯；从犯罪人的心理角度，可以分故意犯、过失犯等。[④] 犯罪的多样性使犯罪的本质越来越难以说清，犯罪和民事违法、行政违法之间的界限也越来越模糊了。通常，我们能够找到刑事犯罪与其他违法行为的本质不同。例如，不履行合同即使给他人造成上百万元的损失，也只是民事违

① 陈兴良：《刑法本体学》，商务印书馆 2001 年版，第 135 页。

② ［德］冈特·施特拉腾韦特、洛塔尔·库伦：《刑法总论 I——犯罪论》，杨萌译，法律出版社 2006 年版，第 27 页。

③ ［英］J. W. 塞西尔·特纳：《肯尼刑法原理》，王国庆、李启家等译，华夏出版社 1989 年版，第 1 页。

④ 参见赵秉志主编：《外国刑法原理（大陆法系）》，中国人民大学出版社 2000 年版，第 64 页。

法行为，不是犯罪；但以虚假合同欺骗他人达5000元[①]的即可以构成刑事犯罪。这就是因为行为质的方面不同。但是犯罪与其他违法行为的区别并非总是如此。以伤害行为为例，造成轻微伤的，最重也只是治安处罚，造成轻伤的既可能按民事违法处理，也可以按刑事违法处理，造成重伤的则只能按照刑事违法来处理。可是，造成轻微伤、轻伤或者重伤的行为本身并没有质的不同，结果上也不是质的不同，而只是量的不同。[②] 此外，我们通过司法解释确定的犯罪成立标准，有些也是从量上进行的区分。例如，在所有行为状况都相同的情况下，盗窃500元以下就不构成犯罪，而盗窃501元就能够成立犯罪。所以，迄今为止还没有哪一个犯罪概念能够解释清楚为什么仅仅因为量的不同会导致行为性质不同。另外，刑事政策在犯罪的规定上也发挥着巨大影响，但“政策本身当然也不可能始终一致地、合乎逻辑地得到遵循。要说明为什么某些危害行为完全未被当做违法行为或仅属于民事违法的范畴，而其他类型的危害较轻的行为却反而被列入犯罪清单之中，常常是困难的”。[③] 这也就是说，从本质上来区分犯罪与其他违法行为是行不通的，或至少不是在任何状况下都能行得通。有较大社会危害性的行为可能因为政策的原因没有被认为是犯罪，危害较小的行为反而可能被认为是犯罪。“社会危害性”也失去了万能的评价作用。如果犯罪概念连自身都无法说明，那么希望借助犯罪概念来确定刑法的范围显然也是不可靠的。对于犯罪本位主义来说，因为不知何为犯罪，所以不知何为刑法。

3. 将犯罪的法律后果扩大，扩张了刑法的边界，危及了刑法的根基。犯罪本位主义的最明显表现是将犯罪的法律后果扩张到刑罚以外的措施。其中不仅包括了民事赔偿和行政处罚，甚至还包括了训诫、责令赔礼道歉等纪律性处分。这就突破了“有罪必罚”的传统，形成了有罪可以不罚的事实。对此，相关理论虽然从国外的保安处分寻找理论依据，从我国的宽严相济寻找政策依据，但对于有罪却可以不适用刑罚的后果缺乏解释。尽管有关的解释认为这也是对犯罪的处

---

① 根据2001年4月8日《最高人民检察院　公安部关于经济犯罪案件追诉标准的规定》，第69条关于合同诈骗罪的规定，个人诈骗公私财物，数额在5000元至20000元以上的，应当追诉。

② 例如，根据1990年4月2日最高人民法院、最高人民检察院、公安部、司法部发布的《人体轻伤鉴定标准（试行）》第17条规定，颈部软组织单个创口长度达5厘米或者累计创口长度达8厘米，为轻伤。根据1996年7月25日公安部发布的《人体轻微伤的鉴定标准》，第3.18条规定，颈部软组织创口长度在1cm以上的为轻微伤。很明显只是量的区别。

③ ［英］J. W. 塞西尔·特纳：《肯尼刑法原理》，王国庆、李启家等译，华夏出版社1989年版，第4页。

罚，但在大众的观念中这就是有罪不罚。因为对于大众的刑法观念而言，对犯罪的惩罚就应当是死刑或者自由刑。有时，社会大众对适用罚金刑尚且存在“以钱换刑”的误解，用非刑罚的处罚措施来处理犯罪，无论如何也不会让大众认可这是对犯罪的处罚。在犯罪的实质认识上，我们可以说是“精英”主导话语权，但在刑罚观念上，如果失去大众的认可，刑法的基本作用就得不到发挥。虽然我们很赞同刑法学新派提出的教育刑观念，也主张我国刑罚的目的不是惩罚，而是预防。但是，基于目前的犯罪现状和监狱改造现状，我们基本上无法开展因人而异的教育刑。惩罚依然是，也只能是我们适用刑罚的首选目的。在这种形式下，放弃了刑罚唯一，就是放弃了对刑罚的依靠。如果放弃了对刑罚的依靠，也就放弃了刑法的根本。犯罪处罚方法的扩张，就必然使对犯罪的处罚延伸和侵入到其他法律的范围内。因为无论如何，非刑罚处罚方法就是民事赔偿或者行政处罚。如果一定要认为这是刑事处罚，就形成了对其他法律的实质侵入。而如果承认它们依然属于民事的或者行政的处罚，则刑法就被分割了。这样就混淆了刑法和其他法律的界限，破坏了刑法的体系性。

（三）我国的犯罪本位主义存在的原因

犯罪本位主义的立足点是统一的犯罪概念。令人惊奇的是，在犯罪概念问题上纷杂的争议似乎只是历史的问题和国外的问题。我国刑法理论界在犯罪概念问题上似乎达成了统一。我们不仅在理论上认可“真正科学地阐明犯罪的实质概念的是马克思主义”① 的经典表述，即“犯罪——孤立的个人反对统治关系的斗争”，也有被称之为科学表述犯罪概念的混合式的犯罪定义。所以看起来，我国的犯罪概念是统一的。因此，基于统一犯罪概念上的犯罪本位主义自然就顺势而成了。但是，这种统一只是一种表面现象，或者说，这种表面上的统一对刑法研究的积极意义不大。相反，这种现象掩盖了犯罪概念争议的客观存在，影响了我们对犯罪实质的理解。

首先，马克思主义的经典表述是否可以作为刑法学上的犯罪概念？这是值得我们思考的。自古以来，犯罪一词就可以被从不同的角度加以诠释。然而，绝大多数刑法学者还是非常清楚一个道理：法律概念有其特有的属性和作用。刑法学往往不可能将其他学科的概念直接拿过来使用。现代刑法学研究的历史可以说明这个问题。例如，刑法上的“行为”概念是基于物理意义的行为概念展开研究的，但却不能直接将物理意义上的行为概念作为刑法的行为概念；刑法上的

---

① 高铭暄、马克昌主编：《刑法学》，北京大学出版社、高等教育出版社2011年版，第41页。

“明知”包括了实际可能不知道，但法律上认为行为人应该知道的状况。这与一般心理学意义上的明知也是不同的。马克思主义关于犯罪的概念语出《德意志意识形态》一书，该书是马克思主义对犯罪的一种社会学描述。虽然这个经典概念具有很强的概括性，但不仅因为内容过于抽象，更因为其太强烈的阶级意识而归属于主观评价。考虑到即使是刑法学的最近亲学科——犯罪学上的犯罪概念都与刑法学的犯罪概念有区别，一个社会学的犯罪概念直接作为刑法犯罪概念来使用也是不合适的。事实上，我国刑法学界也仅仅是在讨论犯罪实质的时候会运用马克思主义的犯罪概念来说明问题，并没有人将其视为刑法意义上的犯罪概念来使用。所以，还未见直接从马克思主义经典概念推导出来的刑法理论体系。如此说来，对马克思主义犯罪概念认识上的统一不过是意识形态上的统一，并不是刑法意义上犯罪概念的统一。其次，再来分析一下我国的法定犯罪定义。我国采用了混合概念的方式，似乎是希望形式和实质兼顾，但是这种做法恰恰使我国刑法在犯罪概念的规定上失去了明确的立场。将我国《刑法》第 13 条定义的犯罪进行分解解析，我们就会发现问题。该定义实质概念表述部分为“一切危害国家主权、领土完整和安全……以及其他危害社会的行为……”，形式概念表述部分为“依照法律应当受刑罚处罚的”。其逻辑结构是，实质概念 + 形式概念 = “都是犯罪”。实质判断就是“危害社会”的有无，形式判断就是“依照法律”，即法律规定的有无。用简单的排列组合推知，只有在二者的判断都是“有”或都是“无”的情况下，这个定义才能统一，即有“危害社会”，有法律规定的，统一判断为是犯罪；无“危害社会”，无法律规定的，统一判断为不是犯罪。如果是一方面“有”，另一方面“无”时，这个定义就无法统一了。例如，有“危害社会”但无法律规定时，或者无“危害社会”而有法律规定时，如何判断？结论只能依据一个方面来做出，而不能同时兼顾。因为二者此时的结论是背反的。统一的犯罪定义就解体了，成为单一的实质概念或者形式概念。而立法必然滞后现实，“危害社会”的实质判断永远无法与“依照法律应当受刑罚处罚的”形式判断同步。所以，这个所谓的统一的犯罪定义并不能称为定义。所谓的混合概念，实际上就是一个可以随意转换立场，从而没有立场的概念。从理论研究的角度看，这并不是一种严谨的态度。

三、刑罚本位的基本逻辑

刑罚本位的基本逻辑起点就是刑罚的概念。刑罚本位主义认为，刑罚是刑法得以与其他法律相区别的基本特征。不仅如此，刑罚概念对犯罪概念具有说明和限制作用。离开刑罚，犯罪不能独立存在。

◇ 第一部分　宏观刑罚结构及其调整 ◇

（一）刑罚是刑法与其他法律的本质区别

对犯罪本位主义的批评和对刑罚本位主义的选择，其目的就是为了能清楚地说明刑法是什么。通常，为了区分刑事违法行为，我们会使用“危害行为”或“侵害行为”来描述刑事违法行为，而用“损害行为”来表示非刑事违法行为。其实这种努力往往是无效的。古罗马时期的法学巨著《法学总论》专门对侵害行为有论述，其所称的 Injuria（侵害行为）指一切违反法律的行为。侵害行为的构成“不仅可由于用拳头或棍杖殴打，而且由于当众污蔑，如诬赖他人是债务人而占有他人的财产，而行为人明知他人对他不负任何债务”① 等。可见，从侵害行为本身是无法区分民事违法和刑事违法的。在当时并不是不区分民事违法和刑事违法，“关于一切侵害，被害人都可提起刑事诉讼，也可提起民事诉讼”。② 诉讼方式的不同是区分民事侵权与刑事侵害的一个方面，另一个区分则是在于后果的不同：“在民事诉讼中，应根据以上所述估计一个数额，对行为人处以罚金；在刑事诉讼中审判员应依职权对行为人另外判处刑罚。”③ 所以自古人们就是以法律后果来区分民事和刑事的。而刑事后果的刑罚都是以残酷为特征的。古罗马时期的刑罚就以死刑为主导，包括体罚、极刑和流放，如犹里国事法对图谋危害皇帝或国家的人处死刑，对通奸的人处死刑；考尔乃里法对杀人者处以极刑，奴隶犯伪造遗嘱的背信罪则处以极刑，自由人则处流刑。④ 刑罚的严酷性就是刑法最好的标签。关于刑法的称谓，虽然早有“犯罪法”和“刑罚法”的分别，但大陆法系普遍采用后者。从历史来看，刑法的历史首先是刑罚的历史。我国古代的刑法史流传下来的只有“五刑”的记载而没有罪名的记载。这种重刑名轻罪名的传统一直延续，因此我国一直称刑法。犯罪论的内容不过是近现代的产物。现代刑法的犯罪论已经发展成为重要的部分。但刑罚还没有到被抛弃或被边缘的地位。现代刑法依然承认刑罚对刑法的定义作用。“在形式意义上，刑法是由它的惩罚方式进行定义的。一个条文不会由于违反的是应当行为或者没有行为的规定而属于刑法，那种情况在许多民事和行政法规中也会规定，但

---

① ［罗马］查士丁尼：《法学总论——法学阶梯》，张企泰译，商务印刷馆 1989 年版，第 201 页。

② ［罗马］查士丁尼：《法学总论——法学阶梯》，张企泰译，商务印刷馆 1989 年版，第 203 页。

③ ［罗马］查士丁尼：《法学总论——法学阶梯》，张企泰译，商务印刷馆 1989 年版，第 203 页。

④ ［罗马］查士丁尼：《法学总论——法学阶梯》，张企泰译，商务印刷馆 1989 年版，第 240 ~ 241 页。

是一个条文会由于一种违反规定受到刑罚或保安处分的惩罚而属于刑法。"① 刑罚的唯一性既是刑法历史内涵的集中体现，也是刑法得以生存的唯一特征。在理论构建上，规定在其他法律条文中的条款会因规定了刑罚内容而成为刑法的组成部分，"人们把这些包含在刑法典之外、特别法律之中的刑罚条文的总和，称为'附属刑法'"。② 所以刑法也被称为其他法律的保护法。"附属刑法"的存在，充分表明了刑罚处罚与其他违法处罚的接续性和区别，即其他法律处罚无法满足处罚的需要时，才需要用刑法的特有手段—刑罚—来制裁。尽管刑法也有自己独立的调整范围，如生命权、重要的人身权等，但其大部分调整范围是与其他法律共同的，所不同的只是处罚的方法。如果放弃了刑罚这种与其他法律相区别的手段，刑法就会失去特殊价值，从而失去存在的必要性。其实，刑法就是刑法，它的特殊性就在于刑罚。我们没有必要根据其调整范围的不同来命名不同类型的刑法。否则，我们在"经济刑法"、"行政刑法"、"交通刑法"之后，必然也应当研究"民事刑法"了。到那时，到底是刑法统领了全部法律，还是刑法被其他法律分解了？可能我们无法回答这个问题。但无论如何，刑法的特殊性失去了。因为当它什么都是的时候，它也什么都不是了。

（二）刑罚后果的唯一性可以充分说明犯罪的特殊性

从实质层面考察犯罪的概念已经被证明很难取得共识。我们必须承认，"犯罪行为和违反秩序行为是不能根据是否存在或者缺乏法益的损害来加以区分的，因为两者都损害了法益"。③ 在没有犯罪一般概念的历史时期，犯罪也被认定着，刑法也存在着。但是，根据马克思历史唯物主义的划分，不论是奴隶社会还是封建社会的刑法都以罪刑擅断为特征。之所以存在罪刑擅断，就是因为犯罪的概念不清。确立犯罪的一般概念，是资产阶级反对封建罪刑擅断提出的基本要求。没有一般的犯罪概念，犯罪认定就会更加随意。因此，犯罪概念存在的意义是为了限制犯罪认定的任意性。所以资产阶级刑法学者将犯罪概念统一于形式概念上，如"就形式而言，犯罪乃法律上加以刑罚制裁之不法行为"。④"犯罪者，列举于

---

① ［德］克劳斯·罗克辛：《德国刑法学总论（第1卷）——犯罪原理的基础构造》，王世洲译，法律出版社2005年版，第3页。

② ［德］克劳斯·罗克辛：《德国刑法学总论（第1卷）——犯罪原理的基础构造》，王世洲译，法律出版社2005年版，第5页。

③ ［德］克劳斯·罗克辛：《德国刑法学总论（第1卷）——犯罪原理的基础构造》，王世洲译，法律出版社2005年版，第27页。

④ 韩忠谟：《刑法原理》，1986年增订14版，第75页。

刑罚法令之行为也。非科刑罚者不为犯罪”[①] 等。诸如此类的表述都将对犯罪的定义任务转移到了刑罚上。没有刑罚的说明，就无法解释犯罪。这也是前期旧派坚持的刑罚为犯罪唯一后果[②]的体现。另一种与大陆法系犯罪论体系相统一的形式犯罪概念的表述是：犯罪是符合构成要件的违法的有责的行为。该表述与大陆法系的犯罪构成理论是一体的。“犯罪构成”一词源于中世纪意大利纠问式程序中的“犯罪的确证”概念，后来发展为刑法总论的理论体系的基干。[③] 从实质上看，犯罪构成理论是为了更好地说明和规范犯罪认定的，而不是阐明犯罪定义的。犯罪构成理论提出了犯罪认定的系统模式，给我们提供了认识犯罪的具体参考标准。其中，最具价值的就是它提供了一些排除标准，可以让我们认识到什么行为不是犯罪。这是对犯罪概念的另一角度的描述。在犯罪构成理论中，构成要件符合性是肯定性判断，而违法性和有责性则是否定性判断。一行为成立犯罪至少需要经过构成要件符合性、违法性和有责性的递进式判断。只有在逻辑上满足了要求的行为才可以认定为犯罪。其中有责性的判断是考察行为人刑事责任能力的有无。根据现代刑法的理念，不能对无刑事责任能力的人适用刑罚。也就是说，即使是造成了严重损害的、符合构成要件且违法的行为，如果行为人无刑事责任能力，就不能适用刑罚。因为不能适用刑罚，从而就不能认为是犯罪。美国刑法在犯罪成立的判定上也采用了这种逻辑。1924 年，美国华盛顿州的一个判决认为，该州当时的刑法关于盗窃罪的刑罚只规定“监禁”一种刑罚，某法人团体被控犯有盗窃行为，因为法人无法被判处监禁刑罚，意味着“没有刑罚”，所以该法人不能被判盗窃罪。[④] 可见，没有刑罚的参照，犯罪就无法认定。这样，犯罪行为的界定标准就回到了刑罚上。在大陆法系犯罪成立理论的表述中，有“四阶层”的构造，即增加了“可罚性”作为犯罪构成的第四要件，[⑤] 更加明确表达了刑事不可罚的行为不是犯罪的观念。在我国的犯罪特征理论中，也有类似的观念，即刑事可罚性。“如果一个行为不应当受刑罚处罚，也就意味着它

---

① ［日］牧野英一：《日本刑法通义》，陈承泽译，中国政法大学出版社 2003 年版，第 44 页。

② 张明楷：《刑法格言的展开》，法律出版社 1999 年版，第 117 页。

③ 高铭暄、马克昌主编：《刑法学》，北京大学出版社、高等教育出版社 2011 年版，第 47 页。

④ 储怀植：《美国刑法》（第 2 版），北京大学出版社 1996 年版，第 12 页。

⑤ 赵秉志主编：《外国刑法原理（大陆法系）》，中国人民大学出版社 2000 年版，第 173 页。

不是犯罪。"[①] 可见，不论是犯罪定义，还是犯罪特征，抑或犯罪构成理论，都需要用刑罚来加以限定和说明。我们应当谨记"没有刑罚就没有犯罪（Nullum crimen sine poena）"的格言。

（三）犯罪认定的目的就是为了适用刑罚

"在我们的文化里，不论是历史上还是实际上，报应思想是确定刑罚意义的出发点：行为人只有为其过错承受相应的处罚，才能赎罪。"[②] 从司法角度而言，犯罪是刑罚的前提，刑罚是犯罪的后果。刑法的根本任务应当是让犯罪人赎罪，而不仅仅是为其定罪。一个刑事案件的正确处理不仅在于正确地认定了行为构成何罪，而且要量定合适的刑罚。犯罪是定性评价，量刑是处罚措施。如果只有定性评价，没有处罚措施，刑法就无法发挥对犯罪的威慑作用。犯罪受犯罪心理的支配。犯罪心理具有很强的自我强化功能，心理学上的阳性强化（positive reinforcement）是指当某一行为之后伴随着喜欢刺激出现时，会增强行为反应的频率。[③] 当行为人认识到犯罪行为有可能带来期望的回报却不会得到刑罚的惩罚时，这种结果就会促使行为人不断强化"犯罪—得逞—免罚"的认知模式。这就会使刑法形同虚设。只有做到有罪必究、有罪必罚，才能发挥阳性惩罚（positive punishment）的强化功能，让行为人意识到，如果实施犯罪行为就会带来刑罚惩罚的痛苦，刑罚的威慑效应才能真正影响到其犯罪的决策。没有制裁，违法者就不会有痛苦的体验，就无法保证法律被遵守和执行。这不仅是刑法的基本立法模式，也是其他法律的立法模式。我们之所以说法律是以国家强制力为后盾的行为规范，就是因为法律的惩罚都是会带来痛苦的，是行为人不情愿接受的，需要国家强制力保证执行。认定犯罪不是目的，施加刑罚才是目的。通过刑罚的作用，来预防犯罪。"在人类历史上，还没有一个发达国家可以在没有刑罚的情况下存在下去。"[④] 一个行为经过刑事诉讼程序，可以被认定为无罪而不受到刑罚惩罚。但如果一个行为被认为是犯罪，最后受到的却是行政的、甚至是纪律处罚，这与认定该行为是行政违法或违反纪律有何区别呢?! 如果一个行为可以通

---

① 高铭暄、马克昌主编：《刑法学》，北京大学出版社、高等教育出版社 2011 年版，第 46 页。

② ［德］冈特·施特拉腾韦特、洛塔尔·库伦著：《刑法总论Ⅰ——犯罪论》，杨萌译，法律出版社 2006 年版，第 5 页。

③ ［美］理查德·格里格、菲利普·津巴多：《心理学与生活》王垒、王甦等译，人民邮电出版社 2003 年版，第 174 页。

④ ［德］克劳斯·罗克辛：《德国刑法学总论（第 1 卷）——犯罪原理的基础构造》，王世洲译，法律出版社 2005 年版，第 20 页。

过适用行政的，或者纪律性的处罚就可以得到解决，还有必要认为是刑事处罚吗?

诚然，刑罚的作用是有限的。刑罚唯一只是在刑法体系内而言的。从社会管理的角度而言，有很多非刑事的政策和方法可以有效减少甚至根除某些犯罪。但是，这并不意味所有可以预防和减少犯罪的方法或者措施都是刑事的。李斯特曾提出“最好的社会政策就是最好的刑事政策”的论断，其含义是说，合适的社会政策会有效抵制犯罪，其作用相当于甚至可能好于单纯的刑事政策。我们可以采用全方位的手段来预防和减少犯罪，但不能因此说一切预防和减少犯罪的措施都是刑事措施。如果这样就进行推论的话，恐怕就业政策、工资政策等都会成为刑事政策了。这显然是将刑法无限扩大了。如果犯罪可以接受所有法律后果的处罚，就意味着所有的违法行为都可以被认为是犯罪。这一推论显然是不合理的。所以，不能将一切后果都适用于犯罪。

（四）保安处分与刑罚的冲突与融合

刑法处罚方式的扩展与保安处分思想密不可分。自刑法新派产生以来，以罪责为基础的报应刑思想受到了冲击。刑罚唯一也受到了质疑。在刑法的概念上有这样的表述：“刑法是由一些条文的总和组成的，这些条文规范着作为刑罚或者保安处分所威胁的行为的条件或者后果。”① 在这种表述中，法律后果对犯罪的制约仍然表露无遗。与传统刑法唯一不同的是，此种表述将犯罪的法律后果扩展到了保安处分。保安处分是否意味着传统刑法体系的瓦解呢?

“各种刑罚都是以行为人在实施行为当时所具有的罪责为条件的，各种保安处分则是以行为人对将来的持续危险状态为条件的。”② 保安处分是刑法学新派基于特殊预防的需要，对所谓危险分子采取的防范措施。保安处分的适用不是以行为人行为的危害性为根据，而是依据行为人的“人身危险性”，或潜在的犯罪可能性来适用的。当保安处分施用于已经威胁了社会安定的精神病人或无责任能力人时，还是有其特殊价值的。当然，对保安处分的担忧是存在的，“因为它的科处不取决于责任，而是取决于危险性，因此对自由的干涉更加严厉，也让人感

① ［德］克劳斯·罗克辛：《德国刑法学总论（第1卷）——犯罪原理的基础构造》，王世洲译，法律出版社2005年版，第3页。

② ［德］克劳斯·罗克辛：《德国刑法学总论（第1卷）——犯罪原理的基础构造》，王世洲译，法律出版社2005年版，第3页。

到剥夺自由的处分比长期自由刑更可怕”，[①] 所以必须对其适用做出限制。德国学者施特拉腾韦特明确反对这种归责理由。他认为，没有罪责，处以刑罚就是不正当的。以行为人的危险性为核心的刑事归责模式是不存在的。[②] 但显然，这样的反对意见未能阻止保安处分与刑罚的融合。目前，德国等国家多采用刑罚与保安处分的“二元制”结构。这种“二元制”结构仍然坚持处罚后果对犯罪行为的限定。所以，罗克辛说，笼统地使用“刑法”这个名称实际上是不正确的。准确地称呼应当是“刑法和保安处分法”。[③] 这表明了罗克辛对传统刑法的坚守。保安处分的出现，改变了传统刑法的归责根据，是一种实质上不同于刑罚的惩罚措施。但保安处分是作为填补刑罚作用不足而出现的，它并不是普通的行政处罚。将其划归刑事法范畴的另一个原因还在于，保安处分同样是对人基本权利的剥夺和限制，划归刑事法，是为了在适用时遵循刑事诉讼程序，以保障个人权利。相对比的是，我国类似保安处分的劳动教养是一种行政处罚，没有诉讼程序的保护。

四、刑罚本位的逻辑价值

犯罪本位还是刑罚本位的选择，不仅仅是理论构建的单纯逻辑问题，还影响到刑法的整体观念和实施。确立刑罚本位，会对刑法的发展产生以下影响：

（一）充分认识刑罚的“恶”性，树立慎刑思想

刑罚唯一，确立了刑法手段的唯一性，使我们对刑法的认识集中于刑罚上，真正认识到刑罚的性质。由于受到阶级观念的影响，我们在评述社会主义刑法的作用时，往往较多地从正面肯定刑法在社会管理和国家统治中的作用。在我国刑法中，就明确地规定了刑法的任务“是用刑罚同一切犯罪行为作斗争”，以保卫各种重要的利益和秩序，从而“保障社会主义建设事业的顺利进行”。因此，当我们基于意识形态或者政治观念，将犯罪视为绝对“恶”时，刑罚就成为了同犯罪作斗争的“英雄”。我们就会频繁地使用刑罚，不断地依靠刑罚。刑法修正案的频繁出台，绝不是我国立法技术成熟和先进的表现，恰恰是对刑法依赖的突

---

① ［德］汉斯·海因里希·耶赛克、托马斯·魏根特：《德国刑法教科书》，徐久生译，中国法制出版社 2001 年版，第 107 页。

② ［德］冈特·施特拉腾韦特、洛塔尔·库伦：《刑法总论Ⅰ——犯罪论》，杨萌译，法律出版社 2006 年版，第 17 页。

③ ［德］克劳斯·罗克辛：《德国刑法学总论（第 1 卷）——犯罪原理的基础构造》，王世洲译，法律出版社 2005 年版，第 4 页。

出表现。因为我们可能想不出其他更好的方法来遏制所谓的社会危害了。“然而所有惩罚都是损害，所以惩罚本身都是恶。根据功利原理，如果它应当被允许，那只是因为它有可能排除某种更大的恶。”[①] 长期以来，我们只把犯罪看成“恶”，而忽视了刑罚的“恶”。其实，我们没有必要回避这种“恶”，我们也没有能力回避这种“恶”。只要我们找到了不得不实施这种“恶”的理由，我们就可以合理合法地“以恶除恶”。我们没有必要去美化刑罚，因为刑罚不是万能的。“刑罚作为一种心理力量，只能抵消犯罪产生的心理因素，而且实际上只能抵消那些偶然的和不太有力的因素。”[②] 非刑罚处罚方法的规定是试图淡化刑事处罚的严酷性，并适应所有情状的犯罪，可是“对所有的罪责都进行彻底惩罚，不仅是毫无希望的冒险行为，更是荒谬的计划”。[③] 充分认识和承认刑罚的“恶”，会使我们在适用刑罚时有所顾忌，会使我们不去习惯性地依赖刑罚。罗克辛教授认为，如果其他社会政策措施能够有效保护法益，但是却抓住了刑法之剑，就违反了禁止超过必要限度的原则。[④] 要将刑法作为最后法，并在实践中推行，就要从认识刑罚的“恶”开始。所以，强调刑罚唯一，目的是以刑去刑。

（二）树立宪法意识，确立刑罚合宪原则

目前，我国刑法学界少有将刑法与宪法建立联系的研究思路。宪法不仅是刑罚的形式依据，更是刑罚的实体依据。刑罚的合宪性不仅要求刑罚的内容合法，还要在程序上合法。一种处罚之所以是刑罚而不是其他处罚，首先必须能够给人带来痛苦体验。费尔巴哈提出的“心理强制”说是现代刑法的基础之一。那么，什么样的措施才能给人带来痛苦体验呢？从刑罚方法的演变来看，最初是剥夺生命的死刑，然后有肉刑、自由刑。这都是以剥夺人的与生俱来的生命、健康和自由为手段的。随着刑罚人道主义的提倡，现代刑法已经由自由刑中心转向财产刑中心，并向名誉刑扩展。这表明刑罚的手段选择是要适应时代变化的。不同时期人们注重的基本权利不同，刑罚的内容就要发生变化。但无论如何变化，人们的基本权利都会在宪法中得到体现，现代法制社会尤其应当如此。剥夺了宪法保护的人的基本权利，就会给人带来痛苦。当然，死刑和自由刑会产生生理性痛苦，

---

① ［英］边沁：《道德与立法原理导论》，时殷弘译，商务印书馆2000年版，第216页。

② ［意］恩里科·菲利：《犯罪社会学》，郭建安译，中国人民公安大学出版社1990年版，第68页。

③ ［德］冈特·施特拉腾韦特、洛塔尔·库伦：《刑法总论Ⅰ——犯罪论》，杨萌译，法律出版社2006年版，第9页。

④ ［德］克劳斯·罗克辛：《德国刑法学总论（第1卷）——犯罪原理的基础构造》，王世洲译，法律出版社2005年版，第23页。

而财产刑和名誉刑则会导致心理痛苦。如果不能带来痛苦，人们就不会惧怕刑罚，就无法发挥刑罚的威慑力，刑法的作用就被大大削弱了。另外，从宪法保护角度来说，越是人的基本权利，对其剥夺越不能随意。将剥夺人的基本权利的方法作为刑罚来使用，除了标定其惩罚的严厉性外，还有对其程序上特殊性的要求。只有通过刑事诉讼才能实施此类权利的剥夺，否则就是对宪法的违背。由于我国在法律的处罚体系设置方面没有宪法权利的意识，所以形成了处罚方法的不平衡。例如，应当作为最严厉处罚的刑罚有3年以下有期徒刑，甚至期间更短、处罚更轻的拘役和管制，但最为行政处罚的劳动教养却可以完全剥夺人身自由达3年时间；治安行政处罚可以对人处以15日的拘留，而作为犯罪的后果却可以是训诫、责令具结悔过等处罚。这种体系性的混乱使人无法认清刑事处罚的真正意义，实质上导致了对刑事法的质疑和抵触。应当根据合宪性原则，从实质上确立将剥夺和限制人的基本权利的措施作为刑罚使用，以对人产生威慑。同时从程序上保证用刑事诉讼来严格规范刑罚的适用，以免不必要的侵犯公民基本权利的事件发生。

（三）正确认识免刑制度

不得不说明的是，国外也存在免刑的制度。而许多人似乎已经习惯了一种推理：因为国外规定了……所以我们需要借鉴。从国外的立法来看，关于免除刑罚的规定存在不同的类型。一类的免除刑罚实质相当于不认定犯罪。例如，《俄罗斯联邦刑法典》第十一章使用了免除刑事责任的表述，规定的情形包括：因积极悔过而免除刑事责任（第75条）；因与受害人和解而免除刑事责任（第76条）；因形势改变而免除刑事责任（第77条）；因时效期届满而免除刑事责任（第78条）。而其第十二章免除刑罚的规定，实质却是刑罚执行中的免除。①《瑞士联邦刑法典》第66条a（放弃继续追诉和免除刑罚）1规定：行为人因其犯罪行为的直接后果所严重伤害，以致科处刑罚显得不适当的，刑事追诉之主管机关可不向法院移送案件或免除刑罚。②《法国刑法典》刑罚之免除，第132-59条规定，如表明罪犯已获重返社会，所造成的损失已予赔偿，由犯罪所造成的危害已告停止，可予以免除刑罚。宣告免除刑罚的法院得决定在犯罪记录上不记载其决定。③ 这一类的免除刑罚实质导致了罪的不成立。这与本文提倡的刑罚本位

① 《俄罗斯联邦刑法典》，黄道秀等译，中国法制出版社1996年版，第36~37页。

② 《瑞士联邦刑法典》（1995年修订），徐久生译，中国法制出版社1999年版，第26页。

③ 《法国刑法典》，罗结珍译，中国人民公安大学出版社1995年版，第40~41页。

是相符的。另一类是免除刑罚但不涉及罪的免除。《日本刑法典》第 36 条规定，对急迫不正之侵害，因防卫自己或他人之权利出于不得已之行为，不罚之。逾于防卫程度之行为，视其情状，得减轻或免除其刑。日本学者解读："逾于防卫程度之行为，非防卫行为也。虽然，视其情状，或免除其刑，或为减轻，于兹免除其刑者非谓犯罪之不成立也，不过谓免除其刑而已。"① 对此类刑罚免除，学者认为"是出于预防犯罪的刑事政策的考虑。因为，对某些危害轻微的犯罪免除刑罚，有利于感化、鼓励行为人弃恶从善"。② 然而，知晓犯罪学"标签理论"③的学者都会知道，不给人贴上犯罪的标签更利于其改过自新。相反，被贴上犯罪标签的人更容易去犯罪。所以，如果危害轻微，就应当考虑免罪不是免刑。

---

① ［日］牧野英一：《日本刑法通义》，陈承泽译，中国政法大学出版社 2003 年版，第 50～51 页。

② 赵秉志主编：《外国刑法原理（大陆法系）》，中国人民大学出版社 2000 年版，第 301 页。

③ 标签理论（Labeling theory）是以社会学家莱默特（Edwin M. lement）和贝克尔（Howard Becker）的理论为基础而形成的一种社会工作理论。这种理论认为每一个人都有"初级越轨"，但只有被贴上"标签"初级越轨者才有可能走上"越轨生涯"。一个人被贴上"标签"，是与周围环境中的社会成员对他及其行为的定义过程或标定过程密切相关的。参见百度百科 http://baike. baidu. com/view/778947. htm。

论行政刑法的“行政性刑事制裁体系”

——从行政处罚的司法化说开去

李晓明*

据对当今发达国家或法治国家的考察，已大都实现了行政处罚司法化，尤其是人身与财产罚的司法化。可以说，这已经是世界现代法治的基本要求和必然趋势。而我们国家至今对人身罚和财产罚仍然保留在由一个行政机关即可作出最终裁决的治安拘留的人身罚和治安罚款及其他行政机关罚款最终裁决的财产罚。虽然我们有行政诉讼的制度设计，但谁都知道我们的行政诉讼制度的受案范围窄得可怜，加之我们国家本身就是一个行政权力非常强势的国家，强势到连司法机关的财政都是由地方行政机关拨出，又怎么可能轻易地受理公民的行政性诉讼呢？即便是受理了，也常常久审不决或草率了事，甚至像上海这样相对而言在全国算数得上法治环境最好的地区之一，最近对于几十个公民同上海市政府打得一场“请求公布处理上海火灾事故小组名单”的行政官司，竟以被驳回起诉而告终。理由是：由于处理事故的小组名单是上海市委发的文件，所以上海市政府无权提供。这简直是对普通公民知情权的一种无视和亵渎，难道在我们这样一个执政党与政府共同处理政务的体制里，竟能以这样的牵强与回避不正当理由处理涉及公民基本权利的案件吗？更不要说在我国存在几十年的“劳动教养”问题，大家知道，早在1996年的行政处罚法中就有明确规定，涉及人身自由的处罚必须经由基本法规定，而今我们的政府还在动用早已没有法律依据和效力的“劳动教养”措施处理大量案件，这本身就是在严重违法，故我们说再不司法化还能够撑得下去吗？

经梳理，行政性刑事制裁措施的内容主要包括“人身罚”、“财产罚”、“资格罚”、“申诫罚”和“名誉罚”。当然，执行这些“行政性刑事制裁措施”需要两个条件：一是需要制定专门的行政性刑事制裁程序法；二是建立我国的“刑事登记制度”，即暂不把这些受到行政性刑事处分的人进入刑事登记。但愿我们的研究工作和改革方案能够引起学界、立法部门及司法部门的高度重视，积极为这样的行政处罚司法化的改革提供帮助和创造条件，使之尽快完成和早日

---

* 苏州大学法学院教授。

实现。

一、行政性刑事制裁措施（1）：人身罚

作为行政性刑事制裁措施的方式之一，人身罚在整个行政性刑事制裁体系中占据重要地位，这样说绝不夸张，因为其是行政处罚司法化的重中之重。其主要类型包括：

（一）监禁

这里的“监禁”指的是我国治安处罚法中的“行政拘留”，我们之所以不再使用“行政拘留”，一是为了完全摆脱原行政法的影子，二是为了同我国的“刑事拘留”和“司法拘留”相区别，三是更为了充分体现“监禁”本身的惩罚性质。当然，“监禁”的原意也许比原来“行政拘留”的含义广得多，包括有期徒刑、无期徒刑等均可称得上“监禁”措施，所以国外有“终身监禁”的刑罚名称。但我们这里称的“监禁”，显然正是为了同我国刑法中有期徒刑、无期徒刑等这些刑罚措施相区别，因此这里的“监禁”是一种具有特定含义的原“行政拘留”的替换名称与措施。也就是说，它是指作为人身罚方式之一的限制人身自由的惩罚性措施，而不是作为下述保安处分措施之一的“禁戒处分”。以笔者之见，此二者的区别还是比较明显的，故笔者权且用此名称之。

另外，之所以将其列为行政性刑事制裁措施，主要是考虑到我国刑法中短期自由刑与行政处罚中人身自由罚应如何衔接？当然，我们的最终目的是想尽快实现行政法中“人身罚”与“财产罚”的司法化，也即将行政处罚中的“行政拘留”通过司法化并易名为“监禁”，从而实现行政刑法与刑法和行政法的有效对接。根据我国现行法律的规定，行政拘留的最长期限为 15 日，拘役的刑期幅度为 1 个月以上 6 个月以下。该规定既体现了两者间轻重有别，又起到了上下衔接的作用。[①] 但是，这种衔接的紧密度似乎稍显不足，尤其是无法完成对“人身罚”的司法化。且依照我国《行政处罚法》第 28 条第 1 款规定：“违法行为构成犯罪，人民法院判处拘役或者有期徒刑时，行政机关已经给予当事人行政拘留的，应当依法折抵相应刑期。”如果把监禁作为行政性刑事制裁措施，可以很好地实现行政处罚与刑事处罚的顺利过渡。

接下来的问题是判处监禁由谁来决定？当然是由司法机关，即人民法院，这是司法化核心所在和必然要求。再也不能像我们现在的行政罚那样，一是决定的最终权不是司法机关，而是行政机关；二是尽管对行政处罚不服可以告到法院，

① 贾宇、舒洪水：《论行政刑罚》，载《中国法学》2005 年第 1 期。

但一方面行政诉讼的范围受到极大限制，另一方面即便起诉对行政机关的决定也不得停止执行，这在其他国家是不多见的。也就是说，你一边上诉这里的拘留照样进行，等你还没有完成诉讼（即没有追求到公正），这里的拘留已经结束，等于国家在行政处罚方面是先斩后奏。

（二）保安处分①

保安处分在我国法学界经历了一个由不肯接受到逐步接受的过程，但在立法实践中至今没有被接受。正如有学者指出的那样，我国虽无保安处分之名，但确有保安处分之实，如劳动教养、强制戒毒、强制医疗等。也就是说，我国虽无保安处分之名，然而却有相当于保安处分的制度与措施；我国的保安处分措施在内容与结构上也不尽完善，散见于法律法规中的保安处分措施存在立法层次错乱、效力不统一、不成体系而且构建不合理且内容稍显陈旧等一系列弊端。② 尤其在世界各国刑法普遍轻缓化，个人本位向社会本位、绝对人权向相对人权过渡的今天，我们不能不认真审视、研究流行于多国的保安处分制度，以期对我国刑法的发展起到一定的启发、借鉴作用。③ 另外，也有学者指出，国外的保安处分理论与实践中常常有刑事保安处分和行政保安处分的划分，如果我国架构整体意义上的保安处分体系，是否也应考虑对保安处分进行刑事上与行政上的区分呢？甚至具体的立法与司法操作又怎么进行呢？这些都是需要我们进一步深入探讨的问题。④ 当然，对于将保安处分纳入行政性刑事制裁体系的合理性以及发展前景，

---

① 说明：我国的保安处分仅限于理论层面，虽在行保安处分之“实”，却尚无保安处分之“名”，而且缺乏保安处分的本质特征，因此若列此名，笔者以为严谨性似乎不足。若采用屈学武先生“保安处分性质的措施与立法”，也许更能反映与契合我国当前保安处分的实践状况与尴尬地位。当然，上述观点仅是个人看法。读者可以参考屈学武：《保安处分与中国刑法改革》，载《法学研究》1996 年第 5 期；张志泉：《保安处分的多维度考察与分析》，载《山东大学学报（哲学社会科学版）》2009 年第 2 期；董邦俊：《论我国保安处分制度之构建》，载《学习论坛》2010 年第 11 期。

② 刘传稿：《我国保安处分刑法化研究》，载《鲁东大学学报（哲学社会科学版）》2010 年第 2 期。

③ 张志泉：《保安处分的多维度考察与分析》，载《山东大学学报（哲学社会科学版）》2009 年第 2 期。

④ 见拙文：《尴尬与困境中的抉择——我国劳教立法改革再研究》，载《法商研究》2003 年第 6 期。另外，在本文中，作者提出了将保安处分体系进行三分的具体方案：非经处罚的保安处分；治安行政处罚的保安处分；刑罚处罚后的保安处分。这种三分法既简洁又比较全面地反映了保安处分的基本内核。读者如有兴趣可以将该体系与本文中保安处分的分类进行对照。

还需在实践中逐步考察。在这种背景下，保安处分中有关行政性刑事责任的内容的确值得我们研究，而且对于有关学者提出我国保安处分立法“于法有据”的观点，也的确应当引起我们的反思。[①]

当然，对保安处分后果的考量，也是值得我们注意的问题。保安处分之后的行为人应当被怎样看待？笔者认为，所有保安处分的处罚都不应当作为累犯和前科条件，也不作为刑事登记的对象与内容。在所有的保安处分内容中，凡涉及人身自由的处分与内容，原则上实行司法申请制度，最终由人民法院进行裁决。[②]这种做法是比较合理的，既能最大限度地减轻行为人的心理负担，使之不必感到精神上存在某些“烙印”，而且不影响其今后的社会生活，因此有利于行为人尽快地回归社会，完成重新塑造的过程。

根据保安处分的功能，这里我们把保安处分划分为如下几种类型：

1. 强制治疗与医疗监护处分

任何责任承担方式都有其适用对象，作为保安处分之一的强制治疗与医疗监护处分也不例外。那么，该种处分应适用于何种对象呢？按照屈学武教授的观点，“强制”治疗仅适用于有意识、有意志能力的人，对精神病人，既有医疗的问题，更多的是关照监护的问题，因而对精神病人不发生强制治疗问题，只能适用医疗监护而不能适用强制治疗处分。[③] 按照其观点，强制治疗只适用于明知自己患有恶性传染病而与他人发生行为以致染病于他人者。但当前在我国，主流的观点是强制治疗是适用于精神障碍者、具有限制责任能力的精神病人和患有性病之犯罪人的。[④]

当然，这里还存在一个强制治疗与劳动教养（详见下文）的关系问题。以传播性病为例，对于明知自己患有严重性病并且实施了传播性病罪的行为人，基于其所具有的人身危险性，应当予以强制治疗处分。由于性病流行、传染的危险性特征，同时在一般情况下可以治愈，因此强制治疗处分的期限可以定为至治愈时为止。而对于那些在治愈之后甚至在治疗过程中就显现出明显的人身危险性的

---

① 陈康：《我国保安处分立法化的根据》，载《河北法学》2004 年第 5 期。

② 见拙文：《尴尬与困境中的抉择——我国劳教立法改革再研究》，载《法商研究》2003 年第 6 期。

③ 参见屈学武：《保安处分与中国刑法改革》，载《法学研究》1996 年第 5 期。

④ 参见董邦俊：《论我国保安处分制度之构建》，载《学习论坛》2010 年第 11 期；张亚飞：《从实证法学角度看保安处分的中国化》，载《重庆工商大学学报（社会科学版）》2007 年第 5 期；魏长锁：《保安处分与中国刑法发展》，山东大学 2010 年硕士学位论文；罗殿宏：《保安处分与中国当代刑法革新问题研究》，华东政法学院 2004 年硕士学位论文。

行为人，尤其是实施危害社会行为的人，可以择机劳教。当然，不排除在特殊情况下对治疗对象实行保护观察处分。存在的另一个问题是医疗监护处分与劳动教养（详见下文）的关系。根据我国学者的观点，对于实施了刑法所规定的犯罪行为，但因缺乏责任能力而不可归罪，也不具有刑罚适应能力的精神障碍患者，应当适用治疗监护处分。[①] 至于具体期限，根据有关国家的立法经验，可依据行为人所实施行为应处的刑罚期限而有所不同。但如果行为人神志能够在治疗期内恢复至一般人水平，且监护处分后行为人再具极大社会危险性的，则可以考虑适用劳动教养。

2. 禁戒处分

该种行政性刑事制裁措施主要是针对吸食、注射毒品成瘾的人、因酒类或其他麻醉剂中毒而对社会有危险者。根据我国学者的观点，对具有瘾癖者实施符合构成要件的处分时虽然其刑事责任能力会有所下降，但并不能因此免除其刑事责任。然而，仅对其处以刑罚是不足以从根本上消除其人身危险性的。故可以从治疗和消除瘾癖及与社会隔离两个方面出发，实施禁戒处分。我国《关于禁毒的决定》中规定，吸食、注射毒品的，由公安机关处 15 日以下拘留，可以单处或者并处 2000 元以下罚款，并没收毒品和吸食、注射器具。吸食、注射毒品成瘾的，除依照前款规定处罚外，予以强制戒除，进行治疗、教育。强制戒除后又吸食、注射毒品的，可以实行劳动教养，并在劳动教养中强制戒除。[②] 当然，该种处分方式既可以单独适用，也可以附加适用。如果行为较轻或者尚不构成犯罪，则可以单独适用；如果其行为严重已构成犯罪，一般应在刑罚之后附加适用禁戒处分。当然，如果没有达到犯罪的程度，是否可以适用行政刑法中行政性刑事制裁措施呢？这的确值得我们关注。

当然这里存在禁戒处分与劳动教养（详见下文）的关系问题。劳动教养依照《关于禁毒的决定》的规定，是在对吸食、注射毒品的行为于禁戒之后复发而适用的，属于一种合理的后续性保障措施，如果适用禁戒处分就能够收到预期的效果，则劳动教养在此处不再使用。

3. 保护观察

保护观察是指不剥夺受处分人的人身自由，而把处分对象置于社会内，由有关部门进行指导、监督或辅导，促使其改恶从善。适用对象主要有两种：对行为

---

① 张小虎：《论我国保安处分制度的建构》，载《政治与法律》2010 年第 10 期。

② 董邦俊：《论我国保安处分制度之构建》，载《学习论坛》2010 年第 11 期。

人单独适用；对缓刑、假释者适用。[1] 屈学武教授将其称之为“监督观护处分”，[2] 这似乎是有一定道理的。当然，该种处分方式也可有其他称谓，如保护处分、观察处分等。这种处分措施作为不剥夺人身自由的处遇措施，可以减轻受处分人对社会的抵触情绪，同时避免了缓刑、假释这种刑罚执行措施带给人的某种残酷的感觉，便于适用对象的改过自新，而且有利于发挥社会在帮助行为人实现“回归”社会过程中的积极作用。[3] 那么，适用保护观察处分的人员范围能否进行合理扩大呢？有学者指出，对于罪行的确轻微的累犯、常习犯、常业犯，也可以只适用保护观察处分，而且适用范围甚至可以扩大至“被判无期徒刑、死缓经由减刑并执行后面临释放的人员，保安监禁处分、强制禁戒处分执行后面临释放的人员”。[4] 因此，从广义而言，保护观察处分便可以成为医疗监护处分、禁戒处分乃至强制治疗处分的后续性衔接措施，成为检验前述几种处分措施效果的平台，同时能够实现程度轻重不同的几种处分方式的过渡，最终实现保安处分的目的。

4. 回归教育

该种行政性刑事制裁措施，主要针对的是那些实施了危害社会行为但不负刑事责任的青少年。一般而言，是那些已满 14 周岁但不满 16 周岁且实施的是刑法规定的 8 种犯罪之外的危害社会的行为人。有人作出一种奇特的划分，即将该种

① 也有人认为该种处分适用于性变态者，参见魏长锁：《保安处分与中国刑法发展》，山东大学 2010 年硕士学位论文。

② 屈学武：《保安处分与中国刑法改革》，载《法学研究》1996 年第 5 期；张亚飞：《从实证法学角度看保安处分的中国化》，载《重庆工商大学学报（社会科学版）》2007 年第 5 期。

③ 在保护观察处分之外，有学者提出了更生保护处分的观点。该学者认为，更生保护处分名为“处分”，实为帮助。被处监禁性刑罚与保安处分的人员，尤其是在释放后不能得到亲戚朋友等帮助的人员，不可避免地会出现重返正常社会的适应断层，对此如果不予适当处理，极易导致这些人员的再犯，而将对于这些人员的特别帮助纳入刑法，更有利于实现预防再犯保护社会的目的。作为一种刑事司法性质的帮助，更生保护以自愿为原则，法院审查宣告。各地成立受法院指导的、专门的事业机构具体执行更生保护。参见张小虎：《论我国保安处分制度的建构》，载《政治与法律》2010 年第 10 期。

④ 张小虎：《论我国保安处分制度的建构》，载《政治与法律》2010 年第 10 期。

处分措施称之为“收容教养”，而把“收容教育”适用于卖淫、嫖娼人员。[①] 当然，依学者们的普遍观点，收容教育与收容教养硬做区分的意义似乎不大。也有学者将该种处分措施称为“管教、保护处分”或者干脆叫做“少年保护”，[②] 有的学者则是将“少年保护”视作收容教养措施改革后的体现，且认为，用“少年保护”替代“收容教养”更能体现我国对待青少年犯罪问题上区别对待的原则。[③] 我们在此将“收容教育”更名为“回归教育”是考虑到以未成年人为主体的适用对象的身心特点，为了更好地体现我们对行为人尤其是未成年人进行管束、处罚的终极目的——使他们尽快回归社会、返回正轨，真正在减轻心理负担的情况下认识到自己的错误与不足，重新树立正确的人生观、世界观、价值观，避免自暴自弃，最低程度地损害其自尊心，使其更亲近社会，帮助其找到人生的目标，实现其社会人的价值。

实际上，无论何种称谓都能够在一定程度上体现我国宽严相济的刑事政策，而且行政性刑事制裁措施本身似乎也属于“刑事一体化”的范畴。将回归教育收入到保安处分之内，能够切实体现区别对待，有利于保护广大未成年人的合法权益，使之在最小限度内受到不利影响，这与青少年心理、生理发育不完全成熟、可塑性大是相适应的。

本来，对于青少年就不应当寄希望于惩罚，而应当植期望于教育。为此，与之相配套的措施就可以在实施时水到渠成，如我们可以设立工读学校、青少年管理教育中心或者其他类似的机构，禁止或严格限制青少年在一定时期内出入特定公共场所等。另外，我们是否可以“借用”少管所，将某些人身危险性比较大的青少年人群管束其中，也是一个值得研究的问题。当然，虽然将其置于少管所，但是分管分押工作还是必要的，以避免交叉感染，减少其在回归之路上的

---

① 罗殿宏：《保安处分与当代中国刑法革新问题研究》，华东政法学院2004年硕士学位论文。在该文中，作者指出，收容教养是“对于实施了法定犯罪构成要件行为，但因未达到刑事责任年龄而不负刑事责任、不予刑罚处罚的未成年人采取的强制收容、感化教育和特殊保护的措施”。而且，作者建议将收容教养的范围扩大至已满14周岁不满18周岁的青少年犯罪人，通过经由少年法庭审理之后，将其置于专门的教养设施内，贯彻教育、感化、挽救方针。笔者认为该提议具有一定道理，故在此列出。

② 董邦俊：《论我国保安处分制度之构建》，载《学习论坛》2010年第11期；张亚飞：《从实证法学角度看保安处分的中国化》，载《重庆工商大学学报（社会科学版）》2007年第5期。

③ 马兵、张艳玲：《构建我国保安处分制度的设想》，载《邢台学院学报》2009年3月第24卷第1期。

障碍。

5. 劳动教养

一般认为，劳教制度保安处分化实际上是介于行政化与刑事化之间的一种折中方案。[①] 劳动教养原本属于行政法规中的保安性措施。而且在适用对象上主要是针对罪行轻微、不够刑事处分的人和屡次违反治安管理经教育不改的人。但是劳动教养积弊较多，而且现在其合法性受到很大的质疑：我国《行政处罚法》第9条第2款规定："限制人身自由的行政处罚，只能由法律设定。"以及第10条第1款规定："行政法规可以设定除限制人身自由以外的行政处罚。"这些已经从立法的层面说明了劳动教养的非法性。两条法律条款的言外之意，是限制人身自由的行政处罚必须由国家的立法机关——全国人大及其常务委员会制定的法律来规定。因此从形式上讲，现行的劳教制度不仅算不上规范意义上的行政处罚，而且失去了合法地位。同时，该法又在第64条第2款强制性规定："本法公布前制定的法规和规章关于行政处罚的规定与本法不符合的，应当自本法公布之日起，依照本法规定予以修订，在1997年12月31日前修订完毕。"即1997年12月31日后与本法规定不符的即告无效或作废。显然，我国的劳教制度没能在这一时间内完成自己的修订任务。紧接着，2000年颁布的《立法法》第9条有明确规定："本法第八条规定的事项尚未制定法律的，全国人民代表大会及其常务委员会有权作出决定，授权国务院可以根据实际需要，对其中的部分事项先制定行政法规，但是有关犯罪和刑罚、对公民政治权利的剥夺和限制人身自由的强制措施和处罚、司法制度等事项除外。"严格地讲，1997年12月31日以后的我国劳教制度已经是一种作废的制度。[②] 尤其是2000年的立法法，进一步宣布了类似劳动教养的规定，即存在就失去了其应有的合法地位。但是，既然不合法却能够依然存在而且被使用，说明劳教这一保安性措施在现实社会中还是具有一定的合理性的，但应尽快进行专门立法，并进行全面司法化。

劳动教养的宣告权，现今名为由民政、公安、劳动部门三家组成的劳教委员会审批，实际上由公安机关的"劳教审批处"一家代劳。由于劳动教养法规的散乱无序和不当，导致了实践中一些基层公安机关对一些本该送交起诉的人却交付劳教，一些不够劳教者又决定劳教3年，对一些本应给予治安处罚者又决定劳

---

① 见拙文：《尴尬与困境中的抉择——我国劳教立法改革再研究》，载《法商研究》2003年第6期。

② 见拙文：《尴尬与困境中的抉择——我国劳教立法改革再研究》，载《法商研究》2003年第6期。

教等严重侵犯人权的弊端发生。[1] 对此，我们认为，劳教的功能应当定位为保安处分，其适用根据应当侧重于适用对象具有实施犯罪的人身危险性，劳动教养应当作为刑罚的补充性、例外性的强制措施。[2] 在此基础上将其纳入行政性刑事制裁体系的保安处分之中，才不至于民权保护范围的缩小或弱化，以更好地实现行政罚、行政性刑事制裁措施、刑罚之间的有机衔接。此外，将劳动教养纳入前述体系，在法理上也能够实现当涉及剥夺、限制人身自由之时其处分权力能收归司法部门所有，将劳动教养纳入司法程序，从而有效地限制行政权力的不适当扩大。

6. 其他具有保安处分性质的措施

前面五个部分基本上对保安处分措施作了一个大致的描述，可以说以上是保安处分的主体或主要措施，那么关于其他具有保安处分性质的措施应该就归属于辅助性措施。在这里笔者不打算展开来说明，因为对于其他措施，诸如公共利益劳动、强制工作处分、善行保证、强制遣返[3]等是否应归于保安处分性质的措施不仅在理论上与前述措施有某些重复之处，而且也没有多少创新点。但是，我们不否认此类措施的存在，毕竟保安处分措施也不是尽善尽美的，其他具有此类性质的或者说此类特征的措施在某种程度上也可以归入其中。

（三）禁止令

禁止令主要是针对某些特殊对象，以命令的形式使其在特定时间内不能从事某种行为。之所以建议将禁止令划入行政性刑事制裁体系而与刑法分立，笔者以为具有如下几点理由：

第一，根据有关学者的观点，禁止令作为我国刑罚制度的创新，没有被确认为一种新的刑罚，而被认定为对管制犯、缓刑犯具体执行监管措施的革新，与保安处分在目的上具有一元性，在形式和惩罚制度设计上呈二元性状态。[4] 既然如此，将“禁止令”划入行政性刑事制裁体系之中，而且与“保安处分”并立就具有某些合理性。

第二，由于禁止令具有“管制犯、缓刑犯的具体执行的措施之革新性、选

---

① 屈学武：《保安处分与中国刑法改革》，载《法学研究》1996 年第 5 期。

② 曲新久：《刑事政策的权力分析》，中国政法大学出版社 2002 年版，第 155 页。

③ 这里的“遣返”是诸如对外国人或偷越国边境者遣返回国的情形等。——笔者注

④ 见拙文：《论我国〈刑法修正案（八）〉中“禁止令”的性质及其适用控制》，载朱孝清、莫洪宪、黄京平主编：《社会管理创新与刑法变革》，中国人民公安大学出版社 2011 年版，第 477 ~ 487 页。

择性适用措施”的性质，将其作出如此划分更能够使得禁止令具有了某种程度上的整体皈依，减少禁止令在执行过程中的散乱状况，减缓公众对禁止令执行问题的忧虑。

第三，社会防卫的需求在我国也非常突出，司法机关基于眼前社会防卫的需求，鉴于我国管制和缓刑的执行情况，适用缓刑和管制的动力减弱，这又与刑罚轻缓化的发展趋势相矛盾。面对这种矛盾，禁止令的抽象规定成了平衡刑罚轻缓化与社会防卫之间的杠杆，加之我国刑法除了第18条原则上规定了由政府对精神病人强制医疗这一原则规定之外，在保安处分方面没有任何进展，司法机关很容易将类似于保安处分的措施运用到禁止令中来。[①] 这也在某种程度上为禁止令的划归准备了条件。[②]

诚然，作为行政性刑事制裁措施的禁止令的目的无外乎去除行为人从事不法行为的条件，而为其设置一种命令式的障碍，从而达到社会防卫与犯罪处遇平衡的目的。笔者认为，通过强行规定并执行禁止令，可以实现对行为人举止的直接或者间接控制，此类措施见效快而且执行便利、成本低，符合我国当前社区矫正工作实际效果的需要，但是相对于其他上述几种措施而言，严厉性似乎有余而且过多的有关禁止令的规定会有不适当地妨碍公民日常行为、侵犯人权之嫌。因此，在执行禁止令时还是需要格外慎重的。

二、行政性刑事制裁措施（2）：财产罚

作为行政性刑事制裁措施的方式之二的财产罚也是行政性刑事制裁措施的主要内容，因为财产是一个人的基本生存条件，不应当随意剥夺。其内容主要包括：

（一）罚款

行政法中的罚款，包括两种类型，一是针对轻微违法行为，如闯红灯，这是警戒性罚款；二是针对社会危害较大的违法行为，如抢夺行为，这是惩罚性罚款。作为财产刑，罚款不存在前科，罚款的适用范围比罚金更广，所以应该把罚

---

① 见拙文：《论我国〈刑法修正案（八）〉中“禁止令”的性质及其适用控制》，载朱孝清、莫洪宪、黄京平主编：《社会管理创新与刑法变革》，中国人民公安大学出版社2011年版，第477~487页。

② 见拙文：《论我国〈刑法修正案（八）〉中“禁止令”的性质及其适用控制》，载朱孝清、莫洪宪、黄京平主编：《社会管理创新与刑法变革》，中国人民公安大学出版社2011年版，第477~487页。

款放入行政刑法之中，起到衔接行政法和刑法的作用。

行政刑法中的罚款则很好地解决了罚款和罚金的衔接问题，同时也解决了我国行政罚款存在的罚款多、标准乱等问题。笔者认为，造成这些问题最大原因是罚款款项与相应的财政拨款制度有关联性，也就是说，所罚的款项虽然上缴，但财政拨款与返还制度使得罚款机关成为罚款行为的最大受益者，罚款机关与罚款行为有了直接的利害关系。各种不合理的罚款也就应运而生。[①] 行政处罚的司法化则很好地解决了这个问题。

（二）没收违法所得

违法所得是违法行为人通过违法手段获取的收益，如赌博、制假等获得的收益。没收违法所得是否属于行政处罚，存在争议。有的学者认为，对违法所得的没收，本质上可以说是一种追缴，并没有让违法者对其违法行为付出代价和受到惩罚。笔者认为，在没有没收之前，违法所得中的“所得”，实际上处于违法当事人的控制与支配之下，对之没收，也会对其产生惩戒的法律效果，所以是行政处罚。[②] 没收非法所得是适用于严重的行政违法行为的行政处罚，而行政刑法适用对象包括严重的行政违法行为，所以没收违法所得理应成为行政性刑事责任中的一种。

（三）没收非法财物

非法财物通常包括：从事违法活动的物品、违法工具、用具、违禁品等。没收非法财物，要注意两个方面：必须是非法财物，合法财物不能随意没收；没收的财物必须依法上缴国库或通过法定方式加以处理，不得私自处分、出售或毁坏。没收非法财物成为行政性刑事责任与没收非法所得的原因相同，适用对象都包括严重的行政违法行为。

（四）赔偿损失

我国《刑法》第37条规定：“对于犯罪情节轻微不需要判处刑罚的，可以免予刑事处罚，但是可以根据案件的不同情况，予以训诫或者责令具结悔过、赔礼道歉、赔偿损失，或者由主管部门予以行政处罚或者行政处分。”

赔偿损失，是指人民法院对犯罪情节轻微不需要判刑的犯罪人，责令其向被害人支付一定数额的金钱，以弥补被害人因犯罪行为而遭受损失的处理办法。注意，它区别于刑法第36条“赔偿经济损失”，赔偿经济损失的适用对象是判处

---

① 杨小君主编：《行政处罚研究》，法律出版社2002年版，第187页。

② 冯军主编：《行政处罚法新论》，中国检察出版社2003年版，第120页。

刑罚的人，而且既罚又赔；赔偿损失针对依法被免予刑事处罚的人，不罚只赔。①

关于赔偿损失的性质，学界有争论。有学者主张是刑事责任，是一种非刑罚化的刑事责任实现方式，犯罪行为是其适用前提。还有学者主张其是民事责任。该观点认为"赔偿损失"的目的是解决被告人的民事赔偿责任问题，应以适用民事法律为主，"赔偿损失"是民事责任，只不过是借助刑事诉讼程序来实现。②笔者认为赔偿损失是一种刑事责任，它是通过非刑罚化的制裁方法使犯罪人承担刑事责任，虽然轻缓，但也具备承担刑事责任的功能。③ 鉴于赔偿损失是适用于情节轻微不需要判处刑罚的犯罪行为，那么理应把它放入行政刑法的体系之中。

（五）销毁

笔者认为销毁可以分为两种情形。第一种情形，行政机关对依法没收的财物决定销毁，这不属于行政处罚中的销毁，而是属于强制措施。第二种情形，行政机关直接对相关物品决定销毁，此时还没有没收，那么此时的销毁属于行政刑罚中的销毁。因为销毁具有结果的不可回复性，是对物的最终处分，是对财产所有权的消灭。销毁一旦实施，即不可挽回。销毁具有惩罚性和制裁性，因为违法者丧失了物品的所有权，是一种严厉的惩罚手段。同时，它的适用对象包括严重违法行为，应该把销毁放入行政刑法之中。

财产罚相比较人身罚而言，有其积极的方面，但其功能也是有限的，应该结合其他惩罚措施。法院可以建议行政机关给予违法者其他行政处罚或处分，如申诫罚、能力罚。行政性刑事责任的设置，不仅要做到与刑事责任的衔接，还要做到与行政责任的衔接。行政刑罚的内部衔接我们要重视，与行政罚和刑罚的衔接我们也不能忽视。这样，才有利于发挥行政刑罚的功能和作用，体现其意义。

三、行政性刑事制裁措施（3）：资格罚

资格刑是以剥夺、限制犯罪人从事某种行为的资格、某种权利或享有的某种荣誉为内容的处罚方法。与其他处罚方法一样，资格刑有对犯罪人以政治上以及社会上否定评价的内容，有助于剥夺以及限制罪犯的再犯能力，符合刑罚特殊预

① 马克昌主编：《刑罚通论》，武汉大学出版社 1999 年版，第 739～740 页。

② 张晓茹：《多种法律关系引起的纠纷与诉讼程序适用》，载《河南省政法管理干部学院学报》2002 年第 3 期。

③ 张晓茹：《多种法律关系引起的纠纷与诉讼程序适用》，载《河南省政法管理干部学院学报》2002 年第 3 期。

防的目的。但是其也存在自身的缺陷，如可能会导致“刑罚的过剩”，因为资格刑一般情况下附加于自由刑适用，其实际适用时间为自由刑期限届满或者假释之后，从而这一时间段后资格刑的适用可能会导致罪犯复归社会的困难，自尊心受损。

我国现行的资格刑与其他国家刑法相比种类较少，只有剥夺政治权利和驱逐出境两种，且政治色彩强烈，尤其是我国刑法所规定的资格刑，一般附加适用于严重犯罪的情况。对比其他国家，如《法国刑法典》中，资格刑的适用范围较为广泛和普遍。它不仅适用于重罪、轻罪和违警罪，而且在特定情况下还可以作为罚金或监禁的替代刑适用。从适用的犯罪主体之属性上来看，资格刑不仅适用于犯罪的自然人，而且也适用于犯罪的法人团体。①

我国的资格刑从总体的框架而言可以分为广义上的资格刑和狭义上的资格刑。我们在构建行政性刑事制裁体系中的资格刑体系时，最重要的方面在于对刑法以及行政法中的资格刑进行整合，因为行政刑法体系所规制的行为是那些行为性质及其危害程度超过了一般行政违法以及刑事违法行为的严重程度，进入了刑法所规制的犯罪的边缘地带，但在短期内无法通过立法等方式纳入到刑法的规制范围中去。因此在具体适用的资格刑上，一方面要从我国刑法典中借鉴一些适用于行政性刑事违法行为的内容；另一方面要把上述体系外的资格刑系统化，即将原本在行政法律责任体系中的处罚较为严重的资格刑纳入我国行政刑事制裁体系中；同时也可以吸收学习一些国外的相关资格刑设置的经验，从而构建一个合理的并且真正具有实践操作可能性的行政性刑事制裁体系。

综上，笔者提出一个归属于行政刑事制裁措施下的资格刑体系。主要分为四个方面：

（一）剥夺人身、民事等相关权利的资格刑

1. 人身权利：驱逐出境以及限制进入国家领域

《刑法》第35条规定：“对于犯罪的外国人，可以独立适用或者附加适用驱逐出境。”除此之外我国还有作为行政处罚方法的驱逐出境。《国家安全法》第30条规定：“境外人员违反本法的，可以限期离境或者驱逐出境。”《外国人入境出境管理法》第30条规定：“有本法第二十九条所列行为情节严重的，公安部可以处以限制出境或者驱逐出境处罚。”同时《治安管理处罚法》第10条第2款规定：“对违反治安管理的外国人，可以附加适用限制出境或者驱逐出境。”

① 王俊平：《资格刑适用范围之比较》，载《河南师范大学学报（哲学社会科学版）》2002年第6期。

对于驱逐出境的性质，学界存在三种不同的观点：第一种观点认为，驱逐出境是一种刑罚方法。第二种观点认为，驱逐出境是一种行政强制措施。第三种观点认为，驱逐出境既是一种刑罚方法，又是一种行政强制措施。[①]

在具体的适用上，驱逐出境既可以适用于一般违法行为，也可以作为附加刑，适用于重罪。作为刑罚的驱逐出境和作为行政处罚方法的驱逐出境，前者是一种刑事处罚方法，后者是一种行政处罚措施。在适用方式上，前者要经由合法的诉讼途径，有适格的人民法院判决。而后者由公安机关依程序向公安部汇报，由公安部做出最终的决定。

在构建行政刑事制裁体系时，可以考虑将驱逐出境纳入其体系中，因为行政性刑事违法行为所承担的责任为行政性刑事责任，其中既应有行政罚的内容又应当有刑事罚的内容，把这两者有机结合的最好途径就是行政处罚的司法化，即在行政性刑事制裁体系的责任承担方式中可以采用与行政罚或刑罚相似的处罚方法，但是在适用程序上逐步司法化，尤其是对类似驱逐出境这类的刑罚中已有处罚方法的衔接，以及如何对刑罚体系内的和行政性刑事制裁体系内的相同制裁方式进行严重程度的区分，都是我们要着重考虑的问题。在笔者看来，可以通过将所承担的行政性刑事责任不纳入刑事登记的办法，以及其适用简易化的司法程序进行区分。

此外，我国的刑法典对于驱逐出境的规定过于笼统，没有明确驱逐出境的复权制度以及期限限制。驱逐类资格刑可分设两种，即永久性驱逐刑和阶段性驱逐刑。这种位阶有高低之分的刑元素设置，旨在为减刑制度以及资格刑的复权制度的构建创造可能性，在实践中可以针对不同的犯罪情节以及实际情况作出具体的适用判决。

2. 亲权

对于无民事行为能力人和限制行为能力人的保护，各国立法有亲权、监护等制度，基本上在民法典“亲属编”中将亲权和监护独立成章。例如，《法国民法典》第九编亲权、第十编未成年、监护及解除亲权；《德国民法典》第四编亲属法、第二章亲属关系、第三章监护；《日本民法典》第四编亲属、第四章亲权、第五章监护。这些国家对亲权和监护权作了区分，在有亲权的情况下，监护制度不生效力，只有在没有亲权人，亲权人不能行使亲权或者被剥夺亲权的情况下，才为无民事行为能力人和限制行为能力人设立监护人。监护作为亲权的一种补充

---

① 马克昌主编：《刑罚通论》，武汉大学出版社 1999 年版，第 239 页；陈兴良主编：《刑种通论》，中国人民大学出版社 2007 年版，第 402 页。

制度而存在。[①]

一般认为，亲权是指父母对未成年子女人身财产等方面的权利。主要包括两种：对子女的保护、教育、惩戒、抚养等权利；对子女财产的使用、收益、管理等权利。属于人身方面的亲权主要有：（1）保护教养权；（2）住所决定权；（3）惩戒权；（4）身份行为上的代理权和同意权。属于财产方面的亲权主要有：（1）财产上的法定代理和同意权；（2）子女特有财产的管理权。[②]《意大利刑法典》规定了“剥夺父母权和停止行使父母权的内容”。我国法律目前没有把监护权和亲权作区分，因此在我国这就涉及一个区分监护权和亲权，以及亲权立法的问题。究其实质，亲权和监护权在主体范围、具体内容以及权利义务的平衡方面都有很大的不同，而且亲权的立法涉及一个父母子女的情感关系的确立和保护的问题。现今，我国法律中亲权和监护权不分，内容过于粗糙。关于监护权剥夺的内容仅限于民事法律中，而且其适用情况一般为监护人不正当的监护权的行使导致被监护人的人身、财产权利受到损害，或者有损害的严重危险。根据中国的现状，尤其是民众普遍认为父母对子女的教养权是天赋的，如果将亲权的剥夺法律化必将会有强烈的思想冲击。支持者认为，实践中可能存在亲权人由于实施了犯罪行为或严重违法行为，该行为的受害者就是子女，如父母贩卖自己的亲生子女的行为，这种情况下在追究其刑事责任的同时应当附加剥夺亲权。在其他情况下，如果亲权人由于重罪或轻罪违背其作为亲权人的义务的，在受到自由刑宣告的同时，可以附加剥夺其亲权。而且我国现在已有剥夺亲权的相关条件：首先，我国人大常委会于1995年批准加入了《联合国儿童权利公约》，该公约确立了子女最佳利益原则；其次，剥夺亲权的适用范围可为犯罪行为、明显劣迹以及其他滥用亲权不履行亲权义务的行为。总而言之，我国是否应当设立亲权剥夺制度，最根本有赖于亲权制度的建立。由法律对亲权内容，亲权行使及其限制，亲权中止、辞任、消灭以及亲权剥夺做出规定，并且在具体的亲权剥夺制度构建上还应当保持谨慎。[③]

3. 监护权

监护权是对无民事行为能力人以及限制民事行为能力人的人身、财产权依法实施监督和保护的权利。有国家法律规定，如果监护人利用监护权从事违法犯罪

---

① 高永周：《论监护与亲权》，载《河北理工学院学报（社会科学版）》2004年第4期。

② 《法学词典》，上海辞书出版社1984年版，第722页。

③ 高长富：《资格刑新探——外国人在境内犯罪的刑罚设定与适用》，载《广西政法管理干部学院学报》2008年第9期。

行为、侵害被监护人的合法权益，可以剥夺监护人的监护权。如《法国刑法典》第131－26条规定，可以剥夺犯罪人作为监护人或财产管理人的权利，该禁止事项不排除充当自己子女的监护人或财产管理人的权利，但是应该事先取得监督法官的同意，并听取亲属会议的意见。① 监护权的剥夺制度，是指监护人不履行监护职责，侵害被监护人的合法权益，经相关人员或者机构申请，法院作出撤销父或者母监护权的制度。以未成年人的监护权为列，我国的父母监护权撤销制度主要表现在民法通则和未成年人保护法中。我国《民法通则》第18条规定了监护人职责。2006年12月29日修订的《未成年人保护法》第53条在父母监护权撤销制度方面作出了规定：父母或者其他监护人不履行监护职责或者侵害被监护的未成年人的合法权益，经教育不改的，人民法院可以根据有关人员或者有关单位的申请，撤销其监护人的资格，依法另行指定监护人。此外，有的国家民法规定，只要父或母的行为严重侵害或者危害未成年子女的人身财产权益时，其对子女的监护权就可能被强制撤销，如美国法律就规定了父或母监护权撤销制度。在美国的儿童保护法律制度中有一项制度叫做“终止父母权利”。该制度与我国的“父母监护权撤销”制度相当。

对比美国的监护权撤销制度，明显可以看出我国民法所规定的监护权撤销制度的缺陷：一是在于过于笼统，缺乏实践操作的指导作用；二是剥夺监护权的条件仅限于侵害被监护人的人身、财产合法权利，而缺乏关于实施严重暴力性犯罪、性犯罪等有强烈影响监护权行使的犯罪的情况下，犯罪嫌疑人作为监护人或者会使被监护人陷入受到严重犯罪的威胁的危险中，或者会对被监护人的身心造成其他严重损害的情况下监护权的剥夺。

在此种情况下监护权就应当具有资格刑的效力，具有可被剥夺性。监护权的撤销一般意义上是规定在民法当中的，我国《民法通则》第18条、《最高人民法院关于贯彻执行〈民法通则〉若干问题的意见》第21条规定，在我国，只有未成年子女无过错的、具有父或母以及其具有完全行为能力的祖父母、外祖父母、兄姐可以申请撤销父或母的监护权，未成年子女父母所在单位或未成年子女住所地居委会、村委会也可以起诉，撤销其父或母的监护权。但如果监护权作为一种资格刑，作为对实施了行政性刑事违法行为的行为人的一种处罚措施，就应当具有一定的强制力，即在立法上做出相应的剥夺的规定，以及在程序上赋予法定机构可依职权主动、直接剥夺监护权的权力。

① 《法国刑法典》，罗结珍译，中国人民公安大学出版社1995年版，第19页。

4. 考试权

考试在我国拥有非常久远的历史，我国不仅是最早采取考试取士的国家，也是最早采用考试对学校教育进行评价的国家。目前我国考试立法还很不完善，对于组织考试的权限、程序、公民享有的考试权利等，法律都没有明确的规定，这使得考试参加者在考试的过程中处于相对弱势的地位，对于有关考试的其他信息，如考试的组织者、考试的程序、考试成绩的评定标准、享有的权利等知之甚少。①

而相反的确有大量的不同行政主体乃至各高校关于剥夺考试权的规章以及各类条例、通知发文等。而且此类规章制定主体权力来源是否正当，是否有法律依据和普遍适用效力都值得怀疑。而且相关的考试法律法规内容显得空乏，缺乏实际操作性，震慑力不足。

2004 年 5 月 10 日，教育部发布了《国家教育考试违规处理办法》（以下简称《考试法》），我国最初提议制定《考试法》的动因是为了抵制考试作弊，在考试法草案形成的过程中，对如何惩处考试舞弊的讨论也是最多的，并且最终形成的意见是，对考试舞弊行为，情节非常严重的可以追究刑事责任。《考试法》第 9 条规定："考生有第五条所列考试违纪行为之一的，取消该科目的考试成绩。考生有第六条、第七条所列考试作弊行为之一的，其当次报名参加考试的各科成绩无效；参加高等教育自学考试考生，视情节轻重，可同时给予停考一至三年，或者延迟毕业时间一至三年的处理，停考期间考试成绩无效。"第 10 条规定："考生有第八条所列行为之一的，应当终止其继续参加本科目考试，其当次报名参加考试的各科成绩无效；考生及其他人员的行为违反《治安管理处罚条例》的，由公安机关进行处理；构成犯罪的，由司法机关依法追究刑事责任。"

由此可以看出，我国行政法规中关于取消考试成绩以及给予停考 1～3 年的处罚是属于考试权剥夺的内容。这种做法提高了国家考试的权威和尊严，将结束用行政命令或教育部规章、文件的方式来规范剥夺考试权的局面，使考试法律法规进一步健全和完善。这部《考试法》局限在于，其范围只包括由国家教育部门组织的教育类考试，如高考、研究生入学考试、大学英语等级考试、自考等。其他部门和其他社会机构组织考试，如司法考试、会计师资格考试、托福、雅思等不包括在内。

考试是国家选拔人才、认定资格的重要方式，是国家权力的重要组成部分。

---

① 戚静：《考试权独立行使之法律问题初探》，载《安徽工业大学学报（社会科学版）》2009 年第 3 期。

而我国目前的国家考试往往分散于许多社会领域，分属不同部门主管。由于没有一部统一规范考试事务的法律，致使各部门在组织考试时，考试条件随意制定，考试程序不够规范，组织漏洞频出，对于考试权的剥夺也是各行其是，直接影响了国家考试的声誉，不利于保护考生的合法权益。

对此，急需建立针对考试权利的相关法律体系，尤其是在考试权利剥夺方面。考试权作为一项比较重要的公民权利，由不同的行政主体任意处置显然是有损权利的尊严的，因此笔者认为应当由统一的权力主体通过设立普适性的法律进行规制。最佳选择就是将剥夺考试权作为行政性刑事制裁措施中资格刑的一种。这样既能保证考试权剥夺主体权力来源的合法性，又能保证其作为一种重要权利的尊严所在。尤其是对于那些情节较为严重的情况，可以纳入行政刑事体系中，既可以体现其行政违法性的特质，又可以通过准司法途径予以处罚，同时保证了如果对该权利的剥夺具有不法性的情况下权利的救济途径。

5. 继承权

继承权的剥夺，或者说继承权的丧失直接关系到继承权丧失人和其他继承人的切身利益，而且对于保障家庭职能的实现，维护和睦文明的家庭关系均具有重要的作用。我国现行的继承权丧失制度主要见于1985年10月1日开始施行的《中华人民共和国继承法》第7条和最高人民法院发布的《关于贯彻执行〈中华人民共和国继承法〉若干问题的意见》第9条~第14条和第28条之规定。[①]

继承权的丧失这一概念，有狭义、广义之分。狭义的继承权丧失，是指依照法律规定在发生法定事由时，法院取消继承人的继承权或其自然丧失继承权，又称为继承权的剥夺。广义的继承权的丧失，包括继承权的依法被剥夺，以及其他非继承人自己的意志所决定的原因而使继承人不该享有继承权（如被遗嘱取消继承权）。[②]

而对于“继承权的剥夺”，相对于继承权的丧失，强调的是“用强制方法夺去”，也突出因依法强制夺去而失去，更能体现法律的强制力和威慑力，从字面上就很容易和继承权的取消、继承权的放弃等概念区别开来。

分析比较我国和其他国家关于剥夺继承权的内容，可以发现我国关于剥夺继承权的内容限制较多，从而给法院的认定和实践操作带来了困难。

其一是我国继承法要求杀害其他继承人必须是为了“争夺遗产”的目的。

其二是我国继承法不应将“情节严重”作为剥夺伪造、篡改或者销毁遗嘱

① 宋豫：《完善我国继承权丧失制度的若干思考》，载《河北法学》2006年第1期。

② 陈苇：《婚姻家庭继承法学》，法律出版社2002年版，第436页。

者继承权的必备条件。最高人民法院的司法解释明确“继承人伪造、篡改或者销毁遗嘱，侵害了缺乏劳动能力又无生活来源的继承人的利益，并造成其生活困难的，应认定其行为情节严重”。这样的解释，其本意是为了限制剥夺继承权的情况，杜绝剥夺权利的滥用，但是事实上会出现如果所有法定继承人中都不会出现生活困难的情况时，某继承人就可以毫无顾虑的伪造、篡改、销毁遗嘱的情况。这显然是与法律本意相违背的。

由上述情况可以看出，我国民事法律中关于继承权剥夺的范围较小，给实践操作带来了困难。继承权属于民事权利，与人们的生产生活密切相关，因此在一般情况下公民犯了罪，即使被剥夺了政治权利，仍然享有继承权。同时对于剥夺、丧失继承权范围的扩大问题，到底到何种程度以及是否应当有公权力的介入还是一个值得谨慎考虑的问题。

6. 城市居住权

居住权的内涵十分丰富，在国际公约及宪法中，通常的表述是居住的权利或称住房权、住宅权。在私法领域，居住他人房屋的权利可由两种法律关系创设，一种是通过物权法律关系创设，即产生作为他物权的居住权；另一种是通过债权法律关系创设，即产生承租权、借用权等。从居住权的源流中，我们可以清晰地看到，居住权作为用益物权中的人役权，其主要功能不仅是基于生活需要而对房屋使用价值的利用，其主体往往是妇女、老人、未成年人等社会弱势群体，而且还包括对于房屋经济价值的利用和收益。①

改革开放初期，有案例出现对于犯罪人剥夺了在上海等类似大城市的居住权。这类案例中明显把大城市居住权作为一种资格加以剥夺。此种做法是否妥当有待探讨。

7. 经济权

此处所说的经济权，一般意义上是指与经济活动有关的利益。国际上，有许多国家把剥夺与经济有关的利益或便利作为剥夺资格刑的一种。对于经济权，一般可以划分为对某些物品、有价证券、票据等的使用权、进入特定场所的权利以及否定联邦权利。

（1）适用高档消费品、票据类有价证券的权利

一些国家的刑法规定，对于实施了相关犯罪的行为，可以禁止他们使用高档商品、禁止他们行使签发支票、使用信用卡等有价证券的权利。例如，《法国刑

---

① 阮传宝：《从居住权制度的源流看我国设立居住权制度的必要性》，载《商丘师范学院学报》2011 年第 4 期。

法典》131－6条第9项规定，对于判处监禁刑的轻罪犯人，在判处监禁刑的同时，可以禁止签发支票以及用信用卡付账，最长时间为5年。①

（2）进入特定场所的权利

这种资格刑一般附加于与此类特定场所有关的犯罪上，如允许犯罪人在被假释或刑满释放后的一定期间内进入这些场所，有可能会诱发再次犯罪。这类场所一般包括酒店、娱乐场所或赌博场所等。例如，《瑞士联邦刑法典》第56条规定："1. 重罪或轻罪是在过量饮酒后实施的，除科处被告刑罚外，法官还可禁止被告在6个月至两年期间内进入出售含酒精饮料的商店。2. 各州对公布被禁止的酒店做出规定。3. 禁止酒店的命令随判决生效而生效。判决中所科处的是自由刑的，禁止进酒店的期间自自由刑被执行完毕或被赦免之日起计算。被附条件释放者在考验期间经受住考验的，禁止进入酒店的期间自被附条件释放之日起计算。在被告经受住考验的情况下，法官可撤销禁止进入酒店的命令。"② 由此可以看出瑞士已经在刑法典中形成了较为完备的经济权资格刑制度，不仅规定了权利的剥夺条件，也明确了资格刑的复权制度。

（3）否定政府权益

政府权益在美国也叫联邦权益，是指由联邦的某一机构或适当的基金会提供的赠与、契约、贷款、专业执照或商业执照，但不包括退休金、福利、社会保障、健康、残疾、退伍金或其他类似权利。例如，美国的刑法规定，对于实施买卖毒品或持有毒品犯罪的人剥夺其享有的某些特定机构提供的赠与、契约、贷款、专业执照、商业执照的资格。③ 以我国目前的实际情况而言，直接在刑法典中增加相关的资格刑时机尚不成熟，虽然我国刑法典中作为刑罚处罚方法的资格刑政治色彩较为强烈，尤其是对于剥夺政治权利是否应当继续作为资格刑而存在争议颇多，但是频繁修法所导致的法律严谨性和社会适应性等问题也是需要慎重考量的。笔者建议，目前可以在相关的行政性法规中加以适用，作为逐步把性质较为严重行政性法规纳入行政刑法体系中的一个过渡。同时也可以看出，经济刑作为资格刑在国外的适用，其基础在于这些国家把大量的轻罪纳入了刑法规制的范围，与我国的刑罚与行政罚并行的二元处罚体制不同，因此在借鉴时应当考虑到我国目前的法律体系的构造，走行政处罚司法化直至与刑罚对接的道路。

---

① 《法国刑法典》，罗结珍译，中国人民公安大学出版社1995年版，第14页。

② 《瑞士联邦刑法典》，徐久生译，中国法制出版社1999年版，第20页。

③ 张旭：《英美刑法论要》，清华大学出版社2006年版，第194～195页。

(二) 剥夺实施相关行为的资格

这种剥夺实施相关行为资格的处罚方法在某些学者关于行政处罚的分类中又可以被称为行为罚，是以限制或剥夺被处罚人的特定行为能力为特征的处罚方法，行为罚虽然通常会间接造成被处罚人的经济损失，但是其直接目的是限制或剥夺被处罚人的行为能力，而不是限制或剥夺被处罚人的财产。① 在许多国家的法律中都有关于剥夺实施相关行为的权利以及吊销行为相关的许可证、执照等的资格刑的规定。现行的《法国刑法典》暂时吊销驾驶执照、禁止驾驶特定车辆、撤销驾驶执照、禁止持有或携带须经批准的武器；收回打猎执照；禁止签发支票及使用信用卡付款；禁止从事某种职业或社会活动的规定，都是为了能有效地防止罪犯利用职业资格再次实施犯罪。同时，我国的一些行政法规，如《矿山安全法》等中规定了大量的，如吊销许可证、营业执照等处罚措施，这实际也是对实施具体行为资格的剥夺。把这些刑罚体系外地资格刑进行整合的途径就是纳入行政刑事责任制裁体系中来。可以把因行政违法而应剥夺实施相关行为权利的处罚留归行政法规管辖；将因犯罪而应剥夺行为资格的则归入行政刑罚的范畴。实践中，可以在我国的刑罚体系中增设禁止从事特定行为为内容的资格刑。在刑法分则中，在行为人利用其依法或依申请获得的资格、许可、执照等实施犯罪的情况下条款中增设可附加或独立适应禁止从事特定行为活动或吊销相关资格证、许可证、执照的内容。

1. 吊销、暂扣相关许可证、执照等

营业执照是企业或组织具有合法经营权的凭证。许可证，是某种非所有人都有权涉及受限制的行为或事件，相关权力机构授予其相关权利的书面证明。我国的《治安管理处罚法》中规定了对公安机关发放的许可证的吊销，是指公安机关依法收回违反治安管理行为人已获得的从事某种活动的权利或资格证书，从而剥夺相对人从事某种行为的权利。

可以看出，相比较国外的相关立法而言，我国吊销、暂扣许可证、执照的内容是规定在行政责任承担方式中的，而许多国家已经将其纳入了刑罚处罚方法之中。因此，一般意义上我国行政处罚所针对的是“尚未构成犯罪的”行为，公民、组织违反行政法规达到触犯刑律的程度，以致构成犯罪需要承担刑事责任时，刑事责任可以将行政责任吸收，法院追究了刑事责任的，行政机关不应再行处罚。但是行政责任和刑事责任并不是一一对应的关系，前者不能完全包容在后

① 冯军：《行政处罚法新论》，中国检察出版社2003年版，第117页。

者之类，两者也可能存在交叉的情况。[①] 最典型的就是暂扣、吊销许可证和执照和责令停产停业，这两者行政责任形式就无法为刑事责任所包容，因此在此种情况下，就可能出现行政责任和刑事责任的并存。实践中通常先由法院追究刑事责任，对于行政责任部分由相关行政机关作出处理。同一起案件却同时适用了刑事程序和行政程序，这不仅会导致资源的浪费也可能会造成处理的不公、救济的困难。解决这一问题的最佳途径，就是将暂扣、吊销许可证和执照的内容纳入行政性刑事制裁体系中的资格刑承担方式中来。增加这种资格刑后，虽然它们对受罚者来说没有什么不同，但实质上是有本质区别的。作为资格刑的一种，它的承担须经人民法院的判决，必要时可以附加适用或者独立适用，且该行政性刑事处罚一旦做出，必须经复核程序方可重新获得。[②]

2. 责令停业、限制从业或责令撤销

在我国，针对单位犯罪的制裁体系尚不完善，刑法中也从未以单位犯罪为适用对象的资格刑，只在相关行政法规中有责令停产停业的规定。这一些行政法规的规定和执行虽然不是刑事立法和刑事司法，但是毕竟与刑事立法和刑事司法有很大程度上的共通性，完全可以作为刑事立法和刑事司法的参考。

笔者认为对单位犯罪增加适用资格刑不失为一种良策。目前，我国刑法中对单位的处罚方法只有罚金刑一种，而罚金刑却难以适应形形色色的单位犯罪的需要。同时从刑罚体系科学化的角度出发，作为行政处罚的责令停产停业的严重程度大于罚金刑的严厉程度。笔者认为，适用于单位的资格刑可以分为：责令停业、限制从业以及责令撤销。

责令停业是指在一定的期限内剥夺犯罪单位从事工商活动的权利的一部分或全部的刑罚。这种刑罚有人称之为“停止营业刑”。

所谓限制从事业务活动，是指在一定的期限内，禁止犯罪单位从事某种业务活动，限制其业务活动范围的刑罚。[③]

我国行政处罚中把责令停产停业等作为了一种处罚手段，但事实上有必要将其上升为一种行政刑事制裁方法。因此在法人构成犯罪的情况下，应当对其进行行政性刑事制裁，而不是行政处罚。这就需要考虑相关行政刑法的立法方式，笔者认为可以采用“独立性的散在式的立法方式”，即在行政法律中直接规定独立

---

① 冯军：《行政处罚法新论》，中国检察出版社 2003 年版，第 34 页。

② 邵卫锋：《刑种与替刑制度》，云南人民出版社 2007 年版，第 153 页。

③ 吴平：《增设以单位犯罪为适用对象的资格刑刍议》，载《河南公安高等专科学校学报》2002 年 4 月第 2 期。

的罪名和设置相应的处罚方法，[1] 以更好的协调行政责任和刑事责任的关系，保证行政性刑事责任能够更好地实现。

3. 禁止驾驶（吊销驾驶执照）

我国刑法对资格刑的规定采取了概括式的立法模式。只要是剥夺政治权利就是剥夺《刑法》第54条所列举的全部权利，即无论行为人实施何种犯罪，人身危险性大小，均不加选择地适用刑法中所规定的资格刑的全部内容。但在国外，如意大利、法国刑法对资格刑的规定采取了比较灵活的选择式的立法模式，即法官可以根据犯罪的性质和犯罪分子的人身危险性，在刑法所规定的资格刑全部内容中，有选择地判处剥夺与犯罪行为有关的一种或几种资格，这种有针对性地选择资格刑的目的，是为了剥夺犯罪分子继续犯罪的可能性。尤其是在与驾驶有关的资格刑方面，许多国家都规定了暂停或吊销驾驶执照的处罚方式。通常方式有3种：（1）暂停或吊销所有驾驶执照。在这种情况下，犯罪人不得驾驶任何种类的车辆。（2）暂停或吊销特种车辆的驾驶执照。在这种情况下，使犯罪人不能合法的驾驶特定种类的车辆。（3）混合规定暂停或吊销驾驶执照。[2]

具体而言，不同国家的规定方法也有不同，《法国刑法典》把吊销驾驶执照作为处罚轻罪的资格刑之一，对轻罪犯罪人在判处监禁刑的同时，可以附加宣告吊销驾驶执照措施。而在德国，《德国刑法典》实行“刑罚双轨制”，在规定与驾驶有关的处理措施时，同时规定了“禁止驾驶”附加刑以及“吊销驾驶执照”或“禁止授予驾驶执照”的保安处分措施。可见，欧洲国家把禁止驾驶作为违反交通法规构成犯罪的人剥夺其驾驶权利或资格的一种刑罚。[3]

而在我国，新修改的《道路交通安全法》第91条规定了：“饮酒后驾驶机动车的，处……”同时在《刑法修正案（八）》中把醉酒驾驶纳入了刑法典，体现了我国近年来加大对于驾驶相关犯罪的打击力度，但是在《刑法修正案（八）》中对于醉酒驾驶只规定了拘役和罚金两种刑罚处罚方法，没有附加剥夺驾驶资格等内容的资格刑。在《道路交通安全法》这一行政法规中规定了剥夺驾驶资格的处罚方法，而在刑法典中却没有相关内容，这显然没有体现出酒后驾驶这一行为的特性，同时也与刑罚特殊预防的目标相悖。刑法典刚刚经过修改，频繁变动会影响法律的尊严及其稳定。因此，笔者建议，将禁止驾驶、吊销驾驶

---

① 张明楷：《刑法的基础概念》，中国检察出版社1995年版，第339页。

② 吴宗宪、陈志海、叶旦声、马晓东：《非监禁刑研究》，中国人民公安大学出版社2003年版，第330页。

③ 赵秉志主编：《英美刑法学》，科学出版社2010年版，第243页。

执照纳入行政性刑事制裁措施的资格刑体系中。尤其是其承担责任的各类形式尚不完备，如果能通过把禁止驾驶的内容纳入行政刑法的调整范围中去，通过司法化的程序处理，是符合现代法治的必然趋势，以及行政处罚司法化的内容的。

（三）剥夺公职及职业资格

剥夺职业就是剥夺从事某一职业的条件和身份。职业包括公职和其他特定职业。公职不仅包括《刑法》第54条规定的担任国家机关的职务和担任国有公司、企业、事业单位和人民团体领导的职务，公职泛指在国家机关或公共企业、事业单位、人民团体中担任的正式职务，即指纳入编制的，由国家财政负担工资福利，办理公共事务，为公共利益服务的职务，如法官、检察官、政府部门职员、高校校长、国有公司经理等。其他特定职业包括律师、会计、拍卖师、公司董事、监事等。剥夺职业权利包括以上两种职务。

我国现行刑法规定了两种资格刑，即剥夺政治权利和驱逐出境。在剥夺政治权利中也涉及禁止担任公职的权利，但在刑罚体系外还存在大量的事实上的“资格刑”，他们大都分散在各个法律法规中，大致有以下两类：

1. 担任一定公职的禁止

《人民警察法》第26条、《检察官法》第11条、《法官法》第10条、《公务员法》第24条规定，曾因犯罪受过刑事处罚的不得担任人民警察、检察官、法官、公务员。对于这类公职，只要是犯罪就被禁止。因为公职是代表国家行使职务，涉及国家事务的管理，具有社会公共性质，笔者认为，因受过行政性刑事处罚的也不得担任公职。但毕竟行政性刑事违法行为的社会危害性没有犯罪行为那么恶劣，行政性刑事责任也没有刑罚那么严厉，所以可以考虑将剥夺从事公职的资格限定一定的期限，实施了行政性刑事违法行为的在一定期限内不得从事公职。例如，曾因受过行政性刑事制裁的在执行完毕之日起两年内不得担任人民警察、检察官、法官、公务员等。

2. 担任特定职业的禁止

我国《教师法》第14条规定，受到剥夺政治权利或者故意犯罪受到有期徒刑以上刑事处罚的，不能取得教师资格；已经取得教师资格的，丧失教师资格。我国《律师法》第7条规定，受过刑事处罚的，但过失犯罪的除外，不予颁发律师执业证书。我国《拍卖法》第15条规定，因故意犯罪受过刑事处罚的，不得担任拍卖师。我国《会计法》第40条规定，因有提供虚假财务会计报告，做假账，隐匿或者故意销毁会计凭证、会计账簿、财务会计报告，贪污，挪用公款，职务侵占等与会计职务有关的违法行为被依法追究刑事责任的人员，不得取得或者重新取得会计从业资格证书。除此之外，还有注册会计师法、执业医师法、公司法、商业银行法、证券法等，笔者在此不一一列举。

上述列举的情况都是在犯罪之后，作为其附随效果的剥夺资格，这种剥夺虽然不是由法院将其作为刑罚进行宣告，但在通过各类部门法的立法规定，实质上却是犯罪所产生的附随后果，达到了剥夺职业权的效果，具有刑罚的性质。但与刑事司法与行政执法衔接不够，实际上刑事处罚后很少有人再去管什么行政处罚。因此，应将各种法律、法规、规章以及司法解释中有关剥夺职业资格的规定进行整理、取舍，将那些行政违法情节严重的、由行政机关剥夺职业资格的行为纳入到我们的行政性刑事制裁体系中，通过司法程序由法院予以裁决，以保障公民的人权。

另外，对于从事与经济活动有密切关系的职业，如公司董事、监事、高级管理人，企业法定代表人，会计师、注册会计师等，因贪污、贿赂、侵占财产、挪用财产或者破坏社会主义市场经济秩序，受到行政性刑事制裁的，可以规定在一定期限内不得从事上述职业。

（二）剥夺荣誉资格

剥夺荣誉资格是指剥夺由公民个人、单位享有的，因自己的突出贡献或特殊劳动成果而获得的光荣称号或其他荣誉的权利。荣誉权是社会给予公民、法人、集体或者其他组织的一种正式的评价，依据是否获得荣誉的事实而定，因此荣誉权具有专属性。具体包括：军衔、警衔、职务头衔、勋章、奖章、专门称号、其他荣誉等。不管是军衔、警衔还是勋章称号都是获得荣誉后的具体表现，故下文统一阐述为荣誉资格。

同剥夺从事特定职业的权利类似，我国现有法律已经规定的因犯罪剥夺军衔或者其他荣誉权资格的，我们认为这种剥夺荣誉资格的处罚实质上具有刑罚性质，故不属于我们讨论的行政性刑事制裁措施。此外，荣誉、勋章、头衔或其他专门称号是对公民、法人或其他组织具有某方面的专业水平或者作出的突出贡献给予的肯定，是对某种事实的确认。如果该荣誉是通过不正当的手段获得或者授予单位基于认识错误而获得的，在这种本不具备授予条件而被授予荣誉的情况下，授予单位予以撤销的行为只是对前一行政行为的否定，撤销行为是一个新的行政行为，不是处罚行为，也不是我们要讨论的行政性刑事制裁措施。

笔者认为，只有那些利用所获得的军衔、警衔、专门称号等相关的权利实施行政性刑事违法行为的，才剥夺其荣誉资格，即违法行为必须与荣誉资格有关联性。虽然荣誉称号、勋章等是公民、法人对国家或社会所作贡献的一种肯定性评价，是一种不可磨灭的历史事实，但是如果公民、法人利用这种历史事实的影响力来实施违法行为，那么就有必要剥夺其荣誉，以预防再犯。具体做法同剥夺职业资格类似，由法院宣判剥夺特定荣誉，再由荣誉颁发部门具体执行收回警衔、军衔、勋章等。

四、行政性刑事制裁措施（4）：申诫罚

在行政法中，一般认为，申诫罚是指行政主体依法对实施了行政违法行为的相对人作出的书面谴责或训诫。也可以说，这是行政主体对行政违法者的名誉、荣誉、信誉或精神上的利益造成一定损害以示警戒的行政处罚形式。主要适用于轻微违法行为或尚未造成实际危害后果的违法行为，属于行政处罚中最轻、使用最广泛的一种处罚形式，如警告就是申诫罚的一种主要形式。那么，申诫罚在行政刑法中是否可以使用呢？显然回答是肯定的。包括刑法中的非刑罚方法不也规定了“训诫”等申诫罚吗？因此，我们这里研究的行政性刑事制裁体系中的申诫罚，除包括警告形式外，还应包含训诫、责令具结悔过和责令改正等。其特点与功能在于只是对行政性刑事违法行为人处以精神上的惩戒，而并不去直接影响被处罚人的人身自由或财产权利。很显然，其主要目的就是在于使其引起警惕，并停止行政性刑事违法行为，且避免重犯。下面分别进行阐述：

（一）警告

根据我国《行政处罚法》第 8 条的规定，行政处罚的种类有警告，罚款，没收违法所得、没收非法财物，责令停产停业，暂扣或吊销许可证、暂扣或吊销执照，行政拘留及法律行政法规规定的其他行政处罚。这七种类型中，属于申诫罚的只有警告一种。我们发现，《公务员法》第 56 条规定，对公务员的处分有警告、记过、记大过、降级、撤职、开除。《公务员法》中的六类处分惩戒程度呈递增趋势。笔者认为，公务员处分除降级、撤职和开除对被处分者的职务或工资待遇有实际影响外，警告、记过、记大过这三种处分都仅仅对被处分者进行精神上的警戒，并无实际损害后果。

行政处罚与行政处分中的警告有共通之处，但后者显然不是行政刑法所关注的对象，因为记过与记大过完全属于行政纪律处分方式，尚未进入违法尤其是行政性刑事违法的视野，因此行政性刑事制裁体系也仅仅借鉴警告的处罚方式，以起到维护行政刑法法益的实际功效。

（二）训诫

训诫目前在立法上，属于刑事责任承担方式中的非刑罚处罚方式。根据《刑法》第 37 条的规定：“对于犯罪情节轻微不需要判处刑罚的，可以免予刑事处罚，但是可以根据案件的不同情况，予以训诫或者责令具结悔过，赔礼道歉、赔偿损失，或者由主管部门予以行政处罚或者行政处分。”笔者发现，实践中真

正适用非刑罚处罚措施的案例非常少，与其将其放在刑法典中弃而不用，不如将其吸收到行政刑法的行政性刑事责任承担之中，以达到行政刑法与刑法的有效对接与衔接。

通常认为，训诫是司法机关对犯罪情节轻微不需要判处刑罚的人公开进行谴责的教育方法，可以产生感化、教育的效果，达到预防和减少犯罪的目的。训诫与警告同属申诫罚，都对行为人严重违法或犯罪行为予以告诫，有一定的名誉或精神上的否定评价，但训诫的惩戒程度较警告更为严厉，有训斥批评的特别效果。故我们认为，可以将训诫从刑法的非刑罚处罚措施中吸收过来，纳入行政性刑事制裁体系，在警告之后，属于申诫罚之一。更何况，长期以来刑法中非刑罚方法中的“训诫”形同摆设，几乎没怎么使用，经调查了解主要是嫌其处罚的程度太轻。既然如此，我们认为将其移入行政刑法倒是一个不错的主意，假如行政刑法中行政性刑事制裁措施将来能够完备和成熟时，将刑法“非刑罚方法”中“训诫”等内容删除也未尝不可。这样，一来可以解决“训诫”在刑法中很少被适用的窘迫状况，二来可以将其纳入行政性刑事制裁体系中使之更好地发挥作用。

（三）责令具结悔过

责令具结悔过，与训诫一样，属于现行刑法规定的非刑罚处罚方式之一。通常认为，是指检察官、法官责令犯罪人用书面方式保证悔改，不再犯罪的一种非刑罚处罚措施。适用于犯罪情节轻微不需要判处刑罚的犯罪人。笔者认为，责令具结悔过在刑事责任承担中很少被适用，其适用对象是实施了轻微犯罪行为，或者犯罪情节轻微有免予刑事处罚情节的犯罪人，而恰好行政刑法解决的正是实施了处于犯罪边缘的轻微刑事违法行为的刑事责任承担问题，将责令具结悔过这类非刑罚处罚方法纳入行政性刑事制裁体系理所应当，比较恰当。

在司法实践中，责令具结悔过通过责令当事人撰写保证书的方式，使其认识其违法犯罪性质，真心悔过，保证不再犯罪，具备申诫罚的性质，宜将其纳入申诫罚之一。

（四）责令改正

责令改正虽然有些类似责令悔过，但两者显然具有很大的不同，前者具有针对性地强令其纠正某些行为或事实，而后者基本上是抽象的悔过及主观认识。在我国现行诸多法律法规中，如《食品卫生法》、《传染病防治法》等，均存在“责令改正”或“责令限期改正”的处罚种类。

当然，责令改正是否属于行政处罚的性质争议很大，尽管有学者认为责令改正没有被规定在《行政处罚法》行政处罚的种类列举中，但笔者认为，根据责令改正的作出方式及其效果来看，其都属于行政处罚性质这一点毫无疑问，如《行政处罚法》第23条规定："行政机关实施行政处罚时，应当责令当事人改正或者限期改正违法行为。"也就是说，责令改正违法行为是处罚每个行政违法行为的必经程序，因此我们认为，责令改正违法行为是行政处罚的重要组成部分，而且不可分割。因此，作为行政处罚不可分割的处罚重要内容，责令改正违法行为有理由被借鉴到行政性刑事制裁体系之中，并作为申诫罚中的一种主要方式。再者说，作为处罚介于行政违法与刑事犯罪之间的行政性刑事违法行为的行政性刑事制裁体系，在纳入警告、训诫等轻微的告诫式处罚方式之后，责令改正作为更加严厉的惩戒方式，同样体现申诫罚的效果，非常值得借鉴。

五、行政性刑事制裁措施（5）：名誉罚

应当说，名誉罚最早源自于罗马法中，其法理根据是，享有权利能力的人就具有法律上的人格，人格的完全具备必须有名誉权、自由权、财产权、市民权和家族权。在罗马社会，名誉的好坏，直接影响一个人的权利享受。罗马法中，受名誉减损处分的主要有三种情况：不能作证、丧廉耻、污名。不能作证是诉讼权利，丧廉耻是指无选举权和被选举权，污名是指虽无法定或官员指定的原因，但因行为卑劣而为人们所蔑视。有污名的人，不应委任他们担任需要有诚实信用品质的职务。[①] 因此许多学者认为，名誉罚是资格罚的缘起。

实际上，罗马法名誉处分中的丧失作证权利，及因有污名而事实上导致的权利丧失，可以认为是后世资格刑的起源。当然，严格讲名誉与资格有着密切的联系，由于本文中资格罚另有专述，故这里仅论述狭义的名誉罚。因此，本文所谓狭义的名誉罚是指因行为人行政性刑事违法行为，司法机关给予其名誉或精神上的否定性评价，使得被处罚人名誉上受到非难，以达到惩罚和教育其效果的一种处罚方法。贝卡里亚认为："人身侮辱有损于人的名誉，也就是说，有损于一个公民有权从他人那里取得的那份正当的尊重。对于这种侮辱行为，应该处以耻辱刑。"[②] 在这个意义上，狭义的名誉刑又与古代的耻辱刑类似。我们认为，行政性刑事制裁体系中的名誉罚包括四种类型：赔礼道歉、惩罚性通告、驱逐出境、刑事违法宣告等。

---

① 陈兴良：《刑法适用总论》（第2版）（下卷），中国人民大学出版社2006年版，第226～228页。

② ［意］贝卡里亚：《论犯罪与刑罚》，黄风译，中国大百科全书出版社1993年版，第75页。

（一）赔礼道歉

如上所述，根据我国《刑法》第37条的规定，赔礼道歉，属于非刑罚处罚措施之一，是指人民法院在宣告被告人有罪的前提下，责令犯罪人公开向被害人当面承认过错，表示歉意，并保证今后不再侵犯被害人的合法权益。这种公开承认错误，向受害人赔礼道歉的方式，不仅是一种道德礼教的要求，也是对犯罪人的一种舆论评价。犯罪人通过公开赔礼道歉，精神上认识到自己的不法行为后果，与名誉罚否定性评价的性质是统一的。虽然赔礼道歉，更多的属于一种被告人与被害人之间的民事关系，但规定在刑法典中，同样作为非刑罚处罚措施之一，属于刑事责任的承担方式之一。赔礼道歉可以对因犯罪行为受损的社会关系进行有效弥补和修复，是安抚被害人及其亲属的有效措施，同时也是社会普遍道德情感的要求。而且，这种方式能够促使行为人悔过自新，安抚被害人，从而有助于冲突矛盾的化解。正如上文所述，非刑罚处罚与其在刑法典中弃而不用，不如纳入行政性刑事制裁体系之中，将赔礼道歉纳入刑事以更好地发挥赔礼道歉弥补因犯罪受损的社会关系的作用。

（二）惩罚性通告

在一些行政法规、规章等规范性文件中，我们还可以发现一种处罚方法——通报批评。通报批评作为一种处罚措施并没有被规定在法律当中，而是散落在各种行政法规以及规章当中。通报批评是否属于行政处罚的性质存在许多争议，但实务中确实存在通报批评的适用。所以我们还是将通报批评看做一种行政处罚方法。通报批评是指通过实际影响当事人的声誉，通过对声誉的否定性评价，以及社会公众的道德评价压力达到制裁效果。但通报批评存在一个通报范围的问题，即这种“批评”不仅要给予违法行为人，还要在一定范围进行通报，使一定范围内的公众知悉行为人的违法事实及处罚机关施加的否定性评价。本文之所以不叫“通报批评”，而叫“惩罚性通报”，就是为了与行政法中的“通报批评”相区别，甚至在程度上要比通报批评处罚地郑重，程度更重。

与警告相比，在社会公众中造成的影响，对被处罚人名誉的否定评价波及范围更广，事实上产生的惩戒效果是更为严厉的，因此本文将警告放在申诫罚中，而将通报批评改称“惩罚性通告”纳入名誉罚当中。也就是说，因为行政性刑事责任的承担应当有别于一般行政违法行为，故笔者认为应当采取形式更为严厉的通报批评的方式进行处罚，即名称上有所变动，直接称“惩罚性通告”，这样既结合了通报的方式，又体现通报“惩罚性”的效果。

（三）刑事违法宣告

刑事违法宣告，来源于我国刑法对轻微犯罪人免予刑事处罚，由人民法院单独宣告有罪的处罚措施。鉴于名誉罚的基础是对名誉的否定性评价，从而使行为人感到自身的精神压力以及来自社会公众的道德压力，达到惩罚效果。因此我们认为，刑法中的有罪宣告是很具有代表性的名誉罚。因为有罪宣告是法院仅认定当事人行为构成犯罪，但鉴于其犯罪情节轻微或其有免予刑罚的情节，不对当事人判处刑罚。这种情况实际上是法院代表国家对当事人进行一种名誉的非难，使其认知行为构成犯罪，并承担否定性评价的后果，以达到惩罚教育的刑罚效果。

所以，行政性刑事制裁体系也完全可以对刑法中的有罪宣告有所借鉴。既然行政性刑事违法介于行政违法与刑事犯罪之间，那么对行政性犯罪行为的行政性刑事责任承担方式也应介于行政处罚与刑罚之间，既起到二者衔接的作用，同时也应区别于行政处罚与刑罚，而具有其独有的特点。故我们认为，行政性刑事制裁体系名誉罚中借鉴的“有罪宣告”应当是“刑事违法宣告”。一方面与刑法相区别，同时也体现了行政刑法的处罚对象是行政性刑事违法行为的特点。

惩罚主义在我国刑法上的持续发展

——兼评《刑法修正案（八）》涉及总则部分的修法

樊　文*

我国刑法从1979年完成定本之制到目前为止，经历了33次修改和补充。刚刚通过的《刑法修正案（八）》（以下简称修法），① 是1997年刑法大改革以来的第11次修法。从修法所涉及的范围来看，总共涉及刑法典49个条文，占到整个刑法典（总共452条）的近11%。从涉及刑法总则和分则的比例来看，涉及总则的条文19条，占总则部分（共101条）的19%；涉及的分则条文30条，占分则条文（共351条）的近9%。1997年以来通过的1个决定和7个修正案，均未曾涉及总则部分的修改和补充。这次修法，是第一次侧重于总则部分的最大规模的修法。本文在相关实证证据的基础上，分析、评估修法涉及总则部分的如下几个问题：一是1979年以来的刑法功能化路线是否得到调整；二是从宽方向上的修法是否能够开拓出实质性的宽大空间；三是本文的结论。

一、刑法的功能化方向有调整吗

（一）1979年以来立“重典”的刑法改革

20世纪70年代末以来，我国发生的广泛而深刻的经济和社会变革，带来经济繁荣和个性解放的同时，也造成犯罪态势表现出强劲的增长压力。应这种犯罪高发的严峻治安形势，我国的刑事政策长期以来始终认为：刑罚，尤其是自由刑，是打击犯罪充分而有效的手段；借助于严厉的制裁，即使不能减少犯罪，至少也能遏制犯罪增长的势头。这种刑事政策，在我国刑法立法上，通过大幅增加犯罪种类、大幅提升刑罚幅度，表现出超常的惩罚期待以及严厉的报应弹压取向。从1979年、经过1997年到2010年《中华人民共和国刑法》中对有期徒刑的量刑幅度和无期徒刑的分布频率的变化（如表1和表2② 所示）分析中，就可

---

* 中国社会科学院法学研究所副研究员，德国弗莱堡大学法学博士。

① 2010年8月23日，全国人大法工委（法制工作委员会）向第十一届全国人大常委会第十六次会议提出了《中华人民共和国刑法修正案（八）》，提请审议修法。

② Fan, Kriminelle Karrieren. Straftaten, Sanktionen und Rückfall, 2009, S. 35.

以清楚地看到这一点。

表 1　1997 年刑法修订以来到目前的量刑幅度分布频率（最低刑和最高刑）

		最高刑（年）								分布频率	
		1/2	1	2	3	5	7	10	15	N	%
最低刑	1/2		2	33	320	165				520	45. 9
	1						7			7	0. 6
	2					2	12			14	1. 2
	3						127	136		263	23. 2
	5							72	67	139	12. 3
	7							7	27	34	3. 0
	10								152	152	13. 4
	15								4	4	0. 4
分布频率	N	0	2	33	320	167	146	215	250	1133	
	%	0. 0	0. 2	2. 9	28. 2	14. 7	12. 9	19. 0	22. 1		100. 0

表 2　1979 年刑法典的量刑幅度分布频率（最低刑和最高刑）

		最高刑								分布频率	
		1/2	1	2	3	5	7	10	15	N	%
最低刑	1/2		2	16	30	19	9			76	50. 3
	1									0	0. 0
	2						11			11	7. 3
	3						8	21		29	19. 2
	5							2	10	12	7. 9
	7								6	6	4. 0
	10								17	17	11. 3
	15									0	0. 0
分布频率	N	0	2	16	30	19	28	23	33	151	
	%	0. 0	1. 3	10. 6	19. 9	12. 6	18. 5	15. 2	21. 9		100. 0

——1979～1997 年，最低刑是 3 年，5 年，10 年和 15 年的频率分布份额，从 19.2%，7.9%，11.3% 和 0% 上升到了 23.2%，12.3%，13.4% 和 0.4%。

——3 年，5 年，10 年，15 年作为最高刑的频率分布份额，从 19.9%，12.6%，15.2% 和 21.9% 上升到了 28.2%，14.7%，19.0% 和 22.1%。

——最低刑高于 3 年的量刑幅度的频率分布份额占 52.3%，比 1979 年的分布频率份额高出了 9.9 个百分点；最高刑高于 5 年的分布频率份额占 68.7%，比 1979 年的分布频率份额高出了 0.5 个百分点。

——1979 年以来的刑法典中，无期徒刑的分布频率从 22 处，增加到了 167 处。

——与 1979 年刑法典相比，1997 年以来在立法上明显表现出持续加大处罚力度的惩罚主义倾向。

1979 年我国刑法分则有 129 个罪名，经过 1997 年的大修改，罪名增加到 415 种。1997 年之后立法机关又先后以 1 个决定和 7 个修正案，通过扩大犯罪主体范围、增加新的选择性构成要件要素、在原罪名中分解出新的加重犯罪名、增加具体危险犯和过失犯以及不作为犯、增加新罪名（如表 3 所示）等方法，对刑法分则部分作出大量实质性的修改和扩充。

表 3　1997 年刑法修订后到刑法修正案（八）为止新增加的罪名

新增罪名	条款	修正	新增罪名	条款	修正
1. 资助恐怖活动罪	120－1	三－4	18. 非法出卖人体器官罪	234－1	八－37
2. 危险驾驶罪	133－1	八－22	19. 雇用童工从事危重劳动罪	244－1	四－4
3. 强令违章冒险作业罪	134－2	六－1	20. 出售、非法提供公民个人信息罪	253－1	七－7
4. 大型群众活动重大安全事故罪	135－1	六－3	21. 组织残疾人、儿童乞讨罪	262－1	六－17
5. 不报、谎报安全事故罪	139－1	六－4	22. 组织未成年人进行违反治安管理活动罪	262－2	七－8
6. 走私废物罪	152－2	四－2	23. 不支付劳动报酬罪	276－1	八－41

续表 3

新增罪名	条款	修正	新增罪名	条款	修正
7. 隐匿、故意销毁会计凭证、账簿、财会报告罪	162－1	一－1	24. 非法获取计算机信息系统数据、非法控制计算机信息系统罪	285－2	七－9
8. 虚假破产罪	162－2	六－6	25. 提供侵入、非法控制计算机信息系统的程序、工具罪	285－3	七－9
9. 背信损害上市公司利用罪	169－1	六－9	26. 投放虚假危险物质罪，编造、故意传播虚假恐怖信息罪	291－1	三－8
10. 骗取贷款、票据承兑、金融票证罪	175－1	六－10	27. 开设赌场罪	303－2	六－18
11. 妨害信用卡管理罪	177－1	五－1	28. 过失损坏武器装备、军事设施、军事通信罪	369－2	五－3
12. 利用未公开信息交易罪	180－4	七－2	29. 伪造、盗窃、买卖、非法提供、非法使用武装部队专用标志罪	375－3	七－12
13. 背信运用受托财产罪	185－1	六－12	30. 利用影响力受贿罪	388－1	七－13
14. 骗购外汇罪	190－1	决定－1	31. 执行判决、裁定失职罪，执行判决、裁定滥用职权罪	399－3	四－8
15. 虚开普通发票罪	205－1	八－33	32. 枉法仲裁罪	399－1	六－20
16. 持有伪造的发票罪	210－1	八－35	33. 食品监管渎职罪	408－1	八－49
17. 组织、领导传销活动罪	224－1	七－4			

具体而言，对掩饰、隐瞒犯罪所得、犯罪所得收益罪［《刑法修正案（七）》第10条］，增加了单位犯。对生产、销售不符合标准的医用器材罪（第145条）和

妨害动植物防疫、检疫罪（第337条）两种罪，设立了具体危险犯。增加了损坏武器装备、军事设施、军事通信罪的过失犯（第369条第2款），增加了不作为犯不报安全事故罪［《刑法修正案（六）》第3条］；新增罪名29种（如表3所示），如果加上这次修法新增的6种罪名（其中包含具体危险犯、持有犯、不作为犯、单位犯各一种），刑法上的罪名总数就会达到450种。此外，对11种罪名的可选择刑种或者刑罚幅度作出了调整。这种调整绝大多数是新增加重犯的刑罚幅度或者提高基本犯的整体刑罚幅度，个别犯罪还提高了基本犯刑罚幅度的上限（如表4所示）。

表4　1998年以来具体犯罪刑罚的调整及刑法修正案（八）修改犯罪的刑罚调整

刑罚调整涉及的罪名	原来的刑罚	调整后的刑罚	条款	修正案
组织、领导、参加恐怖组织罪	基本犯：3～10年	提高到了“10年以上有期徒刑或者无期徒刑”	120	三－3
强令违章冒险作业罪	基本犯上限3年	提高到5年	134－2	六－1
	加重犯：3～7年	提高到5年以上有期徒刑		
生产、销售不符合标准的医用器材罪	新设具体危险犯	新增“3年以下有期徒刑或者拘役，并处罚金”	145	四－1
	实害基本犯：5～10年	调整为3～10年		
走私国家禁止进出口的货物、物品罪	基本犯：5年以下有期徒刑，并处或单处罚金	增加可选刑种“拘役”	151－3	七－1
国有公司、企业人员失职罪或滥用职权罪	基本犯：3年以下有期徒刑或拘役	新增加重犯刑罚：3～7年	168	一－2
逃汇罪	基本犯自然人主体：5年以下有期徒刑或拘役	新增加重犯的自然人主体5年以上有期徒刑	190	决定－3
洗钱罪	单位基本犯自然人主体：5年以下有期徒刑或拘役	单位加重犯自然人主体新增：5～10年	191	三－7
绑架罪	基本犯：10年以上有期徒刑或无期徒刑，并处罚金或没收财产	新增减轻犯刑罚：5～10年有期徒刑并处罚金	239－1	七－6
开设赌场罪	基本犯：3年以下有期徒刑、拘役或管制，并处罚金	新增加重犯刑罚：3～10年有期徒刑并处罚金	303－2	六－18

续表 4

刑罚调整涉及的罪名	原来的刑罚	调整后的刑罚	条款	修正案
掩饰、隐瞒犯罪所得、犯罪所得收益罪	基本犯：3 年以下有期徒刑、拘役或管制，并处或单处罚金	新增加重犯刑罚：3～7 年有期徒刑并处罚金	312－1	六－19
巨额财产来源不明罪	基本犯：5 年以下有期徒刑或拘役	新增加重犯刑罚：5～10 年有期徒刑	395－1	七－14
走私文物罪 走私贵重金属罪 走私珍贵动植物制品罪	基本犯：5 年以上有期徒刑，并处罚金；加重犯：无期徒刑或死刑，并处没收财产	基本犯刑罚上限减为 10 年；加重犯废除死刑	151－2	八－24
集资诈骗罪 票据诈骗罪 信用证诈骗罪	单位基本犯：单位处罚金；自然人主体处 5 年以下有期徒刑或拘役，二级加重犯：5～10 年有期徒刑；三级加重犯：10 年以上有期徒刑或无期徒刑	票据、信用证诈骗罪二罪的自然人主体废除死刑	199	八－30
		单位基本犯自然人主体增加"可以并处罚金"；二级加重犯，增加"并处罚金"；三级加重犯，增加"并处罚金"	192， 194， 195， 200	八－31
强迫交易罪	基本犯：3 年以下有期徒刑或拘役，并处或单处罚金	新增加重犯刑罚：3～7 年有期徒刑，并处罚金	226	八－34
强迫劳动罪	基本犯：3 年以下有期徒刑或拘役，并处或单处罚金	新增加重犯刑罚：3～7 年有期徒刑，并处罚金；增加单位犯	244	八－36
敲诈勒索罪	基本犯：3 年以下有期徒刑、拘役或管制	新增"并处或单处罚金"；二级加重犯增加"并处罚金"；新增三级加重犯刑罚：10 年以上有期徒刑，并处罚金	274	八－38
寻衅滋事罪	基本犯：5 年以下有期徒刑、拘役或管制	新增加重犯刑罚：5～10 年有期徒刑，可以并处罚金	293－2	八－40

续表4

刑罚调整涉及的罪名	原来的刑罚	调整后的刑罚	条款	修正案
组织、领导、参加黑社会性质组织罪	基本犯：3～10年有期徒刑；减轻犯：3年以下有期徒刑、拘役、管制或剥夺政治权利	基本犯一分为二：组织、领导的，最低刑提高到7年，增加并处没收财产；积极参加的，最高刑降到了7年；增加"并处罚金或没收财产"；减轻犯拟增加"可以并处罚金"。	294－1	八－41
包庇、纵容黑社会性质组织罪	基本犯：3年以下有期徒刑、拘役或剥夺政治权利；加重犯：3～10年有期徒刑	提高刑罚到："5年以下有期徒刑"；加重犯刑罚提高到："5年以上有期徒刑"	294－3	八－41
传授犯罪方法罪	基本犯：5年以下有期徒刑、拘役或管制；加重犯：无期徒刑或死刑	二级加重犯刑罚：5～10年有期徒刑；三级加重犯刑罚：10年以上有期徒刑或无期徒刑	295	八－42

这次修法在分则部分除了废除13种罪名的死刑以及对于走私文物罪、走私贵重金属罪、走私珍贵动植物制品罪和传授犯罪方法罪四种犯罪的刑罚幅度，作出减轻的修改外，其他修订的10种罪的刑罚，要么是增加新的必处或者可处附加刑，要么增加新的加重犯的刑罚幅度；要么提高基本犯的刑罚上限，要么提高加重犯的下限（如表4所示）。修法还试图严格限制对判处死刑缓期二年执行（以下简称死缓）的累犯以及暴力犯罪罪犯的减刑，延长其实际服刑刑期。具体是，被判处死缓的罪犯的减刑，原来没有限制，现在改为，因累犯以及因八种暴力犯罪而被判死缓的罪犯减刑一次后，严格限制对其再次减刑；但是，减为无期徒刑，实际执行20年以上，或者减为25年有期徒刑，实际执行18年以上，可以假释；原来规定死缓考验期满后，如果确有重大立功表现，减为有期徒刑的幅度在15年以上20年以下，现在限定为只能减为25年有期徒刑。另外，修法扩大了无再犯时效①的累

① 再犯时效是指上一次刑法执行完毕到再次实施犯罪之间的时间间隔，我国刑法上通常规定为5年。

犯的范围，在危害国家安全犯罪的基础上，增加了实施恐怖活动犯罪和黑社会性质组织犯罪两种犯罪类型；修法在明确缓刑适用条件的同时，还扩大了不适用缓刑的范围：除累犯外，还包括“犯罪集团的首要分子”。最后，因犯数罪被判有期徒刑，总和刑期超过35年的，修法把数罪并罚的宣告刑上限，从过去的20年提高到25年。

犯罪构成规范的快速膨胀和量刑法上处罚力度的持续加大，这种总体趋势，说明我国自1979年以来的刑事立法采取的是刑法的功能化取向；客观上来看，修法是这种持续功能化所体现的“重典”刑事政策的变本加厉。

2. 用“重典”的刑罚结构及其形成的狱内刑期结构和监禁率的变化

自由刑在刑罚体系①中的支柱地位，在司法实务中显得特别突出。我国审判机关所判处的刑罚总数中，监禁刑占绝对多数；② 法官判处中长期监禁刑（5年以上自由刑直到死刑宣告缓期执行）的罪犯数量占判处监禁刑罪犯总数的比例，也相当高（如表5所示）。

表5 我国法院适用监禁刑以及5年以上监禁刑的比例（1996年，2003～2007年）

年份	所判罪犯总数	被判监禁刑的罪犯数	被判监禁刑的罪犯占所有所判罪犯的比例	被判5年以上监禁刑的罪犯数	被判5年以上监禁刑的罪犯占被判监禁刑的罪犯比例
1996年	719348	614323	85.4%	265293	43.2%
2003年	730355	516553	70.7%	158562	30.7%
2004年	752241	509249	67.7%	146237	28.7%
2005年	829238	546017	65.8%	150878	27.6%
2006年	889042	563295	63.4%	153724	27.3%
2007年	931739	581488	62.4%	151378	26.0%

数据来源：这5年的《中国法律年鉴》公布的数据；其中的两个比率是根据基础数据计算出来的。监禁刑在这里指有期徒刑、无期徒刑和死刑缓期执行。这里的数据不包括被判处拘役的人数。如果把这部分人数纳入计算，那么被判监禁刑的比例还会增加。

---

① 刑罚体系是指刑法所规定的所有刑罚种类，按照其特性、功能和相对强度，形成确定的排列顺序（“刑罚梯度”），进而构成的刑种之间相互关联、可互补替代、完整统一的有机结构。

② 最高人民法院有关负责人透露，2009年全国非监禁刑的适用率达到了30.89%［中国法学会刑法学研究会2010年学术年会《会议简报》（2010年9月11日印行）第1期，第3页］。也就是说，该年度监禁刑的适用率还保持在约69.1%的水平。

司法机关也清醒地意识到自由刑本身存在的问题。尽管近年来在努力逐年减少监禁刑和5年以上中长期监禁刑的适用比例，但是在改革死刑核准程序、切实完善非法证据排除规则和不断提高证明标准的背景下，死刑的适用得到明显的严格控制，大多数原本必须立即执行死刑的罪犯，如今越来越多地被长期监禁起来。刑事司法上的这种积极的表现，短时期内不会明显改变我国法院在自由刑适用上的持续"重典"的突出特征。

从刑事司法实务比较的角度来看，2006年德国的刑罚制裁的总体分布结构是：罚金刑，80.6%；自由刑缓，13.6%；监禁刑（自由刑实刑），5.8%。这个刑罚结构与德国1882年的情况完全相反：当时科处的无条件监禁刑占所有科处刑罚的77%，判处罚金的占22%，还有0.03%的死刑。我们目前的刑罚结构与120多年前德国的刑罚适用结构大致相当。①

长期用"重典"的刑事司法实务，也决定了我国监狱内的刑期结构。2002年浙江省监狱管理局的普查数据显示，所有在押犯的37%被判处了5年以下的有期徒刑，27.7%被判处了5~10年的有期徒刑，34.7%被判处了10年以上的有期徒刑，0.6%被判处了无期徒刑和死缓。而北京监狱管理局2005年底的普查显示，所有在押犯（N=14507）的15.2%被判处了5年以下有期徒刑，22.7%被判处了5~10年有期徒刑，62%被判处了10年以上自由刑。2010年2月底，对浙江省监狱的囚犯抽样数据显示，1.1万个样本中，32.1%的囚犯被判处10年以上有期徒刑（3528人），12.1%的囚犯被判处无期徒刑（1336人），7.6%的囚犯被判处了死缓（836人）。被判处5年以上有期徒刑直到死缓的囚犯（8588人）比例占到了78.1%；10年以上有期、无期徒刑和死缓的囚犯比例占到了51.8%。由此，保守估计，目前全国的在押犯中，被判处5年以上有期徒刑直至死刑缓期执行的比例，几乎占到在押囚犯的80%；超过半数的囚犯被判处了10年以上的重刑。重刑判决逐年长期累积形成的这种狱内刑期结构，不仅给监狱的收容能力造成压力，而且也是我国监禁率持续升高的原因。司法部预防犯罪研究所的一份研究报告指出，2006年实际的超容数已达到24万人；根据《中国统计年鉴》给出的数据计算，2005年底，我国的关押率（包括逮捕羁押）

---

① 近代以来欧洲大陆国家刑制结构和刑制重心发生了两次重大变革：第一次是结束于19世纪末的从死刑、肉体刑以及无期徒刑向有期徒刑的转变，这种转变的动因与文明进程中对人的尊严的积极探索有关；第二次是结束于20世纪中叶的从自由刑向控制罚金刑的转变，这种转变的动因与文明进程中对制裁的经济性的特别关注有关。和欧洲大陆国家的比较，可以看到未来我们刑罚制度改革的方向和面临的艰巨任务。

达到了十万分之一百七十五，监禁率达到十万分之一百二十。按照2008年10月底我国监狱在押犯达到161万人①来计算，监禁率目前已升高到十万分之一百二十四。监禁率在不到3年时间增幅就达十万分之四。

2006年，笔者通过实证抽样研究发现，超过5年刑期的大城市监狱的囚犯几乎占到囚犯总数的76%。结合前面提到的普查数据和抽样数据可以发现，我国的犯罪行为人常常容易被科处比较长的监禁刑；被判处中长刑期的囚犯在监狱中执行刑期过长（尽管大量适用了减刑），长期滞留累积，所占的比例越来越大。其中最为突出的是判处了10～15年有期徒刑和判处无期徒刑（一般执行22年）与死缓（一般执行24年）的两组人群（如图1所示）②。尽管最高人民法院的有关负责人说，“1995年以来法官适用非监禁刑的比例从不足14.56%上升到了2009年的30.89%，法官判处比较长的刑期的比例近年来也在逐年减少”，③但是“轻罪依法轻判、重罪依法严惩”的两极化司法政策要求，对轻罪扩大非监禁刑的适用，对严重危害社会秩序的犯罪加大重刑的适用率；④而且，修法明确限制对判处死刑缓期执行的囚犯的再次减刑：二年缓刑期满，没有故意犯罪，减为无期徒刑；确有重大立功表现，减为25年有期徒刑（废除原来的15到20年的减刑幅度，提高并确定为25年）；死缓累犯和八种暴力犯罪的死缓罪犯一次减刑后，严格限制其再减。加之，修法还延长有期徒刑数罪并罚的刑期到25年。限制重罪重刑的减刑和延长有期徒刑数罪并罚刑期，如此一来，长时期内我国监狱囚犯的重刑比例特别大的刑期结构，就将不会有大的积极的改变，甚至长

---

① 邵雷：《司法部监狱管理局2008年工作总结和2009年工作计划》，载《中国监狱》2008年第6期；转引自吴宗宪：《监禁刑执行中的法律监督》，载陈泽宪主编：《刑事法前沿》（第5卷），中国人民公安大学出版社2010年版，第297页。

② Fan, Kriminelle Karrieren. Straftaten, Sanktionen und Rückfall, 2009, S. 42f. 从图1的比较中，我们可以看到：在巴－符州（2006），5年以下短期自由刑占所有自由刑的份额总体上很高，足有85%。相应地，长期自由刑通常只占很小一部分。因此，可以反向推导出德国法官的刑罚适用规律：刑期越长的制裁，越是很少科处。数据显示，2003年德国只有160人被判10年以上15年以下的自由刑，80人被判终身监禁。Statistisches Bundesamt: Strafverfolgung 2003, Wiesbaden 2004, S. 140.

③ 参见中国法学会刑法学研究会2010年学术年会《会议简报》第1期（2010年9月11日印行），第3页。

④ 参见中国法学会刑法学研究会2010年学术年会会议简报第1期（2010年9月11日印行），第3页。

期监禁刑的比例还有继续加大的可能，[①] 超容关押和监禁率的持续快速升高的问题会更加突出。

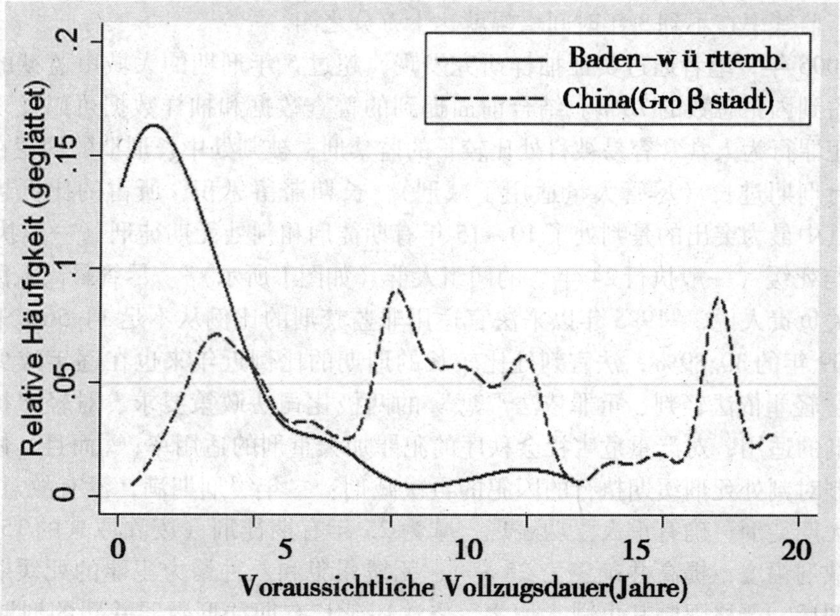

图 1　2006 年 3 月份我国与德国部分大城市监狱囚犯的刑期结构

另外，从国际层面的比较来看，也可以看到，我国刑事司法和监禁刑上表现出来的“重典”特征。以判处的终身自由刑（相当于无期徒刑）为例，1983 年每 10 万居民的终身自由刑判处率，荷兰是 0，挪威是 0. 15，瑞典是 0. 2，丹麦是 0. 4，意大利是 0. 4，爱尔兰是 0. 5，法国是 0. 7，德国是 1. 6，希腊是 1. 6，奥地利是 1. 7，比利时是 2. 0，英格兰/威尔士是 3. 6。但是，要注意，英格兰/威尔士，终身自由刑的适用虽然比较多，但其实际平均执行刑期却在 15 年以下。[②]

终身监禁刑的囚犯数，在德国从 1977 年的 989 人上升到了 1991 年的 1177

---

① 2007 年 11 月 23 日《法制日报》报道，死刑立即执行案件核准权收归最高人民法院的第一年，判处死缓的人数，多年来首次超过了判处死刑立即执行的人数。这说明，在着力减少死刑立即执行人数的核准制度前提下，死刑案件中判处死刑立即执行不予核准而改为死缓的人数可能会越来越多，也就是说，过去原本会被执行死刑的人，如今会越来越多地被长期监禁。这部分人的不断增加，会不断增大长期监禁刑的比例。

② Kindhaeuser/Neumann/Paeffgen (Hrsg.), Strafgesetzbuch, Band 1, 2. Aufl., 2005, S. 1326. Rn. 28.

人。从1992年的1307人一直增长到2004年的1800。[①] 2004年，每10万德国居民的终身监禁率[②]大约是2.2。日本的终身监禁的囚犯数，从1996年的34人上升到2005年的134人,[③] 2004年和2005年每10万日本居民的终身监禁率大约是0.1。2002年，终身监禁刑的囚犯在监狱平均服刑的时间德国大约是16年;[④] 日本是23.4年。[⑤] 与此形成鲜明对比的是我国的刑事司法现状：截至2006年年底，北京市在押的原判死缓的有950人，原判无期徒刑的有1590人，占在押总数的19.3%。[⑥] 那么2006年北京每10万居民的终身监禁率[⑦]就是21.2。2010年浙江的抽样数据显示，在押的原判死缓的有836人，原判无期徒刑的1336人，占总样本的19.7%。如果原判死缓和原判无期徒刑的人数以占在押总数19%的比例来计算，那么2008年我国大陆每10万居民的无期徒刑的监禁率[⑧]大致就是23.5。这个比率，再加上死刑的执行数是世界之最这个事实，相对于欧洲和其他

---

① Statistisches Bundesamt: Rechtspflege. Fachserie 10. Strafvollzug. Wiesbaden 1997 - 2004.

② 2004年德国每10万居民的终身监禁率等于1774/82536700。

③ 2004年日本每10万居民的终身监禁率等于115/127760000。参见Yoshida, Problems Associated with Harsher Sanctioning Trends in Returning to More Severe Punishment in Japan. In: Kury, H. (Hrsg.), Fear of Crime - Punitivity. New Developments in Theory and Research. 2008, S. 404f.

④ Kr ninger, Lebenslange Freiheitsstrafe, Sicherungsverwahrung und Unterbringung in einem pszchiatrischen Krankenhaus - Dauer und Gründe der Beendigung - 2002. Kriminologische Zentralstelle: Wiesbaden 2002. 我国北京地区监狱中被判处无期徒刑的囚犯的实际服刑时间15.5年(186个月)，与德国终身监禁的囚犯平均服刑时间相当。

⑤ Yoshida, Problems Associated with Harsher Sanctioning Trends in Returning to More Severe Punishment in Japan. In: Kury, H. (Hrsg.), Fear of Crime - Punitivity. New Developments in Theory and Research. 2008, S. 413.

⑥ 参见宋红伟:《对重刑犯及累犯适用减刑的实证研究》，载《犯罪与改造研究》2009年第5期。

⑦ 根据北京市公安局、劳动和社会保障局、民政局共同编制的《2006年老年人口信息和老龄事业发展状况报告》，2006年年底北京户籍总人口是1197.6万人。那么2006年北京每10万居民的终身监禁率就等于2540/11976000。

⑧ 2008年年底，我国在押囚犯共计161万；每10万居民的终身监禁率就等于1610000 * 0.19/1300000000。

工业化国家刑事司法的宽纵，就很难说我国刑事司法没有“专务深刻”之嫌。①

3. 修法对有期徒刑数罪并罚总和刑期的延长

从国际刑事司法的发展来看，18世纪末以来的200多年间，自由刑作为国家刑事制裁的经典手段，相对于罚金刑日益失去其重要性。作为打击犯罪的手段，特别是长期自由刑的效果一直以来备受怀疑。这种怀疑是有事实根据的。年龄、智力、性格特征、挫折忍耐度、受教育水平、冲突的解决能力等方面不同的个人，被剥夺了自由，被一体化地控制于监狱，丧失了行为前的社会地位，他与社会和家庭的联系受限，声誉受损，与监禁生活长期相伴随的是失去自主、性生活中断等显著的权利丧失状态。长期封闭的规训生活，使得他们产生各种极不相同的自我适应策略和防卫技术（监狱化过程），这些策略和技术伴随着他们的生存和生活哲学以及人格的变化，成为释放后适应社会生活的严重障碍。因此，如果说长期自由刑对于犯罪行为人产生了积极效应，那不是常规，而只是例外。

长期自由刑的效果，即便是在一般预防的方面，也受到了明显地怀疑。根据美国和德国的新近研究发现，长期自由刑和犯罪率的变化之间没有关系；一个国家犯罪率的变化并不受长期自由刑的影响，而是受该国社会经济因素和社会政策因素，即公民的生存和生活条件的影响。②

从国际比较的视角看，有期自由刑的上限在大部分国家是15年或者20年，但是也有个别极端化的例外。例如，瑞典的有期自由刑上限只有10年，芬兰只有12年。相反，有些国家和地区法律没有规定终身自由刑，如巴西、西班牙、

---

① 当然了，这不能与美国的相应比率进行直接比较，因为根据美国法，大部分科处的自由刑远远超过了人的平均寿命。有学者1986年计算过的一个比较数是45.3。2000年美国的囚犯人数异乎寻常的高达200万，大约是20世纪70年代中期以来的5倍。现在，美国各州的监禁率在每10万居民450~700个囚犯。相对于此，欧洲各国的监禁率在每10万居民65~100个囚犯。参见J. Q. Whitman: Harsh Justice. Criminal Punishment and the Widening Divide between America and Europe. 2003, S. 44。之所以可以与欧洲国家做比较是因为，在欧洲，刑罚个别化理论要求，刑事政策的目标不应是犯罪行为，而应是犯罪行为人，不应是人的行为，而应是人的人格。犯罪行为人在这种宽容的观点下一般都能够得到再社会化的机会。而在美国刑法中，行为人责任的主流学术观点并不关注于犯罪行为人，而是犯罪行为；不关注人格，而是人的行为（具体表现在《量刑指南》中）。人格在美国并没有像在德国、法国等欧洲国家那样具有特别重要的刑事政策意义。无论存在何种差异，所有人格的犯罪行为人在美国一律都要判处刑罚（这是一种平均主义的判决哲学）。美国《量刑指南》指导的实务之所以有刑罚严厉乃至严酷的特色，是因为在美国的民主社会，形式平等已经成为制度。

② Kury/Brandenstein/Yoshida, Kriminalpräventive Wirksamkeit härterer Sanktionen - Zur neuen Punitivität im Ausland（USA, Finnland und Japan）, ZStW 121（2009）Heft 1. S. 214.

挪威、墨西哥、我国香港和澳门地区，有期自由刑的上限水平就显得特别高。总体看来，除死刑外，34 个国家和地区中的 25 个，把终身监禁规定为最为严厉的自由刑；有期自由刑的上限差异显著，有 10 年，也有无限期（如美国、南非、澳大利亚），但是大部分国家的法定上限在 15 ~ 20 年。我国有期徒刑的上限（15 年）和数罪并罚的有期徒刑总和刑期上限（20 年），是属于上限适度的、中等水平的国家（如表 6 所示）。

表 6　部分国家和地区自由刑的上限以及终身自由刑和死刑的制度现状（2010/12）

国家和地区	有期自由刑的上限										终身监禁	死刑
	10	12	14	15	16	20	24	25	30	>30		
阿根廷								◆			◆	–
巴西									◆		–	–
意大利							◆		◆[a]		◆	–
法国									◆		◆	–
德国				◆							◆	–
奥地利						◆					◆	–
西班牙						◆			◆[b]		–	–
葡萄牙								◆			–	–
希腊						◆					◆	–
瑞士						◆					◆	–
比利时									◆		◆	–
荷兰				◆		◆[c]					◆	–
丹麦					◆	◆[d]					◆	–
瑞典	◆[e]		◆[f]								◆	–
挪威				◆		◆[g]					–	–
芬兰		◆		◆[h]							◆	–
爱沙尼亚						◆			◆[i]		◆	–
波兰				◆				◆[j]			◆	–
克罗地亚				◆						20 – 40[k]	–	–

续表 6

国家和地区	有期自由刑的上限										终身监禁	死刑
	10	12	14	15	16	20	24	25	30	>30		
斯洛文尼亚				◆				◆[k1]			–	–
土耳其							◆			36[l]	◆	–
俄罗斯						◆		◆[m]	◆[n]		◆	×
中国内地				◆		◆[o]					◆	×
中国台湾				◆		◆[p]					◆	×
中国香港						◆		◆[q]			◆	–
中国澳门								◆	◆[r]		–	–
日本						◆			◆[s]		◆	×
韩国									◆	50[t]	◆	×
墨西哥										60	–	–
加拿大			◆								◆	–
英国/威尔士			◆								◆	–
南非										∞[u]	◆	–
澳大利亚										∞	◆	–
美国										∞	◆	×

a. 有加重情节的上限；b. 再犯加重上限；c. 再犯和数罪并罚上限；d. 再犯加重上限；e. 严重犯罪再犯加重到 18 年；f. –g. –h. –i. 数罪并罚上限；j. –k. 最严重的犯罪上限；k1. 谋杀或种族灭绝罪；l. 数个判决合并执行上限；m. 数罪并罚的上限是 25 年；n. 数个判决合并处刑不超过 30 年；o. 数罪并罚上限；p. 数罪并罚和再犯加重上限；q. –r. 数罪并罚上限；s. 数罪并罚和再犯加重上限，死刑或终身监禁减为有期徒刑刑期；t. 加重处罚上限；u. 无限期。

日常刑事司法主要面对的是常见多发的犯罪，如盗窃、故意伤害、抢劫、毒品交易、强奸、诈骗、抢夺、故意杀人、寻衅滋事、绑架、贪污、贿赂等。我国刑法对这些犯罪，大多采取数额加重、结果加重或者情节加重犯的立法模式，都规定了无期徒刑。每一种罪都会因为数额特别巨大或者情节、结果特别严重，而可能适用无期徒刑。拿数额犯的数罪并罚来说，多次盗窃、诈骗、抢夺、贪污、受贿、毒品交易，实质上是同种数罪，但是在我国，并不实行数罪并罚，而是累计数额以一罪处罚，数额累积都可能达到判处无期徒刑的程度。无期徒刑的广泛适用可能性，对于日常刑事司法所需要的刑罚上限，已经足够了，没有必要再提高有期徒刑的上限。①

另外，从死刑缓期二年执行和无期徒刑的刑罚执行实务来看，死缓实际执行的最长刑期一般是 24 年，无期徒刑一般是 22 年。把有期徒刑数罪并罚的绝对上限从 20 年提高到 25 年，那么从刑罚执行的长度比较，有期徒刑就可能比死缓和无期徒刑还要严厉。这些情况是明显违反刑罚体系的结构逻辑的。

鉴于长期自由刑的执行给囚犯释放后的再社会化②会造成比较大的障碍，重罪严惩对于犯罪率的变化并没有影响，并考虑到与世界上比较有影响的国家和地区相比，我国的有期徒刑上限处于中等程度的适度刑期水平，加之提高刑罚上限没有必要并且在实务中可能悖逆刑罚体系的结构逻辑，那么修法把有期徒刑数罪总和刑罚超过 35 年的，处断的总和刑期上限由 20 年提高到 25 年，无论如何，在我国刑罚结构“生刑偏轻”命题的误导③下，“加重生刑”的刑罚结构调整都是非理性的“重典”立法。

4. 修法对黑社会性质组织犯罪的惩处力度加大

黑社会性质组织所实施的犯罪多是严重的犯罪。修法不仅增加了刑种（并处罚金、没收财产），并且把这种组织经常采取的敲诈勒索罪的法定最高刑，由 10 年提高到了 15 年。另外还把这种组织经常采取的另一种犯罪形式④——强迫交易罪的法定最高刑，由 3 年提高到了 7 年。

在量刑实务领域实证研究发现：一方面，法官量刑时，特别看重行为的严重

---

① 参见阮齐林：《中国控制死刑方略》，载陈泽宪、贾宇、曲新久主编：《刑法理论与实务热点聚焦》（上卷），中国人民公安大学出版社 2010 年版，第 752 ~ 753 页。

② 再社会化的概念可以理解为使囚犯将来能够以对社会负责的态度过上一种没有犯罪行为的生活所进行的努力的总和。

③ 该命题是陈兴良教授最早提出的，参见陈兴良：《刑罚改革论纲》，载《法学家》2006 年第 1 期；陈泽宪、梁根林、张明楷等教授都对“生刑偏轻”需要“加重生刑”的命题，提出过合理质疑。最近的文献，参阅阮齐林：《中国控制死刑方略》，载陈泽宪、贾宇、曲新久主编：《刑法理论与实务热点聚焦》（上卷），中国人民公安大学出版社 2010 年版，第 750 ~ 753 页。

④ 因为黑社会性质组织经常采用敲诈勒索和强迫交易的犯罪形式，因而提高作为普通犯罪的这两种犯罪的法定最高刑，这种立法根据是否能站得住脚，是值得怀疑的。

性[①]要素；另一方面，在适用的刑罚幅度内量刑时，法官有选择较轻区域的取向，绝大部分的刑罚适用通常是在刑罚幅度内的下 1/3 区域。[②] 例如，上海监狱管理局 2007 年的普查发现，在全局因抢劫而被监禁的囚犯（N = 5954）中，161 人被判了两年以下的自由刑，1203 人被判了 2 ~ 4 年的自由刑，1570 人被判了 4 ~7 年的监禁，总体上看，49. 3% 的人被判了 7 年以下监禁。而抢劫的基本刑罚幅度是 3 ~ 10 年有期徒刑（只是在情节特别严重的情况下，才可以判处 10 年以上有期徒刑）。对于抢劫，有期徒刑的幅度在 3 ~ 15 年，其中值是 9 年｛[Mittelwert = （15 – 3） /2 + 3]｝。如果把 9 年作为所给定的刑罚幅度的法官量刑“切入点”，那么就可以清楚地看到，因抢劫而作出的量刑结果，绝大多数都落在了法定刑罚幅度的下 1/3 范围内。

量刑实务的实证研究还发现，可比刑罚幅度的刑罚适用的平均值，通常不会超过法定刑罚幅度的下 1/3 区域的界线值。例如，2001 年阮齐林等人在北京朝阳区法院对该院 1999 年所判案件（N = 1314）进行的案卷统计分析表明，对于中等严重程度的盗窃和伤害犯罪，平均判处的刑期各自是 13. 2 个月和 17. 6 个月，而相应的法定刑罚幅度是 6 个月 ~ 36 个月（中值 = 21 个月）；而这两种犯罪在情节严重的情况下，平均判处的刑罚分别是 62. 3 个月和 53. 1 个月，而法定刑罚幅度是 36 个月 ~ 120 个月（中值 = 78 个月），量刑的平均水平低于刑罚幅度的下 1/3 线值。[③] 法官这种保守的量刑经验和传统，长期以来一再得到实证研究的证明。最近的证据是白建军教授的实证研究结论（如表 7 所示）[④]。

① 行为严重性的维度表现在：在财产犯罪案件中主要是罪的个数，损失额度或者说所获得的赃物；在抢劫的情况下，是损失额度和威胁程度，在毒品犯罪中，关键是所涉及的毒品的量；被害人的利益，实际上是关注行为给被害人造成的后果。

② H. – J. Albrecht, Strafzumessung bei schwerer Kriminalität, 1994. Gätting, Gesetzliche Strafrahmen und Strafzumessungspraxis, 1997, S. 231f. Dälling, über die Strafzumessung beim Raub, in: Gässel/Triffterer(Hrsg.), Gedächtnisschrif für Heinz Zipf, 1999, S. 177 – 196. H. – J. Albrecht, Tatproportionalität in der Strafzumessungspraxis, in: Frisch/von Hirsch/Albrecht (Hrsg.), Tatproportionalität, 2003, S. 227f.

③ 特别要说明的是，阮齐林教授的计算结果是在下 1/2 的区域，笔者仔细计算后，应该是在下 1/3 的区域。

④ 参见白建军：《裸刑均值的意义》，载《法学研究》2010 年第 6 期，第 137 页以下。尽管笔者也赞成白建军教授对司法实践中推行法定刑中线说的批判（第 140 页），但是我不同意他的理据，因为他认为，法定刑中线说会导致量刑实践的大起大落。根据平均制裁水平不超过法定刑罚幅度的下 1/3 界限值的实证发现，笔者认为法院系统如果把量刑的基准确定为法定刑的中线，实际上必然会在整体上把刑事制裁的严厉水平抬高刑罚幅度的至少 1/6。

表7 19组犯罪的"裸刑均值"、① 刑罚幅度的下1/3区域与法定刑罚幅度的关系

罪名	有期徒刑幅度（月）	中线值（月）	刑罚幅度下1/3区域（月）	裸刑均值（月）	样本数（个）	各类罪内样本比例（%）
盗窃基本犯	6～36	21	6～16	9.4	7476	72
一级加重	36～120	78	36～64	51.6	1975	19
二级加重	120～180	150	120～140	134.1	976	9
伤害基本犯	6～36	21	6～16	12.1	1579	59
一级加重	36～120	78	36～64	54.9	770	29
二级加重	120～180	150	120～140	138.1	333	12
抢夺基本犯	6～36	21	6～16	12.9	454	76
一级加重	36～120	78	36～64	57.8	112	19
二级加重	120～180	150	120～140	**147.2**	30	5
诈骗基本犯	6～36	21	6～16	14.7	714	43
一级加重	36～120	78	36～64	57.6	476	28
二级加重	120～180	150	120～140	**141.1**	492	**29**
交通肇事基本犯	6～36	21	6～16	17.3	122	41
一级加重	36～84	60	36～52	43.5	166	56
二级加重	84～180	132	84～116	94.3	7	2
抢劫基本犯	36～120	78	36～64	47.4	3044	86
加重犯	120～180	150	120～140	**158.9**	492	**14**
强奸基本犯	36～120	78	36～64	58.8	645	79
加重犯	120～180	150	120～140	137.9	172	21

＊一级加重是指情节严重的犯罪；二级加重是指情节特别严重的犯罪。＊＊本表是作者根据白建军教授的文章提供的数据计算制作而成。＊＊＊表中个别均值（黑体）超过下1/3线，主要是由于样本比例和其他不可控变量的影响造成的。

上面的实证发现说明，刑法上提供的刑罚幅度只是被动用了一小部分；刑罚

① 这是白建军教授对量刑法理论上的常例平均刑度或者通例平均刑度的土叫法。这个术语是德国联邦法院在量刑的"幅的理论"前提下发展出的一种叫做"均案学说（average case doctrine; der empirische Durchschnittsfall/Regelfall/Normalfall）"的确定量刑切入点的做法。该联邦法院认为，一个均案总体上是一个严重性较低的案件，因此这样的案件的刑罚切入点不必落在法定刑罚幅度的中线上，而必须确定在刑罚幅度的下1/3区域。

幅度没有启用的2/3部分，主要是留给再犯案件和个别的极端案件的。再犯事实在量刑时会增大本次犯罪的刑度，但是前科的从重影响即便很强劲，在经验上，往往还不足以达到让法官把有期自由刑的刑度直接拔高到满贯的程度。总之，法官对于直接适用刑罚幅度的上限还是有所保留的，法定最高刑基本上是给个别极端案件备用的。

因此，为了“加大惩处力度”的修法目的，提高法定最高刑，实际上很难起到整体上加大力度的效果；① 另一方面，存在刑罚幅度中不常启用的2/3的储备的情况下，提高刑罚上限也是不必要的。

5. 刑法在功能化方向上的持续发展及其效果

从我国刑事立法的发展和修法的动向看，刑法还在走持续功能化的老路子。只要安全、财经、交通等政策中，任何一种社会利益需要支持，或者任何一种国家利益受到的威胁需要排除，被功能化的刑法都是一件廉价的、几乎随时可以投入使用的全能武器。而其投入的目的仅仅是防止不希望的行为方式；其目标指向只是行为控制。功能化最大的优点是其灵活性：如果现实中出现了需要保护的利益，就创设一个相应的刑法规范；如果原来所规定的制裁力度看起来不够，就提高刑罚幅度或者扩大刑罚范围。存在特定的法益，原本是创设新的刑法规范的必要条件，功能主义的立法者执意把它完全彻底地变成创设新的犯罪构成的充分条件——没有刑罚就没有特定的利益。这种立法取向，往往无视刑法的“补充性法益保护”的手段特征，以及刑法为公民创造自由空间的内在价值，忽视检验确立新的犯罪构成要件的绝对必要性，忘记刑法只是所有社会控制手段中之一种（而不是唯一的一种！），是不可轻易使用和首先使用的极端手段的特征，把刑法完全变成了为社会政策保驾护航的工具，导致刑法无节制地膨胀。这种方式在政治上当然是方便的举措，因为对不希望出现的行为予以刑罚处罚，通常会得到民意的赞成和支持（立法上的平民主义②）；但是，它同时也导致刑法逐渐贬值：如果所有的不法都是可以予以刑罚处罚的，那么刑罚就从根本上丧失了其突出的社会伦理上的非价评判的意义。③ 因为这种伦理的非价评判的特殊条件在于：刑

---

① 要实现这个修法目的，从技术上看，唯一的办法就只能是提高法定最低刑来抬高（而不是拔高！）实务中刑罚的制裁水平。

② 指一种忽视科学理性、在政治上刻意迎合普通民众的意识形态。

③ 这也有立法技术上的原因。由于我国立法者对罪刑法定所要求的罪名明确性轻率地误解为犯罪行为或者犯罪对象上的“一一对应”，刻意避免罪名的概括性，规定了大量的选择性罪名，导致刑法上的绝大多数行政犯的罪名冗繁，这就很难像自然犯那样简明的罪名充分地突出对行为的伦理非难。

罚只是在合适而必要的合法性前提下，作为对于严重不法极端的和最严厉的社会反应时，才允许合乎相当性原则地投入使用。

因此，在刑法立法的时候，首先要反对法益的无节制膨胀（贬值或通胀）。创设新的刑法规范的前提是，它对于保护法益是合适的，并且与国家的其他措施相比较，它又是绝对必要的。也就是说，既不能把不是刑法法益的法益，当做刑法法益，也不能把国家的其他措施能够保护、由于行政不作为而没能保护的、没有刑法保护绝对必要性的法益，随意交付给刑法来保护。例如，不支付劳动报酬罪，雇用童工从事危重劳动罪，组织残疾人、儿童乞讨罪，强令违章冒险作业罪等的保护法益，是不是属于刑法应该保护的法益，有没有刑法保护的绝对必要性，都是值得怀疑的。其次，立法者在考虑加大惩处力度的时候，要切实考虑到，刑罚只能并一直是最后的手段。刑罚在社会控制体系中属于最后手段的定位，必然衍生出必要性原则（也叫最小侵害原则）[①] 主导的理性刑事政策命题。这个命题要求刑罚的严厉性，不可无视刑罚体系的逻辑和量刑实务的经验，无根据、无限制地加大。因为，严厉的刑罚与不怎么严厉的刑罚相比，在预防犯罪上并没有明显的差别，而且严厉的刑罚对于行为人会产生不必要的过度痛苦。此外，经济的、社会的、个人的和即时情景的大量因素，对于产生犯罪和持续犯罪都有着重要的影响，而这些因素通常存在于刑法制度的影响范围之外，也就是说，刑法制度并不能积极地影响这些因素。但是，公众和政治家习惯于把刑罚的功能简单并且片面地理解为一般性的威慑，每当一段时期犯罪率上升、公民安全感降低、社会治安形势恶化的时候，他们习惯于把问题错误地归咎于公检法机关的“打击不力”上。为避免“打击不力”的指责，公检法机关安排了一轮又一轮的“严打”运动和“专项斗争”。因此，尽管 1983 年 8 月到 1984 年 3 月底，“严打”初期的 8 个月时间，法院就判处了 64.9 万人，[②] 实现了 1985～1986 年社会治安秩序和社会风气的明显好转，[③] 但是仅仅依靠退守于一般预防的刑法，在遏制犯罪发展势头上，是否能够长时期事实上功能性的起作用，是值得怀疑的。根据 1986～1989 年最高人民法院的年度司法报告公布的数据可以发现，尽

---

① 必要性原则，或称“最小侵害原则”，即为达到所希望的公法目的而采取的手段，只有当不能选择其他同样有效且对基本权利的干预和限制可能造成的侵害更小的方法时，采取该手段，才可以被认为是必要的。

② 这个数据是根据 1984～1987 年最高人民法院郑天翔院长的《最高人民法院工作报告》公布的数据，计算而来。

③ 参见 1987 年，最高人民法院院长郑天翔所做的《最高人民法院工作报告》。

管“严打”前后的28个月对比，刑事发案数下降了35.9%，但是“严打”期间的1985年刑事发案数比1984年增加了2.8万件，1987年比1986年刑事立案增长4.3%；尽管1985～1987年的刑事发案率①连续3年保持在万分之五左右的较低水平，但是盗窃、诈骗案件在高压之下仍大量增加，重大、恶性刑事案件反而超常增长。尤其是青少年犯罪的增长最为突出，从1982年占所有刑事案件的62.9%上升到1987年的74.4%。根据《中国法律年鉴》公布的数据，1985年法院判刑的罪犯人数是27.7万人，1995年达到了54.5万人，增长了97%；2008年法院判刑的人数是100.8万，比1985年增长了264%。从1983年8月以来的五届司法年度来看，第五届司法年度比第1届判刑人数增长了104%（如表8所示）。

表8　1983～2007年五届司法年度法院判刑人数增幅比较

司法年度	刑事判决生效人数	比前届增长	增长倍数
1983.8～1987年	2047347		
1988～1992年	2438217	19.1%	1.2
1993～1997年	2742133	12.5%	1.1
1998～2002年	3220000	17.4%	1.2
2003～2007年	4184000	29.9%	1.3

1979年监狱囚犯人数是62.1万人，到了1984年，就增长到122.6万人，增长了97.4%；1990年囚犯人数达到125.1万人，到1996年底达到141.7万人，比1979年增长了128%；2005年底囚犯数是156.6万人，到了2008年10月底达到161万人，比1979年增长了159%。近30年来，我国的人口政策使得人口结构出现了变化，最具犯罪活力的14岁～30岁人群的人口数在总体人口中的相对比例在不断减少；而侦破率从近80%降到了40%的较低水平，② 在这样的情

① 刑事案件发案率是指每年度依法侦查或确认的符合刑事案件立案标准的案件数与年平均人口的万分比，其公式为：刑事案件发案率＝年刑事案件发案总数/该地与年平均人口数×10000。由于刑事案件发案率可以考察某一时间点上刑事犯罪对整个社会治安的危害和威胁程度，目前国际上较为通用。

② 根据《中国法律年鉴》，1981年到1986年（1983年缺失）我国公安机关刑事案件的总体破案率平均是77%，1986年后开始回落到1988年的60%左右，1988年后上升至1996年的新峰值80%；1996年后开始大幅回落，直到2000年跌破50%。2000～2009年，我国公安机关刑事案件的总体破案率主要在40%～45%波动。

况下，犯罪明数仍以平均每年7.8%的速度在强劲增长。① 2009年，刑事案件立案数达到530万件，刑事发案率达到了万分之四十点八，是当年“严打”效果最好的1985～1987年指标的近8.2倍，是新中国成立以来治安最好的1955～1965年的（万分之三到万分之四）的10.2～13.6倍。这就是说，犯罪增长的势头，并没有得到有效地遏制。

无论立法上刑罚规定多么严厉，司法上刑罚适用的力度多么强大，特别严重犯罪的数量仍在大幅增长。观察1988年到2007年对杀人、伤害、抢劫和强奸四类暴力案件公安机关立案数据的变化就能发现，暴力犯罪在大幅增长（如表9所示）。把时间跨度放在1982～2010年来观察包括严重盗窃的5种犯罪的变化，尽管杀人和强奸犯罪长时期的变化比较稳定，但是严重盗窃、抢劫和伤害犯罪的增长幅度特别突出（如图2所示）。观察最高人民检察院和最高人民法院1983～2007年五个司法年度分别批捕、起诉和审结的爆炸、故意杀人、强奸、抢劫、绑架、故意重伤等严重暴力犯罪和黑社会性质组织犯罪（如表10所示），同样可以发现在惩罚主义的犯罪控制中，犯罪的总体罪行程度，并没有趋轻，反而在不断加重。尤其是1998～2007年，从批捕和起诉的数据看，表现在规模上的罪行严重程度翻了一番多。

表9　1988～2007年公安机关立案侦查的四类暴力犯罪的发展

司法年度	杀人	伤害	抢劫	强奸	总数
1988～1992年	96034	201696	358198	212504	868432
1993～1997年	130770	342781	616392	216493	1306436
1998～2002年	137302	574337	1390683	195030	2297352
2003～2007年	103929	777335	1616602	174208	2672074

数据来源：根据相关年度的《中国法律年鉴》上的数据计算而来。

① 赵国玲、王海涛：《改革治安警务模式的构想》，载《中国刑事法杂志》2007年第2期。

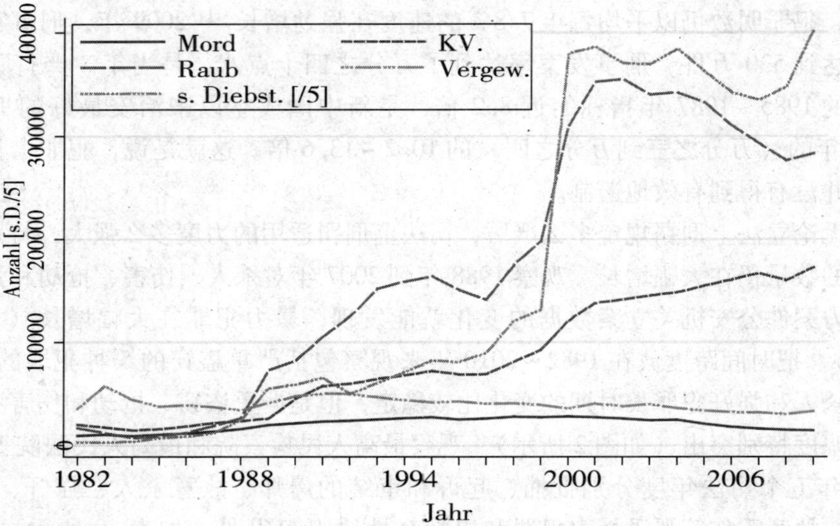

图 2　1982～2010 年全国公安机关立案的严重刑事案件数的变化（单位：起）

注：Mord：故意杀人；Raub：抢劫；KV.：伤害；Vergew.：强奸；s. Diebst.：严重盗窃。本图的统计数据引自 1983～2011 年《中国法律年鉴》；2000 年以后严重盗窃的统计标准发生了变化，仅仅是指入室盗窃和盗窃机动车辆。因此，2000 年后的盗窃数据比 1999 年的数据有大幅增长。

表 10　特别严重犯罪的增长幅度（1983～2007 年）——来自最高司法报告的数据

司法年度	批捕（人）	同比增长（%）	起诉（人）	同比增长（%）	审结（件）	同比增长（%）	判决（人）	同比增长（%）
1983～1987 年					684945		931093	
1988～1992 年	871922				750744	8.8	1107816	15.9
1993～1997 年	939422a		770065a		1022326b		1413051b	
1998～2002 年	411379		410511		1090000c	7	1610000c	14
2003～2007 年	906947	54.6	931876	55.9	1200000	10.9		

a. 其中还包括涉枪犯罪和毒品犯罪；b. 其中还包括危害国家安全犯罪、涉枪犯罪、毒品犯罪、拐卖妇女儿童犯罪等。c. 其中还包括盗窃、毒品犯罪、淫秽物品和非法出版物犯罪以及拐卖妇女儿童犯罪。

二、修法开拓出实质性的“从宽”空间了吗

修法在从严惩处严重犯罪的同时，通过废除部分罪名的死刑，从宽处理老年

人和未成年人犯罪，放宽假释适用范围，落实坦白从宽的政策，对刑法作了从宽方向上的一些修改和补充，希望落实和体现宽严相济的刑事政策中宽容的一面。

（一）修法对死刑罪名的部分减少

《分则》立法上死刑罪名过多的问题，[①] 使得立法者面临着大幅度实质削减死刑的巨大压力。

我国早在1979年《刑法》第43条就明确了限制死刑的思想：死刑只适用于罪大恶极的犯罪分子；1997年《刑法》“总则”第48条第1款第1句隐去了过去对行为人的主观方面的要求，转而对死刑立法和司法标准做了突出强调行为的客观方面的修订：[②] 死刑只适用于罪行极其严重的犯罪分子。但是，表达这个思想的核心概念——“罪行极其严重”始终存在严重的不明确性。[③] 它究竟是指所有的犯罪类型中最严重程度的类型呢？还是指每一犯罪类型中具体犯罪行为的严重程度呢？或者是最严重的类型中的最严重的具体犯罪行为？为防止这种不明确性给“分则”部分死刑罪名的膨胀和法官的恣意量刑造成便利，影响立法和司法上限制死刑的效果，就需要对这个概念做进一步地明确解释。但是，要做出明确的解释是相当困难的，原因在于我们的刑法理论没有引入刑法立法上作为确立犯罪构成要件根据和界限的“法益”这个概念。

学术上所确定的刑法的任务应当是“补充性的法益保护”。[④] 从这个任务中推导出来的以法益为核心的实体犯罪概念，不仅能够告诉立法者，一种行为在内容上具有什么样的性质才能受到国家刑罚的处罚，而且还能够告诉立法者合法的刑罚处罚的界限究竟在哪里。法益的学理定义，按照Roxin教授的说法，就是所有对于个人的自由发展、其基本权利的实现和建立在这种目标观念基础上的国家

---

① 68种死刑罪名占刑法典444种罪名的15.3%；也有学者不认同我国刑法上有68种死刑罪名的统计，参阅潘星丞：《限制死刑，还是扩张死刑?》，载陈泽宪、贾宇、曲新久主编：《刑法理论与实务热点聚焦》（上卷），中国人民公安大学出版社2010年版，第850~857页。

② 我国死刑的实证研究也发现：死刑的判处在很大程度上取决于行为的严重程度和一般预防的需要（法律之外的因素——民意），而很少关注行为人的主观方面（例如，没有把谋杀者和一般杀人犯区分开来）。参见阿尔布莱希特：《死刑案件辩护实证研究报告》，载陈泽宪主编：《死刑案件的辩护》，中国社会科学出版社2006年版，第83页、第130页。

③ 关于对我国死刑适用标准的不同理解，最新的文献，参阅吴光侠：《论死刑司法适用的标准》，载陈泽宪主编：《刑事法前沿》（第5卷），中国人民公安大学出版社2010年版，第393~402页。

④ Roxin, Strafrecht, AT4, 2006, S. 14.

制度的功能运转所必要的现实存在或者目的设定。[①]

从这个定义看，法益是有明显的层次的，[②] 可以分为个人法益[③]和整体法益。整体法益包括国家法益和社会法益。本质上，整体法益是以个人法益为根本推导出来的，那么在重要性的排序上由高到低就是：个人法益、社会法益和国家法益。犯罪涉及的社会法益：公共安全、公共信用、善良风俗、公共秩序、网络安全等。涉及的国家法益有，如国家的存立和安全等。从最高位阶的实定法来看，宪法上所保护的核心个人利益就是法益。那么，整体的利益（国家和社会的利益）在什么范围内应该看做法益？这就要看这种整体利益是否有助于促进个人正面的生活条件。也就是说，整体利益只是在有助于促进个人的正面的生活条件（对个人生活条件有建设性影响的）前提下，才是整体法益。也就是说，这种整体法益最终又必须间接地服务于个人。个人是法益的出发点，也是归宿点。

由于法益的层次和排序，就能够恰当的解决什么是“罪行极其严重”的不明确性（这个可以通过在给定罪名定义的情况下，通过民调问卷统计来发现对罪的严重性的排序，以此确定到底什么犯罪是最严重的犯罪），也就能够解决所有的死刑罪名中，哪些罪名是不属于“罪行极其严重”的范围，而应当予以废除。这次修法废除走私罪、诈骗罪、盗窃罪三类犯罪中之13种死刑罪名，占死刑罪名种类总数的19.1%。值得注意的是废除这些犯罪死刑的理由，修法的《说明》中，虽然没有明确说这些犯罪所涉及的罪行不是“极其严重”的罪行，而是说在刑事司法实务中，拟取消的13种死刑罪名，都是在近年来较少适用或基本未适用过的经济性非暴力犯罪，[④] 那么由此修法理由，可以推导出两个结论：其一，立法者所认为的“罪行极其严重”已经被限缩在暴力犯罪的范围内，

---

① Roxin, Strafrecht, AT4, 2006, S.16.

② 我国刑法理论上“社会危害性”的概念，并没有这种层次性。因此，很难说68种规定了死刑的犯罪罪行，哪一个是极其严重的。如果把生命、国家安全、国家的货币制度等法益并列在一起，做个问卷，以“社会危害性”概念为实质犯罪定义的答卷者就很难排列出个次序来。

③ 个人法益：分为专属一身的法益和非专属于一身的法益。前者是比较高的利益，如生命、身体、自由和名誉，这些利益不能让予和转移；后者主要是指财产法益。而财产法益又可分为保护整体财产利益和保护个别财产利益（所有权）两种类型。前者，如诈骗、背信；后者，如盗窃、抢劫、毁损等罪。

④ 参见全国人大常委会法制工作委员会主任李适时受委员长会议委托，于2010年8月23日在第11届全国人大常委会第16次会议上所做的《关于〈中华人民共和国刑法修正案（八）〉（修正案）的说明》，第2页。

所有的经济性非暴力犯罪不属于“罪行极其严重”的犯罪；这就为以后进一步废除其他具备这种属性的犯罪的死刑，① 在较为具体明确的标准上作出了坚实地铺垫。② 其二，实务中死刑的适用数量并不会因废除这13种死刑罪名而得到实际减少。涉及死刑的诸多罪名中，实务中真正较多适用的罪名主要集中在故意杀人犯罪、强奸、抢劫等特别严重的几个罪名上。③ 为了限制并减少故意杀人犯罪的死刑适用，在犯罪构成上对杀人罪进行层级分解，倒是可以考虑的立法技术和策略：把杀人罪罪群层分为种族灭绝罪，谋杀罪（加重犯）；一般杀人罪（基本犯）；受嘱托杀人（减轻）；过失杀人；危难不救和遗弃（危险犯）。把种族灭绝罪和谋杀罪的法定刑规定为处死刑或者无期徒刑。此外，还可以在立法上改进死刑缓期执行的宣告制度。我国《刑法》第48条第1款第2句规定，如果不是必须立即执行的，可以在判处死刑的同时宣告缓期执行。因此，立法上明确规定“不是必须立即执行的”具体标准，④ 也可能会大大减少死刑的适用率。总之，相对于后面要提到的迫切需要解决的立法中的绝对死刑问题，考虑到实质性的大幅削减死刑罪名还可以利用的立法技术空间和策略，优先废除这13种所谓“经过慎重选择的”（法工委同志语）死刑罪名本身，无论如何，都没有太大的现实性和实质性意义。

尽管1997年刑法大改革之后的一个决定和七个修正案没有增加一个死刑罪

---

① 我国现行刑法的68种死刑罪名中，经济性的非暴力犯罪的死刑罪名有40多种，占死刑罪名总数的2/3。废除13个罪名后，这2/3中的67.5%的罪名就是下一步可以考虑废除的对象。

② 修法理由明确了“罪行极其严重”的犯罪中不应当包括经济性的非暴力犯罪；进一步具体限制和缩小死刑适用范围的实体意义，要远远大于减少13个具体死刑罪名本身的象征意义。

③ 从对几个特别严重的犯罪的死刑适用率来看，法官对于“罪行极其严重”的范围和次序，基本上早已有了和“法益”概念大致类似的意识。

④ 2008年最高人民法院院长肖扬的年度司法工作报告指出，最高人民法院依法复核死刑案件，确保死刑只适用于极少数罪行极其严重、性质极其恶劣、社会危害性极大的犯罪分子。参见《中华人民共和国第11届全国人民代表大会第1次会议文件汇编》，人民出版社2008年版，第235页。他提出的这个死刑适用标准，一方面强调人数必须是“极少数”，另一方面在包含刑法明确规定的“罪行极其严重”的标准的同时，还加上了“性质极其恶劣、社会危害性极大”两个标准，可以看做是核准死刑“立即执行”的统一司法标准，是符合第48条的立法精神的司法解释。但是，原本就不明确的“罪行极其严重”标准之外，又增加了两个同样不够明确的标准。无论如何，对于死刑案件核准实务的具体把握和运用来说，该标准就更加的欠缺明确性。

名，从1979年刑法立法以来没有减少一个死刑罪名的事实[①]来看，1997年以来死刑罪名数长期保持不变的冻结政策，在这次修法中出现了解冻的积极征兆。但是，无论如何不宜夸大这次减少死刑罪名本身的实质意义，因为修法对于“分则”部分死刑罪名无论量大量小的任何减少，都只是“分则”立法向着“总则”第48条第1款第1句及《公民权利和政治权利国际公约》第6条第2款所确立的规范目标的积极回归，这只是立法者开始考虑象征性地减少死刑的开始；大幅度实质削减死刑的适用乃至最终废除死刑制度，我们还有漫长而艰难的路要走。

（二）关于对老年人犯罪的从宽处理

在我国刑法上，责任能力的前提有两个：年龄和精神状态。年龄的责任前提是法律拟制的，而精神状态的责任前提，需要结合两个责任能力要素经过法定程序鉴定确认。

责任能力与年龄有关。与年龄相关的责任能力，是法律所拟制或推定的责任能力，这种推定的责任能力与某个个体在该年龄事实上的认知能力和控制能力没有关系。修法对审判时年满75周岁的老年人拟制了限制责任能力，给予了刑罚福利：对年满75周岁的人故意犯罪的，可以从轻或者减轻处罚，过失犯罪的，应当从轻或者减轻处罚（在第17条后增加一条，作为第17条之一）；除特别残忍手段致人死亡的外，审判时年满75周岁的人，不适用死刑；符合缓刑条件的，应当予以缓刑。

立法者是想从年龄影响责任能力的角度把已满75周岁的年迈事实，拟制为酌定的（故意犯）或者法定的（过失犯）从轻或者减轻处罚的量刑情节。未成年人刑事责任能力的法律拟制是大部分成文法国家的通例。而审判时年满75周岁老人的刑事责任能力的这种法律拟制，在犯罪学上是没有必要的，在刑法学上也是没有意义的。

从犯罪与年龄的关系上看，犯罪发生率最高的年龄段在14岁～40岁，[②] 75岁以上的人犯罪的情况特别少见，没有犯罪学意义。之所以没有犯罪学意义，是

---

① 1997年修订刑法前后，围绕死刑的存废争论，当时的人大常委会副委员长王汉斌在《修法说明》中指出：“这次修订，对现行法律规定的死刑，原则上不减少也不增加”，这可以看做是1979年后立法上不断增加死刑罪名的明确叫停。参见《关于中华人民共和国刑法（修订修正案）的说明》。

② Fan, Kriminelle Karrieren. Straftaten, Sanktionen und Rückfall, 2009, S. 93.

因为如果把年满60岁作为老年人的标准,[①] 年满75周岁的人，就属于老人中的高龄人群。这个群体的大部分人，一方面，活动范围和行为方式受到体力、机会和智力上的限制。例如，暴力犯罪，诸如抢劫、伤害等犯罪所需要的体力不够了，盗窃需要的敏捷没有了，年老体衰，笨手笨脚；这些人绝大部分早已完成了从职业生活到退休生活的角色转换，已经没有实施如贪污、受贿等犯罪的机会；智力上已经开始迟钝，难于实施诈骗犯罪，犯罪被害人学研究发现，这类人群反倒常常成为诈骗犯罪的被害人。另一方面，从老年人犯罪的角度来看，尽管不能实施严重的暴力犯罪，老年人也可能会转换犯罪结构，实施较轻的犯罪。不能去抢劫和盗窃，代之以窝赃、销赃；不能去实施伤害，转而去侮辱他人，不能实施强奸，却去猥亵儿童。但是，由于老年人犯罪的这种轻罪特征，他们的犯罪行为通常又会受到人们的宽容，而较少被报案。大部分老年人犯罪常常处于黑数状态。老年人文化活动组织、家人的关照或者养老院的管理，这些非正式的社会控制因素使得老年人实施犯罪的机会和诱因大大减少。

另外，各个国家的居民人均寿命的平均值是不同的。《2008年世界卫生组织报告》显示，我国居民人均寿命72岁（男性70岁，女性是74岁）。我国的大部分人目前达不到75岁这个寿数。年满75周岁的这部分人群在我国总人口中，所占比例特别小，实施犯罪的人就更少。

从刑事司法实务来看，对已满75岁的人判处绝对监禁刑的情况，无论中国还是外国，都非常罕见。从2006年中德监狱囚犯的年龄分布图（抽样数据）中，就可以看到这一点（如图3所示）。[②] 这种监狱囚犯的年龄结构特征，还可以从其他数据得到印证：2010年2月底，对浙江省监狱的囚犯抽样数据显示，1.1万个样本中，年满75周岁的只有两个人（所占比例：0.000182）。

---

① 60周岁的人就退出职业生活，进入退休状态。社会学问卷发现，年轻人一般认为60周岁到65周岁是人进入老年的门槛。国际上警方的刑事统计通常把60周岁作为老人的统计标准。

② Fan, Kriminelle Karrieren. Straftaten, Sanktionen und Rückfall, 2009, S. 80.

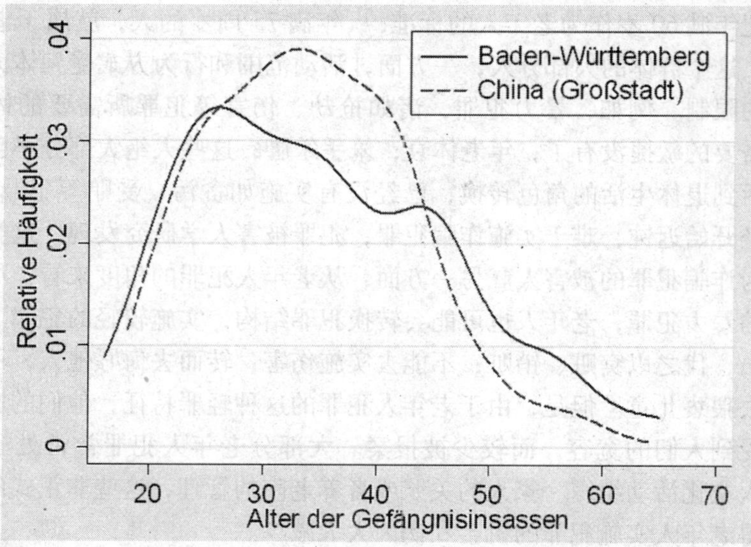

图 3　2006 年在押囚犯的年龄分布结构（中德比较）

数据来源：德国巴符州的数据来自 2006 年 3 月 31 日该州的司法统计报告和中国 13 个大城市监狱的抽样数据。

从高龄个体的刑事责任能力的实际状况来看，有没有病态的精神紊乱，有没有深度的意识障碍，有没有痴呆，有没有其他的精神耗散，年满 75 周岁的人的实际责任能力，完全可以通过法定程序鉴定确认。① 如果没有区别的仅仅把年满 75 周岁的年迈事实作为拟制的相对责任能力的要素，那么在刑事程序法上，年满 75 周岁的被害人，即便是该年满 75 周岁的被害人事实上头脑清晰、记忆力好，因为其年迈事实，其被害人身份的证人证言的有效性和可靠性，就有可能因为其年迈而拟制推定的辨认力弱或者记忆力差而受到怀疑。另一种可能的情况是，年满 75 周岁的人，如果腿脚灵便、头脑清晰、思维敏捷、记忆力好，各项机能正常，作为他人案件的证人，可能会出于各种目的，大可不必负责地恣意作伪证，因为最大也不过受到刑法上的缓刑处理（第 305 条：伪证罪处 3 年以下有期徒刑或拘役）；当少数身体机能没有明显衰退的年满 75 周岁的老年人实施了严重的犯罪，如奸淫不满 14 周岁的幼女或者猥亵儿童的（老年人犯罪学发现，老年人的这类性犯罪比较突出），教唆不满 18 周岁的人犯罪的，修正案“可以从轻或者减轻”处罚的规定，相对于法定的从重情节（“应当从重”）来说，就

① 在刑事司法实务中，通常会忽视对老年嫌疑人或者被告人的实际责任能力的鉴定。

没有了意义。组织、领导黑社会性质组织的“主犯”，反而还“可以从轻或者减轻处罚”！另外，如果要对于年满75周岁过失犯罪的人必须从轻或者减轻处罚，那么为避免交通肇事罪，鉴于其统一拟制的责任能力（注意能力和避免危险的能力，即认知和控制能力的衰退），就必须在交通行政法上一律取消年满75周岁人的机动车驾驶资格，尽管有的人在这个年龄还有驾驶能力。[①] 如其不然，年满75周岁的人驾驶机动车的，就应该归为危险驾驶的犯罪。这些都是这个修法规定可能引起的意外的逻辑后果。

从量刑法上的规定来看，无论是出于特殊预防还是一般预防的刑罚目的，法律都不要求法官在量刑的时候，不考虑行为人个体特殊情况，尤其是年龄和对于刑罚的主观后果，“一刀切”地适用特定的量刑幅度。而且，从刑罚目的的实现来说，高龄的人，很难说还有人格上的可塑性，通常客观上并不需要严格的再社会化规训，实务中会把他们安置在开放或者宽松的环境中执行刑罚。

如果把75岁以上的年迈事实，作为从宽的量刑情节，只能对于人均寿命均值高于75岁的外国老人（在国外、在驻华使、领馆针对中华人民共和国国家或者公民犯罪，或者在中国，如经商、旅游、参加会议或者探亲等居留期间犯罪）针对中国或者中国公民犯罪最为有利。这种情况，是否符合立法目的，是否也是立法者所乐意看到的？

前面提到的13种死刑罪名因为“较少适用或者基本未适用过”（法工委同志语）而可以废除，那么年满75周岁人极少实施犯罪并特少成为监禁的对象，反倒要确立起一条规范来。无论如何，这在立法的逻辑上是讲不通的。

最后，审判时已满75周岁的人，不适用死刑，但以特别残忍手段致人死亡的除外。这条规定对于强制死刑的个别罪名来说，就会出现法律适用上的冲突。例如，《刑法》第240条规定，拐卖妇女、儿童情节特别严重的，处死刑，并处没收财产。审判时年满75周岁的被告人在实施该犯罪时，如果没有到达“以特别残忍的手段致人死亡的程度”，是否应判处死刑？

总之，修法对审判时年满75周岁的人从宽处罚的规定，对于刑法预防和打击犯罪目的和任务的实现，没有任何助益。这是一条既没有理论意义、也没有实务意义的、不能实质上显示宽严相济刑事政策中宽的一面的高调标语。[②]

---

① 我国交通行政法规定，申请驾驶C本的人的最高年龄是70岁；如果在该年龄以前申请的，年过70岁可以继续驾驶C本允许的车辆。而该规定并没有设定驾驶资格的上限。

② 因此，可以建议：不修改第17条，而在第18条第1款的人的范围，加上痴呆的人和有深度意识障碍的人；在第3款的人的范围内，加上精神耗弱的人。

（三）关于对未成年人犯罪的从宽处理

我国刑法上的未成年人是指行为时已满 14 周岁不满 18 周岁的人。根据刑法第 17 条的规定，已满 14 周岁不满 16 周岁的人，犯 8 种重罪的，要负刑事责任。这 8 种犯罪的最低刑罚幅度通常是：10 年以上有期徒刑。因此，即便是给予行为人从轻或减轻处罚，行为人通常至少要被判处 10 年有期徒刑。根据第 80 条和第 81 条的规定，即便行为人被减刑或者假释，也必须执行了原判刑罚的 1/2，这样，行为时已满 14 周岁的行为人出狱后，已经年满 19 岁了，如果再次实施犯罪，必定属于累犯。因此，犯罪时不满 18 周岁的人不是累犯的修法规定，肯定不可能包括这部分未成年人（14～16 周岁）。除这 8 种犯罪的有限责任人外，因不满 16 周岁而不予刑事处罚的这部分未成年人，由于第一次行为没有受刑事处罚（只是受到管教或者收容教养），只要不满 16 周岁，即便实施了 N 次行为，也不可能是累犯。因此，犯罪时不满 18 周岁的人不作为累犯的规定，对于不满 16 周岁的人没有任何意义。

这条修法规定可能有意义的年龄段，只能是在第一次有期徒刑以上刑罚执行完毕或者赦免后 5 年内，再犯应当判处有期徒刑以上刑罚之罪的已满 16 周岁不满 18 周岁的人，即 16 岁和 17 岁的人。那么这两个年龄的累犯在目前的累犯总数中，到底占到多大的比例？以至于为避免从重处罚所带来的监禁负效应，必须把这两个年龄的人单独排除在累犯之外。2010 年 2 月底，在浙江省的监狱囚犯抽样调查数据显示，1.1 万个样本中，再犯人数 2453 人，其中 16 周岁的 1 人，17 周岁的 17 人，这两个年龄的再犯人数占所有再犯人数的比例是 0.007。这个数据说明，出于避免从重监禁的负效应，而把 16 周岁和 17 周岁的人排除在累犯之外，并不能为解决再犯的总体问题提供任何助益。

显然，立法上把不满 18 周岁的人的犯罪不作为累犯，是要解决第 17 条第 3 款和第 65 条第 1 款之间在处理如下问题时的矛盾：对于行为时不满 18 周岁的累犯，在量刑时是从轻还是从重。因为对于未成年人，第 17 条第 3 款要求应当从轻或者减轻处罚；对于累犯，第 65 条第 1 款要求，应当从重处罚。这样，法官在量刑时，从轻或者从重，或者既不从轻也不从重，都是违背法律适用义务的。为解脱法官的困境，修法是必要的。但问题是，是否“必须从重”处罚行为时不满 18 周岁的累犯？在再犯从重处罚的法理上，有没有扎实而充分的根据？

（四）缓刑、减刑、假释法的适用障碍

把罪犯关进监狱后扔掉监门钥匙的论调，[①] 违背刑事政策的人道主义原则，[②] 是值得警惕的纯报应主义的意识形态。刑罚执行的首要目标是囚犯的再社会化。再社会化这个刑罚执行的首要目标来自我国《宪法》第 1 条的社会主义国家的国家义务：既不能把人贬低为刑罚的客体，也不能把囚犯看做没有希望的人而予以放弃。而应该积极培养囚犯拥有过上负责任地生活的技能和意愿。因此，所有囚犯在宪法上都享有保障其再社会化的请求权。

为保障囚犯的再社会化权利，避免监禁刑给囚犯造成不利于其再社会化的“污点效应”和“旋转门效应”，[③] 以及从刑法经济原则出发，缓解监狱收容压力和解决高度的监禁率问题，[④] 刑法对监禁刑规定了缓刑、减刑和假释三条救济出路。缓刑是法庭科处自由刑，但可不予执行而交付考验，这样就完全省略了监禁刑的执行，以避免短期自由刑之弊。减刑和假释都是刑罚监禁执行一部分后，予以减轻或者把剩余的部分刑期交付考验，这两种制度会让囚犯提前释放，以救济长期自由刑之害。但是，减刑是无条件的提前释放，而假释是有条件的提前释

---

① 这种论调，表现在设想用无期徒刑替代死刑的观点和对无期徒刑进行改革的论争中，其中提到的设立（无假释可能的）绝对无期徒刑来替代死刑，无异于用对行为人的“活埋”来取代“大辟”，是违反刑事政策的人道主义原则的绝对刑罚观。最近的文献，详细参阅袁彬：《死刑替代措施的模式及其立法选择》，载陈泽宪、贾宇、曲新久主编：《刑法理论与实务热点聚焦》（上卷），中国人民公安大学出版社 2010 年版，第 766～771 页；王志祥、何恒攀：《论我国终身自由刑制度的改革》，载陈泽宪、贾宇、曲新久主编：《刑法理论与实务热点聚焦》（上卷），中国人民公安大学出版社 2010 年版，第 389～397 页。

② 刑事政策的人道主义原则对国家有两个方面的要求：一方面，国家要有效地防止犯罪行为对于个人法益和整体法益的重大侵害，另一方面，国家还负有这样的义务：对于即便是粗暴地践踏人类共同生活诫命的人，仍然要以公民和生活于社会共同体的人类平等一员予以对待，并且要致力于使其重新回归和融入共同体。参见 Weigend, Einführung für das Strafgesetzbuch, 41. Aufl., 2005, S. X.

③ 犯罪学实证研究发现，犯罪行为人由于其受刑罚处罚的严厉性和多次监禁所累积的负效应，容易把罪犯角色接纳为自我形象，在犯罪生涯内驱力的作用下，积极实现自我角色，陷入一种无力自拔的价值观，而成为其以前监禁生活的人质。“犯罪—监禁—再犯”这么一种不断循环的“旋转门”现象是其主要的生活方式。

④ 这个问题的解决通常有两种策略：尽量扩大非监禁刑的适用，减少入监量；尽量降低平均实际服刑时间和扩大假释范围，增大出监量。

放。减刑包括刑罚种类的减等或者刑期的改变,[①] 因而是不同于假释的刑罚修正,应当适用不同于假释的程序。[②] 按照法律规定,提前释放的形式可以是减刑,可以是假释,也可以是先减刑后假释。

在我国刑罚的执行实务中,最常见的出狱形式是刑满释放和减刑释放,1998年到2005年的8年间,北京地区的囚犯假释率,从趋势上看有小幅增长,但是幅度很低,达到3%的比例很罕见;减刑率在29%~37%波动,减刑平均比例大约是34%。[③] 司法部1996~2001年全国假释数和假释率的统计数据[④]显示,7年间假释平均适用率在2.1。[⑤]。2006年,全国的减刑比例有最低15%和最高44%之间的省份差别,平均减刑比例大致在30%。把我国的减刑和假释的法定下线

---

① 例如,第50条规定,死缓可以减为无期徒刑或者15~20年有期徒刑;无期徒刑可以减为有期徒刑;第78条对减刑还设定了底线:在被判处有期徒刑的情况下,一次或多次减刑不得使执行时间少于最初判处刑罚的1/2。判处无期徒刑的情况下,实际执行的刑期不得少于10年。

② 假释不是刑罚的变更或修正,而是执行方式的改变。执行方式或者环境的改变,一方面是属于司法行政权的管辖范围,另一方面是执行环境改变所要求的再犯预测根据是行为人的狱内服刑表现,表现如何,完全是由执行机构考察、核定的,因此假释应由监狱长呈报司法部(局)核办,而不宜提请法院予以裁定。更何况,假释涉及的撤销,也是收监执行和不收监执行的司法行政问题。如果假释期间犯罪而撤销假释的,则是属于涉嫌新罪的问题,涉及的不是继续执行原判之余刑,而关涉加重方向上的刑罚修正,需要启动新的刑事程序,自然不属司法行政的管辖。我国《刑法》第82条规定假释适用与减刑一样的程序,其合理性是值得怀疑的。

③ 宋宏伟:《宽严相济刑事政策视野下的假释适用实证研究》,载《中国刑事法杂志》2007年第6期。

④ 郭洁、孙倩:《我国假释制度完善研究》,载陈泽宪、贾宇、曲新久主编:《刑法理论与实务热点聚焦》(上卷),中国人民公安大学出版社2010年版,第565页。

⑤ 适用率特别低的原因有四个方面:第一,根据《刑法》第81条的规定,假释需要对释放的囚犯未来的潜在危险进行预测,不致再危害社会。但是,预测对于社会的再次危险,是困难的,因为没有具体的预测标准和可靠的预测方法。第二,作为考核监狱管理水平的重要指标之一是囚犯服刑期间再犯罪率,如果减刑释放,再次犯罪,不会记入服刑期间的再次犯罪;如果假释出狱,即便是在狱外再次犯罪,由于刑罚没有执行完毕而属于服刑期间的再次犯罪,因此监狱对于囚犯宁可提请减刑而不愿提请假释。此外,囚犯宁愿选择减刑也不愿假释,假释的不利之处在于,假释者由于后续的监督控制,在人身自由的程度上不如减刑释放者大。第三,地方公安机关负责假释者的帮助和控制,实际上必须征得警方的同意。但是,考虑到自己工作量的增加和对于自己工作业绩可能存在的负面影响,警方通常是不会同意的。现在修正案规定,假释的监督执行,公安机关不再负责,而转交司法所进行社区矫正。

和刑罚实际执行时间之间进行比较，可以发现，没有启用的减刑和假释空间还很大（如表9所示）。实证研究发现，假释相对于减刑，对于囚犯的再社会化来说，是负效应较小而有更大再犯预防效果的补充或者替代选项。① 因而，实务之中有扩大适用假释的必要。

表9　2001年和2003年北京释放人员实际服刑的平均长度

原判刑期（年/月）	5/60	10/120	15/180	20/240	无期	死缓
最低服刑期（月）	36	76	108	168	148	169
最高服刑期（月）	58	118	174	222	228	272
平均服刑期（月）	52	99	146	196	186	212
实际服刑比例： 实际服刑期/原判刑期	87% 6/7	83% 4/5	81% 4/5	82% 4/5	71% 7/10	74% 7/10
法定刑罚幅度的下限②（月）	30	60	90	120	120	168

数据来源：根据宋红伟：《宽严相济刑事政策视野下的假释适用实证研究》，载《刑事法杂志》2007年第6期，第68页以下的数据计算而来。无期徒刑一般执行最高刑期按22年计算；死刑缓期执行一般执行的最高刑期按24年计算。

尽管修法对刑法典第81条第2款不得假释的规定进行了修改，取消八种人不得假释的规定。但是，修正案所设定的制度适用前提，给减刑、尤其是扩大假释的实务运作，造成了许多问题和障碍。

修正案对于被判处死刑缓期执行囚犯的减刑法（第50条）作了重要修改：

① 国际上许多研究对不同出狱方式的再犯率进行了比较分析。有研究比较假释释放和刑满释放的制裁效果发现，假释释放的比刑满释放的再犯率低了13%。有的学者分析德国和外国的大量研究，得出如下结论：假释释放的囚犯在考验期满后的5年内与刑满释放者相比，再犯的比率要小20%～40%。实证证据基础上的研究发现，假释的余刑在满足特定条件下继续收监执行的“紧箍咒效应”，通常使得假释在考验期内会发挥出比之减刑后无条件释放明显好得多的威慑—预防效果。因此，西方发达国家囚犯提前出狱的形式多是假释。20世纪60年代美国的假释率达到60%，70年代高达70%，尽管80年代下降到了50%，90年代还保持在40%。

② 根据我国《刑法》第78条第2款：减刑后实际执行的刑期，判处管制、拘役、有期徒刑的，不能低于原判刑期的1/2；判处无期徒刑的，不能少于10年。根据1997年11月8日起施行的最高人民法院《关于办理减刑、假释案件具体应用法律若干问题的规定》第9条和第15条，对于死刑缓期执行的，经过1次或几次减刑后，实际执行刑期不得少于14年（含死刑缓期执行的2年）。

死缓可以减为无期徒刑或者25年有期徒刑；对于死缓的累犯以及八种严重暴力犯罪的死缓囚犯，减一次刑后，严格限制再减刑。对于第一次减刑后，如果这些囚犯在第一次减刑后的服刑期间，再次有重大立功表现的，根据第78条的规定，应当减刑，但是修正案规定，限制再减刑。这样，就在立法上出现了矛盾，会让法官在适用法律时，无所适从。

修正案还规定，因累犯以及八种暴力犯罪而原判死缓，两年考验期满，因重大立功表现而被减为25年有期徒刑的罪犯，实际执行18年以上，① 可以假释。问题是：假释是否必须征得囚犯的同意。

囚犯有假释的请求权，自然也有与之相对的服满刑期的请求权，作为一种权利，他完全可以自主地放弃假释而选择服满刑期；另一方面，如果没有他自愿的配合，就不可能期待他在自由状态中经得起假释的考验。如果罪犯对假释出狱和服满刑期两者之间进行权衡，感到所剩不多的刑期的全部执行完毕，比之出狱后还要持续面临的社区矫正的监控和痛苦要小些，就有可能不愿意假释；还有，行为人并不能保证自己假释考验期间不再犯罪，如果假释考验期间犯了新罪，就可能按照《刑法》第71条和第86条第1款的规定，根据“先减后加”的公式，受到数罪并罚的处罚。这样，实际执行刑期肯定超出20年的并罚上限。如果所犯新罪被判处有期徒刑，那么一次服刑的实际执行刑期就可能在20～38年，行为人也可能不愿意假释。如果行为人不同意假释，法官就不能给予假释。因此，假释法上还得再追加一个前提，就是要征得本人的同意。

另外，前文提到了监狱方面不愿意对囚犯提请假释的原因是基于管理业绩，因此如果在剩余刑期不多的情况下，监狱可能会对于囚犯宁可劝其服满刑期而不愿为其提请假释。如果假释不能符合立法者的目的，成功地替代对这类囚犯的减刑，而造成“出口”不畅，那么实务中无疑会强化既有的重刑效应：年度平均监禁刑期的持续升高，长期刑的囚犯人数持续大幅累积。

修正案希望扩大假释的适用范围，取消累犯及五种暴力犯罪不得假释的规定（第81条第2款）。即便是被判处死缓的累犯在不得再次减刑的情况下，减为无

① 这里原判死缓或无期徒刑时，行为人在程序中的逮捕羁押时间不存在刑期折抵的问题。如果涉及检验行为人是否满足假释的实际执行刑期的前提条件时，笔者认为，应该考虑把行为人在同一程序中逮捕羁押的时间和死刑缓期执行的两年考验时间折算进实际执行的时间之中。因为行为人由于其行为而遭遇权力机关任何形式的剥夺自由，都具有刑罚执行的实际效果，应该算作实际的执行。但是，从我国刑法的规定来看，逮捕羁押的时间应该折抵刑期，但不能算入实际执行的“刑期”。

期的，实际执行 20 年以上，减为 20 年有期的，实际执行 18 年以上，认真遵守监规，接受改造，确有悔改表现，法院认为其没有再犯罪危险的，也可以假释。第一次确立了对于累犯和死缓犯的假释制度。虽然，立法者希望强化假释在刑罚执行中的地位和作用，但是对于没有重大立功表现的原判死缓的囚犯，提前出狱的条件更为严格了。不仅规定减为无期徒刑后，不得再次减刑；即便是可以假释，实际服刑的年限延长了。根据 2001 年和 2003 年北京释放人员实际服刑的平均长度的数据（如表 12 所示），死缓囚犯的实际平均服刑时间是 17.6 年，到 2006 年原判死缓的囚犯实际平均服刑时间也就 16 年多一点，[①] 但是修正案把可能因假释而提前出狱的原判死缓囚犯的实际服刑时间，提高到了 18 年（死缓减为 20 年有期徒刑）或者 20 年（死缓减为无期徒刑）以上。另一方面，原判死缓减为无期徒刑后不得再减刑的犯罪分子的假释考验期限定为 15 年。原判死缓的累犯或者因八种犯罪原判死缓的行为人，减为无期徒刑后而被假释的，从执行之日起到假释期满，其主刑执行完毕，至少实际需要 35 年时间；按照刑法第 65 条第 2 款的规定，被假释的犯罪行为人的再犯时效，起算于假释期满之日，那么他们最快成为一般累犯，至少是在服刑 35 年之后。尽管特别累犯没有再犯时效的要求，但是由于要求再次犯罪必须“在刑罚执行完毕或者赦免以后”，根据第 66 条的规定和修正案第 7 条的规定，危害国家安全犯罪、恐怖活动犯罪、黑社会性质组织犯罪的犯罪行为人，如果被判死缓后减为无期徒刑而假释的，即便在任何时候再次犯上述三类犯罪，永远也不可能成为累犯。因为原判死缓的累犯或者原判死缓的八种犯罪行为人，减为无期徒刑的，根据《刑法》第 57 条第 1 款和第 58 条，其剥夺政治权利终身的附加刑的执行从假释之日起开始执行，那么这类犯罪行为人的刑罚，就永远没有执行完毕之日。

缓刑和假释不同于减刑，它们不是对刑罚的修正，而是刑罚立即执行与否的选择或者执行环境的变更，涉及对行为人在未来自由状态下的考验，因此立法者对于减刑不要求法院进行再犯预测，而在适用缓刑和假释的规范前提上却赋予了法院再犯预测的义务。修正案把缓刑或者假释的适用前提拟修改为：人民法院认为其没有再犯罪的危险的，可以宣告缓刑或者可以假释。（《刑法》第 72 条第 1 款，第 81 条第 1 款）。修正案还规定，对于被判处拘役、3 年以下有期徒刑的，根据其犯罪情节和悔罪表现，人民法院认为其没有再犯罪的危险，对其缓刑后能够进行有效监督的，可以宣告缓刑；对于不得减刑的原判死缓或者无期徒刑的罪

---

① 参见宋红伟：《对重刑犯及累犯适用减刑的实证研究》，载《犯罪与改造研究》2009 年第 5 期。

犯，除符合实际服刑期限的要求外，如果认真遵守监规，接受教育改造，确有悔改表现，人民法院认为其没有再犯罪的危险的，可以假释。因此，提高缓刑和假释的适用率，就必定取决于三个方面的要求：预测依据的法定要素的要求、再犯预测概率上的法定要求和法官的再犯预测水平。

首先，根据刑法和修正案的规定，缓刑和假释预测所依据的要素明显是不同的。缓刑的预测根据，法律所要求的是行为人的“犯罪情节和悔罪表现”；而假释的预测根据是行为人“认真遵守监规，接受教育改造，确有悔改表现”。这里，“悔罪”不同于“悔改”。前者是对于犯下的罪行，认识到错误并表现出懊悔；而后者不仅要求有悔罪的表现，还要求在相当长时间的刑罚执行中，行为人一贯表现出改正自己行为的决意。法律要求拟假释的囚犯的“悔改表现”不是假象，通过观察和评估，要达到“确有”的程度。再者，假释是刑罚执行的变更，影响这种变更必要性的因素，实务中关键是要看行为人在刑罚执行中的悔改表现，而不应该是过去的犯罪情节。犯罪情节在过去量刑的时候，已经进行过评价；在刑罚执行阶段，由于工作的重心已从原来侧重行为罪责报应的量刑，转移到了行为人的再社会化，在执行了法定的刑期、决定假释的时候，就不应该再考虑过去的犯罪情节所表现出的行为罪责。而且，过去的犯罪情节不能决定罪犯在执行中的表现，罪犯的严重犯罪情节，也并不意味着他在刑罚执行过程中不会有悔改表现，过去的犯罪情节不能否定罪犯在服刑中确有悔改表现。① 而过去的犯罪情节在决定缓刑时必须考虑，恰恰是合理的，因为犯罪情节决定着进入刑罚执行是否必要。另外，“悔改表现”是行为人在监狱中的服刑态度，对于这种态度要谨慎评估，因为能够很好地适应监狱生活和根本不能适应监狱生活，这两种情况所反映的行为人的社会生活能力，同样都不能充分说明行为人将来在自由状态下，必定不会继续实施犯罪，或者必定会继续实施犯罪。

其次，适用缓刑和假释的积极预测的在高度上的要求应该不同。因为前者的预测要求行为人将来极可能不继续实施犯罪行为，因而不必要进入监狱、立即执行刑罚；而后者要求，只要在执行部分刑罚后，即便有对行为人不明确的预测，即再犯和不再犯的概率各 50% 的情况下，也可以假释。例如，一个被判处 3 年有期徒刑的罪犯，按照现行法的规定，即可以适用缓刑，也可以执行一半刑期后予以假释。原则上讲，对于有再犯倾向的行为人，期望他立即不再实施犯罪是不现实的，因此如果该犯是累犯，刑法规定累犯不适用缓刑，必须执行刑罚；待执

① 参见李希慧：《假释制度完善若干问题之探讨》，载陈泽宪主编：《刑事法前沿》（第5卷），中国人民公安大学出版社 2010 年版，第 32 页。

行一半刑期后，才可在满足其他所有法定前提的条件下予以假释。从累犯不适用缓刑但可以假释来看，如果该累犯在做出判决时所预测的再次实施犯罪的概率是40%，那么（即便是10%）也不适用缓刑，说明他再犯的积极预测概率根本不可能达到适用缓刑所要求的高度；在执行一段刑期后，假设他再次实施犯罪的概率仍然是40%，在满足其他法定前提的条件下就可以予以假释。由此可以发现，法律在累犯的假释上对于再犯的积极预测概率的要求，肯定低于适用缓刑的再犯的积极预测概率。进一步可以推导出这样的一般结论：适用缓刑的积极预测要求达到的概率高度，应该高于可以假释的积极预测的概率高度。但是，修正案把对行为人适用假释和缓刑的积极预测的概率要求，提到了同样的高度，即“人民法院认为其没有再犯罪的危险”，这就明显违反了前面推导出的体系性逻辑命题。适用假释在积极预测要求的门槛上的提高，自然会限制实务中假释的大量适用，也必将会违背“强化假释在刑罚执行中的地位和作用”这样的立法初衷。

最后，假释适用率的高低，取决于法官的再犯预测水平。修正案要求法官对囚犯达到“认为其没有再犯罪的危险”，也就是说要求法官确信拟假释的囚犯将来不会再犯罪。修正案使用了“危险”这个概念，那就说明，对于个体预测只能期待的是概率上的预测。因为完全准确可靠的预测或者说是一否型的预测，从目前的认识论发展水平上来看，是不可能的；而危险概念并不排除概率上的高低分级。另外，犯罪学研究发现，较长时期的监禁刑后的再犯危险，并不能被完全排除，只可能是或多或少地予以降低；假释前的再犯预测是犯罪学上迄今最没有把握的预测。① 实证的预测水平根本达不到确定“没有再犯罪危险”的要求，因此草案提出的预测标准是过高了。如果对预测准确性的要求过高，假释的适用就变得几乎是不可能的。还有，预测也可能出现错误。例如，做预测时，对于有没有再犯罪危险存在疑问时，法官总会认为存在持续的犯罪风险，那么对犯罪风险就会存在高估的可能性（“false positive”问题）。但是，这种对再犯罪风险的高估，可能就是一个错误。不过，这个高估的危险，是不是一个真正的错误，是从来没有办法证明的。当然，如果顾忌预测错误而不去冒险，虽然可能不干事，在公众眼中也就不会犯任何错误。但是，这也就可能让国家和囚犯本人多付出了两

① Schäch, Kriminalprognose, in: Schneider, H. – J. (Hrsg.), Internationales Handbuch der Kriminologie, 2007, S. 389.

年的监禁成本。[①] 总之，刑法中的再犯预测要求过高和法官顾忌预测错误而不去冒险，都会让扩大适用假释的立法意图落空。

（五）坦白从宽的刑事政策与法治国原则的关系和后果

长期以来，我国刑事司法上奉行的“坦白从宽，抗拒从严”的刑事政策，是违反无罪推定的原则要求的。无罪推定的原则要求，对于犯罪嫌疑人或被告人是否有罪的问题，在完成证明责任并做出生效判决之前，必须始终是一个开放性的问题；国家在程序推理的意义上不能像对待罪犯一样对待他们，而应当把他们按无罪的人来对待。但是，如果在没有做出有罪还是无罪的生效判决之前，即侦查阶段就与行为人讨论量刑上的从宽和从严的问题，实质上是侦查阶段就已认定行为人的行为构成了犯罪，[②] 剩下的问题只是看其诉讼态度，来决定量刑的宽和严的问题了，这是典型的有罪推定的逻辑。修法忽视刑事政策与法治国家原则的关系，[③] 在我国刑事诉讼明确反对有罪推定的前提下，[④] 仍然因循并落实“坦白从宽”的刑事政策，对虽然不具有自首情节，但如实供述自己罪行的犯罪分子，规定可以从轻处罚；因其供述，避免特大损失的，可以减轻处罚。这样，实体法就推翻了程序法关于犯罪嫌疑人和被告人诉讼主体的定位，把他们确定为“如实供述自己罪行”的有罪推定的对象，而完全变成了诉讼的客体。

坦白是行为人行为后的诉讼态度。诉讼态度不可能对行为人的行为罪责有追溯效力，而它只是对于评估行为人的特殊预防必要性具有重要意义。坦白或者抗拒，只是用来推测行为人再社会化前景的指标之一；但是，坦白的真实原因，在诉讼程序中是很难查清楚的。如果对于坦白动机的事实，存在查不明白的情况，

---

① 据权威人士保守估计，每个服刑人员每年需耗费国家财政拨款万元左右；江苏省对服刑人员的财政投入更是达到了每年人均2.7万元左右。参见白建军：《裸刑均值的意义》，载《法学研究》2010年第6期，第138页及该页注释8。

② 诉讼结局是有罪还是无罪的骰子（色子）在程序的侦查阶段就已落下了。

③ 所有的刑事政策都不能突破法治国家这个界限，都应该受到该原则的制约。“坦白从宽、抗拒从严”的刑事政策所体现的有罪推定的司法原则，违背了我国宪法所确立的所有国家行为必须一体遵循的——社会主义法治国家原则（第5条），在建设法治国家的进程中应当及时予以彻底清除。

④ 尽管在我国刑事诉讼法上是否确立了无罪推定原则的问题上仍有争议，但是反对有罪推定的立场是毫不含糊的。1996年第八届全国人民代表大会第四次会议上，原全国人大常委会法制工作委员会主任顾昂然所做的《关于〈中华人民共和国刑事诉讼法〉修改的说明》的报告明确指出：“我们坚决反对有罪推定，但也不是西方国家那种无罪推定，而是以事实为根据，以法律为准绳。”

就不能认定行为人具有再社会化前景，而轻率地予以从轻。坦白并不必然说明，行为人已经认识到自己的行为错了（认罪）。如果犯罪嫌疑人或者被告人知道，坦白可以从轻处罚，那么出于这个动机的坦白，就很难认定为行为人是自愿认罪；坦白也可能是犯罪嫌疑人为避免面临的刑讯逼供，以备以后的翻供，或者为避重就轻[①]而采取的一种权宜的诉讼策略。这就很难认定其具有再社会化的积极前景。[②]

量刑时对诉讼态度的考虑，还会和刑事诉讼“不强迫自证己罪”（nemo tenetur se ipsum prodere）的原则发生冲突。该原则要求，犯罪嫌疑人或被告人没有协助国家证明自己有罪的义务；不得强迫任何人对证明自己有罪的事情进行积极合作。被告人愿意选择以何种方式和策略进行诉讼，是他的自由。对“合作”态度的奖赏，会削弱犯罪嫌疑人或者被告人的诉讼自主权和辩护权，因为在诉讼法上没有确立犯罪嫌疑人或被告人沉默权制度的情况下，无论是保持沉默、拒不交代，还是口供不实、翻供辩解，甚至表白自己行为的正义性，都是与坦白相对应的“抗拒”，它表现出的是在证明自己犯罪的问题上顽固的或有所反复的不合作态度。行为人最终会因为选择了这种不合作的诉讼态度，增加了追诉机关证明自己有罪的工作难度而受到处罚。尽管《刑事诉讼法》第43条明确禁止用强制的手段获取证据，但是第93条又明确规定了犯罪嫌疑人或被告人“如实回答”、“如实陈述”的义务。如果不“如实供述自己的罪行”，尽管法律并没有规定如何处理，但是实务中通常会认定行为人认罪和悔罪态度不好，往往会造成对行为人不利的后果，从而形成对行为人的间接强制或强迫。如果积极合作的坦白可以获得宽大处理，这也就意味着没有坦白的或者采取了翻供的辩解策略的或者陈述不实的甚至表明自己行为正义性的犯罪嫌疑人或者被告人，相对地得到了更加严厉的处理。这不仅会威胁到他们的诉讼主体地位和辩护权利，也会给刑事诉讼法中将来设立沉默权和犯罪嫌疑人或被告人行使该权利造成实体障碍。

（六）刑事政策的主导思想一直没有改变

2004年12月，我国的刑事政策开始了从“严打”向“宽严相济”的重大

---

① 是否构成坦白，取决于追诉机关对嫌疑人的罪行信息掌握的是否全面而充分。但是，坦白不排除在刑罚执行完毕之前发现漏罪。那么就会出现这样的问题：发现漏罪的情况下，这个漏罪事实，是否可以溯及性的否定之前认定的坦白。

② 即便有了自己的行为错了这样的认罪，还不足以作出行为人不会再实施犯罪的判断和期待，因为是否会继续实施犯罪，决定性的因素是行为人基于这种认罪和悔罪认知，不去实施行为的意志力或毅力。

调整。宽严相济要求，“对刑事犯罪区别对待，做到既要有力打击和震慑犯罪，维护法制的严肃性，又要尽可能减少社会对抗，化消极因素为积极因素，实现法律效果与社会效果的统一”（见2005年12月罗干在全国政法工作会议上的讲话）。之后，最高人民法院和最高人民检察院都各自提出了相应的体现“宽严相济”的刑事司法政策。观察对该政策内涵的多种解说可以发现，与过去的政策截然不同，新的刑事政策的目标重心出现了转移：“最大限度地减少社会对立面”，① 促进社会和谐。尽管这种调整显示出其不可忽视的进步意义，但是也要看到，刑事政策的主导思想并没有发生实质性改变，和过去一样，它仍然强调的是积极的一般预防和强化规范效力（震慑维稳），照顾公众舆论和媒体影响司法的“社会效果”；着眼点并没有转移到防止个体的犯罪行为人再犯并促进其再社会化的“人本”和“特殊预防”思想上来，政策的核心仍然是“安定团结”的社会公共利益和“促进和谐”的政治利益。公共秩序利益和政治利益的实现，往往以不惜一切代价和不择手段为原则，完全受这样的原则所左右的刑事政策，要么造成过高成本的社会控制，要么造成不人道的过度社会控制，要么兼而有之。因而，刑事政策不应当过多地受到公共利益和政治利益的左右，而应当在犯罪学扎实可靠的实证证据基础之上，确立新的理性根据。总之，无论是减少部分基本不怎么适用的死刑罪名，从宽处理个别的老年人和未成年人犯罪，还是名为扩大假释范围实为提高假释适用者实际服刑期限，或者是违背法治国家基本原则地落实坦白从宽政策，在新的理性的刑事政策还不到位，对刑罚体系和结构的主导性刑罚理论，还没有做出重大调整之前，都不会在刑事司法和刑事执行上开拓出实质性的宽大的空间。

三、结论

刑法的特征和内在价值决定了它是社会控制最后诉诸的手段，肩负着的只能是重大而有限的任务；刑法对于社会的控制，也不是根本没有效果，只不过纯粹的功能化取向的刑法对于社会控制的效果，肯定是最不理想的。但是，对于刑法的这种理解，长期以来一直遭到我国刑事立法和司法的忽视或遗忘。从1979年以来我国刑事立法和最近的修法动向以及由此所决定的司法上的特征来看，我们的刑事政策，显然高估了刑法影响人的行为的可能性，刑法还保持在功能化方向上的惯性。

---

① 参见全国人民代表大会常务委员会办公厅编：《中华人民共和国第十一届全国人民代表大会第一次会议文件汇编》，人民出版社2008年版，第245页。

最近的修法，通过废除部分罪名的死刑，从宽处理老年人和未成年人犯罪，放宽假释适用范围，落实坦白从宽的政策，希望实现和体现“宽严相济”的刑事政策中宽容的一面。但是，分析发现，如今的刑事政策在主导思想上并没有发生实质性转变，刑事政策的确立在犯罪学上缺乏实证证据的支持，刑事立法技术上还相当不成熟，在这种条件下的修法很难开拓出实质性的从宽空间。

重刑主义取向的刑事政策、刑罚制度及其实践，会让公民为了安全付出高昂的代价。正如有的学者所指出的：“毫不妥协地监禁可能会换来免遭犯罪威胁的持久安全，这样的期待和迷思，需要清醒了。必须使政治家和公民清楚，社会将会为失误的刑事政策在诸多方面付出多么大的代价。为贯彻非理性的稳定策略而浪费社会资源，犯罪预防上毫无收益地造成无谓的痛苦，重要的文化成就在人性博爱意义上无奈的失落，其代价无一不是特别高昂的。”①

① Streng, Die Wirksamkeit strafrechtlicher Sanktionen - Zur Tragfähigkeit der Austauschbarkeitsthese. In：Läsel/Bender/Jehle（Hrsg.）, Kriminologie und wissensbasierte Kriminalpolitik. Entwicklungs - und Evaluationsforschung. 2007, S. 92.

刑罚性质之辨：恶的表象与善的本质

高艳东*

刑罚的本质是善抑或恶，看似是一种文字游戏，却是刑罚改革的基础性研究工作。在一些基础理论上尚缺乏思辨性思考，混淆现象与本质的关系，刑罚改革就会陷入盲人摸象的困境。

一、被思维定式忽视的问题

传统刑法理论把刑罚的本质界定为恶害，视痛苦为刑法所特有的特征，受报应论控制的刑罚理论根深蒂固地认为："加害性：刑罚的本质。"① 现代各国仍习惯性地在理论上把刑罚的本质界定为恶害性，日本理论通说认为："刑罚，在实质上，是对犯罪的报应，以痛苦、恶害为内容。"② 意大利学界亦然："在意大利语中，'刑罚'与'惩罚'同义。因此，意大利传统的刑罚理论认为：刑罚就是给违反刑法规范的人的一种痛苦，给人以痛苦是刑罚的本质特征。"③ 20 世纪 70 年代的《德国联邦宪法法院判例集》仍然写着："各种犯罪性惩罚，根据其本质，是通过使人遭受痛苦的方法的报应。"④

传统理论视刑罚的本质为恶害、痛苦、惩罚，主要基于四点原因：一是把个人对罪犯的复仇心态直接过渡到国家对罪犯的刑罚态度；二是把刑罚权视为防卫权，而紧急状态中的防卫权具有伤害性和恶害性；三是认为只有痛苦性、惩罚性的措施才具有预防犯罪的功能；四是把刑罚显现出来的表象直接当做刑罚本质。这四点均是传统刑法的误区，本文主要立足第四点进行思辨。

---

* 浙江大学光华法学院副教授。

① 邱兴隆：《关于惩罚的哲学》，法律出版社 2000 年版，第 42 页。

② ［日］大谷实：《刑法总论》，黎宏译，法律出版社 2003 年版，第 371 页。

③ 陈忠林：《意大利刑法纲要》，中国人民大学出版社 1999 年版，第 261 页。

④ ［德］罗克辛：《德国刑法学总论》，王世洲译，法律出版社 2005 年版，第 37 页。

二、刑罚之本质不应是惩罚性痛苦之“恶”

(一)“恶”的表象不能成为刑罚本质

恶害性只是刑罚的表象，而学者们习惯性地把长久显现出的表象当成了本质，《现代汉语词典》对“本质”的解释是：“指事物本来所固有的、决定事物性质、面貌和发展的根本属性。事物的本质是隐蔽的，是通过现象来表现的，不能用简单的直观去认识，必须透过现象掌握本质。”延承自古典主义，近代学者将刑罚视为必要的恶害是被外在表现所蒙蔽而没有透过表象提炼刑罚本质。

第一，惩罚性不是刑法特有的，惩罚性不能说明刑罚的本质。“民事方面也有各种各样的惩罚方法。”① 诸如消费者保护法中的双倍责任制，被学者们称为“惩罚性民事责任”。《现代汉语词典》对惩罚的解释是：“严厉的处罚。”但“严厉处罚”显然无法准确界定刑罚的实质：在客观上有些处罚措施如行政罚款就比罚金等刑事责任严厉得多。在通常意义上，刑罚的惩罚性是从与民事责任相对应的立场上理解，一般而言，补偿性的民事责任不具有惩罚性。这样看来，惩罚是指除了补偿原有损害后再承担额外的责任。

但是，如果在法学意义上理解刑罚的“额外承担性”，却又会发现多数刑事责任不是一种惩罚。随着刑罚轻缓化，立法者对杀人、故意重伤、过失致多人死亡等罪，常常以有期徒刑作为责任方式；被害人的生命与行为人的自由相比，显然行为人承担的责任低于被害人遭受的后果。至于因犯罪后死亡、时效、赦免、自首并立功等而导致刑事责任的消灭、免除等情况，更无惩罚性可言。

第二，刑罚对罪犯的痛苦性、恶害性、加害性的确是迄今为止刑法所表现出来的客观特征和给常人的抽象印象。但是，客观上的恶害性不等于本质的恶害性，这也是刑法的一个基本逻辑。如在犯罪论中，一个客观上看起来是罪恶的行为，很可能是一个与恶相去甚远甚至是正当行为：正当防卫等客观有危害行为的本质是正当化事由，精神病人杀人等行为无法以罪恶观念评价；有责任能力者在客观上杀一个无辜者的行为，可能是在深山中把人当成了野猪而误杀、亦可能是在特殊环境中假想防卫时的意外事件。基本上撇开事物的客观表现、以人的意志赋予事物本质意义，是刑法最基本的理念。在刑罚论中亦然，把刑罚所表现出来的客观特征概括为刑罚的本质，不仅是以表象概括本质，而且永远无法在质上根除死刑等酷刑——死刑是最大的恶与最严重的惩罚。

---

① ［美］弗里德曼：《法律制度》，李琼英、林欣译，中国政法大学出版社2004年版，第90页。

（二）痛苦、剥夺自由等不是刑罚的本质特征

1. 剥夺自由不是刑罚本质

刑罚的第一种痛苦来源于对自由的剥夺和限制，传统刑法都把剥夺自由作为刑罚的特殊之处，“撇开各种刑事制裁措施间的具体差异，《意大利刑法典》第17条规定的刑罚有一个共同的特点，即它们都是直接或潜在地限制人身自由的手段”。[①] 这在某些特定国家可以成立，如在意大利，如果拒不执行财产刑的判决，处罚就转化为相应的监禁刑。但是，剥夺自由仅是刑罚的表象，无法成为本质，刑罚具有痛苦性不等于刑罚的本质是痛苦。

一方面，这一理解在事实面前显然过于狭隘。一方面，虽然剥夺自由仍然会在相当长时间内占据刑罚主流，但以非剥夺自由的方式实现刑事责任，会随着时代的进步而愈加增多，“在全世界范围内，人们对自由刑的特殊预防功能越来越持怀疑态度，且致力于以不剥夺自由的制裁来代替自由刑”。[②] 新近兴起的恢复性司法运动，更是以剥夺自由之外的措施解决犯罪问题，而且很多国家不存在罚金刑与自由刑的转化。另一方面，很多具有剥夺自由性质的措施并不是刑罚，如对精神病人的强制医疗、强制戒毒、对妨碍民事诉讼者的拘留、刑事诉讼中的预防性羁押。当然，这些措施都缺乏犯罪的前提，但是如果从剥夺自由的角度看待刑罚本质，很容易发生混同。显然，如果仍然把剥夺自由作为刑罚独有或本质特征，愈来愈会使理论陷入尴尬。

另一方面，剥夺自由只是长久以来刑罚显现出来的表象。刑罚对罪犯自由权的剥夺最大，痛苦性最高，但剥夺自由并非刑罚的目的，通过剥夺自由防止其犯罪、并在其间打下再社会化的基础才是刑罚的最终目的，按通说的术语是实现一般预防、特殊预防和再社会化。剥夺自由是实现刑罚目的的手段，“目的”才能够决定事物的“根本属性”，“手段”的特征当然不能上升为本质特征。手段可以变化，而本质不能发生改变，目前采取剥夺自由的方式作为刑罚的手段，只具有相对合理性：与其他可以设想的办法相比，剥夺自由的强制方法在抽象上能够更直接、更有效、更迅速地使罪犯打下再社会化的基础，但这绝不排除我们可设计出更好的非剥夺自由的方式以实现刑罚目的。

2. 刑罚中惩戒措施的痛苦性也不能成为刑罚本质

刑罚痛苦性的另一个来源是执行过程中的惩戒措施。在方向上纠正刑罚的痛

---

① ［意］帕多瓦尼：《意大利刑法学原理》，陈忠林译，法律出版社1998年版，第5页。

② ［德］汉斯·海因里希·耶赛克、托马斯·魏根特：《德国刑法教科书》，徐久生译，中国法制出版社2001年版，第18页。

苦本质，将有利于我们认清刑罚的执行机制。在目前尚无其他有效措施之前，一定的痛苦惩戒措施可能是完成再社会化的现实需要。但是，惩戒的痛苦性既不是刑罚追求的内容、也不是刑罚独有的特征、更无法成为本质特征，同时，我们应当努力寻找痛苦性更少的有利于再社会化的惩戒措施。

放宽视野会发现，社会化本身就是一个伴随痛苦的过程，也同样伴随着很多惩戒措施，“从小畜生变成人，就得经过这十万八千个磨劫。人类创造了文化，文化就是一个担子，孩子们怎能不受罪”。① 但是，社会化过程中伴随的痛苦，只是为了使个人更好适应社会从而获得更大利益的必要代价，就实质而言，刑法所体现出的痛苦性与前期社会化过程的痛苦性虽然有原则性不同，却一脉相承，它们都是完成社会化的必要代价。

3. 刑罚痛苦的可变性决定了其无法成为本质特征

即使刑罚不可避免地具有痛苦性，但并非一成不变，可因罪犯的表现而大大弱化。刑罚过程不仅不追求痛苦，反而鼓励行为人以良好表现而减少痛苦。在现代行刑过程中，除了强制性本身对自由的剥夺性痛苦外，没有其他法定痛苦内容，如果罪犯在行刑中表现出良好的再社会化行为，刑罚痛苦性、副作用就应尽可能降至最低。对自由的剥夺程度，即监禁强度，也会随着罪犯的表现而随时发生变化；剥夺自由的时间，也可以因减刑、假释等而发生变化。行刑中的痛苦是一种可以因为承受者的意志而发生巨大变化的因素，怎么能成为刑罚本质呢？而所有改变，都是因为罪犯的表现更符合社会化的要求，体现出了再社会化上的成功，这才是刑罚的本质。

（三）强调刑罚恶害性、痛苦性具有内在矛盾

第一，传统理论把刑罚的本质界定为痛苦性、惩罚性，又试图通过刑罚实现再社会化，是自相矛盾的。现代刑罚理论源于古典学派的报应、绝对刑主义，同时，现代国家又无法回避目的刑的合理要求，最终走向不同程度的综合刑主义。最新的理论站在这一立场上认为：“刑罚是根据不法行为的严重程度和罪责来确定的一种痛苦，它表明国家对不法行为的否定评价，是对严重违法行为的抵偿，从而达到维护法治的目的。此外，刑罚对于行为人本人而言也具有积极的效果，因为刑罚将有助于行为人的再社会化。”②

但是，强调惩罚性无助于再社会化的完成。撇开对人格态度的负面影响不

① 费孝通：《乡土中国生育制度》，北京大学出版社 1998 年版，第 191 页。

② ［德］汉斯·海因里希·耶赛克、托马斯·魏根特：《德国刑法教科书》，徐久生译，中国法制出版社 2001 年版，第 17 页。

谈，刑罚的痛苦性可能有利于预防再犯罪，但这种机制只是一种简单的生理性条件反射——以痛苦烙印威慑其再犯；基于同样的生理性反应，刑罚的痛苦也隐含着罪犯与加于其痛苦的社会、法秩序之间更大的抵触、仇视性心理。越多地接受了惩罚性痛苦，越易使罪犯对社会有更多的心理暗影；强调痛苦是刑罚的本质，罪犯会本能的对痛苦来源的法秩序、社会产生排斥感。犯罪行为中原本就存在的人格态度偏离性不仅没有机会得到改正，反而会在其人格态度中嵌入新的仇恨、对立，加剧了其人格态度的偏离性。

第二，"以恶制恶"不符合社会逻辑，也无法获得否定之否定后的正义。任何本质"恶"的事物都应当被社会清除，无论是把刑罚辩解为一种"必要的恶"、还是把此种恶限定为"以恶制恶"，皆无法回避一个逻辑问题：标榜正义的社会（国家）在非紧急状态下，可以运用一种本质"恶"的措施对待个人吗？一种本质"恶"的社会措施很难获得道德合理性，若是以恶制恶，社会岂不是在二次犯罪？若刑罚本质是一种恶，那为了更好符合刑罚的本质，就应该更严酷地执行刑罚，那么现代刑罚所追求的人道原则何以立足？肇始于启蒙时代将刑罚理解为一种必然痛苦进而偷换为惩罚的现代刑罚观念直接导致了整个刑罚运作的方向性迷失，在行刑领域，"以恶制恶——基本的行刑法律机能"① 可谓把刑罚恶害性贯彻到底的传统观念。如果在行刑中贯彻"以恶制恶"的暴力机制，现代刑罚执行过程就会重新走向中世纪的酷刑主义。除了满足个人的报复本能外，这一理念无法为刑罚提供正当化基础。当把刑罚的本质界定为恶害性时，为其寻找正当化的根据犹如为犯罪寻找开脱的借口。

三、刑罚目的是强制再社会化，具有"善"的本质

（一）刑罚的本质是强制为实现再社会化打下人格态度基础

1. 刑罚只是再社会化的特殊手段之一

通过剥夺自由的方式完成再社会化是目前刑罚的特点，但需要强调的是，在尚没用找到更好的方式之前，剥夺自由虽然是完成再社会化的手段，但却不是刑罚的必然内容和本质特征，这种方式会随着社会进步而逐渐软化乃至改变。且再社会化的完成也不一定完全依赖刑罚措施，"人们尝试使处罚与被判刑人的个性相适应，扩展非监禁刑，以社会教育帮助措施来辅助刑罚，以被判刑人的再社会化为目的来安排刑罚执行，减轻刑满释放人员重返社会的阻力，唤起社会对刑满

① 王利荣：《行刑法律机能研究》，法律出版社 2001 年版，第 107 页。

释放人员的共同责任感”。[①] 否则，就会得出不定期刑的结论。

社会化都是一种强制过程，“所有超过最亲密的社会群体的更大范围的社会合作都需要一定程度的强制”。[②] 普通社会化手段的强制性具有抽象性、可软化性；但刑罚是一种程度更高、针对人身的强制性、且强制性内容更具体的再社会化手段。与其他社会化手段，如学校教育、家长惩戒等相比，刑罚的再社会化特点在于：

第一，过程强制性。以构成犯罪为启动的前提，由公共机构强制进行，通过强制性使行为人感受规范，以高度强制的体验为罪犯适应日后轻度强制的社会化、约束自己打下基础。通过限制罪犯自由、规制其行为，使其体会到社会化的要求。在传统刑罚理念中，过于强调通过剥夺自由让罪犯感受规范并完成社会化。而这一点，在罪犯再社会化过程中仅具有前提性的意义，在剥夺自由的过程中让罪犯接受刑法规定的基本价值才是刑法中再社会化的核心内容。

第二，内容的具体性。刑罚只是为再社会化打下基础而不完成所有再社会化的任务，只使罪犯改正人格态度，即接受刑法所确立的基本价值。人身强制性只是手段，达到内容上的再社会化才是强制性的目的。在能否对罪犯强制推行价值观教育问题上有各种争议，如能否对罪犯进行宪法价值观教育、社会价值观教育、道德教育，抑或同时进行。但应要求罪犯强制接受刑法所蕴含的社会基本价值观，却不应有争议，而这也是检验罪犯完成人格态度改正的最重要标准。

2. 强制再社会化包容了罪犯的利益，具有更大道德性

第一，强制再社会化使惩罚、痛苦等刑罚手段获得了正当属性。即便刑罚仍然有一定痛苦性，但不再是其本质特征，“一项不幸、甚至让人痛苦的判决只要能避免产生某种危险感，如通过遵从那些尊重国民权利要求的程序，或者通过寻求减轻或限制有害结果的方法，那它就不是压制性的。”[③] 正因为痛苦性不再是刑罚的本质，所以国家在刑罚运作过程中有义务减少刑罚的负面作用。

第二，再社会化当然是为了罪犯更好地适应社会生活，整体的刑罚就被解释为同样为了罪犯的利益。国家采取任何一项社会措施，若不考虑该措施承受者的

---

① ［德］汉斯·海因里希·耶赛克、托马斯·魏根特：《德国刑法教科书》，徐久生译，中国法制出版社 2001 年版，第 18 页。

② ［美］尼布尔：《道德的人与不道德的社会》，蒋庆等译，贵州人民出版社 1998 年版，第 3 页。

③ ［美］诺内特、塞内兹尼克：《转变中的法律与社会：迈向回应型法》，张志铭译，中国政法大学出版社 2004 年版，第 32 页。

利益，都缺乏整体正当性。在未来，刑罚本质应从报应性的恶害措施转变为目的性有益再社会化的方式，刑罚应当从诞生时为了社会利益而增加罪犯痛苦、过渡到为了罪犯和社会的利益而尽可能减少罪犯痛苦。这样，刑罚过程中某些痛苦就获得了合理解释，乃至被部分正当化。

总之，把“强制再社会化”作为刑罚本质特征、将“惩罚性”逐出刑罚本质蕴含的表述，并非否定了刑罚可能具有的痛苦性，但却包容了罪犯本人的利益。不以恶害为追求的强制措施，虽然可能包含着痛苦，但却是将罪犯当做法秩序主体并尊重之的善意正当举措。相反，“惩罚”只可能包含为了惩罚者与第三者利益的目的，无法包容为了罪犯本人利益而使惩罚正当性的目的，工具化思维模式的“惩罚”观念因其必然是视罪犯为客体性地位从而使刑罚丧失了正义基础。

（二）刑罚如何成为对罪犯之善

1. 刑罚只有本质上对罪犯是“善”，才能因之成为对社会的“善”

首先，把刑罚理解为本质上对罪犯的善，是使刑罚在本质上成为对社会之善的一个必要前提条件。传统理论的逻辑是，虽然对罪犯而言刑罚具有本质的恶害性，但通过损害罪犯而能够实现对社会的善。但必须指出，对罪犯本质恶的刑罚，不能成为对社会的善。罪犯就是社会组成的一部分，如果说刑罚对罪犯本质上是恶害性，严格的逻辑结论就是：刑罚只是对罪犯之外多数人的善，而不是对社会的善。事实上，刑罚正当化的理论也是采取了这种损害少数人利益保护多数人利益的功利正当性，只是在表述时悄悄把“多数人”偷换成“社会”。但是，在非紧急状态下，通过抹杀少数人的利益而保护多数人利益的政策选择，早已被各种正义和道德哲学否定，奇怪的是，刑法领域却免受类似正义理论的检验。为了保证刑罚在本质上对社会是善，也必须保证刑罚对罪犯本质上是一种善。

其次，刑罚首先是对罪犯的善。承受刑罚对罪犯的意义在于：犯罪行为中偏离的人格态度得到改正、社会观念承认罪恶行为所导致的责任被刑罚消解。这就为其重新回归到社会正常起点创造了条件，“人道的司法的责任就是要竭尽全力，使有罪的人重新抬起头来……让跌倒的人重新站起来，对其进行改正，使之逐步地重新回归对其报欢迎态度的社会，从中找回自己完全的尊严”。[①] 与传统理论忽视刑罚对罪犯之善不同，我们必须从对罪犯具有恶害性的表象中解读出刑罚对罪犯所应当具有的积极意义并将之提升为刑罚本质，这样刑罚的两重善性共

---

① ［法］卡斯东·斯特法尼等：《法国刑法总论精义》，罗结珍译，中国政法大学出版社1998年版，第424页。

同支撑强制再社会化的正当性。

最后，刑罚对社会是一种善应当不言自明。[①] 对罪犯强制再社会化，当然也就在客观上保护了社会利益。对社会的善应当理解为：通过刑罚完成了再社会化的部分任务，罪犯人格态度改正后重新回到社会，社会更加平稳，是可为罪犯之外的人带来利益的“善”。

2. 相较于私力救济，刑罚是对罪犯的保护

相较于个人和群体性对罪犯的复仇，国家和社会性的刑罚是对罪犯的一种保护。由于现代刑罚的轻缓性，国家往往站在社会立场上对罪犯施加刑罚，无论是质还是量，都远低于个人立场上的“以血还血、以牙还牙”（甚至更高的复仇要求）的程度。法国学者鲁西耶那里曾经考察过国家司法空缺后群体性解决犯罪的场景。在 1860 年左右，盗匪把因自己繁荣起来的丹佛（洛基山脉的矿业中心）农村洗劫一空。由于美国的地方长官软弱无能，勇敢的公民承担起了清剿盗匪的任务，“私法经常被用于剿匪活动；一个人只要被认定犯了谋杀或者盗窃罪，只要精力充沛的警戒委员会能抓到他，在 15 分钟之内，他会被逮捕、审判并处以极刑……这就是 25 年以前，丹佛横跨切里克里克河的小木桥上吊着那么多尸体的原因所在”。[②]

有相当的理由可以反问：没有国家和社会的刑罚，很多罪犯可能逍遥法外而不会遭受到群体或个人复仇，刑罚谈何保护罪犯？这种反问在前提上就偏离了正确立场，如果任由个人复仇解决冲突，这样的群体就是物竞天择的动物世界，既会存在猛烈的个人复仇、也会大量存在弱肉强食后的相安无事。但是，这样的生存方式无法把人类通过有序的社会化合作推向生物链的最高端，对于人类物种而言是一种自我退化。因此，可以讨论的情况就仅限定为在接受国家公力救济的前提下，某个时间段或者局部地区任行私力救济时罪犯可能凭借自己的能力避免复仇。但是，人类文化的传统会实现延续性复仇，即由受害人的亲属和后代进行复仇，为了避免遭受延续性复仇，罪犯要进行代价更高的防护。由于罪犯个人的身体暴力不能一直处于优势，他要么借助于其他人如后代的力量，要么凭借自己的经济优势获得他人帮助，而无论哪种方式，不仅代价昂贵，而且其效果无法保证。从总体看，接受国家的适当刑罚反而使其从复仇的株连责任中摆脱出来，以个人责任换得后代和亲属的安全，国家也以刑罚拒绝了他人复仇的可能性。

---

① 传统理论认为刑法的任务是保护社会。

② 转引自［法］索雷尔：《论暴力》，乐启良译，上海人民出版社 2005 年版，第 149 页。

3. 刑罚让行为人放弃犯罪这种愚蠢的追求利益方式

刑罚完成了对罪犯再社会化的基础工作，使行为人放弃了犯罪这种高风险、且无法真正体现其能力优势的获利方式，而这在接受刑罚之前，恰被行为人误认作获利的捷径。

首先，通过犯罪获利的方式风险极高。个人与群体复仇总会以各种方式存在，而且现代国家以正当防卫的方式鼓励民众对犯罪的反抗。在理论上，多数罪犯都可能受到他人的反抗性伤害。

其次，多数犯罪的利益最终都会被没收、返回、赔偿。当然，强奸罪等是例外，但在刑法之外的补偿措施同样使其难言获得预想利益。在法治国家，任何通过犯罪获得的利益都处在风雨飘摇之中，期望以犯罪长久获得所有利益或者某一领域利益的生活方式已不现实。而且，某一较小的犯罪行为在事实上会危及行为人所有合法获得的利益，如商人的一次诈骗行为最终可能导致其集团公司的崩溃。

最后，犯罪的额外代价极高。在社会中被标签化、去社会化是罪犯受到的基本公众态度，这导致行为人在社会道德中被边缘化、丧失主体性地位，此种边缘化会加剧其在社会中的不利处境，使其优势能力被掩盖。

（三）“刑罚对罪犯是善”不会引起风险

1. 善刑不是慈善、也不是无刑

“刑罚对罪犯是善”是从目的论和本质论的角度出发，涉指的是其实质而非具体表现，具体表现与本质特征并非总是统一，所以才需要透过现象认识本质。笔者绝非是在说刑罚没有痛苦，更不是主张优待、表扬罪犯。

第一，“善刑”不是把刑罚变成社会帮助法。把刑罚理解为一种再社会化的善，不必担心刑罚因此变成了“社会帮助法”。虽然这一观点会对刑罚提出更多的要求并使刑罚与其他社会措施配合使用，但不等于刑罚就因此变成了保姆式的慈善扶持。刑罚仅仅是对再社会化中的人格态度进行改正、主要是强制形成刑法所确认的价值观。在目前阶段，只要罪犯在关押期间没有再犯罪，就可以大体推断，接受刑法规定基本价值的任务已经抽象地完成。刑罚不去完成再社会化的所有任务，如教育水平的提高、职业能力的培养、家庭关系的改善都是再社会化的必要条件，但都不是刑罚的己任，而交由其他社会领域处理。

第二，善刑也不是否定传统刑罚。否认刑罚的痛苦性本质和内容，不意味着否认目前刑罚会伴随痛苦性。有激进的监狱学者指出：“监狱首先是为了犯人，其次也是为了犯人，最后还是为了犯人！监狱是为了犯人服务的。”① 如果仅仅

① 张绍彦：《监狱管理制度研究——引言》，载《环球法律评论》2006年第3期。

为了罪犯的利益，刑罚就没有存在必要，罪犯不会成为监狱的主人，而只是无条件接受强制再社会化的主体。监狱在未来会变成学校，但是监狱永远不会成为快乐的学校。一方面，刑罚具有强制再社会化特点，对人而言，任何强制都意味着某种限制、本身具有“痛苦性”。控制人身自由是目前再社会化的基本前提，对人身自由的限制是现代监狱的基本内核，限制自由对人类具有特殊的痛苦性。另一方面，对行为的强制也不容罪犯选择，如劳动既是社会化的基本内容，也是补偿对社会损害的条件之一，强制从事某些劳动、行动和学习，都是使其社会化训练成功的必要手段。而这些具体过程，都无幸福可言。

2. 道德风险：善刑不会促进犯罪

无论如何，“善刑”的界定会减少刑罚的痛苦性和惩罚性，仍然会引起公众和学者本能的担心：“如果刑罚的内容与执行方法不包含痛苦，甚至把服刑人的生活待遇提高到超过劳动群众的一般水平以至达到令人向往的地步，人们会宁愿受刑罚处罚，因而宁愿犯罪。”① 传统理论强调刑罚的痛苦性，也正是对类似道德风险的担忧。

这种物质功利论担心存在逻辑错误：

其一，把社会政策的错误性混同入刑罚中，要求刑罚承受社会政策的失误。社会上某个群体的生活质量极端低下，以至于想通过进监狱提高生活质量，这是政府的严重失责，反映了社会保障制度的残缺。《警察赞美诗》中行为人为了进监狱而屡屡违法的情形，只能让我们对这种社会制度倍感心酸，此时应受批判的是政府冷漠的救助工作，而不能指责监狱的待遇过高。保障每个人都有最基本的生活权利是社会、政府的天然职责，不能因为政府和社会的失责而把这一错误转嫁到刑罚问题上来，更不能把这种不应存在的社会悲凉通过恶化刑罚待遇的转切机制而变相承认其合理性。如果把上述思维贯彻到底的话，会得出逻辑错误：如果有人会因为监狱物质待遇好而故意犯罪，那么为了防止出现这一局面，必须保证监狱内的生活质量低于社会中的任何人——低于那些一贫如洗的人、低于那些无家可归的乞丐，我们可以想象这样的监狱会变成何种情状。

其二，这是对行刑工作的误解。监狱的待遇并非一刀切，刑罚个别化的应有之意就是针对不同罪犯的犯罪经历采用不同的处遇。如果真的查明有罪犯是为了物质待遇而故意犯罪，刑罚个别化理论就会要求对这些罪犯采用更低的物质生活待遇。从刑罚功能和目的看，使类似犯罪目的落空是行刑的基本要求（对杀人罪等已经实现的目的则另当别论），如对财产性犯罪必须没收其所得。通过刑罚

---

① 张明楷：《刑法的基本立场》，中国法制出版社2002年版，第375页。

个别化中处遇上的差异性对待，完全可以防止类似现象发生。

其三，这是一个与事实不符、不可能发生的伪命题。社会有一套复杂的利益机制，个人犯罪并非一个简单的物质利益比较。人类历史上发生过多次饥荒和战乱，人们流离失所，而在同时期，至少居有定所的罪犯还没有达到饿死的程度，但是人们并没有因为防止饿死而故意犯罪后去监狱。贫穷会增加犯罪，但是犯罪是为了生活更好和更体面而不是去过一种边缘的生活。无论在灾难多么严重的时代，大规模发生为了进监狱而去犯罪的情形，如果认真考证，应该都没用发生过。如果说为了提高生活质量而愿意进监狱，那么西欧、北欧一些国家的监狱待遇可能比很多贫穷国家中普通公民的物质待遇好得多，而发展中国家的很多偷渡者宁可冒着生命危险从事危险职业，也不愿意通过犯重罪而在废除死刑的国家获得长期自由刑的判决。在我国，沿海地区的一些新建立的现代化监狱，其物质生活条件可能远高于内地一些山区农民的生活质量，也当然高于多数流浪的乞丐，但尚未听说过大规模发生如此荒唐的事件。

其四，以个体的极端特殊性否认整体制度是社会科学中需要注意的误区。极限思维方法在自然科学中大有用处，但在设计社会制度时却应慎用。从理论上讲，无论监狱内的待遇如何痛苦，都无法阻止那些有特殊癖好和浪漫理想的个体自投罗网。可以设想，有人会因为有受虐癖而愿意到监狱满足病态心理；有人会欲体验生活撰写小说而愿意进监狱；有的人为了显示自己的勇气（如打赌）而愿意进监狱，监狱的痛苦性程度对这些人毫无意义。而且，笔者在去监狱调研的过程中也听说，确有个别老年罪犯因为习惯了监狱的生活，回家后反而老无所养，愿意留在监狱劳动乃至忍受监禁状态。社会制度的设计，无法一一考虑这样极为反常的特殊个案。

3. 逻辑风险：“刑罚是善”不意味着多多益善

刑罚当然不能是一种恶，恶的东西应当废除；同样的逻辑就是，善的东西应当推广，这样“刑罚是善”的界定还面临着另外一种责难：是否应多多益善、进而导致刑罚泛滥呢？显然不会。

其一，任何善和恶都具有量变与质变的转化。刑罚善性的发挥是有条件的，只有合理、适度的刑罚才能成为一种善，过量的刑罚就变成了一种恶。例如，水对人是好东西，但过多的洪水就变成灾难。在罪犯再社会化的前提（形成刑法所要求的基本价值观念）已经抽象实现时，再滥加刑罚，既浪费社会资源、也妨害罪犯更好获利，导致对社会和罪犯的两重恶害。因此，我们不用担心由此会导致刑罚执行阶段时在适用量上的泛滥。

其二，刑罚的善有特定的对象条件。对于没有罪责的人，任何强制再社会化措施都是多余的两重恶害。例如，白糖对于普通人是有营养的东西，但对于糖尿病患者无异于毒药。刑罚只有针对罪犯才能发挥善的作用，如果适用于无罪的公众当然就是一种纯粹的恶了。因此，我们也不用担心立法阶段时通过无谓的犯罪化而使刑罚泛滥。正是基于这些理由，罪刑法定原则才成为发挥刑罚善性的限度性条件。

四、刑罚本质为善的意义

刑罚的本质是善抑或恶，看似是一种文字游戏，却是构建现代刑法理论前需要追问的基本表述。笔者对刑罚本质表述的雕琢，似乎难以发挥即刻的应用价值，故在文末敝帚自珍式的强调一下观点的点滴意义，更多的阐释则限于笔墨留作日后再叙。

一方面，"刑罚本质是对社会和罪犯的双重善"使刑罚正当化的基础更加坚固、使罪犯也成为刑罚运作之中的主体。这为刑罚改革和完善预留了足够空间、指明了方向。随着时间的推移，刑罚的惩罚性将越来越小，有利于罪犯再社会化的内容将越来越多，刑罚的完善就是逐渐否定传统刑罚中无意义的痛苦性、惩罚性的过程。刑罚的效用性、目的性逐渐会取代其报复性、伤害性的内容。

另一方面，"刑罚本质为善"使罪犯忍受刑罚的义务得到了完整的论证。从本质恶害的刑罚理论中，无法推导出罪犯有忍受刑罚的义务。认为罪犯有承担刑事责任义务的传统论据来自两点：一是不得已原则，伤害罪犯的恶害性刑罚是为了保护社会利益而不得以动用的手段，"在维护法律所保护的价值方面，刑事制裁只能作为迫不得已的'极端手段'"。[①] 传统刑法在此是把刑罚权与防卫权混为一谈，只有犯罪时势不两立紧迫状态中的防卫权对罪犯的伤害才存在迫不得已的余地，而刑罚针对的是犯罪已经完成后的和平状态，对审判中的罪犯施加伤害性措施缺乏迫不得已的前提。二是罪责原则，"刑罚是以罪责为先决条件的"。[②] 罪责论据只是论证了罪犯承担责任的合理性，但为什么要承担恶害性的责任、而不是赔偿等其他责任，罪责论无能为力；而且，无论我们多么强调承受此种恶害性刑罚的原因在于罪犯过去行为中所体现的罪责，也只论证了社会和国家层面上施加刑罚的正当性。总之，认为罪犯具有忍受"本质恶害性刑罚"的义务，即便不是一种强盗逻辑和暴力哲学，也是一种犹抱琵琶半遮面式的模糊正义。

---

① 陈忠林：《意大利刑法纲要》，中国人民大学出版社 1999 年版，第 8 页。

② ［德］汉斯·海因里希·耶赛克、托马斯·魏根特：《德国刑法教科书》，徐久生译，中国法制出版社 2001 年版，第 29 页。

刑罚范畴在刑法体系中的地位和作用

——一种"刑罚中心观"的论证与提倡

张曙光*

一、引言：国内关于刑罚范畴的新思潮

国内刑法理论研究日渐走向深入、丰富。近些年来，一股重新认识或反思刑法中刑罚范畴的地位和作用的新思潮在研究中俨然呈现。它预示着国内刑法理论对于刑罚的观念可能将经历一次升华甚至变革。笔者对此粗略概括为三个方面：

一是发现或反思刑罚对界定刑法的重要意义。由于对国外刑法理论的借鉴和整理，国内学者不断发现："在外国刑法中，刑法主要还是和作为犯罪行为的法律后果的'刑罚'联系表述的。"①"意大利刑法学界认为，'刑法'得名与其特有的制裁措施——'刑罚'，内容是否与适用'刑罚'有关，是区分刑法规范和其他法律规范的根本标志。② 因此，意大利的刑法教科书多以刑罚为核心，从刑罚的适用范围、适用对象以及刑罚的作用等角度来界定刑法的概念，揭示刑法的内涵。"③"以刑罚这种刑法特有的调整手段来说明刑法和其他部门法律的区别，可以说是为全世界的法学界所公认的事实（遗憾的是，这一点并未为我国刑法学界所重视）。"④ 这种发现促使国内学者对国内理论关于刑法概念的反思。目前，我国的教材和专著实际是以犯罪概念为核心界定刑法的，如"刑法是规定犯罪及其法律后果（主要是刑罚）的法律规范的总和"。⑤

二是重视或反思刑罚范畴在刑法中的地位和作用，如著名刑法学者储槐植先

---

* 天津财经大学法学院讲师，博士。主要研究方向刑法基础理论、金融刑法学。

① 童德华：《外国刑法原论》，北京大学出版社 2005 年版，第 1 页。

② 引文似有些不畅，但原文如此。参见［意］杜里奥·帕多瓦尼著：《意大利刑法学原理》（注评版），陈忠林译，中国人民大学出版社 2004 年版，第 3 页。

③ ［意］杜里奥·帕多瓦尼书：《意大利刑法学原理》（注评版），陈忠林译，中国人民大学出版社 2004 年版，第 3 页。

④ ［意］杜里奥·帕多瓦尼书：《意大利刑法学原理》（注评版），陈忠林译，中国人民大学出版社 2004 年版，第 11 页。

⑤ 张明楷：《刑法学》，法律出版社 2007 年版，第 19 页。

生在不同著述中一再强调刑罚是“刑法的中枢神经”的思想，是刑法重大变革的主要动因：“刑法的现代化的核心是刑罚现代化。刑法由犯罪与刑罚构成，犯罪是躯干，刑罚是神经。”① 其实质是认为刑罚是刑法的核心的、主导的、能动范畴。王世洲教授及其弟子倡导和论证刑罚目的对整个刑法及其理论体系规定的引导作用，认为刑罚目的的选择应是刑法体系和刑法学理论体系的逻辑起点和体系核心。② 由于刑罚概念先于刑罚目的概念，论者实质是“变相”强调刑罚概念在刑法、刑法学理论的重要意义。冯亚东教授则从犯罪和刑罚的静态联系考察中“发现”，在刑法规范中刑罚范畴比犯罪的地位和作用还重要：“正是立法者以刑罚的制裁手段去评价危害行为，才从危害行为中分离出了法律上的犯罪概念；在刑法规范中，从根本上说先有刑罚后有犯罪，刑罚才是属于‘居于上位的’。”③这些不同观点和论证挑战了长期以来国内将刑罚看做刑法中一种处于次要的、附属性的基础范畴的传统观念。

三是阮齐林教授、冯亚东教授、梁根林教授等一批学者则在罪刑关系的考察中要求确认“刑反制罪”或“以刑定罪”的规律，引起了许多人的共鸣和进一步研究。④ “……当疑难案件出现的时候怎么办？我认为可能要跳出单纯的、教条的、绝对的从所谓构成要件出发来处理案件的传统思维模式。当然，一般情况下仍然要坚持从构成要件出发，但是在疑难案件当中要转化一下思维……即从量刑的妥当性的基点出发，反过来考虑与我们裁量的相对妥当的刑罚相适应的构成要件是哪个，从而反过头来考虑定什么罪。这就是刑罚（量刑）对犯罪（定罪）的反向制约关系。”⑤ “立法对绑架罪规定了极其严厉的法定刑，尤其是法定最低

① 参见储槐植：《刑罚目的断想》，载《环球法律评论》2008 年第 1 期；储槐植：《刑事一体化论要》，北京大学出版社 2007 年版，第 170 页。

② 参见王世洲、刘孝敏：《关于中国刑法学理论体系起点问题的思考》，载《政法论坛》2004 年第 6 期；王世洲：《现代刑罚目的的理论与中国的选择》，载《法学研究》2003 年第 3 期。

③ 冯亚东：《理性主义与刑法模式》，中国政法大学出版社 1998 年版，第 138 页。

④ “刑反制罪”的研究已成为目前学界的热点问题，除下文将提到的前面学者的著述外，另可参见梁根林：《现代法治语境中的刑事政策》，载《国家检察官学院学报》2008 年第 4 期；裘霞、李佑喜：《以刑制罪：一种定罪的司法逻辑》，载《河南社会科学》2004 年第 6 期；王琳：《许霆案背后的司法悖论》，载《广州日报》2007 年 12 月 25 日，第 5 版；汤晓慰：《寻衅滋事罪在司法适用中的若干疑难问题》，载《法律适用》2004 年第 4 期。

⑤ 梁根林：《现代法治语境中的刑事政策》，载《国家检察官学院学报》2008 年第 4 期。

刑。受其制约，对绑架罪的构成要件应当尽量做限制性的解释，使绑架罪的认定与严厉的法定刑相称。"①"犯罪的应受刑罚处罚性的本质特征内含着'以刑定罪'规律，该规律的客观存在使得立法层面还是司法层面，刑罚的具体形态都决定着犯罪的内涵和外延。"② 这种在罪刑关系上要求重视或确认"刑罚反制犯罪"的观点，也是论者对刑罚在刑法体系中的地位和价值反思的结果。

上述刑法新思潮表明了学界关于刑罚观念正在发生变化：刑罚不再被简单地理解为刑法中犯罪范畴的法律后果，处于被动的、从属性的应对地位，而是被认为具有重要地位和对犯罪具有反制甚至具有某种主导作用的重要范畴，具有独立的研究价值。而对于这一点，传统理论由于对犯罪概念的偏重，从来就没有认真对待过。这里的核心的、最基础的问题就是刑罚作为刑法的一个基本范畴在整个体系中处于怎样的地位和作用。

笔者认为，我们应当抛弃过去历来事实上将犯罪作为刑法体系核心范畴的认识和做法，而应树立一种新的"刑罚中心观"，为重构和完善我国刑法理论提供理论指导。这里的具体论证也按上述三个角度来进行。

二、刑法是关于刑（或刑罚）的法

过去，国内理论一致把刑法界定为"规定犯罪及其法律后果的法律规范的总和"，或者"主要是规定犯罪和刑罚的法律规范总和"。③ 1997 年以后，由于新刑法对刑事责任范畴的强调，许多教科书将刑法定义调整为"刑法是规定犯罪、刑事责任和刑罚的法律"，或"刑法是规定犯罪及其法律后果的法律规范的总和"，④ 或"所谓刑法，简言之，就是一个国家规定什么行为是犯罪、犯罪者的刑事责任以及刑事责任承担方法的法律"。⑤ 这种定义被认为是形式上的。对于刑法的实质性理解，"还要求在定义中揭示其阶级实质"。⑥ 例如，"刑法是掌

① 阮齐林：《绑架罪的法定刑对绑架罪认定的制约》，载《法学研究》2002 年第 2 期。

② 冯亚东：《罪刑关系的方式与重构——兼谈罚金刑在我国现阶段之适用》，载《中国社会科学》2006 年第 5 期。

③ 参见杨春洗、杨敦先、郭自力主编：《中国刑法论》（第 4 版），北京大学出版社 2008 年版，第 4 页；张明楷：《刑法学》（第 3 版），法律出版社 2007 年版，第 1 页。

④ 曲新久主编：《刑法学》，中国政法大学出版社 2008 年版，第 2 页。

⑤ 参见高铭暄、马克昌主编：《刑法学》（第 5 版），北京大学出版社、高等教育出版社 2011 年版，第 7 页；孙国祥主编：《刑法学》，科学出版社 2008 年版，第 1 页。

⑥ 参见杨春洗、杨敦先、郭自力主编：《中国刑法论》（第 4 版），北京大学出版社 2008 年版，第 5 页。

握国家政权的统治阶级，为了维护其政治上、经济上的统治，以国家的名义规定什么行为是犯罪并应给以什么样的刑罚惩罚的法律规范的总和"。[①]

不管是刑法的形式定义，还是刑法的实质定义，我们从中都可以看到犯罪在定义中是恒定的、优先的范畴，通常将刑罚作为"犯罪的自然后果"来理解。例如，张明楷教授的定义："刑法是规定犯罪及其法律后果（主要是刑罚）的法律规范的总和。"在这种对刑法的定义或理解中，刑法实际是被视为关于犯罪的法律规范总和的法律，是关于"犯罪"的法。刑事责任范畴和刑罚范畴是应犯罪而生：因为犯罪的存在，才规定其刑事责任，确定是否给予刑罚或处以怎样的刑罚或其他非刑罚方法。这与国内理论历来在罪刑关系上将刑罚看做犯罪的法律后果、是对犯罪的被动应对的"罪先刑后说"是一致的。"罪先刑后说"认为："犯罪是刑罚存在的前提，刑罚是国家处罚犯罪行为的一种方式，因而犯罪是存在意义上的，它是先于刑罚而存在的先在范畴。"[②]"刑罚处罚是犯罪行为的必然后果。"[③]

然而，与此形成鲜明对照的是，"在外国刑法中，刑法主要还是和作为犯罪行为的法律后果的'刑罚'联系表述的"。[④] 刑法被认为是关于"刑罚"的法。如德国著名刑法学者克劳斯·罗克辛指出："刑罚和保安处分是全部刑法条文的共同基本点，也就是说，在形式意义上，刑法是由它的惩罚方式进行定义的。一个条文不会由于违反的是应当行为或者没有行为的规定而属于刑法，那种情况在许多民事和行政法规中也会规定，但是一个条文会由于一种违反规定受到刑罚或者保安处分的惩罚而属于刑法。"[⑤] 日本学者多数将刑法定义为"刑罚法规"："所谓刑法，如文字所示，是规定'刑罚'的法律。严密地说，是规定对实施何种行为科以何种刑罚的法律。由于应科以刑罚的行为成为'犯罪'，所以也可以

---

① 杨春洗、杨敦先、郭自力主编：《中国刑法论》（第4版），北京大学出版社2008年版，第5页；高铭暄、马克昌主编：《刑法学》（第5版），北京大学出版社、高等教育出版社2011年版，第7页；孙国祥主编：《刑法学》，科学出版社2008年版，第1页。

② 王世洲、刘孝敏：《关于刑法学理论体系起点问题的思考》，载《政法论坛》2004年第6期。

③ 杨春洗、杨敦先主编：《中国刑法论》，北京大学出版社1998年版，第50页。

④ 童德华：《外国刑法原论》，北京大学出版社2005年版，第1页。

⑤ ［德］克劳斯·罗克辛：《德国刑法学（总论）》（第1卷），王世洲译，法律出版社2005年版，第3页。

说刑法是对犯罪与刑罚及两者关系作出规定的法律。"[①]"刑法，在广义上，是指所有规定犯罪和刑罚以及二者之间的实体关系的刑罚法规。"[②] 意大利刑法学界也整体表达了类似观点。而在英美法系，刑法被认为是"刑事政策的手段"，以追究刑事责任为中心目的，而刑事政策"研究可用以限制危害行为在社会中的数量的手段"[③] 这种刑事政策的手段说到底是以刑罚为基础的。可见，刑罚[④]范畴不仅被作为整个刑法规范体系的主要特征，而且也使刑法与其他学科联系起来。刑罚是国外刑法定义的核心词。

显然，中外刑法理论对刑法的不同定义，体现了不同的刑罚观、刑法观。笔者认为，尽管刑法在形式意义上，"乃是规定犯罪行为及其法律效果的法律规范。申言之，刑法是规定犯罪行为的法律要件，以及对于这些犯罪行为科处刑罚或保安处分等法律效果的刑事制裁法"。[⑤] 但是，在实质意义上我们应当放弃刑法是关于"犯罪"的法律规范的观念，而树立刑法是关于刑罚的规律规范的意识，这才能把握住刑法的实质。"刑法一词是一个多面性的概念，乃是泛指规范国家刑罚权与科处人民刑罚的刑事实体法。"[⑥] 理由是：

（一）刑法来源于刑罚权

人们公认，刑罚权是国家的一种统治权，是"国家基于其主权地位所拥有的确认犯罪行为范围、制裁犯罪行为以及执行这种制裁的权力"。[⑦] 它不仅定义刑法中的刑罚（刑种之刑），确立其量刑原则，而且也定义犯罪，即将一些严重危害统治关系（秩序）和利益的行为规定为犯罪，确定刑罚的适用范围，"实际上是决定、支配整个刑法的权力；无此权力，则整个刑法为无源之水，无本之

---

① ［日］西原春夫：《刑法的根基与哲学》，顾肖荣等译，法律出版社2004年版，第3页。

② ［日］曾根武彦：《刑法学基础》，法律出版社2005年版，第3页。

③ ［英］J. W. 塞西尔·特纳：《肯尼刑法原理》，王国庆、李启家等译，华夏出版社1989年版，第5页。

④ 为了方便叙事，这里的刑罚是扩大意义上的刑罚，"保安处分"可视为刑罚在现代社会的分支，在同源于国家刑罚权这点上二者是一致的。

⑤ 林山田：《刑法通论》（上册），兴丰印刷厂2006年版，第38页。

⑥ 林山田：《刑法通论》（上册），兴丰印刷厂2006年版，第38页。

⑦ 杨春洗、杨敦先、郭自力主编：《中国刊法论》（第4版），北京大学出版社2008年版，第130页。

木"。[①] 而刑罚权首先表现为刑罚——权力是一种暴力或支配力，它不过是在法的领域中表现为一种合法的暴力，所谓的刑罚权其实就是一种"权力之刑（或刑罚）"，就是"刑法"中的"刑"，"刑种之刑"是这种"权力"的外在的、静态表现。刑法之"刑"，即刑罚，应当是这种"权力之刑"与"刑种之刑"的综合。这种刑罚先于刑法的一个范畴，把刑法理解为关于刑罚的法律规范的定义有助于把握刑法的本质特征。

（二）刑法是运用刑罚与犯罪作斗争的法律规定

正如我国刑法典第 2 条明确规定了刑法的任务是"用刑罚同一切犯罪行为作斗争，以保卫……保障社会主义建设事业的顺利进行"。换言之，刑法是一部如何运用刑罚与犯罪行为作斗争的法。刑罚作为国家统治权的重要内容，是国家成立之时即存在，是一个先验的范畴，而犯罪是国家随时定义的范畴，作为确立刑罚打击对象和范围而存在。刑法中的基本原则，如我国刑法中的罪刑法定、罪责刑相适应、适用法律面前人人平等基本原则，国外刑法理论中的罪责原则、行为原则等，都是围绕如何正当、合理适用刑罚而规定的。也就是，刑罚是整部刑法中的核心词。

（三）刑法之"刑"，即刑罚，应当包括两个方面含义

一是权力之刑，通常称之为刑罚权，它是刑法中的一种沉潜的力量。从根本上说，刑法是规制这种权力之刑的运用的，如规定其适用对象和范围（犯罪）、适用规则（罪刑法定原则、罪责刑相适应原则等）、惩治方法（刑种）等。二是刑种之刑罚，即狭义之刑罚、刑罚方法，它是对刑罚的各种具体制裁措施即刑种的概括，国内教科书上通常在此意义定义刑罚，如"刑罚是刑法规定的由国家审判机关依法对犯罪人适用的限制或剥夺其某种权益的最严厉的强制制裁措施"；[②]"刑罚是统治阶级以国家的名义惩治危害统治关系的犯罪行为的一种法律强制方法，而且是国家强制中最严厉的一种强制"；[③] 等等。刑种之刑是权力之刑在刑法中的外在的、静态表现。——这种将刑法中的刑罚范畴仅理解为"刑种之刑"实际上没有完整把握刑法中刑罚范畴的全面含义。

---

① 杨春洗、杨敦先、郭自力主编：《中国刑法论》（第 4 版），北京大学出版社 2008 年版，第 132 页。

② 高铭暄、马克昌主编：《刑法学》（第 5 版），北京大学出版社、高等教育出版社 2011 年版，第 216 页。

③ 杨春洗、杨敦先、郭自力主编：《中国刑法论》（第 4 版），北京大学出版社 2008 年版，第 130 页。

事实上，在21世纪之前的国内刑法教科书中，“权力之刑”（刑罚权）通常作为“刑种之刑”（即狭义的刑罚）的前提范畴加以讨论，刑罚权被视为政治学或者说是国家学说上的概念。然而，在经过一段所谓“去政治化”的思潮后，“权力之刑”从多数刑罚教科书中撤出，只剩下“刑种之刑”。这种“权力之刑”范畴的缺失实际是理论基础、背景的残缺，导致一些问题得不到合理的解释，如对刑法中的非刑罚制裁方法的理解。如果脱离“权力之刑”范畴，那么就难以理解其来源；如果没有“权力之刑”的范畴，罪刑法定、罪责刑相适应等原则就不能得到根本上的解释。

这种综合意义上的刑罚范畴，不仅被作为刑法中的基本范畴，也被作为宪政、刑事政策、监狱学、刑事程序中的基本或重要范畴，成为刑事一体化视野中的共通概念。从另一个角度看，刑罚范畴也只能在刑法中产生。但刑法不能提供一个共通的犯罪范畴，如人们区分了犯罪的立法概念和司法概念，犯罪学中的犯罪概念和刑法学中犯罪的规范概念等。在此意义上，刑法是关于刑罚的法。

此外，在一种罪刑关系的考察中，亦即刑罚范畴在刑法体系的地位考察中，我们也应得出刑法是关于刑罚的法，对此下文将详细论述。

三、刑罚是刑法的起始范畴、核心范畴

在我国传统刑法理论体系中，[①] 刑罚概念虽然形式上获得了与犯罪概念相并列的基本范畴资格，但其实际地位和理论意义却远逊于犯罪概念。犯罪概念是刑法理论的基石和核心，刑法理论主要围绕这一“基石”展开，如犯罪论，然后是刑罚论；而在与犯罪概念的关系考察中，刑罚只是以犯罪的法律后果而存在，被认为处于被动的、从属地位，是对犯罪的应对。“刑法是关于犯罪及其法律后果的法律规范的总和”，[②]“应受刑罚性是犯罪的一个重要特征，是犯罪前两个特征，即社会危害性和刑事违法性的必然法律后果”的理论命题，[③] 基本反映了传统刑法理论对刑罚范畴在刑法体系中的地位和作用：刑罚概念是从属于犯罪概念，作为对犯罪的应对措施，处于次要的地位的。

1997年新刑法颁布以后，由于刑法中对刑事责任的强调。刑事责任范畴得

---

① 这里大体指1997年刑法颁布之前，后面“新近的”指的是1997年刑法颁布之后。

② 张明楷：《刑法学》（第3版），法律出版社2007年版，第19页。

③ 参见高铭暄主编：《刑法学原理》（第1卷），中国人民大学出版社1993年版，第382页；马克昌主编：《刑法学》，高等教育出版社2006年版，第33页；杨春洗、杨敦先、郭自力主编：《中国刑法论》，北京大学出版社2008年版等。

到刑法理论的重视，被认为是与犯罪范畴相并列的概念，刑罚范畴在我国刑法理论中的地位进一步下降，成为刑事责任的一种制裁方式。“犯罪与刑事责任是刑法的两块基石。二者密切联系，是引起与被引起的关系……而刑罚则是犯罪人承担刑事责任的一种方式……相对于刑事责任而言，刑罚是下位的概念。”① 也有主流教材，在刑法理论体系上采取“罪、责、刑平行说”，在犯罪论和刑罚论之间插入了刑事责任的理论内容，但同时这些教材也认为刑事责任是刑罚的上位概念，之所以坚持一种“犯罪论—刑事责任论—刑罚论”的体例，是因为刑罚不仅在刑法中处于重要地位和作用，而刑事责任得到刑法的强调在内容上却“乏善可陈”。

笔者认为，无论是最初的“犯罪—刑罚”体系，还是“犯罪—刑事责任”体系、“罪—责—刑”体系，都是一种以犯罪范畴为中心的刑法观，这种将犯罪作为刑法体系首要的、核心的基础范畴，尽管有其合理之处，但是不足以揭示刑法的实质，无助于实现刑罚的目的和任务。刑罚范畴才是刑法的首要范畴（逻辑起点）、核心范畴和归宿。

（一）刑罚范畴是刑法的逻辑起点（起始范畴）

在前文中已经提到，刑罚是国家固有的基本功能，国家存在之时就是刑罚存在之时。因此，对于刑法而言，刑罚是一个先验的范畴，当刑法被确立时，刑罚表现为刑法中的刑种（刑种之刑），刑法中的犯罪范畴同时也依赖刑罚的定义，如“一切危害国家主权、领土完整和安全……以及其他危害社会的行为，依照法律应当受刑罚处罚的，都是犯罪”。如果没有刑罚，不仅不会有刑法中的刑种，也不会有刑法中的犯罪，当然也就无所谓刑法了。

传统刑法理论在逻辑上，尽管没有言及，但实际上是将犯罪范畴作为刑法的逻辑起点。其逻辑是，因为现实生活中有大量犯罪，因此才会通过刑法确立刑罚予以打击。其实质是将犯罪看做刑法的先验范畴，并试图通过所谓犯罪的实质概念来确立这一范畴，不得不在刑法之外寻找一个社会危害性或法益侵害的范畴作为犯罪的实质。在笔者看来，这是理论上混淆了日常生活中危害行为和作为刑法中的犯罪概念的结果。日常生活中的危害行为，无论其是对“社会关系”（犯罪客体）的侵犯，还是对“法益”的侵犯，本身都不是刑法中的犯罪，只有那些经过立法评估应受到刑罚打击的危害行为，才是刑法中的犯罪。因此，在刑法之前并无犯罪，刑法中的犯罪是刑罚评价的结果——应受刑罚惩罚性。刑罚是先于犯罪

① 杨春洗、杨敦先、郭自力主编：《中国刑法论》，北京大学出版社2008年版，第116页；张明楷：《刑法学》（第3版），法律出版社2007年版，第13页等。

范畴而存在的。只有刑罚的先验存在才会有刑法。所以，刑罚是刑法的起始范畴。

（二）刑罚是刑法的核心范畴，在刑法中处于基础的、中枢地位

刑罚是人类社会对侵犯其自身存在条件的自卫手段。国家通过刑法运用刑罚来定义犯罪并同其作斗争。首先，刑罚定义什么是犯罪，即只有那些对统治关系具有危害或侵害的危险，应当受到刑罚惩罚的行为，才会被定义为犯罪规定在刑法中。其次，犯罪范围的厘定，如以行为为刑罚制裁的最大边界，具体犯罪构成要件的设置，都离不开刑罚打击的需要、正当化的考量；再次，成立犯罪的各种要件，如故意、过失、主体等范畴的厘定，也都要考虑刑罚目的、刑罚轻重的需要；此外，犯罪人的因素，如累犯、自首、立功等，都是为了追究刑事责任而确立，这也说明刑罚不单纯是犯罪的法律后果，而是犯罪因素及犯罪人的共同的法律后果。

（三）刑罚的变动将引起刑法的各项变革

我国著名学者储槐植先生认为“刑罚是刑法的神经”。这一命题同样揭示了刑罚在刑法中的中心地位。刑罚是刑法中相对恒定的范畴（变量），一国的刑罚种类、目的、结构等一旦确定，一般不会轻易变动，而刑罚一旦变动历来是刑法的重大变革，如最近《刑法修正案（八）》对刑法总则尤其对刑罚结构的调整，被立法专家称为“是1997年刑法修订以来对刑法作出的最重要的一次修改”。① 刑罚的变动使整个刑法的面貌和性质发生很大的转变。刑罚、刑罚结构的确定和变化动力固然有犯罪情势的影响，但主要与“具体国情（历史传统、文化背景、统治经验、社会心理等）、刑罚目的、刑事政策等”有关，是一个独立变动的可以自我调整的力量。

刑罚的变动会牵动刑法中各项制度、原则、各种范畴跟随变化，刑罚是其变化之源，是其变化及其变化方向的决定者，如一些行为“犯罪化”还是“非犯罪化”，犯罪具体成立条件的变迁，决定于是否需要刑罚予以打击、打击的法网疏密；牵连犯、同种数罪是数罪并罚还是按一罪论处，是按一罪从重论处还是按一重罪论处，考量的是如何适用刑罚，决定于采用的是重刑主义还是轻刑主义；罪刑法定还是承认类推适用，则反映了刑罚理念的变化。这些都反映了刑罚在刑法中是一种能动的主导性的范畴。

（四）刑罚是刑法中一切制度、原则、范畴的归宿

刑法的任务表明刑法是围绕如何正当合理地适用刑罚而创设的。刑法的基本原则是关于刑罚如何正当合理运行的规则，要求刑罚的运行应当符合道德伦理；

① 黄太云：《〈刑法修正案（八）〉解读（一）》，载《人民检察》2011年第6期。

刑法的适用范围（包括空间范围和时间范围）实质是一国刑罚或者刑罚权的适用范围。“无行为既无犯罪亦无刑罚”界定了刑罚的最远可能的惩治边界。犯罪范畴是追究刑事责任的前提范畴，是客观的行为条件，如果要追究适当的刑事责任还需要考虑犯罪人的因素，累犯、自首、立功等刑罚裁量制度就应运而生。故意犯罪的停止形态、共同犯罪、罪数不典型等制度的确立及其惩治原则，是为了追求一个公平合理的刑事责任（刑罚），实现刑罚的报应、预防、教育等目的。减刑、假释、赦免、时效等制度，则直接与刑罚目的有关。

可见，刑罚范畴对整个刑法体系而言是一种前提性、核心的范畴。因为没有刑罚，刑法就是无源之水，无本之木，而刑法也失去了方向。

四、在刑法基本关系中，刑罚是能动的、主导的范畴

（一）传统罪刑关系理论走入困境

1997 年新刑法颁布之前，国内理论界普遍认为“犯罪与刑罚构成刑法主要内容”，是刑法的两大基础范畴，而刑法就是“规定犯罪与刑罚的法律规范的总和”。[①] 作为刑法两大基本范畴的犯罪与刑罚之间的关系（简称为罪刑关系），理所当然地被看做刑法中最重要的关系，“罪刑关系应该是刑法的基本问题，也是刑法的调整对象”。“罪刑关系的运动表现为刑事法律关系的全过程。”[②] 在对这种被认为刑法基本关系的考察中，传统理论最初基本认为这种罪刑关系就是一种因果关系，把犯罪概念看做刑法的基石、核心范畴，把刑罚看做犯罪的法律后果，即犯罪是因，刑罚是果，“刑法哲学中，两大基本范畴——犯罪与刑罚之间就存在这样一种因果关系”。[③] 曾经有一种观点影响一时：“刑事处罚是犯罪的必然后果。”[④] 这种极端的说法不久就被人认为是不适当的，如这不能解释免于刑事处分、酌定不起诉等情形，而且大量的犯罪“黑数”存在，都能说明刑事处罚不是犯罪的必然后果。但这仍未影响主流理论将罪刑关系理解为一种线性因果关系。这种因果关系的实际在于犯罪决定了刑罚的存在及其刑度，刑罚是犯罪的被动应对和结果；对于刑罚而言，犯罪是一种先验的存在的主导范畴，而刑罚是一种犯罪的“衍生物”。

这种被认为包含着因果内容的罪刑关系理论不断地得到丰富和发展。陈兴良

---

① 参见高铭暄：《中国刑法学》，中国人民大学出版社 1989 年版，第 1 页。

② 陈兴良：《刑法哲学》，法律出版社 1997 年版，第 3 页。

③ 陈兴良：《刑法哲学》，法律出版社 2000 年版，第 16 页。

④ 杨春洗、杨敦先主编：《中国刑法论》，北京大学出版社 1998 年版，第 50 页。

教授的《刑法哲学》（1993 年）就是一部专门关于罪刑关系的宏篇巨著。在该著作及其他作品中，论者认为犯罪与刑罚之间的关系是“已然的犯罪与刑罚之间决定与被决定的关系以及刑罚与未然的犯罪之间遏制与被遏制的关系；前一命题的内涵是刑从罪生（质）与刑当其罪（量），后一命题的内涵是刑须制罪（质）与刑足制罪（量），它们分别产生于社会报应观念和社会功利观念”。① 在这里，论者将刑罚的价值理念导入一种以因果关系为基础的罪刑关系中。这种以因果内容为基础的罪刑关系仍然为学界大多数人所承认或不愿放弃，并在实务中具有重要意义：犯罪人应受到惩罚取决于其犯罪行为的严重性和人身危险性。

但是，质疑也是不断被提出的，不仅如前文所述，也许这种因果关系可以勉强说明免于刑事处分、酌定不起诉的情形，但无法说明大量的犯罪“黑数”意味着刑罚不是犯罪的“果”。人们还注意到刑法中的犯罪概念实际是离不开刑罚的评价：“在犯罪与刑罚的静态联系上，正是立法者以刑罚的制裁手段去评价危害行为，才从危害行为中分离出了法律上的犯罪概念；在刑法规范中，从根本上说是先有刑罚后有犯罪，刑罚才是属于‘居于上位的’。”② 这一观点实际上是与本文前面的立场是一致的，即犯罪是刑罚评价的产物。如果这一观点得以成立的话，那么罪刑之间就不是一种决定与被决定的因果关系。

对传统罪刑因果关系最有力的打击，应属 1997 年新刑法对“刑事责任”这一基础范畴强调。在新刑法中，刑事责任实则被提高到与犯罪相并列的范畴，如第二章题目由旧刑法的“犯罪与刑罚”改为“犯罪与刑事责任”，刑罚（刑种之刑）沦为刑事责任的一种实现方式而已；在新刑法中，犯罪、刑事责任、刑罚三者成为刑法的基本范畴，而且值得肯定的是，刑事责任在这里不是可有可无，而是有其存在的价值和依据的。犯罪成为刑事责任的前提，但是追究刑事责任也不能单单考虑犯罪的存在，而且还要考虑犯罪人的要素，如是否未成年、是否减弱精神能力人，是否存在自首和立功等；刑罚以刑事责任为前提，但是刑事责任的结果未必是刑罚，还可以是非刑罚处理措施。不管怎样，在这样一种关系中，不仅不能说犯罪与刑罚之间存在因果关系，而且犯罪与刑罚的这样一种直接的联系也不存在了。因此，有一些教材迅速对刑法的定义做了调整，认为刑法是规定犯罪及其刑事责任的法律规范的总和。但是，这样一种定义，把犯罪与刑事责任看做刑法中的一对基本范畴、一个基本关系，是没有多少人赞同的。

还有一种对传统因果的罪刑关系的反击是如前文提到“刑反制罪”的问题，

---

① 陈兴良、邱兴隆：《罪刑关系论》，载《中国社会科学》1987 年第 4 期。

② 冯亚东：《理性主义与刑法模式》，中国政法大学出版社 1998 年版。

学者或根据实务经验或根据理论推敲，发现无论是在实务或规范解释中，都存在刑罚对犯罪的一种制约。例如，对罪数不典型的情况中，如牵连犯，是按一罪处理还是按两罪处理，实际是根据刑罚打击的需要和目的要求确定，如当刑罚规定的十分严厉，那么要求对该罪名罪状尽可能做严格解释，等等。这种"刑反制罪"的思想，是仍然肯定犯罪决定刑罚为基本原则的基础上，要求在一些情况下应根据刑罚的需要确定罪名。这也是传统因果的罪刑关系所难以接受的。

上述种种问题，意味着传统的罪刑关系理论已走入困境，罪刑关系作为一种重要的关系可能还存在，但是很难成为刑法的基本关系了，而且也很难用一种因果关系去界定罪刑关系了。

（二）刑法中的犯罪和"刑种之刑"都源于刑罚权，二者无因果关系

在笔者看来，问题出在人们对刑法中的刑罚的理解，基本停留在一种刑事制裁措施上，这是不恰当的。正如前文所析，刑法之刑，即刑罚，应当包含权力之刑和刑种之刑，后者是前者的一种具体表现而已，非刑罚处理方式也是权力之刑的展现。这种权力之刑才是真正的刑罚，刑法就是对这种刑罚的规制。所以刑法的基本矛盾就是刑法与刑罚的制约和被制约关系，刑罚是刑法一种内在的、核心的力量，刑法规定其行使和运用，同时也限制其行使与运用。这种刑与刑法的关系，就是刑法中的基本关系。

即使犯罪与刑种之刑也不能认为二者之间存在一种因果关系，换句话说，不能简单盲目地把哲学中的因果关系在刑法中的犯罪与刑罚两个范畴之间贯彻。刑罚权定义了刑法中的犯罪，同时也创设刑罚（刑种之刑），二者之间存在并列关系，但不存在因果关系，二者之间都是为了限制和约束刑法中那个隐性存在的先验的刑罚（权力之刑）。传统理论认为刑法中的犯罪和刑罚之间具有因果关系，是机械地将哲学中的因果关系在刑法中贯彻，而且是将刑法之前的那些严重危害社会关系的行为与引起整个社会自卫的自卫手段之间的关系照搬到刑罚中。

（三）在刑法的基本关系中，刑罚是能动的、主导的范畴

刑法与刑罚（权力之刑）应当是刑法的基本关系，刑罚对刑法而言是一种先验的存在，是刑法赖以存在的前提和基础，刑法也是为了确保这种刑罚任务实现和理性、正当行使而设置，刑罚的目的就是刑法的目的，在这个意义上，刑罚决定了刑法的存在。另一方面，刑法对刑罚具有反作用，一方面通过定义犯罪、各种犯罪形态、各种具体犯罪等来明确刑罚的打击范围与对象，规定刑罚刑种、量刑幅度来确保刑罚任务的实现；另一方面，刑法定义犯罪、各种犯罪形态和各具体罪、定义刑种、量刑原则也是为了限制刑罚的适用，确保刑罚正当的、适当的、合乎目的的行使。在这个基本关系中，刑罚是一种能动的、主导性的范畴。

刑罚限度：基于人性路径的探讨

张阳[*] 刘璐[**]

一、刑罚限度的存在依据

“刑罚是指刑法规定的，由国家审判机关依法对犯罪的人适用的建立在限制或剥夺其一定权益的痛苦之上的最严厉的强制性制裁方法。”① 刑罚史走过了报复时代、威慑时代、等价时代、矫正时代和折中时代五个阶段，相应地刑罚的表现形式也历经了报复刑、威慑刑、等价刑、矫正刑、折中刑的过程。透过历史实践的脉络总结，我们可以发现伴随着个人意识的渐次觉醒，个人在社会中作用的不断增强，对个人力量的承认与对个人价值的重视，刑罚在历史长河中不断接受理性和实践的检验与反思，历经了从严酷到缓和、从复杂到简单、从野蛮到文明的过程。在此过程中，刑罚由报复到矫正再到报应与功利的统一，由消极惩罚发展到积极预防，由单纯剥夺走向兼顾保障，呈现出由不合理走向合理的趋势；同时，刑罚体系自身不断完善，刑罚种类从以身体刑为中心发展到以自由刑为中心，从复杂走向简单。虽然刑罚并不是从其产生那天起就有限度，但是其发展史从一定程度上表明了刑罚限度存在的历史必然性。

刑罚从其形式上看与犯罪行为无异，都表现为一种“恶行”，如剥夺犯罪分子的生命权，剥夺或限制犯罪分子的自由权，剥夺犯罪分子的财产权，剥夺犯罪分子一定的资格等。所以边沁说，“刑罚的类别与罪行的类别是一样的。司法者或违法者所造成的同样之恶将构成一个刑罚或罪行。恶的性质是相同的……”② 国家一方面在禁止他人“为恶”，一方面却又在实施着被它禁止的“恶”，这实则看似存有矛盾。但是正如日本刑法学者西原春夫所言：“人不能对人进行裁判而产生的非正义，与人对人进行裁判而产生的非正义，两者相比较，显然是前者

* 郑州大学法学院副教授，硕士生导师。

** 郑州大学法学院刑法学2009级硕士研究生。

① 高铭暄、马克昌主编：《刑法学》，中国法制出版社2007年版，第261页。

② ［英］吉米·边沁：《立法理论》，李贵方等译，中国人民公安大学出版社2004年版，第393页。

要严重得多。所以，人类自古以来就心甘情愿地忍受、容许并肯定人对人进行裁判所产生的非正义，直至今日。人对人进行裁判的制度，就这个意义而言，只是一种‘必要的恶’。为对人进行裁判而制定的基准即刑法，以及对人进行裁判所科以的刑罚，同样也只是一种‘必要的恶’。”① 鉴此，对于这种“必要的恶”，如何为其划定一个必要的限度，把它控制在人的尊严所能接受的限度之内，又不丧失刑罚本身所固有的惩罚效果，就成为一个至关重要、无法回避且争论不休的刑法学问题。

对此问题的解答，不但决定着对与刑罚相关的所有问题的解答，而且决定着整个刑事实践活动的运行。大凡在刑法学上有所建树的西方学者，无不涉足过此问题，东西方的思想家们在此问题上不乏精辟的论述；笔者在阅读和汲取前人学说的基础上，尝试从人性的角度对此问题进行再次论述，希望能得出科学合理的结论，为此问题的争论提供知识增量。

二、从人性看刑罚限度

犯罪是人实施的，而刑罚是科于人的，犯罪人是犯罪和刑罚的核心，刑法只有建立在对人性的真切关注的基础上，其存在和适用才具有本质的正当性与合理性，也才能真正被人们所认可并遵守。人性是刑法的基础，尊重人性为刑法的合理性奠定了基础，人性是支撑刑法善性发展根本性的要素之一，只有真正将“人”之概念的内涵契合于刑法之中，才能形成一部良善的刑法。

人性作为人的基本规定性，又称为人的本性或人的本质，是人之为人的基本品性。在中国，人性问题上最大的争议是人性的善与恶。作为性善论的倡导者，孟子认为人性是善的，恻隐和羞恶是人的心理常态，是每个人都天然固有的。与此相反，在性恶论的倡导者荀子看来，人性是恶的，人的善性都是后天习得的，没有经过后天的学习和培养，人是无法获得善性无法为善的。在西方，人性问题上最大的争议是人性的理性与非理性。理性主义者认为人是理性的。所谓理性是指人能明辨是非，有选择自己行为能力的意志自由，对自己的行为后果具有预见性和不利后果的避免能力。经验主义者认为人是经验的。所谓经验是指人对存在于其外部客观事物的感知。因此，人的意志自由是相对的而不是绝对的。那么刑法就不应该漠视人所固有的为了生存而趋利避害的本性，就不应该处罚这种出于本性的行为。

---

① ［日］西原春夫：《刑法的根基与哲学》，顾肖荣等译，法律出版社2004年版，第3页。

对犯罪人人性的假设直接决定了刑罚理论的构建，刑事古典学派与刑事实证学派对立的根本原因就在于其对作为犯罪主体的犯人的人性认识不同。刑事古典学派虽然在刑罚价值的选择方面存在重大差别，但是其对人性假设都是理性人，认为人在本质上是意志自由的，刑事责任从本性上来说是道义责任；构成犯罪的唯一根据就是行为的客观危害，没有必要再考虑犯罪人的主观因素与主体因素，由此出发构造了客观主义的犯罪构成理论。刑事实证学派对于人性的假设是经验人，认为犯罪人的犯罪意识与犯罪行为都是被决定的，人之所以犯罪也是由一定的物质条件和精神条件所决定的，刑事责任从本性上来说是社会责任；并由此出发认为刑罚的作用是有限的，转而寻找刑罚的替代物，立足于矫正与预防犯罪、揭示造成犯罪的个人与社会原因，强调刑法的社会保障机能。长时间的争论之后，一些学者从人性的辩证唯物主义角度出发，对犯罪人的道义责任与社会责任均予以重视，并对之进行系统的综合，形成了并合主义的刑罚理论。在并合主义的刑罚理论中，不同的学者在刑罚的价值取向上存在不同的选择，但他们都把正义与合目的性作为刑罚正当化的根据。

笔者认为人性善恶兼有，经验与理性并存，趋利避害是人的基本品性，是人之行为的基本动力和首要原因，这是人性中理性的一面。贝卡里亚认为，人是理性的动物，人都有趋利避害的本能，每个人都会为着自己的利益而斗争着；费尔巴哈认为，人人都有追求欢乐、避免痛苦的本能。边沁认为，求乐避苦是人性的根本，任何人都难以逃脱求乐避苦的法则，所以追求快乐或是避免痛苦就成为人类的一切行为的最深层动机和最终目的。所谓的“最大幸福原则”认为，人的行为受功利原则支配，个人就是要追求其自身的最大幸福。根据边沁的理论可以得出结论，人的法律行为甚至犯罪行为，一般来说都是基于理性的选择而做出的。行为的取舍在于利害的权衡，法律实施的基础是功利主义。法律规定的惩罚措施就是将痛苦施加于人，迫使人们不去作恶。人类社会为了维系其存在，为了维系一定的社会秩序，必然会对犯罪人进行非难，使其承担刑事责任，一般表现形式为刑罚。因此，刑罚的创制是人理性的选择结果。立法者根据功利主义制定法律，功利主义是立法的宗旨，也是评判法律优劣的标准。边沁的苦乐原则虽然饱受争议，但必须承认的是，犯罪行为是行为人企图获得最大的幸福而做出的，是人理性的选择结果，同时刑法规定的刑罚制度也是理性选择的结果。刑法的发展变化也必定受制于该种基本人性，不能无视人趋利避害的天性（当然也不意味着法律必须全面迎合人的这种天性），不能要求人们牺牲较大的价值来迎合较小的价值。

同时，人性也有非理性的一面，即在某些条件下，做出某一行为受到即时性的情感、情绪或者潜意识的支配，如激愤之下，大义灭亲杀死不孝子；辽宁弑女案中，陷入绝境的父亲帮助高位截瘫无钱医治的女儿自杀；邓玉娇案中，邓玉娇为了反抗欺辱行为而作出防卫过当的行为等。此外，这种非理性行为还特别容易在人聚合成某一群体的情况下产生。[①] 对于因非理性的情感、激愤情绪而实施的犯罪，刑法应给予特殊关照。

三、刑罚量的限度——罪刑相当

具体来看，人的本性对于刑罚的制约体现在“罪刑相当”和“刑罚适用的必然与及时”两个方面。

从人之理性的一面来说，首先是人的理性选择，如果行为人经过理性的考量之后，仍然根据自己的自由意志决定，而做出违反道义的犯罪行为，那么就应当受到道义的非难而承担刑事责任。在此意义上，我们便可以看到刑罚本质之一——报应。同时，由于人具有趋利避害的本性，刑罚将痛苦施加于人，就可以构成对意欲犯罪者的一种心理强制，阻止其违法的精神动向转化成犯罪行为，起到警告犯罪者不要实施犯罪行为的作用，此即刑罚另一本质——功利。由此，我们可以看到刑罚的本质是结合了报应论和预防论的并合主义论。而在报应和预防的双重目的下，罪行相当是基本的要求。那么总结而言，即是人性中的理性选择和自由意志决定了报应论，人性中的趋利避害特征决定了预防论，最终决定了罪行相当的原则。

具体而言，关于刑罚的报应本质，日本刑法学者木村龟二归纳道：“报应刑论的报应概念由三个因素组成：其一，报应是‘动’与‘反动’的对应，这种意义上的报应与复仇具有共同的基础；在心理方面，被害人是以复仇的感情感受报应的。其二，报应中的‘动’与‘反动’的对应关系是相当的、平等的、均衡的，在这一意义上报应与报复是有区别的。这里的刑罚中蕴含着正义的价值。其三，报应的内容是以祸害或痛苦为基础的报应，是对作恶者利益的剥夺。”[②] 这就为刑罚划定了界限，即刑罚的程度必须与已然犯罪的严重程度相一致。刑罚的功利本质认为，刑罚不是因为有犯罪才科处，而是为了将来不犯罪。所以刑罚的程度不是依犯罪的客观现实或罪责的大小来决定，而是基于减少犯罪的社会效

---

① ［法］古斯塔夫·勒庞：《乌合之众——大众心理研究》，冯克利译，中央编译出版社2005年版，第14页，第20~21页。

② ［日］木村龟二主编：《刑法学词典》，顾肖荣等译，上海翻译出版公司1991年版，第408页。

果需求确定的。在这一视角下，我们为犯罪人减轻和免除刑罚找到了依据，即可以在预防犯罪的必要限度内对一些不需要判处刑罚或者需要减轻刑罚的犯罪人减轻或者免除处罚。

综上，笔者从理性选择、自由意志以及趋利避害的人性观和并合主义的刑罚本质观出发，为刑罚划定限度，一方面要与犯罪人已然犯罪的严重程度相一致，[①] 不因基于功利或者其他考虑而受到不公正的惩罚；另一方面如果不判处或者减轻刑罚也完全能够预防犯罪，那么就可以免除或者减轻犯罪人刑罚。从人之非理性一面来说，主要是指针对行为人因激愤情绪等非理性的因素而实施犯罪的情况下，行为人的主观恶性一般不大，鉴于其犯罪动机或原因的特殊性，并结合报应和社会预防的目的，应当对此进行特别的观照，在刑法的处置上应当与行为人的犯罪结果的严重性以及行为人主观心态相一致，以达到罪刑相当的基本要求。当科处的刑罚背离一般道义报应要求时，社会公众对刑罚不是冷漠，就是对受刑者充满了同情之心，这样的刑罚注定是没有根基的。均衡的刑罚处罚，也使犯罪者觉得这是自己罪有应得，从而起到抑制其再犯罪动因的作用。

目前，我国司法实践中存在量刑趋重与量刑偏差较大的问题，制约着罪刑相当的充分实现。虽然不排除在个案中可能存在合理量刑或者轻缓的量刑，但从整体来看，量刑趋重仍然是普遍现象。量刑偏差较大既有不同法官因为价值观念的差异对于同种犯罪判处了相差较大的刑罚，还有罪名不同罪质相同的犯罪之间的量刑偏差。对此专门进行过研究的学者指出：“刑事立法不完备、法律条文粗糙、法定刑幅度过大是造成量刑不平均的先天条件；法官自身因素（性格、年龄、性别、经历、量刑习惯等）也会造成量刑不平衡；审判体制、行政机关的干预、治安形势、社会舆论、未经整理和确认的判例都会对量刑产生影响。”[②] 如何改变这种罪刑不公的局面，找到一条实现罪刑相当的有效路径是一个非常重要的问题。从应然角度讲，罪刑相当的进一步实现需要立法的完善、法官素质的提高以及审判制度的改革等，但是具体到实然层面毫无疑问这些改革目标的实现需要一个相当长期的过程。如何在我国现在的社会情境下，在总结我国司法经验事实的基础上，参照国外的先进经验寻找到一条实现罪刑相当的有效路径仍然是摆在理论界和实务界面前的一道难题。

---

① 至于怎样的刑罚才能相当于相应的犯罪的恶或严重性，是特定政治、经济、文化背景下的社会价值观念影响的产物，这又是另一层面的问题了，在此不再展开论述。

② 胡学相：《量刑的基本理论研究》，武汉大学出版社 1998 年版，第 219 ~ 232 页。

四、刑罚适用的限度——必然原则

刑罚的必然性，是指刑罚应当成为犯罪的必然结果，任何犯罪都不能逃脱刑罚的惩处。“有罪必罚”是一条古老的报应规则，其不仅满足了社会公众一般公正观念的需要，也是刑罚功能得以有效发挥的前提条件。根据费尔巴哈的“心理强制说”：“顺应人‘趋乐避苦’的常情，使违法行为中蕴含某种痛苦，才能使具有违法的精神动向的人在违法行为可能带来的乐与苦之间进行权衡，并因违法行为可能带来的苦大于可能带来的乐而自我意志违法的精神动向，使之不发展成为犯罪行为。”① 因此，如果对犯罪不罚或者只对其中一部分人进行处罚，不仅会导致法律本身的虚置，还会助长犯罪者和意欲犯罪者的侥幸心理，造成犯罪的泛滥。就如贝卡里亚所言：“如果让人看到，他们的犯罪可能得到宽恕，或者刑罚并不一定是犯罪的必然结果，那么就会煽惑其犯罪不受处罚的幻想，就会使人以为既然犯罪可以受到宽恕，无情的刑罚就不是正义的伸张，而是强力的暴侵。”②

有罪必罚，不仅能加强犯罪人对于刑罚的心理感受程度，使其深刻体会到“犯罪之苦”，而且对犯罪人实施刑罚可以增强社会成员对于刑罚的威慑心理。所谓威慑心理，就是刑罚的威慑力在人们心理上引起的畏惧反应。这种心理效应能够使人们把社会、犯罪和刑罚紧密地联系起来，使刑罚得以发挥其社会效应。如使已经犯罪的人不致再犯，仍在犯罪的人停止犯罪，可能犯罪的人放弃犯罪，一贯守法的人更加强化守法的责任感和义务感。如果犯罪人犯了罪不受惩罚，那么刑罚就偏离了罪刑相当的公正轨道，不仅会导致犯罪率的上升，还可能使刑法本身失去其应有的人文关怀，导致被害人和一部分已经受过刑罚处罚的人滋生严重的不平衡心理，产生对于社会的报复情绪。

刑罚必然性对于刑罚本身的重要性早已经被刑法学者所肯定，孟德斯鸠曾指出：“如果我们研究人类所以腐败的一切原因的话，我们便会看到，这是因为对犯罪不加处罚，而不是因为刑罚的宽和。”③ 同时，刑罚的必然性对犯罪的预防作用也已经被实践所证实。现代犯罪学的实证研究成果表明，犯罪的黑数大小与

---

① 邱兴隆：《从一元到多元：一般预防论的流变》，载《法学评论》2000 年第 5 期。

② ［意］贝卡里亚：《论犯罪与刑罚》，黄风译，中国大百科全书出版社 1993 年版，第 60 页。

③ ［法］孟德斯鸠：《论法的精神》（上册），张雁深译，商务印书馆 1982 年版，第 85 页。

犯罪的发生有极大的关系，犯罪黑数大的领域往往也就是犯罪大量发生的领域。美国学者理查德·霍金斯在《美国监狱制度》一书中指出："刑罚的客观确定性（被捕率和监禁率）比刑罚严厉性和大多数类型的犯罪综合检测经验有着更密切的关系。确定性不仅被认为在威慑效力上优于严厉性，它还断言具有前提功能，即刑罚的严厉性只有与具体的确定性水平相结合，才能与较低的犯罪率相联系。"① 这里很明显地道出了刑罚必然性在刑罚预防作用发挥上的基础性地位。

反观我国现在的社会状况，犯罪率经历了长时间的"严打"仍然呈持续上升趋势，这与司法实践当中长期存在的刑罚或然性问题存在密切的因果关系。人际关系网严密，是我国社会不容忽视的传统之一，"情为重"和"官本位"意识的横向渗透，政府社会控制力的薄弱，造成我国司法活动中的刑罚适用存在很多不确定因素。如果无法充分实现刑罚必然原则，面对犯罪率不断上升的局面，我们除了选择"加重处罚"、"从严打击"之外，似乎也没有更多的选择了。因此，对于犯罪率不降反升的局面，我们应当摒弃"严打"的单项思维模式，仅仅对于恶性犯罪在罪刑内在比例关系范围内进行适度从重是远远不够的，更重要的是要注重刑罚必然原则的实现。

---

① ［美］霍金斯、阿尔珀特：《美国监狱制度——刑罚与正义》，孙晓雳、林遐译，中国人民公安大学出版社1991年版，第184页。

第二部分
死刑制度及其改革

对刑法典颁布实施以来死刑制度立法调整的分析

戴玉忠*

1979年7月第五届全国人大第二次会议通过的我国第一部刑法典，自1980年1月1日起实施，至2011年2月刑法修正案（八）出台，死刑制度立法发生了一些重大变化。本文试通过回顾我国刑法典实施以来死刑制度立法的调整，探讨死刑制度立法的有关问题。

一、刑法典颁布实施后立法增加死刑的问题

死刑是最严厉的刑罚。1979年刑法典，在分则103个条文规定的122个罪名中，有15个条文规定的27个罪名中有死刑。在刑法典颁布实施后至1997年刑法修订前，全国人大常委会通过了23个关于刑法的决定和补充规定，① 其中有13个决定和补充规定增加了死刑。

（一）《惩治军人违反职责罪暂行条例》增加了死刑

1979年刑法刚刚实施一年多，全国人大常委会就于1981年6月10日通过并颁布了《中华人民共和国惩治军人违反职责罪暂行条例》，这是刑法典颁布实施后出台的第一个单行刑法，共26条，规定了19种犯罪，其中有死刑的罪名10个，使我国刑法制度中有死刑的罪名增加到37个。这是刑法典颁布后，增加死刑最多的一次单行立法。

（二）《关于严惩严重破坏经济的罪犯的决定》增加了死刑

改革开放初期，鉴于严重的经济犯罪十分猖獗，全国人大常委会于1982年3月8日作出了《关于严惩严重破坏经济的罪犯的决定》，对走私罪、套汇罪、投机倒把牟取暴利罪、盗窃罪、贩毒罪、盗运珍贵文物出口罪、受贿罪7个罪名增加死刑。这也是刑法典颁布实施不久，增加死刑较多的一次单行立法，使有死

---

* 中国人民大学刑事法律科学研究中心主任，中国人民大学法学院教授、博士生导师。

① 这里所说的全国人大常委会关于刑法的23个决定、补充规定，是指1997年3月全国人大通过修订刑法时公布的附件一所列的全国人大常委会作出的有关刑法的15个条例、补充规定和决定，以及附件二所列的全国人大常委会作出的有关刑法的8个补充规定和决定。

刑的罪名增加到44个。

（三）《关于严惩严重危害社会治安的犯罪分子的决定》增加了死刑

20世纪80年代初期，严重刑事犯罪大幅增加，恶性案件时有发生，社会治安形势严峻。为维护社会治安，保护人民生命财产安全，保障社会主义建设的顺利进行，全国人大常委会于1983年9月作出《关于严惩严重危害社会治安的犯罪分子的决定》，对流氓罪、故意伤害罪、拐卖人口罪等8个罪名增加规定死刑，并新增传授犯罪方法罪，情节特别严重的可以处死刑。这一决定中有9个罪名规定了死刑。这也是一次增加死刑较多的单行立法。至此，有死刑的罪名已经增加到53个。以上三个单行刑法新增死刑涉及的罪名26个，已经接近1979年刑法典颁布时有死刑的罪名总数。

（四）另有10个单行刑法增加了死刑

全国人大常委会于1988年1月作出《关于惩治走私罪的补充规定》，1988年9月作出《关于惩治泄露国家秘密犯罪的补充规定》，1990年12月作出《关于禁毒的决定》，1991年6月作出《关于惩治盗掘古文化遗址、古墓葬犯罪的补充规定》，1991年9月作出《关于严惩卖淫嫖娼的决定》和《关于严惩拐卖、绑架妇女、儿童的犯罪分子的决定》，1992年12月作出《关于惩治劫持航空器犯罪分子的决定》，1993年7月作出《关于惩治生产、销售伪劣商品犯罪的决定》，1995年6月作出《关于惩治破坏金融秩序犯罪的决定》，1995年10月作出《关于惩治虚开、伪造和非法出售增值税专用发票犯罪的决定》，以上10个补充规定、决定，使有死刑的罪名共计增加18个。在1979年刑法典颁布实施时，只有27个罪名有死刑；自1981年第一个单行刑法出台，到刑法典修订前于1995年颁布的最后一个单行刑法，15年间使刑法中有死刑的罪名新增了44个，总数达到71个。

（五）单行刑法增加死刑的几点分析

全国人大常委会以单行刑法的立法方式大量增加了死刑，这提出了关于刑法立法指导思想和如何对待全国人大立法确定的死刑制度及立法权限等一系列值得思考和探讨的问题。

1. 单行刑法增加死刑的立法指导思想问题

1979年刑法典、刑事诉讼法典和修改后的人民法院组织法、人民检察院组织法的颁布实施，开启了我国刑事法律制度建设和司法制度建设的新时期，特别是刑法典、刑事诉讼法典的颁布实施，结束了新中国成立以来30年没有刑事法典的历史，使我国的刑事法制开始了系统化、制度化、法典化的历程，具有里程碑的意义。应当说，1979年制定刑法时确定有死刑的罪名为27个，基本符合当时立法从严限制死刑的指导思想。但刑法实施后不久出现的严重刑事犯罪和经济犯罪的情况，使立法指导思想表现出从严惩治、控制和打击严重的刑事犯罪和经济犯罪，需要重刑、死刑的倾向。立法指导思想上的调整，导致刑事单行立法大幅度增加死刑。于是，就使刑法典颁布时的27个罪名有死刑，增加了44个罪名有死刑，使有死刑的罪名达到71个。仅仅15年，有死刑的罪名增加了163%。在国际社会减少死刑、控制死刑、废除死刑和我国主张“少杀慎杀”的政策背景下，用单行立法大量增加死刑的做法，不能不引发人们对立法指导思想的思考。

2. 单行刑法颠覆了刑法典确定的死刑制度

1979年刑法典是第五届全国人民代表大会第二次会议通过颁布实施的，其中只规定27个罪名有死刑，从立法上从严控制了死刑总量，体现了长期以来提倡的“少杀慎杀”的刑事政策，有利于适应国际社会减少、控制、废除死刑的发展趋势。但其后的十多年，用单行刑法立法，使大量的罪名增加了死刑，虽然为从严从重惩治严重的刑事犯罪和经济犯罪提供了法律根据，但实际上是颠覆了刑法典确立的死刑制度。一是大量增加死刑，杀了一大批“罪大恶极”的犯罪分子，但并没有从根本上控制、减少和遏制严重犯罪增加的态势，其后又多次部署“严打”，犯罪总量不断增加、恶性犯罪时有发生；实践证明，靠增加死刑不能从根本上减少严重刑事犯罪。二是大量增加死刑，消灭了一批严重犯罪分子，但对于化解社会矛盾、减少死刑案犯家人及近亲属与社会的对立情绪、建设和谐社会，都会带来新的问题，增加社会各方面的工作量和工作难度。三是较多的增加死刑，不利于贯彻落实“将罪犯改造成为守法公民”的刑罚政策。刑罚的目的不仅仅是惩罚，还应使其认罪、悔罪，并给其重新做人的机会；大量增加剥夺犯罪行为人生命的刑罚，实际上是贬损了教育和改造的功能。四是有死刑的罪名大幅度增加，不利于从立法上控制和减少死刑，也为司法实践较多地适用死刑提供了法律依据，不利于司法控制和减少死刑；同时，为今后立法减少死刑带来极大的工作难度。单行刑法大量增加死刑的做法，已经使1979年刑法典确立的死刑制度面目全非。

3. 增加死刑的立法权限问题

1979年刑法典是最高国家权力机关全国人民代表大会制定颁布的；增加44个罪名的死刑，是由全国人大常委会制定颁布的条例、补充规定和决定等单行刑法规定的。作为剥夺人生命的死刑刑罚，其立法权限应当十分严格和明确。第一，全国人大常委会于1981年6月制定颁布的《惩治军人违反职责罪暂行条例》和1982年3月制定颁布的《关于严惩严重破坏经济的罪犯的决定》，是

1982 年宪法颁布前的立法，其立法权限是 1978 年宪法规定的。1978 年宪法第 22 条规定，“制定法律”的职权属于全国人民代表大会；第 24 条规定，全国人大常委会行使“解释宪法和法律、制定法令”的职权，但立法从未解释过何谓“法令”。一般认为，“法令，是指国家立法机关制定的各种决定、命令，是根据宪法和法律制定的，属于法律规范，它的地位仅次于宪法和法律”。[①] 增加死刑的规定是对刑法的修改和补充，应当属于刑事法律，不属于法令。第二，全国人大常委会关于增加死刑的其他几个补充规定、决定是 1982 年宪法颁布实施以后作出的。1982 年宪法第 62 条规定，“制定和修改刑事、民事、国家机构的和其他的基本法律”，属于全国人民代表大会的职权；1982 年宪法第 67 条，授予全国人大常委会新的职权，“制定和修改除应当由全国人民代表大会制定的法律以外的其他法律”，“在全国人民代表大会闭会期间，对全国人民代表大会制定的法律进行部分补充和修改，但是不得同该法律的基本原则相抵触”。这就是说，制定和修改刑事基本法律的职权属于全国人民代表大会；但在全国人大闭会期间，常委会也可以进行部分补充和修改，只是不能与该法律的基本原则相抵触。问题在于：（1）何谓“部分补充和修改”？对此，从未有宪法解释，立法法对此也没有具体规定；常委会有宪法解释权，是否可以不作出解释规定，自行掌握和直接行使刑事法律“部分补充和修改”的立法权。（2）1979 年制定的刑法典只有 27 个罪名有死刑，常委会作出的补充规定、决定增加了 44 个罪名有死刑，增加了 163%，是否还是“部分补充和修改”。（3）何谓“不得同该法律的基本原则相抵触”？刑法的“基本原则”是仅仅指刑法总则第一章中规定的“基本原则”，还是包括刑法总则中规定的对分则具有普遍约束力的各项刑法原则，还是刑法中所有的重大原则问题？（4）“不得同该法律的基本原则相抵触”如何把握？在 44 个罪名中增加死刑，是否与刑法总则规定的“罪刑法定”原则、“罪刑相适应”原则相抵触？这些法律问题应当通过宪法解释或对立法法的规定进行立法解释，予以明确。

二、刑法典颁布实施后死刑核准权下放和收回的法律问题

1979 年 7 月 1 日第五届全国人大第二次会议通过的《刑法》第 43 条规定：“……死刑除依法由最高人民法院判处的以外，都应当报请最高人民法院核准……”同时通过的《刑事诉讼法》第 144 条规定：“死刑由最高人民法院核

---

① 孙膺杰、王洪才主编：《相近、易混法律词语析解》，群众出版社 1982 年版，第 94 页。

准。”《人民法院组织法》第13条规定：“死刑案件由最高人民法院判决或核准。”这三部国家基本法，明确规定死刑的核准权属于最高人民法院；改变了“文革”期间由省级革命委员会批准死刑的做法，使死刑核准权回归到了1957年7月第一届全国人民代表大会第四次会议作出的《关于死刑案件由最高人民法院判决或者核准的决议》规定的死刑复核中央集权的层面，是新中国成立后第二次以法律的形式，明文规定死刑的核准权集权于中央司法机关，奠定了我国死刑复核程序的基本制度。但不久即决定多数死刑案件的核准权下放。

（一）部分案件死刑核准权的第一次下放

第五届全国人大第三次常委会于1980年2月12日作出决定：鉴于一些地方发生恶性刑事案件，在1980年内，对现行的杀人、强奸、抢劫、放火等犯有严重罪行应当判处死刑的案件，最高人民法院可以授权省、自治区、直辖市高级人民法院核准。这是全国人民代表大会制定的刑法、刑事诉讼法、人民法院组织法规定的死刑由最高人民法院核准的制度刚刚实行一个多月，全国人大常委会就调整了三部基本法律关于最高人民法院统一行使死刑核准权的规定。虽然这次调整死刑核准权的决定明确适用期限是1980年内，但这为后来长期下放大部分案件死刑核准权开了头。

（二）部分案件死刑核准权的第二次下放

1981年6月，第五届全国人大第十九次常委会通过的《关于死刑案件核准问题的决定》规定：“在1981年至1983年内，对犯有杀人、抢劫、强奸、爆炸、放火、投毒、决水和破坏交通、电力等设备的罪行，由省、自治区、直辖市高级人民法院终审判决死刑的，或者中级人民法院一审判决死刑，被告人不上诉，经高级人民法院核准的，以及高级人民法院一审判决死刑，被告人不上诉的，都不必报最高人民法院核准。”但对反革命犯和贪污犯等判处死刑的，仍然按照刑事诉讼法关于“死刑复核程序”的规定，报最高人民法院核准。全国人大常委会的这一决定，继续下放了绝大多数死刑案件的核准权，下放期限为3年。

（三）部分案件死刑核准权的第三次下放

1983年9月3日，第六届全国人大第二次常委会通过了《关于修改〈中华人民共和国人民法院组织法〉的决定》，将人民法院组织法第13条原来规定的“死刑案件由最高人民法院判决或者核准”的规定，修改为：“死刑案件除由最高人民法院判决的以外，应当报请最高人民法院核准。杀人、抢劫、强奸、爆炸以及其他严重危害公共安全和社会治安判处死刑的案件的核准权，最高人民法院在必要的时候，得授权省、自治区、直辖市的高级人民法院行使。”上述全国人大常委会第一次和第二次决定下放死刑核准权，均未明确是修改刑法、刑事诉讼法和人民法院组织法哪部法律，可以认为是特别规定。这第三次下放死刑核准权是明确修改人民法院组织法的规定，并未对刑法、刑事诉讼法规定的死刑由最高人民法院核准的规定进行修改，出现了法律上的不一致和不协调，但实际上执行的是修改后的人民法院组织法的规定，“架空”了刑法、刑事诉讼法规定的最高人民法院核准死刑的规定。

（四）最高人民法院作出死刑核准权下放的具体规定

根据1983年修改后的人民法院组织法关于部分案件死刑核准权授权的规定，1983年9月7日最高人民法院发出了《关于授权高级人民法院核准部分死刑案件的通知》，其中规定除由最高人民法院判决的死刑案件外，各地对反革命案件和贪污等严重经济犯罪案件（包括受贿，走私，投机倒把，贩毒，盗运珍贵文物出口等案件）判死刑的，仍由高级人民法院核准后报最高人民法院核准；对杀人、抢劫、强奸、爆炸、放火、投毒等严重危害公共安全和社会治安判处死刑的案件核准权最高人民法院依法授权由省、市、自治区高级人民法院和解放军军事法院行使。1991年6月、1993年8月和1996年3月，最高人民法院先后发出通知，分别授权云南省、广东省、广西壮族自治区、四川省、甘肃省、贵州省高级人民法院对毒品犯罪死刑案件行使核准权。1997年9月，最高人民法院发出《关于授权高级人民法院和解放军军事法院核准部分死刑案件的通知》，再次把绝大多数死刑案件的核准权授权高级人民法院行使。

（五）死刑案件核准权下放的法律问题

全国人大常委会决定将多数死刑案件的核准权下放，有几个法律问题：第一，宪法规定，在全国人大闭会期间，常委会有权对全国人大制定的法律进行部分补充和修改，但不得同该法律的基本原则相抵触。全国人民代表大会作为最高国家权力机关制定的刑法、刑事诉讼法、人民法院组织法规定死刑由最高人民法院核准，这涉及依法剥夺人生命的权限等重大原则问题，一部分死刑案件仍由最高人民法院核准，大部分案件则下放给高级人民法院核准，这是否符合刑法总则第4条规定的“对任何人犯罪，在适用法律上一律平等”的原则？是否属于“基本原则”问题，这个问题宪法的规定不明确；但宪法规定，常委会有权解释宪法，那是否就意味着常委会可以对宪法不明确的立法权限直接行使？第二，常委会对人民法院组织法进行修改，决定将大多数死刑案件核准权授权高级人民法院行使，而刑法、刑事诉讼法中仍规定死刑由最高人民法院核准，出现了法律规定的冲突和不协调；刑法、刑事诉讼法是刑事基本法、专门法，是最高国家权力机关制定的；而下放死刑核准权的规定，是常委会修改人民法院组织法的决定；按照立法法关于“后法优于前法”的规定，必须是同一机关制定的法律，新规定与旧规定不一致的，适用新的规定，而常委会与全国人大不是同一机关。第三，死刑核准权下放后相当一部分案件复核程序名存实亡。因为死刑案件一审在中级人民法院，二审在高级人民法院，而大多案件的复核也在高级人民法院，且有相当一部分案件是由二审法庭代替复核的，甚至有的案件二审判决书和核准决定在同一个法律文书上，并未另行组成合议庭进行复核，实际上相当一部分死刑案件等于没有经过复核程序。第四，死刑案件核准权下放后适用标准不统一。由于各地的情况不同，同样的案件有的地方判处并核准死刑，有的地方则不判处死刑。第五，不能控制死刑案件总量，难以贯彻落实“少杀慎杀”的刑事政策，使一个时期里的死刑案件总数居高不下。第六，个别案件质量不高，当事人法定权利缺乏保障。由于实际上相当一部分案件缺少真正意义上的复核程序，少了一道救济程序，出现个别案件质量不高的情况，甚至错案。解决这些问题，需要科学立法，建立完善的死刑复核程序法律制度。

（六）死刑核准权的收回的法律问题

死刑案件核准权收回问题一直是法律界和司法部门乃至全社会都十分关注的话题，也是刑事立法的热点问题。

1. 修改后的刑事诉讼法明确规定死刑由最高人民法院核准

1996 年 3 月，第八届全国人大第四次会议修改的《刑事诉讼法》第 199 条和第 200 条规定：“死刑由最高人民法院核准”。“中级人民法院判处死刑的第一审案件，被告人不上诉的，应当由高级人民法院复核后，报请最高人民法院核准。”“高级人民法院判处死刑的第一审案件被告人不上诉的，和判处死刑的第二审案件，都应当报请最高人民法院核准。”全国人民代表大会修改刑事诉讼法，并未将 1983 年 9 月全国人大常委会关于死刑核准授权的规定写入修改后的刑事诉讼法典。最高国家权力机关修改刑事诉讼法对死刑复核程序作出这样的安排，应当理解死刑核准权已经收回最高人民法院，无论是按照“后法优于前法”原则，还是按照“上位法高于下位法”原则，同一问题，全国人大 1996 年修改后的刑事诉讼法的规定，都高于 1983 年全国人大常委会对人民法院组织法修改的规定。

2. 修订刑法明确规定死刑由最高人民法院核准

1997 年 3 月，第八届全国人民代表大会第五次会议修订的《刑法》第 48 条第 2 款规定：“死刑除依法由最高人民法院判处的以外，都应当报请最高人民法院核准……”全国人民代表大会修订刑法，也没有将 1983 年 9 月全国人大常委会关于修改人民法院组织法死刑核准授权的规定写入修订后的刑法典。同理，也应当认为 1997 年修订刑法和 1996 年修改刑事诉讼法一样，已经在法律文本上明确将死刑核准权收回最高人民法院。

3. 修改法院组织法死刑核准授权规定的法律问题

2006年9月，最高人民法院提请全国人大常委会修改人民法院组织法中关于死刑核准授权的规定。2006年10月31日，全国人大常委会作出决定，修改了人民法院组织法第13条关于死刑核准授权的规定，将死刑核准权统一收归最高人民法院行使，不少人认为这是一项重大的司法改革举措。但有几个法律问题：一是1996年修改后的刑事诉讼法、1997年修订刑法已经明确死刑由最高人民法院核准，没有规定死刑核准可以授权，刑事诉讼法和刑法是刑事制度的基本法，应当适用1996年修改后的刑事诉讼法和1997年修订后的刑法关于死刑由最高人民法院核准的规定。二是在国家最高权力机关全国人民代表大会于1996年和1997年修改刑事诉讼法、修订刑法，已经明确规定死刑核准权属于最高人民法院的情况下，2006年9月全国人大常委会决定修改人民法院组织法收回死刑核准的授权，是否是没有必要的多余的立法活动，是否是无视全国人民代表大会作出的刑事诉讼法和刑法关于最高人民法院行使死刑核准权的规定。三是全国人民代表大会1996年修改刑事诉讼法和1997年修订刑法的决定，是在全国人大常委会1983年作出修改人民法院组织法死刑核准授权的规定之后，按照“后法优于前法”的原则，应当执行刑事诉讼法、刑法的规定。四是全国人民代表大会是最高国家权力机关，常委会是它的常设机构；全国人大的立法权高于常委会的立法权，其制定的法律是“上位法”，是常委会制定法律的根据，按照“上位法高于下位法”的原则，也应当执行刑事诉讼法、刑法的规定，收回死刑核准权。但实际上没有收回，那是不是可以理解人民法院组织法是关于法院职权的专门法、特别法，其中关于死刑核准授权的规定是特别规定，刑事诉讼法、刑法的规定是一般规定，“特别规定与一般规定不一致的，适用特别规定”。

三、刑法修正案（八）调整死刑制度的法律问题

2011年2月，全国人大常委会通过颁布了刑法修正案（八），其中对刑法规定的死刑制度作了重大修改。这是自1997年修订刑法颁布实施以来第一次对死刑制度进行修改，应当说这是刑法立法，特别是死刑制度立法的一个重大改革。但刑法修正案（八）中关于死刑制度的调整，也有一些法律问题值得思考。

（一）关于减少13种经济性非暴力犯罪死刑问题

刑法修正案（八）取消了刑法分则中13个死刑的罪名，这是刑法立法的进步。但刑法修正案（八）的立法说明有两个问题：第一，立法说明中“关于调整刑罚结构”的第一个小标题是“适当减少死刑罪名”。实际上，刑法修正案

（八）减少的不是“死刑罪名”，而是这13个罪名中的死刑，罪名还存在；因为我国从来没有给死刑单独确定罪名。在一个罪名中，可能有有期徒刑、无期徒刑、死刑几个不同的刑种，死刑是这个罪名中处罚规格最高的刑种，取消了这个罪名的死刑，并未取消这个罪名。刑法修正案（八）的立法说明中“减少死刑罪名”的表述是不准确的。第二，刑法修正案（八）的立法说明，提出的废除13个死刑罪名的理由：“建议取消近年来较少适用或基本未适用过的13个经济性非暴力犯罪的死刑。”这一理由涉及的问题：一是“较少使用或基本未适用”不应当成为取消死刑的理由。有的全国人大常委委员说，没有用就要取消，这是理由吗？二是在危害国家安全罪中也有些罪名的死刑较少适用或基本未用，也能取消吗？不能“以较少适用或基本未用”的理由减少死刑。三是把“较少适用和基本未用”的死刑取消，等于实际上没有减少死刑案件。有学者说，这样做虽是进步，但“象征性意义大于实际意义”。

（二）对死缓犯有重大立功表现减为有期徒刑的法定刑期问题

《刑法修正案（八）》将刑法第50条原来规定的“判处死刑缓期执行的，在死刑缓期执行期间，如果没有故意犯罪，二年期满以后，减为无期徒刑；如果确有重大立功表现，二年期满以后，减为十五年以上二十年以下有期徒刑……”的法定刑期，修改为“减为二十五年有期徒刑”。这样修改：一是有悖我国关于“将罪犯改造成为守法公民”的刑罚目的和刑罚功能的要求。确有重大立功表现，是积极的悔罪表现；对这样的死缓犯，不应当再以立法的方式加重刑罚。二是增加刑期影响死缓犯立功的积极性，使罪犯感到即使有重大立功，出监期限也很遥远；立法增加5~10年服刑期限，使罪犯出监后的年龄增大，对其赡养老人、结婚成家、就业等都增加困难，也增加社会负担。三是增加刑罚执行的成本，让一个有重大立功表现的罪犯在监内再多服刑5~10年，增加了监狱的工作量和国家执行刑罚的成本。

（三）死缓犯故意犯罪执行死刑的问题

《刑法》第50条规定：“判处死刑缓期执行的，在死刑缓期执行期间……如果故意犯罪，查证属实的，由最高人民法院核准，执行死刑。”刑法修正案（八）在修改《刑法》第50条的有关内容时，对这一规定没有修改。实际上，死缓犯在缓期执行期间故意犯罪的情况比较复杂。已经被判处死缓的人，一般不会再故意犯罪；有的在死刑缓期执行期间故意犯罪，可能是在监内受欺压、被侮辱，甚至被殴打，因而将对方打伤构成故意犯罪。对死刑缓期执行期间故意犯罪应当区别对待，对故意犯罪、情节恶劣或后果严重的，应当执行死刑；按照“少杀慎杀”的原则，应适当限制死缓犯执行死刑。

（四）对判处死缓的累犯和八种重罪限制减刑由法院决定的问题

刑法修正案（八）在刑法第50条新增一款规定："对被判处死刑缓期执行的累犯以及因故意杀人、强奸、抢劫、绑架、放火、爆炸、投放危险物质或者有组织的暴力性犯罪被判处死刑缓期执行的犯罪分子，人民法院根据犯罪情节等情况可以同时决定对其限制减刑。"这样规定，各地法院可能不好掌握，可能会出现全国法院适用标准不统一，甚至可能出现个别法官权力寻租的情况。减刑的条件应当是法定的，应当立法统一明确规定限制减刑的范围和具体条件；或按照《立法法》第42条的规定，由全国人大常委会对限制减刑的范围和条件作出立法解释。

按照党的十七大科学立法的要求，刑事立法，特别是涉及依法剥夺生命的死刑立法，应当严格立法权限，明确立法机制，使相关法律的规定更加协调、科学。

有关死刑改革的两点建议

——兼论减刑与假释的改革

侯国云*

收到中国人民大学刑事法律科学研究中心“刑罚改革研讨会”的邀请函后，笔者首先浏览了会议主题，发现“死刑制度改革”和“刑罚执行制度改革”这两个议题我有点兴趣。现就这两个议题提出三点不很成熟的建议，请大家共同讨论：

一、关于死刑立即执行的改革

多年来，学界里就死刑立即执行（简称“死即”）讨论最多的是废除问题。就死即①的执行问题，几乎没有提出过改革意见。笔者在《刑法执行问题研究》那本书里，只是对死即执行时临场喊冤、暂停执行等问题提出过建议，对于死即执行本身的制度问题也未提出更有价值的意见。经过这些年对司法实践的观察与思索，又经过一些冤错案件的震撼，笔者觉得现在应该提出一个较为深刻的改革问题，这就是：应当将判处死即的罪犯在两年之后再实际执行。这样的一种改革，不同于现行的死缓。死缓是给予两年的考验期，在两年考验期内如果没有再犯新罪，就要改为无期徒刑或者25年有期徒刑。这里提出的对死即罪犯两年之后再实际执行的建议，不是给予两年考验期，而是给予两年时间的申诉期。如果在两年期满后仍然没有提出申诉或者在两年内提出了申诉经再审后仍然判处死即的，才实际执行死刑。提出这个改革建议的理由有以下几点：

（一）在现行制度下，被判处死即的罪犯被剥夺了申诉权

按照刑事诉讼法的规定，我国的刑事案件实行两审终审制。对于死刑来说，

---

* 中国政法大学教授。

① “死即”，是本文首次使用的一个术语。学界一直将死刑缓期二年执行简称为死缓，但死刑立即执行一直没有简称，这导致刑法学用语上的不方便。在此之前，学界有时用“死刑”指代死刑立即执行，有时又用“死刑”指代死刑立即执行+死刑缓期执行，这容易引起混乱。为了将三者区别开来，本文中的“死刑”一词包括死刑立即执行和死刑缓期执行；“死即”专指死刑立即执行，“死缓”专指死刑缓期二年执行。

比判处其他刑罚的多了一个复核程序。尽管多了一个复核程序，但对于被判死即的人来说，与判处其他刑罚的罪犯相比，仍然显得很不公平。这是因为我国的诉讼法，虽然实行两审终审制，但在两审之外还有一个审判监督程序。法律明文规定的这种审判监督程序，对于被判其他刑罚的罪犯都可以适用，但对于被判处死即的罪犯却无法适用。这是因为《刑事诉讼法》第 203 条规定，当事人及其法定代理人或者近亲属提出申诉的，不能停止判决、裁定的执行。对于被判处其他刑罚的罪犯来说，提出申诉后不停止判决、裁定的执行没关系，他们在被执行的过程中还可以等待，还有被改判的机会；他们即使在判决生效后没有立即提出申诉，也还可以在执行的过程中再提出申诉。但对于被判处死即的罪犯来说，就没有这个机会了。一旦执行了死刑，罪犯再冤也没有机会再提出申诉，即使立即提出申诉的，也因不影响判决、裁定的执行，执行之后也没有机会等待改判了。例如，河北的聂树斌冤案、湖南的滕兴善冤案就是明显的例证。这既显得很不公平，也在立法上形成一个缺陷。既然立法上确立了审判监督程序，为什么只对判处其他刑罚的罪犯适用，对判处死即刑罚的罪犯却不能适用呢？若要纠正这种不公正的现象，最好的办法就是延缓死即的执行时间。延缓多长时间合适呢？笔者这里提出的是两年时间。也许有人会觉得延缓两年太多了，笔者以为不算多。要知道，国外有些国家如日本，在对罪犯判处死刑后，有的案件延缓十几年才执行。我们延缓两年根本不算多。另外，参照《民事诉讼法》第 182 条“当事人申请再审，应当在判决、裁定发生法律效力后二年内提出”的规定，也应当将死即的申诉期限规定为两年，在两年之内延缓执行。虽然《刑事诉讼法》未规定两年的申请再审期限，但《民事诉讼法》的这一规定是很有参考价值的。在笔者看来，《民事诉讼法》规定了一个申请再审程序，《刑事诉讼法》更应该规定。因为就审判程序公正的重要性来说，刑事程序一点也不亚于民事程序，甚至可以说比民事程序更为重要。

还有一个问题需要讨论：笔者这里提出的是延缓两年执行死即，目的是给死即罪犯两年的申诉期。那么如果罪犯没有提出申诉，或者申诉后被驳回的，是否不过两年就可执行呢？笔者的意见是仍然要经过两年再予执行。原因在于，罪犯即使不提出申诉，也仍然具有形成冤错案件的可能，这在司法实践中已见过多例。如果提出申诉又被驳回，也应等待两年过后再予执行。因为驳回申诉不等于就不存在冤情。司法实践中被高级人民法院驳回申诉，又在最高人民法院申诉成功的案件并非少见。

（二）经过实践的检验，应当给死即两年的缓执期

近些年来，一连串的重大冤错案件亘重地刺痛了全国人民的心，并引起众多

网民的震怒。最有代表性的当数发生在河北石家庄市的聂树斌冤案。聂树斌于1995年3月15日被石家庄市中级人民法院以故意杀人罪、强奸罪判处死刑，上诉后又于1995年4月25日被河北省高级人民法院以同样的罪名终审判处死刑，并在宣判后立即执行。石家庄市中级人民法院和河北省高级人民法院在判决书中认定的犯罪事实是："聂树斌于1994年8月5日17时许，骑自行车尾随下班的石家庄市液压件厂女工康菊花，至石郊孔寨村的石粉路中段，聂故意用自行车将骑车前行的康菊花别倒，拖至路东玉米地内，用拳猛击康的头、面部，致康昏迷后，将康强奸。尔后用随身携带的花上衣猛勒康的颈部，致康窒息死亡。"然而在2005年1月18日，河南省荥阳市公安局索河路派出所民警抓获的河北省公安厅网上通缉的逃犯王书金供述，是他于1994年8月在其打工的石家庄市液压件厂旁边的一块玉米地里奸杀了一个30多岁的妇女。河南警方将王书金移交河北后，2005年1月22日，河北省广平县警方押着王书金，来到石家庄市液压有限责任公司（原石家庄市液压件厂）旁边的玉米地，指认他当时的作案现场。据网上披露，"从2005年3月王书金被捕交代全部罪行直至与律师会面，他并不知道十年前的玉米地案另有'凶手'，也根本不知道一个叫聂树斌的人在十年前作为罪犯已被枪决。在一审法庭庭审中，王书金意欲主动供认玉米地奸杀案，却被法官以'与指控无关'打断，被公诉方以'查无实据'驳回"。[①] 时至今日，6年过去了，聂树斌案仍然未预纠正。尽管当年公安部、河北省政法委领导对此事极为关注，河北省公安厅组织专门力量进行了调查复核；尽管当年最高人民法院也将该案列为"重案之重"，已调派专人进行全案再审审查，但该案的重审与纠错仍然遥遥无期。

其他还有一些重大的冤错案件，因篇幅所限，本文不再一一提及。仅聂树斌一案，就足以说明死即不给予申诉期限的弊端了。也许有人会说，聂树斌案是在执行后近十年才发现的，你建议给死即两年的申诉期也不能解决问题呀！的确，若仅就聂树斌案来说，给两年的申诉期仍然是不够的。但不能否认的是，有了这两年的申诉期，定会让一些张树斌、李树斌避免冤做刀下鬼。即使聂树斌一案，假若当年就有这个两年的申诉期，假若司法机关认真地听取聂树斌的申诉，也许不至于会形成不可挽回的结果。

二、关于死刑缓期执行的改革

死刑缓期执行，亦即《刑法》第48条规定的判处死刑缓期二年执行，简称

---

① 资料来源：百度百科，http://baike.baidu.com/view/2649956.htm。

死缓。几十年来，死缓制度一直被我国刑法学界津津乐道为我国刑法的独创，认为它对于贯彻执行坚持少杀、防止错杀的刑事政策起到了特别重要的作用。然而，仔细审视才能发现，死缓制度自身存在难以克服的矛盾，并非像学界所说的那么好。因而，笔者建议废除死缓制度。具体理由有以下几点：

(一) 死刑缓期执行在事实上不属于死刑

自死缓制度创立以来，立法机关和刑法学界一直认为它不是一个独立的刑种，而是死刑的一种执行方式，说它在本质上仍然属于死刑。然而实际情况与人们对它的评价完全相反。从司法实践对它的适用来看，说它属于死刑仅仅是一种徒有虚名的说法，说它不属于死刑才完全符合实际。因为现实已经成千上万次的表明，当某个罪犯罪当处死的时候，司法机关如果想徇私枉法为罪犯开脱罪责，就会用死缓替代死刑，云南李昌奎案就是一个例证；罪犯家属和律师为了保住罪犯的命，也会千方百计地托关系走后门；当判处罪当处死的罪犯死缓而不是死刑的时候，罪犯本人、亲属以及律师都会喜不自禁，心安神定。这说明，在人们（包括法官、罪犯、律师和社会一般人）的心目中，或者说在人们的潜意识里，死缓与死刑是两个不同的刑种。尽管法律把死缓也作为死刑加以规定，但人们并未把死缓作为死刑看待。显而易见，在这里存在一个实实在在的矛盾，即说法与做法相矛盾，或者说是法律与现实相矛盾，也可以说是现象与本质相矛盾。

(二) 立法和司法上都显得极不公正

按照《刑法》第48条的规定，死刑只适用于罪行极其严重的犯罪分子。需要特别强调的是，《刑法》第18条所称之死刑，既包括死即，也包括死缓。换句话说，对于罪行极其严重的犯罪分子，既可以判处死即，也可以判处死缓。也就是说，一个必须死，一个可以生。这里便无可辩驳地形成了不公正。人们不能不问：同是罪行极其严重，何以有的判处死缓允许其生，有的判处死即必须得死呢？

立法上的不公，必然导致司法上的不公。如果能查一查全国判处死缓的案件就不难发现，同是罪大恶极不杀不足以平民愤的案件，有的判处了死即，有的却判处了死缓。比如，河北石家庄市的聂树斌，暂且抛开聂被冤枉的一面不说，假设他被冤枉的犯罪是真实的，与云南的李昌奎强奸杀人案相比，聂的犯罪情节仍然要轻得多。换句话说，李昌奎案达到了“不杀不足以平民愤”的程度，聂树斌案即使是真的也达不到这个程度。而且现实是，聂树斌被早早地执行了死刑，李昌奎却被判了死缓（虽然李昌奎最终被改判为死即并予以执行，但那是民众呼吁的结果）。这种司法上的不公，很难说不是死缓这一刑罚自身所带来的弊端。

（三）无法界定何为“不是必须立即执行的”

《刑法》第48条规定：“对于应当判处死刑的犯罪分子，如果不是必须立即执行的，可以判处死刑同时宣告缓期二年执行。”根据这一规定，是不是“必须立即执行”成为被判处死即与死缓的分水岭。然而，在同是“罪行极其严重”的情况下，哪些情况属于“必须立即执行”，哪些情况属于“不是必须立即执行”，在事实上是一个说不清道不明的问题。就这个问题，立法机关无法做出解释，司法机关也无法做出解释，就连不受约束的学术界，也无法从理论上做出解释。于是，“不是必须立即执行”成了一个没有具体标准的犯罪情节。因其没有具体的标准，于是谁都可以给它定个标准。由于谁都可以给它定个标准，它又演变成一个具有众多标准的犯罪情节。又由于它有众多的标准，在司法实践中，它便被极为广泛的运用。有些事实不清证据不足的杀人案，法院觉得判死即可能冤枉，不判死刑又可能放纵，于是便用死缓来解惑。在这类案件里，“事实不清证据不足”成了“不是必须立即执行”的标准。然而，谁都知道，事实不清证据不足是不构成犯罪的，但在审判实践中竟然被判了死缓，这样的冤案不胜枚举。有些案件，罪大恶极，不杀不足以平民愤，但因犯罪人犯罪后主动自首，法院便以罪犯有自首情节为由判处死缓，在这类案件里，自首成了“不是必须执行”的标准。云南李晶奎案自首就是判处死缓的借口之一。但同样是罪后主动自首，有些罪行不如李昌奎严重的案件却没有判处死缓而是判处了死即，这样的案件也不少见。总之，何为“不是必须立即执行”是一个可以随便认定的标准，毫无公正性可言。

（四）死缓成了司法实践中一个徇私枉法的温床

仔细审视审判实践中适用死缓的案件就不难发现，死缓的适用有以下三种情况极不正常：

第一种：事实不清证据不足本应宣告无罪的案件却被判处死缓，形成冤案。这种情况主要出现在重大恶性案件上，如重大的抢劫案、杀人案等。因其重大，因其恶性，常常被有关部门限期破案，且破案就有重奖。于是，刑讯逼供，屈打成招。但逼出来的口供难与案件事实吻合，会形成无法解释的矛盾。此种情况下，就罪行的严重性应当判处死即，但因证据有矛盾害怕形成错案，于是就改判死缓。比如，1996年发生在四川雅安的一起杀人案就是这样。当年5月的某一天夜里23时左右，在一个公路边上发生一起杀人案。有4名过路人证明，起初犯罪人将被害人压在身下边打边骂，犯罪人是标准的雅安口音。但公安机关将一湖南人刘某抓捕，在屈打成招下形成的口供与案件事实多处矛盾。一审判处刘死即，上诉后以“鉴于本案的具体情况”，将原审判决改为判处死缓。所谓“本案的具体情况”实际上就是案件中形成的包括口音在内的无法解释的矛盾。湖南口音与雅安口音相差悬殊，4个非同时路过的证人不可能都把湖南口音听成雅安口音。仅此一证，足可说明事实不清证据不足。既然如此，应当宣告刘某无罪，但当地法院却判处刘某死缓。刘某一直申诉，但至今无果。类似这样的案件同样举不胜举，像众所周知的云南杜培武杀人案、[①] 河南李久明杀人案、[②] 河南赵作海杀人案、[③] 浙江吴大全杀人案、[④] 广西王子发杀人案[⑤]都属于这种类型。

第二种：罪大恶极本应判处死即的案件却因人为因素被判处死缓，形成错案。此类案件同样多出现在重大恶性案件上。比如，仅在云南省就有李昌奎、赛锐、[⑥] 崔海宁[⑦]3个应当判处死即的杀人案被云南高级人民法院改判为死缓。李

① 参见《杜培武冤案始末》，载人民网：http：//www. 124aj. cn/news/jacd/2010/8/31/9K70F12F0K895773. html。

② 参见《李久明特大冤案始末》，载《工人日报》2005年2月28日。

③ 赵作海在刑讯逼供屈打成招下承认故意杀人被判处死缓，后因“被害人”赵振堂突然回家才被宣告无罪。参见《迟来的道歉》，载《新京报》2010年5月12日A01版。

④ 史毕幺和成全两个年轻人抢劫杀人后，史毕幺告诉了吴大全，之后史毕幺和吴大全一起去到广州潮州，因吴和史在一起，吴被当成成全被逮捕。又因为史毕幺未成年，吴被当成主犯，被判处死缓。后吴大全在监狱里巧遇成全，才得以昭雪。参见《吴大全中国版的“肖申克救赎”》，载《南方人物周刊》2010年第41期。

⑤ 2001年9月20日，王子发在广西河池市东兰县农机厂职工吴宗谋家中喝酒留宿，随后吴宗谋被人杀死，王子发亦身中数十刀后挣扎报警。但王子发被认定为凶手，判处死缓。2007年2月5日，因抢劫罪正在服刑的覃汉宝向狱方自首，称自己才是杀害吴宗谋、刺伤王子发的凶手。因真凶出现，王子发的冤案才被昭雪。参见《“真凶”现身三年后，“杀人犯”仍在蹲大牢》，载《中国青年报》2010年6月3日《特别报道》栏。

⑥ 2008年6月18日下午7时，赛锐（30岁）将昭通卫生学校学生吴倩（21岁）骗到一个咖啡馆，逼吴倩与他建立恋爱关系。吴倩不从，赛锐即抽出事先携带的折叠跳刀向吴倩连砍27刀，吴倩的心脏、肝脏、肺部、胃腹、背部均遭屠戮，喉管被割断，头部几乎被砍下，只有一点皮与身体相连，鲜血溅满墙壁，现场惨不忍睹。作案后赛锐逃之夭夭，后因走投无路投案。一审法院判处死即，后被云南高级人民法院改判死缓。参见《“赛锐案”受害者家属申请再审》，载《北京青年报》2011年7月23日A10版。

⑦ 崔海宁，凤庆县人，在犯有两次强奸罪的前科下，第二次刑满回家不到一个月的时间，2009年11月6日下午16时，将花季少女巫某骗至家中“猥亵并企图强奸”遭到受害人的反抗，将其残忍打死，畏罪潜逃至贵州贵阳被捕归案。临沧市中级人民法院一审判处其死刑。云南高级人民法院在改判李昌奎案的18天后又改判了崔海宁死缓。参见《云南高院继续发酵，死缓第三案崔海宁案及更多隐蔽案件》，载网址：http：//club. china. com/data/thread/1011/2728/79/27/1_ 1. html。

昌奎案因民众呼吁最后予以纠正，但赛锐案、崔海宁案至今未予纠正。

第三种：是贪污受贿案。按照《刑法》第 383 条的规定，犯贪污受贿罪，数额在 10 万元以上，情节特别严重的，就应判处死刑。但最近数年，贪污、受贿数百万甚至数千万元的也只是判死缓而不是死即。这显然是对死缓的滥用。这方面的案例特别多，本文不需要举例。

以上三种情况说明，死缓这个刑种已经成了司法腐败的温床。审判实践中，要么利用死缓冤枉人，把无罪的人处以死缓；要么为罪大恶极的人开脱罪责，将本该判处死即的罪犯判处死缓。唯有废除死缓这个刑种，才能从根本上解决这个问题。当然，废除了死缓，也许人们会有个担心：对于那些屈打成招、证据不足往往被判处死缓的案件，因废除了死缓，会不会被判处死即，而形成无法挽回的结果？这种情况在理论上也许会存在，但笔者认为实践中不至于发生。原因在于，判处死即的案件都要经最高人民法院复核，加之此类案件因证据严重不足，必然会被最高人民法院的严格审查拒之门外。

三、关于减刑与假释的改革

减刑与假释的改革本不是本文所涉及的内容。但因这个问题相对简单，不需要用太多的篇幅即可讲明，因而笔者在本文中顺便提出，请学界共同讨论。

笔者曾在《犯罪与改造》2005 年第 1 期上发表《论废除减刑完善假释》一文，主张从刑法中废除减刑这一刑罚执行制度，用完善后的假释制度取代之。但经过进一步的思考，笔者发现，将减刑与假释重叠适用效果会更好。也就是说，减刑之后，在释放犯罪人的时候，再适用假释，把减去的刑期变为假释的考验期。这样，对于犯罪人来说，就是既适用减刑，又适用假释。之所以提出这一主张，主要是基于以下三个理由：

第一，单纯适用减刑，虽能鼓励犯罪人在刑罚执行期间积极改造，但不能预防犯罪人在出狱后的短期内再犯新罪。其原因是，减刑之后，释放犯罪人时，不对犯罪人施加任何限制和监督措施，犯罪人是以完全的人身自由回归社会的。这样一来，出狱人很容易基于以下两个原因而重新犯罪：其一，突然走出高墙，不适应快速变化的社会环境或者因为吃住无着、走投无路而重新犯罪；其二，由于出狱后没有任何约束，不必担心再执行余刑，因而在遇到突然刺激时，容易情绪冲动，不计后果而重新犯罪。司法实践充分证明了这一点。据上海市监狱局组织的每年一度的对刑满释放人员（包括减刑释放人员）的定期考察的结果看，在狱内曾获减刑奖励的罪犯回归社会后重新违法犯罪的人数呈明显上升趋势。有一年，凌源监狱分局教育科对 30 名减过刑、刑满释放后的人员进行追踪调查，发现有 11 人再犯罪。再犯率高达 36%。如果减刑之后在释放受刑人的时候接着适用假释，把减去的刑期变为假释的考验期，如果出狱人再犯新罪，除了追究新犯的罪之外，还要收监执行减去的刑期。这样，出狱人即使遇到刺激，也会考虑实施违法行为的严重后果，而自觉控制自己不再重新犯罪。

第二，单纯适用假释，虽能预防出狱人重新犯罪，但不利于鼓励犯罪人在狱内积极改造。按照我国刑法的规定，对于假释的出狱人，要规定一个考验期。在考验期内，如果发现被假释人在判决宣告以前还有其他罪没有判决的，要撤销假释；如果被假释人在假释考验期限内，有违反法律、行政法规或者国务院公安部门有关假释的监督管理规定的行为，也要撤销假释。这对预防出狱人出狱后重新犯罪显然具有积极的作用。但按照我国刑法的规定，对犯罪人适用假释的不适用减刑，适用减刑的则不适用假释。因而，司法实践中，对犯罪人要么适用假释，要么适用减刑，几乎没有既适用减刑又适用假释的。即使有个别案件先适用减刑后适用假释，但对于减去的刑期是不设立考验期的。简单说，适用假释的，基本上不适用减刑。这样，罪犯在监狱里因看不到积极参与改造的效果，就会影响其主动改造的积极性。假如把减刑与假释重叠适用，对受刑人先适用减刑，再适用假释，将减去的刑期作为假释的考验期，就能收到既能鼓励犯罪人积极改造，又能预防出狱人重新犯罪的良好效果。

第三，司法实践中适用减刑过多，不利于预防出狱人重新犯罪。据笔者调查所知，在被监禁的罪犯中，被减刑的高达 80%～90%，有的监狱甚至在 90% 以上。但对假释的适用却少之又少，有的监狱一年适用假释的还不到 2%，甚至有的监狱一年也不适用一个假释。在减刑和假释的适用上之所以形成如此之大的反差，主要是由于对假释、减刑利弊的误解造成的。许多人包括许多领导干部错误地认为，减刑以后，犯罪人还在监狱里，不会重新犯罪，而假释之后将犯罪人放归社会会重新犯罪。这里存在两个误解，一是他们只看到减刑后犯罪人还在监狱里，而忘却了减刑几年，犯罪人就要提前释放几年的道理。二是他们只看到假释后有的犯罪人在假释期间重新犯罪，而没有看到减刑后的刑满释放人重新犯罪的情况。由于存在这种误解，因而实践中适用减刑的特别多，适用假释的特别少。又由于减刑后提前释放犯罪人时不给予任何监督，因而导致减过刑的犯罪人在出狱后的重新犯罪率居高不下。试图改变司法实践中多适用减刑少适用假释的习惯几乎是不可能的。如果在制度上加以改变，对所有适用减刑的罪犯，在释放时一律再适用假释制度，将减去的刑期改为假释的考验期，就可收到两全其美的效果。

中国死刑改革的回顾与展望

刘仁文*

2007 年 1 月 1 日，中国最高人民法院收回了死刑核准权，这被视为中国从司法上严格限制死刑的一个重要举措；2011 年 2 月 25 日，中国立法机关通过《刑法修正案（八）》，取消了 13 个非暴力犯罪的死刑，这是中国首次从立法上减少死刑罪名，对下一步继续减少死刑具有重要的意义。短短几年，中国在减少死刑方面取得了重大进展。本文旨在对这一进展作一回顾和分析，并对下一步中国的死刑改革作些展望和建议。

一、司法上慎用死刑

1997 年中国颁布新刑法典时，刑法学界普遍认为死刑太多，呼吁减少死刑，立法机关认为，这种意见虽然值得重视，“但考虑到目前社会治安的形势严峻，经济犯罪的情况严重，还不具备减少死刑的条件”，① 因此决定对死刑“原则上不减少也不增加”。在这种思想指导下，新刑法将当时所有单行刑法中的死刑罪名都吸收进来，使死刑罪名达到 68 个。当然，新刑法也在限制死刑方面取得了某些进步，如将未满 18 周岁的未成年人犯罪的最高刑由可以判处死刑缓期两年执行改为无期徒刑，② 将盗窃罪的死刑仅保留于盗窃金融机构、数额特别巨大和盗窃珍贵文物、情节严重这两种情形，而取消了实践中发案率很高的普通盗窃罪的死刑。

1998 年，中国政府签署了《公民权利和政治权利国际公约》，该公约第 6 条第 2 款明确规定：“在未废除死刑的国家，判处死刑只能是作为对最严重的罪行的惩罚……”根据联合国人权事务委员会的解释，这里的“最严重的罪行”应

---

* 中国社会科学院法学所研究员，刑法室主任、博士生导师。

① 时任全国人大常委会副委员长的王汉斌在全国人民代表大会上所做的《关于〈中华人民共和国刑法（修订草案）〉的说明》中如是说。

② 在中国刑法中，死刑缓期两年执行属于死刑的一种执行方法。如果在死刑缓期两年执行期间没有故意犯罪，就减为无期徒刑。

当严格限定，“死刑应当只是一种非常例外的刑罚方式”。中国正在准备批准《公民权利和政治权利国际公约》，需要从立法和司法上对死刑作进一步的限制。①

司法上对死刑进行严格限制，突出表现在2007年1月1日最高人民法院在中央政府的支持下，② 收回死刑核准权。1979年刑法本来规定死刑核准权由最高人民法院行使，但自20世纪80年代初，随着社会治安形势的日益严峻，最高人民法院陆续将一些犯罪的死刑核准权下放到省一级的高级人民法院，致使死刑二审和死刑核准均由高级人民法院来行使，这对保证死刑案件质量、从严控制死刑、统一死刑案件的量刑标准都造成了很大的负面影响。在学界的长期呼吁下，最高人民法院终于在2007年1月1日收回了死刑核准权，并为此新成立了三个刑事审判庭。

为了配合收回死刑核准权，最高人民法院在2005年12月发出《关于进一步做好死刑第二审案件开庭审理工作的通知》，要求各高级人民法院做好准备，自2006年1月1日起先对案件重要事实和证据问题提出上诉的死刑二审案件落实开庭审理，然后自2006年7月1日起对所有死刑二审案件一律实行开庭审理，以提高二审质量，进而为最高人民法院的死刑核准打下良好的基础。③

死刑核准权的收回，直接或间接引起了死刑判决和执行的下降。2008年全国人民代表大会开会期间，当时的最高人民法院院长肖扬曾向人大代表透露：判处死缓的人数首次超过了判处死刑立即执行的人数，死刑执行减少了，由于运用多种形式打击刑事犯罪，依然能保障社会稳定，甚至2007年的爆炸、杀人、放火等恶性案件比2006年也有明显下降。另据当时的最高人民法院新闻发言人倪寿明在解读最高人民法院的工作报告时指出：最高人民法院统一行使死刑核准权后，促进了一、二审质量的提高，即使在这种情况下，2007年最高人民法院因原判事实不清、证据不足、量刑不当、程序违法等原因不核准的死刑案件仍然占

---

① 最初，中国对《公民权利和政治权利国际公约》（以下简称《公约》）关于死刑的态度研究还不够透彻，如中国1997年修订刑法时只是把刑法总则中的一句话改了一下，由原来的“死刑只适用于罪大恶极的犯罪分子”改为“死刑只适用于罪行极其严重的犯罪”，以为这样就和《公约》接轨了。现在回过头来看，这个认识是欠科学的。在分则中有68个死刑罪名、且其中有大量的非暴力犯罪的情况下，应当承认，这与《公约》对死刑适用范围的要求显然还是有很大的差距的。

② 最高人民法院为了收回死刑核准权，增加了几百个法官的编制，从而使中国的最高人民法院成为世界上最大的最高法院。

③ 在此前，二审大多为书面审。

到总数的 15% 左右。实际上死刑下降远不止 15%，因为最高人民法院收回死刑核准权这一举动本身带给各地法院的一个信息就是要严格控制死刑，所以在一、二审时能不判死刑的就不判死刑，有的法院反映：过去一有严重犯罪发生，首先想到的就是要判处犯罪人的死刑，现在则首先要考虑有没有从宽的因素可以不判其死刑。来自检察机关的信息也表明，近年来，针对死缓案件提起抗诉、要求判处死刑立即执行的比率明显下降，这也是检察机关配合国家减少死刑的刑事政策的结果。据估计，2007 年收回死刑核准权后，中国的死刑执行数至少减少了 1/2，甚至 2/3。①

对死刑的司法控制还在进行之中，包括进一步完善死刑核准程序、规范死刑案件的证据审查判断标准等，如 2010 年 6 月最高人民法院等部门又印发了《关于办理死刑案件审查判断证据若干问题的规定》和《关于办理刑事案件排除非法证据若干问题的规定》的通知，针对办案实际中存在的证据收集、审查、判断和非法证据排除尚有不尽规范、不尽严格、不尽统一的问题，对司法机关办理刑事案件特别是死刑案件提出了更高的标准。此外，针对死刑复核过程中律师如何介入、检察机关如何介入、如何确保死刑复核的公正、防止死刑复核过程中可能发生的腐败，也正在完善之中。②

二、立法上削减死刑

从司法上慎用死刑到立法上削减死刑，这是一个质的飞跃。2011 年 2 月 25 日通过的《刑法修正案（八）》谨慎地取消了 13 个非暴力犯罪的死刑，包括 4 个走私类罪、5 个金融类犯罪、2 个妨害文物管理类罪，以及盗窃罪和传授犯罪方法罪。此外，还增加规定："审判的时候已满七十五周岁的人，不适用死刑，但以特别残忍手段致人死亡的除外。"③

立法之所以在减少死刑方面迈出较大的步伐，主要有以下背景和原因：

一是国际背景。当前，废除死刑已成为国际趋势。根据联合国秘书长 2008 年发布的有关暂停适用死刑的报告，截至 2008 年 7 月 1 日，在世界范围内，已

---

① 中国的死刑执行数至今不公开，这遭到了包括国内学者的批评。参见陈光中：《公布死刑人数利弊考》，载《南方周末》2009 年 12 月 16 日。

② 最高人民检察院自 2007 年就设立了死刑复核检察工作办公室的内部机构，现在已经得到中央的正式批准，下一步可能也要较大幅度地增加这方面的检察官编制，从而推动死刑复核检察监督工作的规范化。包括笔者在内的不少学者都希望，死刑复核能从最高人民法院内部审查走向包括检察官和律师在内的公开听证。

③ 过去对老年人犯罪没有这类"优惠"措施。

有 141 个国家和地区从法律上或在实践中废除了死刑，只有 56 个国家和地区还保留并执行死刑。就是在还保留并执行死刑的国家和地区，也越来越多地将死刑作为一种带有象征性的刑罚来适用，而不是常规性地适用。像中国的邻国韩国已经连续 10 年没有执行过一例死刑，另一个邻国俄罗斯从 2011 年 1 月 1 日起，已经正式由宪法法院裁定不再执行死刑。在这些废除死刑和很少适用死刑的国家里，没有证据显示社会治安变得更加严峻，也没有证据显示死刑的废除与犯罪率的升降有什么必然联系。这些信息越来越多地为全社会和国家领导人所知晓。特别是近年来，中国成功举办北京奥运会、上海世博会等许多大型国际活动，进一步拉近了中国与世界的距离。

二是国内的经济发展和经济领域管理经验的丰富。经济发展必然带来对人的生命的尊重，当一个社会物质不再贫乏时，自然就会认同生命无价、再多的金钱也不能和生命相比。另一方面，较之 20 世纪 80 年代改革开放之初，我们在经济领域进一步建立健全了各种经济、行政监管措施，而这是预防经济犯罪的关键，远比带有“马后炮”性质的刑罚要管用。事实上，这次取消的 13 个死刑罪名，大多是在 20 世纪 80 年代经济发展过程中，因旧的一套管理制度失效、新的一套又没有完全建立起来，致使经济犯罪猖獗而刑法被迫作出严厉反应，因而陆续增设这些罪的死刑。现在，这些领域的犯罪得到了较好遏制，相应的民愤也就降下来，而这又为减少死刑创造了条件。据立法机关事先所做的调查，这 13 个罪近年来已经很少适用死刑，相当一部分是“留而不用”。因此，从这些罪名入手来减少死刑，既不会给社会带来危害，也不会遭遇民意的抵触。

三是我国立法和司法的实证经验为进一步减少死刑提供了支持。1997 年，我国废除了普通盗窃罪的死刑，只保留对盗窃国家金融机构和珍贵文物两种特殊盗窃的死刑。当时社会上曾有一种担心，担心普通盗窃罪这种与广大人民群众联系密切的犯罪会增多，但 10 多年来的实践表明，普通盗窃罪的发案率并没有上升，这说明犯罪与死刑并不是想象中的那种简单联系，影响犯罪的原因是复杂的。死刑核准权收回 4 年多来，死刑执行大幅度减少，非但没有带来犯罪率的上升，反而在某些领域由于改善了社会管理，还使犯罪率有所下降。这有力地说明了国家通过改善治理手段和方法，完全可以减少死刑而不使社会稳定受到威胁。

四是通过调整刑罚结构，消除民众的担忧。社会上有一种担忧，担心某些严重暴力犯罪分子如果不判处死刑，就会钻法律的空子，很快放出来，威胁到社会的安全。针对这种担忧，为配合减少死刑，《刑法修正案（八）》贯彻落实宽严相济的刑事政策，对有关配套制度进行了设计，如严格限制对某些被判处死缓的罪行严重的罪犯的减刑，延长其实际服刑期（如对判处死刑缓期执行的，如果确有重大立功表现，两年期满以后，原来规定减为15年以上20年以下有期徒刑，现在规定减为25年有期徒刑），将《刑法》第50条新增一款规定“对被判处死刑缓期执行的累犯以及因故意杀人、强奸、抢劫、绑架、放火、爆炸、投放危险物质或者有组织的暴力性犯罪被判处死刑缓期执行的犯罪分子，人民法院根据犯罪情节等情况可以同时决定对其限制减刑。”

五是公众的观念得到正确引导。中国已将“国家尊重和保障人权”写进宪法，近年来，在刑事立法和刑事司法领域又大力提倡以人为本，这些对营造一种宽容、人道的社会心理无疑起到了积极作用。在死刑还不能彻底废除的情况下，我们对死刑执行进行了改革，如推广注射执行死刑、逐步废止枪决执行死刑，允许死刑犯临刑前会见亲属等，也有利于社会树立尊重生命的概念。加上新闻媒体对佘祥林、赵作海、聂树斌等冤假错案的广泛报道和深入剖析，使公众更加理解和支持国家慎用死刑、为把死刑案件办成铁案而采取的一系列措施。

六是在选择削减死刑的罪名时，充分注意到公众的关切。尽管这次一下取消13个死刑罪名，但我国刑法中仍然保留有55个死刑罪名，毋庸讳言，死刑罪名还有很大的压缩空间。对此，立法机关采取了循序渐进的步骤，如对贪污、受贿等贪腐犯罪，考虑到目前这类犯罪还很严重，群众对这类犯罪反应强烈，故立法者认为事关执政党的执政根基，因而尽管其也属于非暴力犯罪，尽管有学者论证也应当属于废除死刑之列，[①] 但立法者并没有贸然取消这些罪的死刑。

三、死刑的进一步压缩

《刑法修正案（八）》取消13个死刑罪名后，中国刑法仍然有55个死刑罪名，其中还包括大量的非暴力犯罪，如前所述，这与《公民权利和政治权利国际公约》关于“判处死刑只能是作为对最严重的罪行的惩罚”的规定还是有很大距离的。我国正在准备批准1998年就已经签署的《公民权利和政治权利国际公约》，一旦批准，就将向联合国人权事务委员会提交有关包括死刑问题在内的公民权利和政治权利的报告。如果到时我们仍保留多达55个死刑罪名，从人权事务委员会以往的工作情况来看，肯定是不行的。目前国际社会对于何为可予判处死刑的“最严重的罪行”达成的共识是，非暴力犯罪肯定不属于这一范畴，如联合国经济及社会理事会在1984年通过的《关于保证面对死刑的人的权利保

---

① 参见刘仁文：《创造条件取消贪腐犯罪死刑》，载《经济参考报》2010年9月21日。由于此文发表时间正好在《刑法修正案（八）》讨论过程中，立法机关为了回应民意，还专门召开了新闻发布会，特意指出此次刑法修正从没有考虑过要废除贪腐犯罪的死刑。

障措施》中，提出“最严重的罪行”应理解为“其范围不应超出带有致命或其他极端严重后果的蓄意犯罪行为”。虽然该决议提到的“带有其他极端严重后果的蓄意犯罪行为”使得广义解释成为可能，但联合国秘书长其后在《死刑和关于保护死刑犯权利的保障措施的执行情况》的报告中进一步指出，蓄意犯罪以及具有致命或其他极端严重后果意味着罪行应该是危及生命的，即危及生命是罪行的很可能发生的后果，由此，任何不危及生命的犯罪，无论其后果从其他角度来看多么严重，都不属于可对之适用死刑的“最严重罪行”。

因此，我国要继续从立法上加大削减死刑的力度。现在还保留的55个死罪中，还有一多半是非暴力犯罪，如还保留有金融类的集资诈骗罪，还有贪污、受贿罪等。要废除这些条款，还必须创造条件，使得这些犯罪的发案率大幅下降。像贪污受贿罪，当这类犯罪发案率很严重时，要取消死刑是很难的，会遇到巨大的社会阻力。对于这类犯罪，要最终达到废除死刑的目标，必须在反腐败的制度建设方面取得实际成效，如通过颁行《公职人员财产申报法》、强化新闻媒体对公权力的监督等。只有当某一类犯罪不是那么大范围地发生、对国家和社会造成的危害不是那么普遍时，民意对这类犯罪的愤怒才会降低，那时再取消这类犯罪就不会遇到民意的强烈反弹。① 从这个意义上来说，解决贪腐犯罪的死刑问题功夫在刑法之外。

未来一段时间，只要中国的国内外局势继续保持平稳，中国就会朝着继续压缩死刑的方向前进。因此，一个和平、稳定的中国对于中国废除死刑来说也是至关重要的。在此前提下，笔者愿意对中国废除死刑的路线图作如下描述：先把非暴力犯罪的死刑罪拿掉，最后再来废除暴力犯罪的死刑。而非暴力犯罪的死刑，又可以先考虑取消“集资诈骗”这类经济犯罪，再考虑“贪污受贿”等腐败犯罪。至于暴力犯罪的死刑，又可以把“严重的有预谋杀人”这类犯罪放到最后，因为中国的文化中的确存在根深蒂固的“杀人偿命”观念，所以把它作为废除死刑道路上的最后一个堡垒来攻克，比较务实。在立法上暂时还不能废除某个罪的死刑时，我们要通过司法政策来引导司法实践，使司法中判处死刑的人数不断

---

① 尽管死刑的废除主要不是一个民意问题，而是一个原则问题，但任何政治家在废除死刑时都不可能不考虑民意。巴丹戴尔先生在他的《为废除死刑而战》一书中披露，早在德斯坦总统时期，总统本人就已经认为死刑应当被废除，但由于当时法国整个社会支持死刑的民意占绝对多数，因此他不敢公开表示要废除死刑。到后来密特朗当选总统时，虽然法国民意支持死刑的还是占多数，但已经下降了，在这种情况下，他才有可能基于自己的政治信仰，成功推动了法国死刑的废除。

减少，这反过来也有利于最终废除该罪的死刑，因为当某一个死刑罪名已经近乎“死亡条款”时，要拿掉它的死刑也就容易得多。

四、死刑改革中的几项具体制度

(一) 关于死刑复核中的检察监督

按照中国宪法，中国的检察机关不仅是公诉机关，还是国家法律监督机关。据此，最高人民检察院在2007年最高人民法院收回死刑核准权后，设立了死刑复核检察工作办公室，现在该机构已经得到中央编制委员会的正式批准。在这一现实下，死刑复核中的检察监督如何运作？笔者的初步意见是：

1. 最高人民法院收回死刑核准权的一个重要目的就是为了贯彻落实少杀、慎杀的死刑政策，因此检察机关对死刑复核活动实行法律监督，也应体现死刑复核制度的这一价值追求，将严格限制和减少死刑适用作为重要目的。对于被告人不应被判处死刑而被判处或核准死刑的，要及时提出不应核准死刑的法律监督意见或者依法提出抗诉，推动最高人民法院依法撤销不当的死刑裁判。

2. 作为死刑复核程序中的法律监督者，最高人民检察院还负有维护公平和社会公共利益的责任。对于法官因收受贿赂、徇私枉法或者不严格依照法定程序办案而作出不核准死刑裁定的，或者不核准死刑既没有法律依据又缺乏事实根据而明显不公的，检察机关应当依法提出抗诉，并对涉嫌职务犯罪的法官依法立案侦查，维护死刑复核活动的严肃性和公正性。

3. 最高人民法院在进行死刑复核时，不论是否开庭审理，都不仅应当听取被告人及其辩护人提出的辩护意见，还应当听取检察机关提出的法律监督意见。这是保证兼听则明、防止偏信则暗的必然要求，也是遵循司法规律办事的题中之意。

(二) 关于统一死刑执行方式

从1996年修改刑事诉讼法，增设注射执行死刑的方式，到1997年昆明市在全国实施第一例注射执行死刑，再到现在的部分省市全面推行注射执行死刑，这一历程反映了中国在死刑执行方式上的人道化进展。

联合国经济及社会理事会在1984年通过的《关于保证面对死刑的人的权利保障措施》中要求，对于那些尚未废除死刑的国家，执行死刑“应以尽量减轻痛苦的方式执行”。我国过去对执行死刑的方式只规定了枪决一种，但1996年刑事诉讼法修改时，基于对注射执行死刑较之枪决更能减轻死刑犯痛苦的认识，以及考虑到注射执行死刑能够更好地保全死刑犯的尸体、防止出现枪决所导致的残忍场面等因素，规定“死刑采用枪决或者注射等方法执行”。之所以仍然保留枪决执行死刑的方法，是因为注射执行死刑的药物研制、场所建设、人员培训等都还需要一个过程。

经过10多年的摸索和试点，笔者认为现在到了废止枪决、统一用注射来执行死刑的时候了。现在死刑执行方式两者并用，到底谁用注射，谁用枪决，标准是什么不明确，以致社会上发出“为什么贪官多用注射来执行死刑”的质疑，不利于树立法律面前人人平等的信仰。至于实践中有些法院以犯罪分子的民愤大小来决定采用何种方式执行死刑，也是不符合立法原意的。立法原意是要推进死刑执行的人道化，只不过在注射执行死刑条件还不成熟的时候，将枪决作为一种过渡措施。在历史上，死刑执行方法曾经分为“剥夺人的生命”和“在剥夺人的生命的同时使被处决者备受痛苦和煎熬”两类方法，后者包括了凌迟、枭首、戮尸等，清末沈家本主持修律时，就力主死刑执行方式统一，废除凌迟、枭首、戮尸等“使被处决者备受痛苦和煎熬”的方法，并最后得到清廷的允准。今天我们的死刑执行方式当然不能跟封建社会的酷刑同日而语，但沈式关于统一死刑执行方式的主张却值得我们借鉴。毕竟当今世界废除和严格限制死刑已成趋势，我们即使暂时还保留死刑，也不能在已经解决了更加人道化的死刑执行方式后，仍然去选择性地使用一种使死刑犯更加痛苦的执行方式。

为了改变各地注射执行死刑发展的不平衡，也为了更好地规范注射执行死刑，现在亟须改变各地各自为政的局面，从中央层面统一规划，落实废止枪决、统一用注射来执行死刑的日程表。现在广大农村地区还欠缺专门的注射执行死刑的场所和器材，由于建这样的场所投入较大，客观上限制了这些地方推广注射执行死刑，应当由国家统筹解决。此外，对于注射执行死刑的司法警察和专职法医应当在全国法院系统内统一配置和接受必要的培训。建议最高人民法院尽快出台规范注射执行死刑的文件，进一步完善程序保障，以确保死刑执行方式人道化的改革能在每一个个案中得到体现。同时，要及时跟踪和总结实践中暴露出来的问题，最大限度地克服美国等国家在注射执行死刑中所出现的“拙劣表演”等造成死刑犯痛苦的现象。

（三）关于死刑执行主体与宣判主体的分离

讨论死刑的执行主体与宣判主体相分离，在当前严格控制死刑的语境下具有特别的意义，因为如果死刑的宣判是一回事，执行是另一回事，那就可以改变我国目前凡是被判处死刑立即执行的就一律将在短期内被执行死刑的局面，[①] 这对减少死刑实际执行数是有好处的。

事实上，刑罚判决和刑罚执行本来就是两码事，前者属司法权，后者属行政权，我国的有期徒刑、无期徒刑都是在经法院宣判后，交由司法行政部门去执行的，具体而言就是监狱等服刑机构。但对死刑，我们长期以来似乎已经习惯了由法院自己判决自己执行的体制，这种体制导致死刑在一经确定后就立即无拖延地被执行，它与其他一些死刑保留国的做法显著不同，后者往往在法院宣判死刑后，由司法部长（法务部长）来签署死刑执行令，只要该命令没有下发，死刑就不得执行，所以我们常常看到这样的报道，说某某国家某一年度判处了多少人的死刑，实际执行了多少人的死刑，两者是不一致的，实际执行的比判处的要少。

以日本为例，虽然现在它还没有废除死刑，但死刑已经成为一种名副其实的"象征性刑罚"，每年执行的死刑人数也就 1～2 人，有时一年一个都没有。促成这种局面的一个重要原因就是日本将死刑执行权赋予了法务部长，从而使死刑宣判和死刑执行成为两个分立的事实。日本现在的死囚牢里大概关有 100 个虽然已经被判处死刑但仍然没有被执行死刑的人，之所以如此，原因是：

首先，按照日本法律，即使法院最后宣判某人死刑，他还拥有申请再审、特别上告、申请赦免等一系列救济措施。任何死刑犯，只要他提出此类权利主张，法务部长就得暂停死刑执行令的签发。

其次，法务部长在签发死刑执行令之前，他还有一个内部审查程序，该审查程序先由一个小组负责对某个死刑案子进行把关，然后汇报到上一级，再次把关后认为没有问题才报到法务部长那里，此程序常常持续很长时间。

再次，如果一个案子是共同犯罪，或者某个被告与其他被告的案子有牵连，则在其他被告的审判结束前，法务部长不能签发死刑执行令。

最后，有的法务部长基于信仰等原因，就是不签发死刑执行令，如海部内阁时期的佐藤惠在 1990～1991 年任法务部长期间以及小泉内阁时期的杉浦正健在 2005～2006 年任法务部长期间，均没有签发过一件死刑执行令，其中的一个重要原因是这两人都是佛教徒，他们虽然没有明说，但许多人相信他们的佛教信仰对他们作出的选择起了作用。

---

① 根据中国刑事诉讼法的规定，最高人民法院判处和核准的死刑立即执行的判决，应当由最高人民法院院长签发执行死刑的命令。下级人民法院接到最高人民法院执行死刑的命令后，应当在 7 日内交付执行。

特别值得一提的是，根据《日本刑事诉讼法》第475条的规定，法务部长应当在法院作出生效的死刑判决后6个月内签发死刑执行令，但随着对死刑犯人权保障的日益重视，如今该条款已经名存实亡，实践中几乎不存在在如此短的时间内完成签发死刑执行令的有关审查工作。因此，在1998年的一个著名判决中，当一个死囚犯状告政府不在6个月内执行他的死刑时，法院能动地将这条解释为“在可能的情况下应在6个月内签发死刑执行令”，但现在证明6个月属“不可能”，据此驳回了原告的主张。

（四）关于建立死刑案件的特赦制度

根据《公民权利和政治权利国际公约》第6条第4项的规定：“任何被判处死刑的人应有权要求赦免或减刑。对一切判处死刑的案件，均得给予大赦、特赦或减刑。”我国已经签署该公约，并正在为批准该公约做准备。鉴于我国短期内不可能废除死刑，因此需要在死刑案件中增设申请特别赦免程序，以满足公约在这方面的人权标准。①

增设申请特别赦免程序也是完善办理死刑案件刑事诉讼制度的需要。我国《刑事诉讼法》第211条规定：下级人民法院收到最高人民法院执行死刑的命令后，若发现下列情形之一的，应当停止执行并立即报告最高人民法院，由最高人民法院作出裁定：（1）在执行前发现判决可能有错误的；（2）在执行前罪犯揭发重大犯罪事实或者有其他重大立功表现，可能需要改判的；（3）罪犯正在怀孕。最高人民法院在1999年《关于对在执行死刑前发现重大情况需要改判的案件如何适用程序问题的批复》中指出：对上述需要改判的案件，由有死刑核准权的人民法院适用审判监督程序依法改判或者指令下级人民法院再审。但问题是，根据我国《刑事诉讼法》第204条和第205条的规定，刑事案件再审的理由是原生效判决“确有错误”，而《刑事诉讼法》第211条规定的第二种情形，即死刑犯在死刑执行前揭发重大犯罪事实或者有其他重大立功表现的，这种改判理由并不是因为原判决在认定事实和适用法律上有错误；第211条规定的第三种情形，改判理由也不一定是原判决在认定事实和适用法律上有错误，因为该妇女

① 可以说，死刑犯申请特赦或减刑已经成为一项国际公认的权利，其他如联合国经济及社会理事会《关于保证面对死刑的人的权利保障措施》第7条规定：任何被判死刑的人“有权寻求赦免或减刑”；《美洲人权公约》第4条规定：任何一个被处死刑者“都有权请求赦免、特赦或者减刑”。

可能不是“审判时正在怀孕的”，而是在审判后才受孕，甚至是判决生效后才受孕，[①] 对在审判后才受孕的女死刑犯进行改判，是基于人道主义和避免株连另一无辜生命的考虑，也是《公民权利和政治权利国际公约》第 6 条第 5 项规定的“怀胎妇女被判死刑，不得执行其刑”的要求。因此，笔者同意对此两种情形构建一个新的程序即死刑赦免程序的设想。[②]

或许有人会说，我国的死刑案件已经有了一套普通刑事案件所没有的复核程序，已经体现了对死刑案件的特别重视，该复核程序可充当前述特别赦免程序的功能。对此，笔者的意见是否定的。首先，死刑复核程序是一套司法程序，而特别赦免程序是独立于司法机关之外的另一套程序。在死刑核准之前，死刑判决仍然是未生效的判决，但特别赦免程序则是在判决已经生效的情况下才提起。其次，死刑复核并不能代行特别赦免的功能，如对被判死刑后患精神病或绝症的罪犯，可以赦免，但复核就不一定能从法律上找到免死的依据。再次，在一审、二审和复核之外再加一套特别赦免程序，一点都不算多。许多教训表明，经过三级司法审查后仍然不能发现死刑案件的全部错误。即便像美国这样死刑案件诉讼程序近乎漫长的国家，近年来仍不断爆出无辜者被处死的消息。[③]

在死刑特别赦免程序的设计中，有以下问题需要注意：

1. 死刑特别赦免机关。有论者认为，赦免死刑的机关应是最高人民法院。[④] 这种意见值得商榷，因为在死刑核准权统一收回后，最高人民法院目前已经行使死刑核准权了，再将赦免权赋予它，在实际工作中核准权和赦免权就将由同一机构来行使，这样可能会带来机制上的不顺，导致效果不佳，如最高人民法院先核准死刑，再赦免死刑，即使是由不同的部门决定，也难免对最高人民法院决定的严肃性产生一定的冲击。因此，对于死刑案件的特别赦免程序，可以考虑个案的特别赦免由国家主席直接决定并颁发特别赦免令，多案的特别赦免则在由全国人

---

① 有人可能会说，审判后或判决生效后犯人被关在看守所里，怎么可能怀孕呢？这种可能性是完全存在的，如《江南时报》2000 年 7 月 15 日以“谁令死刑无法执行”为题，报道了一名“血债累累、罪大恶极”的女囚，在看守所内被看守所长等人多次强奸致其怀孕，结果本应处以死刑的她被改判无期徒刑。

② 竹怀军：《论我国死刑赦免制度的构建》，载《湖南师范大学社会科学学报》2004 年第 5 期。

③ 王菊芳：《二十七年全美近百人蒙冤而死伊州死刑大赦引起强烈反响》，载《检察日报》2003 年 1 月 14 日。

④ 竹怀军：《论我国死刑赦免制度的构建》，载《湖南师范大学社会科学学报》2004 年第 5 期。

大常委会决定后再由国家主席以特别赦免令的形式颁行。

2. 死刑特别赦免类型。死刑犯申请的特别赦免类型以减刑为妥，不宜特赦和复权。特赦，即免除死刑犯的刑罚，走得太远，社会公众难以接受。相应地，由于赦免性复权以刑罚执行终了或刑罚执行免除为前提，而死刑案件还没有达到这一步，所以也不存在赦免性复权。而且这里的赦免性减刑也应有所限制，即不应无限制地减刑，减刑为死刑缓期两年执行即可。因为毕竟经过了前面的一审和二审以及复核程序，所以到这一关不宜步子迈得太大。

3. 死刑特别赦免对象。主要包括：一是前面所说的《刑事诉讼法》第211条规定的有关情形，即死刑犯在死刑执行前揭发重大犯罪事实或者有其他重大立功表现的，以及死刑犯在审判后怀孕的；二是出于外交等因素考虑的，如我国2009年判处英国毒贩阿克毛死刑并随后处决，不仅在英国，甚至在欧盟都引起强烈“地震”，因为包括英国在内的欧盟早已废除死刑，但依据我国法律，似乎不判其死刑又没有法律根据，类似案件如果有特别赦免程序，则可先由法院判处其死刑，然后再借助特别赦免这一渠道，将其减刑；三是对被判死刑后患精神病或绝症的罪犯，应准予减刑；四是对于年老或刚满18周岁的罪犯，[①] 以及弱智罪犯，[②] 还有新生婴儿母亲等，如果被判处死刑，应当尽量考虑通过赦免途径来减轻其刑。

4. 死刑执行期限。与死刑特别赦免制度相关的一个问题是，按照目前我国刑事诉讼法的规定，死刑一旦核准，就将在7天内执行死刑，这一间隔早已被学界批评为太短，若从构建死刑特别赦免制度而言，则也必须延长死刑执行的期限，否则可能还没来得及启动特别赦免程序，死刑就已经执行了。

---

① 《刑法修正案（八）》增加规定了对审判的时候已满75周岁的人一般不适用死刑，这固然是一大进步，但它一是留了个尾巴，即“以特别残忍手段致人死亡的除外”，二是把年龄定为75周岁有过高之嫌，因此这方面仍然有视个案通过特别赦免来减刑之必要。

② 美国最高法院认为：处决弱智罪犯违反了美国宪法第8条规定的“不得施加残忍的和异常的惩罚”，因而不得对弱智犯执行死刑。参见刘仁文：《弱智罪犯不执行死刑之启示》，载《检察日报》2003年1月17日。

从土家族的杀年猪、丧礼仪式看我国的死刑存废观

周　详*

人们既然不能治疗死亡、悲惨、无知，他们便认定为了使自己幸福而根本不要想念这些……然而既然（人）不能不死，所以他就立意不让自己去想到死。

——帕斯卡①

"执刑日是一个公众节日"

——凯伦·法林顿

一、土家族的杀年猪、丧礼仪式

我不知道其他人有无经历杀猪的场景，对杀年猪有何感受，感受怎样。② 我小时候每年都会经历杀年猪的场景。对该场景的感受，现在想起来还历历在目。杀猪，总是一个喜庆的日子，土家族"杀年猪"要选一个好日子，还会请亲朋好友吃"杀猪饭"。杀猪是一个隆重且刺激的场景，几个身强力壮的大男人揪耳扯腿推屁股，费九牛二虎之力把猪扯出"猪圈"，然后抬上半尺高的案板，还真不容易，有时候要折腾半个小时。从始至终，猪"杀猪般嚎叫"，③ 四蹄乱弹，给人的感觉是平时慵懒的猪一下子变成了大力神，似乎猪一辈子的慵懒，就是为了这一时的反抗而积蓄力量。猪好像颇有"大智若愚"之思，好像天生在潜意识里对"自己不干活而人白养它那么长时间"的动机是警醒的，似乎深谙"天

---

* 中南财经政法大学刑事司法学院副教授，硕士生导师，法学博士。

① 转引自王文斌：《无畏的赞歌——死亡崇拜之解剖》，辽宁人民出版社1993年版，第119页。

② 笔者也不敢妄言下文对杀猪场景的经历与感受的描述就是普遍的，是否能暗合大多数普通人的心理。当然我假定人的心理机制（哪怕是矛盾的机制）是统一的，因此在没有得到绝大多数人的认可之前，我只能说我的一些普遍的结论或者结论对于我个人而言是真实的，但对其他的人仍然是假定的，未经验证的。

③ 这词通常是形容人的哭叫声，这词用在真正的杀猪过程，似乎不妥。不过在杀猪过程中，即使人只要一抓住猪，还没有到捅刀时，猪就自始至终地如此嚎叫，从该意义上也说得过去。

下没有免费的午餐”的文化之道，甚至这一“潜意识的东西”会一代代遗传下去。① 猪慵懒的身躯在被抓住的一刻起，突然之间充满了反抗的爆发力和持续力，直到一尺长的尖刀捅进脖子，汩汩的鲜血流了半盆子，也没有失去反抗，仍然毫不妥协地做垂死挣扎，猪的生命抗争一直持续到流尽最后一滴血。我也偶然看到过杀牛，② 奇怪的是，杀牛的过程没有那么费力，从捆牛、按倒，甚至持刀捅或者用棍棒闷在牛头上，牛的反抗都不如猪那么“自觉”、“警觉”、持续、有力。想想西班牙斗牛场，如果一直受到“肌肉锻炼”的力大无比的蛮牛，像猪那么“自觉”的反抗，我真怀疑人能否“搞定”牛，很可能是牛先“搞定”了人。人有时候连猪都搞不定，何况是“自觉”的牛？笔者就看到过被按在案板上已经被深深捅了一刀的猪，活生生的从四大猛汉手上挣脱，四处逃窜的景象，也听说附近农户的猪从屠夫手上跑掉钻进山林变成野猪的趣闻。王小波曾经写有一篇小说《一只特立独行的猪》，小说里的那只猪简直比人还聪明。有了自己这个看杀猪的亲身经历，我甚至不怀疑王小波小说中的那只“自觉而聪明的猪”的原型的真实存在性。

不过现在回想起来，尽管笔者在从众心理下，也和其他人一道看杀猪，但其实笔者在这种杀猪的喜庆仪式中，内心深藏着一个不敢启口的感觉：一种莫名的、神秘的恐惧。似乎在表面的快乐与喜庆中总觉得杀猪也不是什么好事。杀猪，似乎与村子里“死了人”③ 令我感到不安与沮丧，哪怕我像其他人一样表现

---

① 按照社会生物学家的观点，不仅仅动物的生物基因可以遗传，动物的某些行为也是受遗传影响的。笔者也可以观察到一些奇怪的常见现象，如鸡天生会对主人的“咯咯”啄米的拟态声产生反应，一齐奔向主人，似乎“潜意识”知道“开饭”时间到了。而猪只要一被抓住腿，哪怕是小猪仔，也会发出撕心裂肺的惨叫声并拼命的挣扎。对于其他动物，如猫，却不见对该行为有如此激烈的反应。事实上，笔者观察到，当宰杀一头猪时，其他在笼的猪听到该猪的惨叫声，就会狂躁不安，东冲西撞，似乎在寻找逃跑的路线，笔者猜想猪在被杀时的惨叫声也许是在给同类传递着某种信号。笔者还观察到，人类发明的老鼠药对老鼠总是只有一定时间的药效，只能毒死有限的老鼠，必须不断的发明新药。或许这是因为老鼠吃了老鼠药，在死亡之前也会通过不为人知的各种方式向其他老鼠发出危险信号，以至于在其他老鼠身上激发对该老鼠药的免疫力或者辨别力，这些都是笔者根据生物学家已有的类似实验而做的设想，尚需要生物学家具体论证。

② 牛是土家族最重要的生产工具，农民很少杀牛，除非是头“恶牛”。前几年，乡下家中的一头平常温顺的黄牛在我母亲牵出去耕地时，突然发狂，将母亲挑倒，锁骨折断，若不是附近农民及时赶开，生命都有危险。这头“恶牛”也就被宰掉了。

③ 土家族语言中一般回避“死人”、“死了人”的直白说法，而代之以“老人”或者“老了人”。

得快乐。[①]“杀猪”与“死人”二者在性质上有着相似的或者统一的性质与感受——都有一股内在的恐惧。莫名的、神秘的恐惧，像是看不见的蜘蛛网包裹着我，挥之不去，抓也抓不着。当然这种恐惧并不妨碍我和大人小孩一道，看完了自家杀猪，追着人群去看他家杀猪。如果自己因为内心深处的恐惧而偷偷躲在房间里，严严实实的蒙上被子，那就会被人耻笑，恐怕会丢了面子。除了这个面子问题，其实内心中逃避独处，更多的恐惧是恐惧自己更恐惧。这就好像明知死人是恐惧的，如果自己一个人脱离人群，躲开尸体，将自己置于一个孤独的时间与空间中，死人尸体的形象就会像“鬼魂”[②]一样从尸体现存处飘出来，像自己的影子一样跟随着我一个人。因此，唯一减少或者压抑恐惧的方法就是与所有的人在一起，故意的扎堆，将自己湮灭在人群中，去接近尸体，接近死人，或者和小孩打闹。甚至故意地去瞧瞧门板上的尸体，“视”是为了“视而不见”。总之，须臾不离大人和小孩组成的人群，上厕所也要找个好的理由邀个伙伴或者大人陪同。只要不给尸体形象和我独处的机会，和我一个人面对面说话的空间与时间，不给我留下思考、固定死亡形象的时间，死亡的恐惧表象就会减弱，或者死亡的

① 一般情况下，如果是正常死亡的死人，中国文化中会称之为“喜事”，和婚庆、乔迁等“红喜”相对称之为“白喜”，所以遇“白喜”，每个人（包括亲人）脸上不必时时挂着泪眼、挂着沮丧。古代的土家族人还会跳“撒尔荷”（丧舞）舞蹈，现在的土家族不是人人跳该舞蹈，而是请道士代替众人跳，众人围观即可，道士在跳撒尔荷时还会端着茶盘向围观的亲朋好友讨“喜钱”。死了人，哈哈大笑也并非不道德，相反，在丧礼中一般越是热闹越是符合常理、常德。只有在丧礼的特定时候的特定空间，就需要收敛笑声与打闹，如远方亲属赶来，放了鞭炮后在死人面前就要哭一场，此时周围的人就会自动配合，收敛笑声或者陪哭。而且土家族在哭丧时还有特定的音调和歌词，哭丧与其是说在哭，不如说是在唱歌，土家族在民间至今也还流传着哭丧歌、哭嫁歌。即使在这种场合，隔得稍远的人群，在围绕着尸体的锣鼓声、鞭炮声、哭声杂音的掩盖下，也不妨继续笑与打闹、喝酒打牌，没有人会认为或谴责这些哈哈大笑的人不道德，因为他此时并没有自动参与到“哭的空间”，也无需承担在该场合下哭的角色扮演所必须负担的责任。在此场合下，同一个狭小的屋檐下，哭与笑通常按照停尸房间（在入棺之前是火塘正屋间，入棺后则转移到中间的祭拜先祖的堂屋）与非停尸房间划分为更小的独立空间。即使在停尸空间中，哭的时间上也并非连续的，哭的人哭完了，瞬间就可以散开继续笑，继续打闹，哭与笑的转换是如此的频繁而自然，几乎无需思考（沉浸）的中介时间。因此，哭在某种意义上讲也只是被笑声包围着的一种笑的短暂停歇，只是一种象征性的喜的表达方式或者礼仪。

② 笔者并不信世界上有鬼魂，但每每突然看到死人、坟墓、棺材等形象，就有说不清的恐惧。理性与情感在此处并非统一，在死亡问题上，情感占有上风。大概这也是自古以来，祭祀、巫术、宗教产生的根本心理来源。

表象刚一冒头就被喜庆仪式与嬉戏所转移而意识不到。

二、土家族的杀年猪、死亡观与死刑观

执行死刑的场景，我有机会但没有亲身经历过，在我读初中时，从农村转入县中学借读，有几次想跟随人群去看死刑的执行，却因为势单力薄，未能挤上人潮汹涌的拖拉机或者汽车。因此，后来每次坐车经过那个县城外一公里处，坐落在半山腰的那块荒凉而神秘的刑场时，[①] 就只能将“死人”、“杀猪”的亲历场景联系起来，想象执行死刑的场景。后来，在电视电影中看到死刑执行的场景，以及类似于福柯这样的思想家对死刑执行的场景的文字描述，这才发现，其实自己想象的场景和感受也与真实相差无几。唯一不同的是对象上，一个是“犯罪人”（因犯罪而被杀的人），一个是“老人”（因自然规律而死的人），一个是“猪”（不知道该怎么定义，暂且定义为“因为人要吃肉而被杀的动物”）而已。于是，死刑就和“死”、“杀”等动词，就和“人”、“猪”等名词本质性的紧密联系在一起。

将杀猪与死刑联系在一切，并非牵强附会，而是有着深厚的文化联系。无论是政治家也好，学者也好，都有类似的说法，如废除死刑的论者邱兴隆教授说：“刑罚人道首先要求把犯罪人当人。那么死刑是不是把犯罪人当人？我说不是。因为执行死刑的过程就是把人变成尸体的过程。好比杀猪，猪上案板之前，是猪，被杀了之后就成了猪肉，就不能再叫猪。”[②] 在过去的严打期间，“曾经”在一段时间内，对于公检法部门而言，判死刑就像过年过节，就像是吃杀猪饭。对老百姓而言，也是如此，观看刑场上的执行死刑和观看杀年猪的心理差不多。中国人喜好看死刑执行，就好像中国人喜好看杀年猪，开肠剖肚。鲁迅先生曾经尖辣的讽刺过中国人的这种喜好：“群众——尤其是中国的——永远是戏剧的看客，牺牲上场，如果显得慷慨，他们就看了悲壮剧，如果显得觳觫，他们就看了

---

① 说其神秘，是因为这里不仅仅是执行死刑的地方，而且也是墓地，尤其是因为经过该刑场的公路是交通事故最频繁的地方，经常发生车子下坡时直接撞上山体导致车毁人亡的惨剧，后来交通部门在这个地形并不复杂，坡度也并不陡的公路上专门开辟了一个缓冲道，下坡时冲上去也是“在路上”。其实，这在科学上也是可以解释的，如果司机本身将该地视为神秘之地，鬼魂之地，这种神秘心理本身就会导致司机的过度紧张情绪，影响到司机的正常操作，或者过度的心理注意、想象、暗示，就会导致一种催眠效应，产生幻觉，而并非是什么鬼魂在作怪。

② 邱兴隆：《死刑的价值分析》，载游伟主编：《华东刑事司法评论》（第7卷），法律出版社2004年版，第228页。

滑稽剧。北京的羊肉铺前常有几个人张着嘴看剥羊，仿佛颇愉快，人的牺牲能给予他们的益处，也不过如此。”[①] 笔者于是联想或者怀疑，我国古代的“秋后行刑”制度，除了学者们通常所解释的“天人合一”文化观这种摆得上桌面的宏大哲学文化理由以外，是否也有秋后就是过年的潜意识文化心理因素在里面？毕竟在秋后，人们从一年的农忙中解脱出来，庄稼该收的也收了，下种又不到时节，无所事事，人总得找点乐子。杀猪、行刑就是一个“有正当理由的消遣”，于是把“该杀的”人或者猪都要积攒到此时来杀。杀一头猪，将猪肉挂在火炕上熏烤风干，要管全家一年的生活，预防青黄不接。古代杀一个人，也将人头挂在城墙头上风干，估计也有该预防意识。

在某种意义上讲，死刑的杀人与其说比喻为“杀猪”，倒不如比喻为“割韭菜”[②] 更合适，因为犯罪人被处死刑时连猪都不如，只能像是被动的，可轻而易举取其头的韭菜。大抵，我在小说或者影视中看到被执行“死刑”的对象中比较激烈的反抗，也就是视死如归的革命烈士，高呼“共产主义万岁”、“共产党万岁”，抑或一些江湖勇士、英雄好汉被处死刑时，大呼“二十年后又是一条好汉”。我从来没有看到哪个人在被处死刑时一直像猪那样浑身充满反抗的力量，一直反抗到底。人在被执行死刑时，“最勇敢者”就是那种“最配合者”，不用推搡或者扶抬，就有力气自己走上断头台，如此的口头之力与身体之力，真的只能算是象征性力量，甚至还谈不上是“反抗的力量”，从力量的物理性质与量上看，实际上只能算为了保证死刑顺利执行的最基本的“合作的力量”，只是如苏格拉底那样，保留着能够拿起毒药之碗，往嘴里倒的合作的力量。如福柯所言，死刑犯或多或少是向断头台象征性走几步。如果该人是个鲁迅笔下死要面子，外强中干的阿 Q，在上刑场之前无论头脑中预想、预演了多少遍自古以来的英雄气概，真的到了刑场，却连喊出“二十年又是一条好汉”的力气也没有了。因此阿 Q 也就变成了“哀其不幸，怒其不争”的符号，与“超人”相对，成为民众的象征。原来“超人”、“革命烈士”、“哲人”、“英雄豪杰”也不过如此，在面对死刑时，“超人”“革命烈士”、“哲人”、“英雄豪杰”也不过是能“象征性反

---

① ［美］孙隆基：《历史学家的经线：历史心理文集》，广西师范大学出版社 2004 年版，第 240 页。

② 中国废除死刑的论者常说：“人头不是韭菜，割了不会重新长出来。”这是从死刑一旦误判就不可能在实质意义上救济的角度反对死刑。

抗的社会性动物”。[①] 而作为一个达不到“超人”，“革命烈士”、“哲人”、“英雄豪杰”的大无畏气概的我，一个极其普通的民众，在“假定”真的面临死刑时，也只能是阿Q，吓得两腿发软，浑身颤抖，屁滚尿流。笔者真的佩服说出“人是会思考的芦苇”的哲人，说“人是会思考的芦苇”远比说“人是理性的动物”来得真实、道出真理。人就是一根芦苇，只需微风轻拂，就发出清脆的一声而折断。[②] 人在面临死亡时的物理反抗力量，连猪都不如，连动物都不如。

如果我的自我剖析道出了一个冰冷的真理，道出了自我所不愿意看到，听到的话，让自我痛苦，那么我希望自己的思考是胡思乱想，如此，我倒希望人人都选择做一头“快乐的猪”，而不是“痛苦的人”。不过，既然我们要谈论死刑，要谈论这个沉重的话题，同时又是兴奋的话题，那么就暂且让快乐或者痛苦都无所阻碍的表露出来，发泄出来，有了快意我就喊，有了痛苦我就哭。

三、死刑存废问题的悖论分析：理性与感性的纠缠

人是文化的动物。所谓的文化，在某种意义上就是给自己的行为找个正当的理由。动物的行为有内在的规律，有内在的基因控制，我们可以解释动物的行为，但动物行为本身是不需要理由的，它只要按照大自然通过基因的控制程序而不自觉的行为。如卢梭所言：由于人的力量的软弱而使人类摆脱自然、走进文化，由于不平等和相互压迫而使人类文明化，由于反自然教育的思想方式的畸形而造成所谓的道德化。基于此，康德说大自然要求每个生物都实现自己的规定性，从而让其本性中的一切素质都合乎目的地为着它自身而发展起来，在无理性

① 这里将人与动物相提并论，决无骂人的贬义，仅仅表明不同对象在面临死亡时，其反抗死刑的一种纯物理力量上的权衡对比。实际上，如果从“人”、“人性”、“文化”的角度而言，人之所以为人，恰恰在于超本能性，超动物的物理力量性，因此在物理力量上最软弱的人才可以成为“唯人万物之灵”（《尚书·泰誓》）。因此，“超人”，“革命烈士”、“哲人”、“英雄豪杰”的高贵性恰恰就在于这些少数人克服或者超越了动物性，为了群体的远大利益而以大无畏的精神，勇敢面对死亡，乃至于自己选择牺牲、选择死亡，选择和死刑合作。从该角度而言，这些人与为了一己之利而杀人越货的犯罪人是不能相提并论的。

② 该句借用自笔名为“千秋雪”的一首名为《秋天的芦苇》诗歌中的诗句。全诗为：“谁在秋天的傍晚把头颅低垂？茫茫暮色中，伫立——一泓清水？/谁在风中沙沙地诉说，忧伤的往事和命运？当脸庞黯淡，青丝如霜/当明月映照山川，谁再一次抱紧，窈窕的肩，美丽而艰难地挺直了躯体？/秋天的芦苇。临风依依的芦苇。夜晚，谁听见荒凉河滩上一声脆响——那生命折断的细细的尖音？/深深的水底，幽暗的淤泥，一截苇根沉入回忆，缄口不语。”载 http://www.wzwx.com/lqyy/qqx/qqx2.htm。

的动物那里，这种情况是按照大自然的智慧现实地发生着，而在人那里却只有人类才能做到这一点。[1] 因此，文化，哪怕是批判者眼中的“虚伪”、“畸形”、“面具”、“面子”意义上的文化，[2] 也使得人的行为成为远比动物的自然行为更复杂。复杂意味着矛盾。人，也就变得是一个最矛盾的动物，自然性、感性、情感哪怕是与理性相矛盾的，却也是人性中必不可少且无法完全剪灭的东西。人既

---

① ［德］康德：《实用人类学》，邓晓芒译，上海人民出版2002年版，第258~261页。

② “虚伪”在此只是和纯粹的自然相对的“人为”、“人化”的中性意思。实际上在人类文明中，虽然也有自然美的说法，但自然美也多少带有“人化的自然”（马克思语）之美的意味。至少必须经过人的主观认可和感受，自然才会体现出美，如我国古代思想家荀子就说过，“物无伪则性不能自美”。当然，有很多西方思想者，如马尔库塞、弗洛伊德等对文明之虚伪性持批判态度，他们甚至认为越是文明，人越虚伪。虚伪就是文明，文明就是面子（面具），文明就是对本能的压抑，文明是个人与社会病症的根源。因此一些个人心理疾病与社会病的治疗方法就是给本能以发泄的方式。如果从这个角度来看，的确可以解释某些文化现象，如在讲究直接的“野蛮的”的身体对抗的大型体育运动中，诸如足球、篮球，中国人似乎总是竞争不过西方人。或许正是因为中国文化的发达，连中国人的体型体质上也有类似的差别，总体上不如西方人那么“肌肉发达”，一副“东亚病夫”的形象。在艺术形式上也有体现，西方人有裸体的文化艺术形式，而中国人则视之为“非礼”，视之为色情下流。很多西方人对中国人的印象就是虚伪。当然如果从“人是文化的动物”出发反思之，那么实际上这也反映了讲究“存天理、灭人欲”的中国文明、文化的发展程度比西方发达，中国人比西方人更接近“人性”而不是动物性。

像动物那样本能的杀戮，同时也有对杀戮进行文化的思考、理性的反思的能力。①

在上文中，笔者对“土家族丧礼文化仪式”② 的分析，其实是想揭示一个道理：事实上，在中国人（也许其他民族也或多或少存在）的死亡观（包含死刑

① 照中国文明与西方文明的文化基因差异来推论，既然中国在本性上是一个文化实体，是一个文化高度发展的国家，在逻辑上中国应该是最早废除死刑的文明国家，但这个逻辑推论却与现实相反。不过笔者并没有因此而放弃自己的立论。我想借黑格尔的辩证法来解释该现象。在笔者看来，辩证法意味着超出形式逻辑推论而具有一种复杂性、曲折性、矛盾性。由于中国有着早熟的辩证法思想，“合”、“和”、“中”的思想缺乏其前提的“分”、“斗”、“执”的充分发展，因此虽然我国历史文化避免了西方社会的那种世界大战，人与人之间大规模的杀戮那样的人间悲剧，但也过早的扼杀了某种生命力（本能、力比多、恶、自私）在历史上的推动力和活性。中国虽然能直观把握到真理的整体性，但该真理尚停留在模糊的、神秘的经验直观阶段，缺乏理性的精确性、论证性。中国文化反对执其异（一）端，讲究扣其两端用其中的中庸之道，这在真理的本性或者方向上并不错，但却忽视了“理性狡黠”的一面，忽视了真理的实现需要恶的中介，因此西方思想虽然不免具有片面性，但“一孔之见”的西方明文却依赖片面性知识、精确细微知识的逐步累加，一步步搭建成一架无限接近真理的阶梯，一座通天塔。如果按中国文化的理想设计：完全剪灭了欲，剪灭了动物性，只保留人性、社会性、文化性，实际上也就可能一并撤掉了通往彼岸真理的桥梁，失去了实现真理与人性的现实阶梯，一步登天何其难。因此，我们一方面感叹古代中国思想的博大，是西方所无法企及的，另一方面也感慨中国近现代文化几乎处于停滞僵化的状态，被西方文化后来居上。其实这是一个硬币（问题）的正反方面。这也是笔者在本文中一直强调的解决之道：充分借鉴西方的片面、深刻、精确的科技、科学方法来论证、发展、实现在本性上或方向上不错的中国的合的文化思想。这样，使得科技理性既受到道德性的规则，也使得中国的文化具有科学性、精确性以及进一步发展的原动力。实际上本性或者方向上正确的思想，在现实表现中，却并非必然在任何时候、任何场合、任何问题上都自然的且必然的正确。“方向是正确的、道路是曲折的”，没有指南针就会盲目，但仅有指南针，不讲道的方法和策略也可能难以顺利到达目的地。在有深渊的时候，就需要搭桥；在无法搭桥的地方就必须另辟蹊径，开路绕道，这就需要精确的、具体的科学探索。人类社会的复杂性使得世界上并不存在通往目的地的直线式的康庄大道，有时候南辕还真需要北辙。

② 在少数民族中，土家族是汉化最彻底的民族，在土家族集聚区，实际上除了户口、身份证上的“土家族”的符号以外，已经很难从文化观念、风俗习惯上区分土家族和汉族，其风俗习惯，文化观念和汉文化相差无几。

观）中，自然的情感扮演着重要的，甚至是决定性的作用。[①] 在杀年猪，在丧礼以及执行死刑的仪式中，人们之所以热衷于围观这些死亡的对象，在围观中无论是哭也好，笑也好，快意恩仇也好，这些自然情感的流露和发泄，恰恰是为了不让人去用理性冷峻的面对死亡、分析死亡。[②] 华夏文化通过格式化的各种仪式、礼仪，让“喜乐的自然情感”[③] 过分充溢地占据整个大脑，恰恰是为了驱除内心中的直面冰冷的死亡时的巨大恐惧，避免对其进行理性的思考和分析，避免意识到“生命中难以承受之轻”。所以在直面本能、直面死亡的西方人眼中，[④] 用贬义的词，中国就是一个“最虚伪”的国家，用褒义的词，中国就是一个高度发达的文化实体。实际上中国从孔子开始就定下了不言死的基本文化观：“未知

① 在中国哲学中，对“感”的强调则被放在了基础的位置上。虽然“感”不是情，不过感可生情，情为实，由感而知人生的实在。“感”之远近厚薄作为思考方式，并探讨了概念之外的其他表达方式。由“感”而思当然不是剔除经验的“纯粹”，也不是远离具象的“抽象”。但感思却是理解、把握我们所在之“世”及世中之“在”的有效方式。同样也是中国人“在世”的重要方式。参见贡华南：《感思与沉思——试论中西哲学思维的方式与取向》，载《中国哲学史》2004 年第 3 期。

② 关于用情感冲断对死亡的冷峻思考，在《礼记·丧服四制》说得更明确简洁：“丧有四制……有恩有理，有节有权，取之人情也。”中国人观念中，鬼神亦是生的延续。“众生必死，死必归土，此之谓鬼。”鬼神在佛教、基督教都是很远的另一世界，而在儒家感思之中，鬼亦不远（“归土”）。参见贡华南：《感思与沉思——试论中西哲学思维的方式与取向》，载《中国哲学史》2004 年第 3 期。

③ 在上文的文化仪式的分析中，哭也只是本质上的笑的另类表达方式。当然如果说面对亲人、邻人、他人的死亡说成是“喜极而泣”也不合适的。毕竟“白喜”和“红喜”还是有差异的。

④ 在西方文化中，死亡是哲学的根本论题，如法国的哲学家加缪所言：“真正严肃的哲学问题只有一个：自杀”、“所有的人，无一例外地会被判死刑”。德国哲学家叔本华说：“死亡是给予哲学灵感的守护神和它的美神，苏格拉底说哲学是‘死亡的准备’，既是如此”。参见周详：《死刑的虚拟价值与死刑问题的基本立场——死刑基本问题的哲学思考》，载陈兴良、胡云腾主编：《中国刑法学年会文集（2004 年度） 第 1 卷：死刑问题研究》，中国人民公安大学出版社 2004 年版。

生，焉知死”，“不言鬼力神”。[①] 庄子也是如此，当他的母亲死亡之后，在其他人哭泣时，他却反其道而行之，开怀大笑。死亡、鬼甚至成为中国人的一个制造轻松快乐的笑资。[②] 在不直面死亡的文化国度，也就没有西方基于对死亡的直面思考产生的死亡恐惧而发展出的宗教信仰[③]或者“向死而生”[④] 的哲学观念得以存在的余地。在一个用强大的文化忘记死亡、不言死亡、压抑死亡的国度，[⑤] 死亡也就不是什么大不了的事情，死亡也就“只是碗口大个疤”，“二十年后又是

---

① 在哲学家康德看来，激情虽然本身是不明智的，会使人盲目，但是大自然仍然将它移植在人们心中，这是大自然的智慧，要在理性还没有达到足够坚强之前、暂时地加上活生生的生理（感性）刺激的冲动以作为理性临时代用品，通过笑、哭等激情的自然表达来促进人的健康。参见康德：《实用人类学》，邓小芒译，上海人民出版社2002年版，第161页。因此，康德虽然以主张理性批判而著名，但他并不贬低人性中的哭与笑等激情、感性在人性中的积极作用。

② 例如，《聊斋志异》就是专谈鬼的故事，其中的鬼和人一样都有秉性，人与鬼之间没有道德高下之分，只有可爱与可恨之分，乃至于多数狐狸精都是可爱的形象。诸如脍炙人口的《白娘子传奇》、《倩女幽魂》等人鬼之恋情故事不断地被中国电影电视改编。中国的鬼故事、鬼电影不像西方的鬼故事、鬼电影中的那种恐怖与恶心感，绝大多数的“中国鬼”甚至比有的“中国人”（如法海）更令人喜欢。这些中国鬼故事，不是因为对死亡的直观而生出的死亡恐怖，而是增添了浪漫与唯美之意。而今年的北京电视台春节联欢晚会上，赵本山的徒弟“小沈阳”还以死人、鬼的故事来博取过观众的开怀大笑。故事大概是：两个歹徒追他，他慌不择路跑到一块坟地，急中生智，对歹徒说：“你们还追呀，我到家了。”歹徒吓得转头就跑。他走着走着，看到一个新坟前，一个老头拿着锤子和凿子在墓碑上凿，他问老头：“这是在干吗”。老头说：“我看到墓碑上把我的名字写错了，我出来把名字改过来。”“我的妈呀，这回遇到真的啦！”春节谈鬼，谈死人以增添喜庆之气，这大概是中国文化中的死亡观的独特表现。

③ 西方人对上帝的信仰与西方人对宇宙的理解、对人类生存状态的焦虑以及深深的虚无意识（死亡意识）有着密不可分的联系。牟宗三先生把西方人这种心灵状态称为“宗教的恐怖意识”。西方人的这种恐怖意识、死亡意识正是宗教产生的文化心理根源。参见单正齐：《冯友兰对中西哲学差异之分析》，载《江淮论坛》2003年第2期。

④ 在笔者看来萨特的《存在与虚无》其实也可以转换为《生与死》，其夫人波伏娃也写了一本哲学名著《向死而生》，这些都是“生存还是毁灭，这是一个值得思考的问题”的西方哲学主题的表达。

⑤ 在中国文化中，“长生不老”或“生命轮回”观是压抑死亡意识的明证，如《西游记》中，处处充满了长生不老的主题。孙悟空拜师是为了求长生不老之术，妖精吃唐三藏是为了长生不老，神仙炼丹是为了长生不老……这不仅仅是神话，也是现实中人的追求，如古代中国方士就是为了炼长生不老丹，现代中国的“万岁”之语也是长生不老观的体现。

一条好汉”。死亡在中国文化观上，不是什么悲哀或者恐惧之事情，死亡是一种轻盈的事情而不是沉重的事情，甚至是一件值得喜庆或者值得鼓励的行为。[1] 英雄豪杰固然可以“人生自古谁无死，留取丹心照汗青”，或如儒家圣人所言的“杀身成仁”，以极高的道德崇高感而忘却死亡，“视死如归”，但这只是极少数人才能做到。而普通民众虽然达不到英雄豪杰与圣人的道德高度，却同样可能在行“不义”[2] 时做“感性的奴隶”而忘却死亡。无论英雄豪杰、圣人志士，还是普通民众，无论他们在行为时的原因有多么的不同，意义有多么不同，是重于泰山也好，轻如鸿毛也好，其心理过程都是一样，即在行为时忘却死亡。[3] 于是老子言：“民不畏死，奈何以死（刑）惧之?”[4]

所以，在谈论死刑的存废时，我们能感到人们对死刑的某种信仰力量之强大，对于基于冷峻的理性分析基础上提出的废除死刑的观念，就有一种“本能”

---

① 例如，在战争片中以及在现实的战争中，中国人善于用排山倒海往前冲的人海战术，而西方人则是“怕死的战术”。据说在抗美援朝战争中，每个美国士兵身上都怀揣一份用中文写好的投降书，或者学习简单的“投降”的汉语单词，只要美国士兵处于被困处境，就会举手投降，而不会“英勇地”顽抗到底，这或多或少带有“士兵的个人生命高于国家”的个人主义思想在里面。而被美军交换过来的中国战俘，往往会受到中方的严厉审查，也会受到社会的歧视，甚至形成美军战俘的人道待遇要比回国后的中国战俘待遇要好的反差。这种“宁死不被俘”的观念或多或少反映了中国人的普遍的死亡观。

② 例如，为鸡毛蒜皮之财物而杀人者，为了“人活一口气”而杀人者，为了“改善生活”而盗窃古墓、金融机构者或者剥老虎皮、熊猫皮、藏羚羊之毛皮者等，这些人在行不义时很难同时想到死刑，而是用各种理由忘却死刑。

③ 在笔者看来，英雄志士和民众的区别不在于行为时是否忘记死亡，而是行为前或者行为后是否一致性的忘记死亡，英雄志士在行为前后都体现出一致性的忘记死亡，用高于个人生命的价值感来掩盖住或者战胜对死亡的恐惧，如诗云：“生命诚可贵，爱情价更高，若为自由故，两者皆可抛。”而“人为财死，鸟为食亡”意义上的普通民众虽然在行为时暂时忘记死亡，掩盖死亡，但行为后却往往在用生命去衡量其他价值时（如财物之价值、争一口气之价值，自由之价值），就会后悔莫及，视生命高于一切，如果时间可以倒流，宁可用一生的自由和倾家荡产之财来换取自己的生命。

④ 这句话固然通常被废除死刑的论者引用来支持废除死刑，其实这句话在某种意义上又何曾不是暗合着支持死刑、赞成使用死刑的理由？例如，在逻辑上既然人人都不怕死，生命就是有经济交换价值的，这说明生命也不是最高的价值。剥夺生命，无论是犯罪人杀人时，还是国家在对杀人犯执行死刑时，都不是剥夺人的最高价值。剥夺它有何妨呢？何必要大张旗鼓的反对死刑呢？这大概也就是我国刑法中除了杀人罪以外，在其他的财产犯罪、危害国家安全的犯罪，危害社会管理秩序的犯罪中也有60多个罪名挂有死刑的深层次的文化观念在支撑着。

的巨大抗拒力。还是以一个我亲身体验的事情为例。去年，我的一位远房叔叔被杀了，大体案情是他同村的一个人借了叔叔的100元钱，赖账几年了都不还，那天老实巴交的叔叔又去讨债，结果那人穷凶极恶的用刀将他杀死，最后只判无期徒刑。亲属打电话找到我倾诉冤情，并请求我找熟人关系上诉，一定要还个公道，血债血还。虽然我对叔叔的死感到悲伤，也觉得该案在现有的法律规定下似乎量刑偏轻。[①] 可是我内心却是反对死刑的，在某种意义上，我甚至主张以“不公正的适用轻刑以回避死刑立即执行”.[②] 因此在情感、亲情与理性的矛盾中，我选择了后者。只能委婉以“自己没有熟人”为借口而承认自己帮不上忙。我给他解释了本案中法院如此判决的很多法律上、政策上、道理上的理由，诸如“国家坚持少杀慎杀的刑事政策”，“世界上多数国家都废除了死刑”、“叔叔之死是不幸，再杀一个，叔叔也不能死而复生，还是不幸”。幸好我控制得当，没有直接表达自己是反对死刑的观念，而是借国家政策、国际趋势以及“在情感上支持亲属”等名义而向他解释，没有因为死刑观念不同而撕破自己和亲属之间的感情。但是无论我解释得多么的有技巧，多么的有理有据，却并不能说服亲属放弃“杀人偿命”的朴实死刑观念。

如果说，我未能说服亲属是因为亲属的丧亲之痛的情感太强烈太直接的话，那么以下的真实感受则告诉我，死刑信仰与情感、感性之间的强烈关联并非是因为个体真实地卷入了个案，成为案中真实的被害人角色的范畴而生成的。[③] 笔者曾经开过一门刑事案例演习的选修课，主要讨论的就是死刑问题。在每次开课之初，我都会做调查，在几百个学生中，赞成立即废除死刑的只有5%，赞成永久保留死刑的占10%左右，赞成将来会废除，现在不能废除的人占85%左右。在

① 据亲属讲，因为被告在公安局有关系（一面之词不可信），将被告的归案认定为自首。但该人是累犯，曾经犯过故意伤害罪（我通过该案的律师了解，这属实）。

② 或许有学者认为笔者的这一主张违背了罪刑法定原则。但是，实质的罪刑法定原则排斥残酷的、不均衡的刑罚。如果笔者坚持认为死刑是残酷的刑罚，那么该主张在实质上也不违背罪刑法定原则。

③ 在想象中，人们认为之所以支持死刑，是因为自己或者亲人可能成为被害人，一想到自己的亲人或者自己可能会被害，死亡的恐惧就会油然而生。而废除死刑的论者之所以支持废除死刑，是因为这些人忘记了自己可能成为被害人，即使假定自己可以成为被害人，假定的被害人也只是类似于电影中的死人扮演者（用句骂人的话，那就是“装死的”），是很轻松的。假定的被害人是不会有真实的被害人的那种切身感受的。

课堂上，我表明自己赞成立即废除死刑的观念，并和赞成（暂时）保留死刑[①]的学生长时间的自由辩论。可是一学期下来，该统计数字变化不大，赞成立即废除的学生大概有7%左右。赞成“暂时保留、将来废除”的占87%左右，赞成永久保留的占6%左右。[②] 在讨论中，我听到最多的一句话就是，“老师你说的理由我都（或大部分）赞成，让我对原来的死刑的直觉观点产生了一定的怀疑和思考，但是我还是坚持（暂时）保留死刑”。这句充满了悖论且不断重复的话，在我头脑中深深的刻下烙印。感觉到我做再多的理性分析，提供再多的证据，提出再多的反驳都是无力的、无奈的。对于多数人而言，改变杀人偿命的观念似乎已变成了“不可能”。这使得保留死刑还是废除死刑，似乎真的成为一种废除或者保留死刑的先在观念所决定的东西，死刑存废的讨论仅仅是从该先在观念出发寻找各自的支持理由、排斥相反理由罢了。这让我突然意识到很多学生不断重复的这句话，实际上是困扰人类的“我信仰（宗教），就是因为它荒谬”、[③] “言善信”[④] 的变体。杀人偿命的死刑观在绝大多数人身上似乎就是一个根深蒂固的生物基因：能被说服者，本身就是“死刑的虚假信仰者”，而“死刑的真诚信仰者”是不能被理性所说服者。死刑存废问题似乎真的就只是一个信仰问题，而不是科学的真伪问题、理性的可辩问题：“问题可以说已经提出殆尽了。所剩的只是关于存续或者废除的法律信念而已”、“这并不是根据逻辑追问其是非性质的问题，而正是由于它把什么判断为正义，把什么作为最重要的事物的价值选择的问题，且有其不容妥协的侧面。是每一个人必须以自己的世界观、人生观作出

① 在笔者看来，除了极少数人赞同废除死刑的“100年梦想”，“50年梦想”的具体规划者之外，抽象的持“将来废除死刑，现在保留死刑”的论者在实质上是保留死刑论者。

② 在该课堂中，实际上笔者并没有采用书面的问卷形式，而是采用开课初与课程结束前通过提问以及举手来确认大概的比例。而且这一“问答调查”的设计比较粗糙，如没有考虑到“不知道废除还是保留”的中间分子的情况，也没有精确的反映各种立场的个体彼此转化的情况。

③ 如上文中分析的情感与理性的对子，或者其他因素的对子。

④ 该话出自老子：《道德经》（八章）。“言善信”一般直译为：说话真诚守信。但这并不能反映老子的哲学思想，其实“言善信”是与老子的“不言”、“道可道，非常道”的哲学方式一致的。在笔者看来“言善信”可以翻译为：道（真理）在根本上是一种直观信仰而不是一种可用语言表述的理性。

价值选择的状态。”[①]

事实上，有很多坚持废除死刑的学者，都会在课堂或者讲座中面对学生或者其他人提出的“如果罪犯杀你父母，强奸了你女儿……你还会主张废除死刑吗?”的质问，废除死刑的论者通常会回答说：在现有刑法规定上如果这些行为可判死刑，我就支持判死刑，如果刑法对这些行为废除了死刑，我不会主张恢复死刑或者主张判死刑。笔者觉得这种回答还不彻底，甚至有点似是而非的诡辩味道，提问者未必会满意。在以前，笔者在课堂上也经常遇到学生提出的该质问，但笔者在观念上反对死刑是无条件的，换言之，无论刑法上是否规定有死刑，我都不主张判死刑。[②] 这并非笔者不在被害人的真实位置，没有丧亲之痛，“站着说话不腰痛”式的回答。实际上上文举的叔叔被害一案中，虽然叔叔只是远房的亲戚，不是自己的父母或儿女那样的直系亲属，但笔者对叔叔之死的悲痛却是真实的。如果在笔者身上真的发生了类似学生质问中的那样的惨案，我的回答还是一样。记得浙江曾经发生过这样一起案件，来中国旅游的德国人一家四口被抢劫杀害，案件侦破后该被害人的直系亲属写信给中国，请求中国法院不要判犯罪人死刑。这一事件并不是因为外国人没有中国人那么重的家族观念、亲属观念所能解释的。笔者认为这一事件只能解释为在该被害人家属的极度悲痛之余，心中的理性战胜情感的结果。

实际上笔者也愿意提供反例，笔者曾经给学生放过一部《死囚168小时》的美国电影，电影中一对19岁的学生情侣在树林中毫无反抗的被两个醉醺醺的歹徒残忍的杀害，身中数刀数枪，女学生被杀害之前还被歹徒当着他男朋友的面强奸。当被害人的叔叔，一个曾经坚决反对死刑的人看到自己的侄女尸体的惨状后，转而坚决的支持死刑。我相信这一电影情节在逻辑上是可能的，甚至可能取材于真实的案例。因此，本文中，无论是情感战胜理智还是理智战胜情感，都没有什么可值得谴责或者赞赏之道德评价的意思，那都是“人之常情”（尤其是情感战胜理性）。在这个意义上看，笔者认为死刑的废除论者将死刑问题与人权、人道主义或者德行挂钩，很可能存在一个理论上的自我陷阱问题，使得自己陷入

---

① ［日］长井圆：《围绕舆论与误判的死刑存废论》，张弘译，载《外国法译评》1999年第2期。实际上从文化生态学的观念来看，无论是宗教信仰也好，还是其他的信仰也好，这些文化观念都是特定地区的人对特定环境适应的结果。环境变了，文化观念也迟早会为了适应环境变化而微调。

② 立法规定有死刑但司法坚持不判死刑，这种死刑备而不用的方式其实也是废除死刑的一种实质方式。

其中而不能自拔。笔者作为一个在观念上彻底废除死刑的论者，提出这个问题，其实并非说明其他废除死刑的学者将死刑与人权、人道主义、德行、文明程度挂钩的论据[①]完全没有道理，而是想说，即使该论据是有道理的，却会在死刑废除论者企图说服的对象（受众）心中，造成或者强化一种“坚持废除死刑的国家与人就是文明的、人道的、进步的、有德行的，而支持死刑的国家与人就是野蛮的、不人道的、落后的、德行差的”抽象对立观念。因此，废除死刑的人权、人道主义、德行方面的理由讲得越是有力有理，越会造成或者强化受众在情感上的心理抗拒。这样企图被说服的对象变成了“非我族类，其心必异”的强力反抗的对象。毕竟，“精英”、“超人”、“圣人”永远只能是极少数“分子”，而“大众”永远是绝大多数人。如果非要把死刑存废问题与道德挂钩，那么大众就会说：你做你的“高尚者”，我做我的“庸者”，如海子的诗所言：“卑鄙是卑鄙者的通行证，高尚是高尚者的座右铭。”这大概就是为什么日本刑法学者长井圆说“把国民看做是众愚的论调，是危险至极”[②] 的缘故。

余论：我国的死刑存废问题与中国儒家文化

笔者对死刑与信仰的关系分析了那么多，实际上揭示了一个道理：我国的死刑存废问题并不是法学界支持保留死刑的某些学者所认为的那样——死刑只是一个法律信念或者信仰的问题。[③] 我国有的死刑废除论者似乎也认为死刑是一个信仰问题，如邱兴隆教授认为废除死刑的根据不在于国民意识素质的提高、文明程度提高等。凡是经济发达的国家都是犯罪发达的国家，除了美国与日本，很多犯罪发达的国家都废除了死刑。不是犯罪少了才废除死刑，真正的原因在于中国人需要一种信仰的支撑，西方人相信生命神圣，中国人不信基督教，所以不相信这

---

① 实际上有学者对这一论据提出质疑，如卢勤忠博士认为：死刑的废除与一个国家的文明程度不是绝对能够对应的。比如，在俄国沙皇时期，一个女皇废除了死刑。应该说，那是一个专制时期，她能够废除死刑，是不是说死刑的废除和文明的程度有必然的联系呢，他认为这是需要研究的。面对这一问题，邱兴隆教授也承认死刑的废除和文明是不相关的。邱兴隆：《死刑的价值分析》，载游伟主编：《华东刑事司法评论》（第7卷），法律出版社2004年版，第238页。

② ［日］长井圆：《围绕舆论与误判的死刑存废论》，张弘译，载《外国法译评》1999年第2期。

③ 苏力：《俯下身，倾听沉默的大多数》，载《法制日报》2011年9月13日。

些。[①] 但是这种将死刑存废问题归结为信仰问题的观点值得反思：如果说死刑的废除根源于西方的宗教宽容精神，那么在中国人心中培植西方人的那种“尊重生命”的宗教信仰，无疑是要求中国绝大多数民众信仰基督教一样，是不可能完成的任务。[②] 在笔者看来废除死刑与保留死刑的内在文化基因不是完全异质的信仰之类的东西，相反，笔者认为二者的根据是同一的，即每个人内心中的人性这一文化基本基因。国家、社会、个人的死刑文化观念并非一成不变的，而是会根据对不同的社会历史环境的适应性而在死刑问题上呈现出的不同表现性。死刑的存在与废除的历史，也就是人性中的对位基因（理性与情感）适应社会环境的历史。所以我国从死刑的迷信走向坚持少杀、慎杀的死刑政策，最后全面废除死刑，也是有中华民族的潜在文化资源与心理的支持。关键问题是我们如何将这种潜在的文化基因挖掘出来，使之成为文化的主流意识。这需要对中国的传统主流文化进行创造性再解释。例如，当有学者从孔子的“以直报怨”观推导出孔子以及儒家是支持死刑的结论时，笔者也可以从“以直报怨”这同一儒家文化观出发推导出废除死刑的结论。

在笔者看来，学界将孔子的以直报怨儒家死刑归结为保留死刑，最大的问题是对“以德报怨”、“以直报怨”、“以怨报怨”的关系界定有问题。准确地说对“以直报怨”这个词的含义没搞懂。的确，“以直报怨”是孔子直接针对老子的“以德报怨”而说的，有人问：“以德报怨，何如?”，孔子答：“何以报德？以直报怨，以德报德。”（《论语·宪问》）那么以直报怨的含义是什么，我们一般解释为：“即以正直的态度或者公正无私的态度对待伤害自己的人。”那么什么是杀人案中“直”，“公正无私”、“正直”？在赵晓力、苏力等看来：“杀人偿命”、“血债血还”就是“直”。也难怪苏力说可以引用孔子的《论语》来论证保留死刑的，在他们看来孔子的“以直报怨”思想就是“杀人偿命”观的同义词，就是保留死刑的论据。但是笔者认为这恰恰是赵晓力、苏力教授用自己的保留死刑的观点来解读孔子的“以直报怨”，他们从孔子的“以直报怨”思想中挖出来的东西是他们自己先埋进去的东西。为什么这么说，理由如下：

第一，孔子说“以直报怨”针对的是道家的“以德报怨”，“以德报怨”通

---

① 邱兴隆：《死刑的价值分析》，载游伟主编：《华东刑事司法评论》（第7卷），法律出版社2004年版，第240页。

② 事实上从利玛窦开始，西方传教士就开始在中国传播基督教，中国在政治上也承认西方基督教的合法地位，但是西方传教士在长期的宗教传播实践中不得不承认失败，甚至得出中国人是没有（西方）宗教信仰的民族的结论。

俗的说就是："别人对我坏，我反而对别人好。"比如，一个杀人犯杀了人，被害人不仅仅不要求任何惩罚，而且还跑到犯罪人家里去帮助照顾犯罪人的幼儿、母亲，帮他家干点农活，做好事。这才叫"以德报怨"。如果说犯罪人杀了人，被害人家属也要求处死杀人犯，以命抵命，我怎么看也是"以怨报怨"，冤冤相报。如果把这种"以牙还牙、以血还血"的要求解释为"以直报怨"，很可能是孔子所说的"直"（公正、正直）的误解。

第二，那么"直"（公正、正直）应该如何理解呢？一句话：不偏私的态度。《韩非子·解老》云："所谓直者，义必公正，必不偏党也。"刘宝楠在《论语正义》中也说："盖直者，诚也。内不自以欺，外不以欺人。"那么"直"用在杀人案中，是不是如苏力、赵晓力理解的那样，唯有对杀人犯处死刑才是"直"、"不偏私"的态度呢？肯定不能得出这个结论。在当代刑法学界，主流观点认为死刑是残酷的、不人道、不公正的刑罚，所以越来越多的国家废除死刑，我们并不能得出这些废除了死刑的国家就是偏私的国家，就是"对内自欺，对外欺人"的国家，就是"不直"的国家。相反，废除死刑的国家同样认为他们的法律是讲究公正的、不偏私的。（至于为什么刑法学界将死刑视为不公正的刑罚，依据与理由是什么？超出本文的主旨，这里就不赘述了）

第三，问题更大的是，我们国家虽然基于一定的政治考虑，官方正式表态：中国现在还不具备废除死刑的条件。但我国政府并没有否定我们将来某个时期（或许不需要太长时间）也要废除死刑，那么如果按照苏力、赵晓力他们的观念，那时废除死刑的中国就将变成了一个偏私的、不公正的，"对内自欺，对外欺人"的国家。显然这是荒谬的结论。所以在废除还是保留死刑的问题中，"直"的含义取决于如何理解"杀人偿命"，如果你认为唯有"杀人偿命"观才是公正的、不偏私的，那么废除死刑就是不公正的、偏私的。如果认为死刑无论是满足人的报复心理还是预防犯罪都是多余的惩罚，因此是不人道的，不公正的，那么废除了死刑，用终身监禁这种刑罚来代替死刑，也足以达到了"严重的犯罪给予严重的刑罚，轻的犯罪给予轻的刑罚"的公正性、不偏私性，因而用终身监禁取代死刑才是真正的"直"。何为"直"，《说文解字》有一个精辟的解释："正见也"。可见，刑法学界通过事实与证据论证了绝大多数人持有的"杀人偿命"观不是"正见"，而是"偏见"，极少数人主张的用终身监禁取代死刑才是"正见"，才是"直"。至于保留死刑者如果对刑法学界的相关论证与证据视而不见，听而不闻，仍然坚持杀人偿命之"正见"，那也没有办法改变他们，正如苏力自己说得好："人到了一定年龄后，更多是按照自己的内心感受生活，不是看着别人生活的。"所以即使全世界都废除了死刑，他也可以坚决、坚定地主张中国保留死刑，不必看外国怎么做。所以保留死刑论者从孔子的“以直报怨”中看到的是孔子主张保留死刑，而我从“以直报怨”中看到的则是孔子主张废除死刑。

基于以上分析，那么以德报怨、以直报怨、以怨报怨用在死刑问题上，大体上就可以依次如此进行逻辑上的排列。犯罪人杀了人，被害人家属不仅仅不要求任何惩罚，而且去为犯罪人及其家属做好事，这是“以德报怨”。犯罪人杀了人，被害人家属不要求判处死刑，但要求给予公正的刑罚——终身监禁惩罚或者其他，这是“以直报怨”。犯罪人杀了人，被害人家属（及其公众）要求国家“杀人偿命”，这是“以怨报怨”。作为一个刑法学者，我们当然没有权利去要求被害人家属做到“以德报怨”，但我们也不主张“以怨报怨”，而是主张孔子主张的“执其两端用其中”的中庸之道——“以直报怨”。有学者说得好，孔子以及后代的儒家学者都将“直”理解为“正确、公正的方法，而不是‘以牙还牙’的狭隘心理”。①

所以我们再看看赵晓力举的那个例子：“2000 年某日，4 个青年潜入南京一栋别墅行窃，被发现后，持刀杀害了屋主德国人普方及妻子儿女一家四口。4 名凶手随后被抓获归案，被法院判处死刑。事后普方的母亲写信给中国法院，请求法院不要判 4 个凶手死刑。”媒体报道后，众人唏嘘不已。在最近关于死刑存废的讨论中，有法学家重提此事，认为“这才是以直报怨。对坏的东西你要用正义去惩罚，而不是以怨报怨，那就等于是以恶治恶了。”他认为刑法学者“误解了普方母亲行为的意义。宽恕杀害自己儿子一家的凶手，不管在基督教文化中叫什么，在中国文化中并不是‘以直报怨’，而是‘以德报怨’”。我想真正误解了普方母亲行为的意义是赵晓力自己，普方母亲只是要求我国法院不判死刑，并没有要求我国法院不处罚犯罪人，这只能是“以直报怨”，而不是“以德报怨”。用赵晓力对“以德报怨”按照《圣经》的“有人打你的右脸，连左脸也转过来由他打”的话来看，普方母亲的行为中根本就看不到把“左脸也转过来由他打”的要素，这怎么就变成了“以德报怨”呢？

---

① 林光华：《孟子的“劳而不怨”是愚孝吗？——兼与孔子“以直报怨”比较》，载《孔子研究》2010 年第 5 期。

第三部分
其他刑种的改革

“易科劳动补偿”作为罚金刑改革的基本方向

孟庆华*

罚金刑在实践中的最大问题就是，判了之后往往得不到执行。为了解决罚金刑执行难的问题，即当所判处的罚金刑不能得到有效实施时，改用另一种变通方式促使其实施，这便是罚金刑易科。“罚金刑易科为其他处罚措施，这与执行罚金是有所差异的，会因贫富不同在执行方式上出现不平等，但是这种执行上的不平等较之刑罚不执行所造成的不平等和负面影响要小得多，二者比较取其轻者是符合公正的。”① 罚金刑易科包括易科自由刑、易科管制刑、易科公益劳动、易科训诫等形式，而笔者认为，这几种罚金刑易科方式并不具有刑法理论上的充分性与合理性，也并不完全适合我国的现实状况，应当在这些易科方式之外，另行采用“易科劳动补偿”作为罚金刑易科改革的基本方向。

一、罚金刑能否改革为“易科自由刑”问题

有学者认为：“大胆增设罚金易科自由刑制度就是一个可取的尝试。罚金刑适用率高的国家几乎都采取了罚金易科自由刑制度。在我国，随着罚金刑适用的逐渐增加，建立易科制度是十分必要的。”② 按照语义学的解释，“易科”中的“易”系“互换”之意。尽管自由与金钱性质迥异，无法直接兑换，但两者亦有其相通的一面。同时，犯罪与刑罚的关系不是等量报复，不是把各种具体的损害直接与形态相同或相似的刑罚相对应，而是以国家的名义施用等值的、理性的报应，因此刑罚种类的设定就不可能与犯罪损害之样态直接对应。由此，作为犯罪责任实现方式的对应，自由刑与罚金刑之间也可以有换算的标准。罚金刑在强制缴纳无效的情况下易科为自由刑，作为压力刑，使有能力缴纳罚金的被判刑人在权衡利弊下，最终主动缴纳罚金。如果被判刑人认为以自由换取罚金“划得

* 河北大学政法学院教授，法学博士，硕士生导师。

① 孙俐俐、李元彬：《我国罚金刑制度存在的问题及其完善》，载《山东警察学院学报》2006 年第 4 期。

② 丁伏永：《罚金刑易科在我国的可行性》，载《江苏经济报》2010 年 8 月 4 日。

来”，那么，易服自由刑是他自己的选择，不存在不公正的问题。① 自由刑作为执行罚金刑的压力刑而存在，对犯罪人具有较强的威慑力。一般说来，重刑的威慑力要大于轻刑，而从我国九种刑罚的排列顺序就可以看出，自由刑是重于罚金刑的。所以，罚金刑易科为自由刑能够更好地体现和实现罚金刑易科制度的根本目的。②

笔者认为，罚金刑易科为自由刑，其优越性主要在于：可以保证对犯罪分子所犯罪行的惩罚，避免所处罚金刑因无力交纳而致使刑罚无法执行的问题产生。缺陷则在于：（1）无论是将罚金转换为自由刑，还是将自由刑转换为罚金，都存在以财产贫富不均的事实上不平等作为执行刑罚的可能性，即有钱者能够在不超过6个月的自由刑下转换为罚金轻易使刑罚得以结束，也不致因无钱交纳而使罚金转换为自由刑；而无钱者不但在以罚金替代不超过6个月的自由刑下无法交付罚金，即使在单处罚金刑的情况下无法交付罚金，而只能转换为自由刑予以执行徒刑。（2）罚金刑与自由刑属于轻重有别的两种性质不同的刑种，罚金为轻刑，自由刑为重刑，因而将罚金转换为自由刑属于轻刑转换为重刑，而将自由刑转换为罚金则为重刑转换为轻刑，这就不可避免地会产生重罪轻判、轻罪重判的违反轻罪轻判、重罪重判的罪刑相适应原则的现象。

从各国刑法规定来看，罚金刑易科自由刑换算方法主要有三种：（1）实行日额罚金制的国家，根据所判处罚金的日数易科自由刑具体天数。（2）刑法规定转换为一日自由刑的具体罚金额。（3）刑法明文规定了易科自由刑的最大期限，法官必须在此期限内酌情裁量易科自由刑的天数。对此，有学者赞同其中的第一种，认为第一种是最科学、最可行的；第二种需适应经济情况的变化而予以适当调整，具有不稳定性；第三种方式赋予法官过多的裁量权，容易引起司法适用中的混乱和差异，是不可取的。③ 以笔者所见，第三种方式也不具有科学性与合理性。根据所判处罚金的日数易科自由刑具体天数，即判处应在3个月内交纳罚金而不交纳的，就易科自由刑3个月，如此一来会存在的问题：（1）3个月内交纳罚金与3个月自由刑是否能够等同，两者实际上不具有等同的衡量依据。（2）判处交纳罚金的数额与时间不同，在易科自由刑而换算为自由刑的具体刑

---

① 王博：《罚金刑易科制度研究》，载《政法学刊》2010年第4期。

② 于巍巍：《罚金刑易科制度浅析》，载《长春理工大学学报（社会科学版）》2007年第2期

③ 邢菲菲：《罚金刑易科制度的正当性和可行性》，载《河南公安高等专科学校学报》2006年第5期。

期时也难以具有公正的计量标准。例 1，一行为人被判 3 个月内交纳罚金 5 万元，而另一行为人被判 3 个月内交纳罚金 8 万元，两者均未交纳而都被易科 3 个月自由刑。例 2，一行为人被判 5 个月内交纳罚金 5 万元，而另一行为人被判 3 个月内交纳罚金 5 万元，两者均未交纳罚金 5 万元而分别被易科 5 个月与 3 个月的自由刑。

另外，“易科自由刑”也违背了任何事后法均应“有利于犯罪人”的基本原则。对于刑罚的改变，无论是刑度的改变，如对于罚金刑数额的减免性变更，还是刑种的改变，如将一种刑罚变更为另一种刑罚，都应当以有利于犯罪人为前提性原则。这一点，无论是在刑法理论上，还是在刑事司法上，都是得到认可的。但是，在罚金刑易科中，原判的罚金刑，如果易科为自由刑，则属于严重的不利于犯罪人的原则。“最小的身体刑也重于任意的金钱刑”这一法谚，应当说不仅表明了刑罚种类在严厉性程度上的差异，而且表明了两层潜在的内涵：一是关于刑种的适用，应当严格坚持罪责刑相适应，不能轻罪重刑，应当绝对禁止对于本应适用罚金刑等财产刑的犯罪，适用带有个人主观判断色彩的“较轻”的身体刑；二是关于刑种之间的转换，绝对禁止将某一形式上数量较大的金钱刑，转换为刑期较短的身体刑。①

二、罚金刑能否改革为“易科管制”问题

有学者认为，对确实无能力缴纳罚金者适用管制，对行为人的教育与改造已经是足够的了，适用罚金易科管制的犯罪主体规范意识并非很淡薄，对其适用管制，已足以使其产生不同程度的悔罪感，并且产生力图避免重蹈覆辙的愿望。因为管制刑对行为人不实行关押，但要求执行机关对其行动做出一定程度的限制。② 对于客观上不能缴纳罚金的情形及未成年人犯罪，可易科为管制刑，在社会上参与自由劳动。但作为罚金刑的一种变相执行方式，其和管制刑有着本质的区别：一方面，使犯罪人通过劳动获得报酬来充抵全部或部分罚金（保留其必要的生活费用）；另一方面，通过劳动过程使犯罪人感受到劳动创造财富的道理，以改掉好逸恶劳的习惯，也便于将来重新融入社会。同时，也符合非刑罚化

---

① 于志刚：《关于罚金刑易科制度的批判性思考》，载《法学评论》2008 年第 2 期。

② 李东华等：《论刑罚易科制度在我国的建构》，载《安阳工学院学报》2007 年第 2 期。

的刑法改革趋势和刑法谦抑原则，彰显司法人文关怀。①

笔者认为，罚金易科管制刑并不妥当。主要理由是：（1）管制刑在实践中弊端甚多，执行起来困难重重。如果将罚金易科管制刑，那就会使罚金更得不到有效保障。（2）管制刑是我国刑法中所规定的，对犯罪分子不予关押，但在一定程度上限制其自由，由公安机关执行和群众监督，在社会中进行改造的一种刑罚方法。在实际工作中，管制刑由县级公安机关及其派出所具体执行。由于基层公安机关治安任务繁重，公安警力不足，且没有专门的管制刑执行机构，因此对被判处管制刑的罪犯的实际执行无暇顾及。②（3）我国现行刑法规定的管制刑的惩罚性却是比较弱的。当然，这种较弱的惩罚性一方面是由管制刑的固有属性决定的，另一方面则是由现行管制刑执行体制所存在的弊端造成的。现行刑法规定的管制刑虽然作为一种主刑刑种存在，但是由于其仅仅限制犯罪人的人身自由，而且司法实践中管制刑的监督管束往往流于形式，这就导致了现行管制刑的惩罚性相对于旧的管制刑大大降低，甚至还不及某些非刑罚方法的行政处罚措施。③

三、罚金刑能否改革为“易科公益劳动”问题

有学者认为，罚金刑易科“公益劳动”，其适用的基本条件是：第一，确无缴纳能力；第二，仍有劳动能力且愿意用劳动来抵消罚金。这种劳动是为公共利益而作，因此它具有经济效益，同时具有较大的社会效益。“公益劳动”首先作为一种劳动，必须能创造一定的价值，但对劳动者来说是无偿的，那么其创造的价值就收归国库，这种劳动是为公共利益而作，因此它具有经济效益，同时具有较大的社会效益。又由于犯罪人不缴纳罚金是出于客观原因，没有主观恶性，所以“公益劳动”不是作为压力刑而存在，所以不必过重。④

罚金刑易科“公益劳动”，其主要目的还是为了让罪犯在劳动中受到教育，同时，其创造的价值也折抵罚金归国家所有，这样罚金刑的功能和目的就在一定程度上得以实现。罚金刑由人民法院执行，罚金刑易科之公益劳动也可由人民法院执行。人民法院可与有关部门联系，安排罪犯进行与其年龄、身体健康、职业

---

① 李濯清、钟思文：《应对罚金执行难：不妨易科自由刑》，载《检察日报》2010年8月4日。

② 贺东：《论管制刑的完善》，载《忻州师范学院学报》2010年第3期。

③ 罗凤梅：《浅谈我国管制刑的弊端与完善对策》，载《湖南行政学院学报》2010年第6期。

④ 陈璇：《罚金刑易科制度探析》，载《法制与经济》2009年第10期。

技能等相适应的公益劳动。公益劳动的价值由人民法院会同这些部门根据当地一般标准确定，并由人民法院逐一记录在案。这样可以避免有关部门徇私舞弊，从而避免罚金刑易科公益劳动流于形式。对于公益劳动的时间由法院来确定，使其所创造的价值大抵相当于罚金数额。如果罪犯在公益劳动中表现突出，可参照刑罚减刑制度减少其应参加公益劳动的时间。①

在建立具体的易科“公益劳动”制度时，可以规定其适用对象是确实因客观原因不能缴纳罚金的主观上又不存在恶意的犯罪人，在现行法律体系下，其可以与减免罚金制度分别适用，在因天灾人祸而不能缴纳罚金的情况下，可以适用减免罚金制，其他主观无恶意不缴纳罚金的情形可以适用罚金刑易科公益劳动制度。那么究竟应如何限定公益劳动的范围，以及劳动的时间，地点及劳动中的待遇问题，应依具体情况酌情裁量。一般来说，清理公共卫生、修路、植树等劳动都是可行的，也不会产生什么社会问题。至于劳动的时间和待遇可以参照当地的工作制度的一般标准而定。行为人不交纳罚金，是出于客观原因，没有主观恶性，公益劳动因而不是作为压力刑而存在，无须过重。劳动的时间和劳动中的待遇均可参照当地工作制度的一般标准而确定。比如，可以规定每日工作 8 小时、允许周末休息、允许正常请假事由。易科所处的劳动时间，应以 3 年至半年为宜。②

笔者认为，罚金刑易科“公益劳动”并不具有可行性与必要性，主要理由在于：（1）罚金刑是我国刑罚种类中的附加刑，带有强烈的经济性的处罚价值，而“公益劳动”则不具有刑罚性，将罚金刑易科“公益劳动”而使行为人感受不到任何惩罚的意味；相反，甚至还会能在公众面前露脸而引以为荣。（2）“公益劳动”不具有回报性。“公益劳动”通常是在公众场所并且是为了公共利益而实施的，难以计算为此而付出的劳动价值，更无从得到什么报酬。如果允许罚金刑易科公益劳动，难免流于形式化、表面化。（3）易服公益劳动则略显麻烦，如公益劳动的事项，公益劳动的时间由谁来记载，公益劳动由谁来监督执行，等等。这就要求建立一套相应的执行措施。③ 而要建立一套相应的执行措施来保障罚金刑易科“公益劳动”的实施，不但增加了程序上的烦琐性，而且更难以确

① 闫彬、乔旭：《试论罚金刑易科制度》，载《经济研究导刊》2011 年第 2 期。

② 苏刚：《易科制——罚金刑执行难的解决措施》，载《中国法院网》2008 年 10 月 16 日。

③ 张芳英：《罚金刑易科制度探析》，载《中国矿业大学学报（社会科学版）》2005 年第 3 期。

定未来所制定的"一套相应的执行措施"具有可行性。

当然，也不可否认，罚金刑易科的"公益劳动"可以附带强制性，从而使罚金刑易科"公益劳动"具有可行性。罚金刑易科强制性"公益劳动"的优点在于：可以让犯罪人在社会上服刑，避免短期自由刑的弊端，而且极具教育功能，从理论上来说，易科强制性公益劳动是最合理的易科类型。但是，从现实操作来看，随着科学技术的进步和生产力的提高，失业人口不断增多，就业的机会相对减少，我国无法为被易科者提供大量的劳动岗位。此外，易科公益劳动面临着接收、监管、劳动价值换算等一系列问题，不是短期之内可以妥善解决的。因此，在我国大量实行罚金刑易科公益劳动不具有可操作性，但是其有着极强的行刑经济效应和教育意义，我国不应完全舍弃这一易科类型，建议将罚金刑易科强制性公益劳动作为易科刑的补充，针对特殊的对象和情形选择适用。①

四、罚金刑能否改革为"易科训诫"问题

罚金刑"易科训诫"仅在少数国家的刑法中有规定。例如，苏俄刑法典曾规定，在无法缴纳罚金的情况下，法院可裁定易科责令赔偿所致成的损害或公开训诫。我国台湾地区"刑法"第43条也有类似规定："受拘役或罚金之宣告，而犯罪动机在公益上或道义上显可宽恕者，得易以训诫。"值得一提的是，易科训诫更关注的是受刑人之犯罪动机而非不可执行。② 依据我国台湾地区"刑法"第43条规定，易科训诫需具备以下要件：第一，其宣告刑为拘役或罚金，至于其法定刑的最高刑在所不问。第二，犯罪动机必须是为了公益或道义的立场，并且犯罪的情状显可宥恕，两者缺一不可，如为阻止贩毒而加以恐吓；无钱为母治病而窃取他人少许金钱。具备以上要件并不必然易科，是否易科需审判人员的自由裁量。另外，易以训诫应在有罪判决中予以告知，若原判决没有告知，检察官应依原判决执行，不得易以训诫，或申请予以训诫之裁定。这一点与易科罚金以及易服劳役不同。对于训诫该如何执行，刑法没有规定，实践中，无外乎向受训诫人指明其不良行为，让其痛改前非，以后不再犯。③

在我国刑法中，"训诫"是作为非刑罚措施而由人民法院加以适用的。1964

---

① 黄莎、李玉坤：《论罚金刑易科制度的本土化》，载《枣庄学院学报》2010年第6期。

② 杨帆、张瀚文：《论我国罚金刑易科制度》，载《江苏警官学院学报》2008年第3期。

③ 朱铁军：《论我国罚金刑易科制度》，载《台湾法研究学刊》2002年第2期。

年1月18日《最高人民法院关于训诫问题的批复》指出:“人民法院对于情节轻微的犯罪分子,认为不需要判处刑罚,而应以训诫的,应当用口头的方式进行训诫。在口头训诫时,应当根据案件的具体情况,一方面严肃地指出被告人的违法犯罪行为,分析其危害性,并责令他努力改正,今后不再重犯;另一方面也要讲明被告人的犯罪情节尚属轻微,可不给予刑事处分。”上述《批复》关于训诫内容的规定是可取的,但是其将训诫的方式仅限于口头,则有一定的局限性。如果训诫的内容除了口头宣告外,还以书面的方式记载,并在适当的范围内公布,可以收到一般预防和化解矛盾的效果。对于有些行为的确比较轻微,适用公开训诫就足以感化、教育犯罪人的短期自由刑可以易科为训诫,如婚姻家庭犯罪中,犯罪情节轻微,犯罪人又认识到了自己行为的危害性的。[①]

笔者认为,罚金刑能否改革为“易科训诫”,关键应当看“训诫”能否作为罚金刑的替代形式,或者是能否有助于罚金刑的实施。从“训诫”能否作为罚金刑的替代形式来看,很显然,“训诫”是作为非刑罚措施而加以规定的,这与罚金刑是作为附加刑而加以规定的性质有较大差异。如果罚金刑改革为“易科训诫”,这实际上降低了罚金刑的地位,从而使罚金刑由附加刑变动为非刑罚措施。此外,“易科训诫”能否有助于罚金刑的实施来看,“易科训诫”只是由人民法院当庭予以教训,督促行为人保证对所判处的罚金刑予以贯彻执行。但是,由人民法院当庭“训诫”之后,至于行为人能否将罚金刑真正予以交纳,或者说,行为人能否有能力将罚金刑付诸实施,这却是难以作出具体保障的。

五、罚金刑可以改革为“易科劳动补偿”问题

罚金刑“易科劳动补偿”可以界定为:当所判处的罚金刑不能得到有效实施时,将罚金刑数额折算成相等数量的劳动所得,即是以其劳动所得来“补偿”不能缴纳的罚金刑数额。例如,行为人因犯轻罪而被判罚金5万元,判决生效之后却无力缴纳;于此情形,法院可采“易科劳动补偿”,让行为人在两年之内以其劳动所得来“补偿”不能缴纳的罚金刑数额。罚金刑“易科劳动补偿”的主要特点是:不仅体现为罚金刑数额数量的相等性,而且更为重要的是,它也体现为本质意义上的等质性。因为所判的一定量的罚金刑数额,它代表着行为人是在一定时间内、从事了一定的劳动才能够得到“这些罚金刑数额”。而当行为人无力或不愿交纳“这些罚金刑数额”时,就理所当然地让行为人还原劳动来补偿,

---

① 熊素玲、石子伟:《短期自由刑刑罚易科制度研究》,载《法制与社会》2009年第2期。

这就是将罚金刑“易科劳动补偿”，即在劳动价值问题上将“罚金刑数额”与“易科劳动补偿”连接并等同起来。

学界在探讨罚金刑易科时，经常提到“罚金刑易科自由劳动”，这种表述与笔者所提的罚金刑“易科劳动补偿”是何关系呢？事实上，两者关系很简单，可以说，罚金刑“易科劳动补偿”与罚金刑易科自由劳动具有相似性，仅仅是在表述上有所不同而已。有学者认为，罚金刑易科自由劳动虽然有利于避免短期自由刑的弊端，但从执行的角度来看，这种形式存在许多问题，如由谁提供劳动场所、劳动条件如何、对犯罪人如何监督管理、罪犯与劳动单位相互勾结不履行劳动怎么办？许多疑问都难以找到较好的解决方案。且还有一个最大的疑问就是罚金刑易科为自由劳动对罪犯有多少威慑力？罚金刑易科的根本目的是为了解决罚金刑执行难的问题，因此易科之刑在理论上应重于罚金刑，以便给犯罪人以压力，敦促其尽可能地缴纳罚金。易科为自由劳动似乎压力不足。①

笔者认为，罚金刑“易科劳动补偿”当然也存在罚金刑易科自由劳动所带来的这些具体问题。不可否认，更不可回避，这些具体问题应当得到解决，或者对此应当作出确定性的回答。但笔者在此仅仅指出，以上这些所谓的罚金刑“易科劳动补偿”（罚金刑易科自由劳动）所带来的这些具体问题，都不是其本身所存在的实质性问题，而是从执行的角度所表现出来的形式问题，诸如此类的形式问题肯定要比实质问题更容易解决。当然，如果罚金刑“易科劳动补偿”（罚金刑易科自由劳动）所带来的是实质问题，而并非属于形式问题，那就不仅涉及如何来解决的小问题了，而是要涉及能否采纳之类的根本性大问题了。事实上也很清楚，既然采纳罚金刑“易科劳动补偿”（罚金刑易科自由劳动）会带来实质性问题，那就理所当然地不能予以采纳了。否则，如果明知采纳罚金刑“易科劳动补偿”（罚金刑易科自由劳动）会带来实质问题，而仍然决意要继续采纳罚金刑“易科劳动补偿”（罚金刑易科自由劳动），那等于“错上加错”。

需要指出，笔者所提罚金刑“易科劳动补偿”与我国台湾、澳门地区规定的“罚金刑易科劳役”基本相等。我国内地刑法如果将来修正时能够采纳罚金刑“易科劳动补偿”，在此方面，可以借鉴与吸收我国台湾、澳门地区规定中的“罚金刑易科劳役”的相关内容，即当受刑人不能缴纳罚金时，易科不剥夺自由的劳动改造以代替罚金的缴纳。我国台湾地区“刑法”规定：“罚金应于裁判确定后两个月内完纳，期满而不完纳者，强制执行，其无力完纳者，易服劳役，易

① 于巍巍：《罚金刑易科制度浅析》，载《长春理工大学学报（社会科学版）》2007 年第 2 期。

服劳役以一元以上三元以下折算一日，但劳役期限不得逾六个月，罚金总额折算六个月之数者，以罚金总额与六个月之日数比例折算。”我国澳门地区刑法典第46条第1款规定：“如认为以劳动代科罚金之方式服刑可适当及足以实现刑罚之目的，则应被判刑者之申请，法院得命令其在本地区、其他公法人或法院认为对社会有利之私人实体、场所、工场或活动中作日计劳动，以代替全部或部分所定之罚金。”

刑罚改革问题研究

一般没收财产刑：俄罗斯经验与中国现实

龙长海*

作为刑罚种类之一的一般没收财产刑，一直是学者们争论的焦点问题之一。尽管如此，我国在1997年修订刑法时，还是保留了这一刑罚制度。但是，这绝不意味着争论就此结束，而是恰恰相反，现在越来越多的专家学者撰文，建议取消该刑罚种类。① 应该指出，俄罗斯1996年刑法典将没收财产规定为刑罚种类之一，但是2003年俄罗斯立法者废除了这一制度。立法者的这一做法引起了俄罗斯刑法学界的极大争论，进而俄罗斯立法者在2006年又将没收财产再次规定在刑法典上，但已经不是1996年时的刑罚种类的一种，而是“其他刑事法律性质的措施”。俄罗斯没收财产刑的命运，可对我国一般没收财产刑存废的争论，提供一定的借鉴意义。

一、一般没收财产刑在俄罗斯刑事立法上的演变

在17~18世纪时，俄罗斯的统治者为了消灭政治敌人，同时为了防止犯罪人的亲友继续从事颠覆政权的活动，曾经广泛适用没收财产刑。在1845年俄罗斯的《刑罚感化条例》中，便规定了没收财产刑。但是，到19世纪下半叶时，这一状况发生了改变。当时，部分俄罗斯的民主人士开始呼吁废除一般没收财产制度。这是因为，一般的没收财产刑“与财产权的基本原理背道而驰，并且不可能不会动摇对作为任何一个良好社会根基的财产权神圣原则的信赖”。② 正是因此，“没收财产虽然在封建时代被广泛采用，但由于它与资产阶级私有财产神

---

* 法学博士，中国人民大学法学院博士后流动站工作人员，内蒙古大学法学院讲师，研究方向：刑法、犯罪学。

① 参见曲新久：《没收财产，一种应当废除的刑罚》，载《检察日报》2000年3月16日，第3版；李洁：《论一般没收财产刑应予废止》，载《法治与社会发展》2002年第3期；熊向东、王思鲁：《再论没收财产刑的废止》，载《河南省政法干部管理学院学报》1998年第1期；马如栋：《论我国刑法应废除没收财产刑的原因》，载《甘肃政法学院学报》2010年第2期；姚贝：《对没收财产刑的价值反思》，载《西安科技大学学报》2011年第4期。

② ТаганцевН. С. Русское уголовное право. Часть общая. Т. 2. – М., 1994. С. 269.

圣不可侵犯原则相冲突，到了资本主义时期，它被许多国家所废除”。[①] “在1871年司法部宣布完全没收财产这一刑罚在理论和实践上没有根据之后，最后几个版本的1845年《刑罚感化法典》就将它删除了”。[②] 因此，1903年沙俄刑法典并没有规定一般没收财产刑，只是在该法典第36条中，规定了特别没收制度。可以说，在俄罗斯革命前这一阶段，没收财产刑在沙俄的命运是与其在西方国家发展的脉络基本相吻合的。但是，十月革命的发生，却令俄罗斯没收财产刑的命运又一次发生了重大转折。

在苏维埃政权建立的最初几年，没收财产成了一种巩固新生的苏维埃政权、镇压反革命的政治措施。苏俄第一次正式出现没收财产的概念，是在1920年4月16日俄罗斯苏维埃社会主义联邦共和国人民委员会法令中规定的。该法令的第3条中规定，没收财产是指国家将私人或者团体的财产无偿、强制地剥夺。在1921年10月17日苏俄人民委员会关于《征用和没收私人及团体财产程序》的法令中，进一步明确了没收财产的概念和适用程序。到1922年苏俄刑法典时，一般没收作为一种刑罚种类被确定下来，而且所占比例巨大。在1922年苏俄刑法典200个条文中，有55个条文（占总数的28%）规定了一般的没收财产刑。而且，该刑法典第50条规定：“法院选择刑法典相关条文所规定的一种刑罚以后，可以在这种刑罚以外合并判处必要的社会保卫方法或者由刑法典第32条第5项到第10项所规定的刑罚中选择较轻的刑罚。”[③] 而1922年苏俄刑法典第32条第5项恰恰规定的是“没收财产的全部或一部分”。因此，在苏维埃建立初期，没收财产刑在实践中被广泛适用。对此，苏联时期的学者指出：“在苏维埃国家从资本主义向社会主义过渡阶段，作为刑罚方式的没收财产是镇压阶级敌人的重要方式，没收财产剥夺了剥削分子及其同盟者通过不劳而获的方式积累的财产，具有惩罚的力量，对最为危险的犯罪分子起到了预防作用。”[④] 可以说，在此阶段广泛适用没收财产，是无产阶级政权镇压敌对分子，巩固苏维埃政权的必要手段。

---

① 邱兴隆、许章润：《刑法学》，中国政法大学出版社1999年版，第218页。

② ［俄］库兹涅佐娃、佳日科娃主编：《俄罗斯刑法教程》，黄道秀译，中国法制出版社2001年版，第611页。

③ ［苏联］盖尔青仲编：《苏联和苏俄刑事立法史料汇编》，郑华等译，法律出版社1956年版，第247页。

④ Курссоветского уголовного права（Общая часть）. Т. 2. / Отв. редакторы. проф. Н. А. Беляев, проф. М. П. Шаргородский. Издательство Ленинградского уинверситета. – Ленингдад. 1970. С. 303.

1921 年 3 月俄共十大以后，苏俄从战时共产主义转向了新经济政策。由于新经济政策的实行，没收财产刑被滥用的状况得到了一定程度的遏制。这是与当时私人资本在一定程度上得以恢复和发展有关的。也正是因此，1926 年苏俄刑法典删除了 16 个条文中的没收财产刑，一般没收这种刑罚仅在 36 个条文中被规定下来。但是，20 世纪 20 年代后期，斯大林对新经济政策的态度发生了转变，苏联的社会主义建设道路也由新经济政策模式转变为斯大林模式了。在这一转变过程中，没收财产的这一刑罚方法又出现了再次被扩大适用的趋势。这种状况直到斯大林去世后，才有所改善。在 1958 年苏联刑事立法原则和随后的 1960 年苏俄刑法典中，没收财产刑仅仅是对那些国事犯罪和严重的贪利性犯罪作为附加刑被规定。而且，在 1960 年苏俄刑法典中，只有 27 个条文规定了一般没收这一刑罚方法。因此，1960 年苏俄刑法典同其前几部刑法典相比，规定没收财产的数量变少了。但是，从 20 世纪 70 年代开始，由于苏俄所面临的经济、社会问题，严重的贪利性犯罪增多，一般没收财产刑又一度地在立法上出现了被扩大适用的趋势。随着不断地对 1960 年苏俄刑法典进行修改和补充，到 1996 年 3 月，一般没收财产这种刑罚方法，已经被规定在 45 个条文中。

1996 年俄罗斯通过新的刑法典时，一般没收财产这种刑罚方法也被规定下来。根据被废止前的 1996 年《俄罗斯刑法典》第 52 条第 2 款的规定："对出于贪利的动机而实施的严重犯罪和特别严重的犯罪规定没收财产，并且只能由法院在本法典分则的有关条款规定的情况下判处。"在 1996 年俄罗斯刑法典中，只有 24 个条文规定了一般没收这种刑罚方式。与苏俄时期刑法典规定的一般没收制度的条文数量相比，1996 年俄罗斯刑法典规定的一般没收这一刑罚方法，已经大幅减少。

从上述的俄罗斯没收财产刑的历史发展进程中，我们能够发现如下规律。第一，没收财产刑往往被统治者作为镇压政治犯罪，打击政敌的方式使用。这一点在俄罗斯没收财产刑的发展史上很明显地表现出来，如在苏俄时期，新生的无产阶级政权就是将没收财产用作巩固其统治地位的工具。因此，在危害国家安全类犯罪上，规定了没收财产刑。第二，没收财产作为一种刑罚方法，随着社会形势、人们私有财产观念的变化而变化。这一点在俄罗斯刑事立法发展史上表现得尤为明显。当社会上私有财产观念增强时，没收财产的适用范围会受到限制，甚至被取消。1903 年沙俄刑法典、1960 年苏俄刑法典和最初的 1996 年俄罗斯刑法典关于没收财产刑的规定，都是有关这一点的例证。第三，没收财产也可能因犯罪形势的发展变化，而导致被扩大适用，如 1960 年苏俄刑法典后来的发展历程便证明了这一点。

二、1996 年后俄罗斯学界对没收财产刑的激烈争论

在 1996 年俄罗斯刑法典急剧地缩小没收财产刑适用范围的情况下，是不是对没收财产这一刑罚方法就不会再有争论了呢？回答是否定的。

在俄罗斯对一般没收财产问题，存在两种截然相反的观点。

第一种观点认为，在刑法上不应该规定没收财产刑。因为这种刑罚方法，侵害了犯罪分子家庭成员的财产利益。完全没收财产的刑罚方法与刑事惩罚的目的和任务不符。完全没收那些被判处自由刑的人的财产，既不能促进犯罪人的矫正，也不能预防实施新的犯罪。"对因实施了严重的贪利性犯罪被判刑的人而言，无论如何也无法保证他不会再想尽办法恢复其财产，也无法保证他不再实施犯罪（塔甘采夫，皮马诺夫），言辞更加犀利的反对者，甚至认为这一刑罚措施是'斯大林专制制度的恶果'（纳乌莫夫）。"[①] 同时，还认为这一刑罚与公认的国际法准则、俄罗斯联邦宪法、人道和公正原则相矛盾，因此应该废除这一刑罚方法。[②]

第二种观点支持刑事立法上规定没收财产刑。持这一观点的学者认为："这一刑法措施是公正的，并且是完全合理的，因为这有可能没收犯罪分子获得的所有非法财产。这一刑罚措施的价值不在于无偿地没收犯罪人的财产，而在于改变了犯罪人对财产需求的结构，因为这会让犯罪分子明白，他通过犯罪的方式来实现对财产的追求目的，会变得毫无意义。"甚至认为"在非严重的贪利性犯罪上也适用这一刑罚"。[③]

上述争论导致的结果是没收财产刑废止论者获得了最初的胜利。2003 年废止作为刑罚种类的没收财产刑，直接原因是该刑罚措施的适用率太低。"从 1997 年俄罗斯刑法典生效时起，这一刑罚种类每年的适用率仅占被判刑人总数的 1% 左右。""1999 年卡拉斯诺达尔边疆区被判处这一刑罚的接近 0.9%，而在 2000 年接近 1.3%。因抢劫而被判处没收财产刑的人占被判处没收财产刑总人数的

---

① Полныйкурс уголовного права: В 5т. / Под ред. А. И. Коробеева. Т. 1. Преступление и наказание. - СПб.: Издательство Р. Асланова äЮридический центр Прессä, 2008. С. 1115.

② 参见，Кузнецов А. Конфискация имущества как кумулятивный вид наказания в уголовном законодательстве // Уголовное право. 1999. № 2. С. 39 – 43.

③ Полный курс уголовного права: В 5т. / Под ред. А. И. Коробеева. Т. 1. Преступление и наказание. - СПб.: Издательство Р. Асланова äЮридический центр Прессä, 2008. С. 1116 – 1117.

72%，而因经济犯罪被判处没收财产的仅占总人数的1.1%，因为大量的被非法聚敛的财产都被登记在第三人名下。而且，没收财产刑判决的执行率不超过20%，通常是10%～12%，进而使得判处这一刑罚仅仅是形式意义的，没有达到该刑罚所应达到的目的，还会损害到司法判决的权威。”“一方面是没收财产刑刑罚的严厉性，另一方面是适用的低效率，这些促使将没收财产从刑罚体系中废除的建议被提出了。”① 在这种状况下，2003年3月11日，俄罗斯联邦总统向俄罗斯联邦会议国家杜马提交相应法律草案时，“将从俄罗斯联邦刑法典中取消作为刑罚种类之一的没收财产刑的原因解释为这一刑罚种类的适用率低，并建议用作为附加刑种类之一的罚金来取代没收财产刑”。②

废除没收财产刑的间接原因是与俄罗斯社会所发生的私有财产地位的变化分不开的，如《俄罗斯宪法》第8条第2款规定，在俄罗斯联邦，私有财产、国有财产、地方所有财产和其他所有制形式同等地得到承认和保护。第35条第1款规定，私有财产权受法律保护。正是私有财产地位的提高，人们私有财产权观念的提升，才促使没收财产刑被再次完全废除，这也重复了1903年沙俄刑法典没收财产刑的宿命。

正是因此，根据2003年12月8日俄罗斯联邦第162号联邦法令的规定，该作为刑罚种类的没收财产刑被正式废除。然而，此举在俄罗斯却引起了轩然大波。主张保留没收财产刑者认为，保留没收财产刑的原因可归纳为如下几点：

首先，废除没收财产刑是对贪利性犯罪分子的纵容。“杜马的决定将是正确的，如果在倒掉洗澡水的时候没有把婴儿也倒掉的话。是啊，没收犯罪分子的合法财产是不公正的，应该废除。但是，在很多情况下还有那些从国家和私人手中骗取的财产。而且，数额非常巨大。比如，房子、汽车、甚至直升机，还没算不计其数的银行存款。难道这些盗窃的财产不应该被没收吗？难道这被忘记了吗？……或者是有意这么做的？在侦查犯罪时，古代罗马公民首要的一件事就是提出这样一个问题：‘谁将会受益？’我们也要提出这样一个问题。我们很容易回答这个问题：受益的绝不是那些将工厂中的铅管当成废品顺手牵走者，并且受益的也不是那些到邻家偷鸡摸狗的人。如果是那样的话，就真的不需要没收财产了。只要支付管子的价款，把鸡、狗还回去，如果偷来的鸡、狗还没有被烹掉的

① Энциклопедия уголовного права. Т. 12. Иные меры уголовно – правового характера. – Издание профессора Малинина. – СПб ГКА. СПб. 2009. С. 332.

② Гуров А. А., Яни П. С. Конфискация имущества // Уголовное право. 2004. №4. С. 67.

话就行了。”[①] 废除没收财产刑，“刑事法律就失去了一个威慑那些双手不干净的人的非常强有力的法律手段”。[②] 于是，没收财产刑保留论者的呼声越来越高。甚至有俄罗斯学者直接指出：“到目前为止，在刑法和犯罪学领域的俄罗斯学者，没能提出某种原则性的反对没收财产刑的理由。”[③] 立法者在完全废除没收财产刑的情况下，也同时忽视了没收财产在同有组织犯罪、经济犯罪作斗争领域的重要作用，忽视了这一刑罚所具有的预防犯罪的积极功能。

其次，罚金刑起不到没收财产刑应该起到的作用。2003 年修改刑法典的法律用罚金刑取代了没收财产刑。然而，《俄罗斯刑法典》第 46 条第 2 款规定：罚金刑的数额应该在两千五百卢布以上，一百万卢布以下或者被判刑人两周以上五年以下工资或者其他收入。在罚金数额确定的情况下，显然起不到原来的没收财产可能起到的作用。正是因此，“刑法中的新规定（指废除没收财产刑——引者注）首先是大大地降低或者免除官僚犯罪、商业精英犯罪和有组织犯罪主体的刑罚，其次才是解决刑事立法人道化问题。正因为如此，这些修改的很大一部分不仅使专业法律工作者，而且使大多遵纪守法的俄罗斯公民产生了十分矛盾的感觉”。[④] 于是，俄罗斯学者指责这种规定是“犯罪分子的犯罪所得越多，在支付给国家（社会、被害人）后，剩的也就越多”。[⑤] 这无异于在鼓励犯罪分子进行犯罪活动，因为这种活动的代价是确定的——一百万卢布。

最后，完全废除没收财产与俄罗斯签署的国际公约相违背。应该指出，《联合国反腐败公约》（2003 年）、《联合国打击跨国有组织犯罪公约》（2004）等俄罗斯签署的国际公约赋予缔约国规定没收这种方式的义务。而根据俄联邦宪法第 15 条第 4 款的规定：普遍公认的国际法原则和准则及俄罗斯联邦国际条约是俄罗斯联邦法律体系的组成部分。如果俄罗斯联邦国际条约确立了不同于法律所规定的规则，则适用国际条约。因此，在刑事立法上完全废除没收财产，同时也违

---

① Кудрявцев В., Кузнецова Н. Ошибка с конфискацией // Российская газета. 29.03.2005.

② 科罗别耶夫：《俄罗斯联邦刑法典》（中文版序言），黄道秀译，中国法制出版社 2004 年版，第 5 页。

③ Скобликов П. Конфискация имущества как наказание: доводы за и против // Уголовное право. 2004. №2. С. 62.

④ 科罗别耶夫：《俄罗斯联邦刑法典》（中文版序言），黄道秀译，中国法制出版社 2004 年版，第 6 页。

⑤ Скобликов П. Конфискация имущества как наказание: доводы за и против // Уголовное право. 2004. №2. С. 63.

反了俄罗斯签署的国际公约的规定。

在对没收财产刑问题进行了3年激烈的争论后，2006年补充和修改刑法典的法律就又恢复了没收财产。只是此时的没收财产已不再是最初的刑罚了，而成了类似于保安处分的一种措施，其没收的对象仅限于与犯罪有关之财物。

三、俄罗斯没收财产刑对我国的启示

作为刑罚种类的没收制度，在我国历史上可谓历史久远。当时，没收财产被统治者当做维护统治秩序的重要手段，曾被广泛适用。“这一状况一直延续到20世纪初清廷被迫进行修律，在1911年由沈家本主持制定的大清新刑律中才第一次废除‘籍没’刑，而代之以具有保安处分性质的特别没收制度。”[①] 对一般没收制度在清末立法上的这种变化，刑法学家王觐指出：“昔时对于犯重罪者，除处以重刑外，并没收其全部财产，我国唐律暨明清律所规定之财产籍没，即属此类。今世文明各国，不采用一般没收之制，唯没收与犯罪有特定关系之特定物，我现行刑法亦然。”[②] 可见，没收财产刑在清末修订大清新刑律时的变化，是得到了学者们支持的。然而，我国历史上废除一般没收的这一做法，因新中国刑法大量地借鉴苏俄刑事立法的原因，而发生了改变。

“由于苏俄刑法典在刑罚体系中列有没收财产刑，受其影响的一些国家，如俄罗斯、蒙古、越南等国刑法中均设有这一刑罚”，[③]“在几乎所有社会主义国家刑法中，都把没收财产作为一种刑罚予以确认。”[④] 我国作为一个社会主义国家，苏俄从资本主义向社会主义过渡过程中所采用的经验，自然不能不被我国所借鉴。沿袭苏俄刑事立法对没收财产刑的认识和在刑事立法上的规定，“没收财产主要适用于那些罪行严重的反革命罪犯、大贪污犯、大盗窃犯、大烟毒犯、大走私犯以及严重的投机倒把的犯罪分子等。对这些犯罪分子适用没收财产，一方面是给犯罪者以惩罚和教育，另一方面是为了根绝犯罪者继续进行犯罪活动的可能。因为这些犯罪分子的财产大都是用犯罪手段得来的，而且他们又利用这些财产作为从事更大的犯罪的资本，因而没收其财产是完全合理的、必要的”。[⑤] 正

---

① 万志鹏：《论中国古代刑法中的“籍没”刑》，载《求索》2010年第6期。

② 王觐著：《中华刑法论》，中国方正出版社2005年版，第391页。

③ 马克昌：《比较刑法原理——外国刑法学总论》，武汉大学出版社2002年版，第881页。

④ 邱兴隆、许章润：《刑法学》，中国政法大学出版社1999年版，第219页。

⑤ 中央政法干部管理学校刑法教研室编著：《中华人民共和国刑法总则讲义》，法律出版社1957年版，第208页。

是受到苏俄刑事立法的影响，我国1979年刑事法规定的没收财产刑“主要适用于分则第一章反革命罪以及第三章破坏社会主义市场经济秩序罪、第五章侵犯财产罪、第六章妨害社会管理秩序罪中某些处于贪财图利动机实施的犯罪，如走私、投机倒把、伪造或倒卖计划供应票证、伪造货币、抢劫、惯窃惯盗、贪污、制造或贩运烟毒、盗运正规文物出口等”。[①] 既然我国当前刑事立法的一般没收制度是从苏联借鉴而来，那么没收财产刑在俄罗斯的命运，对我国又有何启示呢?

第一，我国刑事立法应该废除一般没收财产刑制度。尽管废除一般没收财产的理由众多，但是笔者认为，要明晰我国刑事立法上一般没收制度的存废之争，就必须兼顾我国的历史、现状并参考国际经验。

首先，从我国传统上看，废除一般没收制度，并没有与我国刑事法律大的发展趋势相矛盾。请注意，这里笔者说大的发展趋势，是从我国刑罚发展这一历史长河的角度来说的。我国本是一个以刑为主的国家，其典型特点是刑罚成了维护统治秩序的手段。到了清末，在内忧外患的情况下，大清王朝迫不得已才对刑律进行了改革。从当时对财产刑的改革来看，废除一般没收制度不能说不是一大亮点。这是使刑罚向着轻缓化，人道化方向发展迈出的一个重大步伐。即便是今天，当时的改革也应该是值得我们重视的。因此，认为“既然中华民族素有重刑主义传统、专制主义传统和社会本位传统，那么与这些传统相适应，没收财产刑的存在是必然的”[②] 的观点是有待商榷的。如果从我国刑法发展的历史长河来看，在刑罚方面表现出的恰恰是从严厉、野蛮向轻缓、人道发展的一种大趋势，绝不能以历史上存在过没收财产刑，便以此来论证当前一般没收制度的合理性。

其次，在当前条件下，在刑法典上规定一般没收制度，与我国的实际不符。我国《宪法》第33条第3款明文规定：“国家尊重和保障人权。”这便以根本法的形式确立了保障人权是我国法律的根本目的，也是所有部门法都应该遵守的基本原则。在基本人权中，自然包括财产权。《宪法》第13条第1款规定：“公民的合法的私有财产不受侵犯。”作为宪法的下位法，刑法的规定必须与宪法规定相符。这被明文规定在《宪法》第5条第3款：“一切法律、行政法规和地方性法规都不得同宪法相抵触。”中。然而，刑法上的一般没收，明显地侵犯了该公民的财产权及其继承人的继承权。而这两项权利，在我国宪法上同样是被保护

---

① 高铭暄编著：《中华人民共和国刑法的孕育和诞生》，法律出版社1981年版，第84～85页。

② 牛忠志：《我国没收财产刑的立法完善研究》，载《刑法论丛》2010年第4期。

的。同时，依照《宪法》第 13 条第 3 款规定："国家为了公共利益的需要，可以依照法律规定对公民的私有财产实行征收或者征用并给予补偿。"也就是说，国家只能是为了公共利益的需要，才能剥夺公民合法的财产，同时，还应该对公民进行补偿。但是，刑事立法上规定的一般没收是对公民合法财产的无偿剥夺，这显然不符合宪法的规定。

一般没收制度违宪，也可以从国外的宪法法院判例中得到证明。例如，1992 年德国曾增加了作为罚金刑特殊形态的、涉及剥夺公民合法财产的财产刑。然而，德国学者认为，"立法者增加没收财产刑的目的在于，既想剥夺不诚实地获得的财产，又想制定一个特别有效的刑罚——立法者想一箭双雕，但最终两个目的都没有实现。因此，应当将这一不成功的法律制度重新予以废除"。[①] 而且，德国这一剥夺公民合法财产的刑罚，在"被增加进《刑法典》之前就受到强烈的批评；甚至还有人认为它违宪"。[②] 德国这一规定没收公民合法财产的刑罚，"根据联邦宪法法院 2002 年 3 月 20 日的判决，刑法典第 43 条 a（规定没收财产刑的条款——引者注）与基本法第 103 条第 2 款不相吻合，因此是无效的，根据联邦宪法法院的第 31 条第 2 款的规定，联邦宪法法院的这一判决具有法律效力"。[③] 而德国宪法法院做出这一判决的理由在是"在这种情况下判处刑罚的数额是不具有预见性的，事实上是由法院，而不是由议会来做出的"。[④] 从上述德国宪法法院做出的废除没收财产刑的理由来看，一般没收制度的存废，是与一国对私人财产权的保护状况有直接关系的。这也驳斥了保留没收财产刑论者的"没收财产刑与所谓的'私权神圣'无关，与'鄙视有产者'无关，与意识形态无关——至少当下无关"[⑤] 的论点。

最后，废除一般没收制度与国际刑事立法的主潮流相符。"没收财产虽然在封建时代被广泛采用，但由于它与资产阶级私有财产神圣不可侵犯原则相冲突，

---

① ［德］汉斯·海因里希·耶赛克、托马斯·魏特根：《德国刑罚教科书（总论）》，徐久生译，中国法制出版社 2001 年版，第 941 页。

② ［德］汉斯·海因里希·耶赛克、托马斯·魏特根：《德国刑罚教科书（总论）》，徐久生译，中国法制出版社 2001 年版，第 940 页。

③ 《德国刑法典》，徐久生、庄敬华译，中国方正出版社 2004 年版，第 15 页，注释①。

④ Энциклопедияуголовного права. Т. 12. Иные меры уголовно – правового характера. – Издание профессора Малинина. – СПб ГКА. СПб. 2009. С. 355.

⑤ 何显兵：《论没收财产刑的改革与完善——以绵阳市最近三年司法统计数据为例》，载《中国刑事法杂志》2011 年第 1 期。

到了资本主义时期，它被许多国家所废除。”[①] 当今世界上大多数国家，都取消了一般没收制度，只是保留了特别没收这一规定。而且，正如上文所指出的那样，从一般没收财产制度在俄罗斯发展的历程看，20世纪后期的沙俄刑事立法已经废除了这一制度。只是在苏俄时期才恢复了一般没收财产制度。2003年俄罗斯完全废除了没收财产。而且，作为苏联加盟共和国的格鲁吉亚、阿塞拜疆等国也先后废除了这一刑罚。即便是在刑法典保留没收制度的，一般也以犯罪所得、犯罪工具等与犯罪有关的财物为限。

第二，在废除一般没收制度的情况下，须要完善特别没收制度。

首先，司法实践中，一般没收制度无法达到人们期望的效果，同时，还会存在侵害公民个人私有财产权的问题。保留没收财产刑论者的一个重大理由是，该刑罚能够惩治贪利性犯罪，预防经济犯罪。事实上，这只是一种该论者的理想状态。实践表明，作为刑罚种类的一般没收制度，在司法实践中运用的状况不佳。例如，2002年重庆市第一中级人民法院课题组所做的关于财产刑报告显示，没收财产这种刑罚方法，在实践中实际运用的效率非常低，“其原因在于，在判前阶段，由于没收财产刑通常适用于重罪，因此根本不能寄望于被告人主动缴纳；在判决时，对没收部分财产刑的数额难以确定，通常是估算出一个大概的数额，而这个数额与财产刑所指向的被告人实际拥有的合法财产之间没有形成合乎逻辑的关系，以致时常出现没收财产的数额大于被告人财产的情况；在执行阶段，解决不了对共同财产进行析产的问题，无法确认个人财产范围”。[②] “2006~2008年，北京市各级法院审理75372宗刑事案件。适用作为刑罚的没收所占比例仅为0.47%，适用作为非刑罚方法的没收所占比例为13.9%。”[③] 同样，有论者对2007~2009年绵阳中院一审刑事案件没收财产刑适用的调查分析表明，在适用没收财产刑的情况下，“没收部分适用的比率远高于没收全部财产的适用比率。当没收部分财产时，法院在判决书中都明确表明‘没收个人财产’。此时，没收部分财产与罚金刑就存在明显趋同的特征，只是由于该罪名的法定刑仅仅规定了没收财产而未规定罚金刑，因此法院最终判决没收个人部分财产”。[④] 另外，

---

① 邱兴隆、许章润：《刑法学》，中国政法大学出版社1999年版，第218页。

② 重庆市第一中级人民法院课题组：《财产刑执行情况的调查报告》，载《西南政法大学学报》2004年第5期。

③ 谢望原：《刑法中的没收制度》，载《中国刑事法杂志》2009年第6期。

④ 何显兵：《论没收财产刑的改革与完善——以绵阳市最近三年司法统计数据为例》，载《中国刑事法杂志》2011年第1期。

2000年和2008年最高人民法院发布的两个《审理毒品犯罪案件工作座谈会纪要》也一再强调“不能因为被告人没有财产，或者其财产难以查清、难以分割或难以执行，就不判处财产刑”的表述中也能看出，在实践上确实存在没收财产刑、特别是没收全部财产刑如同虚设的现实状况。同样，上文对俄罗斯2003年废除没收财产刑原因的分析部分指出，俄罗斯废除这一刑罚种类的一个直接原因恰恰也在于该刑罚种类在司法实践中的适用比率极其低，起不到立法者所期望的打击贪利性犯罪进而达到预防犯罪的目的。

其次，特别没收也可以达到预防犯罪的目的。既然一般没收存在上述的司法适用的问题，那么应该如何解决呢？在笔者看来，我国刑法典在废除一般没收制度的同时，应该完善特别没收制度。一般财产刑废除论者一再强调，没收财产刑侵害了公民个人的合法财产，但是任何人却不能因违法行为获得收益，在获得收益的情况下，应该予以没收。我国特别没收制度在《刑法》第64条中做出了如下规定：“犯罪分子违法所得的一切财物，应当予以追缴或者责令退赔；对被害人的合法财产，应当及时返还；违禁品和供犯罪所用的本人财物，应当予以没收。没收的财物和罚金，一律上缴国库，不得挪用和自行处理。”那么，这一被规定在刑法典总则中的特别没收的属性如何呢？我国学者认为，这一条规定的特别没收不是刑罚方法，而是一种行政强制措施或者是在刑事诉讼中采用的强制措施。[①] 然而，如果在取消一般没收制度的情况下，就必须要明确特别没收的属性以及在刑法典中应该所具有的地位。通过比较研究可知，在外国刑事立法上的没收，一般仅限于对犯罪对象的没收，如日本刑法典和现行俄罗斯刑法典的规定。日本刑法典上的没收制度，属于附加刑的一种，而在现行的俄罗斯刑法典中，没收财产与医疗强制性措施一起被规定在其他刑事法律性质的措施一章中，进而使得该刑罚种类具有保安处分的一些特征。但是，不论是将特别没收作为附加刑，还是作为保安处分，很明显，其性质已经不再是行政强制措施，而是一种具有刑罚性质的法律后果。据此看来，我国的特别没收制度应该先从其在刑法典上的属性和地位上进行界定，此正所谓名正言顺是也，否则就会出现现在这种名不正、言不顺的状况。笔者认为，应将我国的特别没收制度，作为保安处分措施进行规定。保安处分和刑罚有着如下区别：“刑罚是犯罪的后果，是对犯罪的报应，保安处分是保卫社会，是对犯罪者的矫正教育。前者是传统意义的刑罚；后者是具

---

① 参见马克昌主编：《刑罚通论》，武汉大学出版社1999年版，第215～216页；高铭暄主编：《刑法学原理（第3卷）》，中国人民大学出版社2005年版，第169～170页；张明楷著：《刑法学（第2版）》，法律出版社2003年版，第432～433页。

有近代刑罚特征的目的刑和教育刑。前者是基于伦理、正义的责任而适用；后者是基于个人性格的危险性而适用。犯罪是刑罚的必然前提，或者说刑罚是犯罪的必然后果；保安处分是人身危险性和社会危险性的预防措施。刑罚是惩于后，而保安处分是防于前。”[①] 就我国刑法典目前的规定状况而言，属于保安处分性质的措施已经大量增加，如第39条规定，判处管制，可以根据犯罪情况，同时禁止犯罪分子在执行期间从事特定活动，进入特定区域、场所，接触特定的人；第75条规定，宣告缓刑，可以根据犯罪情况，同时禁止犯罪分子在缓刑考验期限内从事特定活动，进入特定区域、场所，接触特定的人等有关内容的规定，已经明显具有了保安处分的属性。刑事立法可以将这些带有保安处分的措施进行系统化地规定，以便于在实践中进行正确地适用。

最后，应对特别没收制度的没收对象进行明确。根据第64条的规定，特别没收的对象为“犯罪分子违法所得的一切财物”。一方面，这里所用的违法所得是指广义的包括犯罪所得在内的，一切违法行为的所得，还是指狭义的仅包括犯罪所得有关的财物呢？在笔者看来，应该将没收的对象限定为犯罪所得，也就是说，应该处以特别没收的财物，应仅限于犯罪所得，而不能做扩大解释。在刑法典上，作为保安处分的特别没收制度，应该没收的仅限于犯罪分子通过犯罪活动所获得的财物。这样，一方面，可以保障作为刑罚制裁措施的刑事手段的严厉性、权威性；另一方面，可以对特别没收财物的范围进行清晰的界定。这一点可以借鉴俄罗斯刑法典的具体规定。根据俄罗斯刑法典的规定，没收财产的范围包括，（1）因实施俄刑法典规定的犯罪行为或通过俄罗斯联邦海关边界非法运送本法典第188条（走私）规定的应负刑事责任的物品，而获得的钱款，有价证券及其他财产，以及任何从该财产中获得的收益，但从中获得的财产与收益应该返还受害人的除外；（2）因实施犯罪而获得财产以及利用该财产所获得的部分或全部转化性收益，也应当属于钱款、有价证券与其他财产；（3）用于恐怖主义活动、有组织犯罪团伙、非法武装团体、犯罪集团资金款项的钱款、有价证券与其他财产；（4）属于被告人所有的实施犯罪的工具、设备与其他犯罪装备。同时，该条第2款的规定，“通过犯罪获取的财产或利用该犯罪获取的收益，如果与通过合法途径获取的财产相混淆，应当按照相应价值对该财产中混淆部分的财产或收益予以没收”。第3款规定：“本条第1款与第2款规定的财产，由被判刑人转予其他人（组织）的，如果财产接受者明知或应知他所接受的财产是通过实施犯罪行为而获得的，则应予没收。”

---

① 甘雨沛、何鹏著：《外国刑法学》（下册），北京大学出版社1985年版，第585页。

四、结论

一般没收制度在俄罗斯经历了一个从产生到被消灭，又重新被规定到再次被废除的过程。这一过程说明，一般没收制度的存废是与私人所有财产的发展和保护状况有直接关系的。在私权受保护的条件下，一般没收制度很难有存在的理由。新中国成立后制定的一般没收制度是从苏俄借鉴而来，那么在今天我国社会条件发生重大变化，私有财产受法律严格保护的情况下，一般没收制度已经丧失了其所赖以存在的社会基础。我国应顺应历史的潮流，借鉴俄罗斯对一般没收制度改革的经验，废除一般没收制度，并通过完善特别没收制度，达到惩罚犯罪、预防犯罪的目的。

罚没合一：财产刑的优化

陈 磊*

我国刑法中的财产刑包括罚金和没收财产两类，没收财产又称为一般没收，与作为非刑罚措施的特别没收相区别。早在1997年新刑法施行以前，没收财产刑的存废问题，就曾一度成为聚讼焦点，存废各立，见仁见智。① 修订后的刑法扩大了没收财产刑的适用范围，又引起学界的广泛讨论，除个别学者以没收财产刑对某些犯罪尤其是以财产为基础或贪财图利性的犯罪具有很强的制裁性和遏制性为由，赞同扩大没收财产的适用范围外，② 更多的学者以没收财产侵犯公民私有财产权、易株连无辜、阻碍罪犯再社会化、无数量限制因而具有不平等性等理由，主张限制③或者废止④没收财产刑。

笔者认为，侵犯公民私有财产权、株连效应、妨碍再社会化等论据，都不能

---

* 最高人民检察院检察理论研究所助理研究员，中国人民大学刑法学博士。

① 参见熊向东、王思鲁：《再论没收财产刑的废止》，载《河南省政法管理干部学院学报》1998年第1期。

② 参见陈兴良主编：《刑种通论》，中国人民大学出版社2007年版，第365页。

③ 关于限制论的主张，参见阮齐林：《论财产刑的正当理由及其立法完善》，载《中国法学》1997年第1期；储槐植、梁根林：《论法定刑结构的优化——兼评97’刑法典的法定刑结构》，载《中外法学》1999年第6期；杨彩霞：《没收财产刑的困境与出路》，载《华东政法学院学报》2001年第4期；牛忠志：《我国没收财产刑的立法完善研究》，载赵秉志主编：《刑法论丛》（2010年第4卷），法律出版社2010年版；何显兵：《论没收财产刑的改革与完善——以绵阳市最近三年司法统计数据为例》，载《中国刑事法杂志》2011年第1期。

④ 关于废止论的主张，参见熊向东、王思鲁：《再论没收财产刑的废止》，载《河南省政法管理干部学院学报》1998年第1期；李洁：《论一般没收财产刑应予废止》，载《法制与社会发展》2002年第3期；王飞跃：《我国财产刑与刑法基本原则的背离及其完善》，载《华东政法学院学报》2003年第5期；曲新久：《刑法的精神与范畴》，中国政法大学出版社2003年版，第366~367页；谢望原、肖怡：《中国刑法中的“没收”及其缺憾与完善》，载《法学论坛》2006年第4期；万志鹏：《没收财产刑废止论——从历史考察到现实分析》，载《安徽大学学报（哲学社会科学版）》2008年第5期；阮齐林教授后来又更改了自己的观点，认为没收财产刑缺乏作为刑罚方法的一般理由，应当废除或者只在极小的范围内保留，参见阮齐林：《再论财产刑的正当理由及其改革》，载《法学家》2006年第1期。

成为废除没收财产刑的真正理由。没收财产和罚金同质同效，两者在立法上的功能重叠导致没收财产刑的司法适用率极低，故而应罚没合一，以罚金取代没收财产。罚金和没收财产有着财产刑所存在的共同问题，因此理论上不宜再继续纠缠于没收财产刑的存废之争，而应将精力集中于解决财产刑所面临的真正问题上，实现财产刑的优化与完善。

一、罚与没：财产的性质与财产刑

财产刑是以剥夺犯罪分子的财产为内容的刑罚方法。作为财产刑的财产，具备以下特征：(1) 须是个人所有的财产。这是由罪责自负原则所决定。共有财产中属于他人应有的部分，个人财产中属于他人债权的部分，均不得视为财产刑中可被剥夺的财产。(2) 须是个人所有的合法财产。这是由刑罚的惩罚属性所决定。个人违法所得的财物，应当予以追缴或者退赔；个人持有的违禁品，应当予以没收。对违法所得财物的没收，是基于消除不法状态而非惩罚的需要，因此不具有刑罚的属性。(3) 须是个人所有的与犯罪无关联的合法财产。没收供犯罪所用的本人财物，即对犯罪工具的没收，虽然具有一定的惩罚性，但更多的是着眼于固定证据以及预防再犯的需要，因此属于预防性的保安处分措施。财产的后两种特征，将作为刑罚种类的一般没收和作为非刑罚措施的特别没收区分开来。《刑法》第59条规定的没收财产刑的对象是犯罪分子个人所有的财产，第64条规定的特别没收的对象是犯罪分子违法所得的一切财物、违禁品和供犯罪所用的本人财物。

罚金刑和没收财产刑都以剥夺财产为内容，但是从立法上看，两者在财产的性质和数量上也有不同：(1) 罚金仅限于货币财产，没收财产不以此为限，既包括货币也包括实物，既包括动产也包括不动产。(2) 没收财产以个人所有财产为限，《刑法》第59条规定，没收财产是没收犯罪分子个人所有财产的一部分或者全部，罚金则不以个人所有财产为限，可能超过个人现有财产。以《刑法》第171条运输假币罪为例，运输假币数额巨大的，并处5万元以上50万元以下罚金。假设一位17岁的流浪少年运输数额巨大的假币，一共获利5000元，除此之外他只有几千元的现金，没有任何其他财产，即便只对其并处5万元罚金，也已超过他本人所有的财产总额。

财产性质在立法设计上的不同，是罚金刑、没收财产刑、特别没收的基本区别。这一点也是下文展开论证的基础。

二、存与废：没收财产刑的理论聚讼及评析

与罚金刑相比，没收财产刑得到的关注并不多，就在这为数不多的关注中，废止没收财产刑的主张已逐渐成为理论上有力的观点，得到了许多学者的支持。废止论的理由大同小异，都是针对没收财产的所谓弊端而论，甚至限制论者也以此为由主张限制没收财产的适用范围。概括起来，主要有以下七种：（1）没收财产刑与宪法对公民私有财产权的保护相冲突，违背刑罚理性原则，因而缺乏刑罚的正当性。（2）没收财产刑有背离罪责自负原则而株连无辜的潜在可能性。（3）没收财产刑妨碍犯罪人的再社会化，有违教育刑理念。没收财产刑堵塞了犯罪分子的生活后路，不利于犯罪分子的教育和改造。（4）没收财产刑被认为是重刑主义刑罚观的体现，与刑罚轻缓化的历史发展规律背道而驰。（5）没收财产刑与罪刑相适应原则相冲突。个人的财产多寡不均，同样是没收财产，必然是苦乐不均，因而导致实质上的不平等。（6）没收财产刑不符合经济性原则。虽然罪犯丧失的财产被收归国有，但是国家仍要为此付出一定的代价，这些代价包括查证犯罪人的财产状况以及执行成本。而且个人财产由其个人支配，可以最有效的发挥财产的价值。（7）没收财产刑存在执行上的困难，包括调查难、分割难等。①

在以上七种理论上获得较多认同的理由之外，李洁教授提出了一个与众不同的观点，其认为，没收财产刑如果作为一种剥夺部分财产的刑罚，在已经有罚金刑规定的情况下，没有存在的必要；作为对危害国家安全罪和其他严重犯罪适用的没收财产难于看出其特殊的性质；作为判处死刑、无期徒刑的附加刑，违反刑法的基本目的，其存在具有一定的超刑事责任范围的任意处置的违反罪刑法定原则基本精神的倾向，因此应当废止一般的没收财产刑。② 这可以视为第八种理由。以下对这八种理由逐条评析。

理由一：没收财产刑与宪法对公民私有财产权的保护相冲突，因而缺乏刑罚的正当性？

---

① 参见储槐植、梁根林：《论法定刑结构的优化——兼评97’刑法典的法定刑结构》，载《中外法学》1999年第6期；杨彩霞：《没收财产刑的困境与出路》，载《华东政法学院学报》2001年第4期；曲新久：《刑法的精神与范畴》，中国政法大学出版社2003年版，第366～367页；谢望原、肖怡：《中国刑法中的“没收”及其缺憾与完善》，载《法学论坛》2006年第4期；万志鹏：《没收财产刑废止论——从历史考察到现实分析》，载《安徽大学学报（哲学社会科学版）》2008年第5期。

② 李洁：《论一般没收财产刑应予废止》，载《法制与社会发展》2002年第3期。

论者多认为，没收财产刑侵犯基本人权，[①] 违反宪法精神，[②] 甚至有论者将新修正的宪法搬出，认为2004年《宪法修正案（四）》已经将“国家尊重和保障人权”入宪，将《宪法》第13条修改为“公民的合法的私有财产不受侵犯”、“国家依照法律规定保护公民的私有财产权和继承权”，在这样的背景下，“再以维护重大公共利益的需要为由设置没收财产刑，缺乏法律根据”。[③]

这一理由倘若成立的话，恐怕就是废止论最为有力的论据了。因为如果没收财产刑真的“违宪”的话，连没收财产刑的存废之争都没有了存在的基础。[④] 笔者认为，这种理由经不起认真推敲。

没收财产刑的确“侵犯”了公民的私有财产权，因为没收的财产是与犯罪无关的犯罪分子个人所有的合法财产。问题是，国家是否有权利剥夺犯罪分子的财产？答案是肯定的。存在这样一条基本的法理：任何人都不得从自己的违法行为中获利（违法所得应予没收，因此特别没收具有正当性）；任何人都应当对自己的违法行为负责，负责的方式就是让渡原本属于自己的合法权利，包括财产权和人身权，后者包括自由甚至生命，这就是财产刑和自由刑的正当性根据。每个公民在享有宪法规定的权利的同时，就已经做出了这样的承诺：违法时接受让渡权利的惩罚。权利总是与义务相对，侵犯一定的权利，就应当履行一定的义务；违背一定的义务，就应当被剥夺一定的权利。这是正义的应有之义。因此，国家对犯罪分子施以剥夺一定财产的惩罚，并不存在权利的冲突，因而也不是“权利冲突，应予平等保护或者区分位阶”[⑤] 的问题。而且，假设这一理由能够成立，那么行政罚款、罚金刑也难辞其咎，甚至自由刑、生命刑也难辞其咎，而废止论者显然不认为这几种处罚方式与宪法规定的公民基本权利相冲突因而不具有正当性，所以这一理由本身也难以自圆其说。

理由二：没收财产刑有背离罪责自负原则而株连无辜的潜在可能性？

论者多认为，在现实生活中，财产一般是家庭成员共有，一旦扩大了犯罪分子个人所有财产的范围，就侵犯到其他家庭成员的合法财产所有权。而且，犯罪

---

① 万志鹏：《没收财产刑废止论——从历史考察到现实分析》，载《安徽大学学报（哲学社会科学版）》2008年第5期。

② 熊向东、王思鲁：《再论没收财产刑的废止》，载《河南省政法管理干部学院学报》1998年第1期。

③ 参见赵善芹：《试论我国没收财产刑的废止》，中国政法大学2006年硕士学位论文，第37页。

④ 参见姚贝：《没收财产刑研究》，中国政法大学2009年博士学位论文，第62页。

⑤ 参见刘作翔：《权利冲突的几个理论问题》，载《中国法学》2002年第2期。

分子复归社会以后，往往还要与家庭成员生活在一起，其个人生活上的困窘只会加重其他家庭成员的负担，从而殃及与犯罪分子共同生活的无辜的亲属。[①] 持此论者往往会引用贝卡里亚的经典论述来支持自己的观点："没收财产是在软弱者头上定价，它使无辜者也忍受着罪犯的刑罚，并使他们沦于必然去犯罪的绝境。"[②]

如上文已经明确的，财产刑剥夺的是犯罪分子个人所有的财产，并不涉及他人所有或者应有的部分，罚金和没收财产都是如此，所以并不存在背离罪责自负原则的问题。不可否认，没收财产有株连无辜的潜在可能性。因为每个人财产的受益者不仅仅是他本人，也包括他需要抚养的亲属。剥夺犯罪分子个人所有的财产，也会使其亲属的财产利益受到间接的损失，所以刑法中的没收财产刑规定了"没收全部财产的，应当对犯罪分子抚养的家属保留必要的生活费用"。刑罚，不仅是没收财产，包括罚金、自由刑、生命刑，都有一定的株连性。罚金也是对财产的剥夺，同样也会"株连"到亲属的财产利益，甚至自由刑、生命刑也会，限制或者剥夺一个人的自由或者生命，就相当于剥夺了他在一定时间或者终身所能够创造的经济价值。不仅如此，自由刑、生命刑还会给犯罪人的亲属带来更大程度的精神痛苦，所谓"亲者痛、仇者快"。刑罚株连效应的存在，是刑罚报应和痛苦的本质属性所衍生的副产品，是刑罚不可避免的副效果。以此为由并不足以否定财产刑的正当性。真正的问题在于，如何进行相应的刑罚制度设计，[③] 从而使刑罚不可避免的株连效应最小化。

理由三：没收财产刑妨碍犯罪人的再社会化，有违教育刑理念？

论者多认为，遭受没收财产刑处罚的犯罪人，由于难以在短时期内重新获取生活资料，生活境况往往悲惨，此种情况下犯罪人很可能迫于生活压力而重新走上犯罪的道路，[④] 因而没收财产刑有碍犯罪人的再社会化。[⑤]

不可否认，没收财产刑，尤其是没收全部财产，即便是刑法规定了"没收全部财产的，应当为犯罪分子个人保留必要的生活费用"，也确实存在上述论者

① 杨彩霞：《没收财产刑的困境与出路》，载《华东政法学院学报》2001 年第 4 期。

② ［意］贝卡里亚：《论犯罪与刑罚》，黄风译，中国法制出版社 2005 年版，第 66 页。

③ 在本文看来，中国古代的"存留养亲"制度，就是古代的立法者对刑罚株连效应所做出的制度回应，至于这一制度本身的合理性暂且不论。

④ 谢望原、肖怡：《中国刑法中的"没收"及其缺憾与完善》，载《法学论坛》2006 年第 4 期。

⑤ 熊向东、王思鲁：《再论没收财产刑的废止》，载《河南省政法管理干部学院学报》1998 年第 1 期。

所提出的有碍再社会化的问题，但这一点也不能成为废止没收财产刑的理由。罚金刑也存在这一问题，没收财产刑尚且以个人现有财产为限，罚金刑则有可能超过这个限度。《刑法》第180条规定的内幕交易罪，犯本罪情节特别严重的，处5年以上10年以下有期徒刑，并处违法所得1倍以上5倍以下罚金。假设违法所得1000万元，除这部分没收外，还要并处1倍罚金即1000万元，这部分钱很可能超过了犯罪分子现有的财产总额。罚金刑还存在随时追缴制度（却没有保留必要的生活费用的规定），这就意味着犯罪分子缴纳完现有财产，刑满释放后，不仅身无分文，而且在未来很长一段时间的收入还要作为罚金缴纳给国家。如此看来，罚金刑较之没收财产刑，更加有碍于犯罪人的再社会化。自由刑也免不了受此责难。比如，15年的有期徒刑，或者无期徒刑减为有期徒刑实际执行刑期共25年，犯罪分子刑满释放后都会遭遇年龄偏大、欠缺生存技能和融入社会的障碍，都有着困难且痛苦的再社会化过程。无论是剥夺财产还是隔离人身的刑罚，都免不了存在再社会化难的问题。但这不是废止刑罚的理由，不能因噎废食。问题的关键不在于废止，而在于如何设计人性化的量刑制度和刑满释放后的帮教制度，促进犯罪人的再社会化。

理由四：没收财产刑被认为是重刑主义刑罚观的体现，与刑罚轻缓化的历史发展规律背道而驰？

论者多认为，没收财产刑力图通过剥夺犯罪人的一定生存条件，减少或者消除罪犯对统治秩序的潜在威胁，严厉性不言而喻。与此同时，人们越来越清楚地认识到物权及其观念的重要性，即没有财产便没有人格，而没收财产刑，不但剥夺了犯罪人合法所有的财产，并且其产生的后果还会延及到犯罪分子出狱以后物质生活之保障。所以没收财产刑与刑罚轻缓化的时代精神存在明显冲突。[①]

从立法原意上看，没收财产刑是作为重刑而设的。这是因为：（1）从我国刑种从轻到重的排列顺序来看，没收财产刑排在附加刑的最后，因而其应该是附加刑中最严厉的刑罚方法。（2）同为附加刑的财产刑，在规定了罚金刑的犯罪中，往往是在危害未达最大时规定并处罚金或选科罚金，而危害达到很大或最大时并处没收财产。[②] 比如《刑法》第239条规定的绑架罪，情节较轻的，并处罚金；致使被绑架人死亡或者杀害被绑架人的，并处没收财产。

然而没收财产是否重刑，特别是与罚金相比较，还有进一步探讨的余地。（1）如上文所言，没收财产以本人现有财产为限，而罚金刑则有可能突破这个

---

① 杨彩霞：《没收财产刑的困境与出路》，载《华东政法学院学报》2001年第4期。

② 参见李洁：《论一般没收财产刑应予废止》，载《法制与社会发展》2002年第3期。

限制。(2) 即便是没收全部财产，立法上还是留有了余地（保留必要的生活费用），而罚金刑则没有这种附加的人性化规定。(3) 没收财产刑以现有财产为限，一般一次性执行完毕，而罚金刑还存在随时追缴制度。(4) 刑法分则规定适用罚金刑的条文中，有近 2/3 的条文采用了无限额罚金制。① 至少从立法上看，无限额罚金制的存在，除能够让犯罪分子倾家荡产外，还会欠国家一大笔债。因此，在具体的制度设计上，没收财产与罚金孰轻孰重，实难断言。而在具体的判决中，也有罚金重于财产刑的实例。比如，2010 年 5 月 18 日黄光裕一案的一审判决，法院认定黄光裕犯非法经营罪、内幕交易罪、单位行贿罪，三罪并罚，决定执行有期徒刑 14 年，罚金 6 亿元，没收财产 2 亿元。②

退一步讲，假设刑罚轻缓化是历史的发展规律和没收财产刑是重刑的命题都能够成立，那么刑罚轻缓化是否意味着一味的排斥重刑？剥夺财产的没收财产刑与限制人身的自由刑相比，至少还是较为轻缓的刑罚。刑罚轻缓化也不能突破罪刑相适应原则的藩篱，罪刑规范应当做到重罪重刑，轻罪轻刑。即便是被认为奉行刑罚轻缓化思想的西方国家，如美国在某些州也还保留有死刑，欧洲许多国家也还有终身监禁的刑罚。《刑法修正案（八）》在削减死刑罪名的同时，也在一定程度上加重了生刑。所以没收财产作为重刑有违刑罚轻缓化要求的理由难以成立。

理由五：没收财产刑与罪刑相适应原则相冲突，会导致实质上的不平等？

论者认为，没收财产刑是一种数量上无限度的刑罚，尽管法律对全部没收与部分没收加以区分，但是没收的绝对数字却因人而异，完全由法官自由裁量。没收财产刑的无尺度性导致罪刑相适应原则难以真正贯彻，对同样的案情，可能因犯罪人的经济状况不同而没收全部财产有天壤之别，或者对某些犯罪分子只判处没收部分财产就抵得上他人的全部财产。因此，没收财产刑不利于罪刑均衡之实现，而导致实质上的不平等。③

首先，我国刑法中的没收财产刑，也有量的规定。没收一部或者全部，④ 显

---

① 参见姚贝：《对没收财产刑的价值反思》，载《西南科技大学学报（哲学社会科学版）》2011 年第 4 期。

② 参见何显兵：《论没收财产刑的改革与完善——以绵阳市最近三年司法统计数据为例》，载《中国刑事法杂志》2011 年第 1 期。

③ 杨彩霞：《没收财产刑的困境与出路》，载《华东政法学院学报》2001 年第 4 期。

④ 根据我国刑法，没收全部财产也要为犯罪分子及其抚养的家属保留必要的生活费用，所以严格来讲，立法上规定的没收“全部财产”，实质上也只是部分而已——笔者注。

然是一种量的规定，只不过过于概括而已。[①] 所以认为没收财产刑是一种数量上无限度的刑罚的看法，有失偏颇。其次，没收财产刑确实存在过于概括的情形，完全委任法官自由裁量可能导致罪刑相适应原则难以真正贯彻的问题，但这不能成为否定没收财产刑正当性的理由。没收财产刑面临这种质疑，那么刑法分则大量存在的无限额罚金制更是难逃此指摘。细究起来，倍数罚金制（如1倍以上5倍以下），甚至3年以上10年以下有期徒刑，不也存在幅度过大而致法官自由裁量权过大的质疑吗？这是刑罚幅度设置以及量刑规范化的问题，不是刑种本身存在的合理与否的问题。最后，财产和人身不同，每个人都是一个身体一条性命，监禁5年和执行死刑，客观上看价值都是一样的，但是每个人拥有的财产数量并不相同。个人的财产多寡不均，同样是没收财产，造成的苦乐不均。[②] 这是财产刑的“先天不足”，没收财产刑如此，罚金刑亦如此，是财产刑不可避免的问题。正确的做法是“后天弥补”，设计更为合理的制度，而不是舍弃这一刑种。[③] 即便是自由刑，个人对自由价值的主观感受也不一样，有的人羁押一日如度日十年，有的人好吃懒做为了得到免费的午餐甘愿把牢底坐穿。刑罚在情感体验的意义上，很难有真正的平等。

理由六：没收财产刑不符合经济性原则？

论者以“没收财产刑的执行成本过高”[④] 以及“个人财产由个人支配，可以最有效的发挥财产的价值”[⑤] 为由，认为没收财产刑不符合经济性原则，应予废止没收财产。

在笔者看来，这是废止论最难以成立的理由。任何刑罚的执行都会有一定的成本，没收财产刑的执行成本高，但是高不过罚金刑，罚金刑有强制执行制度，有随时追缴制度，这些都需要投入更多调查和执行的成本；而且更高不过监禁刑，特别是长期监禁刑，与监禁刑相比，财产刑至少还是经济上有所“回报”的刑罚。至于财产归个人所有增值更多还是国家所有增值更多，则难以定论。财

---

① 参见李洁：《论一般没收财产刑应予废止》，载《法制与社会发展》2002年第3期。

② 参见曲新久：《刑法的精神与范畴》，中国政法大学出版社2003年版，第366～367页。

③ 就像生下来的婴儿胎里带了病，父母不去想后天来弥补，直接就把孩子扔了，这显然不是负责任的做法。

④ 参见杨彩霞：《没收财产刑的困境与出路》，载《华东政法学院学报》2001年第4期。

⑤ 参见曲新久：《没收财产，一种应当废除的刑罚》，载《检察日报》2000年3月16日第3版。

产归国家所有，最起码可以保值，而且国家将没收的财产集中起来进行稳妥的投资行为，升值的可能性更大，这些钱可以用来救助刑事被害人，可以用来帮助刑满释放人员尽快适应社会，较之由个人支配创造的价值反而可能更大。

理由七：没收财产刑存在执行上的困难，包括调查难、分割难等？

论者认为，没收财产刑存在执行上的困难，具体体现在调查犯罪人财产状况的困难以及对犯罪人共有财产分割的困难，① 以及存在执行率极低、执行程序不明、执行监督失控的问题。②

第七种理由和第六种理由相似，所以对此的批驳也大致相同。任何刑罚执行起来都不会容易，无论是剥夺一个人的财产还是限制他的人身自由，都不能指望犯罪人老老实实的服从。执行难不是否定该刑种正当性的理由。没收财产刑执行困难，但是难不过罚金刑。罚金刑执行难是一个全球性的问题。③ 论者自己也承认没收财产刑执行难的问题尚不及罚金刑那样突出，因为罚金刑的执行受制于诸多因素，罚金的及时缴纳通常还有赖于受刑人的配合辅助。④ 和前面第二、三、五种理由一样，第七种理由也揭示出了没收财产刑和罚金刑作为财产刑所存在的共同问题，即财产刑需要完善的地方。

理由八：没收财产刑在已有罚金刑规定的情况下没有存在的必要，没收财产刑不应附加适用于无期徒刑和死刑，危害国家安全罪没有必要附加适用没收财产刑？

李洁教授独辟蹊径的观点具有相当的说服力，阮齐林教授也“赞成这些观点并与其根据基本一致”。⑤ 笔者也赞同其“没收财产刑如果作为一种剥夺部分财产的刑罚，在已经有罚金刑规定的情况，没有存在的必要”的观点，下文还会展开详细的论证。

但是，“没收财产刑不应附加适用于无期徒刑和死刑，危害国家安全罪也没有必要附加适用没收财产刑”这样的理由，实际上已经改变了论证的方向。既然认为无期徒刑和死刑再附加适用没收财产刑已经超过了报应的限度，不符合刑

---

① 参见杨彩霞：《没收财产刑的困境与出路》，载《华东政法学院学报》2001 年第 4 期。

② 参见万志鹏：《没收财产刑的司法困境与出路》，载《湘潭大学学报》2009 年第 5 期。

③ 参见孙力：《罚金刑研究》，中国人民公安大学出版社 1995 年版，第 163 页。

④ 参见杨彩霞：《没收财产刑的困境与出路》，载《华东政法学院学报》2001 年第 4 期。

⑤ 阮齐林：《再论财产刑的正当理由及其改革》，载《法学家》2006 年第 1 期，引注 9。

罚公正性的要求，而且附加的没收财产对预防犯罪来说也是不必要的，不符合刑罚功利性目的的要求。[①] 那么论者为什么没有因此否定无期徒刑和死刑附加适用的罚金刑？刑法分则的许多条款，在无期徒刑或者死刑的法定刑一档，规定的都是"并处罚金或者没收财产"，如抢劫罪。所以这里的逻辑已经转化为"无期徒刑和死刑是否有必要附加适用财产刑（包括没收财产或者罚金）"的问题。而"危害国家安全罪没有必要附加适用没收财产刑"，也不足以否定其他犯罪附加适用没收财产刑的正当性。因此后面两种论据的实质是提出了"财产刑（包括罚金和没收财产）的适用范围"这样一个问题。

三、同质同效：没收财产刑废止的真正理由

以上八种理由，除了第一、四、六种难以成立外，其余五种都是对没收财产刑问题的揭示，包括株连效应、再社会化难、刑罚幅度设置、执行难、刑罚适用范围等。这些问题不独没收财产刑所有，罚金刑也存在，甚至自由刑也有（如株连效应、再社会化问题）。如果以这些理由主张废止没收财产，那么罚金也应当被废止，甚至自由刑、生命刑都应当被废止。因此，这些理由都不足以否定没收财产刑的正当性。没收财产应予废止的真正理由在于：没收财产和罚金同质同效，功能重叠，同时规定罚金和没收财产是一种立法上的浪费，也导致了没收财产刑的司法适用率极低。[②] 两者应合而为一，以罚金取代没收财产。

从立法设置上看，罚金和没收财产在财产性质上有所区别；但是从司法适用上看，两者并无实质的不同。

第一，作为罚金刑的财产是货币财产，立法和司法解释都是如此规定。例如，《刑法》第162条规定的妨害清算罪，犯本罪的，并处或单处2万元以上20万元以下罚金；2000年《最高人民法院关于适用财产刑若干问题的规定》第8条明确了"罚金刑的数额应当以人民币为计算单位"。但是具体执行时已经不限于货币财产，也无法限于此。罚金刑有强制缴纳制度，可以通过拍卖、变卖被告人的不动产等非货币财产来强制缴纳；还有随时追缴制度，"任何时候发现被执

---

① 参见李洁：《论一般没收财产刑应予废止》，载《法制与社会发展》2002年第3期。

② 有论者以北京市18个区县人民法院及两个中级人民法院5年来（2003~2007年）的判决为基础的统计表明，在法律规定可以并处，或者是选择适用罚金刑和没收财产刑的情况下，有超过98%的案件，法官选择了不适用没收财产刑或者是选择适用罚金刑，没收财产刑的适用率极低。参见姚贝：《没收财产刑研究》，中国政法大学2009年博士学位论文，第73~92页。

行人有可以执行的财产”，应当随时追缴，此处“可以执行的财产”就不限于货币财产。

第二，没收财产刑包括部分没收和全部没收，财产不限于货币财产，既包括动产也包括不动产。但是实践中没收部分财产的判决，几乎全部都是以金额表述，即在判决书中写明并处没收个人财产的金额，而非列举具体的财产或者判处没收财产的比例。①“并处没收个人部分财产 5 万元”和“并处罚金 5 万元”的区别也就体现在文字的表述上，除此之外没有任何不同。

第三，如果说没收全部财产是对犯罪人全部财产的剥夺和否定，而罚金刑的数额不能突破这一限制，那么罚金和没收财产至少在数量上和轻重评价上还有区别的意义。两种财产刑有相互衔接或其他的互补关系的话，其并存是有必要的。② 但是如上文所言，罚金刑剥夺的财产甚至有可能突破犯罪分子现有的财产总额，罚金刑和没收财产刑孰轻孰重难以定论，两者也很难有相互衔接或者其他的互补关系。

因此，从刑罚执行的实际内容和效果上看，罚金刑和没收财产刑没有任何的区别，应当将二者合而为一，用罚金来取代没收财产，以实现财产刑的优化。

四、余论：罚没合一后的财产刑完善

罚没合一，以罚金取代没收财产，这只是财产刑完善的第一步。从上文对理论上废止没收财产刑的八种理由的评析中可以看出，真正的问题不在于没收财产刑的存废之争，③ 而在于如何设计合理的财产刑制度以实现刑罚的目的、实现罪责刑相适应原则、实现犯罪人的再社会化、实现刑罚的有效执行。

具体需要解决的问题包括：（1）财产刑的适用范围。危害国家安全罪是否有必要附加适用财产刑？无期徒刑和死刑是否还有必要再附加适用财产刑？（2）财产刑的判决根据。是根据犯罪情节的轻重还是犯罪人受刑能力（财产状况）的大小来决定判处的数额？如何解决财产状况不均造成的形式平等和实质平等纠葛的问题？（3）财产刑的刑罚幅度。如何设置合理的财产刑幅度以实现罪责刑相适应原则？（4）财产刑执行的人性化处遇。如何减轻财产刑的株连效应，促

---

① 参见姚贝博士的统计，姚贝：《没收财产刑研究》，中国政法大学 2009 年博士学位论文，第 103 页。

② 参见李洁：《论一般没收财产刑应予废止》，载《法制与社会发展》2002 年第 3 期。

③ 因为在笔者看来，没收财产刑纯属“多余之刑”，其存在只是为了满足报应和预防之外的目的。

进犯罪人的再社会化，制度上应如何回应？（5）财产刑的执行难。面对执行难问题，是采取易科制度，无限期追缴制度，缓刑制度，还是执行保证金制度？[①]应如何选择？囿于篇幅，关于这些问题的探讨与回答就不在本文展开，而留待下一篇文章中解决。

① 参见刘明祥：《论解决罚金刑执行难题的立法途径》，载《法学家》2009年第2期。

法人资格刑制度研究

曾粤兴[*]　　何静[**]

资格刑作为一种以剥夺受罚人某项或某些资格和权利的刑罚，在各国的刑罚体系中都有其不可替代的地位。我国也有大量的文献资料对资格刑的产生；自象刑到名誉刑，再到耻辱刑，最后到近现代资格刑的演进；资格刑这一刑罚存废的争论；资格刑在各国刑罚体系中的地位和其种类等方面进行了阐述；分析解说了我国现有的资格刑，并提出了完善我国资格刑的观点。这些文献中资格刑的内容大都是针对自然人的资格刑，而对于法人资格刑，往往只是穿插在其内容中，或只是相对简略地一笔带过，大都没有专门进行较为详尽的阐述。各国刑法典中，也或多或少对适用于法人的资格刑进行了相应的规定，相较而言，我国并没有相类似的规定，也就是说，我国刑罚体系中并没有适用于法人的资格刑。然而，由于现代社会的发展，法人在成为社会各项活动不可缺少部分的同时，也成为更新更大的犯罪主体，加之法人的特殊性，除不能对法人施以监禁等自由刑外，其他适用于自然人的资格刑，也不能完全适用于法人。那么除了能对法人施以强制性的金钱惩罚，即罚金刑以外，设立适用于法人的资格刑也就显得至关重要。

一、法人资格刑概说

资格刑，是指剥夺犯罪分子享有或者行使一定权利资格的刑罚的总称。[①] 其以剥夺资格为内容，是刑之最轻者。狭义的资格刑，是指作为刑罚主刑附加适用或者是单独适用，剥夺行为人担任公职或者是公职候选人的权利，或者剥夺行为人在公法上所享有或者行使其他权利的刑罚，如选举权和被选举权，即所谓的褫夺公权。广义的资格刑，除狭义资格刑的内容以外，还包括了剥夺行为人在私法上的权利，以及从事某种职业以及某种活动的权利，并且可以作为刑罚执行完毕后，行为人仍不能行使某种公权或者从事某种职业和活动的权利。

---

* 昆明理工大学法学院教授、博士生导师，法学博士。

** 昆明理工大学法学院刑法学专业硕士研究生。

① 赵秉志主编：《外国刑法原理（大陆法系）》，中国人民大学出版社2000年版，第288页。

纵观各国刑法中资格刑相关规定，资格刑并没有统一的体例，一方面，大多数大陆法系国家刑法中规定的资格刑具有明显的刑罚性质，将其作为主刑或者是附加刑的一种。例如，法国旧刑法中，将剥夺公权作为重罪之刑，将有期剥夺公权或者亲权作为轻罪之刑；其新刑法中将剥夺或限制特定权利规定为轻罪之刑。除此之外，西班牙、意大利等国刑法中也有相类似的规定。另一方面，有些资格刑是基于社会保安的需要而设定的，其目的是在于防止行为人利用某种资格资质进行犯罪，具有保安处分的性质。① 例如，在日本的刑法典中并不承认资格刑这一刑种，但在其保安处分中有关于资格刑的内容。由此可见，资格刑是兼具刑罚和保安处分性质的一个刑种。

法人资格刑，即是针对法人犯罪而设定的，以剥夺法人的一定资格为内容的刑罚。这里应当首先明确的是，法人资格刑中的所被剥夺的资格，首先是法律所确定或认可的；其次是与法人这一拟制人格有关的权利；最后这种资格是具有可剥夺性。由于法人是拟制的人，其人格的拟制性，使得无法对其适用自由刑等与人身有关的刑罚，对法人只能施以罚金刑和某些资格刑。那么针对法人犯罪所设定的资格刑，就应当是通过对法人在社会生活中从事某方面生产、经营权利的资质资格进行剥夺、限制，停止或者限制法人实施特定权利的资格的一种刑罚。

由此可见，针对法人犯罪的资格刑，在使得法人除被科处罚金及主要责任人被科处刑罚以外，还应当强制使其失去额外的权利和资格，即丧失参与相关生产生活、社会生活的资格。笔者认为，法人资格刑还具有以下特性：

1. 否定评价性。自然人犯罪，法律可以通过对行为人的生命、自由、财产及某些权利的剥夺，达到对行为人及其实施犯罪行为的否定评价的作用。那么由于法人犯罪的特殊性，对其不能适用生命刑及自由刑，在单独行使剥夺财产的罚金刑尚不能达到刑罚效果的情况下，法律规定的对法人适用的资格刑，就应当具有对犯罪法人及其犯罪行为有效的否定评价的作用。

2. 有效的剥夺性。在对法人所为的犯罪行为进行处罚时，如果仅对其主要责任人科处刑罚，而不对该法人施以剥夺、停止其行使一定权利的资格的刑罚，仅对其处以一定程度的罚金，那么当受罚之人服刑完毕后，法人的这种权利资格并没有丧失，仍可重操旧业，那么社会难免会感觉到法律的无力。故针对法人设置的资格刑还应当具有明确有效的剥夺法人可能会利用其继续犯罪的权利或者资格资质的性质。

事实上，为法人犯罪专门设置刑罚种类，也成为现如今国外一些国家立法的

---

① 张明楷：《外国刑法纲要》（第2版），清华大学出版社2007年版，第400页。

新动向。最具代表性的是新的《法国刑法典》，其中规定的适用于法人的资格刑，是其一大特色。其中第一卷第三编第一章第二节专列一节，专门规定适用于法人的刑罚，包括除罚金刑外的其他类型的资格刑，包括有解散法人、禁止直接或间接从事一种或几种社会性或职业性活动，排除参与公共工程，禁止公开募集资金等。从该法典规定的法人资格刑的种类上看，也是通过禁止或限制法人从事一定活动的资格，剥夺其一定的权利，以此使得刑罚的作用得以发挥。

二、法人资格刑的种类

在当代，各国刑法典中关于资格刑的规定越来越细化和详尽，资格刑的种类也在增多，从世界各国的刑法典中关于资格刑的规定来看，大致有以下几种类型：剥夺一定的公权力；剥夺荣誉称号；剥夺亲权及其他民事权利；剥夺国籍和驱逐出境；禁止担任一定的职务；禁止从事一定的职业；禁止驾驶。

上述资格刑仅是只适用于自然人犯罪的，在各国立法中，专门针对法人设定资格刑内容较少，也相对较为分散。其中，《法国刑法典》较为集中的规定适用于法人的资格刑，其规定对法人除适用罚金刑外，还可适用其他种类的资格刑，并将其分为两类：第一类是适用于法人实施重罪或者轻罪的刑罚，根据第131－39条的规定，法人之设立即是为了实施犯罪行为，或者法人被转移了经营目标而实施犯罪行为，其所犯重罪或轻罪对自然人可处5年以上监禁，法人予以解散；禁止直接或者间接从事一种或几种职业性或者社会性活动；关闭用于实施犯罪行为的企业机构，或者关闭其一家或数家机构；禁止公开募集资金；排除参与公共工程；在限期内禁止签发支票和使用信用卡付款；张贴或公布裁判决定等。第二类是适用于法人实施违警罪的刑罚，包括限期内禁止签发支票等。[①]

除此之外，日本刑法虽然不承认资格刑这一刑种，没有资格刑的相关规定，但在其保安处分规定的内容中，针对作为团体的活动而进行了暴力破坏的团体，公安审查委员会有充分的理由足以认为该团体有继续或反复地在将来还会作为团体活动进行暴力破坏的危险时，可以禁止集团示威、集团行进或者举行公开的集会；可以禁止印刷或者颁布机关刊物；可以禁止特定的职员或成员为该团体的行为；如果上述处分仍不能除去危险，可以指定解散该团体。[②] 除此之外，我国香港地区刑法中也认为，对犯罪法人可以适用暂停执业、吊销执照、形式破产等资格刑。在美国的《模范刑法典》中规定，代表法之董事会或高级管理职员，关

---

① 赵秉志主编：《单位犯罪比较研究》，法律出版社2004年版，第171页。

② 李丽君：《资格刑比较研究》，载《洛阳大学学报》2005年第3期。

于法人之业务，故意继续从事于犯罪活动，且（2）为了防止将来同样之犯罪活动，在公利上认为有剥夺吊销法人之设立许可证使其解散，或者取消其州内营业许可时，或取消营业许可。

纵观各国法人资格刑的相关规定，不难看出，大多以剥夺法人的拟制人格以及限制法人从事生产经营活动的资格，以此来达到惩治犯罪法人的效果，总结下来，法人资格刑大抵可以分为：限制或禁止从事一定的生产经营活动；剥夺或限制法人的其他权利；暂停执业；强制解散。

限制或禁止犯罪法人从事一定的生产经营活动。在各国立法中，针对犯罪法人设定的资格刑中最大的共同点之一，就是通过剥夺法人从事某项或者某几项的生产及业务活动的资格，来达到惩治法人犯罪的效果，如《法国刑法典》中在限期内禁止签发支票和使用信用卡付款；禁止直接或者间接从事一种或几种职业性活动的规定。笔者认为，剥夺法人从事某种生产经营活动的资格，限制法人行为，是法人资格刑的重要内容。从适用于自然人资格刑的相关内容来看，主要是针对行为人利用从事某种活动的身份或者是利用某种职业行为而为的犯罪行为设定的，其目的是通过对行为人的身份或者从事某种职业资格的剥夺，来达到防止行为人再犯的目的。那么法人作为拟制的人，拥有被法律所认可的独特身份以及从事某一行业的资格，其资格刑对犯罪法人从事某项或者某几项的生产及业务活动资格的限制和禁止，也正是剥夺了法人从事其本身被认可的某项或者某几项生产及业务活动的权利。换句话说，限制和禁止犯罪法人从事一定的生产经营活动，也就是通过对法人作为拟制的人从事某种生产经营活动的权利进行剥夺，从而达到惩治犯罪，防止再犯的效果。

剥夺或者限制法人的其他权利。这里的其他权利是指除法人日常进行的某项或者某几项生产及业务活动以外，法人在法律认可的范围内为其他行为的权利。如果将法人进行的某些生产及业务活动称为法人的职业性活动的权利的话，这里被剥夺或者限制的就应当是法人的社会活动的权利，因为法人作为特殊的人，在参与社会生活的同时，不仅仅有其业务性的活动，还会产生一些社会性活动。《法国刑法典》中规定的禁止公开募集资金；排除参与公共工程，以及日本保安处分中禁止集团示威、集团行进或者举行公开的集会；可以禁止印刷或者颁布机关刊物等规定，都是对法人社会性活动权利的剥夺。

暂停执业。如果说限制或禁止法人从事某项或者某几项生产经营活动以及剥夺或限制法人的其他权利是对法人权利的部分限制，那么暂停执业就是对法人业务性活动以及社会性活动的全面限制。暂停执业相当于是在一定期限内，全面地剥夺了作为法人所拥有的权利，使得法人在一定期限内，失去了进行任何生产、业务及社会活动的权利。这是一种较前两种刑罚较重的一种资格刑的类型。其内容与前两者有相同之处，即都是剥夺法人能够为某种或者某几种行为的权利，亦就是使法人丧失其自由行为的能力。这三类资格刑与自然人刑罚中的自由刑颇有异曲同工之处，只是这里剥夺的是法人这一拟制人的“自由”，有学者称其是一种准自由刑。

强制解散。不论是将法人资格刑内容规定的较为详尽的《法国刑法典》，还是日本刑法中保安处分的相关规定，以及其他国家刑法的有关规定，取消法人的营业资格，强制解散法人都被各国不约而同地认可。在《法国刑法典》中规定，法人之设立即是为了实施犯罪行为，或者法人被转移了经营目标而实施犯罪行为，其所犯重罪或轻罪对自然人可处5年以上监禁，法人予以解散；日本的保安处分内容中，在一系列处分后仍不能除去危险的，可以指定解散该团体；而在我国香港地区和美国的法律中，对于犯重罪，或者出于公共利益考虑，都会依法强制解散法人。可见，强制解散法人是法人资格刑中最重的一种，相当于自然人的死刑。

三、法人资格刑的功能与地位

从上述的简要介绍中，我们可以发现法人资格刑具有惩戒再次犯罪的功能。此处所讲的惩戒，包括惩罚与警戒两层意思。惩罚是所有刑罚的基本功能，是犯罪人实施犯罪应受的报应；警戒是制定刑罚者赋予刑罚的功利性功能，目的是预防犯罪的法人再次犯罪，同时预防其他法人实施类似犯罪。如果说直接施加于犯罪法人的资格刑，其功能主要在于惩罚其已然的犯罪的话，那么间接作用于其他法人的资格刑的功能就在于“杀鸡给猴看”，以其散发的恐吓效用预防其他法人向社会秩序做出挑战。

资格刑的地位是指，资格刑在一个国家刑罚体系中所占据的地位，主要是指资格刑是主刑还是附加刑，抑或既可以作为主刑适用，也可以作为附加刑适用。[①] 自然人的资格刑在大多数国家的刑法中，都将其规定作为一种附加刑加以适用。也有部分国家的资格刑既可以作为主刑也可以作为附加刑。

对照自然人的资格刑，法人资格刑也应当是一种附属于其他刑罚而存在的一类刑罚，而不是作为一种主刑可以单独存在的，从这一点看，法人资格刑在整个刑罚体系中，是处于一种辅助而非主导的地位。但又由于法人作为一个个体而

---

① 陈兴良：《刑罚适用总论》（下卷）（第2版），中国人民大学出版社2006年版，第248页。

言，具有相对的独立性，故在适用法人资格刑的时候，应当是根据不同的情况可以选择单独适用，或者是附加适用，也就是说，就法人犯罪适用而言，这样的资格刑又具有不受其他自然人刑罚影响的相对独立性。概言之，法人资格刑在整个刑罚体系中，一方面是较生命刑、自由刑等主刑而言，等而下之的地位，其主要是以辅助和附加的形式存在的。另一方面，就其本身针对法人的适用而言，又是相对独立的，可以独立的选择是单独适用还是附加适用。其地位虽貌似只是附加，其实因其能针对法人单独的适用而具有一定程度上的独立性。

一个刑罚体系是否完善，不单单要考虑到针对自然人的刑罚。就如同泥石流，从山上倾泻而下的，不止是大量的水，同时还有泥沙以及大小的石块，那么位于山脚的路面在修筑时，就不能仅仅只考虑到能承受单纯水流的冲击，同样也要能抵御泥沙以及岩石的冲击。刑罚的设置也是一样，不能只考虑或者试图完善自然人犯罪的刑罚，同样也要兼顾法人犯罪所能适用的刑罚。因为在现代社会中，法人犯罪率开始逐渐呈上升趋势，对法人配置合理的刑罚，是从根本上遏制法人犯罪，以及预防法人犯罪的一种有效的手段。法人也是拥有人格的，这种特殊的拟制人格，就决定了法律不能以处罚自然人的方法来处罚法人，但这并不意味着对法人就不能够适用于本质同于自然人的刑罚。例如，刑法中对自然人有剥夺生命的生命刑，如死刑；有剥夺其人身自由的自由刑，如无期徒刑，有期徒刑；等等。那么，法人基于这一拟制的人格，同样也可以对其施以类似的刑罚，如《法国刑法典》中强制法人解散的规定，使得法人不复存在，其实质上也就是剥夺了法人拟制的生命，也就是对法人处以生命刑。由此可见，建立完善法人资格刑，就如同要建立完善自然人刑罚一般，在整个刑罚体系中，都是不可替代且缺一不可的。就如同只有考虑水流的冲击力，兼顾泥沙石块冲击力的同时修筑出来的路面才是真正需要的路面。

四、构建我国法人资格刑制度

从我国刑法中资格刑的内容不难看出，我国资格刑适用的对象，仅限于自然人犯罪，同时，适用的范围比较窄，适用对象有局限性，并且一定程度的政治化，使得这些资格刑是不能适用于法人。相比起《法国刑法典》中对于法人资格刑较为详尽的规定而言，我国的刑罚体系中，法人资格刑可谓是一片未开发之地。

（一）设立法人资格刑的必要性

我国刑法已经承认单位犯罪，并且在刑罚中有相关规定。在这种情况下，法律却没有针对法人犯罪设置适用的资格刑。我国刑法中很多单位犯罪，如《刑法修正案（八）》中增设的拒不支付劳动报酬罪，实际上，该罪的主体大都是各类公司企业，如地产公司，劳务公司等。这些企业的规模大都比较大，资金实力雄厚，且基本上都形成了一个较为有序的运行程序。在犯罪后，其直接责任人受到刑法处罚的同时，对于该公司只能施以罚金刑，而对于这类规模较大，资金实力雄厚的公司来说，这些罚金会造成其资金或者是资产的减损，但并不会必然的导致其无法在继续进行业务活动。那么存续下来的公司还会再继续正常的运作，在这接下来运作的过程中，很可能会再出现上一次犯罪行为，抑或出现其他新的犯罪行为，再受过罚金刑后，该公司依然得以续存。且设想若是这样的情况周而复始的继续下去，受过罚金刑处罚后的公司依然得以存续，那其实就相当于留给下一次犯罪行为得以滋养的温床，没有办法从源头上真正遏制犯罪行为的发生，这样的状况难免会使法律显得苍白无力。

鉴于“单位”之外延远远广于“法人”而且认定困难，因此本文关于资格刑的设计范围仅仅针对法人。同时，鉴于机关法人、具有人民团体性质的社团法人的设立由《宪法》以及有关组织法加以规定，法院不能宣判其“停业”或者“撤销”、“破产”，因此本文所谈的法人资格刑仅仅适用于企业法人和部分不具有人民团体性质的社团法人。

在我国，法人犯罪，除对直接责任人或是主管人员进行处罚，针对法人可以实施的刑罚仅限于罚金刑。这种仅针对法人较为单一的刑罚，一方面不能很好地起到惩治法人犯罪的作用，另一方面也不能很好的起到预防法人犯罪的作用。因为作为法人来说，施以罚金刑以后，只是对其资金造成了一定程度上的减损，然而这样的减损并不会必然的导致法人不能继续进行日常的生产和业务，依旧可以继续生产，况且，倘若罚金使得受罚之法人当时失去了维系日常生产的经济支撑，但法人资格没有丧失，日后还可东山再起，就有了继续犯罪的可能性。这样看来，很有必要增设一定的针对法人适用的资格刑，以此剥夺法人在从事生产及业务活动的资格，在情节严重的情况下，还应剥夺法人的拟制人格，即解散法人。这样才能有效地达到刑罚惩治犯罪和有效预防犯罪的效果。

针对企业法人和部分社团法人资格方面的处罚，我国现行法律仅仅在各种行政法律、民事法律、商事法律中有一些散见的规定，如停止营业、吊销营业执照、撤销行政许可等。或许立法机关认为这些措施已经足以防止犯罪法人再次犯罪。然而，实践状况表明，这种想法美好但不切实际。一方面，不少法人“屡教不改”，即便被吊销营业执照或者撤销行政许可，这些企业法人“换件马甲”就可以重出江湖；另一方面，前置法律规定的资格刑处罚，仅仅属于行政处罚，其力度与刑罚不可相提并论，相反，还需要刑罚来保障执行，以行政处罚代替刑罚处罚，不仅逻辑上有问题，而且效果上大打折扣，因此类似的资格处罚应当上升为刑罚中的资格刑，才能有效发挥其惩戒功能。

（二）构建我国法人资格刑制度的初步设想

法人犯罪的立法化要求我们必须考虑到在对法人进行刑罚处罚时增设相应的资格刑，同时，由于法人犯罪区别于自然人犯罪，故在设定法人资格刑时，不能完全依照自然人的资格刑来设置。

一方面，应当使得法人资格刑非政治化。由于法人犯罪大都是经济犯罪，而就法人这种特殊的人而言，判处资格刑剥夺其公权力，政治权利是不可行的，因为法人这一拟制的人，他拟制的人格就不会也不能拥有政治权利，无法拥有的权利也就不存在剥夺一说。

另一方面，法人资格刑应具有相对的独立性，不能与适用于自然人的资格刑混同，同时，在其适用方面，根据个案的不同，既可以作为主刑的附加刑适用，也可以作为单独适用。有学者指出，对法人的资格刑可以分为三类：一是对法人营业资格的取消；二是对法人营业活动的限制；三是对法人罪行的公布。[①] 笔者认为，借鉴各国法人资格刑的相关规定，我国对法人增设的资格刑可以包括以下几项：

第一，限制生产规模及业务活动的范围。法人犯罪情节较为轻微，其犯罪行为对社会会造成一定程度的危害，并且这种危害有能延续的可能性，但是解散该法人又可能会导致大面积人失业等负面效果，在这样的情况下，就可以剥夺法人一部分生产经营的资格，限制该法人在某一方面或者是某一地区的生产规模及业务活动，一方面可以遏制其继续在相同领域犯罪的可能性，另一方面又不会因为对法人的过度处罚而产生负面影响。比如，对实施了欠薪犯罪的法人，可以判处禁止其在某行政区域从事业务活动；对实施有关食品安全犯罪的法人，可以判处禁止其继续从事食品生产、经营活动。对于规模较大的法人，同样也可以借鉴法国的方法，关闭其中一家或者数家机构，用这样的方式限制该法人的生产规模，缩小其业务活动范围，以达到对法人的处罚。

第二，强制暂停营业，责令停业整顿。法人犯罪行为严重，仅对其生产及业务活动进行限制，或者仅关闭其部分机构仍不能达到遏制其继续犯罪，或者不能有效消除对社会的危害，在这样的情况下，暂时的剥夺法人所有的生产经营资格，对法人实施一定时期内暂停其营业活动，并派员监督，勒令其进行整顿。在

① 参见赵秉志主编：《单位犯罪比较研究》，法律出版社2004年版，第177页。文中使用的是“单位”一词。

暂停营业期间，或整顿期间，能有效的消除犯罪的可能性，并且再营业不会对社会生活造成危险的，可以继续其原本经营的业务，进行生产。

第三，公布犯罪行为及裁判决定。《法国刑法典》规定的法人资格刑中，张贴或公布裁判决定也是相较其他国家的法人资格刑而言，较有特色的一种处罚方式。由此可知对公众公布该法人的犯罪行为，是对法人无论是在业内或者是社会上声誉的一种否定，这种否定的同时也剥夺了法人能靠其在经营中所积累的声誉而进行生产及业务活动的资格，由于在法人的经营活动中，声誉也是使该法人能顺利进行和拓展生产和业务必不可少的要件，所以从一定程度上来说，公布法人的犯罪行为及裁判决定，也就剥夺了法人能继续在该行业内继续经营的机会和资格。

第四，取消营业许可，强制解散。与民法中的强制破产不同，刑法中增设这一资格刑，是从刑法的角度，剥夺法人作为拟制人的人格，剥夺法人继续享有这一人格的权利，同时也剥夺其以拟制人格来进行生产活动以及业务活动的资格，使法人受罚后不复存在，其实也就相当于是对法人处以生命刑，是法人资格刑中最重的一种，适用范围应当限于多次实施或者严重危害社会公共利益的犯罪。

现代社会，法人越来越成为不可或缺的主体，在法人犯罪逐渐被各国所承认的同时，适用于法人的刑罚也应当越来越趋于完备，资格刑这一种能有效惩治并且预防法人犯罪的刑罚类型，更应当受到重视。

论经济犯罪资格刑的设置

黄 烨*

一、经济犯罪设置资格刑的必要性与积极的刑事政策价值

（一）经济犯罪的特征

经济犯罪是一种错综复杂的法律事实与社会现象，它随着社会的变迁与时代的发展，政治、人文环境的嬗变，科技的进步，经济体制与经营方式的变革，而不断的发展变化着。经济犯罪是一种独立的犯罪形态，作为一个犯罪学概念，最早是由英国学者希尔，1872 年在伦敦举行的预防与抵制犯罪国际会议上的演讲中首次提出来的，1932 年德国学者林德曼又从刑法学的角度提出了经济犯罪的概念。此后，中外学者对如何定义经济犯罪争论纷纷，莫衷一是，存在数以十计的解释。笔者以为，经济犯罪与其他犯罪其本质的不同，就在于经济犯罪侵犯的客体一定是经济关系；行为人实施的犯罪行为也一定会指向一定的经济秩序。因此，经济犯罪一般是指以非法经济手段牟利为目的，与社会经济的发展变化相适应而存在的，在经济活动及其相关活动中实施的严重危害经济关系和经济秩序，依照刑法应受刑罚惩罚的行为。在我国，狭义经济犯罪的范围具体就是指刑法分则第三章“破坏社会主义市场经济秩序罪”。本文基于立论的需要采用狭义的经济犯罪概念，这样有利于将经济犯罪作为一个相对独立的整体进行研究，使经济犯罪在刑罚立法和适用上具有自身的特点和规律，以利于更好地在不同的经济时期对经济犯罪的刑罚体系进行调整或者重构。

经济犯罪具有不同于一般犯罪的特征，只有深刻认识经济犯罪的各种特征，才能切实地把握经济犯罪的规律，从而为有力地打击经济犯罪制定有针对性的刑罚措施。（1）经济犯罪的复杂性。任何一种经济犯罪的产生，都是以一定的经济关系存在为前提。商品经济的飞速发展开辟出了一个又一个新的经济领域、新的经济市场，这些新兴经济领域和市场使得各种新型的复杂的经济关系不断涌现，从而决定了应运而生的经济犯罪带有较复杂的专业性特征。在犯罪的客观方

---

* 信阳师范学院教授，硕士研究生导师，主要从事刑法学、犯罪学研究。

面，经济犯罪往往是非常巧妙地利用经济活动中法律所允许的方式，进行精心设计，其方法手段又普遍带有智能性且变化多端不易被人识破，从而具有不同的表征，使经济犯罪在客观上比其他刑事犯罪更加复杂。(2) 经济犯罪主体的特殊性。一是现代社会的经济活动主要是以单位为主体的形式参与的。因此，经济犯罪主体不像传统犯罪主体那样一般为自然人，而是有相当数量的单位存在。作为犯罪主体，单位的行为方式表现为在单位整体意志的支配下，由单位成员有组织地、分工配合地实施经济犯罪。因此，以单位为主体的经济犯罪具有更大的欺骗性和危害性。二是由经济活动的智能性、专业性和实践性的要求所决定，经济犯罪的主体一般都具有较高的智商、专业知识水平和经济活动经验。经济犯罪主体的这一特点，使经济犯罪更为显著地体现出了身份犯罪的特征。(3) 经济犯罪的隐蔽性。经济犯罪人一般都是某一行业的专业人士与资深从业人员，往往是利用自己从事某种行业或担任某种职务的资格作为隐蔽，而从事经济犯罪活动的。大多数经济犯罪的具体表现方式、方法，从表面上看与合法正当的经济活动基本上没有什么区别，因而很难被发现。同时经济犯罪的隐蔽性，还因为在单位经济犯罪中，实施经济犯罪直接责任人的犯罪行为是为单位谋利益，根据单位决策机构的意志而进行的，因而使单位经济犯罪具有抽象性。这就使得单位在实施经济犯罪时，人们会对其犯罪活动的刑事违法性和应受罚性产生模糊不清的认识。[①] (4) 经济犯罪的贪利性。是指经济犯罪人实施经济犯罪行为的动机，主要意图是为了获取非法经济利益或者非法避免本应由行为人自己承担的经济风险。(5) 经济犯罪的危害性。首先，经济犯罪的贪利性使经济犯罪的受害者和经济犯罪所造成的物资损失难以估计。其次，从整个社会经济秩序和经济结构的安全上来看，经济犯罪带来的非物质性损害比物质方面的损害更为严重，如破坏经济社会赖以生存的诚实信用原则，造成经济道德的堕落，损坏人们对经济制度的信赖，进而危及整个社会经济结构的安全等。再次，经济犯罪的贪利性还会加剧腐败，造成不良的社会风气。因为经济犯罪的实施通常伴随着钱权交易，内外勾结的方式进行，从而形成腐败的官商经济，衍生出腐败犯罪。因此，有的学者指出经济犯罪具有并发作用，其行为往往会生出附随犯罪，“……有如医学上的并发症，而使病情更为严重”。[②]

改革开放以来，我国的经济在飞速发展的同时，经济犯罪案件呈上升趋势，大要案件突出，犯罪类型增多，犯罪手段呈现出隐蔽性、多样性、高科技性的特

---

① 赵长青：《经济犯罪研究》，四川大学出版社1997年版，第53页。

② 林山田、林东茂：《犯罪学》，三民书局1995年版，第420页。

点，向智能化、专业化、职业化方向发展，跨区域、跨部门、跨行业、跨境结伙作案增多，并逐步由传统的金融、税收和商贸等经济领域向体育、教育等领域渗透，涉案金额巨大、社会影响恶劣的经济犯罪案件时有发生。因此，必须正确把握经济犯罪的这些特点，在刑罚的制裁方式上相机而动，作出相应的调整，采取通过剥夺经济犯罪人再犯的条件、营利机会等资格的刑罚方法，以对症下药，来预防和惩治经济犯罪。只有这样，才能遏制我国经济犯罪的多发趋势。

（二）经济犯罪的刑罚控制与资格刑的设置

1. 经济犯罪的特性决定了增设新型资格刑的必要性。刑法的重要功能之一就是通过惩罚经济犯罪以维护社会经济秩序。因此，刑事立法活动中，对经济犯罪的刑罚结构进行调整时，要受到功利性与经济犯罪本身所固有特性的限制。所谓功利性，是指在调整经济犯罪刑罚结构时，应当使之适应抑制经济犯罪的需要，以有效的遏制经济犯罪。所谓受到经济犯罪本身特性的限制，是指经济犯罪本身具有复杂性、贪利性、隐蔽性和危害性等特征。刑罚结构调整时，应当结合经济犯罪自身的特点，根据形形色色经济犯罪的行为和特征，对刑罚结构进行科学合理的搭配。因为经济犯罪由其特点所决定，犯罪人往往是利用一种有利的条件——某种特定的资格进行犯罪行为。因此，刑罚应该针对行为人利用的这种资格条件而采取相应的策略，增设新型资格刑。第一，经济犯罪的多变性决定了有必要针对新型经济犯罪的特点，进行刑罚方式的变革。从自然经济模式到商品经济模式，再到市场经济模式，随着新的经济关系不断涌现，经济犯罪也在不断地发展变化着。经济领域的犯罪与其他类型的犯罪相比，其依附于经济发展的特点更为显著。随着我国市场经济的逐步建立，经济犯罪的形式也在不断地推陈出新。因此，有必要进行刑罚方式的变革，以适应打击不断涌现的新型经济犯罪的需要。第二，经济犯罪主体的特性决定了设置新型资格刑的必要性。经济犯罪的主体大多数是特殊主体，多数经济犯罪人在作案时都是以董事长、总经理、业务员、会计师等合法的身份出现的，是具有特定身份的人员，带有明显的职业性特征。所以20世纪80年代，克林纳德和昆尼用“职业犯罪”的概念来揭示经济犯罪的主体和行为特征。针对经济犯罪的这一特点，资格刑可以在一定时期内甚至永远剥夺一定身份的犯罪人再次利用其身份进行犯罪的可能性。这不但可以预防其再次实施需要利用该身份才能实施的经济犯罪，而且对于其他同类身份犯有着极大的威慑作用。从我国现行刑法规定和司法实践的现状来看，单位充当犯罪主体是经济犯罪的一个显著特征。单位是一种拟人化的组织，其一切活动包括犯罪活动，实质上必须由其所属人员完成，单位的主管人员和其他直接责任人员直接领导、操纵和参与了犯罪活动。作为惩罚他们经济犯罪和防范他们再次实施经济犯罪的刑罚，可以适用资格刑剥夺其担任的相应职务的资格。对单位也可以运用资格刑限制或剥夺其从事某种经济活动的资格。因此，完全有必要利用资格刑的特征有针对性地来遏制经济犯罪。第三，资格刑不以剥夺犯罪人的生命为代价，符合刑罚轻刑化的潮流，[①] 是刑罚从严酷走向宽缓规律的要求。在刑罚的嬗变中，刑罚由严酷走向宽缓。遵循刑罚这一发展趋势及规律，建立包括资格刑在内的科学化的经济犯罪刑罚体系，对经济犯罪人适用财产刑和资格刑，既能够有效地遏制经济犯罪的发展和蔓延，又能够明显降低刑罚的严厉程度，减少刑罚的适用总量，这正符合有的学者提出的刑罚应具有谦抑性的主张。[②] 也是我国刑法在不断发展的过程中所不能回避的选择。第四，资格刑对治理经济犯罪而言，具有针对性。刑罚的功能因罪而异，因此刑罚的适用就必须具有针对性，即能够有效的预防犯罪。应当"使每个人受到与自己的行为相应的惩罚——施暴处以死刑或剥夺公民权，贪婪处以罚金，贪图功名处以辱没名誉"。[③] 因为"刑罚的目的既不是要摧残折磨一个感知者，也不是要消除业已犯下的罪行——刑罚的目的仅仅在于：阻止罪犯再重新侵害公民，并规诫其他人不要重蹈覆辙……"。[④] 但是我国刑法典对经济犯罪规定的刑罚相较于其他类型犯罪，很难发现有何针对性，而资格刑以剥夺经济犯罪人再犯的资格为显著特性。因此，具有天然的针对经济犯罪的惩罚作用。

2. 资格刑对经济犯罪的惩罚是足够的并具有积极的刑事政策价值。著名犯罪学家菲利认为："犯罪是由人类学因素、自然因素和社会因素相互作用而形成的一种社会现象。这一规律导致了每一个社会都有其应有的犯罪，这些犯罪的产生是由于自然及社会的条件引起的，其质和量是与每一个社会整体的发展相应的。"[⑤] 在社会主义市场经济条件下，与市场经济相适应的自然与社会条件也必然会引起侵害社会的经济行为。因此，经济犯罪是不可能通过刑罚予以消灭的，刑罚作为控制犯罪的最后手段，只能把这种行为控制在社会可容忍的限度范围之

---

① 李蕴辉：《"和为贵"语境下的我国刑罚制度的创新》，载《政法论丛》2007 年第 3 期。

② 周农：《市场经济条件下遏制经济犯罪的法律对策》，中国人民公安大学出版社 2000 年版，第 202 页。

③ ［古罗马］西塞罗：《论共和国　论法律》，王焕生译，中国政法大学出版社 1997 年版，第 279 页。

④ ［意］贝卡里亚：《论犯罪与刑罚》，黄风译，中国法制出版社 2002 年版，第 53 页。

⑤ ［意］菲利：《实证派犯罪学》，郭建安译，中国政法大学出版社 1987 年版，第 43 页。

内。所以在新的社会主义市场经济背景下，我们的刑事政策就必须随着社会的发展变化和犯罪的动态而与时俱进，作出适度的调整。在我国，适应和谐社会构建的需要，宽严相济的刑事政策应时而出。这一政策极大地体现了以人为本的人性化色彩和公平正义的理念，对有效地打击犯罪和保障人权具有十分重要的价值。宽严相济刑事政策的指导思想是"轻缓"，对经济犯罪的对策趋向是两极化，即轻轻重重。轻轻是指对轻微经济犯罪，包括主观恶性不大的经济犯罪，处罚更轻，以利于犯罪者的再社会化。重重是指对严重经济犯罪更多更长期地适用监禁刑。轻缓的刑事政策对刑罚结构的指引是明确的，即在刑罚的设置上力求体现人道主义和人文关怀，整体上趋向宽缓，刑罚轻缓化应成为我们对刑罚结构的理想追求。如何根据宽严相济的刑事政策，对我国目前不合理的经济犯罪刑罚体系进行改革，是一个值得研究的重大课题。

就资格刑而言，其本质特性就是剥夺犯罪人据以利用其特有的资格来实施犯罪的条件。因此，它在改造犯罪、预防犯罪方面具有以下独特的作用。第一，资格刑在犯罪人有人身自由，但缺乏特定资格的条件下，其犯罪能量的释放将会受到极大的限制，犯罪人想再度借职务之便进行经济犯罪时，首先就会在资格方面遇到难以逾越的障碍，从而将有效地预防犯罪人再次犯罪。[①] 第二，资格刑能够防止短期自由刑的弊端，对某些经济犯罪人不适用短期自由刑，只通过独立适用资格刑就足以防止其再犯。第三，资格刑具有积极的刑事政策的价值。宽严相济的刑事政策强调的是刑罚的轻缓化，要求根据犯罪的严重程度和犯罪人的人身危险性加以区别对待，该宽则宽，该严则严，以实现有差别的公正。[②] 而资格刑对某些利用资格才能够从事经济犯罪的犯罪人来说，是具有针对性的。因此，完善资格刑不仅是实现我国刑罚结构由严酷趋向宽缓的重要方式，而且能够适应抑制经济犯罪的需要并且有效予以防止，从而具有积极的刑事政策价值。

二、经济犯罪资格刑设置的现状考察

（一）经济犯罪资格刑设置的域外考察

完善我国的资格刑，可以借鉴外国的立法经验。从世界各国刑法典的规定来看，资格刑的主要类型有以下几种：[③]

---

① 吴平：《资格刑研究》，中国政法大学出版社2000年版，第320页。

② 樊凤林、刘东根：《论宽严相济的刑事政策与我国刑法的完善》，载《和谐社会的刑事法治——中国刑法学年会文集》，中国人民公安大学出版社2006年版，第257页。

③ 陈兴良：《刑法哲学》，中国政法大学出版社2004年版，第476~478页。

1. 剥夺一定的权利。有属于政治方面的，如选举权与被选举权；有属于经济方面的，如获得薪水、年金及津贴；有属于民事方面的，如亲权；有属于人格方面的，如荣誉等。在《德国刑法典》中规定了被选举权与选举权的丧失；《瑞士联邦刑法典》中设置了剥夺教养权和监护权的资格刑。

2. 禁止担任一定的职务。《蒙古刑法典》第22条规定："如果法院根据犯罪人在职务上或从事某种活动时所犯罪行的性质，认为不能再让其保留担任一定职务或从事某种活动的权利，法院可以对犯罪人适用这种刑罚。"这一规定在《瑞士联邦刑法典》和《德国刑法典》中也出现了，即两部刑法典中均设置了禁止担任公职的资格刑。

3. 禁止从事一定的职业。这一资格刑主要适用于经济方面的犯罪，如《意大利刑法典》、《德国刑法典》规定的职业禁止；《瑞士联邦刑法典》规定的禁止执业或禁止经商等。

4. 禁止驾驶。驾驶也是一种职业，禁止驾驶往往作为一种特殊的资格刑。在《德国刑法典》中规定了禁止驾驶、吊销驾驶证的资格刑。

5. 剥夺荣誉称号。这是世界上许多国家刑法典中规定的资格刑种类。

6. 针对法人经济犯罪的资格刑。这方面世界上最典型的就是新《法国刑法典》中，有关法人犯罪资格刑的规定。根据该法第131－37条和第131－39条规定，可适用于法人的刑罚包括罚金、解散法人、禁止直接或间接从事一种或者职业性或社会性活动、司法监督、永久或临时关闭用于实施犯罪行为的企业机构或一家或数家机构、排除参与公共工程、禁止公开募集资金、禁止签发支票以及适用信用卡付款、没收用于或旨在用于实施犯罪之物或犯罪所生之物、张贴所宣判的决定或者通过新闻报刊或任何视听传播手段公布该决定等。

在资格刑的剥夺期限规定方面，亦有终身剥夺和定期剥夺资格刑两种情况。

（二）我国刑法中经济犯罪资格刑设置的现状

1. 资格刑的内容设置不科学不仅不能有效地发挥刑罚的作用而且会不可避免地造成刑罚的过剩。我国刑罚体系中的资格刑主要是剥夺政治权利，它所剥夺的是犯罪人参加国家管理和政治活动的资格，即《刑法》第54条中所列举的四项权利：（1）选举权和被选举权；（2）言论、出版、集会、结社、游行、示威自由的权利；（3）担任国家机关职务的权利；（4）担任国有公司、企业、事业单位和人民团体领导职务的权利。而且此四种权利一旦剥夺需要一并剥夺。在我国刑法所规定的经济犯罪中，除了因经济犯罪被判处死刑或者无期徒刑，应当剥夺政治权利终身的以外，资格刑基本上与经济犯罪无缘。刑法所规定的经济犯罪各章中，根本没有规定剥夺政治权利刑。[①] 我国现行刑法中这种资格刑的设置状况，根本就不可能适应控制经济犯罪的需要。一是资格刑的这种设置具有浓厚的政治色彩，不仅与宪政理论相矛盾，而且“一方面不利于国内的社会主义民主政治的发展，另一方面在国际上也不利于树立我国的民主政治新形象”。[②] 更为主要的是它也并不是从剥夺经济犯罪人再犯罪的资格与能力方面考虑的；二是在剥夺政治权利的内容上，只有后两项权利对取消经济犯罪人再犯罪的能力与资格，具有一定的意义和价值。但是，仅仅靠这两项权利的剥夺又不足以阻止经济犯罪人继续从事该类犯罪的可能性。因为选举权和被选举权的剥夺，在我国因大部分公民被选举为国家机关职务和担任国有企业、事业单位和人民团体领导职务的可能性微乎其微。所以对一般公民的惩罚性几乎等于零，造成这一刑罚内容的虚置；三是剥夺政治权利所涉及的四项权能是合并适用的，不能分开适用，如剥夺公民的言论和出版自由的规定，不仅将使公民丧失宪法所规定的公民从事科学研究、文化艺术活动的自由权利，而且还会危及公民享有的批评权、建议权、申诉权、控告权等，危害极大。

2. 缺少剥夺行为人特定职业资格的资格刑。由于我国刑罚种类单一，没有规定剥夺从事特定职业或活动的资格刑，不能很好地发挥资格刑的特殊预防作用。在国外，许多国家的刑事立法中都设有剥夺行为人从事特定职业资格的资格刑。这是因为，在刑事犯罪中，存在许多利用特定职业进行的经济犯罪。资格刑能够有针对性地防止犯罪人以后利用其资格再犯同类犯罪，从而可以发挥资格刑实现刑罚特殊预防目的的功能。[③]

3. 没有规定适用于单位经济犯罪的资格刑。根据我国刑法的规定，单位犯罪可以适用罚金刑。但是，随着经济社会的发展，单位利用其独特的身份和自然人所不具有的资格，实施犯罪的危害性越来越大，并呈现出多样化的趋势。因此，仅适用罚金刑已经不能够达到预防单位再次犯罪的目的。要想从根本上遏制单位利用其特殊资格进行的违法犯罪活动，就必须要限制或剥夺其某种能力，从而使其丧失再犯罪的条件，而资格刑恰恰能完成这一任务。

---

① 赵长青主编：《经济刑法学》，法律出版社 1999 年版，第 157 页。

② 赵秉志：《海峡两岸刑法总论比较研究》（下卷），中国人民大学出版社 1999 年版，第 247 ~ 249 页。

③ 黄烨：《宽严相济刑事政策背景下我国资格刑的新解读》，载《河南省政法管理干部学院学报》2009 年第 3 期。

三、我国刑法中经济犯罪设置资格刑的建议

自我国建立市场经济体制以来，经济犯罪一直是国家打击的重点，侵犯社会主义市场经济秩序罪位列我国刑法分则体系中的第三位，并排列在侵犯公民人身权利、民主权利犯罪之前。刑事立法是防治经济犯罪的对策之一，资格刑在应对经济犯罪中具有独特的作用。因此，为了有效遏制经济犯罪，亟须完善我国经济犯罪处罚中的资格刑制度。

（一）确立资格刑在经济犯罪刑罚体系中的应有地位

到目前为止，我国应对经济犯罪的罪名有104个，法定刑为10年以上有期徒刑的有48个，占104个罪名中的46%，有8个条文15个罪名的法定最高刑为死刑，占经济犯罪总罪名的14%，规定最高行为3年以下有期徒刑的罪名仅有11个。[①] 其中有关单位经济犯罪的规定也非常多，"我国在1987年的《海关法》中首次把单位作为了犯罪的主体。到1997年刑法时，《刑法典》中规定的412个罪名中有单位犯罪130个。截至2009年，《刑法典》中规定的444个罪名中有单位犯罪144个，比例达到32%"。[②] 为了惩罚经济犯罪，刑事法网不可不谓严密，其惩治经济犯罪的措施不可不畏严厉，但我国的经济犯罪却是愈来愈疯狂，经济犯罪大案、要案仍频频发生。[③] 依法从重从快的刑事政策并没有达到理想的控制经济犯罪的社会效果。事实上，严刑峻法并非治理经济犯罪的最有效途径。过分的强调以暴制暴，会使刑事政策变为擅刑专杀的恐怖政策。而从根本上说，刑罚的目的也不是惩罚而是教育。只要惩罚的方式能够达到阻止犯罪的强度就足够了。经济犯罪人具有的某种资格，往往是其实施经济犯罪的必要条件。那么对经济犯罪适用旨在剥夺其犯罪人从事某种职业或担任某种职务权利的资格刑，就可以减少犯罪人再次利用该职务犯罪的可能性；另一方面资格刑在刑事政策上也具有重要的意义，对经济犯罪来说，其意义则显得更为突出，从对经济犯罪人特别预防的角度来说，效果无疑更为明显。由此可见，对经济犯罪的惩罚与预防需要设置资格刑。

同时，资格刑也是一种人道的刑罚方法。随着世界范围内，刑罚人道和谦抑已成为近现代世界刑法改革的基本目标和主要价值观之一。对于经济领域内的犯

---

① 程扬：《经济犯罪的刑罚模式的转变》，载《法制与社会》2008年第3期。

② 黄上国：《高铭暄谈关于单位犯罪的几个问题》，载 http：//manage. future. org. cn/article/55856. htm。最后访问日期：2010-10-12。

③ 张瑞幸主编：《经济犯罪新论》，陕西人民教育出版社1994年版，第22页。

罪，由于其特殊性，更应当采取轻缓的刑事政策。根据国外刑事立法的经验，刑法规定资格刑代表了一种轻刑化的趋势。在主刑逐显轻缓化和死刑趋于废除的背景下，经济刑法中引入资格刑，已成立法改革的潮流和方向。根据经济犯罪的特点以及我国目前所面临的现实情况，在贯彻刑罚轻缓化的同时，充分发挥刑罚的惩罚和预防功能，并借鉴国际通行的立法经验，确立资格刑在刑罚体系中的地位，已成为我国刑法发展的必然。因为对利用职业条件实施经济犯罪的犯罪人来说，运用自由刑去制裁，未必必要；而且实践中自由刑所具有的弊端给犯罪人的再社会化带来一定的困难。运用罚金去制裁，则不可能有效地剥夺或限制其利用其资格继续犯罪的条件。而适用剥夺政治权利，则显得“文不对题”而不是“对症下药”，把没有必要剥夺的权利给剥夺了，而真正应该剥夺的权利却没有剥夺。而只有剥夺犯罪人的从事特定职业的资格，才能在遏制犯罪人再犯同类罪方面起到釜底抽薪的作用。[①] 为此，刑法中增加资格刑的种类，确立资格刑应有的地位，既可充分发挥资格刑在惩治职务犯罪、行业犯罪中的作用，又能满足谦抑性和经济性等现代刑事政策的要求，进而增强我国犯罪刑事处罚措施的人性化色彩。[②]

（二）完善我国经济犯罪刑罚中的资格刑制度设计

1. 资格刑的特性。资格刑又称名誉刑、能力刑或权利刑。在西方，资格刑最早可以追溯到古罗马时期。在罗马法中有因犯罪行为会引起人格变更、名誉毁损的规定。而人格变更、名誉的毁损都会造成公民权利的限制和剥夺。因而，学者通常认为两者是最古老的资格刑。在我国，古代历史上就有关于资格刑的相关规定，如“禁锢”、“除免”，都是针对犯罪的官吏禁止为官、免去官职的资格刑。资格刑作为刑罚的一种，它具有自己独特的内容和特性。（1）时间性。资格刑一般是以时间的长短来表示刑罚的轻重程度，时间愈长，刑罚越重。（2）多样性。立法者针对经济犯罪人利用各种各样的资格和条件，设计了不同的资格刑刑种以适应与经济犯罪作斗争的需要，从而使资格刑呈现出多样化的特征。（3）轻微性。在各种刑罚方法所剥夺的权益比较中，一般认为生命最重要，自由次之，财产再次之，而资格刑最轻微。（4）经济性。是指资格刑的执行和

---

① 田宏杰：《宽容与平衡：中国刑法现代化的伦理思考》，载《政法论坛》2006年第2期。

② 田宏杰：《宽容与平衡：中国刑法现代化的伦理思考》，载《政法论坛》2006年第2期。

其他刑罚的执行相比，投入的人力物力财力最少，比较经济。[①] 现代意义上的资格刑无论从内容还是从适用对象上，都发生了巨大变化。随着刑罚理念的变革资格刑已经成为现代刑法中，处于重要地位的刑种之一。在刑事审判活动中，资格刑更是大量适用于各种犯罪，尤其是大量适用于经济犯罪中。

2. 资格刑的完善。（1）增设剥夺从事特定职业的资格刑。意大利刑法学家贝卡里亚曾说过："一种正确的刑罚，它的强度只要足以阻止人们犯罪就足够了。"[②] 因此，对利用所从事特定职业的身份进行的犯罪，有选择地判处剥夺犯罪人从事该种行为的资格也就成为防止行为人再犯的必然要求。《法国刑法典》规定，只要犯罪人可能将其所从事的职业行为提供的机会用于犯罪，法官就可以对其权利进行限制或剥夺。剥夺这类犯罪人从事特定职业的权利，不仅是防止其利用该职业再次犯罪的一种重要手段，而且能够保障职业队伍的纯洁性，以满足社会大众对这些职业从业人员的要求。这种资格刑主要包括以下两类：一是剥夺一定的权利，如政治方面的选举权与被选举权；经济方面的获得薪水、年金及津贴；民事方面的亲权；人格方面的荣誉称号等。二是禁止从事某项职业或担任某项职务，限制犯罪人在一定期限内不得经营某种商品的权利等。对于这类犯罪人，剥夺其从事特定职业的资格，既是对其犯罪的一种惩罚，也是防止其利用职业再次犯罪的一种重要手段。[③] 更有利于实现对该类犯罪人的特殊预防。（2）增设适用于单位犯罪的资格刑。现代社会，法人逐渐成为经济活动中不可或缺的主体，各国立法也都相继承认了法人犯罪。因此，设立适用于法人犯罪的刑罚也就变得十分必要了。《法国刑法典》中有关法人犯罪设有专门的章节，规定适用于法人的资格刑可以说是该法典的一大特色。而我国现行刑法对犯罪单位本身适用的刑罚仅仅限于罚金刑，这种单一的罚金刑根本就不能适应复杂的单位犯罪的实际情况，从而满足惩治单位犯罪的需要。而应当根据单位犯罪的特点，增设适用于犯罪单位的资格刑。具体包括：停业整顿、限制从业和强制撤销三种方式。停业整顿是指剥夺犯罪单位在一定期限内从事特定生产经营活动权利的刑罚方法，以达到消灭其犯罪意念，树立守法经营观念的目的。限制从业即禁止犯罪单位在一定期限内从事某种特定业务的刑罚方法。从而使犯罪单位失去在该方面自由活动的资格，以达到惩治和预防犯罪的目的。强制撤销就是强制性的注销犯罪单

---

① 吴平：《资格刑的概念和特征探析》，载《杭州商学院学报》2004 年第 2 期。

② ［意］贝卡里亚：《论犯罪与刑罚》，黄风译，中国大百科全书出版社 1993 年版，第 47 页。

③ 马克昌：《刑罚通论》，武汉大学出版社 1999 年版，第 242 页。

位，使其永远不再存在，可以彻底地剥夺该法人的再犯能力和条件。它是对单位犯罪适用的资格刑中最严厉的一种，其适用的对象仅限于犯罪情节极其严重、对国家和人民的利益造成特别严重危害的犯罪单位。（3）建立资格刑的分立制度。该制度是指在依法判处剥夺经济犯罪人一定权利的刑罚时，对法律所列举的各种权利，是全部剥夺还是部分剥夺的问题。可以通过立法规定，根据犯罪人的实际，明确将各项资格刑的内容加以分开。这是因为，资格刑的范围广泛，各种不同的资格存在于经济活动中，如果对资格刑不加分立，就有一经判处就会将犯罪人全部的经济资格予以剥夺的可能性，就会产生刑罚过剩，将不必要剥夺的资格也予以剥夺的现象出现。（4）建立资格刑的减免制度。因为刑罚的目的是使犯罪人重新回归社会并不致再危害社会。因此，对那些积极接受改造，判处自由刑的经济犯罪人，在刑满释放时应当根据其改造的情况，对资格刑实行减免。已经改造好的可以免除资格刑，没有完全改造好的但原判资格过长的可以予以减轻。这样，可以避免资格刑成为经济犯罪人再社会化的障碍。（5）建立资格刑的监督和复权制度。立法中应明确规定资格刑执行的监督考察，没有完善的资格刑监督考察制度，就不可能有有效的资格刑减免制度。资格刑的执行不具有物质性，而且其执行的环境较其他刑罚方法更为宽松和开放。因此，为了保证资格刑功能的充分发挥，就必须建立资格刑的监督考察制度，在立法中明确规定资格刑执行的监督考察机关、内容、程序及责任。① 资格刑的复权是指对因实施犯罪而被判处资格刑的犯罪人，在其具备一定条件时，提前恢复其被剥夺、限制的权利或资格的制度。② 这一制度具有抑制资格刑刑罚过剩的弊端，促进犯罪人积极悔过，早日改造成新人，顺利复归社会，从而有利于社会的和谐、稳定的积极作用。因此，不少国家的刑法中都规定了资格刑的复权制度，如《德国刑法典》第45条就规定了资格和权利的恢复。③

① 吴平：《资格刑研究》，中国政法大学出版社2000年版，第335页。

② 于志刚：《复权制度适用问题研究》，载《法学》2002年第2期。

③ 《德国刑法典》，徐久生、庄敬华译，中国法制出版社2000年版，第77~79页。

第四部分
社区矫正制度

社区矫正有关问题探讨

张天虹*

一、社区矫正及其价值

社区矫正，是相对于监禁矫正而言的、对罪犯进行行为和心理矫正的一种方式；是指将符合社区矫正条件的罪犯置于社区内，由专门的国家机关在相关社会团体和民间组织以及社会志愿者的协助下，在判决、裁定或决定确定的期限内，对依法判处刑罚的犯罪分子进行监督、管理、教育、挽救和帮扶，矫正其犯罪心理和行为恶习，并促进其顺利回归社会，并使其成为守法公民的活动。

社区矫正是非监禁刑运动和行刑社会化的产物。① 非监禁刑运动或者行刑社会化是针对监禁刑的弊端而提出来的。长久以来，对罪犯进行矫正的主要方式就是将其封闭于监狱内，由监狱警察对罪犯进行强制监管教育。表面看，将那些对社会造成恶害的“恶人”与社会相隔离，是保护了社会；对他们进行强制性的规训，促使其在确定的刑期内改过自新，从而在未来回归社会时不再为恶，是对社会的负责。但是由于机构化本身的封闭性，不仅导致罪犯由于长期脱离社会而带来对社会生活的陌生，而且由于监狱半军事化的、程式化的规训方法，导致罪犯在复归社会的征途上更加困难重重。因此，从本质上看，监禁刑所预设的使罪犯复归社会的目标，很大程度上是难以实现的。更为重要的一点是，机构化导致罪犯之间进行犯罪方法或技巧和规避侦查经验的交流成为可能，也使罪犯交往对象愈加特定化，从而为未来结成犯罪团伙奠定基础，因而监禁刑的弊端愈发明显。正如美国芝加哥大学莫里斯教授所说：“自由刑无疑是人类集团之驱逐，将犯罪人驱逐于较任何普通社会之条件更坏的地方，而他确须由此地重新回到社会上来，故得谓为奇妙而无益的驱逐，受刑人在被驱逐之地，不但不可能度过有意

* 山西大学法学院院长，教授，法学博士，主要从事刑事法学教学研究。

① 参见梁根林、张立宇主编：《刑事一体化的本体展开》，法律出版社2003年版，第454页。

义的生活，而且被切断文化的联系，损害其心理及社会性，使得社会复归更加困难。”① 马克·安塞尔更是直截了当地指出：监狱，这一与犯罪作斗争的主要工具反而成为重新犯罪的学校。② 正是基于对监禁刑的深刻反思，对犯罪的惩罚方式逐步多样化，而行刑方式也开始走向监禁和非监禁并行的模式。

如果说非监禁刑运动导致刑罚结构的变化，非监禁刑的执行需要通过社区矫正的方式来贯彻，那么在我国现行条件下，行刑社会化毋宁说是社区矫正的同义语。冯卫国教授指出：“所谓行刑社会化，简单概括之，就是为了避免和减少监禁刑的弊端，促进罪犯回归目标的实现，一方面，应控制监禁刑的适用，通过发展社区矫正制度，使罪犯尽可能在社区环境中服刑；另一方面，应适度弱化监狱的封闭性，使其尽可能与自由社会接近，以加强罪犯与社会的联系，训练其社会适应能力。”③ 弱化监狱封闭性，或者适度开放监狱，使犯人通过接触社会逐步适应社会，设想固然不错，但在现有制度框架下尚无法保证实现。但随着刑法将社区矫正作为非监禁刑犯罪人的矫正方式，以及相关立法的不断健全，前一个方面的任务是完全可能实现的。

社区矫正制度的价值，不仅在于对罪犯的矫正方式的改变，从而更有利于罪犯复归社会，消除社会不安定因素，为我国经济发展、社会进步创造良好的社会治安环境，而且还在于这一制度的贯彻将使理论上关于管制刑存、废之争不再继续，实践中司法机关不再对判处非监禁刑而心存疑虑，这必然使我国宽严相济的刑事政策得以忠实地贯彻。

二、社区矫正对象及其权利、义务

社区矫正对象，在法律规定了社区刑种且司法机关依法判决了罪犯相应刑罚的情况下，也可以叫做社区服刑人员，换言之，通过社区矫正的罪犯就是在社区服刑的人员。但是，在我国现行刑罚结构和刑罚制度下，社区矫正对象与社区服刑人员尚不能等同对待。因为服刑，从罪犯的角度说，指罪犯正在履行刑罚义务或承受依法确定的权利剥夺，而从执行机关的角度讲，就是行刑。但是，2003年7月10日最高人民法院、最高人民检察院、公安部、司法部《关于开展社区矫正试点工作的通知》和2009年10月12日最高人民法院、最高人民检察院、

---

① 转引自张甘妹：《刑事政策》，台湾三民书局股份有限公司1979年版，第282页。

② [法] 安塞尔：《新刑法理论》，卢建平译，香港天地图书有限公司出版1990年版。

③ 参见梁根林、张立宇主编：《刑事一体化的本体展开》，法律出版社2003年版，第454页。

公安部、司法部（以下简称“两院两部”）《关于扩大社区矫正试点范围的通知》中，均将社区矫正的适用对象叫做“社区服刑人员”。根据上述两个通知的规定，所谓“社区服刑人员”大致包括五种人：（1）被判处管制的；（2）被宣告缓刑的；（3）被暂予监外执行的，具体包括有严重疾病需要保外就医的、怀孕或者正在哺乳自己婴儿的妇女以及生活不能自理，适用暂予监外执行不致危害社会的；（4）被裁定假释的；（5）被剥夺政治权利，并在社会上服刑的。[①] 尤其在 2009 年 10 月 12 日两院两部《关于扩大社区矫正试点范围的通知》中，特别强调“在全面试行社区矫正工作中，要准确把握社区矫正的刑罚执行性质，不得随意扩大或缩小社区矫正的适用范围”。虽然两高两部文件将社区矫正定性为刑罚执行的性质，但是如果我们认真分析，会发现其中对被依法宣告缓刑的犯罪分子的社区矫正，就显然不能称之为刑罚执行。因为根据刑法规定，缓刑是附条件的不执行原判刑罚的制度。也就是说，犯罪分子在缓刑考验期内履行相应的刑事义务，司法机关在缓刑考验期内对缓刑犯进行的考察活动，都不是刑罚执行活动。由此可见，两高两部以“通知”的非规范性文件就社区矫正问题进行规定，表明社区矫正在无法可依下的“试验”状态，其对于社区矫正之“刑罚的执行”的定性是从相对宽泛意义上而言的，从而对社区矫正适用范围当然也就笼而统之地叫做“社区服刑人员”。[②] 然而，这种概念混淆却会导致缓刑制度上的问题（如缓刑犯能否构成累犯的问题）。所以从法律体系内部一致性的原则出发，将被矫正人员叫做“社区矫正对象”，更符合法律和实际。

社区矫正对象，既然是放在社区内进行矫正，就应当将其视为社会成员，其当然享有除依法明确剥夺的权利以外的各种公民权利。但是，毕竟社区矫正对象又不是完全正常的社会成员，他们因为自己的罪行而被作为重点控制的对象，某些权利是受限制或者被剥夺的，如被剥夺政治权利的假释犯，在假释期间就不得享有政治权利；被判处管制刑的罪犯，在被管制期间，其行动自由的空间受到限

---

① 参见 2003 年 7 月 10 日最高人民法院、最高人民检察院、公安部、司法部《关于开展社区矫正试点工作的通知》和 2009 年 10 月 12 日最高人民法院、最高人民检察院、公安部、司法部《关于扩大社区矫正试点范围的通知》。

② 这种宽泛的解释，也许是对英美社区刑罚及相关概念不加斟酌的结果，如在英国，对于矫正对象专门规定有社区义务。根据英国法律，在社区服刑的罪犯需在社区内提供无偿劳动，如清扫垃圾、回收废品、清除街头涂鸦、粉刷社区公共设施等，他们从事的劳动既可以是体力劳动，也可以是脑力劳动。法院会根据犯罪行为的严重程度，确定具体的劳动时间。参见《英罪行及社区作用评估报告出炉》，载搜狐新闻，http://news.sohu.com/20080622/n257654368.shtml，2008 年 6 月 22 日。

制，等等。同时，社区矫正对象在社区矫正期间，必须履行一定的刑事义务。根据我国刑法规定，被判处管制的犯罪分子、被宣告缓刑的犯罪分子、被宣告假释的犯罪分子都必须履行下列共同义务：（1）遵守法律、行政法规，服从监督；（2）按照执行机关、考察机关的规定报告自己的活动情况；（3）遵守执行机关关于会客的规定；（4）离开所居住的市、县或者迁居，应当报经考察机关批准。根据《刑法》第39条的规定，被判处管制的犯罪分子未经执行机关批准，不得行使言论、出版、集会、结社、游行、示威自由的权利。根据《刑法》第58条的规定，被剥夺政治权利的犯罪分子，在执行期间，应当遵守法律、行政法规和国务院公安部门有关监督管理的规定，服从监督；不得行使本法第54条规定的各项权利。对于依法需要监外执行的罪犯，虽然刑法与刑事诉讼法均未规定其应当遵循的事项，但从其作为正在服刑的罪犯这一特殊地位来讲，其在社区矫正期间应当履行与被判处管制的犯罪分子、被宣告缓刑的犯罪分子、被宣告假释的犯罪分子相同的刑事义务，当无疑义。①

问题是，为了加强对社区矫正对象的管理、监督和教育改造，社区矫正机关能否对矫正对象附加义务？如社区矫正法立法草案中曾规定：有劳动能力的矫正对象，必须参加社区服务。这样的规定合法吗？笔者认为，这种做法是不妥的，也是违法的。社区矫正是针对轻微犯罪分子或者经过监狱改造、没有犯罪危险性的罪犯进行行为、心理矫正的活动，矫正方式的非惩戒性，矫正手段的多样性，矫正机关与被矫正对象之间的非敌意性，是社区矫正区别于监禁矫正的最大特点，在法律之外赋予矫正对象义务，不仅有悖社区矫正的本质，也不符合法治的精神。因此，在法律未明确规定的情况下，社区矫正机关不得随意赋予矫正对象额外的义务。

三、社区影响评估的性质及功能

社区矫正机关对矫正对象的考察，必须有一定的手段，监督考察才会有效。其中矫正对象对社区影响的评估，就是一项重要的手段。社区影响评估，指社区矫正机关和工作人员根据对社区矫正对象一定时期的监督、考察、教育、帮扶，

---

① 当然1988年7月9日最高人民检察院、公安部、司法部曾发布《关于不允许暂予监外执行的罪犯外出经商问题的通知》，其中规定，如果确实因为生活需要，在不影响对其实行监督考察的情况下，经执行机关批准，可以在居住地自谋生计，家在农村的，可以就地从事农副业和小商品生产；对于未经批准，擅自离开居住地到居住地以外的县市医治疾病或接受护理的，不能计入服刑期，情节严重的，要严肃处理。

就其行为纠偏、心理矫正程度以及是否继续社区矫正进行的综合性的评估。因此，这种评估实际上就是被矫正对象的人身危险性的评估，是判断矫正对象人身危险性大小及其程度的重要依据。

在社区矫正工作中，社区影响评估极为重要。按照两院两部《通知》精神，社区矫正的任务主要包括以下三项：一是按照我国刑法、刑事诉讼法等有关法律、法规和规章的规定，加强对社区服刑人员的管理和监督，确保刑罚的顺利实施；二是通过多种形式，加强对社区服刑人员的思想教育、法制教育、社会公德教育，矫正其不良心理和行为，使他们悔过自新，弃恶从善，成为守法公民；三是帮助社区服刑人员解决在就业、生活、法律、心理等方面遇到的困难和问题，以利于他们顺利适应社会生活。由于不同的矫正对象，其犯罪性质不同，判处的刑罚不同，据以社区矫正的理由不同，因此其人身危险性也各异。社区矫正机关要完成社区矫正的任务，取得预期的矫正效果，就必须贯彻刑罚个别化原则，对不同的对象采用不同的矫正措施或手段。为此，只有通过规范的、科学的罪犯对社区影响的评估，才能确定有针对性的、行之有效的矫正手段和方法，配置相应的矫正资源。

社区影响评估的形式为书面报告，其内容大致应包括：罪犯所犯罪行的性质；犯罪的原因；人民法院对其原判刑罚的种类和刑量；罪犯对所犯罪行的认罪态度、悔罪表现；相关部门对罪犯改造程度的结论性意见；罪犯在本社区内的社会关系情况；罪犯本人的文化程度、有无生活技能、性格、身体状况等。社区影响评估，应当根据情况分为初评、中评和终评三种。初评，是社区矫正机关在接受了矫正对象后，根据移送机关（如法院）的判决书等法律文书、对矫正对象的基本情况的考察所做的评估。中评，是社区矫正机关对矫正对象进行一段时间的监督、考察、教育、帮扶后，对其在社区内的表现和改造情况进行的评估。终评，则是在社区矫正期限届满时，就社区矫正对象的矫正情况进行的终结性的评估。不同时期的社区影响评估具有不同的功能，其中，初评是对社区矫正对象分类矫正的基础。没有对被矫正对象的社区影响评估，就不可能进行针对性的分类矫正，而不加区分的行刑，不仅浪费有限的矫正资源，而且必然不会取得良好的矫正效果。中评是对社区矫正对象在社区内改造情况的评估，是决定矫正机关是否改变矫正方法、矫正对象是否继续社区矫正的前提。一些社区矫正对象经过一段时间的矫正，有了较大的进步，遵纪守法，表现积极，真诚悔罪，甚至做出较大贡献，矫正的方法就应当由原来的监督、管理、约束教育为主，改为鼓励、帮扶为主；相反，如果矫正对象没有进步，反而明显违反法律、法规及管束规定，情节严重的，就要考虑是否收监执行或执行原判刑罚。而终评则是因为社区矫正期满所做的结论性评估。由于我国现行法律还没有赋予社区矫正机关延长社区矫正时间的权力，也没有规定人民法院根据社区影响评估报告裁定延期矫正或缩短矫正期限，因而终评往往取决于矫正期限的完结。

值得注意的是，社区矫正中的社区影响评估不同于法院判决前的人格调查报告。判决前的人格调查报告（pre - sentence investigation），是指在法院判刑前，由专门机构对犯罪人的犯罪背景、一贯表现等进行专门调查，并对其人身危险性和再犯可能性进行系统的评估，然后将调查与评估报告提交给法院，供法院在量刑时参考的一种制度。① 显然，人格调查报告是为法院量刑服务的，调查结论对量刑的结果有着一定的影响，尤其对于未成年犯是如此。我国刑法虽然没有判决前人格调查报告的规定，但由于我国刑法对于人民法院宣告缓刑的判决，要求必须满足“宣告缓刑对所居住社区没有重大不良影响”条件，因此可以认为，人民法院对于被判处拘役、3 年以下有期徒刑、犯罪情节较轻、有悔罪表现、没有再犯罪危险的犯罪分子，在决定对其适用缓刑时，必须考虑缓刑宣告后缓刑犯可能给所居住社区的影响。如果没有重大不良影响，则可以（或者对未成年人、75 周岁以上的老年人应当）宣告缓刑，如果有重大的不良影响，则不得宣告缓刑。由于没有相应的法律规定和司法解释，在称谓上有的叫做人格调查报告，也有的叫做社区影响评估报告。至于由谁来进行调查或者评估，各地的做法也极不统一。有的法院委托司法行政部门对被告人进行社区影响评估，有的则自己进行评估，有的法院根本不考虑被告人宣告缓刑后对社区的影响，甚至在司法行政机关向法院提交了被告人不宜社区矫正、因而建议法院不宣告缓刑的情况下，仍然宣告缓刑。这不仅关系到刑法规定的缓刑制度的贯彻，而且影响到社区矫正的效果。为了正确适用法律，维护法律的尊严，实现刑法适用的效益，最高法院有必要对此作出统一的解释。我们认为，无论称谓如何，在判决前所做的被告人对社区影响的评估，其功能主要是为缓刑宣告提供事实依据，其与社区矫正中的社区影响评估在性质、功能等方面还是有所区别的。当然，由于缓刑宣告后紧接着就是对缓刑犯的社区矫正，因而其也具有初级社区影响评估的性质。

---

① 参见梁根林、张立宇主编：《刑事一体化的本体展开》，法律出版社 2003 年版，第 470 ~ 471 页。

关于社区矫正立法

王志亮*

教育刑实施以来，行刑实践证明，监狱在封闭的环境里执行刑罚惩罚教育罪犯，始终存在影响行刑效果的诸多问题，其中最大的不可克服的悖论就是封闭性措施与自由目的之间的矛盾。因此，各国仍在继续探索执行刑罚惩罚改造罪犯更加有效的行刑方式，为何不在开放的社区环境里执行刑罚惩罚改造罪犯呢？由此社区矫正就应运而生了。不论是在全国，还是在上海，社区矫正绝不是缓刑、假释或称为非监禁刑的翻版或克隆，而是创新的行刑实践，有必要进行社区矫正立法。

一、社区矫正的开展

2002 年 8 月，北京市密云县开展了罪犯社区矫正实践探索。2002 年 8 月，上海市在徐汇区、普陀区和闸北区开展社区矫正试点工作。在 2003 年 7 月 10 日，最高人民法院、最高人民检察院、公安部、司法部联合发布《关于开展社区矫正试点工作的通知》，阐明了开展社区矫正试点工作的重要意义，论述了社区矫正的基本内容，对在一些地区开展社区矫正试点工作进行了具体部署。

2004 年 5 月 9 日，司法部印发《司法行政机关社区矫正工作暂行办法》，较为详细地规定了社区矫正的概念、原则、目的、任务、适用范围、管教办法、法律依据及法律监督，以及社区矫正工作机构、人员及其职责，还有社区服刑人员的接收、社区矫正措施、社区矫正终止，向社区矫正规范化、统一化、标准化迈出了很重要的一步。2004 年 6 月 28 日至 29 日，在开展社区矫正试点一周年之际，北京在怀柔雁栖湖召开社区矫正工作交流研讨会。从全国社区矫正试点工作的发展规划来看，司法部研究决定，下一步准备将试点省份在原来 6 个的基础上再增加 12 个，扩展到 18 个。由此可见，社区矫正不是一项短期试点的工作，而是一项宏大的司法体制与刑罚执行制度的改革与完善，其前景广阔。

2005 年 1 月 20 日，最高人民法院、最高人民检察院、公安部、司法部联合发布《关于扩大社区矫正试点范围的通知》。该通知指出，2003 年以来，按照最

---

* 上海政法学院刑事司法系教授，法学博士，侧重于刑事法学的教学与研究。

高人民法院、最高人民检察院、公安部、司法部《关于开展社区矫正试点工作的通知》和全国社区矫正试点工作会议精神，北京、天津、上海、江苏、浙江和山东6个社区矫正试点省（市）积极探索，试点工作取得了一定成效。为进一步推动社区矫正试点工作的深入开展，经研究决定，将河北、内蒙古、黑龙江、安徽、湖北、湖南、广东、广西、海南、四川、贵州、重庆12个省（区、市）列为第二批社区矫正试点地区。由此，社区矫正试点工作扩大到18个省（区、市），包含了中国经济最发达的东南沿海地区、发达的中部部分省份以及不够发达的西部省（市、区），以便更全面地探索中国特色的社区矫正之路，广泛地积累经验，为全国性的社区矫正工作的开展打下坚实的实践基础。

2006年10月11日，中国共产党第十六届中央委员会第六次全体会议作出《关于构建社会主义和谐社会的决定》，指出社会和谐是中国特色社会主义的本质属性，是国家富强、民族振兴、人民幸福的重要保证。构建社会主义和谐社会是一个不断化解社会矛盾的持续过程，完善刑罚执行制度，积极推行社区矫正，有助于更加积极主动地正视矛盾、化解矛盾，最大限度地增加和谐因素，最大限度地减少不和谐因素，不断促进社会和谐。

2008年12月，中央政法委员会《关于深化司法体制和工作机制改革若干问题的意见》（中发〔2008〕19号）明确要求，完善减刑、假释、保外就医、暂予监外执行、服刑地变更的条件和裁定程序，对推进社区矫正工作提出了明确指示。对轻微犯罪、未成年人犯罪，按照教育为主、惩罚为辅的原则，实行宽缓处理，尽量教育挽救，增加社会和谐。打击犯罪、改造罪犯的目的是为了遏制犯罪，减少社会对抗，促进社会和谐稳定。这也是深化司法体制和工作机制改革、落实宽严相济的刑事政策的重要目标。司法行政部门、公安机关特别是监管场所要把教育人、改造人放在第一位，切实提高教育改造质量，真正使犯罪人员痛改前非、重新做人；对于不收监关押的，要在党委和政府的领导下，建立有效的社会监督、管理、教育、矫治机制，强化社会教育改造罪犯的功能，真正在社会上、家庭中把他们教育改造好。

2009年9月23日，最高人民法院、最高人民检察院、公安部、司法部联合下发了《关于在全国试行社区矫正工作的意见》，对全面试行社区矫正的指导思想、基本原则、适用范围和主要任务作出了全面部署。当前，我国正处于改革发展的关键时期，维护社会和谐稳定的任务十分繁重。全面试行社区矫正工作，对于贯彻落实中央司法体制和工作机制改革部署，推动社区矫正工作深入开展，对于最大限度地增加和谐因素，最大限度地减少不和谐因素，维护社会和谐稳定，具有重要意义。

二、应设置社区刑

从 2002 年上海推行社区矫正试点工作以来，现在全国正式施行社区矫正。毫无疑问，社区矫正是指在开放型社会环境内对特定罪犯的刑罚执行活动，这样的表述基本上是没有争议的。社区矫正的特定罪犯通常包括管制犯、拘役犯、缓刑犯、假释犯、监外执行犯五类罪犯，但社区矫正的法律定性是什么呢？是刑罚种类，还是刑罚执行方式？以及其他……

1. 社区矫正的法律定性。综合实际情况来看，社区是人们在社会上从事生产、生活的地理空间，矫正是指改正、纠正的活动；在我国现行法律框架内，社区矫正是指在开放型社会环境内对特定罪犯的刑罚执行活动，严格意义上讲，社区矫正，既不是刑罚种类，又不是刑罚执行方式，而是指行刑场所。现行《刑法》总则第三章刑罚中，第一节规定了刑罚的种类，从第二节到第八节依次细列了刑罚种类，分别为管制、拘役、有期徒刑与无期徒刑、死刑、罚金、剥夺政治权利、没收财产，没有“社区矫正”字样的表述规定。可见，“社区矫正”不是刑罚种类。

根据现行刑法、刑事诉讼法、监狱法的规定来看，被判处管制、拘役的罪犯由公安机关执行，被判处有期徒刑、无期徒刑、死刑缓期二年执行的罪犯由监狱执行，不论是由公安机关执行，还是由监狱执行，均属于行刑机关在封闭的监禁环境里行刑，这是我国长期以来对死刑立即执行外的自由刑的常规执行方式。现行《刑法》总则第四章刑罚的具体运用中第五节规定了缓刑、第七节规定了假释，现行《刑事诉讼法》第四编执行中，第 214 条至第 216 条规定了监外执行，第 217 条规定了缓刑的执行，第 221 条规定了假释的执行；《监狱法》第三章刑罚的执行中，第三节规定了监外执行，第四节规定了假释的执行；三部法典中均没有社区矫正的规定。可见，缓刑是常规行刑方式的行刑前变更执行方式，假释、监外执行同属于常规行刑方式的行刑中变更执行方式，变更执行方式的结果表现为“把在封闭的监禁环境里行刑改变成在开放的自由社区环境里行刑”，社区矫正也不是刑罚执行方式。

那么社区矫正的法律定性究竟是什么呢？如果说刑罚是源概念，那么刑罚执行方式就是上游概念，刑罚执行场所就是中游概念，刑罚执行活动就是下游概念。从法理和实践上讲，刑罚是应对犯罪的法定措施，判决的刑罚必须要执行，执行方式有常规执行方式、变更执行方式两种，而执行方式必然引出执行场所，这是行刑必不可少的空间环境，行刑活动必须在具体确定的行刑空间环境里展开。从刑事法律规定、刑事司法实践上看，拘役、有期徒刑、无期徒刑、死缓是在封闭式的场所——监狱执行的，管制是在开放式场所——社区执行的；作为常规行刑方式的变更执行方式，缓刑、假释、监外执行将刑罚的执行场所由封闭的监狱变更为开放的社区。《刑法修正案（八）》第2条、第13条、第17条明确规定“对管制、缓刑和假释的犯罪分子依法实行社区矫正”。由此，确立了社区矫正的刑罚执行地位，这对于把“依法治国”贯彻落实到“依法行刑”是至关重要的，对于确保实施社区矫正依法进行有重大意义。可见，在我国的刑事法律、刑罚执行实践中，社区矫正定性是在行刑活动的层面上，属于社区矫正的初级形式范畴；就现在来看，在刑罚范畴内，社区矫正就是下游概念。综合各国的情况来看，社区矫正可谓是四位一体，既是刑罚种类——社区刑，又是行刑方式——开放式，还是行刑场所——在社区，还是行刑活动——社区矫正。

而我国目前所作的，仅仅是在处理1983年劳改工作[①]从公安部划归司法部的历史遗留问题，当时监狱工作虽划归到司法部的门下，但并没有涉及“管制的执行以及缓刑、假释、监外执行的变更执行工作”。从此以后，由于公安机关的警力不足、经费紧缺、没有专门的编制，使缓刑、假释、监外执行的工作大打折扣，几乎成为纸上谈兵——只能落实在材料汇总的层面上，而管制的判决数更是微乎其微，因而谈不上规模执行的问题。我们今天所倡导和实践的社区矫正，从本质内容上看，仅仅是在规范、强化“管制的执行以及缓刑、假释、监外执行的变更执行工作”。

2. 应设置社区刑。在外国，社区刑又称为社会刑，包括社会劳动或称社会服务、社会耻辱两种。社区刑是从短期监禁刑的替代措施演变而来的，第一个具有现代意义的社区服务始于1966年的美国加利福尼亚州，主要是针对不能支付交通罚款的交通违规者适用。社会劳动或者称为劳动、社会劳动、社区劳动、强制劳动等，是指强制犯罪人在社会上无偿劳动的刑罚措施。英国最早在1973年《刑事法庭权力法》中创立“社区服务”的刑种，即法官可以判令犯罪人在社会上无偿劳动，以弥补因其罪行给社会和个人造成的损害。整个20世纪80年代，欧洲国家更加实用主义化并奉行经济节俭原则，1986年欧洲理事会发表了以“监禁刑的替代措施”为题的报告。很多欧洲国家都在为刑事司法机器过度耗费了税收和监狱收容能力极度短缺而头痛，为了克服刑事司法制度中存在的问题，

---

① 劳改工作全称为劳动改造工作，新中国成立初我国实行全面倒向苏联的外交政策，有关政治、法律等方面的术语均移植于苏联，如苏联专家参与我国行刑方面的立法，1954年我国颁布实施了劳动改造条例，行刑机关统称为劳改机关、行刑工作称为劳改工作，直至1994年监狱法颁布实施后行刑机关称为监狱。

欧洲各国分别采取了相应措施，社会服务刑就是其中之一。丹麦 1982 年推行社会服务判决，取代短期监禁刑；在 1992 年对《刑法典》补充增加了专门规定“社会服务”的章节。芬兰 1990 年 12 月 4 日通过法令把社会服务确定为刑罚体系的一部分，试行期 3 年，1996 年 12 月 1 日颁布法令正式把社会服务确定为刑罚方法。[①] 现在，社区刑是欧美国家惩治犯罪轻微的罪犯较为普遍的刑罚措施。社区刑制下，犯罪人在社区志愿者的帮助下，无偿地从事一些工作，如保养草坪、检修保养公共设施、美化环境、帮助养老院的老人等，或者从事与他们个人技能相适应的社区服务项目。

虽然我国《刑法修正案（八）》确立了社区矫正的刑罚执行活动的地位，但由于缺失源头概念—刑罚种类、上游概念—行刑方式、中游概念—行刑场所，不免有无源之水，无本之木的困惑，皮之不存毛将焉附。因此，我国的社区矫正法律定性应从源头上考虑解决，应设置社区刑。严格的法律意义上，简而言之，社区刑是指在社区对罪犯进行监管、教育、劳动的刑罚种类。设置社区刑是正本清源之举，不仅必要而且可行。[②] 实践中，有些部门作了有益的探索。2001 年 8 月 22 日《北京晚报》报道，河北省石家庄市长安区人民检察院向 17 岁的黎明（化名）发出了中国第一道“社会服务令”。社会服务令中写道：“黎明，我院已收到石家庄市公安局长安分局移送审查起诉你涉嫌盗窃一案。因你犯罪时未满 18 周岁，犯罪情节轻微，为维护未成年人的合法权益，对失足的未成年人坚持教育为主，惩罚为辅的方针，现指令你到居委会进行无偿社会服务。”在社会服务令生效以后，黎明在石家庄市长安区一居委会，以“社会志愿者”的身份进行了 100 小时的补偿、无薪社会服务。服务的内容主要是帮助居委会做一些事务性的工作，此外还为居委会办暑期足球培训班，当教练做指导。[③] 上海市长宁区人民法院自从 2003 年以来向部分未成年犯发出“社会服务令”，已有 21 名罪犯到老年护理院充任“义工”。这种方法对于未成年犯的改过自新起到了积极作用。

三、社区矫正的立法

现在，我国举国上下都在倡导实践“依法治国”、“建设法治国家”的宏伟

① 参见《芬兰刑法典》，于志刚译，中国方正出版社 2005 年版，第 8～37 页。

② 参见郭建安、郑霞泽主编：《社区矫正通论》，法律出版社 2004 年版，第 454～460 页。

③ 参见丁文亚：《中国发出第一道“社会服务令”》，载《北京晚报》2001 年 8 月 22 日，第 2 版。

工程，要求各行各业都要依法办事。行刑工作更应如此，社区矫正试点工作也不例外，各项司法改革均应在法律范围内进行，这样才能彰显法律的严肃性，而不能“破法”行刑、“违法”改革，因为现行《刑法》明确规定了“罪刑法定原则”。否则，在刑事司法实践中会引起争议，影响法律的严肃性、统一性，司法机关有“违法执法”的嫌疑。例如，2004 年 1 月 14 日，辽宁省普兰店市法院对一位在专卖店抢手机构成抢夺罪的在校中专生，不是判处刑罚，而是判处“到该市某社区无偿劳动”，在当地引起争议。该法院副院长孙德俊解释说，“在量刑上，我们细化和延伸了刑法中关于管制方面的有关条款，判处他到社区服务改造”。[①] 但是，有关专家对此做法提出质疑，我国刑法中并没有可以判处犯罪人到社区服务以抵消刑期的规定，因此普兰店法院的判决缺少相应的法律依据。为规范现在的试点工作、为将来的社区矫正积累立法经验，首先，应由全国人大常委会作出《关于社区矫正试点工作的立法授权的决定》，授权试点省市的人大制定有关地方性法规；其次，根据全国人大常委会的授权，试点省市的人大制定地方性法规，规定开展社区矫正的试点工作。这样，社区矫正试点工作具有了立法依据，做到了程序合法与实体合法并举，符合“依法治国”、“建设法治国家”的要求。经过一定时间的试点工作，立法条件成熟时，再考虑社区矫正的立法问题。现在，社区矫正立法取得重大突破。《刑法修正案（八）》，规定“对管制、缓刑和假释的犯罪分子依法实行社区矫正”，由此确立了社区矫正的刑罚执行地位，必将推动社区矫正相关制度及队伍建设的配套立法完善。在 2011 年 3 月召开的全国社区矫正座谈会上，司法部领导明确指出社区矫正的一系列配套立法工作正在紧锣密鼓的开展，立法进程的提速标志着社区矫正工作已迈入加速发展的新阶段。

1. 国外的社区矫正立法。实行社区矫正的国家，不仅在刑法和刑事诉讼法中明确规定有社区刑种类和执行制度，而且也有专门的社区矫正立法，还有包括社区矫正的综合性的刑罚执行法。专门的社区矫正的法律，是有关社区矫正工作的专门性法律规范。例如，美国明尼苏达州，在 1973 年通过了《社区矫正法》，到 1996 年美国有 28 个州通过了社区矫正或类似于社区矫正的地方性法规。单独的社区矫正法规，是针对某一社区矫正对象或措施的专门性的法律规范，如日本《缓刑执行保护观察法》，新西兰的《假释法》。

从国外社区矫正的法律规定来看，社区矫正立法具有明显的综合性和相兼容

---

① 董伟：《社区服务令代替刑罚引发争议》，载《中国青年报》2004 年 3 月 26 日，第 7 版。

性，兼有实体法、程序法和组织法、行刑法的内容。社区矫正立法因联邦制和单一制国家的国体不同而有所区别，联邦制国家的社区矫正立法形式较为灵活多样，而单一制国家的社区矫正立法则较为固定单一。社区矫正立法因国情而异，英国在2000年颁布的《刑事审判法》中规定了社区矫正的内容，而美国则由各州来制定社区矫正法律规范。社区矫正立法呈现出国际法化的发展态势，不仅联合国制定的一些刑事司法规则包含有社区矫正法律规范，如联合国《囚犯最低限度标准规则》、《监禁替代措施》、《非拘禁措施最低限度标准规则》以及《少年司法最低限度规则》，而且不同地区的成员国缔结的一些条约和规则也包含有社区矫正法律规范，如欧盟颁布的《欧洲社区制裁与措施规则》等。

2. 关于我国社区矫正的立法。关于社区矫正的立法，可考虑从微观、宏观两个方面来解决。在微观上，应将管制、拘役这两种刑罚措施改造成社区刑，以生命刑、自由刑、社区刑重构我国刑罚体系的主刑部分，以缓刑、假释、监外执行作为连接社区刑与自由刑、生命刑的双向通道，并规定刑种易科制、判决前的犯罪人调查制。宏观上，社区矫正立法有两种不同的出台形式，第一种是独立成典的“社区矫正法”，第二种是包含社区矫正的“刑罚执行法”。社区矫正立法不论采取何种出台形式，其内容都是具体明确的，应该涵盖以下8部分内容。

第一部分“总则”，内容包括社区矫正的概念、目标、任务、基本原则、相关机构的职责和其他一般性规定。第二部分“社区矫正对象”，内容包括适用社区矫正的各类罪犯，应明确的规定可以或者应当适用社区矫正的犯罪人种类。第三部分“社区矫正机构”，内容包括社区矫正工作的领导机构、社区矫正工作的管理机构、社区矫正工作的执行机构及其不同的具体职能，应该明确规定社区矫正工作的经费来源等。第四部分“社区矫正工作人员”，应规定社区矫正工作人员的法律地位、职权和职责、任职资格等内容，社区矫正工作人员分为两类，一类是专业社区矫正工作者，另一类是非专业社区矫正工作者，包括准专业人员、志愿人员等。第五部分“社区矫正工作程序”，内容包括开展社区矫正工作的具体程序以及各种相关的法律程序或者手续等。第六部分“社区矫正的监督管理”，主要规定社区矫正工作的具体监督管理内容，包括日常管理、调查、监督、奖惩等工作事项。第七部分“社区矫正的教育矫正”，主要规定社区矫正工作的具体教育矫正内容，包括日常生活教育、道德教育、文化教育、职业教育、心理教育、心理矫治等工作事项。第八部分“社区矫正的社会工作”，主要规定社区矫正工作的具体社会工作内容，不仅包括个案工作、小组工作、社区工作等直接工作方法，也包括社会行政等间接工作方法。

社区矫正工作的开展，仅仅是社区矫正工作的初级阶段，实际上是在解决

1983年监狱工作划归司法部的历史遗留问题，需要不断发展完善过渡到集刑罚种类、行刑方式、行刑场所三位一体的社区矫正的高级阶段。我国的社区矫正工作，既要顺应当今世界行刑的发展趋势，也不能急于求成，更不应急功近利，而应稳步推行，纳入到法制轨道上来依法进行，才符合建设“法治国家方略”的要求。

3. 关于“刑罚执行法”创制。就主刑的执行情况来看，我国的刑罚执行机关多元化，行刑工作杂乱不统一，法律规范分散。死刑立即执行由法院承担，死刑立即执行的法律规范分散在刑法、刑事诉讼法中；死刑缓期二年执行、无期徒刑、3年以上有期徒刑的执行由监狱负责，相关的执行法律规范规定在监狱法里；现在，社区矫正的立法又摆上了立法议事日程。就行刑的立法现状而言，分散的立法模式看起来方便，但总体上把握则显得零乱，不好操作。考虑到刑事法律体系完善，实体法——刑法、程序法——刑事诉讼法、执行法——刑罚执行法的对等、协调、递进的逻辑顺序完备，应制定刑罚执行法。从整体、宏观、长远来看，制定统一的刑罚执行法，并将行刑权集中由司法行政部门行使，应是我国行刑法制发展的方向。制定刑罚执行法有利于构筑完整的刑事法律体系，有助于统一和完善刑罚执行工作，克服刑事法律之间的脱节与矛盾，有效地解决刑罚执行工作不统一带来的种种弊端。

应将社区矫正立法与监狱法的修改一并考虑，并且把死刑立即执行的法条也纳入进来，统一取名为刑罚执行法，遵循法律出台修改先实体再程序后执行的自然逻辑顺序，即刑法—刑事诉讼法—刑罚执行法，而不宜搞单独的社区矫正法，理由为2000年《立法法》第8条明确规定“犯罪和刑罚，只能制定为法律”。从立法论来讲，以“犯罪和刑罚”为内容的立法包括：刑法——规定实体性“犯罪和刑罚”内容的法律规范、刑事诉讼法——规定程序性“犯罪和刑罚”内容的法律规范、刑罚执行法——规定执行性“犯罪和刑罚”内容的法律规范。将社区矫正立法与监狱法的修改、死刑立即执行的法条也纳入进来，一并考虑，统一取名为刑罚执行法，不仅符合《立法法》第8条规定的要求，避免刑罚执行规范分立的弊端，而且也便于解决刑法、刑事诉讼法、刑罚执行法立法地位、立法规格平等的问题。

从方法到机制：社区矫正的模式与反思

——以社区矫正“入刑”为契机

刘崇亮*

一、问题的提出

“在福柯的描述中，刑罚制造了一种通过监视（surveillance）、分类（classification）和检查（examination）的个体控制新技巧，这种规训形式是一种新的权力方式的具体化。”① 当刑罚执行是一种方式的时候，对于人类社会来说，罪犯处遇是基于国家主义的立场，合理运用权力控制的一种特定技术。作为这种特定技术之一的社区矫正，自2003年试点工作开展以来，随着经济和社会情状的发展，本应随声附和，但至少在刑法修正案（八）出台之前，非监禁刑的执行处于高度美化②而实际又只是处于一种单纯的罪犯处遇方法的境域，并没有形成一种完善而又娴熟的犯罪控制与罪犯处遇的综合运行机制。在这种方法过渡到机制的转型期间，③ 随着我国刑法修正案（八）的出台，刑罚结构发生了重大的变化，理论界一直呼吁的二元结构式的罪犯处遇模式已初显趋势。正是在此种背景下，设施内处遇与社会内处遇的二元结构的形成势必对当前罪犯处遇模式造成强烈冲击，初步走上罪犯处遇历史前台的社区矫正，是对罪犯社会内综合处遇机制

---

* 上海政法学院刑事司法学院讲师，法学博士，社区矫正研究中心研究员。

① Roger Matthews，Doing Time：An Introduction to the Sociology of Imprisonment，ST. MARTINSPRESS，1999，p26.

② 近年来，关于社区矫正制度相较于监狱行刑制度的巨大优势，一些媒体及研究者通常会引用实践中的数字来说明，如《法制日报》2009年10月21日报道：截至目前，全国27个省市、208个地市、1309个县区市、14202个乡镇开展了社区矫正试点工作，试点地区累计接收社区服刑人员35.8万人，解除矫正17.1万人。6年来的社区矫正试点经验证明，是适合中国国情，具有强大的生命力，取得了良好的社会效果和法律效果。据统计，社区服刑人员在矫正期间的重新犯罪率一直维持在0.2%左右。载凤凰财经，http://finance.ifeng.com/roll/20091021/1359116.shtml。

③ 这期间大致可以认为是自2003年7月11日“两高两部”联合下发《关于开展社区矫正试点工作的通知》至今。

形成的关键。但若依照过渡时期的处遇观念和控制技巧，那种改革前零散式的处遇方法仍无本质改观，只不过是披着“社区矫正”的外衣而已。所以应当在过渡期的实践经验基础之上，借助《刑法修正案（八）》对刑罚结构的重大调整之契机为视角，对社区矫正的现存模式进行深入分析，对更为适合中国当前社会现状的未来社区矫正模式进行思考，以实现一种由单纯的刑罚执行方法顺利转型至一种罪犯处遇综合机制。本文尝试着对此问题进行进一步的展开。

二、分散模式现状：一种零散罪犯处遇方法

实务界和理论界对当前中国社区矫正的管理模式所存在的弊端纷纷提出了批评，主要集中在诸如双主体模式的局限、司法行政机关和公安机关的非职业化的缺陷等。① 也提出了制度设计的模式，如有学者指出司法所作为社区矫正的执行机构无法完成其承担的任务，建议建立专业的执行机构。② 应当说，理论界已经充分认识到了当前社区矫正存在的问题，并提出了相对应的建构思路，对当前尚在探索期的社区矫正的完善具有理论和实践价值。但对上述问题的研究可能止于社区矫正的管理模式、组织机构、工作制度，缺少从宏观面概括中国式的社区矫正状态，这样就很难找到问题之真正症结。“如何从中国法制经验出发，提出一般性理论，这是困扰很多法律研究者的问题；其实研究者要成功地完成一般性理论，必须从客观面的事实分析跳跃到主观层面的理论总结。”③ 从中国式社区矫正的经验出发，可以把之界定为具有分散表征的模式，即只是零散式罪犯处遇的一种方法。其主要特征表现如下：

首先，法律性质的模糊。关于社区矫正的法律性质是什么，实务界和理论界意见并不统一。有学者认为，根据“两高两部的通知”精神可以将其定性为与监狱矫正相对应的行刑方式；④ 有的则认为是限制自由刑的保安处分；⑤ 有的认为是对规定的五种罪犯进行的针对性的教育改造的手段和方法。⑥ 其实，要科学

---

① 具体参见武玉红：《对我国社区矫正组织管理模式的思考》，载刘强主编：《社区矫正评论》（第1卷），中国法制出版社2011年版，第397页以下。

② 具体参见但未丽：《社区矫正执行机构重设必要性及基本模式探讨》，载刘强主编：《社区矫正评论》（第1卷），中国法制出版社2011年版，第380页以下。

③ 陈瑞华：《刑事诉讼的中国模式》，法律出版社2008年版，第9页。

④ 查庆九：《我国社区矫正的发展趋势》，载刘强主编：《社区矫正评论》（第1卷），中国法制出版社2011年版，第4页。

⑤ 王顺安：《刑事执行法学通论》，群众出版社2005年版，第469页。

⑥ 李根宝：《对社区矫正工作的认识与思考》，载《法治论丛》2003年第2期。

界定社区矫正的法律性质，必须要分析社区矫正在整个刑事制度中的构成性质，即社区矫正是独立还是依附于刑罚执行系统。这要根据每个国家社区矫正的具体实践作出回答。英美国家的社区矫正制度中，不仅具有刑罚犹豫制度，还有单独的社区服务刑等，社区矫正在刑罚执行中具有别于监禁刑的性质，其被称为“福利主义的刑事制裁”，或称为“中间制裁”。日本学者平野龙一指出，作为刑罚犹豫的附加保护观察，在事实上是具有独立性的替代措施的保护观察，此种措施并不仅作为刑罚犹豫执行的条件，而是作为第三种独立处分出现的。① 在我们国家，社区矫正通常被认为是和监狱的刑罚执行相对应的一种刑罚执行方式，是刑罚执行权的另一种表现形式，这正是造成“两个主体模式的根本原因”。“通知”及“草案”都把公安机关作为执法主体，司法行政机关作为工作主体。需要明确的是刑罚执行权的性质不是刑事司法权，只是行政权的一种。其实，不仅是公安机关，司法行政机关对罪犯实施社区矫正都只是代表国家行使行政权，那种认为司法行政机关不具有执法权的观点是值得商榷的，至于四种特定的罪犯违反相关的治安管理处罚法，刑法修正案（八）则明确规定了由公安机关按照治安管理处罚法处罚。所以社区矫正的法律性质应区别于监狱的刑罚执行的性质，是在刑罚的前提下而又淡化刑罚性质的一种特殊制裁机制，这种特殊制裁机制更多具有“矫正的成分”。

其次，司法权运作的脱节。司法权对罪犯矫正系统的介入被认为符合逻辑的事情。“美国一些地区的法院命令适用于整个矫正系统，另外一些地区法官的命令适用于主要的矫正机构，现在的情况是，最高法院已经认可了特别的监督法官对矫正系统中的执行法院命令的情况进行监督。”② 在法国，每一个大审法院设有一名或数名法官专门负责对刑事裁判的执行，刑罚执行法官对犯罪人的服刑方式及原则在法律规定的范围内依法做出相应的决定；在缓刑决定做出之后，刑罚执行法官有权予以监督管理，并可以视情况决定变更或取消被缓刑人应履行的特定义务。在我们国家的行刑权的运行机制中，司法权与行刑权几乎完全割裂，在法院的刑事判决之后，法官的任务已经完成，而法官本身在对管制刑、缓刑、假释决定就属于一个封闭式的过程，法官依照起诉书中关于定罪和量刑情节，以罪刑法定和罪刑相适应原则为指导原则，对罪犯定罪量刑。所以不管在监狱中的刑罚执行，还是社会内的社区矫正，司法权在判决前及判决后都与之完全脱节，这

① ［日］平野龙一：《矫正保护法》，有斐阁昭和三十八年（1963 年）版，第 44 页。

② Freda Adler, Gerhard O. W. Mueller & William S. Laufer, Criminal Justice: The Core, McGraw－Hill, INC, 1996, p274.

样就造成了刑罚权流水作业的运作。

再次，执行权主体的虚置。公安机关在我国广义的司法机关的结构中，即是治安管理机关，又是刑事侦查机关和刑罚执行机关，在社会管理与控制的角色冲突中，作为刑罚执行机构之一的公安机关，难免成为行刑权主体虚置的境域。监狱作为设施内处遇的机构，“刑罚执行是建立在传统观念上的一种制度，这种传统观念的一部分是内部的，一部分观念代表惩罚。此种惩罚的装置包括监狱官员、心理矫治人员、法官、律师、办公室或其他的工作人员，而这种传统装置是以监狱法的名义组成一个符合内在的逻辑系统，即监狱或其他的名字”。[①] 对于符合内在逻辑系统的监狱刑罚执行而言，它是一个精妙而复杂的罪犯处遇机制。“正如福柯所认为，它（这里是指刑罚组成系统）暗含着和过程发生相关联的形式，这是一个极其重要的问题；它是相当于刑罚和社会调控的策略的一个过程，并不是单个个体或某个机构自觉的产物（conscious products），应该描述成一个产生综合性结果的一个非自觉机制（non - conscious mechanisms）。”[②] 而对于刑罚执行主体的公安机关而言，至少在当前的刑罚执行活动中，它既没有形成一整套完善的执行制度，更没有形成一个所谓精妙而复杂的处遇机制。对社区服刑人员的执行表现在刑法对缓刑、假释、管制的应遵守规定的监督考察，在这种粗放式的执行方式中，它既和前期的司法活动或监狱行刑处于几乎完全割裂的境域，又在众多职能集于一身的职能体系中完全体现不了专业行刑的相应专业技巧。

最后，社会内处遇在行刑结构中处于次生位置。社会内处遇与设施内处遇构成了一个国家对罪犯控制的总和，每个国家因为社会发展状况及刑罚自身的发展传统不一样而存在很大的差异。西方发达国家社会内处遇的罪犯数量要超过设施内处遇。比如，美国伊利诺伊州的罪犯中，设施内处遇的比率为26.6%，而社会内处遇的为73.4%，两者的比例为1∶2.8；[③] 而同期的整个美国，社会内处遇的人数是设施内处遇人数的2.36倍。在韩国和日本，社会内处遇的罪犯人数较西方要少，但也都超过了50%。而在我们国家，在组成的社会内处遇的三种罪犯中，因为“在所有的微观的刑事政策中，对具体刑事活动规制力最强的就可能属于罪犯假释了，其运行模式为：省高院下指标—省监狱局转指标—各监狱用

---

① Rebecca Pates, The end of punishment, Deutsche Nationalbibliografie, 2007, p11.

② David Garland, punishment and welfare, Gower Publishing Company Limited, 1987, p161.

③ 林仲书：《美国伊利诺伊州的社区矫正工作及启示》，载刘强主编：《社区矫正评论》（第1卷），中国法制出版社2011年版，第295页。

指标，导致近几十年来的假释率在2%左右徘徊”。[①] 全国法院从2003年至2007年判决缓刑和管制的人数如表1、图1所示：[②]

表1　2003～2007年法院判处缓刑及管制刑情况表

年份	判决总人数	缓刑	管制	缓刑比例（%）	管制比例（%）
2003年	747096	134927	11508	18.06	1.54
2004年	767951	154429	12553	20.11	1.63
2005年	844717	184366	14604	21.83	1.73
2006年	890755	206541	16166	23.19	1.81
2007年	933156	227959	15882	24.43	1.70

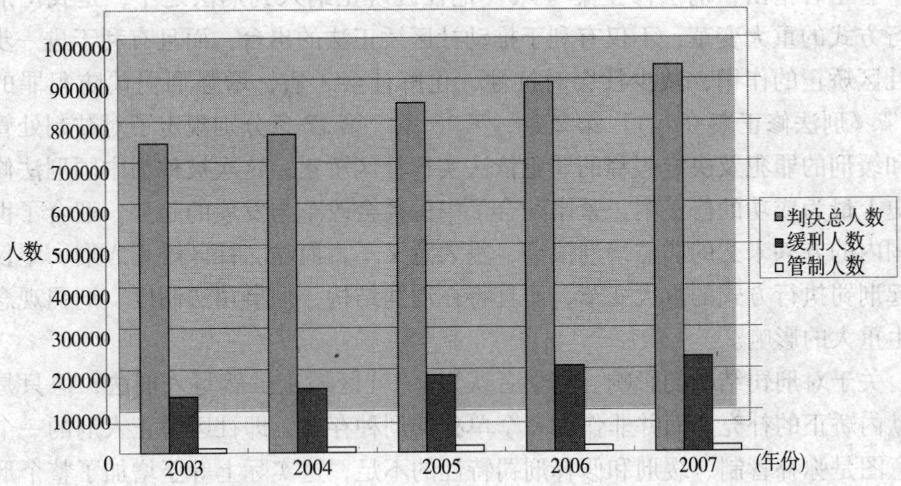

图1　2003～2007年法院判处缓刑及管制刑情况

从表1可以看出，2003年到2007年经过法院判处的缓刑和管制刑总量上处于上升趋势，但是需要指出的是，缓刑虽然5年间连续上升了六个百分点，但是判决人数总量的增速却远远大于六个百分点，达到了25%，管制刑判决率的起伏则变化不大。所以总的来说，从绝对数看非监禁刑是增加了，但是从相比数来看，非监禁刑的判决率在总判决率中是处于下降的趋势。社会内处遇处于依附设

① 刘崇亮：《现代监狱刑事政策与监狱行刑秩序的建构》，载《中国监狱学刊》2009年第4期。

② 本文的数据表中所采用的相关数据来源于《中国法律年鉴》。

施内处遇的尴尬境地，不仅因为数量比率的原因，根本症结在于我们国家的刑罚文化传统。监狱总是被认为有一整套成熟、独成一体的，有效的而从未言明的技术，是个完善的有组织化、有机配合的机制。[①] 而对罪犯在监狱外的处遇，本身就是零散的控制技术，不要说无法形成有机配合的机制，连有效的处理方法都无法提及。在一个高度强调安全的控制社会，法官在面对轻罪案件的处理过程中，因为刑法文本关于缓刑和管制刑本身内容的过于简单，一方面难免形成对这种处遇方法的信任，另一方面社区矫正本身无法形成一种有效的惩罚机制，所以法官对于非监禁刑的选择可能会非常谨慎。

三、牵一发而动全身的社区矫正“入刑”

有学者指出，刑法修正案（八）把社区矫正纳入到刑法之中，是我国刑罚执行方式的重大变革，不仅有利于推动社区矫正法的出台，而且有利于进一步发挥社区矫正的作用，减少社会对抗性，化解社会矛盾，增强刑罚预防犯罪的效果。[②]《刑法修正案（八）》第 2 条、第 13 条、第 17 条分别规定了对被判处管制刑和缓刑的罪犯及决定假释的罪犯依法实行社区矫正，这次被称为中国刑法修正案史上最为成功的修正案，紧密配合了中国社会改革与发展的趋势，迎合了世界范围内的方兴未艾的非监禁刑浪潮，重大意义不言而喻。社区矫正入刑，不仅将引起刑罚执行方式的重大变革，而且将在刑罚结构、刑事司法制度、刑罚观念等产生重大的影响。

关于对刑罚结构的影响。有学者认为：“社区矫正虽然写入刑法，但只是作为狱内矫正的补充，而并非作为一个单独的刑种存在，即社区矫正入刑的一个重要意图是弥补管制、缓刑和假释刑罚特性的不足，这实际上等于增加了整个刑罚结构的刑罚量。”[③] 上述观点值得商榷，通说认为，社区矫正是监禁刑的替代措施，但社区矫正并非狱内矫正的补充，其本质是一种刑罚执行的活动，是针对设施内处置罪犯弊端而设立的，并不会增加整个刑罚结构的刑罚量，相反社区矫正入刑从另一个角度看，在一定程度上会削减刑罚量。刑罚结构作为刑法法典明文规定的刑种及刑罚量大小的一个显性组合，其刑种是确定的，刑罚量大小也是确

① 周光权：《刑法学的向度》，中国政法大学出版社 2004 年版，第 365 页。

② 赵秉志：《刑法修正案（八）（草案）热点问题研讨》，载赵秉志主编：《刑法论丛》(2010 年第四卷)，法律出版社 2010 年版。

③ 贾健、刘远：《刑罚结构调整的理性思考——以〈刑法修正案（八）〉为切入点》，载《山东警察学院学报》2011 年第 4 期。

定的，所以表面上看起来是确定的，是不会被影响的。但从实际上看，刑罚结构中的刑罚量是动态而非静止的。因为虽然刑法条文明确规定了个罪的具体刑罚，但刑罚条文规定的绝大部分为相对不确定刑。“规定罚则称之为法定刑，确定在具体案件中适用刑的加重、减轻科处之刑称之为处断刑，考虑具体的情状，在其范围内确定特定之刑称之为宣告刑。”[①] 我们国家刑法绝大部分个罪的法定刑都有两个以上的档次，通说认为5年以上的有期徒刑为重刑犯，而5年以下称之为轻刑犯。[②] 在5年以下处断刑的决定上，由法官考虑具体减轻情状的，应当成为社区矫正入刑以后主要重点决断的对象。也就是说，社区矫正一旦成为罪犯处遇的另一个主要方式，那么法官改变对社会内处遇的种种弊端的不信任可能会加大宣告刑的选择余地，这样则会改变刑罚结构中的实际刑罚总量。特别是5年以下的有期徒刑的法定刑，具有特定从轻或减轻的处断刑之情形，则如果宣告刑在3年有期徒刑以下，并且符合其他缓刑或管制条件的，在一定程度上，社区矫正的入刑为法官在宣告刑的决定处理上对刑罚结构的实质消减具有重大的意义。我们国家2003年到2007年经过法院判处5年以下徒刑情况如表2所示：

表2 2003～2007年经过法院判处5年以下有期徒刑的情况统计表

年份	判决总人数	5年以下有期徒刑人数	比率（%）
2003年	747096	357991	48
2004年	767951	363012	47.27
2005年	844717	395139	47
2006年	890755	409501	46
2007年	933156	430110	46.09

从表2可以看出，经法院判处5年以下有期徒刑的罪犯在所有判决总人数中占到近45%以上，这也就意味着在这种目前实际刑罚量的配比中，为未来社区矫正趋向于主要罪犯处遇模式奠定了良好的基础，这也将从根本上实质性的改变我国刑罚结构的刑罚量。

---

① ［日］山口厚：《刑法总论》（第2版），有斐阁平成十九年（2007年）版，第393页。

② 在世界范围内的刑罚执行制度中，各个国家对重刑犯和轻刑犯的划分有着巨大差别，主要是因为各个国家的刑罚结构存在巨大的差别。在我们国家的监狱行刑中，通常把判处5年以下的罪犯称之为轻刑犯，这主要是因为在我们国家的刑罚结构中，5年有期徒刑是一个较为明确的界线，关押5年以下有期徒刑罪犯的监狱称之为轻刑犯监狱。

关于对刑事司法制度的影响。在西方国家，特别诸如英美等国，判决前调查报告是对有可能要判处缓刑、实施社区矫正的一个必经程序，是其刑事审判制度中重要的一环。“选择一个合适的判决是刑事司法制度中最为重要的决定之一，帮助法庭完成这项任务基本工具是判决前调查报告（presentence investigation report），此项任务由缓刑官来完成，旨在给法庭提供一个及时、准确、客观和全面的报告。这个报告将提供足够的信息来帮助法庭做出公正的判决，以及帮助矫正和社区矫正官员在他们的监督下管理罪犯。”① 在美国的刑事判决制度中，判决前报告的最主要的目的就是缓刑官对罪犯在被判决缓刑后将会对公众造成何种风险程度的判断，这既和犯罪人利益相关，又和社区安全相关，所以在美国已经形成了一种良好的运行机制。这种良好的审前制度理应成为我们国家的有益经验借鉴。我们国家的社区矫正试点期间，2007 年首例对判处缓刑的庭前社会调查在北京丰台区人民法院运用后，全国各地有些法院在对非监禁刑的审判中已经开始实行，并取得了良好的社会和法律效果。② 但这种制度在我们国家并没有形成法定的判决制度，只是地方性的零散试点，而且有的地方运用不规范，难免影响未来制度的正式确立。特别在刑法修正案（八）把社区矫正写入刑法后，该修正案第 11 条对原刑法第 72 条作了修改。原 72 条规定“根据犯罪情节和悔罪表现”具体为犯罪情节较轻、有悔罪表现、没有再犯罪危险、宣告缓刑对所居住社区没有重大不良影响，这种具体化为判决前调查报告制度的确立提供了实体法上的依据，将对刑事审判制度产生重大影响。另外，刑事诉讼法修正案草案规定《刑事诉讼法》第 271 条为：“在法庭调查中，人民法院应当对未成年被告人的成长经历、犯罪原因、教育改造条件进行了解。”第 274 条规定为对于某些可能判处 3 年以下有期徒刑的犯罪嫌疑人，真诚悔罪，通过被害人赔偿损失、赔礼道歉等方式获得被害人谅解的，当事人可以达成和解协议。上述两个草案条文都有可能涉及被判处缓刑、管制的罪犯进入社区矫正，当刑事诉讼法扩大保护未成年犯和确认刑事和解制度时，判决前调查报告制度可以为社区安全和犯罪人权益建立起一个最好的连接平台。这也是社区矫正入刑之后，刑事诉讼法相对应的修

---

① Publication 107, office of probation and pretrial services administrative office of the united states courts, the presentence investigation report.

② 如 2011 年 4 月，江西鹰潭中院首次在当地司法所的配合下，完成了对一起盗窃案件判决前的社会调查，了解了被告人平时表现、家庭情况，并就被告人对社区是否有危险广泛听取了意见，最终判决为缓刑。记者在最后写道：“进行判决前社会调查，不仅有利于促进司法公正，更有利于以后的社区矫正工作。”资料载光明网－人民法院频道，http://court.gmw.cn/html/article/201104/07/3009.shtml。

改，并在司法实践中，对在适用缓刑、管制、假释过程中，判决前调查报告制度将引起刑事司法领域的变革。

关于对刑罚观念的影响。在日本，类似于社区矫正的保护观察制度的性质，日本学者将其称之为福祉政策下的产物，是第三种性质的处分。"保护观察的对象不是受惩罚的客体，而是需要依照对象不同，而实施处遇的个别化、教育和医疗等多种技术运用机制，基于和刑罚、保安处分的区别，应当视为第三种性质的处分。这是受当代新社会防卫思潮的影响的结果。"[①] 社区矫正在英美被称之为"福利主义的制裁"，而在我们国家，理论界的通说将其相对于监狱行刑称之为"监外行刑"。在我国的刑罚理论通说中，行刑权分为监狱行刑权和监外行刑权，而行刑权又通常界定为刑事司法权。刑事司法权在人们的观念中，是和刑罚、惩罚紧密联系在一起的。社区矫正入刑后，为了规范社区矫正工作，司法部社矫局起草的《社区矫正法》的讨论稿中第1条规定："为了正确执行刑罚，教育改造罪犯，预防和减少犯罪，根据宪法，制订本法。"[②] 这一条的规定和《监狱法》的第1条规定"为了正确执行刑罚，惩罚和改造罪犯，预防和减少犯罪，根据宪法，制定本法"相差不多，即社区矫正法草案中的"教育改造罪犯"并没有出现"惩罚"的字眼，从中能明确看出立法者的用意，即立法者已经意识到作为监外行刑的社区矫正和监狱行刑在刑罚理念上的差别，立法者至少在观念上摒弃了惩罚。

刑法修正案（八）总体上来说较好地贯彻落实了宽严相济的刑事政策，正如前述，社区矫正的入刑将改变刑罚结构中的实质刑罚总量，这主要是指扩大管制、缓刑、假释的适用，而社区矫正法草案中没有惩罚字眼的出现，将更为彻底地坚持了宽严相济的刑事政策。对于一些轻罪的处理及假释罪犯的监督管理，虽然我们无法比拟上述提及的西方所谓的第三种或福利主义的制裁，但至少可以影响我们对过去传统刑罚执行中"惩罚"观念的淡化，那种对抗式的惩罚，在社区矫正中是不该出现的。社区行刑的这种观念也或可影响在设施内的行刑，惩罚在现代社会条件下并不一定是权力式的模式输进，哪怕在监禁的条件下，恢复性的司法理念同样可以产生更好的效果，假释率的扩大适用、半开放式监狱建立、

① ［日］尺登俊雄：《新社会防卫论的展开》，大成出版社平成十八年（2006年）版，第109页。

② 根据《〈社区矫正法〉的立法工作方案》安排，司法部法制司和社矫局在推进《社区矫正实施办法》修改工作的同时，研究起草《社区矫正法》，形成了讨论稿，并组织了实务部门和专家学者对讨论稿逐条进行了讨论修改。

警囚关系的缓和、行刑社会化的力度加大等都可以被社区矫正产生的积极效果而带动起来，从而在某种程度上影响我们国家传统刑罚观念，积极探索国家、监狱、罪犯、社区多维架构式的互动。

三、合作模式趋向：一种新的处遇机制的建构

“像很多别的刑事政策，北美的刑事机制引导判决法庭来鉴别、选择和转处有资格获得监禁替代制裁措施的罪犯，其设计能够发挥实际作用的技术性指导，来区分人身危险性高和人身危险性低的罪犯，选择危险性低的罪犯适用替代性监禁措施，而后又得到缓刑官或其他机构的支持，形成了一个较为成熟的治理系统。”① 而从上述我们国家的社区矫正的现状来看，还远未形成一个非监禁刑的治理系统，分散模式的诸多问题还待完善，但如果我们以刑法修正案（八）的社区矫正入刑对刑事司法制度、刑罚观念和刑罚结构的正面影响为契机，在对试点期间一些有益的经验加以利用，并对发达国家的一些先进做法在可以本土化的基础之上加以借鉴，以形成一种可以称之为“合作模式”的新处遇机制。此种合作模式的思路大致如下：

首先，构建社区接纳罪犯的新机制。社区矫正和设施内处遇最根本的区别之一在于罪犯的处遇环境，监狱对罪犯的影响和控制是全景式和封闭式的，社区则和罪犯存在排斥、冲突同时又是融合与接纳的关系，即使管理主体对罪犯的监督也极大地削弱了刑罚的属性。所以如何在社区最大限度地建立起与罪犯的融合与接纳关系，构建新的接纳机制就显得尤其重要了。通常认为，社区的基本要素主要包括特定人群、一定区域、生活服务设施、社会规范和行为准则、社会调控机构及居民间的一定共属情感等。② 社区功能主要包括社会服务与建设、社会参与与管理、社会控制与社会心理调节等，从属性上而言，社区矫正应当包含于社区功能中的社会参与、管理控制与心理调节的机理之中。自20世纪提倡构建社区以来，中国社区服务的建设事业蓬勃发展，发展情况如图2所示：

---

① Rasmus H. Wandall, Actuarial risk assessment: the loss of recognition of the individual offender, Law, Probability & Risk, 2006.

② 张小虎：《当代中国社会结构与犯罪》，群众出版社2009年版，第464页。

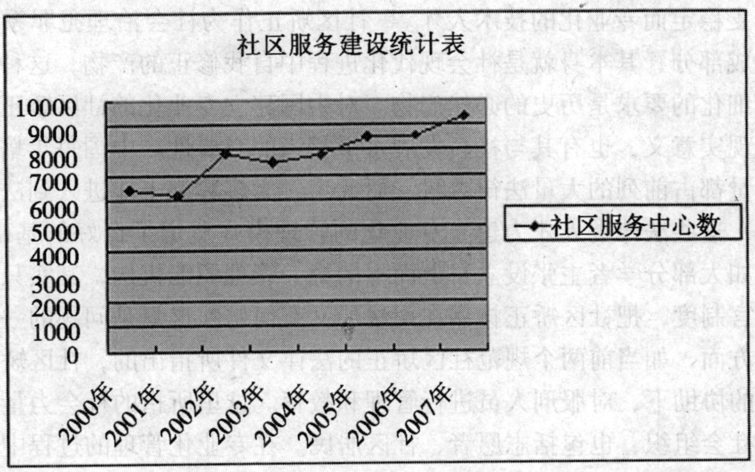

图 2　中国社区服务建设事业发展状况

从图 2 可以看出，社区的壮大奠定了社区接纳罪犯的坚实基础，截至 2007 年，我国社区服务中心已经达到近万个，而 2007 年共判处的缓刑和假释人数为 24.3 万余人，这就意味着平均每个社区要接纳 24.3 个人。如果以社区矫正入刑以后的发展趋势来看，这个配比将逐步提高。面对这种形势，社区与社区矫正管理主体应当建立紧密的联系，社区服务中心可以纳入到社区矫正管理体系的一部分，社区对服刑人员的日常表现、心理状态、帮困扶助、工作学习等方面随时可以报告给管理机构。而管理机构对服刑人员具体事务的管理与执行，可以由社区来配合完成。

其次，构建专业化管理与社会力量配合的机制。在西方，社区矫正的管理模式虽不尽相同，但通常能做到专业化和职业化。当今世界上，社区矫正管理模式主要有两种，一种是警务管理模式，另一种是专业管理模式。在我们国家社区矫正试点前，是由公安机关负责社区矫正的执行，所以总体上来说可以归入到警务管理模式，这种管理模式的弊端已遭到很多学者的批评，正是在这种背景下“两个主体”的管理模式应运而生。然而，这仍然和西方发达国家的专业化和职业化管理存在很大的差距。以加拿大的联邦矫正局为例，其在 2009 年度雇用了近 16500 名雇员（性质为公务员），这只专业性队伍为联邦矫正局提供了必备的专业化知识。其中，矫正官占到整个雇员中的 38%，而另外的 15% 的为缓刑官和矫正计划官，其他的则为在社区矫正中需要的其他技术运作的人员，包括医疗技术人员、心理咨询人员、电子信息人员等。该局在对所有雇员的 2009 年度培训计划中，详细地列举了目标、过程、课程、职业纪律、个人发展计划等，使之确保了一支稳定而专业化的技术人才。[①] 社区矫正作为社会治理犯罪系统中的一个重要组成部分，其本身就是社会现代化进程中自我修正的产物，这种进程中专业化和精细化的要求是历史的必然产物。对中国建立专业化的社区矫正官制度既有重大的现实意义，也有其与社会发展水平相当的必要性。中国每年培养在世界范围内数量都占前列的大量法律本科、研究生，大多数都未能进入到法官、检察官队伍中，这些法律类人才为建立专业化的管理模式奠定了良好的基础。这样，无论是否如大部分学者主张设立自上而下的统一管理职能机构，其实只要建立专业的矫正官制度，把社区矫正挂靠在司法局又有何妨？这只是问题的一方面。

另一方面，如当前两个规范社区矫正的法律文件所指出的，社区矫正应当在社会力量的协助下，对服刑人员进行管理和教育。这里所指的社会力量既包括民间团体、社会组织，也包括志愿者、社区居民。在专业化管理的过程中，如何最大限度地发挥社会力量协助管理主体对服刑人员进行教育、感化、帮扶，最终形成一个配合默契的有效机制，因各地经济社会发展的情况不同，而做法也会不同。从试点工作开展以来，在上海等地已经有一些好的做法，如上海组建了社会帮教志愿者协会，发展了一支5000多人的志愿者队伍；江苏省司法厅与团省委、志愿者协会在全省开展社区矫正志愿者招募活动，现已招募近4000名，与服刑人员基本形成1∶1的比例。当然，形式上不仅要积极创造条件，关键还在于如何做到专业化管理与社会力量之间形成一种完善的配合机制，这才是尤其重要的。这种机制构建的指导性原则在于刑罚性和福利主义的有机结合，体现国家责任主义和社会福利主义的折中。

最后，建立司法权和行刑权合作的运行机制。如前所述，社区矫正入刑以后，对刑事司法制度的影响主要体现在判决前调查报告在审判过程的重要性作用。但是，在构建合作模式的社区矫正机制的方向选择上，判决前调查报告形成制度只是众多环节中的一个，在摒弃原有分散式的处遇方法的思路之上，必须探索建构一种司法、执行及监督三者之间的三位一体、运行通畅、互相衔接、配合默契的“一体化”运行机制。正如“两院两部”的通知规定，社区矫正应在政府的统一领导下进行，公、检、法、司各部门应分工负责，密切协作，予以落实。在此种合作社区矫正模式中，对于社区矫正的法律性质的诠释恰好印证了“单纯把社区矫正的法律性质定位于和监狱行刑相对的一种刑事执行方式”的狭隘，它更多具有区别于监狱刑罚执行的特别制裁机制的性质。比如，法官对社区

① Correctional Services of Canada, Strategic Plan for Human Resource Management 2009 - 2010 to 2011 - 2012, http://www.csc-scc.gc.ca/text/pblct/hrstrat/index-eng.shtml.

矫正的参与，就可说明此种观念的更新。正如笔者此前一直主张在法院内部成立刑事执行法庭或刑事执行法官制度，不但可负责对行刑中的减刑及假释进行裁判，还可以对行刑制度中的一些有可能违反法律的做法进行司法审查，以加强监狱行刑的法制化和规范化。针对社区矫正中法官的参与方面，相较于封闭式的监狱行刑更具有可操作性，如对假释的罪犯在应当遵守规定的执行方面，刑事执行法官应当在对其遵守规定适用的过程中，配合负责社区矫正的专门机关对其进行监督，这种监督是法律技术性的监督，是司法权本身具有对法律在适用过程中解释的机能。① 这种监督和检察监督并不相同。检察监督是对社区矫正中的一些涉及服刑人员的合法权益、执行机关的执行措施及程序是否合法进行监督，多属于程序上或工作责任方面的监督，当然检察监督也是构建合作模式的重要一环。在司法权与执行权合作机制的构建中，公安机关、检察院、法院和司法行政机关在参与社区矫正的过程中，作为专业的管理机关的司法行政机关应当建立联动机制，在司法行政机关职业化管理的基础之上，通过裁判权向后的延伸、检察权适当后置、行政处罚权的直接保障等多方面的合作，真正改变社区矫正原有的零散式的处遇方法，从而形成体现其特殊制裁机制的法律性质。

① 这里指的是，司法权作为实现刑罚权整体运作的调配力量，可以借助于有关司法解释的方式，把一些行之有效的经验做法，最终转化为法律形式。

我国社区矫正制度构建要论

任继鸿*

社区矫正在我国作为行刑制度的依据，是2011年4月25日全国人大常委会表决通过的《中华人民共和国刑法修正案（八）》［以下简称《刑法修正案（八）》］，规定的“依法实行社区矫正”这一概念首次被写入刑法。《刑法修正案（八）》将现行刑法规定的缓刑“由公安机关考察”，修改为“依法实行社区矫正”；被判处管制的犯罪分子也由原来的“由公安机关执行”，改为“依法实行社区矫正”；首次规定对判处管制、宣告缓刑和裁定假释的罪犯“依法实行社区矫正”的相关条款。另外，2003年7月10日最高人民法院、最高人民检察院、公安部、司法部《关于开展社区矫正试点工作的通知》和2004年5月9日司法部《司法行政机关社区矫正工作暂行办法》在目前的法律框架内，特别是在刑罚执行中吸纳社区矫正制度，是具有其现实合法性的，是罪刑法定原则的现实体现。

一、社区矫正概述

社区矫正是社会文明的必然产物，也是社会不断发展、刑事政策日趋理性的重要标志。推进此项工作，不仅是刑罚执行制度的改革，更是预防和减少重新犯罪、维护社会长治久安、推进和谐社会纵深发展的有效举措。社区矫正是与监禁矫正相对的行刑方式，是将符合社区矫正条件的罪犯置于社区之内，由专门的国家机关在相关社会团体和民间组织以及社会志愿者的参与下，在判决、裁定或决定确认的期限内，矫正其犯罪心理和行为恶习，并促使其顺利回归社会的非监禁刑罚执行活动，是对犯罪分子由监狱矫正为中心到社区矫正为重点的转变，是我国刑法改革的重要环节，尤其是刑罚改革的核心内容。

（一）社区矫正概念

我国社区矫正的发展经历了三个阶段。2003年7月10日最高人民法院、最高人民检察院、公安部、司法部联合下发《关于开展社区矫正试点工作的通知》，确定北京、天津、上海、江苏、浙江和山东为社区矫正试点省市，至此社

* 长春理工大学法学院副教授，硕士生导师，法学博士。

区矫正制度被正式启动。随着试点经验的积累和得益于司法行政部门的积极推动，2005 年 1 月 20 日“两院两部”联合下发《关于扩大社区矫正试点范围的通知》，将社区矫正试点扩大到 18 个省（区、市），试行区域既包含了中国经济最发达的东南沿海地区、欠发达的中部部分省份、又包括了不够发达的西部省（市、区），它的基本任务是全面探索具有中国特色的社区矫正之路，为全国性的社区矫正工作的开展打下坚实的实践基础。[①] 2007 年 6 月底，我国社区矫正试点工作已经在全国 25 个省（区、市）的 123 个市（州）、517 个县（区、市）、4189 个街道（乡镇）展开。试点地区累计接收社区服刑人员 114320 人，解除矫正 45226 人，现有社区服刑人员 69094 人。社区服刑人员累计重新犯罪 245 人，重新犯罪率为 0.21%。[②] 2009 年 10 月，“两院两部”联合下发《关于在全国试行社区矫正工作的意见》，根据司法部的统计数字显示截至 2011 年 7 月底，我国社区矫正工作已经覆盖全国 31 个省（区、市）和新疆生产建设兵团，在全国 333 个地（市）、2460 个县（市、区）、32075 个乡镇（街道）开展，分别占全国地（市、州）、县（市、区）、乡镇（街道）建制数的 96%、86%、79%。累计接收社区服刑人员 72.3 万人，在矫人员 33 万人。全国社区矫正工作规模和覆盖面进一步扩大，社区矫正在整个中国大陆区域得到普遍推行。

（二）社区矫正特征

1. 社区矫正的刑罚性

社区矫正在程度上虽与监禁矫正有所不同，但仍是一种刑罚的执行方式。社区矫正绝不是使矫正对象回归社会放任不管。而是在矫正实施过程中，由专门的国家司法机关监管，犯罪分子的行为仍然受到监管和控制。监狱矫正方式，是使犯罪人处于和社会隔绝的封闭环境中，对其自由予以完全剥夺。作为非监禁方式的社区矫正，则是让罪犯在其社区中生活，服刑环境相对开放，对其自由的剥夺程度低于监狱的监禁方式，是一种相对剥夺。

2. 社区矫正的人文性

社区矫正与监狱监禁矫正不同，监禁矫正是在监狱对犯罪分子进行教育改造。社区矫正则是让犯罪分子在其生活的辖区内服刑和改造。一般而言，社区矫正可以让罪犯回家服刑和改造，体现刑法的谦抑性，彰显了社会的进步和人文关怀，表征了舒缓矛盾感化教育，是一种和谐共处的监管改造方式。

---

① 王顺安：《社区矫正理论研究》，中国政法大学出版社 2007 年版。

② 杨翠芬、常素凤：《社区矫正纳入司法体系的法律构建与完善》，载《河北学刊》2008 年第 3 期，第 176 页。

3. 矫正对象的法定性

社区矫正的对象主要是罪行较轻、主观恶性较小、社会危害性不大的罪犯或者经过监管改造、确有悔改表现、不致再危害社会的罪犯。在社区矫正过程中出现的确实不适合在社区服刑或改造的罪犯，仍然要依法采取监狱监禁矫正的方式。

二、社区矫正的范围

社区矫正是与监狱监禁矫正相对的一种非监禁刑罚执行活动，又称社区矫治或社区规制、社区管制。只有从刑罚的行刑活动中才能正确地理解我国的社区矫正。社区矫正可以减轻监狱的负担。由于其非监禁的特点，决定其能够节省行刑成本。根据我国现行法律的规定，社区矫正的适用范围目前主要包括下列罪犯：被判处管制的、被宣告缓刑的、被裁定假释的、被剥夺政治权利，并在社会上服刑的、被暂予监外执行的。[①]

第一，管制是我国刑法的非监禁刑，是指由人民法院判决对犯罪分子不予关押，但限制其一定自由，交由公安机关管束和群众监督改造的刑罚方法。我国刑法中的管制刑与社区矫正的宗旨是相接近的。当然，管制在我国是独创的一种刑罚方法，体现的是依靠人民群众改造犯罪分子的刑罚思想，曾经发挥过重要的作用。

第二，被判处暂予监外执行的包括有严重疾病需要保外就医的；怀孕或在哺乳自己婴儿的妇女；生活不能自理，适用暂予监外执行不致再危害社会的。

第三，假释是我国刑法中的一种行刑制度，具有非监禁化的特征。根据我国《刑法》第 81 条的规定，被判处有期徒刑的犯罪分子，执行原判刑期一半以上，被判处无期徒刑的犯罪分子，实际执行 13 年以上，如果认真遵守监规，接受教育改造，确有悔改表现，没有再犯罪的危险的，可以裁定假释。

第四，被剥夺政治权利并在社会上服刑的，剥夺政治权利是我国刑法中的一种附加刑，可以分为附加适用与独立适用两种情形。附加适用是指对罪行严重的犯罪分子，在判处主刑的同时可以附加剥夺政治权利。附加适用的剥夺政治权利，除死刑立即执行以外，其他情况下都从徒刑、拘役执行完毕之日或者从假释之日起计算。

---

① 参见司法部社区矫正制度研究课题组：《改革和完善我国社区矫正制度之研究》，载《中国司法》2003 年第 5 期。

三、规范缓刑和假释制度确立司法行政机关相关权能

（一）量化规范缓刑和假释的适用条件

《刑法》第 72 条规定的缓刑的适用条件是：犯罪情节较轻；有悔罪表现；没有再犯罪的危险；宣告缓刑对所居住社区没有重大不良影响。第 81 条第 1 款规定的假释适用条件是：认真遵守监规、接受教育改造，确有悔改表现，没有再犯罪的危险的。这些规定过于原则，对于何谓“悔罪”“悔改”“没有再犯罪的危险的”没有具体的评判标准，不利于缓刑和假释的准确适用，甚至容易造成滥用。为此，应对这些规定予以进一步的明晰量化，以便司法实践工作中具体操作。

（二）充实规范缓刑和假释考验期的行为要件

国外立法对缓刑犯和假释犯的行为规范，大都分为必要条件和裁量条件。必要条件是对所有缓刑犯和假释犯都适用的共同条件，如接受有关人员的监督，定期汇报自己的活动情况，不得随意外出等；裁量条件是因犯罪人而异的条件，是否适用由法官酌情决定，如禁止进入特定场所、接受医疗处遇等。《刑法》第 75 条、第 77 条对缓刑犯、假释犯设置了四项行为规范，但都属必要条件，而无裁量条件的规定，且这些规定过于概括，既不易于考察，也缺乏针对性。应当借鉴国外立法，将缓刑犯和假释犯的行为规范区分为必要条件和裁量条件两部分，并且补充完善其具体内容，以提高司法适用的灵活性，同时便于考察机关有效监督。

（三）确立司法行政机关假释决定权

目前，我国的假释决定权刑法规定由监狱所在地的中级人民法院行使。决定权的设置在司法实践中操作困难，有失妥当。首先，由于法院本身有许多审判业务要裁处，难以抽出足够的时间和精力审查假释案件，只有被动地接受司法行政机关的监狱管理部门报送的有关假释书面材料。其次，在司法实践中，作为司法行政机关的监狱管理部门的监狱希望将假释作为奖励手段来加强管理，而法院往往倾向于保持原判的相对稳定，不主张更多地适用假释，导致司法和执法上的矛盾与冲突。再次，假释从监狱提出开始，层层上报到中级人民法院裁定，中间环节甚多，无法做到及时高效，而不及时的减刑在很大程度上抵消了对犯罪人的激励作用。鉴于现行的假释决定权设置存在的弊端，可以把假释的决定权从法院的职权中分配给司法行政机关。理由如下：（1）假释并不涉及原判决的变更，因而这种权力并不属于司法权而是一种行政权，由司法行政机关行使假释决定权和法院的审判权不相冲突和矛盾。（2）司法行政机关担负着改造犯罪人的职责，

理应享有与其职责相适应的权力，但在司法实践中我国司法行政机关只有改造犯罪人的责任，却没有决定选择改造手段的权力，这种责权分离的情况既不利于强化司法行政机关的监管功能，也难以使犯罪人与刑罚执行机关建立起利益依赖关系，从而最大限度地调动犯罪人接受改造的积极性，因而妨碍了假释激励功能的正常发挥，也就不能最大程度实现刑罚的教育改造功效。(3) 司法行政机关在司法实践中对于矫正罪犯有着专业知识和较为丰富的经验，能够根据犯罪人的表现科学全面地判断犯罪人是否真正具有悔改决心，作出是否给服刑人员予以假释的客观结论，从而有效地激励服刑人员积极改造。

四、当下“双主体”模式的弊端

在当下社区矫正工作试点阶段，我们采取的是以公安机关作为执法主体，司法行政机关作为工作主体的“双主体”模式。这种模式是为了确保试点工作在较短时间内能够正式启动，减少工作阻力，各试点省（市）普遍采取了不争论的态度，在以公安机关为执法主体、维持现行法律框架不变的前提下，组织司法行政部门负责具体实施，走一条所谓执法主体与工作主体适度分离的模式。试点省（市）如此安排，实际上已改变了公安机关的独立主体地位，具有明显的过渡色彩。但是在条件成熟时，剥离公安机关的执行主体地位势在必行。理由如下：

（一）“双主体”模式有违行政执法的效率原则

双主体虽然暂时缓解了目前所遇到的现有法律规定与社区矫正试点工作规定的冲突，但双主体所造成的额外执法成本是不容忽视的。司法所在开展社区矫正工作试点时，就非常重视探讨和实践在双主体模式下公安、司法的互动联系机制，建立了民警参与社区矫正工作联络会议制度。该制度就规定每月召开社区民警与司法所人员联络会议，会议由街道社区矫正工作领导小组组长召集，司法所人员和辖区内的社区民警参加，旨在加强司法所与派出所之间的信息沟通，通报上阶段社区矫正工作开展情况，并对下阶段的具体工作进行部署。该项制度取得了一定的效果，通过会议解决了日常矫正工作中的一些问题和困难。但是建立这样的联席会议主要是因为作为工作主体的司法所缺乏行政执法权力，需要社区民警运用执法权配合矫正工作，然而毕竟是过渡性工作方式，阶段性的会议对于日常矫正工作的开展还是明显滞后，这种机制的滞后性势必影响社区矫正的工作效率。

（二）“双主体”模式有违行政执法的效益原则

司法行政机关开展的社区矫正工作在具体实施中受到因素的各种制约。由于场地、经费、人力资源严重缺乏，矫正工作仅限于监控，矫正、教育不足。虽然现行矫正制度包括了电话报到、思想汇报、谈话教育、学习培训、公益劳动、请假制度等，在理论上基本涵盖了社区矫正的工作内容，但由于条件所限，集中学习培训工作基本上没法展开，公益劳动的时间和效果也得不到确实保障，社区矫正的主要工作形式仅呈现为报到、谈话及走访，由此社区矫正只能做到基本的“控制”，而无法实现较高矫正水平的“教育”和“矫正”。另外，公安机关依法行使的对矫正对象监督控制职能，在当下没有改变，其工作量没有因为矫正工作的开展而减轻。当前公安机关对矫正对象基本依据各类法律文书（判决书、释放证明等）采用派出所社区民警带领治保基干组成“监督考察小组”，落实责任人，纳入视线管理并在居民委员会协助下开展工作。双主体在工作职能上的重复劳动造成工作效益低下，司法行政资源的大量浪费。

（三）“双主体”模式影响了对矫正对象教育的工作成效

从派出所接收过来的矫正对象，对司法行政机关的矫正工作不理解，有抵触心理。以前公安机关管理的确有不到位和过于宽松的地方，但主要还在于双主体模式给矫正对象带来的不习惯。实践中面临公安的批准结果与司法行政机关批准结果冲突的情形，从法律效力上看，公安机关批准的效力要高，司法行政机关批准的效力不高，从而使司法行政机关陷入尴尬境地。对此处理不好，司法行政机关在社区矫正工作中的权威性和严肃性就会受到挑战，社区矫正工作的正常开展必然受到影响。

五、确立司法行政机关的社区矫正职能地位

为充分利用现有基层司法行政部门资源，发挥司法行政机关的作用，最重要的是在制定《社区矫正法》时明确赋予司法行政机关独立职权，规定其具体负责社区矫正工作的实施。另外，司法行政机关利用其在刑释解教人员的安置帮教、人民调解等方面具有较好的管理经验，能够推动社区矫正工作有序健康的开展。确立司法行政机关在社区矫正中的职能地位理由如下：

（一）符合权力合理配置的要求

按照党的十六大提出的“完善司法机关的机构设置、职权划分和管理制度，进一步健全权责明确、相互配合、相互制约、高效运行的司法体制”的要求，作为专司社会治安保卫工作和刑事侦查工作的公安机关，并没有刑事执行权，由公安机关负责社区矫正工作有违侦查机关的性质，有违国家机构职能分工的原则，不利于公安队伍的职业化和专业化。从有利于建立侦查权、检察权、审判权、行刑权的配合和制约机制出发，专门的社区矫正执行机构应设在司法行政部

门，如此，刑事权力配置趋于均衡合理。

（二）符合国际惯例和相关规定

从国际范围来看，域外多数国家都设有专门的机构负责社区矫正工作。尽管这些机构在不同国家有不同称谓，但在隶属关系上，多数国家都是由司法行政部门管理。而公安机关作为执法主体，履行法律赋予的监督管理权利，承担相应的法律责任的做法，也明显有违于《联合国囚犯待遇最低限度标准规则》的相关规定，该规则第60条第2款明确规定：“刑期完毕以前，宜采取必要步骤，确使囚犯逐渐纳入社会生活。按个别情形，可以在同一监所或另一适当机构内订定出狱前的办法，亦可在某种监督下实行假释，来达到此项目的；但监督不可委之于警察，而应该结合有效的社会援助。”可见由公安机关作为社区矫正执法主体与联合国的规定相冲突，容易成为某些西方国家利用警察权力宽泛，诋毁我国缺乏人权保障的客观依据。

（三）有利于资源配置理顺司法行政职能

我国开展社区矫正的“双主体”模式，主要目的之一就是为公安机关减压，使其有充足的警力面对市场经济发展过程中新时期的社会治安形势严峻、解决犯罪率长期居高不下、刑事案件日渐增多的复杂局面。但“双主体”模式仍然要求公安机关参与对社区服刑人员的监督考察，而在基层公安机关方面，繁重的社会治安工作和刑事侦查工作已使其不堪重负，社区矫正工作实际上并未引起基层公安机关的足够重视。另一方面，司法行政部门的职能随着律师、公证管理的社会化与法律宣传、法学教育的多元化而趋于弱化，尤其是大多市、县两级司法行政部门，无权管理刑罚执行工作，有相当多的区、县司法行政资源处于闲置状态。如果赋予其管理社区矫正工作的职能，可以优化资源配置，充分利用其潜在的巨大功能。可见，“双主体”模式易导致公安机关“有权管不好”，司法行政机关“想管却无权”的尴尬境地，造成实际工作中社区矫正流于形式，矫正对象处于监管无序，放任自流的状态，脱管现象非常严重，时刻威胁着社会秩序的安全稳定和国家的长治久安。

当然，应该强调的是司法行政机关独立行使职能，并非单打独斗，社区矫正工作要统一在各级党委、政府的领导下进行，公安机关也要依法配合社区矫正工作，对违反监督、考察规定的社区服刑人员，根据具体情况依法采取必要的措施；对重新犯罪的社区服刑人员，及时依法处理。而相关部门都要积极参与，大力协作，还要充分发挥基层群众自治组织、社会团体和社会志愿者的参与作用，积极协助社区矫正工作。司法行政机关独立行使职能，但不意味着可以不受监督制约。“两高两部”《关于开展社区矫正试点工作的通知》中就指出，人民检察院要加强法律监督，完善刑罚执行监督程序，保证社区矫正工作依法、公正地进行。

综上，科学构建社区矫正行刑制度，既是当务之急，又要立足长远；既要借鉴域外发达国家的成功经验，取夷之长，又要从我国的实际出发，尊重我国的国情，构建具有中国特色的社区矫正制度，提升我国的刑罚理论和理念，丰富我国的刑事科学理论和司法实践。

后乡土社会我国农村社区矫正模式多元化探讨

——以东西部农村社会结构差异为视角

张　伟*

社区矫正最早可以追溯到18世纪后半叶英国的狱政改革理论，是西方社会刑罚人道化、行刑社会化等理念推演的结晶。到目前为止，国际社会绝大多数国家的刑事司法制度中均肯定了社区矫正的理论与实践价值，社区矫正俨然成为国际刑事司法发展的潮流。

顺应国际刑事司法发展的潮流，我国自2003年起在北京、江苏等6个省市开始试点工作。截至2011年7月底，我国社区矫正工作已经覆盖全国31个省（区、市）和新疆生产建设兵团，在全国333个地（市）、2460个县（市、区）、32075个乡镇（街道）开展，分别占全国地（市、州）、县（市、区）、乡镇（街道）建制数的96%、86%、79%。累计接收社区服刑人员72.3万人，矫正人员33万人。① 社区矫正在我国已然全面展开。2011年2月通过的《刑法修正案（八）》，以及近来正在修订中的《刑事诉讼法草案》均明确规定了社区矫正，确立了其在整个刑事司法体系中的地位。

对我国来说，社区矫正无疑是一个舶来品，具有强烈的西化味道，也是我国刑事司法现代化的反映，是法律移植的结果。既然谓之“移植”，就不得不考虑“供体”与“受体”之间的“匹配性”。毕竟它受到经济、政治、文化、地理、民族、宗教等多重因素的影响，涉及移植的对象、内容、原因、方式和效果等一系列问题。② 本文正是以后乡土时代为背景，以我国东西部农村社会结构、社区差异为视角，以农村社区矫正模式构建及其路径为研究核心，明确我国当前农村社区矫正中存在的问题与困境，探讨具有区域化色彩的社区矫正模式与发展路径。

---

* 浙江财经学院法学院讲师，法学博士。

① 赵阳：《社区矫正执行主体有待刑诉法进一步明确》，载《法制日报》2011年9月9日。

② 徐丽娜、韩俊雯：《法律移植诸问题初探》，载《刑事技术》2006年第2期。

◇ 第四部分　社区矫正制度 ◇

一、我国二元社会结构与社区矫正格局的差异性

根据美国矫正协会对社区矫正的界定，它是指通过提供制裁和服务来促进公共安全并使被害人和被告人处在社区中的司法制度的组成部分。[①] 社区矫正以行刑社会化、标签理论等为基础，[②] 又被称为“非机构性矫正”，与传统的“机构性矫正——主要指监狱、看守所”相对应，[③] 刑罚执行的地点也由传统的“武警站岗的高墙大院”更换为环境相对宽松、较为人道的社会环境，即社区。事实上，正如有学者所分析的那样，罪行产生于社群、也要在社群里得以矫正，对罪犯的矫正既是一种再社会化，就需要在社会基础上进行，不能脱离社会。[④] 显然，社区矫正的开展以建设相对完善的现代社区为载体，社区建设水平、社区发达程度以及社区文化与社区矫正的效果紧密相关。

社区是社会学的术语，一般认为，社区的概念最早由德国学者 F. 滕尼斯在其成名作《共同体与社会——纯粹社会学的基本概念》中提出的。据美籍华裔社会学家杨庆坤在 20 世纪 80 年代的统计，不同社区定义竟多达 140 多种，并且还在不断演变之中。根据我国著名社会学家郑杭生先生的界定，社区是进行一定社会活动、具有某种互动关系和共同文化维系力的人类群体及其活动区域。[⑤] 从社区的定义可以演绎出下述结论：基于地域差异、文化差别、宗教信仰、民族分布等方面的影响，社区具有多样性与差异性。就此而言，分析差异化的社区文化与不同社区中的社会结构，对于开展社区矫正具有非常重要的意义。

社区矫正是西方刑罚观念更新、刑罚社会化的体现，是西方法律文明进步的结晶。作为一种法律制度，它体现了西方文明认识和改造社会的成果，表征了西

---

① Donald G. Evans: Defining community correction, Corrections today 58(1996), p. 125.

② 有关社区矫正的理论基础，学者们观点各异，有学者从三个方面提出了社区矫正的根据：社区矫正的学理根据、社区矫正的现实根据、社区矫正的刑事政策根据。参见周国强：《社区矫正制度研究》，中国检察出版社 2006 年版，第 44 ~ 48 页。有学者则认为社区矫正的理论基础主要是：刑罚人道主义、行刑社会化理论、深化的回归理论、标签理论。参见刘志伟等：《社区矫正专题整理》，中国人民公安大学出版社 2010 年版，第 6 ~ 7 页。笔者基本赞成上述第二种观点。

③ 参见吴宗宪：《社区矫正比较研究》（上），中国人民大学出版社 2011 年版，第 10 ~ 11 页。

④ 参见郑杭生：《社区矫正与当代社会学的使命》，载《江西社会科学》2004 年第 5 期。

⑤ 参见郑杭生：《社会学概论新修》，中国人民大学出版社 2003 年版，第 8 页。

方人认识、诠释世界的基本理论视角和方法。代表现代西方刑事司法发展方向的社区矫正，是衍生并构筑于西方国家发达的城市（镇）社区建设之上的。西方发达国家普遍采用社区矫正，与西方社会拥有相对成熟的社区密不可分。他们的社区具有充裕的资源、完备的功能和发达的非政府组织。[①] 或许，我国现代都市社区建设与西方诸国的社区具有高度的相似性，但是我国与西方国家的社区矫正模式、我国城市与农村的社区矫正模式之间不仅在外部体系而且在内部生成机制方面存在较大差异，这是在我国开展社区矫正需要正视的一个现实问题。

就当前我国农村与城市的发展水平与发展现状来看，二元格局已然形成。作为政治、经济与文化的枢纽，现代城市吸纳了绝大多数的社会资源，都市文化与城市建设反映了一个社会文明进步与社会发展的水平。但反观二元化的另一极——农村（尤其是中西部乡村），伴随着改革开放号角的吹响，乡土社会也发生着翻天覆地的变化："饿着肚子喊口号"的年代一去不复返，农民对经济利益的渴求成为一切行动的指挥棒；传统的乡土性渐渐远去，土地的魅力几乎临近冰点，农民在毅然决然的隔断其天然命脉之后，潮水般涌入城市，村落中出现"空巢"，乡土社会的传统社会结构与乡土文化也逐渐流变。另外，由于我国东西部经济发展水平差距明显，东部乡村与西部偏远地区在社会结构、权力组织体系、社会文化、民族分布、风俗习惯等方面迥然不同，这也决定了不同区域的乡村社会有其差异性，由此也影响着东西部乡村社区矫正的实践与发展。就此而言，在中国广大的农村推行社区矫正就必须考虑当前我国农村社区建设的状况，更不能无视乡土社会中的文化特色与独特的社会结构，这也决定了我国乡村社区矫正将更多呈现区域化特色与差异。

二、后乡土时代农村社区矫正面临的挑战

在流变中的中国乡村开展社区矫正，首先需要熟悉中国基层社会当前的现状与发展态势。"乡土社会"最早由著名社会学家费孝通先生提出，他于《乡土中国》一书中指出，中国的基层社会是乡土性的，乡土社会是一个熟人社会，并用一系列经典型的概念来刻画乡土社会，如礼俗社会、文盲社会、差序格局、家族、礼治秩序及长老统治等。[②] 但历经半个世纪之后，随着经济体制的调整与改革，市场经济席卷了中国大地，中国乡村的经济格局也随着发生巨变；随着外来文化的输入，传统的乡土文化受到巨大冲击，传统的"乡土性"在变革中已然

---

① 崔会如：《社区矫正研究的实证分析》，载《刑事法评论》2009 年第 2 期。

② 参见费孝通：《乡土中国》，三联书店 1985 年版，第 5～70 页。

不再纯真，中国社会的基层已由“乡土时代”进入“后乡土时代”，也即在乡土结构依然留存的情况下，社会经济与文化的观念和行为都已经受到了现代化的渗透，并或多或少具有现代性特征。[①] 后乡土社会具有与传统社会显著不同的特征：(1) 乡土社会最基本的特征“不流动性”一去不再。(2) 传统乡土社会的人与人之间的关系不再。在后乡土社会，乡村的人际关系不再是简单的相互信任关系。(3) 传统乡土社会固守的规则与社会秩序不再。(4) 传统乡土社会的文化与农民“守根”意识不再。[②] 融合了乡土性与现代性特征的后乡土社会，社区矫正工作的开展注定将面临诸多结构上的冲突与挑战。

(一) 后乡土社会的社区建设与社区矫正环境的错位

中共十六届三中全会通过的《中共中央关于构建社会主义和谐社会若干重大问题的决定》中明确提出，积极推进农村社区建设，健全新型社区管理和服务体制，把社区建设成为管理有序、服务完善、文明祥和的社会生活共同体。2003 年以来，江西、湖南、湖北等地先后开始推行“农村村落社区建设”，2006 年国家民政部在 215 个县开始进行农村社区建设实验。截至 2008 年 10 月底，民政部最终确定了 304 个“全国农村社区建设实验县（市、区）”，占全国 2862 个县级单位的 10.62%，共有 20400 个村作为农村社区试验村，占全国 64 万多个村的 3.19%；截至 2009 年 9 月，全国已有 11% 左右的村庄开展了农村社区建设实验工作，涉及约 1 亿农村居民。[③] 但整体来看，我国农村社区建设刚刚起步，中西部农村、少数民族聚居地区的社区建设基本还处于空白地带。就此而言，农村社区建设注定是任重道远，绝非简单“盖几间大瓦房、建一些广场、买一些健身器材”就能实现的。

少数地区在社区建设过程中遇到许多困难，如地区经济落后、社区建设资金不足，人才大量外流、社区建设人力资源缺失，村民居住分散、思想观念保守落后、缺乏舆论支持等。[④] 事实上，随着市场经济的进一步发展，二元社会差距越发明显，经济利益追求成为绝大多数人尤其是西部偏远地区农村群众关心的问

---

① 陆益龙：《农民中国——后乡土社会与新农村建设》，中国人民大学出版社 2010 年版，第 97 页。

② 龚向和、袁立：《后乡土社会语境下中国农民人权研究——基于法社会学的视角》，载《东南大学学报（哲学社会科学版）》2009 年第 4 期。

③ 滕玉成、牟维伟：《农村社区建设和治理研究述评》，载《东南学术》2010 年第 6 期。

④ 吴记峰、吴晓燕：《四川偏远丘陵地区农村社区建设路径探究》，载《长沙大学学报》2010 年第 6 期。

题，“打工族”潮水般涌入大中城市、尤其是沿海发达城市。据统计，中西部农村平均劳动力的70%都外出打工，村中基本剩下老人和孩子，社区建设的基本力量缺乏，人们对社区建设的态度冷淡。

众所周知，社区矫正以社区为活动空间与载体，社区建设、社区环境的好坏与矫正效果紧密关联。在广大的中西部农村，农村社区建设基本处于“一穷二白”的阶段，在如此环境下，姑且不论矫正效果如何，能否正常开展矫正计划本身就值得深思。社区矫正要求市民参与，并且要求地方发展一批矫正支持者。[①] 但一心追求经济利益的广大农民又何来精力与兴趣热心于犯罪人的矫正呢？在矫正主体方面，乡镇一级的司法所与城市的街道办事处以及处于街道办领导之下的居委会不论在法律地位、社会职能还是在机构建设方面均相差甚远，尤其是中西部偏远地区的乡镇，司法所一般只有一人。如果说城市社区矫正的矫正任务尚可由组织完善、结构健全的街道办事处及其领导下的各居委会负责提供监督与帮助服务，那么在广大的农村，尤其是在中西部地广人稀的偏远农村，不仅各自然村之间相距甚远，各自然村与乡镇所在地也是路途遥远，司法所对犯罪人的监督考察与提供服务基本是鞭长莫及。对部分具有心理、生理疾病的犯罪人在矫正期间要求应进行相关的治疗活动，如接受心理咨询、药物治疗服务，但中国农村的基本医疗卫生尚处在初级建设阶段，谈论对犯罪人的心理治疗似乎更多充斥着“痴人说梦”的味道。

（二）熟人社会的衰退对社区矫正工作的挑战

乡土社会的“不流动性”使得人们被绑缚在特定的土地区域内，世代生活劳作在一起的人们彼此熟知。正如费孝通先生所言：“生活上被土地所囿住的乡民，他们平素所接触的生而与俱的人物，正像我们的父母兄弟一般，并不是由于我们选择得来的关系，而是无须选择，甚至先我而在的一个生活环境。熟悉是从时间里、多方面、经常的接触中所发生的亲密的感觉。”[②] 从常识我们可知，生活在熟人社会中的人们相互之间的信任度是比较高的。但随着“后乡土时代”的到来，土地对乡民的吸引力急剧下降，生活在乡土社会的人们渴望都市生活，随后是人员的大范围迁徙与频繁流动，人们相互熟悉、熟知的机会逐渐减少，人们之间的关系在逐渐疏远，熟人社会也随之陷落，人们之间的相互信任逐渐降低。这种信任降低的放大表现在对政府、乡村自治组织的依赖性降低与不信任。通过对相关的调研数据分析可知，在乡村社会，大姓家族村民对乡镇政府的信任

---

① 参见吴宗宪：《社区矫正比较研究》（上），中国人民大学出版社2011年版，第9页。

② 费孝通：《乡土中国》，三联书店1985年版，第5页。

度仅为36.5%，对本宗族与族人的信任度约有55%；小姓家族受访者表示“一贯或多数时候相信”乡镇政府的仅占受访人数的48%，而有64%的受访者表示信任族人。[①]

这种信任的缺失表现在司法领域，就是纠纷解决途径的多样化。在乡土社会，“长老统治”具有绝对的地位，个人权威的树立远比国家法的进入来的久远和有效，而基于权威形成的村落统治比国家统治更直接地影响和作用于村民的生活和争端。[②] 因此，在乡土社会纠纷更多的是通过“村长”、“长老”的调解予以化解。但后乡土时代，不仅村干部威望急剧下降，就连村中“长老”的权威也在局部受到挑战。乡民可能不再因为畏惧纠纷调解者的“权威”与对调解者的“信赖”而接受调解结果，而更多从自己利益最大化角度考虑是否接受调解。“调解”一统乡土社会纠纷解决机制的时代一去不再，“无讼”也不再是受到绝对推崇的真理。后乡土社会，村民之间通过诉讼解决纠纷的数量也急剧增加。这无疑对乡村社区矫正的开展产生重大影响：（1）参加乡村社会矫正的罪犯数量有增多倾向。在乡土社会，邻里之间伤害、村民中的盗窃一般可通过村长或“长老”在犯罪人与被害人之间的调解、斡旋使双方达成谅解，但在后乡土时代，“长老统治”受到挑战、组织信赖度降低，过去通过调解即可解决的刑事案件现在可能要求法院对犯罪人予以定罪判刑。但绝大多数乡村刑事犯罪都是相对轻微的案件，即使法院对犯罪人定罪，但量刑时对轻微犯罪判处缓刑的可能性也是比较大的。因此，从“无讼”转向“争讼”，会影响乡村社区矫正的数量。另外，伴随着流动人口犯罪的增加，该类犯罪人在被假释出狱后，也会被打入原籍进行社区矫正，重新进入乡村生活的犯罪人也面临着矫正。（2）现行法律虽然规定，乡镇一级的社区矫正由乡镇司法所负责，但正如有学者指出的，基层司法所存在管理体制不顺、基础设施薄弱、工作力量不足以及队伍素质相对较低的问题。[③] 在这种情况下，农村社区矫正具体事项的展开更多不是由乡镇司法所的司法助理员完成，而是借助乡村自治组织或宗族力量。但在后乡土时代，乡民不仅对基层政府的不信任感增强，乡民对族人、宗族组织的依赖与信任也有所降

① 邱国良：《宗族认同、政治信任与公共参与——宗族政治视阈下的农民政治信任》，载《国家行政学院学报》2011年第3期。

② 喻名峰：《后乡土社会法治秩序的构建》，载《甘肃社会科学》2007年第1期。

③ 刘强：《我国社区矫正试点中的管理体制弊大于利》，载《法学》2005年第9期。

低。[1] 村民自治组织、宗族组织等乡村社会自治组织的弱化以及村干部、长老威信所面临的挑战，不仅不利于乡村治理，而且有碍于乡村社区矫正工作的开展。

（三）少数民族刑事习惯法与国家刑事制定法的冲突

社区矫正是刑罚替代措施，属于刑罚执行的范畴。罪刑法定原则是现代法治国家刑法的基本原则，坚持罪刑法定意味着排斥习惯法。换句话说，不能依据不成文的民族习惯对公民进行定罪处罚。但是在（后）乡土社会，尤其是在一些少数民族聚居地区，仍然流行着一些独特的刑事犯罪解决习惯与惯例。例如，彝族、藏族的“赔命价”、[2] 四川嘉绒藏区对偷盗者的“加倍罚”、[3] 瑶族的“罚款”、“罚酉”等。这些民族刑事习惯多呈现出地方与民族特色，是在现代都市社区中不能想象的，在我国东部农村社会生活中也很难能看到。虽然罪刑法定原则排斥上述刑事习惯，但正如有学者所分析的，由于我国刑法的“移植性”、针对“陌生人社会”及汉族地区等因素所造成的普适性缺陷，在以“熟人社会”为重要特征的民族地区，刑法在预防和控制犯罪、维护社会治安等方面未必能达到理想的效果。而长期形成的、并有较高认可度的刑事习惯法在当前法治实践中仍然“真实而有力的存在”。[4] 即使在西北非少数民族聚居地区，也运行着一套与国家法不同的风俗习惯，如在甘肃陇东地区，即使是严重的交通肇事犯罪，但只要被害人家属与肇事者在“长老”的主持下双方达成谅解，由肇事者赔偿相当数量的金钱给被害家属，即可息事宁人，无需诉诸法院，更不存在定罪判刑之说。

事实上，这并非偶然现象，事件背后蕴藏着更为复杂的利益权衡，是刑事案件当事人双方博弈的结果。对于交通肇事者来说，行为依然构成犯罪，面临着刑事处罚，因此在这种最不利的情形下，如何选择对自己最有利的责任负担方式成为最为关心的话题；而对被害人家属一方看来，既然亲人已然去世，在悲愤与哀痛之余更多要想到如何面对以后的生活。博弈开始了：肇事者参加博弈的底线是，“如果被害人家属一心诉诸刑法，要我坐牢，那一分钱的民事赔偿都没有；如果能通过私了的方式解决，不给我判刑、不让我坐牢，倒可以多给予金钱赔

---

① 高其才：《瑶族刑事处罚习惯法初探》，载《山东大学学报（哲学社会科学版）》2007 年第 4 期。

② 杨玲：《彝族刑事习惯法探微》，载《求索》2008 年第 2 期。

③ 杨华双：《嘉绒藏区刑事习惯法分析》，载《甘肃政法学院学报》2006 年第 1 期。

④ 杜宇：《当代刑法实践中的习惯法一种真实而有力地存在》，载《中外法学》2005 年第 1 期。

偿——即使没有钱，也会积极筹集”。被害人家属参加博弈的底线是，既想让肇事者坐牢，以泄心头之恨，又想获得足够多的金钱赔偿，但这无疑是最理想的状态，就连被害人家属也知道这种理想状态是基本不可能实现的。退而求其次，被害人家属面临第二次的选择：是一分钱不要让肇事者坐牢，还是要求足够多的赔偿金以赡养老人、抚养子女。很明显，在收入少得可怜的乡民看来，最明智者莫过于选择赔偿、放弃泄愤的请求。最终在各方利益的驱动下，刑事案件以“私了”的方式解决，每个参与博弈者都实现了利益的最大化。

事实上，在少数民族地区，如甘肃、青海以及四川部分藏区，如果在犯罪人赔偿了被害人（或其家属）相当数量的金钱之后，仍然对其定罪判刑，可能并没有达到最理想的刑罚适用效果，也并不会得到犯罪所在地群众的理解与支持。因为根据当地民族习惯，在赔偿了相当数量的金钱之后，即意味着此伤害或杀害事件的处理圆满结束，再对其定罪判刑，在藏民看来属于“双重制裁”，有过于苛刻之嫌。

就此而言，少数民族地区刑事习惯对刑法的适用有直接的影响，刑罚以及包括社区矫正在内的刑罚替代措施在适用以及矫正措施的选择上就不得不考虑相关的因素。正如有学者在建议增加社区矫正的种类时对刑事赔偿的评价，刑事案件实行双罚制，在判处被告人刑罚的同时，还对被告人实行民事处罚（包括赔偿损失），结果导致很多民事判决无法执行。如果把刑事赔偿作为解决符合条件的轻微刑事案件的唯一方法，只要被告人履行赔偿责任，就可以结束刑事案件，不仅可以有效利用被告人的力量进行建设性的活动，而且可以大大调动被告人履行赔偿义务的积极性，使被害人、社会和犯罪人都能够从中受益。[①] 就此而言，关注乡土特色，发现乡土文化中的法律资源，有选择的确认部分少数民族刑事习惯，对解决社会纠纷、增加社区矫正的种类、丰富我国乡村社区矫正的内容，具有重要意义。

三、东部农村社区矫正之“枫桥模式”的局域化特色及其评析

（一）“枫桥经验”的法律定位——具有地方特色的社会矛盾预防与社会纠纷处理模式

枫桥经验是指浙江省枫桥镇在对敌专政过程中，立足化解敌我矛盾，对专政对象尽量不捕不杀，重在教育管制。后经毛泽东同志批示，予以推广的一套犯罪

① 吴宗宪：《试论中国社区矫正制度的基本框架》，载《犯罪与改造研究》2005 年第 5 期。

预防经验，被通俗的表达为“小事不出村、大事不出镇、矛盾不上交”。历经四十余年的发展，枫桥经验得到了充分的发展与改造。这一点从前后的比对中可以得到相应的佐证：四十年前枫桥经验的精髓在于依靠群众维护社会治安，而四十年后，枫桥经验的目标定位于维护稳定、促进发展，努力实现发展与稳定同步，致富与治安并举、社会经济互动、协调发展；四十年前的枫桥经验的基本思想是关心教育人、改造人，而四十年后，枫桥经验在工作方法上，立足于防，就地化解，积极构建预防化解矛盾的“四前”工作机制。① 因此，现代意义上的枫桥经验并非专门的犯罪预防模式，更非刑罚执行论意义上的社区矫正，就其本质而言，笔者以为将其定位成具有地方特色的社会矛盾预防与社会纠纷处理模式，就此而言，有学者将其定位为犯罪预防与矫治模式并不妥当。当然，在提倡和谐社会与纠纷解决机制多元化的今天，枫桥经验在化解社会矛盾、节省司法资源、稳定乡村秩序方面具有其独特的理论与实践价值。

（二）枫桥社区矫治模式解构

衍生于“枫桥经验”基础之上的“枫桥矫正模式”被部分学者概括为“5+1”监管模式，所谓的“5”是负责监督、考察和帮助、教育矫正对象的人员的代码，包括社区司法员、社区民警、驻村指导员、村负责人以及矫正对象的监护人，上述人员各有其具体职责；而“1”则是指代矫正对象本人。在社区矫正的流程上，分为三个阶段，即社区矫正的宣告阶段、社区矫正实施阶段以及社区矫正结束阶段。②

上述矫正模式的特色有如下几处：首先，参与矫正工作的人员组成比较合理。除了代表公权力的社区司法员、社区民警以及村指导员外，还有代表村民自治组织的村干部，另外还吸纳了最能为犯罪人利益考虑的监护人，即犯罪人的私人代表，真正有助于实现广泛参与和群众支持。其次，枫桥社区矫正模式充分利用了本地社区建设成果，具有很强的针对性与适应性。正如有学者所评价的，枫桥社区矫正模式充分利用了该地区有利的预防和控制犯罪活动的环境——无城市死角的硬环境与群众参与治理的软环境以及社区自治的组织环境等。③ 真正实现

① 杨张乔、王翀：《枫桥经验：中国乡镇犯罪预防与矫治的社区模式》，载《社会科学》2004年第8期。

② 曾赟：《论中国农村社区矫正之模式与路径——以浙江省枫桥镇为例》，载《浙江社会科学》2006年第3期。

③ 杨张乔、王翀：《枫桥经验：中国乡镇犯罪预防与矫治的社区模式》，载《社会科学》2004年第8期。

了因地制宜。最后，充分利用村民自治组织以及实现村民的广泛参与。如前所述，社区矫正欲取得良好的矫正效果，社区居民不仅不能存在冷漠甚至对抗情绪，还要积极地支持与参与，必须有一大批地方社区矫正支持者。

（三）“枫桥模式”的局域化色彩

应当说，浙江枫桥的社区矫正模式是具有本地特色、符合本地区社区矫正实践需要的矫正模式，但该模式是否具有普适性、能否全面推广或效仿则值得推敲。

首先，东西部农村经济发展水平决定了西部乡村的社区矫正模式不能复制枫桥模式。我国东西部农村经济发展的水平决定了东西部乡村社区建设与社区矫正模式构建上不能强求统一。以浙江枫桥为例，改革开放之前的枫桥地区主要以种植农业为主，经济作物有茶与香榧；改革开放以后，枫桥农村城镇化、工业化程度快速提高，到2002年已实现工业产值59.9亿，国内生产总值近20亿，财政收入1.1亿元，人均GDP 7950元，农民人均纯收入7605元，跨入全国“百强乡镇”行列。工业主导产业有服装行业、织布业。[①] 但反观广大西部省份，以甘肃省为例，截至2005年人均国内生产总值为7341元，仅为全国人均生产总值的52.65%。2005年全省农民人均纯收入为1980元，全省地方财政收入年均增长不足9亿元，有2个县的财政收入不足1000万元，最少的不足400万元。[②] 农村社区建设需要大量的财政投入，农村的社区矫正更需大量人、财、物的支持，东西部农村经济发展的水平决定了“枫桥模式”对广大的西部乡村来说只能起到“画饼充饥”的作用。

其次，东西部农村社会结构与村落布局的差异决定了西部乡村社会的罪犯矫正必须另辟路径。整体来说，西部地区地广人稀，村落布局上存在“大散居、小聚居”的特点，而东部地区则恰恰相反。例如，新疆维吾尔自治区若羌县是我国面积最大的县，约20万平方千米，相当于2个浙江省的面积，人口不足3万，全县平均每平方公里0.13人。社区矫正计划可能要求犯罪人定期到矫正中心报告生活、工作情况，乡镇一级的矫正工作基本由乡镇的司法所负责。由于西部地区部分农村坐落偏远、道路艰险，从乡镇到村落来回一趟即需一整天时间，这种定期或不定期汇报基本缺乏现实可能性。村落与村落、村落与县镇之间的距

---

① 杨张乔、王翀：《枫桥经验：中国乡镇犯罪预防与矫治的社区模式》，载《社会科学》2004年第8期。

② 《甘肃贫困地区的发展现状》，载百度文库，http://wenku.baidu.com/view/780efef8770bf78a6529542b.html。

离可想而知，这种定期或不定期的会面制度、临时检查基本无从落实。由于西部农村经济发展水平低、可提供的就业机会远不如东部发达城市，由西部农村流向东部发达城市的“民工潮”一浪高过一浪。随着越来越多的乡村居民外出务工，农村劳动力大量转移，很多年富力强、有文化的农民大量外流，农村“空巢化”趋势明显，广大的西部乡村出现了所谓的“386199”部队。社区矫正需要广大社区居民的积极参与，“空巢化”后的农村只剩下“38”——代指妇女、“61”——代指儿童，以及“99”——代指老人，试问在这样一个人口大量迁徙流动、农村人力资源布局极度不均衡的情况下，如何开展村民自治、又如何实现对犯罪人的监督改造、帮扶教育？

最后，东西部乡村民族分布情况决定了西部民族地区社区矫正必须探寻符合本民族特殊情况需要的罪犯矫正模式。在民族构成上，除却汉族之外，我国尚有55个少数民族，分布在祖国的34个省、市和自治区，而云、桂、川、黔、藏、青、新以及甘肃等西部地区又是少数民族的主要聚居地区，其中广大的西部乡村中更是生活着绝大多数的少数民族人口，“民族村”比较多。就此而言，东部地区少数民族的数量与分布的人口上明显不能与广大西部省份相比。易言之，东部乡村的民族成分较为单一，而西部乡村的民族成分相对比较复杂。众所周知，少数民族的宗教信仰、风俗习惯以及行为规范多有别于汉族，因此民族地区的社区建设与其他汉族地区必然有所区别，民族地区对犯罪人的社区矫正无疑也会呈现出部分“民族特色”。例如，在行为规范方面，不仅要求犯罪人遵守国家法律法规，而且可能要求犯罪人必须遵守某些民族地方的风俗习惯；社区矫正的参与者方面，可能需要民族地区宗教团体、族中长老的支持与配合。上述情况是在东部由单一民族构成的乡村中不存在的。

四、后乡土社会农村社区矫正模式构建的路径探讨

众所周知，我国的社区矫正刚刚起步，农村的社区矫正更是任重道远。在广大农村开展社区矫正工作，不能照搬我国城市社区矫正的模式与经验，更不能“硬套”西方社区矫正的理论。中国农村社区矫正必须考虑更多乡村社会特有的、直接或间接影响到社区矫正质量的因素，诸如中国乡村人力资源的分布情况，社会结构的变迁、乡村权力结构的多元化、乡村文化观念的演变、农村村落分布与民族成分的差异以及地方与民族风俗习惯的差异。就此而言，中国城市与农村社区矫正模式必存差异，而东西部农村、少数民族村落与汉族聚居村落、宗教色彩浓厚地区村落与宗教信仰普遍较少地区乡村的社区矫正也必将呈现差异化。因此，中国乡村社区矫正模式不能强求一律，只能在一般规律的指导下，探

讨适合各地区社会发展需要的社区矫正模式。

首先，根据现行司法解释的规定，我国农村社区矫正的执行由乡镇司法所负责。但如前所述，我国乡镇一级的司法所机构设置简单，人员配备并不充足。尤其是在地广人稀的西部乡村，乡镇司法所距离犯罪人生活的村落路途遥远，乡镇司法所的工作人员对犯罪人的监督、教育工作基本无从谈起。这也是当前国家权力在乡村社会退出或逐步弱化的表现。曾经，国家进入农村社会，与宗族势力博弈的结果是消除了宗族文化的外化形态，在1949~1979年的中国大陆农村，宗族是处于被打击从而被瓦解之中。但在农村实行了家庭联产承包责任制之后，国家对农村的控制功能也逐渐弱化，不仅村民自治组织逐步推行，而且传统的宗族组织普遍复活。[①] 伴随着宗族组织的复兴，宗族在村落社会生活中也逐步分享着一定的话语权，在乡村公共活动中扮演着重要的角色。正如有学者所言，宗族作为村庄治理重要力量的民间组织，他们通过各自拥有的资源，实现着对村庄事物的参与，分享了正式组织的部分权力。[②] 宗族组织与宗族文化的兴起，不仅通过非制度性的活动影响乡村公共事务的处理，而且通过宗族组织的力量已然向正式权力组织渗透，表现为部分大姓为主的村庄，家族作为非正式组织和行政村作为正式组织事实上是重合的，宗族组织有形或无形控制着村民自治组织的选举。申言之，在后乡土时代的村庄治理格局中，除了有国家的身影，还存在村民自治组织以及宗族组织等非正式组织。

立足于上述多元化的乡村权力结构体系，社区矫正的组织与执行主体组成方面必须对此高度重视。笔者初步以为，在乡村社区矫正的执行主体方面，除了包括乡镇一级的司法所之外，还应当吸纳农村村民自治组织，尤为重要者，还应考虑将宗族、宗教组织等非正式组织纳入进对犯罪人的矫正改造中来。在社区矫正的实务型执行主体方面尽可能多元化，除了代表国家公权力的乡镇司法所的司法助理人员、派出所民警之外，还应广泛吸纳代表村民自治组织的村干部、代表宗族组织的“族长”、乡村社会中有较高威望的长者——“长老”、被害人（或其家属）以及犯罪人家属，笔者将此等社区矫正参与体系简称“2 + X + 1”模式。考察西方发达国家社区矫正参与主体可知，非政府性的罪犯帮教组织在社区矫正过程中发挥着重要的作用，如英国的“犯罪关心与重新定居全国协会”、加拿大

---

① 冯婷：《从村民到公民途中的宗族——关于宗族与政治发展研究的评论》，载《中共浙江省委党校》2008年第3期。

② 胡明文、黄峰岩：《转型期村庄权力结构中的组织构成和权力分割——以江西刘下村为个案》，载《中南民族大学学报（人文社会科学版）》2004年第5期。

的“犯罪人援助和释放后关心协会”;[①] 矫正工作甚至可以通过代表政府的管理型矫正机构与私营公司签订合同的方式由后者提供矫正服务。因此，吸纳宗族组织、宗教组织参与对罪犯的改造是完全符合乡土社会文化与社会结构的。正如部分学者所指出的，在国家政治控制减弱后，相应的社会自治机制没有及时跟进，而传统的村委会、居委会等基层组织的社会整合能力削弱，这使一些社区矫正措施因社会配合力度不够而使实施效果受到影响，国家应大力扶植社区的发展、积极推进社会自治机制的完善，鼓励各种民间力量对罪犯矫正事业的参与。[②]

其次，应适当丰富社区矫正的措施与种类，探讨并发展与地方社区矫正实践相吻合的矫正计划。在国外，社区矫正的措施多种多样，目的是使法官等社区矫正的决定者们拥有更多可以选择的制裁和措施，从而在处置罪犯的过程中，更好地做到因人而异，使处置决定更加适合犯罪人的具体情况。例如，加拿大在刑事司法过程不同阶段对犯罪人采取的监禁刑替代措施有 13 种之多,[③] 澳大利亚社区矫正的主要形式就有包括家庭在内的 13 种措施。正如有学者所指出的，历史发展的客观事实并不能证明在道德价值上西方文化或者现代就是优越的，而中国文化或者古代就是低劣的。[④] 同理，在国家刑事制定法之外，传统的民族习惯法、地方性的风俗惯例也未必就是野蛮的、低俗的、非理性的。对本土法律资源的发现、继承与利用更是法律现代化过程中不能也不应被遗忘的。因此，在社区矫正的实践过程中，有必要发展具有区域特色，与地方文化、民族风俗习惯相适应的社区矫正计划。

笔者以为，历经数百年演变与传承下来的少数民族习惯法中蕴含着丰富的法治资源，重新发现、传承、发展并创新民族习惯法，尤其是刑事习惯法，对构建社会主义法治具有积极意义。正如著名人类学家马林诺夫斯基指出的，习惯的力量，对于传统要求的敬畏和对情感的传统依附以及满足公众舆论的需要——这一

---

① 冯卫国:《行刑社会化研究——开放社会中的刑罚》，北京大学出版社 2003 年版，第 147 ~ 153 页。

② 冯卫国、储槐植:《刑事一体化视野中的社区矫正》，载《吉林大学学报（哲学社会科)》2005 年第 2 期。

③ John Howard Society of Alberta, *Communinty Correction* http://www. johnhoward. ab. ca/PUB/C29. htm.

④ 强世功:《迈向立法者的法理学——法律移植背景下对当代法理学的反思》，载《中国社会科学》2005 年第 1 期。

切的结合，使得习俗由于自身的缘故而被遵行。[①] 我国有 55 个少数民族，每个民族都有其独特的民族习惯，包括民族刑事习惯，如藏族、彝族、独龙族对故意或过失杀伤犯罪的一些刑事习惯，如“赔命价”“赔偿”，对偷盗者的“加倍罚”，独龙族对强奸犯所判处的“洗脸钱”，独龙族、彝族、傈僳族、怒族、佤族等“携酒争诉”的习俗；[②] 另外，乡土社会中部分乡村的族规民约，其中都不乏合理的成分，经过鉴别、改造与发展之后完全可以作为乡村社区矫正的措施。在农村社区矫正的实践过程中，应当充分利用少数民族部分风俗习惯，修复受损的社会关系，尤其是犯罪人与被害人、被害人家属乃至整个社区的关系，将“失足者”重新整合进正常的乡村生活中。例如，通过加大犯罪人对被害人及其家属的赔偿力度，尽量获取被害方对犯罪人的谅解；部分村规民约要求犯罪人在农忙季节为被害人及其家庭“出工”；根据部分民族习惯，罪犯应向宗庙或寺院提供劳役；等等。

最后，不可否认，当前我国社区矫正队伍数量与质量整体不高，尤其是西部乡村专业的社区矫正人员严重缺乏，这种状况或许可以通过增强基层司法所工作力量稍作改观，但实系杯水车薪。在笔者看来，西部农村社区矫正队伍建设最终还是应当立足区域人力资源的整合与培养。农村年富力强、有知识、有见识的年轻人之所以背井离乡成为农民工，关键莫过于经济利益的诱导。因此，可以考虑通过招录方式吸纳上述群体进入社区矫正队伍，使其成为全职的社区矫正工作者，由政府提供相应的岗位工资与津贴，并为其提供相应的职业阶梯。笔者相信，经过严格的考察选拔、职业培训，他们必将成为农村社区矫正的中坚力量。尤为重要者，上述人员生于斯长于斯，完全熟悉本地的风土民情，与村民之间也是相对比较了解的，这无疑是他们参与农村社区矫正得天独厚的优势。当然，在上述乡村社区矫正队伍尚未完全发展建立之前，可以考虑“以工代赈”的方法，从乡村的留守人口中选拔有能力、有资历的社区矫正工作者，这样一方面可更好地刺激留守村民参加社区矫正，提高乡民积极参加对罪犯的教育改造活动；另一方面也可以改善留守人口的收入水平与生活条件。

---

① ［英］马林诺夫斯基：《原始社会的犯罪与习俗》，原江译，法律出版社 2007 年版，第 33 页。

② 王四新、徐文：《独龙族习惯法研究》，载《中央民族大学学报（哲学社会科学版）》2011 年第 2 期。

社区矫正执行机构重设必要性及模式探讨

但未丽*

一、司法所不适合兼任社区矫正执行机构

目前，我国的社区矫正执行机构是司法所。关于此，可以上溯到2003年7月社区矫正在全国试点之初，当时最高人民法院、最高人民检察院、公安部、司法部联合发布的《关于开展社区矫正试点工作的通知》如此表述："司法行政机关要牵头组织有关单位和社区基层组织开展社区矫正试点工作……街道、乡镇司法所要具体承担社区矫正的日常管理工作。"此后长达7年的试点工作乃至从2009年10月开始的全国社区矫正试行实践中，司法所一直作为社区矫正的执行机构开展此项工作。那么，司法所作为社区矫正的执行机构，到底是否适合？如果不，还有什么机构可取而代之？

不可否认，司法所作为社区矫正执行机构确有其优势，这主要因为：第一，司法所具有丰富的社区工作经验。作为最基层地扎根于社区的司法行政机关，司法所的工作范围主要在社区，工作的具体内容就是与社区居民打交道，其承担的人民调解、法律服务、法律宣传、司法信访、安置帮教等八项工作任务，每一项都与社区居民和社区生活息息相关。司法所承担矫正工作，能够充分发挥专门机关与地方政府两个方面的优势，便于利用长期积累的基层工作经验，充分利用协调社区资源和发动社区群众。第二，司法所具有丰富的刑满释教人员帮教经验。社区矫正与安置帮教工作，虽然分别针对正在服刑的人员和刑满释放人员，但在帮教理念、帮教方法、帮教内容、帮教目的上是一致的，后者的经验完全可以为前者所用。由于司法所长期从事刑释解教人员的安置帮教工作，在这方面积累了一定的帮教技巧，这对于开展社区矫正工作是很有利的。第三，社区矫正是加强司法所建设的契机。长期以来，司法所的建设未受到相当重视，没有办公地点，不具备办公设备，缺乏相应工作人员，寄居在街道办而非独立列户，这些状况使

---

* 首都师范大学政法学院讲师，社会学博士后，法学博士，研究方向为刑法学、犯罪与矫正、法社会学。

得本属于司法所的编制指标也经常被街道办其他岗位所“侵占”。很显然，借助全国开展社区矫正东风，司法所作为社区矫正的主导力量，必然进一步拓展和加强职能，改变其逐渐被边缘化的尴尬地位。

上述分析可见，司法所承担社区矫正工作有群众基础、经验基础。但是，同样不可否认，司法所作为社区矫正执行机构，确实存在诸多局限：

其一，司法所目前条件不符合社区矫正执行机构的基本要求，主要表现为司法所基础设施薄弱、工作力量不足、队伍素质相对较低。虽然国家从2000年起就在加强基层司法所建设，2003年的全国政法工作会议也专门布置了“两所一庭”建设任务。从2004年起，国家发改委又启动中西部地区司法所建设规划，有的省市抓住这个机会大力进行司法所的“收编”和建设工作，落实办公场所，落实人员配备。但从全国来看，大部分省市的司法所到目前还有很多未能单独立户列编，甚至在一些大中城市，司法所的建所情况也很不乐观，如笔者2010年6月到成都调研了解到，目前成都市共有司法所316个，其中1人所就有179个，2人所50个，3人以上所（含3人）仅有15个，无直属编制的司法所72个。不仅大部分司法所只有1人，且大约1/4为非直属司法所（也叫挂牌司法所，即只有编制属司法行政机关，工资和人员都由辖区政府出）。其次，从队伍建设来看，基层司法所工作人员的业务能力和文化素质偏低，难以适应社区矫正工作的要求。甚至好些司法所没有专职工作人员，而是由街道办其他工作人员兼任。社区矫正试点工作开始后，有的地方人手不够，只能从编外聘请下岗工人或者退休干部参与部分工作。再次，在基础设施方面，部分地区或者设施陈旧落后，或者办公条件艰苦，有的地区连电脑、交通工具等基本的办公设备都不具备，很难保证能够有效完成社区矫正任务。凡此种种，都与刑罚执行要求存在较明显差距，使得社区矫正工作的质量和效率难以得到保障。由此来看，将社区矫正这一专业性、法律性很强的刑事执法活动交由司法所来承担，实在有些勉为其难。

其二，司法所管辖范围太小而不能满足矫正对象最基本的流动要求，甚至对小范围内迁居的矫正对象也无法实施连续的个别矫正方案。如果矫正对象由于就业、就学等原因在不同司法所辖区之间流动，进行暂时性或者永久性地迁居，以目前的管理模式，一般来说，正常的情况下，迁出地司法所会将矫正对象的档案材料转交迁入地司法所。但这立即意味着迁出地司法所工作人员同该矫正对象已经建立的矫正关系就此中断，迁入地司法所的工作人员只能重新了解该新迁入的矫正对象情况以建立新的矫正关系，而该对象的矫正方案，也只能重新设计。很显然，由于这样的周折，难以对矫正对象实行连续的矫正方案，退一步说，即使迁入地司法所重新制定的矫正方案十分贴切完美，也纯属重复劳动。此外，有的矫正对象并不在其户籍地居住，或者根本就没有固定居住地，如果以司法所为辖区来进行管理，矫正对象就很容易脱管、漏管，甚至完全失控。因此，为了相对减轻这个矛盾，有必要取消以居住地作为划分标准的“小属地”管理原则，而代之以居住区域作为划分标准的“大属地”管理原则。换言之，如果矫正对象不局限于居住地司法所的管理，而是再扩大一级范围，如是由本区（指副省级以上城市的区划设置）、本县、本市（县级市）的司法部门管理，当矫正对象只在本县（县级市、区）内流动时，就不必再转交档案、更换矫正工作人员和重新设计矫正方案。

其三，以司法所为社区矫正的执行机构，很难保证矫正工作者队伍的稳定性和专业化。目前，如前所述，司法所的工作职责包括人民调解、法律宣传、法律服务、法律援助、安置帮教、司法信访、综合服务窗口，还有政府随时交办的保持社会稳定等，再将社区矫正任务交给司法所，不过是在已有的八项工作中增加一项而已。司法所目前的现状是人手少担子重，一个人要承担好几方面的任务，由于工作太多，只能是哪项工作上面催得紧，就先完成哪项。至于社区矫正工作，即便最早试点社区矫正的省市之一的北京市，也只能要求每个司法所尽量留出一个人专门或者侧重来做，但同在一个单位，社区矫正工作者被挪作他用或者身兼数职，或者由于其他工作需要进行工作岗位的随时内部调整更换，都是难免的。这样就会导致矫正工作者队伍无法保证稳定，难以实现专心、专业、专人专用。

其四，司法所作为社区矫正的执行机构，其各项工作任务之间存在性质冲突。如前所述，司法所原已承担着八项工作任务，这八项工作任务的性质主要属于法律服务范畴，而社区矫正虽然也有服务内容，但其本质是刑罚执行，是一项不折不扣的执法工作。如果将司法所作为社区矫正的执行机构，就意味着司法所所有工作人员都有了执法权，但实际上，司法所大部分工作人员从事的法律服务工作，与刑罚执行毫无关系。现在的问题是，这些不从事社区矫正的工作人员是否也具备执法权？如果不具备，进行内部工作岗位调整时，是不是只要一从事社区矫正工作，马上自动就有了执法权？还有，承担社区矫正工作的人员在从事其他法律服务工作时，是不是也享有执法权呢？鉴于刑事执法的严肃性和专门性，应该也必须有一支专门的执法队伍，有一套独立完整的管理、培训和晋职体系。

综上所述，司法所作为社区矫正的执行机构有优势的一面，但也存在很多目前难以克服的困难和局限。司法所并不适合成为社区矫正的执行机构。

二、社区矫正执行机构重建模式设计

由专门的执行机构来从事矫正工作，其最直接的益处，便是可以对矫正对象进行跟踪管理。当矫正对象在本县（县级市、区）范围内迁居流动时，对其实施矫正的工作人员不必因此更换，事先设计的个性化矫正方案，也不必因为矫正对象居住地变化而有所变化，便于保持实施个案矫正的连续性，此其一。其二，有利于加强社区矫正工作的专业化建设。由于这支队伍的工作人员及工作内容都相对稳定，非常有利于矫正经验、矫正知识的积累与更新；同时，也便于统一安排一定区域范围内社区矫正工作的业务指导和专业培训，并统一发布、讲解、掌握社区矫正工作中的评估标准和奖惩标准，以保持执法活动的一致性；此外，社区矫正工作在我国还处在试行探索阶段，并且今后很长一段时期也是如此，由一支专职队伍来从事此项工作，有利于及时发现工作中的问题和困难，并进行因地制宜的改革与创新，有利于广泛适用新的技术和方法。其三，有利于统一调配工作人员和社会资源。因为这种做法可以在一定区域范围将社区矫正工作者统一组织起来开展工作，有利于根据工作对象的数量统一分配矫正工作者，不至于造成僧多粥少或者僧少粥多的工作量差别太大的不均衡局面；还有利于打破街道、乡镇界限，优势整合、充分利用一定范围的文化、教育、救助、过渡安置等方面的社会资源，使其不再局限于某个司法所，经统筹调配后辐射到全县（县级市、区）境内，最大限度地发挥对社区矫正的支持作用。其四，有利于减少对社区矫正负面的外围影响。在该做法下，在本县范围内可以根据工作需要任意进行专业人员的调动和调整，避免个别乡镇地方保护倾向的影响；通过专业人员的交流换岗，也可在一定程度上减少执法腐败和复杂的人际关系对矫正工作的不良影响。

那么社区矫正执行机构应如何设立，设在哪一级司法行政部门，具体如何设置和开展工作？按笔者的设想，是在县（县级市、区）司法行政部门下成立该专门执行机构，并由矫正官为主要力量的专职社区矫正工作人员组成，职责即全面负责本县（县级市、区）范围内社区矫正工作的具体执行。县（县级市、区）司法行政部门下执行机构的名称可以称为“社区矫正执行大队”（但在市级、省级可以设相应管理部门，分别称为“社区矫正执行支队”和“社区矫正执行总队”），该大队所属的每名矫正官都由县（县级市、区）级司法部门的社区矫正管理机构在全县（县级市、区）范围内统一管理、统一调配、统一培训使用，其工作范围和工作对象的安排以工作量及具体的矫正项目要求为准，不受司法所之间的管辖区域限制。

为什么社区矫正执行机构要设在县级，而不是地级或者省级的司法行政部门呢？

首先，社区矫正执行机构设在省一级不合适。我国也有学者主张“社区矫正工作者宜采取由省、直辖市刑事执法管理部门直接派出，如省、市的刑事执行局在区或县派出社区矫正工作站，工作站向下属的街道或乡镇派出社区矫正工作者，根据工作量的多少决定派出人员司法部门的数量”。[①] 这种模式有其优势，但这种垂直到底的管理体制之最大不足，就是省市以下的社区矫正无法依托当地党委政府开展工作，很难获得地方支持，从而在利用社会资源方面存在不可克服的缺陷；此外就是全省范围太大，地区与地区之间执法环境和执法条件相去甚远，所以社区矫正的执行机构统一设在省一级司法行政部门的建议，思路是不错的，但不太必要，也有些不太符合实际。其次，在地（地级市、州）一级司法行政部门设立社区矫正的执行机构也不合适。原因还是地（地级市、州）一级的地理范围比较偏大，不利于统一调配工作人员，也不利于因地制宜地采取某些工作措施，特别是对于专职工作者，在过于广大范围内的调配很难操作，到最后，统一调配就势必沦落成了一句空话。最后，不管是从矫正工作本身的专业化要求出发，还是从矫正工作者的职业化建设出发，由县（县级市、区）级司法行政部门统一建立一支专职工作队伍，既有可行性，又有必要性，而且范围不大不小，能保持一定的灵活性。综上，笔者认为，在县（县级市、区）级推行这种垂直管理模式，既能得到地方党政和社会力量支持，又有利于加强社区矫正的专业化建设，是符合我国国情也是符合矫正工作要求的。

三、社区矫正执行机构必须拥有专职工作队伍

鉴于矫正工作的专业性、法律性和政策性都比较强，社区矫正执行机构必须拥有一支自己的专职工作队伍，才能顺利完成高难度高要求的矫正工作。具体地说，就是要建立一支具有专业知识、又精通各项政策且训练有素的社区矫正官队伍，这支队伍有执法主体资格，其法律地位和身份相当于监狱的狱警，只不过其工作场所是在社区而非监狱。这就是笔者想极力倡导的社区矫正官制度，即以有执法主体资格的国家工作人员作为社区矫正的核心工作力量，领导、指导其他社会工作者进行矫正工作的矫正制度。

从国外的情况来看，在大多数国家中，并没有以“社区矫正”命名的、统一的社区矫正执行人员，在一些国家和地区中，执行社区矫正的专业人员主要是

① 刘强：《我国社区矫正试点中的管理体制弊大于利》，载《法学》2005年第9期。

缓刑官；在另一些国家和地区中，执行社区矫正的专业人员主要是假释官；在其他一些国家和地区，社区矫正则由缓刑官和假释官共同执行。[①] 笔者认为，鉴于我国社区矫正兼具刑罚执行和社会工作两种属性，[②] 完整的矫正工作者队伍应由两部分组成：一部分是专职的社区矫正官，相当于国外的缓刑官或假释官；另一部分是致力于社区矫正的社会工作力量，包括专职的矫正社工和兼职的社会志愿者。前者，即社区矫正官，是具有公务员身份、有社区刑罚执行权的专职社区矫正工作者的称谓，这部分人员属于社区矫正的专业工作力量，在社区矫正工作中起主导作用；后者，即专职的矫正社工和兼职的社会志愿者，属于社区矫正工作的社会辅助力量，在社区矫正官的指导下开展工作。

首批社区矫正官的配备，可以先从司法所从事社区矫正工作的人员中择优录用，或者从有经验的在职警察、监狱警察、劳教警察中调配，以作为社区矫正工作的基础力量。如果有的地区这部分人员数量不足，可以采取公开招考的形式加以补充。对于在试点期间就起用专职矫正社工从事矫正工作的城市，可以鼓励矫正社工积极报考，对从事矫正工作达到一定期限并取得相关专业资格的社工予以优先录取。至于矫正官的数量，笔者认为可按50:1的比例来配备，即每50个矫正对象配1位矫正官，需要说明的是，这个比例设定参考的是上海市专职矫正社工与矫正对象的比例，[③] 因为据笔者了解，上海矫正社工的具体工作范围已与一名矫正官应该承担的工作职责相差不大，不过这个比例已是一个极限，即便人手再紧张，都不宜再超过此标准。此外，建议为每位矫正官选配3~4名矫正社工，然后再招募一些当地的社会志愿者，尽可能使每位矫正对象周围至少有1名志愿者，这样一来，矫正官、矫正社工、矫正志愿者就组成了一个有机的矫正组织，矫正官的工作不但可以有效分散出去，而且得到更为细致的贯彻。

四、社区矫正执行机构之工作机制

社区矫正执行机构应建立怎样的工作机制有待探索，但以笔者之见，至少应包括以下内容：

第一，科学划分矫正区域，建立社区矫正的派出机构。社区矫正执行机构是

---

① 郭建安、郑霞泽主编：《社区矫正通论》，法律出版社2004年版，第105页。

② 关于社区矫正的属性，已另文论述。

③ 虽然矫正官与矫正社工在法律地位上有所不同，但经笔者实地考察发现，上海市试点期间专职矫正社工的工作量和工作范围，已经与一个矫正官应该承担的工作很接近了，笔者也正是从这个意义上建议矫正社工参加矫正官招考时优先录取。

以县（县级市、区）为区域单位建立的，而一个县（县级市、区）所辖的行政区域面积往往是比较大的，因此很有必要将全县（县级市、区）划分成不同的矫正区域，并建立相应的社区矫正派出机构。划分矫正区域的主要依据应以工作对象的数量为主，以矫正工作者的知识领域、特长和矫正对象的个人情况为辅，并参酌现有的街道、乡镇辖区范围等综合因素决定。至于如何划分矫正区域，有学者建议，“在人口比较集中的大中城市，各区可依实际情况，设一至两个社区矫正的管理所，把司法局富余人员经培训后，充实到管理所内。而人口分散的广大农村地区，一个县可按地理方位，分散设置二至三个社区矫正管理所”，[①] 笔者认为该建议值得考虑，但不赞成该学者随后提出的在派出机构内还“设立办公室、矫正管理科、考核科、教育科等”等，因为这样一来，这个本来旨在具体从事实务的执行机构又成为一个机关化的管理机构了，既浪费人力财力又对矫正工作无益。此外，笔者认为，这个派出机构应是各片区矫正工作者的办公地点和相关矫正项目的实施场所及对矫正对象的临时救助基地，所以为名副其实，该派出机构的名称叫“社区矫正工作站”比较好。

第二，统一对全县（县级市、区）范围的矫正工作实行“集约化”管理。这种“集约化”管理主要落实在三方面：一是对社会资源的管理，即统一设立专门部门统计、掌握、调配全辖区的社会资源，其中包括愿意提供服务的社会团体、个人志愿者、愿意接收矫正对象就业的企事业单位、愿意对矫正对象提供长期或者临时帮助的个人或者组织等。此外，这个部门还要负责接受和管理社会的捐款捐物，以供矫正工作之需。二是对矫正对象档案信息的管理，即设置专门的档案管理部门，集中管理和保存矫正对象的档案材料，并在每月底召开一次全体矫正工作人员大会，及时交流信息、传达文件并补充矫正对象最新的档案材料。三是对“三无人员”的管理，即对户口在本县（县级市、区），但无固定住所、无亲属、无经济来源的矫正对象进行特别管理。笔者建议在具体派出机构附近建立类似国外“中途之家”的临时救助基地，让“三无人员”在这里暂时容身1到3个月，在此期间，解决他们的吃住问题，对其进行必要的监督教育，要求他们从事一定量的劳动，并为其提供就业信息，鼓励其自谋职业、自食其力。

第三，统一建立全县（县级市、区）范围的社区矫正辅助工作队伍。按先行试点地区的工作量来看，一个矫正官可能平均要负责50个左右的矫正对象的管理和教育，如果只靠矫正官一个人，是无论如何也完不成的。所以矫正官开展

---

① 张峰：《论社区矫正机制的模式选择》，载《河南司法警官职业学院学报》2006年第1期。

工作更多地要靠发动社会力量，其中最主要的方式就是公开招募具有社会工作专业知识的矫正社工，动员和组织更多的矫正志愿者参与到矫正工作中来。由于矫正社工和矫正志愿者分布的不均，在考虑地域关系的同时，有时也需要统一调配，资源共享，因此需要统一建立全县范围的社会辅助力量，以便规范管理、调度和使用，这与建立统一的矫正官队伍同样重要。具体说来，建议为每位矫正官选配 3 ~4 名矫正社工，而矫正志愿者应尽量录用当地人员，尽可能使每位矫正对象周围至少有 1 名志愿者。

第四，在社区矫正直属执行机构建立值班制度。作为一项长期性和日常性的重要工作，为及时获得信息和处理相关事件，建立矫正官轮流值班制度是很有必要的。值班人员的工作任务大致有五项：一是负责对紧急突发事件的处理；二是接受关于下落不明的脱管、失控人员行踪的线索举报；三是接受对矫正工作者违法行为的群众举报；四是接受矫正对象的各种法律咨询、就业咨询和心理咨询；五是接受与社区矫正有关的其他事项的咨询或者处理。

综上所述，笔者关于社区矫正执行机构的基本观点是，司法所不适合继续承担社区矫正工作，应在每个县级（县级市、区）司法行政部门则建立社区矫正的执行机构，即社区矫正执行大队，全面承担全县（县级市、区）范围的社区矫正执行工作。此外，应在司法部和省（直辖市）级、地（地级市）级、县（县级市、区）级司法部门分别建立社区矫正的管理机构，管理机构的人员编制不必太多，尤其是省级和地级要绝对精简；管理机构的任务是进行业务指导、部门协调和组织必要的培训，因此进入管理机构的人员一定要是社区矫正工作的内行，又要具有较强的协调能力。

社区矫正的刑事政策意义：兼论恢复性司法进路的局限

徐俊驰*

一、缘起

以2002年8月上海市徐汇区斜土街道、普陀区曹杨新村街道、闸北区宝山路街道的率先探索为起点，作为非监禁刑罚执行方式的社区矫正经历了观念转变到实践施行、司法试点到立法肯认的渐进过程。而与立法、司法、公安、司法行政机关所主导的制度演进及其规模增长态势相呼应，国内研究也以社区矫正为议题提交了相当数量的意见，既有对刑事政策、刑罚功能及其实现方式的探讨，也包括形而上意义的价值论说与实践指向的制度证立。

综观现有（特别是晚近）文献，解析社区矫正的所谓“恢复性司法进路”似在扩张其影响：不仅是个别试点地区明确使用了“恢复性矫正”的提法，① 在学理层面亦有论者以较大篇幅为社区矫正的研究引入恢复性司法的概念框架，将已有试点及其进一步趋向纳入恢复性司法的实践范畴，从而确立（至少是有意识地用以支持）自身的主要论证。② 然则笔者以为，恢复性司法进路虽有诱惑性，却实际隐含了相当重要的疑点，“恢复性司法是社区矫正的法理依据”、“社区矫正是恢复性司法的实践形式”的阅读印象也未必可靠。即便域外文献反复肯定社区矫正的恢复性意义，是否就足以据此断定恢复性司法为解析国内制度提供了恰当（甚至是必要）方案？提升到方法论层面，比较研究是否完成了恢复性司法与现阶段政策环境、法制条件的比对衔接，是否就实践的契合抑或差异提供辩证分析？现在看仍有问题。如何确定社区矫正的法理依据与刑事政策意义，仍须补充相当篇幅予以说明。

---

* 中国人民大学法学院刑法学博士研究生。

① 参见镇江市社区矫正领导小组办公室：《恢复性矫正适用问题研究：以镇江市首例恢复性矫正案例为视角》，载《判例评论》2006年第6期，第22～29页。

② 贾宇：《社区矫正导论》，知识产权出版社2010年版，第53～68页。

二、域外经验：恢复性司法进路为何可能

根据多数文献的意见，恢复性司法（Restorative Justice）系指“召集特定侵害行为的相关各方，集体解决该侵害之后果及将来影响的程序”，[①] 目的是“化解冲突，恢复被害人与犯罪人所在社区的安全”。[②] 作为与报应性司法（Retributive Justice）相对应的概念，恢复性司法的立论是以针对前者的批判为前提。根据传统观念与刑事司法实践，犯罪被认为是对国家的侵犯，支持刑罚发动的是国家的政治与道德权威。隶属国家的刑事司法机关与官员垄断对犯罪的处理进程，将损害发生的事实情节抽象为规范构成，经法定程序加以裁决。但在恢复性司法的支持者看来，以施加刑罚痛苦于犯罪人为手段的报应性司法脱离了犯罪人、被害人以及社区的一般经验与实际需求，控制犯罪的效果不彰，因此主张适用恢复性司法以填补被害人与社区的损害，修复破碎的社会关系。[③]

具体到社区矫正的议题，不得不承认的是，恢复性司法与作为刑罚改革项目的社区矫正分享了对传统程式的批判意识，彼此亲和。文献也多有肯定论述，其间尤以联合国经济及社会理事会（以下简称“经社理事会”）的相关意见最为权威。经社理事会以题为《关于在刑事事项适用恢复性司法方案的基本原则》的2002/12号决议指出：恢复性司法方案，系指采用恢复性程序并寻求实现恢复性结果的任何方案（第1条）；恢复性程序，系指通常在调解人协助下，被害人、犯罪人以及受犯罪影响的其他适当个人或社区成员集体地、积极地参与解决由犯罪所引发事态的程序，可以包括调解、和解、会商与裁判会议（第2条）；恢复性结果，系指经恢复性程序达成的协议，包括旨在满足当事人的个别与共同需求，履行其责任，实现被害人与犯罪人重新整合的补偿、归还、社区服务等对策与方案（第3条）。这无疑构成了支持恢复性司法进路的重要理由。[④]

然而，就前述“证据”提出的质疑却很简单：域外文献（包括经社理事会

---

① Tony F. Marshall, Restorative Justice: An Overview, London: Home Office, 1999, p. 5.

② Daniel W. Van Ness, *New Wine and Old Wineskins: Four Challenges of Restorative Justice*, 4 Criminal Law Forum (1993), p. 258.

③ See M. Wright, Justice of Victims and Offenders: A Restorative Response to Crime, Winchester: Waterside Press, 1996, p. 7.

④ 联合国经济及社会理事会在此之前也有过表态。题为《制定与实施刑事司法调解与恢复性司法措施》的1999/26号决议第2条强调：“调解与恢复性司法在适当情况下可以作为解决轻微纠纷与轻罪的重要手段，特别是那些在司法或者主管当局的指导与监督下肇事者与被害人会面、赔偿所受损失或者提供社区服务的措施。”

决议）所用概念在何种意义上与国内制度相对应？这绝非故设悬疑，毕竟我们对“社区矫正”、“社区服务”、“社区制裁与措施”等概念关系的认识未必就清晰准确。试举一例，2009年11月29日欧洲委员会第73次成员国部长会议通过了《关于改进实施欧洲社区制裁与措施规则的决议》。其附件二《更广泛有效地适用社区制裁与措施的指导原则》第1条就社区制裁与措施的类型做了列举，即包括第4项“社区服务（即为社区无偿工作）”与第5项“被害人补偿、修复及被害人—犯罪人调解”。如是观之，似与经社理事会的前述决议相近。但是，如果注意到文件还提及第1项“审前羁押的替代措施，如要求犯罪嫌疑人居住在特定住所，接受司法机关确定的机构的监督与帮助”，或者第9项“对监狱附条件释放进行释放后监督”，显然就难以再将“社区矫正”、“社区服务”、“社区制裁与措施”作无条件的概念等同。是故，比较研究确有必要就叙说之对象、论证之语境做出分析。

回到社区矫正的议题，本文拟以英国为例做适当说明。[①] 其相关法律规定始自1972年《刑事司法法案》，授权法院颁布社区服务令（Community Service Order），要求缓刑官负责保障社区服务的组织实施。2000年《刑事法院（裁判）权限法案》及2003年《刑事司法法案》施行以后，原有的缓刑令与社区服务令被取消，代以总的社区令（Community Order）与社区判决（Community Sentence），包括宵禁令、社区修复令（以往称缓刑令）、社区惩罚令（以往称服务令）、社区惩罚令与修复令、毒品矫治与检测令、戒毒令等复合的项目。就少年司法的特别规定而言，1998年《犯罪与失序法案》设立补偿令与行动计划令。补偿令要求犯罪人具结悔过，参加与被害人的调解或恢复性会商，修复对被害人或社区造成的损害。行动计划令也规定犯罪人对被害人或社区的修复义务。1999年《少年司法与刑事证据法案》规定，被判决有罪的犯罪人将交由特定小组负责，参加监护人、被害人及社区志愿者共同参与的会商活动并确定修复被害人或社区之损害的措施。2003年《刑事司法法案》亦对此义务予以确认。

在恢复性司法文献看来，这些法律规定之所以具有恢复性意义，是因为强调了犯罪人的责任，要求其对被害人或者社区承担必要的修复义务，也规定了被害人参与恢复性会商与审议程序，通过集体决策方式达成犯罪人、被害人与社区成

① 之所以取英国为例，一是通说认为在国家层面将社区服务作为制裁措施，并予以法律化的做法即始于斯，二是因为该部分情况已得到域外文献的反复研讨，被肯定为恢复性司法的重要示例。

员之间协议的可能。[①] 这就与恢复性司法主张尽可能地为被害人提供参与程序、发表意见、进行选择的机遇，并通过考察犯罪人的救赎表现，谅解并重新接受其归复社会生活的立场[②]相当契合。亦如论者所强调，社区服务应当在加害行为与对社区造成的损害结果之间建立有效关联，应当对犯罪人予以必要尊重，应当重视对被害人所遭受的无形伤害的回应，以及令制裁执行过程成为吸纳社区参与的方式。[③] 唯执行方式的选择是出自于恢复性司法的本质特性，由双方自愿进行而不是强制为之，社区服务对犯罪人的矫治功能才能较为明显。[④]

笔者以为，前述评论意见相当重要。实际上不限于以社区矫正为议题的讨论，自愿参与原则[⑤]以及会商过程、修复效果的要素在其他的恢复性司法方案也有体现。例如，美国印第安纳州的被害人—犯罪人和解（Victim - offender Reconciliation Programme），制定法规定，如果犯罪人有意和解，检察官与被害人援助项目应当提供相关条件以听取犯罪人的悔悟陈述以及协商确定赔偿方案。被害人不是被要求参加，但和解提议是必需的。[⑥] 又如在新西兰，召集适用于未成年犯罪人的家庭集体会商（Family Group Conference）应当以犯罪人认罪或法院判定有罪以及被害人的同意为条件。会商的参与者（包括犯罪人及其家庭、被害人、社区代表）将集体讨论并确定事件的结果及修复措施。[⑦] 由此可见，特定方案之所以可能被纳入恢复性司法的实践范畴，盖因其实质地符合“恢复性程序”与

---

① See Margarita Zernova, Restorative Justice: Ideals and Realities, Aldershot: Ashgate Publishing Limited, 2007, pp. 26 - 27.

② See G. Johnstone, Restorative Justice: Ideas, Values, Debates, Cullompton: Willan Publishing, 2002, p. 102.

③ See Daniel W. van Ness and Pat Nolan, *Legislating for Restorative Justice*, 10 Regent U. L. Rev. (1998), pp. 87 - 88.

④ 参见［美］丹尼尔·W. 凡奈思：《全球视野下的恢复性司法》，载《南京大学学报（哲学·人文科学·社会科学）》2005 年第 4 期，第 132 页。

⑤ 经社理事会 2002/12 号决议第 7 项规定：“唯有充分证据指控犯罪人并依被害人与犯罪人自由与自愿同意，才能够适用恢复性程序。被害人与犯罪人在程序期间应当能够随时撤回该同意。协议应当自愿达成，且仅载列合理相称的义务。”

⑥ See Daniel W. van Ness and Pat Nolan, *Legislating for Restorative Justice*, 10 Regent U. L. Rev. (1998). p. 62.

⑦ See Allison Morris and Gabrielle Maxwell, *Restorative Justice in New Zealand*, in Andrew von Hirsch, Julian V. Roberts , Anthony Bottoms, Kent Roach and Mara Schiff (eds.), Restorative Justice and Criminal Justice: Competing or Reconcilable Paradigms, Oxford: Hart Publishing, 2002, p. 258.

“恢复性结果”的基本要素，响应恢复性司法的基本原则，而非其采用了相同或者相近的用语。若仅是引述2002/26号决议以及作为其知识背景的恢复性司法文献，却不及于具体制度的实质比较，就难免造成在方法论层面的疑问——未完成比较研究所承担的语形转换、语义阐释、语用探究任务，令解析社区矫正的恢复性司法进路发生过多“跳跃”，令论证效果止于浅显印象与简略修辞。

三、国内实践：恢复性司法进路为何可疑？

承接前文的分析，在实际的社区矫正规范与经验资料那里探寻“恢复性程序”与“恢复性结果”的基本要素，是承认一般原理、切近个别实践、进行比较研究的合理条件。这就要求对社区矫正试点的已有情况做必要说明。自2003年7月最高人民法院、最高人民检察院、公安部、司法部联合颁发《关于开展社区矫正试点工作的通知》，确定北京、天津、上海、江苏、浙江、山东为首批社区矫正试点省（市），到“两院两部”2005年1月颁发《关于扩大社区矫正试点范围的通知》，2009年9月颁发《关于在全国试行社区矫正工作的意见》，试点得以全面铺开，各地逐渐形成了各有侧重的模式与工作机制。而根据公开发表的调研成果以及近年主题会议的研讨，一般认为，北京与上海的试点情况最具代表性。本文也拟循此线索，重点是联系已有的评价意见，对现有实践的一般特征及其隐含逻辑加以说明。

其一，是政法机关代表、法学者以法律知识与体制经验为背景提出的讨论，重点是坚持在现行法律框架内，主要依靠专业矫正人员实施社区矫正的“北京模式”[①] 与以政府购买服务的方式，组织专业社会工作者参与社区矫正的“上海模式”[②] 之间的竞争与选择。[③]

值得注意的是，尽管相当多意见对以上海市新航社区服务总站为代表的社会组织参与给出积极评价，但实际的研究结论与制度操作却倾向于“北京模式”的做法，即主要依赖司法行政机关直接领导的公职人员实施矫正。社会组织参与的积极意义为何没能够转化为多数的实践？部分是经济基础与社会治安形势的地

① 参见北京市司法局：《北京市社区矫正》，载王钰、王平、杨诚主编：《中加社区矫正概览》，法律出版社2008年版，第25页。

② 参见上海市司法局：《上海市社区矫正》，载王钰、王平、杨诚主编：《中加社区矫正概览》，法律出版社2008年版，第79页。

③ 详细的比较，参见但未丽：《社区矫正的“北京模式”与“上海模式”比较分析》，载《中国人民公安大学学报（社会科学版）》2011年第4期，第151～156页。

域差异、城乡差异，司法资源配置以及社会组织的发育程度等因素的影响，但笔者更为看重的解释是，社区矫正试点自始就是刑罚执行的惩罚改造功能与基层治理的安置帮教任务的结合，而刑罚执行性质是其底线。以现有（及可预见的）法律条件，作为非监禁刑罚执行方式的社区矫正不会放弃刑事立法、司法对刑罚惩罚性、威慑性的基本判断。各级各部门研究推进的风险管理、分类矫正（处遇）办法，均以防范脱管、漏管，防止重新违法犯罪为首要目标。也唯有此前提，才能够进一步提出对矫正对象的帮困扶助要求。而类似于将符合最低生活保障条件的社区服刑人员纳入最低生活保障，为符合条件的农村户籍社区服刑人员落实责任田地，为社区服刑人员提供技能培训和就业指导，提高就业谋生能力，帮助其解决基本生活保障等做法，也是既往的基层治理传统的延续。如果将现有实践的惩罚改造功能与安置帮教任务相联系，就不难意识到社区矫正作为以特殊人群为对象，以防范与化解社会危险为目标的刑罚执行活动，是“以犯罪人（社区服刑人员）为重心”。这意味着，试点的功能设定没有直接支持恢复性司法“关注被害人”[①] 的核心诉求。

其二，与多数政法机关代表、法学者的审慎态度相反，以“第三部门”与公共产品供给为主题的公共管理研究指出，作为公共产品（这里指社区矫正）供给者的上海市新航社区服务总站存在外部竞争不足，志愿性、独立性失灵的问题。研究还对政府机关（市级、区级和街道乡镇）“把新航社区服务总站、各区县社工工作站及街道乡镇社工工作小组，看成是自己的一个部门，进行行政化的管理”的做法予以批评。[②] 尽管该项最终结论的得出或与研究方法及预设立场相关，应予辩证看待，但是笔者以为这至少不排斥下述经验事实的存在：现阶段试点确实较积极地引入了社会工作者、志愿者、基层群众组织的作用，但这相当程度上是对以往“群防群治”、“综合治理”政策的延续与修正，是基层治理传统的部分改良。又受制于社会组织与社会工作者、志愿者的身份与能力，经费保障以及法律权限等未决问题，社会组织与社区的参与极为有限。至此，反观社区矫正的管理体制变动，现有实践的确改变了以往公安机关垄断管制、缓刑、假释、监外执行监管考察的情况，重新设定了以司法行政部门牵头，相关部门协作的职权格局，但本质上属于国家权力的内部调整，而非国家与社会之间的权力（权

① See e. g. James Dignan, Understanding Victims and Restorative Justice, Berkshire: Open University Press, 2005, pp. 94 – 125.

② 参见孙辉：《城市公共物品供给中的政府与第三部门合作关系：以上海市社区矫正为例》，同济大学出版社 2010 年版，第 195 ~ 231 页。

利）移转。这就与恢复性司法希望借社会组织及社区的参与巩固市民社会、发展协商民主的倾向①谨慎地保持了距离。

其三，也是现有文献少作说明的问题，即社区矫正试点普遍缺失了被害人参与以及会商程序、修复效果这些恢复性司法的基本要素。“政府的责任是维护公正的秩序，社区的责任是建立公正的秩序”是恢复性司法文献对社区作用预期的经典表述。② 然而，在传统的基层控制与动员能力弱化，现代意义的基层民主与社区建设尚未完成的条件下，社区与社区成员很多时候是无意（缺少归属感和参与意识）与无力（缺少制度渠道与资源保障）重建被犯罪行为、犯罪人破坏的社会关系，而是继续依赖国家提供刑事司法的公共产品。即便是部分地区试行的，为适用缓刑、假释征询社区意见、进行有条件听证的探索，有时候也难以回避基层群众组织代表性不强，信赖缺失引发的正当性疑点。矫正机构基于教育挽救原则而有意保守未成年社区服刑人员的信息，这尽管有很强的政策性支持理由，却无疑也给被害人及其所在社区参与损害修复的会商过程设置了障碍。总的来看，现阶段的加害人与被害人的会商协议主要还是依靠诉讼阶段（而非刑罚执行阶段）的和解赔偿来完成。所谓恢复性矫正的实践，也仅在个别具备与和解赔偿相近似条件的场合才能够实现。从这个意义上讲，会商程序与修复效果的发生具有个别性、机遇性而非一般性，实在不足以成为社区矫正试点所设定的实践功能。

四、社区矫正与作为社会政策的刑事政策

受到社会的资源分散化、利益复杂化、流动性增强、意识形态权威与道德控制效果趋弱等因素的影响，转型时期的国家与社会负担了控制犯罪与越轨失范行为的沉重任务。特别是流动性问题，弱化基层控制与动员能力，造成社会关系冷却、社区归属减弱以及不稳定因素的潜在累积，“既蕴含了巨大的风险，而且会强化由其他原因产生的社会风险”。③ 在法理层面，传统的刑事政策与刑事法律关系范畴渐入困境，而未能够重构或重述刑事法律制度对社会关系现实的表达。

① See e. g. Albert W. Dzur and Susan M. Olson, ´The Value of Community Participation in Restorative Justice´, Journal of Social Philosophy, Vol. 35 No. 1 (2004), pp. 91 – 107.

② D. Van Ness and K. H. Strong, A Introduction to Restorative Justice, Cincinnati: Anderson Publishing, 2006, p. 46.

③ 郑杭生、李路路：《社会结构与社会和谐》，载《中国人民大学学报》2005 年第 2 期，第 5 页。

◇ 第四部分　社区矫正制度 ◇

从“最好的社会政策即最好的刑事政策”的广义观念出发，刑事政策被理解为国家与社会据以应对犯罪的原则与措施的总和。作为社会政策（公共政策）的组成部分，除了坚持刑事政策的犯罪防控基本任务，还要求在所依托的社会形势以及所表达的权力关系与资源供给格局内获得进一步的解释与说明。仍以社区矫正的论证为议题，应当承认，被害人学与恢复性司法作为寻求研究进路拓展与效用提升的尝试，主张引入被害人的重要作用，确有其积极意义。但是，恢复性司法进路不能直接解决“恢复性程序”与“恢复性结果”的基本要素缺席于国内制度的实践“遗憾”，无意关注也无力描述、解释已为社区矫正试点所表达的政策转变。也恰是因为现阶段社会政策（包括刑事政策）所承担的功能设定与域外恢复性司法的进程有别，又迫切提出了如何确定社区矫正的法理依据与刑事政策意义的议题。

实际上，如果承认“刑事政策是以权力配置为基础的社会生活的组织形式”,[①] 就不难接受将刑事政策理解为权力对抗与协作、资源竞争与调配、功能设定与评价的动态的社会管理过程。就社区矫正而言，广义的刑事政策与社会管理观念能够提供对刑事法律制度所发生调整的说明。

其一，理论与实践已经意识到，传统上负有社会治安管理主要责任的警察权在社会矛盾多发时期实际面临权威趋弱、资源短缺、手段不足、效率不高的问题。适当收缩警察权的范围，减轻负担，是控制警务成本与集中力量完成核心任务的条件。就司法行政部门而言，相对完整地行使刑罚执行权力是利用已有基层治理资源（如基层司法所、人民调解委员会的组织设置与运行经验），提高行刑效果，实现行刑功能的重要步骤。依据这样的判断，不难理解行政权内部的必要职能调整。

其二，司法机关借助制度与技术优势，参与纠纷解决、矛盾调处的作用愈发得到重视。特别是在刑事诉讼过程中，利用认定犯罪事实，对犯罪嫌疑人、被告人进行考察评估的先在条件，依据法律、司法解释，通过提交公诉意见与建议，适用非监禁刑罚措施以及减刑、假释的刑罚执行方式，为犯罪人的矫正改造以及社会矛盾化解积累有利因素，也推进了行政权与司法权之间功能协作。

其三，较可能被有意夸大或无意漠视的，是国家机关与社会成员及其代表，与社会组织之间的关系问题。恢复性司法进路与现有实践的主要分歧在于，恢复性司法要求提供相对稳定的社区建设基础，认为“前提是存在已强化的社区，

---

① ［法］米海伊尔·戴尔玛斯·马蒂：《刑事政策的主要体系》，卢建平译，法律出版社 2000 年版，第 26 页。

令人们有更多机会发生互动，创造个性化的关系，建设支持网络及实施非正式的社会控制”。① 而现有实践面临的情况是社区的功能弱化（主要是传统单位体制的部分消解、流动人口与乡镇街道基层组织的疏离），承担的任务是以社区为场域的犯罪矫正与社会风险的管理控制。其条件差异与观念分歧客观存在。当然，更宏观意义的刑事政策创制与实施并不反对公民参与，反倒恰是刑事政策的社会政策（公共政策）属性决定了公民参与的价值。② 但是，起码在现阶段有两项必要的考量，一是依然强调应该明确政策依据，坚持法制原则，避免走得过快而引发新的社会风险。二是寻求公民参与（包括恢复性司法进路主张的会商过程与修复效果）的路径协调，能够通过分工配合的制度安排得以实现。特别是社区矫正“应当”适用于包括成年与未成年犯罪人在内，涉及管制、缓刑、假释以及监外执行的广泛情况，而实际达致恢复性意义的条件并不充分的形势下，以被害人为重心的会商过程及其对修复效果的实现并不是必须由，或者不是必须立即由特定的非监禁刑罚执行方式所承担。

五、结语

在结束本文的论述之前，再简要地回顾恢复性司法进路的核心诉求：

恢复性司法始自对当代刑事司法的若干批评。其一，批评缺少对被害人的关注。当前，被害人常被完全置于刑事司法程序之外，除非检察官意图将其召为证人。被害人的支持者呼吁司法制度为被害人提供赔偿、扶持以及积极的程序性角色。例如，让被害人有权就诉辩交易或判决发挥有意义的作用，已经成为某些支持者的主要目标。

其二，恢复性司法注意到传统程序在减少犯罪，特别是累犯上的失败。与那些主张更严厉以及（或）更确定的惩罚以阻止再犯，剥夺其再犯能力的论者不同，恢复性司法的倡导者更相信把犯罪人投入拘留所与监狱是强化而非阻止了犯罪。他们也批评免除犯罪人自我答责的对峙制度，批评传统矫正制度不能够为犯罪人提供成功归复社区所需的技巧。③

---

① Leena Kurki, *Evaluating Restorative Justice Practices*, in Andrew von Hirsch, Julian V. Roberts, Anthony Bottoms, Kent Roach and Mara Schiff (eds.), Restorative Justice and Criminal Justice: Competing or Reconcilable Paradigms, Oxford: Hart Publishing, 2002, p. 293.

② 参见郭理蓉：《和谐社会的刑事政策与公民参与》，载《北京师范大学学报（社会科学版）》2011 年第 1 期，第 121 页。

③ Susan M. Olson and Albert W. Dzur, *Reconstructing Professional Roles in Restorative Justice*, 2003 Utah L. Rev. (2003), p. 58.

将上述文字与国内制度相比对，基本只有后者才在实际经验那里有比较契合的体现。这主要有两层意思：一是以被害人、社区及其成员为重心的观念，至少在现阶段没有被吸收为社区矫正的实践功能。作为非监禁刑罚执行方式的社区矫正并没有普遍地为被害人、社区提供恢复性意义的会商程序与修复结果。这部分是由于国家与社会转型时期基层治理与建设的实际条件，也与决策层面的有意选择相关联。二是尽管存在前述分歧，有关刑罚功能及其实现方式的反思确实也为恢复性司法进路及现有实践所共享，这就部分解释了恢复性司法进路为何得以较快地扩展其影响。但是，如果坚持要为现有实践及其进一步趋向提供观察与说明，而不是寻求纯粹批判的规范性理论的话，承认恢复性司法进路的有限性应该是更加切近经验的立场选择。

暂予监外执行社区矫正的现实困境及完善路径

沈玉忠*

暂予监外执行，是指被判处有期徒刑、拘役的罪犯由于患有严重疾病，怀孕或者正在哺乳自己的婴儿，生活不能自理等法定事由，而由人民法院或者刑罚执行机关批准暂时在监管场所以外执行刑罚的制度。根据2003年最高人民法院、最高人民检察院、公安部、司法部《关于社区矫正工作试点工作的通知》（下称“两高两部”《通知》）规定，将暂予监外执行的罪犯纳入社区矫正的对象范围。由于暂予监外执行对象的特殊性，再加上暂予监外执行制度本身的问题，使得暂予监外执行的社区矫正出现诸多问题亟待解决。为此，应完善暂予监外执行的法律制度，规范暂予监外执行的社区矫正工作，才能推进社区矫正工作的有序进行。

一、暂予监外执行社区矫正运行状况分析

《刑事诉讼法》第214条规定，对于被判处有期徒刑或者拘役的罪犯，有下列情形之一的，可以暂予监外执行：（一）有严重疾病需要保外就医的；（二）怀孕或者正在哺乳自己婴儿的妇女。对于被判处有期徒刑、拘役，生活不能自理，适用暂予监外执行不致危害社会的罪犯，可以暂予监外执行。可见，暂予监外执行的法定事由主要包括三种情形：罪犯患有严重疾病需要保外就医、怀孕或者正在哺乳自己婴儿和生活不能自理3种情形。在司法实践中，暂予监外执行最多的法定事由是罪犯患有严重疾病需要保外就医的。2003年“两高两部”《通知》将5类人员纳入社区矫正对象，其中，将被暂予监外执行的罪犯纳入社区矫正对象范围之内，具体包括：（1）有严重疾病需要保外就医的；（2）怀孕或者正在哺乳自己婴儿的妇女；（3）生活不能自理，适用暂予监外执行不致危害社会的。目前，笔者在北京市通州区进行调研时发现，全区共有410名社区矫正人员，暂予监外执行的共8名，罪犯均因身患疾病而保外就医。其中，高血压Ⅲ级有4名，其他分别为精神分裂症（二级精神残疾）、肺气肿、气胸、心脏

* 北京工业大学实验学院讲师，兼任北京市通州区人民检察院检察长助理。法学博士，中国政法大学博士后。主要研究方向：刑法学、刑事执行法学。

病、脑卒中、甲状腺乳头癌。上述保外就医罪犯中，由法院决定暂予监外执行的有4名，其他4名有监狱机关报请省级监狱管理局来批准。上述8名保外就医罪犯申请暂予执行续展有6名，司法所对其治疗情况不甚了解。此外，暂予监外执行延展手续也存在不规范之处，如缺乏就诊病历、医院证明等，有的缺乏相应审批手续、检察机关审核意见缺失等问题。

近年来，暂予监外执行的人数呈上升趋势，主要原因在于：一是当前监狱和看守所的管理面临新的形势和要求，民众对刑罚执行和监管活动公平公正的关注度越来越高，在押人员对自身权益的保护意识也越来越强，上级管理部门对监管安全的“零死亡”监管安全要求逐渐提高在押人员医疗预算费用，使得看守所、监狱在收押过程中更加严格，对于有患有严重疾病可能的或有死亡可能的尽量不收；二是部分犯罪分子钻司法空子，在体检过程中弄虚作假制造有严重疾病的假象，力争不被收监执行；三是对于何种情况下法院应做出暂予监外执行决定，虽然在《刑事诉讼法》中有规定，但过于原则不足以指导司法实践；四是适用监外执行的疾病标准陈旧难于与医学发展有效接轨，不利于司法实践的操作。

我国现行法律对暂予监外执行制度规定较为原则，相关配套规定又跟不上，导致在司法实践中出现了诸多问题，特别是暂予监外执行的违法现象较为突出，由此产生的司法腐败问题较为严重，为此，2003 年全国检察机关开展一次“罪犯暂予监外执行专项检察活动”，检察机关发现暂予监外执行监督考察措施不落实的占暂予监外执行罪犯总数的10.5%；暂予监外执行期间失控的占12.67%；应继续暂予监外执行未办理暂予监外执行手续的占15.55%；暂予监外执行条件消失后应收监而未收监的占7.95%。2004 年，在全国开展的减刑、假释和保外就医专项检查活动中，共清理保外就医案件2.8 万余件，其中，发现保外就医有问题的近6000 件，占检查保外就医案件总数的21%。[①] 存在主要的问题是：保外就医对象不符合法律规定，罪犯疾病不符合保外就医的严重疾病范围，保外就医条件消失应收监而未收监，决定保外就医的医院证明文件不符合法律规定，保外就医期间届满未及时办理释放手续或续保手续，保外就医罪犯交付执行环节脱节致使漏管、脱管等。

二、暂予监外执行社区矫正存在问题及原因分析

尽管我国社区矫正试点工作已有8 年时间，在探索建立和完善中国特色非监

---

① 白泉民主编：《监所检察“四个办法”》，中国检察出版社2008 年版，第131 页；庄洪胜、那艳芳：《罪犯保外就医的鉴定》，人民法院出版社2000 年版，第3 页。

禁刑罚执行制度、维护社会和谐稳定、全面建设小康社会方面，取得了初步的成效，但是由于法律制度规定的缺位等诸多原因，当下我国暂予监外执行社区矫正工作存在不尽完善之处，从而影响到暂予监外执行社区矫正工作应有作用的发挥。

（一）存在的问题

1. 暂予监外执行决定存在不规范之处

考虑社区矫正工作自身特点，社区矫正期限为三个月以上。根据法律规定，怀孕或者正在哺乳自己婴儿的女犯可以被暂予监外执行，但是在司法实践中，人民法院判处刑罚时，距离女犯哺乳期结束不到3个月，对此是否适用社区矫正呢？社区矫正决定机关陷于两难境地：如果适用社区矫正的话，由于社区矫正期限较短，往往起不到社区矫正的效果，同时，也会影响社区矫正机构的工作安排；如果不适用社区矫正的话，将违背法律法规的规定，同时也会造成法律适用上的不公平。此外，由于缺乏相应的应急方案，致使出现暂予监外执行被滥用的现象，如笔者在针对社区矫正的调研时曾发现，在2009年甲流流行时，一名罪犯被确诊为疑似甲流患者，而被暂予监外执行3个月，后因确认为非甲流患者而被收监执行。

2. 暂予监外执行适用条件模糊性，使得实际操作随意性较大

暂予监外执行的实质条件为：有严重疾病需要保外就医，具体是指罪犯患有严重疾病，由于执行机关因医疗设备不足，医疗条件缺乏等原因而无法在监所内医治，不得不让罪犯保外就医。1990年《罪犯保外就医执行方法》所附的《罪犯保外就医疾病伤残范围》（以下简称《范围》）。该办法历时已久，无法解决现在现实生活中出现的一些新问题，同时，适用监外执行的疾病标准陈旧不能与医学发展相接轨。

我国医学界将高血压分“期”，《范围》规定正在服刑的罪犯达到高血压Ⅲ期且符合其他规定条件者可准予保外就医。自2001年以后，为了与国际接轨，医学界根据高血压的严重程度，将“期”改为分“级”，根据血压值分为三级，至于“高血压三级”能否等同于“高血压Ⅲ期”，作为决定对罪犯暂予监外执行的事实依据，我们必须关注一下“三级”和“Ⅲ期”的关系。目前，国际医学界根据压值将高血压的危险程度分为三级：

一级　140～159/90～99

二级　160～179/100～109

三级　180≥/110≥

其中第三级（压值180≥/110≥）中还区分“极高危”、“高危”、“中危”、

"低危"。

低危：仅有高血压，无其他合并症。

中危：高血压＋（高血糖、高血脂、其他合并症）。

高危/极高危：高血压＋重要脏器及外围血管损伤（有过或正在脑血栓、有过或正在脑出血、尿毒症、肾衰、心梗等，但不包括动脉硬化）

根据医学专家介绍，"高血压三期"是根据压值和合并症两项共同确定：

三级＋极高危组/高危组＝三期

由此可见，如果将"高血压Ⅲ级"的医学结论作为决定暂予监外执行的依据，将会使一部分应当收监执行的罪犯流入社区矫正领域，降低刑罚执行的严肃性。事实上，随着医学的发展和科技的进步，很多疾病的确诊和分级标准都有所变化，《范围》制定于20世纪80年代，与医学发展状况发生脱节，如果依旧执行会造成对法律执行的不严肃，如果摒弃不用则会形成没有规范各为其政、增加执行成本和延长决定时限等问题，而且要求法院、监狱、公安部门工作人员探讨病理则不切实际。因此，对于决定暂予监外执行依据的更新，以及与医疗机构联动机制的建立迫在眉睫！

3. 暂予监外执行衔接机制不畅，使得社区矫正工作无法顺利开展

1990年，最高人民法院、公安部、司法部联合发布的《罪犯保外就医执行方法》规定了病残罪犯的暂予监外执行实行定期保外就医制度。该办法对监狱部门提请保外就医作出较为详尽的规定：对于监狱管理机关批准保外就医的，监狱管理机关依据罪犯病情，可以一次批准保外就医6个月～1年。保外就医期满前，监狱应当派干警实地考察或者发函调查。保外就医罪犯病情经医院证明尚未好转的，由监狱提出意见，报省、自治区、直辖市监狱管理局批准，办理延长保外就医期限手续。省、自治区、直辖市监狱管理局决定延长保外就医时间的，监狱应当及时通知居住地公安机关和人民检察院。相对而言，由人民法院决定暂予监外执行时，由于相关执行程序制度的缺位，使得此部分暂予监外执行的衔接工作（主要是暂予监外执行的续保）存在不到位的情形。

暂予监外执行是一种临时性的过渡措施，因此暂予监外执行的法律结果是，或者法定情形消失后收监执行，或者刑期届满被释放。由于暂予监外执行的社区矫正期限，是由人民法院、监狱管理局根据罪犯病情来决定，在无法确定社区矫正期，往往规定固定的社区矫正期限，即1年。因此，暂予监外执行的社区矫正工作的衔接涉及暂予监外执行者社区矫正人员的接收，暂予监外执行社区矫正的延长、暂予监外执行收监执行以及暂予监外执行的社区矫正解矫工作的衔接。司法实践中，暂予监外执行社区矫正期限需要延长的情况下的工作衔接存在不规范

之处，即相关机关不及时办理暂予监外执行社区矫正延长的手续、审批手续不规范等问题。

根据《中央社会治安综合治理委员会办公室等部门关于加强和规范监外执行工作的意见》的规定，法院决定的，已被羁押的“由公安机关按照有关规定办理移交”，未被羁押的“由人民法院通知罪犯居住地的县级公安机关执行”。监狱管理机关、公安机关决定的，“交付执行的监狱、看守所应当将罪犯押送至居住地，与罪犯居住地公安机关办理移交手续”。在工作要求上，监狱管理机关、公安机关决定暂予监外执行的与执行部门要“手递手”的无缝交接。由法院判决、裁定暂予监外执行的区分羁押和未被羁押两种，实践中法院对已被羁押的罪犯裁判暂予监外执行的几乎没有；未被羁押的，法院应于5个工作日内将相关法律文书送居住地县级公安局和司法局。此部分社区矫正衔接上出现两个漏洞：一是在交接时限上，法院送文书的时间最长是12天（5个工作日+7天法定节假期），如果是邮寄送达再遇到边远地区交通不便，那么罪犯居住地公安局、司法局接到材料的日期就很难确定。公安局、司法局还要将材料转给罪犯居住地的派出所、司法所也需要一定时间，这等于交接时限没有明确规定。二是材料传递的不确定的时间段里，法院针对该暂予监外执行罪犯的工作已经告一段落，而执行机关还不知道该人也是社区矫正的工作对象，导致司法机关无法开展对其的管理和矫正工作。因此，暂予监外执行交付执行环节的漏洞直接危害了刑罚执行的严肃性，大大减损了社区矫正的功能和效果。

4. 暂予监外执行社区矫正内容不明确，从而无法发挥社区矫正的正常功能

“两高两部”《通知》规定了社区矫正工作任务，分为三个主要部分：监督管理、教育矫正以及帮扶解困。由于暂予监外执行是一种刑罚变更执行方式，是由于罪犯特定的因素而被放置在监所之外执行刑罚，因此它是一种过渡性措施，其法律结果呈现多样性的、不确定性的特点。为此，暂予监外执行罪犯的社区矫正工作重点在于督促罪犯及时就诊，社区矫正机构根据罪犯的情形及时作出处理，或者收监执行，或者社区矫正期限届满后继续保外就医，或者刑期结束解除社区矫正。当前，司法实践中，社区矫正结构的工作人员不明了暂予监外执行的特殊性，将暂予监外执行罪犯视同为其他四类社区矫正人员，一并开展社区矫正工作，对暂予监外执行人员疾病治疗情况不作特别的关注，不能了解暂予监外执行罪犯的身体状况，从而使得暂予监外执行成为部分罪犯逃避在监（所）执行的重要手段，从而直接影响到刑罚执行的权威性，使得暂予监外执行制度失去其应有的作用。

（二）原因之分析

导致上述现象的原因是多层面的，既有立法层面的原因，也有司法操作层面的缘由，主要原因在于：

1. 法律制度的不明确性使得暂予监外执行适用随意性较大

第一，法律制度本身矛盾性，暂予监外执行的适用范围出现不尽一致之处。《监狱法》第 25 条规定："对于被判处无期徒刑、有期徒刑在监内服刑的罪犯，符合刑事诉讼法规定的监外执行条件的，可以暂予监外执行。" 1990 年《罪犯保外就医执行办法》第 2 条也规定，被判处死缓减为无期徒刑的罪犯，被判处无期徒刑、有期徒刑或者拘役的罪犯，在具备法定条件的情况下，可准予保外就医。但是，《刑事诉讼法》第 214 条规定，只有被判处有期徒刑或者拘役的罪犯才可以暂予监外执行。此外，对暂予监外执行情形的规定不一致。《刑事诉讼法》第 214 条规定的情形有三种：一是有严重疾病需要保外就医的；二是怀孕或者正在哺乳自己婴儿的妇女；三是生活不能自理，适用监外执行不致危害社会的，而《监狱法》没有规定第三种情形。

第二，暂予监外执行适用依据滞后性，直接影响实践的操作。目前，具体规定罪犯保外就医的依据是 1990 年最高人民检察院、公安部、司法部联合发布的《罪犯保外就医执行办法》，该规定一直沿用至今，仍然有效。此外，《罪犯保外就医疾病伤残范围》规定的病残标准和尺度难以把握，如对于 29 种疾病以外的"其他需要保外就医的疾病"的理解存在较大分歧。1996 年新修订的《刑事诉讼法》对暂予监外执行制度作出了较大修改，因此上述规定已不能适应新《刑事诉讼法》和司法实践工作的新要求，而实践中保外就医引发的社会和法律问题日益凸显。为此，2003 年，最高人民检察院就开始着手起草《罪犯暂予监外执行规定》（稿），其间几次修改，中央政法各部门对该稿件也经过多次协商和论证。2005 年，随着中共中央关于司法体制与工作机制改革文件的出台，中央各政法机关的司法体制与工作机制改革任务重新作出调整和分工，罪犯暂予监外执行的规定由司法部牵头制定，无形中影响《罪犯暂予监外执行规定》的出台时间。正是由于暂予监外执行的法律依据滞后性与矛盾性，使得暂予监外执行制度在实际操作中衍生出诸多问题，从而影响暂予监外执行制度实际运用。

对鉴定医院的规定矛盾性增强，暂予监外执行的具体适用的不规范性。《罪犯保外就医执行办法》第 6 条的规定，保外就医的病残鉴定可由监狱、劳改队、少管所医院进行，未设医院的，可送劳改局中心医院或者就近的县级以上医院检查鉴定。《刑事诉讼法》第 214 条规定，对于罪犯确有严重疾病，必须保外就医的，由省级人民政府指定的医院开具证明文件。尽管目前由监狱、看守所提请暂予监外执行鉴定医院规定为省级政府指定医院来作出，但是司法实践中，省级人民政府指定医院时较为随意，有些医院缺乏疾病诊断的资格与条件，医生也缺乏相应的资质，从而使得暂予监外执行适用时掌握标准不尽一致，有的鉴定单位不见罪犯就随便写个诊断，也能把罪犯保外就医。①

第三，暂予监外执行的决定权比较分散。目前，有权批准或者决定暂予监外执行的机关有人民法院、监狱管理机关和公安机关。其中，人民法院决定暂予监外执行又分为：一是直接由人民法院决定暂予监外执行；二是在将罪犯投监执行而监狱拒收后转由人民法院决定暂予监外执行。对在监狱、看守所中正在服刑的罪犯暂予监外执行，批准权均在执行机关内部。其中，在监狱服刑的罪犯提请暂予监外执行的，由罪犯所在监狱（未成年管教所）审核后报请省级监狱管理机关批准暂予监外执行；另外，对被交付执行时剩余刑期在1年以下的有期徒刑不交付监狱执行，而直接留在公安机关的看守所服刑以及被判处拘役的罪犯在看守所执行时，符合暂予监外执行条件的，由地市级以上公安机关有权批准罪犯暂予监外执行的机关批准。正是由于暂予监外执行决定权较为分散，执法尺度标准不一，特别是绝大部分暂予监外执行由执行机关内部自行提请，自行决定，缺乏外部监督制约，不利于维护生效裁判的权威性和稳定性。虽然以上部门对罪犯批准暂予监外执行时，要求通报同级检察机关接受监督，但在执法实践中，由于审批的机关和依据的标准不同，检察监督常常流于形式。

2. 社区矫正决定主体与工作主体混淆，使得暂予监外执行社区矫正工作缺乏针对性

根据《刑事诉讼法》的规定，对于暂予监外执行的罪犯，由居住地公安机关执行，执行机关应当对其严格管理监督，基层组织或者罪犯的原所在单位协助进行监督。但是，根据"两高两部"《通知》，司法行政部门具体负责实施社区矫正工作，公安机关与司法行政机关密切配合，做好矫正对象的监督管理，简言之，公安机关是社区矫正的执法主体，司法行政机关是社区矫正工作的工作主体。司法实践中，司法所往往是有责无权，公安派出所有权行使职能，却因工作任务繁多，无暇顾及社区矫正工作，从而引发一系列的问题。

首先，对于暂予监外执行罪犯的管理，司法所没有强制性手段。按照相关工作要求，在社区服刑的暂予监外执行的罪犯应定期向司法所电话汇报、报到、交思想汇报、离开所居住区县的要经过批准；如果该罪犯不按时报到、随意离开居

① 白泉民主编：《刑罚变更执行法律监督制度研究》，中国检察出版社2009年版，第215页。

住地，那么司法所应当采取怎样的措施呢？此外，奖惩评分制对社区服刑人员不产生实际影响，对于是否收监执行，司法所只能提供社区服刑期间基本情况材料作为参考意见，司法所并不是实际提出主体。为了防止脱管失控，司法所的工作人员只能不厌其烦地给他打电话、到他家里或居（村）委会了解情况，形成了司法所的工作人员向被矫正人定期汇报见面的被动局面。

其次，对暂予监外执行社区矫正缺乏针对性的措施。对暂予监外执行的监督与管理，司法行政部门只是笼统的规定暂予监外执行人员应当遵守的规定和传统的管理、教育、公益劳动、生活及就业扶助等措施，而针对暂予监外执行特点所能采取的切实有效的措施在相关规定中并未体现，如对暂予监外执行罪犯的核心工作应该是督促其积极治疗，病情好转后及时将其收监执行。而司法所的工作要求中没有检查治疗记录和诊断证明一项，在实际工作中，工作人员也把精力主要放在常规化工作中，对治疗和病情并未严格把关。这样为久拖不治、没病装病等逃避收监执行的行为提供了生存土壤。根据北京市公安局《关于管制、剥夺政治权利、缓刑、假释和暂予监外执行罪犯监督管理工作的规定》要求，对于暂予监外执行罪犯要求其提供治疗情况证明和每半年到指定医院出具诊断证明。正如前文所述，派出所的工作重点不在社区矫正，因此虽然有明确的工作手段，但是实际效果很难得到保证。

最后，社区矫正机构工作人员缺乏相应的知识支持，无法及时把握罪犯的病情状况。对于暂予监外执行的社区服刑人员，司法所一项重要职责在于及时了解其健康状况，病情好转暂予监外执行的情形消失时应通报相关部门及时收监执行。而司法所对被矫正人病情的掌握主要通过定期见面谈话过程来实现，（司法行政部门没有关于要求被矫正人提供的医院诊断证明的规定，实践中各司法所也基本没看过治疗记录和诊断证明），通过观察气色询问治疗和诊断情况能否判断被矫正人的健康状况，以此作为是否收监执行的根据，但是司法所工作人员不懂基本的医学知识，不了解《罪犯保外就医疾病伤残范围》内各种病症的基本病理，很难作出正确的判断。

三、暂予监外执行社区矫正法律制度的完善路径

为了推进暂予监外执行社区矫正法律监督的顺利进行，完善暂予监外执行社区矫正制度是必要的前提性条件。暂予监外执行社区矫正法律制度的完善应从以下两个方面进行，一方面应完善暂予监外执行决定环节的法律制度，加快《保外就医执行规定》的制定工作，明确暂予监外执行的鉴定医院、适用对象、法定情形、病残标准，审批程序和期限，收监执行的主体、情形和时限等；另一方

面，应加强暂予监外执行社区矫正法律制度的建构，对保外就医罪犯的社区矫正的接收、续展、内容、收监执行、法律责任等内容作细化的规定。具体来说：

（一）应明确暂予监外执行适用对象的范围，避免社区矫正适用的随意性

对判处无期徒刑的罪犯能否适用暂予监外执行呢？学者有不同的观点：一种观点认为，无期徒刑罪犯不得适用保外就医。《刑事诉讼法》第214条中只规定了被判处有期徒刑和拘役的罪犯，可以暂予监外执行，而没有规定被判处无期徒刑的罪犯可以暂予监外执行；另一种观点认为，无期徒刑罪犯可以适用保外就医。对病情严重、符合法定条件的无期徒刑罪犯适用保外就医，既是保障罪犯人身健康权的要求，也是人道主义精神的体现，合情合理且法律没有禁止性规定。我们认为，被判处无期徒刑的罪犯不能适用暂予监外执行。理由在于：其一，从法理角度来分析，当两种法律对于同一问题的规定不相一致时，应当遵循新法优于旧法的适用原则。《监狱法》制定在前，新《刑事诉讼法》修订在后，所以应以修订后《刑事诉讼法》的规定为准。其二，被判处无期徒刑的罪犯社会危害性大，主观恶性大，对其适用暂予监外执行，不利于社会安全和稳定。出于上述的考虑，最高人民检察院2003年《关于被判处无期徒刑的罪犯在交付执行前具有暂予监外执行情节能否暂予监外执行问题的批复》强调“可以暂予监外执行的对象只限于被判处有期徒刑和拘役的罪犯。因此，对于无期徒刑罪犯不能暂予监外执行”。

《刑事诉讼法》214条规定，只有“被判处”有期徒刑、拘役的罪犯才可以暂予监外执行，那么原判处死刑缓期二年执行或者无期徒刑减为有期徒刑的罪犯能否暂予监外执行呢？如果从法律字义上严格解释，那么原判死缓或者无期徒刑减为有期徒刑的罪犯不是“被判处”有期徒刑的罪犯，不能暂予监外执行。但是，也有论者认为，从暂予监外执行制度设立目的，是从人道主义角度来保障罪犯的人权，因此从目的解释来分析，将原判死缓或者无期徒刑减为有期徒刑的罪犯纳入暂予监外执行的罪犯符合立法精神。① 笔者认为，暂予监外执行的规定出于人道主义的考虑，但是暂予监外执行在适用时也应考虑到罪犯的社会危害性及人身危险性，而被判处死刑缓期或者无期徒刑的罪犯来说，其人身危险性和社会危害性较大，同时，《刑事诉讼法》第214条第2款规定：“对于适用保外就医可能有社会危险性的罪犯，或者自伤自残的罪犯，不得保外就医。”因此，为了确保社会安全和社会正义，1990年司法部、最高人民检察院、公安部联合印发

① 白泉民主编：《刑罚变更执行法律监督制度研究》，中国检察出版社2009年版，第215页。

了《罪犯保外就医执行办法》第3条曾规定:“下列罪犯不准保外就医……罪行严重,民愤很大的……”原判处死刑缓期二年执行或者无期徒刑减为有期徒刑的罪犯不能适用暂予监外执行。

（二）细化保外就医适用的条件和相应的程序，推动暂予监外执行社区矫正有序进行

首先，严密保外就医的适用条件。只有符合下列三个条件之一或者具有以下法定事由的有期徒刑或者拘役，才能被暂予监外执行：（1）有严重疾病需要保外就医的。只有罪犯身患严重疾病，监管场所无法治疗或者治疗不好的情形，同时，应及时制定《罪犯保外就医执行规定》，对严重疾病作出科学界定，并且根据社会情势变化适时作出调整和解释。（2）怀孕或者正在哺乳自己婴儿的女犯。在决定怀孕或者哺乳自己婴儿的女犯适用暂予监外执行时，应根据实际情况作出合理的界定，如分娩时胎儿已死亡的女犯，因为婴儿已经死亡，该女犯已经不存在“正在哺乳自己婴儿”的前提基础，对该女犯不应适用暂予监外执行。(3) 生活不能自理，适用暂予监外执行不致危害社会的罪犯。对“生活不能自理”应作科学界定，应该是指罪犯的衣食住行等基本的日常生活行为无法自我料理，需要借助别人的帮助才能完成的情形。此外，对于适用保外就医可能有社会危险性的罪犯，或者自伤自残的罪犯，不得保外就医。

其次，完善保外就医的适用程序。暂予监外执行遵循如下程序：将暂予监外执行的申请权赋予刑罚执行机关，法院不再自行决定暂予监外执行；在交付执行前需要暂予监外执行的，由羁押机关向检察机关提起。刑罚执行机关对符合条件的罪犯，主动依职权或应罪犯申请提出《暂予监外执行意见书》，连同执行案卷材料移送检察机关；检察机关收到意见书后在法定期限内进行审查，认为符合暂予监外执行条件的，再移送罪犯服刑地中级人民法院，由法院开庭或书面审理作出裁定；法院作出裁定后将副本移送服刑地同级检察机关，检察机关在法定期限内进行审查，审查期间内裁定暂不生效。如认为裁定不当可以提出书面纠正意见，法院应当在规定时间内重新审理作出最终裁定。审查期间过后发现裁定不当，检察机关仍然可以向法院提出纠正意见，但不具有引起法院重新审理的效力。

最后，完善保外就医鉴定制度。我国台湾地区“监狱行刑法”第11条“受刑人入监时，应行健康检查，有下列情形之一者，应拒绝收监：（1）心神丧失或现罹疾病，因执行而有丧生之虞。（2）怀孕五月或分娩未满二月者。（3）罹患急性传染病者。（4）衰老、残疾，不能自理生活者。前项被拒绝者，应由检察官斟酌情形，送交医院、监护人或其他适当场所”。“监狱行刑法”第11条规

定了监外执行一律要求由不同学科医学鉴定人给予疾病鉴定。首先诊断疾病的名称，再写出疾病的严重程度，根据其病的轻重程度再作出罪犯有无服刑能力的鉴定结论。怀孕妇女和生产的妇女由妇产科的医学专家给予鉴定；患有急性传染病的要由传染病学专家鉴定，衰老、残疾、生活不能自理的要有专门的医学鉴定人，如劳动能力鉴定专家、残疾学研究人员等。对年老罪犯要进行系统的检查其生理代谢功能，只有身体衰老的到了生活不能自理的程度时，才可以保外就医。相对而言，我国罪犯保外就医鉴定制度规定较为模糊，为此，笔者认为，我国应完善保外就医鉴定制度，只有符合法定条件的医院以及鉴定人才能胜任疾病鉴定工作，才能保证保外就医适用的严谨性。

（三）改变多头审批的现状，将保外就医裁定权集中于人民法院

针对当前暂予监外执行决定权过于分散的局面，我们建议，将暂予监外执行的裁定权集中于人民法院。主要是基于以下考虑：一是刑罚执行的性质历来存在“司法权”与“行政权”之争，笔者赞同司法权说，刑罚执行（包括暂予监外执行）属于司法权行使的具体体现。暂予监外执行改变了原判决的内容，对罪犯的服刑方式做了重大调整——从监内行刑改变为监外行刑，而法院的判决具有高度权威性，其改变只能由法院通过法定程序修改，否则就侵犯了法院专属的裁判权。二是能有效地避免执行机关内部的自审自批和外部监督制约乏力的问题。三是能够理顺监督者与被监督者的关系。对监狱管理局批准的暂予监外执行，派驻检察部门认为不当实施监督时，只能针对该省级机关（省级监狱管理局）提出检察建议，这势必导致越级监督问题。如果暂予监外执行由罪犯服刑地的中级人民法院裁定，这样派驻检察院（室）在事前对监狱的层报过程进行监督，并在事后通过所在地的地（市）级人民检察院，对不当的裁定提出纠正意见，就能够较好地理顺监督与被监督者的关系。四是可以强化法院、检察院、刑罚执行机关三方的监督制约，既能有效保护罪犯的合法权益，又可以避免暂予监外执行过程中的职务犯罪行为的衍生。

（四）完善其他相应的制度，以确保暂予监外执行的正确适用

首先，为了加强暂予监外执行的监督，可以设立相应保证人或者保证金制度。我国台湾地区“监狱行刑法”第58条规定，保外医治须提出保证书、指定保证金额。《罪犯保外就医执行办法》第7条规定：“……取保人应当具备管束和教育保外就医罪犯的能力，并有一定的经济条件，取保人资格由公安机关负责审查。取保人和被保人应当在《罪犯保外就医取保书》上签名或者盖章。”这条规定对取保人的“管束和教育能力”模糊不清，如何衡量没有统一标准，许多保证人无责任感，不切实履行义务，未真正起到保证作用，在无法追究法律责任

的情况下，也没有相应的经济处罚措施，致使保证人有名无实，形同虚设。根据《刑事诉讼法》第53条的规定和有关司法解释，不能同时提供保证人并交纳保证金。在实践中，提供保证人的多，交保证金的几乎没有。为了确保保证人切实履行担保的责任，笔者建议设立保证金制度，由保证人缴纳一定数额的金钱作为保证金，如果暂予监外执行的对象违反相关的规定，可以没收保证金以及重新提供保证金，从而督促保证人切实履行保证人责任。

其次，在刑罚体系中引入刑罚执行暂缓或是刑罚执行中止制度。判决生效后交付执行过程或刑罚执行过程中，对患有严重影响刑罚正常执行疾病的罪犯，可以由法院作出暂缓或是中止其刑罚执行的决定，依照法律规定的程序批准其暂予监外执行，交有关部门监督管理，在监外医治疾病，待疾病痊愈后，再由刑罚执行机关收监执行其原判的刑罚或是继续执行其剩余的刑罚，罪犯暂予监外执行期间不计入刑罚执行的实际期限。这样既可以杜绝利用保外就医变相释放罪犯，也可以有效解决保外就医期间罪犯外出不归的刑期计算问题。

最后，完善保外就医刑期计算制度。在正常情况下，暂予监外执行的罪犯在监外执行的期间应该计入实际执行刑期。如果罪犯采取非法手段骗取暂予监外执行经查证属实的，原监外执行期间不得计入实际执行刑期。对此，司法部《关于办理罪犯采取非法手段骗取保外就医期间不计入执行刑期的法律手续问题的批复》明确规定，对罪犯采取非法手段骗取保外就医的，保外就医的期间不计入实际执行刑期。同时，保外就医未经执行机关批准擅自外出的，则不计入刑期。确因执行机关工作失误，致使罪犯保外就医超过批准期限的，超期期间应计入执行刑期。为了保证检察机关行使法律监督权，有必要设置暂予监外执行决定暂缓执行制度，可以规定，检察机关在1个月内对暂予监外执行进行审查期间，暂予监外执行决定应当暂缓执行，但是罪犯病情严重确需及时治疗的除外。

（五）建立专门病犯监狱，及时收治患病罪犯

保外就医的采用只要缘于当下监狱医疗条件不能及时治疗有疾病的罪犯，保外就医的适用仅仅是权宜之计，司法实践中存在诸多的问题，为此，笔者认为，监狱部门加大监狱医院的建设步伐，提高疾病治疗的技术能力，可以设立专门的病犯监狱，对于需要治疗的，及时予以治疗，同时，对确实需要保外就医的，由监狱医院作出相应的医疗鉴定，严格保外就医制度。此外，根据1990年《罪犯保外就医执行方法》的规定："艾滋病反应呈阳性者"符合保外就医疾病伤残范围，可以保外就医。但是，艾滋病罪犯保外就医出监后，容易给社会带来安全隐患和危害。因为有的病情严重的艾滋病患者罪犯保外就医后由于生活困难或被家人抛弃而又缺乏医疗保险，或不能享受政府的免费治疗，容易对社会产生强烈不

满，甚至报复社会，重新违法犯罪，或者将艾滋病病毒传染给其他人，从而给社会安全造成极大的隐患。因此，对于艾滋病罪犯应集中关押治疗，在监内执行刑罚，不宜暂予监外执行。因此，设立专门性病犯监狱，一方面给患病的罪犯及时治疗，另一方面也有助于实现刑罚执行的严肃性与公平性。

（六）完善暂予监外执行社区矫正制度，开展针对性社区矫正工作

首先，完善接收、续保、收监程序。暂予监外执行决定做出后，法院应在法定期限内向执行机关送达法律文书和相关法律手续，执行机关在法定期限内将罪犯押送居住地的公安机关，并办理相应的交接手续，使交付执行的各个环节责任明确。同时，执行机关督促罪犯及时到居住地司法所接受社区矫正。其次，明确暂予监外执行社区矫正工作内容。当前，社区矫正工作主要围绕社区矫正的接收、教育、公益活动、社会帮扶、解除等工作，但是暂予监外执行的社区矫正应主要围绕罪犯能否及时就诊，待法定情形消失后应及时收监执行。最后，注意暂予监外执行工作的接收、续展等工作，以避免暂予监外执行人员的漏管、脱管现象的发生。在期满前两个月时，由司法所向公安派出所提出建议，由公安派出所带其去指定医院查体后，向人民法院提出申请，由其决定是否延长监外执行还是收监执行。在审查时，应由人民检察院签署意见。

论社区服务刑制度在我国的设立

胡学相[*] 张鹏[**]

伴随着人类文明的进步，世界各国通过各种途径不断进行刑罚制度的改革与创新，探索非监禁刑措施，对犯罪人进行社区矫正，让罪犯在社区中服刑改造，回归社会，已成为世界上越来越多国家和地区的选择。社区服务刑制度作为一种新兴的刑罚制度近年来备受关注，它作为社区矫正的基本方式已被世界许多国家通过立法予以确认并付诸实施。本文拟对我国增设社区服务刑的必要性和可行性及具体设计方案进行探讨。

一、我国增设社区服务刑的必要性

社区服务刑，又称为“社区服务令”、“社区劳役”，作为替代短期自由刑的非监禁刑罚方式，是指由法院判决犯罪人到社区中进行一定时间无偿劳动的非监禁刑措施。社区服务刑这种新兴的刑罚制度之所以能够迅速为国外诸多国家所采用，主要是因为该制度具有原有刑罚体系所不具有的优势，满足新时期经济发展和社会生活的需要。

首先，社区服务刑符合刑罚制度的发展趋势和现代司法理念。随着人类文明程度的不断提高，刑罚制度从以监禁刑为中心的刑罚体系向以非监禁刑为中心的刑罚体系过渡，刑罚的人道化、轻缓化、行刑社会化和个别化是现代刑罚制度的发展方向。而社区服务刑在立法方面采用“重教育、轻惩罚”的刑罚理念，在行刑方面采用“非监禁式”、“针对犯罪行为所损害的社区和被害人”、“积极利用各种社会资源、整合社会各方面的力量”的行刑方式，符合现代刑罚轻缓化和行刑社会化的要求，充分体现了刑罚制度的发展趋势。

近年来，司法领域出现了一种新理念，即恢复性司法，它是基于犯罪人和受害人双方利益综合考虑的结果。其中蕴含着被害人、被告人、社区利益的平衡理念与恢复关系的司法理念，并且创生了一种新的利益争端解决方式，形成对传统司法的有益补充。按照恢复性司法理论，在被害人同意的前提下，让犯罪人与被

* 华南理工大学法学院教授、博士生导师。

** 华南理工大学法学院刑法学专业研究生。

害人相互接触，让犯罪人与社会代表和其他人士会面，这样做有助于犯罪人了解被害人的痛苦，对自己的罪行有一个客观的认识，加强犯罪人改过的信念，还有助于消除犯罪的后遗症及让犯罪人看到未来的希望。社区服务刑符合这种先进的现代司法理念。

其次，社区服务刑能有效避免监禁刑的负面影响。监禁刑的适用存在明显的负效应，尤其是短期监禁刑存在的弊端更多。自由刑在排除了受刑人继续危害社会的同时，也具有明显的交叉感染和深度感染的负面效果，使得监狱非但不能成为犯罪人回归社会的捷径，反而成为他们“交流经验的俱乐部、新型犯罪的训练班”。同时，受刑人在高墙深院中的拘禁生活，也常常使其自律力萎缩、意志丧失、人格颓废、孤独、绝望。受刑人刑满释放后又往往要面临工作机会的丧失，学业的中断，妻离子散的结局，以及来自社会的歧视。这些刑罚以外的“附加刑”显然都有悖于把犯罪人“改造成新人”的目的。而社区服务刑并不剥夺罪犯的自由，使在其居住、工作的地点或执行机关指定的地点执行，从而避免了短期监禁刑的上述弊端，同时大大降低了行刑成本。社区服务作为一种社区处遇，采取非监禁的方式以受刑人的所在社区为执行场所，在执行期间犯罪人仍然同家人生活在一起，仍可继续从事生产、工作和学习活动，阻断了犯罪人之间相互交流的机会，降低了犯罪人再犯新罪的概率。另外，社区处遇减少了犯罪人在心理上的自卑感。犯罪人在社区中接受刑罚和教育，为国家节约了大量的人力和财力。这使得社区服务成为监禁刑有益的和必要的补充，有效地避免监禁刑的负面影响，从而优化刑罚体系。

最后，社区服务刑有利于合理配置行刑资源。有关资料表明，截至2004年，狱内押犯超过150万人。[①] 随着我国社会经济的迅猛发展，各种社会矛盾还会进一步增加，由此可能会导致犯罪进一步增长，这势必会给监狱系统造成巨大压力。而大规模的建造新监狱会造成人力、物力、财力资源的巨大浪费；另一方面，对犯人实施监禁所需的费用会给财政造成沉重的负担。“根据粗略估计，我国监禁一名罪犯的年度花费平均为人民币1万元左右，在城市地区高达人民币2万元左右。”[②] 而社区服务制度采取不予关押的行刑方式，不仅可以减缓监狱系统的巨大压力，而且也大大减少行刑的费用。社区服务制度能有效的降低行刑成本，符合我国刑罚经济原则。

---

① 张庆方：《管制刑的特点与价值》，载《中央政法管理干部学院学报》1997年第3期，第15页。

② 郭建安、郑霞泽主编：《社区矫正通论》，法律出版社2004年版，第85页。

最后，社区服务刑有利于社区矫正制度内容的充实和完善。现阶段社区矫正在全国全面展开。但是，由于立法理念的滞后，现行法律的规定和相关的一些制度，并不能适应社区矫正发展的要求，使得目前我国的社区矫正内容空泛，矫正措施落实不到位，其优势未能得到充分发挥，社区矫正在相当长时间内谈的多做得少，在实践中的可操作性不强。我国要快速地建立、健全一整套社区矫正的法律体系，目前的立法条件还不成熟。而从修改现行刑法、调整刑罚结构着手，在刑罚体系中增设社会服务刑，不失为建立完善社区矫正制度的权宜而又可行之计。增设社区服务刑，为社区矫正制度打开一个窗口，新建了一个平台。目前的刑罚体系结构中，只有管制和剥夺政治权利两种刑罚方法属于社区矫正的刑种。而缓刑、假释、监外执行的刑罚执行内容又过于空泛，在源头上制约了社区矫正的适用，不利于社区矫正工作的开展。增设社会服务刑后，刑罚结构大大改变。社会服务刑作为一个独立刑种大范围地使用，也可以在管制、缓刑、假释中作为执行内容适用，这就为社区矫正工作增加了新的内容，也使社区矫正工作有具体的可操作的载体。因此，在刑法中增设社会服务刑可以促进社区矫正制度的建立和完善；而社会服务刑的设立，将成为社区矫正工作最核心的组成部分。

二、我国增设社区服务刑的可行性分析

在我国增设社区服务刑不仅具有必要性，而且具有可行性。

（一）有良好的政策与法律基础

近几年来，在研究、倡导和推行社区矫正的过程中，我国有关部门的领导，特别是国家司法部和地方政府，发挥了非常重要的作用。在努力推进社区矫正的研究和试点过程中，也得到了中央和地方的大力支持。到目前为之，社区矫正试点工作已在全国展开。同时，我国《刑法修正案（八）》已经将“社区矫正”用明文的方式规定下来，这为我们实施社区矫正工作提供了初步的法律支撑。

中央和地方机关的重视以及相应的政策措施，为社区矫正工作的顺利开展提供了必要的基础和其他保障，是社区矫正制度得以顺利开展的必要条件。而社区矫正工作的全面展开又为社区服务刑的设立打下了良好的政策和法律基础。

（二）有良好的社会环境

随着法治化进程的深入，我国依法治国建设的发展，人们的法治观念不断进步，朝着更加公平、合理、人性的方向发展。对于新的、更合理的法律制度的吸纳和接受程度不断增强，有利于法制建设和法制改革的社会舆论氛围形成。这些变化，为社区矫正工作的进行和发展，提供了有利社会舆论环境。同时，随着人权保障意识的觉醒，人权、法治理念的增强，人们更能接受轻缓化的刑事政策。

在这样的社会环境中，开展社区矫正工作，人们会以更理性的态度看待社区矫正制度和社区服务刑制度，使得社区矫正工作能够在比较宽松的社会环境中顺利进行。反之，如果没有这样的环境，社区矫正、社区服务刑的探索就不可能顺利进行。

（三）有我国各法域的立法例可借鉴

首先，是我国香港地区的社会服务令。香港的“社区服务令”条例于1984年正式通过，并在1998年扩展至区域法院、高等法院的上诉法庭及高等法院原诉法庭。社会服务令是一种具有保安处分性质的辅助性刑事处罚措施，主要是用于处理较轻微犯罪。最著名的判例是香港当红艺人谢霆锋案，谢霆锋因交通肇事找人顶罪受到法院审判。谢霆锋被香港法院依法判处社会服务令，从事无偿的社区服务240个小时。谢霆锋受到了法律的制裁，无薪的社区劳动也有利于他的自我反省与回归社会。

其次，是我国澳门地区的以劳动代替罚金。澳门刑法中的社区服务是一种典型的易科制度，[①] 即罚金刑易科公益劳动制。它是指让那些不愿缴纳罚金或者不能缴纳罚金的犯罪人参加一定天数的社会公益劳动或者社会福利义务劳动，以此作为罚金刑的易科。澳门刑法中的易科比较灵活，不仅可以以劳动代替罚金，而且在一定条件下也可以由罚金代替监禁。

最后，是台湾地区的“工作罚”制度。台湾地区著名的刑法学者林山田教授极力主张在现有的刑罚体系中增设工作罚等刑种来代替短期自由刑，以完善现有刑罚体系。“工作罚乃强制犯罪人向公益团体提供无酬劳务的刑罚手段。受刑人既不丧失自由，而可继续生活在其本有的社会环境中，也无须缴纳一定数额的金钱，只需在公益团体中，如养老院、孤儿院或公立医院与救济院等，义务劳动，提供无酬之劳务。”[②] 而且这种工作罚可以当做罚金刑的替代手段，即罚金刑易科工作罚。在林山田教授的建议和推动下，台湾地区修改现行“刑法”的“犯罪类型”（如故意犯、过失犯、结果加重犯、共犯等）要件缺失之规定，如交通过失犯引进工作罚、禁止驾驶等替代短期自由刑的制裁手段，改进罚金制度

---

① 《澳门刑法典》第46条规定：“一、如认为以劳动代科罚金之方式服刑可适当及足以实现处罚之目的，则应被判刑者之声请，法院得命令其在本地区、其他公法人或法院认为对社会有利之私人实体之场所、工场或活动中作日计劳动，以代替全部或部分所定之罚金。二、劳动之时间须在三十六小时至三百八十小时之范围内定出，并得在工作日、星期六、星期日及假日履行之，但须遵照每日正常之工作时数。三、日计劳动之履行可因医疗、家庭、职业、社会或其他方面之严重原因而暂时中止，但刑罚之执行时间不得因此而超逾十八个月。”

② 林山田：《刑罚学》，台湾商务印书馆1983年版，第324～325页。

的缺点并将民事和解列入量刑要素等先进的修正案。

（四）我国部分地区的社会服务令试点探索提供了有益经验

社会服务令是我国近年来在司法实践中所尝试的一种社区矫正制度。我国大陆地区的第一份“社会服务令”是在2001年5月由河北省石家庄市长安区人民检察院发出的。该“社会服务令”不是一种刑罚或其他处罚形式，而是作为检察院在酌定不起诉时的一种考察手段，但其在形式上与国外的社区服务刑十分相似。此后我国其他地区也陆续出现“社会服务令”，但他们在性质和内容上有所不同。例如，上海市长宁区人民法院2002年7月开始对未成年人刑事案件试用了社会服务令。“该院试行的社会服务令是指人民法院在审理未成年人刑事案，对已构成犯罪的未成年人涉罪对象，责令其至某一场所，在一定期限内无偿为社会提供服务劳动的探索性的非刑罚化的矫治措施。”①

据媒体报道，2007年10月，由山西省太原市司法部门拟定的《太原市社区矫正试点工作方案》正式实行。太原市2200余名符合条件的服刑人员，陆续离开监所，回到社区，从事一定的工作、劳动或社会服务。社区矫正工作机构对他们进行分析，制定了个性化矫正方案。通过集中教育培训、专家心理咨询、公益劳动等形式，对他们进行教育矫正。对生活困难的，凡符合低保条件的，经民政部门审核后，纳入城乡最低生活保障范围。② 上述社会服务令的探索为社区服务刑制度的开设打下了实践基础。

（五）有管制、缓刑、假释等制度基础

我国现有的刑罚体系当中存在与社区服务刑制度十分类似的刑罚手段，这就是管制刑。二者的相似之处很多，它们都适用于罪行较轻的刑事犯罪分子；都具有刑罚的性质；都不将犯罪分子送进监狱，而是让其留在大众生活之中；在执行过程中都需要借助其他社会力量来辅助改造工作的完成等。“但是，仔细分析起来社区服务制度与我国的管制刑还是存在较大差异的，其原因在于，任何一个国家的刑罚体系，都是该司法机关在同犯罪分子作斗争中，不断总结历史的经验、教训，对刑罚种类不断比较逐渐确立的。”③ 而管制刑虽然在外部表现上与社区服务制度有许多相似之处，但是由于其产生机理不同，直接导致了二者所具有的

---

① 《就“社会服务令”访长宁法院丁寿兴院长》，载《青少年犯罪问题》2003年第4期，第58页。

② 《太原市社区矫正试点正式实行》，载《山西晚报》2007年10月1日。

③ 王运生、严军兴：《英国刑事司法与替刑制度》，中国法制出版社1999年版，第115页。

功能以及在刑罚体系中所发挥的作用不同，这也是二者在我国优化现有刑罚体系过程中处遇大相径庭的主要原因。笔者认为我国的管制刑还是有其特有的优势，管制刑的立法思想基础可以为构建我国社区服务刑所借鉴与利用。将管制刑的优势和社区服务刑结合起来，不仅可以完成对我国管制刑的改造，而且也能顺利达到引进社区服务制度的目的。

我国现行缓刑和假释制度的规定，只注重要求缓刑犯（假释犯）遵守法律、法规及有关规定，对他们的义务性行为缺乏明确的要求。从某种意义上讲，这种缓刑（假释）内容的规定对于矫正缓刑（假释）犯缺乏足够的激励作用。缓刑（假释）期间缓刑（假释）犯留在社区内执行，他们的家庭生活和邻里关系都不中断，为了有助于他们在家人和邻里面前悔过犯罪，以实际行动消除家人和邻里的不信任或者排斥心理，也为了给缓刑犯提供弃恶向善的机会和磨炼过程，可以考虑要求缓刑（假释）犯在社区内履行一定的义务，以这种“尽义务”的方式补偿因自己的犯罪行为给社会造成的损失，争取家人和邻里的谅解。法院在对犯罪人宣告缓刑（假释）并告知其必须遵守法律和有关规定的同时，根据缓刑（假释）犯缓刑期间（假释考验期间）的生活和就业倾向，可以向其提出如下要求：尽家庭抚养或赡养义务；在社区内做一定量的公益劳动或公益服务。在此种情形下，社区服务刑就可以成为缓刑和假释制度中的执行内容。

三、社区服务刑所面临的困惑

尽管社区服务刑成为世界各国新兴的刑罚执行制度与理论热点，但是也面临着不同程度的非议。面对这些非议与困惑，我们应当积极寻求解决困惑的出路。

（一）社区服务刑面临的批评及回应

自20世纪六七十年代以来，社区服务刑逐渐受到较多的批评。批评者认为，社区服务刑未能成功降低重新犯罪率，矫正未能获得预期的成功，社区服务刑也并非是人们想象的那种人道行刑，花费也并非很少。

笔者认为，上述批评者关于社区服务刑没有减少累犯率的批评明显偏激。他们希冀通过社会变革、体制变更来消灭犯罪，显然是把刑法陷入了“无为主义”的困境。照此逻辑，社区服务刑都无法来矫正犯罪、减少累犯率，难道监禁刑就能够消除累犯吗？累犯率的增加或减少并不是非监禁或者监禁刑所能主导的，其主导的是矫正的质量、矫正的效果。社区服务刑等社区矫正制度对罪犯的矫正质量、矫正效果远远比在监狱里对罪犯的矫正更加科学化、人性化，其质量和效果会更好。

刑法的人道性就是刑法的制定和适用都应与人的本性相符合，尽可能地宽缓。对罪犯处遇的人道性，就要求在处遇上个别化，针对罪犯不同的情况给予不同的矫正模式。在社区中推行社区服务刑能很好地尊重犯罪人的人性，有效地矫治犯罪，比监狱里的一般化处遇更人性化、更人道。

批评者对社区服务刑花费并不少的评价是建立在社区服务机构工作无为或者怠工的基础之上的，这显然是不够全面的。即便社区服务刑等社区矫正方案完全、彻底的贯彻实施，其花费也一定比在监狱中的花费要小，况且，犯罪人在社区中服务也创造了一定的价值，这是监禁刑无法比及的。

(二) 社区服务刑在操作中可能出现的问题

在中国阶层迅速分化、社会转型期矛盾尚较突出，尤其是我国的法治状况还比较落后的情况下，社区服务刑同样可能面临一系列问题。推行社区服务刑制度，我们必须事先对工作过程中可能出现的问题进行预测，以便于早做预防，或早日找到解决这些问题的方法。

首先，矫正工作者对被矫正对象生活的过度干预问题。社区服务刑应当避免矫正工作者过度干预被矫正对象的生活，影响其正常融入本地社区。矫正工作者对被矫正对象生活的过度干预，具有如下负面效果：(1) 可能使被矫正对象随时感受到自己的“被矫正对象”的特殊身份，影响其参与社会生活的正常、健康心理，同时可能促使被矫治对象对自己的身份逐渐认同，出现更加严重的反社会情绪或者自卑消极的不良情绪。(2) 可能给被矫正对象带来“标签效应”，令社区对被矫正对象施加有形或无形的压力或歧视，让被矫正对象感到被社会无形的隔离。(3) 可能令矫正工作者具有侵犯被矫正对象的各种合法权益的便利，引发职务滥用或其他腐败行为。同时，还可能恶化与被矫正对象的关系，酿成信任危机，从而引起对矫正的反抗，引发更严重的反社会意识。

其次，矫正工作者对被矫正对象的放任自流和工作的随意性。

我国现实中的缓刑、管制、假释、监外执行等各种非监禁刑罚，在司法实践中往往执行不到位，主管机关既不给予监督管理、也不给予改造保护，形同虚设。矫正工作者对被矫正对象的放任自流，将可能引起如下弊端：(1) 被矫正对象不能得到应该的帮助和保护，令其在面临生活困境时极易再次走上犯罪道路。(2) 被矫正对象不能得到应有的教育和监督，令其不能成功完成再社会化的过程，反社会意识没有消灭。同时极易重新犯罪，影响改造效果。(3) 被矫正对象不能得到适当的监督、控制，部分被矫正对象可能给社区带来巨大的危险，引发社区居民的恐慌，从而使社区矫正面临生存危机。(4) 矫正工作者对被矫正对象放任自流，将会大大增加公民对于刑罚的惩罚属性的疑问和对于国家改造保护责任的疑问，可能使政府面临严重的信任危机。

社区服务刑工作最大的弊病，就在于其具有极大的随意性，从而对被矫正对象或受害人造成不公平。“美国社区服务刑工作受到的最大的批评也是因为其随意性带来的对正当程序的违反和对公民权利的侵害。”[①] 美国的假释经历了一个限制与反限制的过程，原因也在于其严重的官僚化和高度的随意性对正义的践踏和侵蚀。尤其是社区刑罚的执行，基本上是一种行政工作。涉及判断缓刑、假释、管制、监外执行等受刑人的人身危险性而决定其监管的严厉程度；涉及可能导致被收监执行的判断缓刑、假释违反相关管理规定的严重程度；涉及对出狱人给予的保护帮助的方式和程度；等等。在上述情况下，矫正工作者实际上具有较大的自由裁量权。这些权力如果不受到一定限制或对其监督，就可能导致权力的滥用以及侵犯当事人权利的事件发生。

最后，社区服务刑对矫正工作任务分配的不平衡。社区服务刑的主要任务主要有两点：监督管理和帮助保护。只有两者并重，才可能获得矫正工作的成功。社区服务刑工作要注意避免两个极端：重视监督管理而忽视帮助保护，或者重视帮助保护而忽视监督管理。如果仅仅重视帮助保护而忽视监督管理，刑罚的惩罚性不能得到体现，就可能引起被害人或社区的不满；如果仅仅重视监督管理而忽视帮助保护，矫正工作就难以达到预期的目的，被矫正对象重返社会的计划就可能受阻。

对于社区服务刑工作过程中的过度干预、放任自流、任务分配不平衡，笔者认为，出现这些问题很正常。任何制度在实施过程中都会遇到问题，但我们不能因噎废食。我们应该认识到社区服务刑的内在合理性，克服在实施过程中出现的一些问题。要提高社区服务刑工作过程中的公平性和公正性，就必须加强对社区服务刑执行人员的日常工作中的训导和体制上的监督，同时从激励机制上鼓励、引导执法人员向良性发展。至于如何监督和激励，笔者认为可以通过对服刑人员和社区人员的问卷调查，反馈执法工作人员的工作情况。对于工作好的执行人员予以奖励，对于工作差的执行人员予以淘汰和处罚。

四、增设社区服务刑的基本思路

(一) 社区服务刑的定位

对于社区服务刑属于哪一种刑罚类型，我国学者中有不同的认识。张绍谦教授认为：“国外的社区服务刑类似于我国的管制刑，因此把其性质定位在限制自

---

① ［美］D. 斯川利·艾兹思、杜格·A. 蒂默：《犯罪学》，谢正权等译，群众出版社1988年版，第568页。

由刑。”[①] 笔者认为此观点值得商榷。社区服务刑以完成一定的公益劳动为内容，应属于典型的劳役刑。今天的社区服务刑是在古代劳役刑基础上的新发展，注入了行刑社会化和刑罚轻缓化的刑法理念，是一种更具人道性和矫正性的新型劳役刑。

一种刑罚方式在一国的刑罚体系中能发挥多大功用取决于其立法模式。综观国外立法实践，对于社区服务刑主要有以下几种立法模式：（1）作为监禁刑的替代刑。（2）作为罚金违约的替代刑。（3）作为缓刑的选择性附加义务。其中有很多国家不止规定了一种社区服务刑的模式。对于如何把社区服务刑引入我国刑罚体系，有学者主张把社区服务作为一项非刑罚措施而不能作为刑罚方式；有学者主张把社区服务作为管制、缓刑、假释的执行内容，不单独设置社区服务刑；有学者主张废除管制刑，以社区服务刑代替之；有学者主张把社区服务刑定位为附加刑，可独立适用，也可附加适用。

以上几种设想都有其合理之处。但是，笔者认为，不能将社区服务刑单一地认为是一种刑罚、抑或替代措施、抑或执行内容。我们应将该制度放在中国的社会背景下去考虑。具有中国特色的社区服务刑制度可以设计为一种混合体：既把社区服务刑作为一种单独的刑罚方式，也作为社区矫正的执行内容，还可以将其作为其他刑罚的替代措施。

首先，将社区服务刑作为一种独立的刑种，并设为主刑。社区服务刑作为一种劳役刑，它将与死刑、自由刑、资格刑共同构建我国刑罚体系。把社区服务刑作为一种主刑，可以扩大其适用的范围，更好地发挥社区服务刑的功能。

其次，将社区服务作为某些刑罚的执行内容，是将其规定为缓刑、假释和管制的执行内容，凡是具有劳动能力的犯罪人都必须参加一定数量的社区公益劳动，具体劳动时间由法院在刑法规定的幅度范围内根据犯罪情节的轻重和犯罪人的人身危险性确定。我国缓刑、假释、管制等社区矫正措施就像空中楼阁，缺乏一个可以依托的载体，而社区服务刑正好可以弥补这一载体的不足。

再次，将社区服务刑作为罚金刑的替代措施，是考虑到当被判处罚金的犯罪分子如果经济贫困，罚金刑无法执行的情况。在这种情况下，社区服务刑可以让罪犯通过从事社区劳动来折抵罚金。所以，这种广义的社区服务刑制度既符合我国国情，因此也就有良好的操作性，对充分实现刑罚多元化有重要价值。

总之，中国特色的社区服务刑制度包括以下内涵：一是作为刑罚方法独立适用的一个刑种；二是作为社区矫正的执行内容之一；三是作为罚金刑替代措施适

---

① 马克昌主编：《刑罚通论》，武汉大学出版社1999年版，第168页。

用。为了在用语上加以区别，可以将包括上述三种内容的社区服务刑称为广义的社区服务刑制度，将独立适用刑种的社区服务刑称为狭义的社区服务刑。将作为社区矫正执行内容的社区服务刑称为社区服务处罚；将作为罚金刑替代措施适用的社区服务刑称为替代性的社区服务措施。本文从广义的角度来讨论社区服务刑。

（二）社区服务刑的适用对象

对于社区服务刑在我国刑法中设立的构想，有学者提出“我国社区服务刑的适用对象及范围可包括未成年犯、轻罪犯和过失犯”；[①] 还有学者提出“独立适用社区服务刑的对象包括未成年犯、过失犯、轻微偶犯、胁从犯、预备犯和中止犯、正当防卫过当和紧急避险过当的、犯罪后自首和立功的以及单位犯罪等”。[②] 以上两种观点都是从犯罪主体和犯罪情节上考虑适用对象，尤其是第二种观点基本上是将所有具有从轻减轻量刑情节的罪犯都纳入到了社区服务刑的适用范围中。笔者认为其初衷是好的，但是由于过于笼统和宽泛，缺乏可操作性，反而会限制社区服务刑的适用。

由于本文的社区服务刑制度是广义的社区服务刑制度，所以其适用对象也相应地分为三种情形分别讨论。

1. 狭义的社区服务刑的适用对象

社区服务刑作为一种非监禁刑，判令罪犯在社区进行一定时间无偿的社会公益劳动的刑罚，其适用对象应该是罪行较轻、社会危险性较小、主观恶性不大的犯罪分子。参照国外的立法经验，并结合我国的实际，作为刑罚独立方法适用的对象主要包括以下几种：

（1）未成年犯和老年犯。将未成年犯单列出来加以强调是基于对未成年人的特殊保护，未成年犯的特殊身份要求我们对他们的刑罚要从轻，处罚要更人道。当然，对未成年犯适用社区服务刑要满足罪行较轻、社会危险性较小、主观恶性不大的前提。老年犯罪人和未成年犯同样具有可怜悯性，而且老年人的思维状态、身体状况等都已经不能适应严格的监禁措施，其人身危险性较小，有必要对老年犯适用社区服务刑。对于老年犯的界定应是年龄在60周岁以上犯罪人。

（2）过失犯。过失犯罪，由于不是故意实施的，其主观恶性程度一般不会太大，将他们放在社会上服刑改造，一般不会再危害社会。适用社区服务刑，更

① 吴宗宪：《非监禁刑研究》，中国人民公安大学出版社2003年版，第597页。

② 戴群策：《关于我国刑法设置社会服务刑的立法构想》，载《社会科学研究》2006年第1期，第118～123页。

有利于他们的改过自新。

（3）轻罪犯。轻罪犯是罪行较轻、社会危险性较小、主观恶性不大的犯罪分子，具体来讲应当是依据我国刑法规定应当判处3年以下有期徒刑、拘役的罪犯。这里的3年以下有期徒刑或者拘役的判决应当是依据刑法规定和犯罪情节作出的量刑结果。然后由法官综合考虑罪犯的实际情况，最后决定是否以社区服务刑代替监禁刑。法官在前期的审判过程中不用考虑犯罪人是否应当判处社区服务刑，而是按照原有的一般程序审理。如果最后的量刑结论是3年以下有期徒刑或者拘役，则法官就应当开始考虑社区服务刑的适用。这样既不会影响原有审判程序和司法公正，又可以提高社区服务刑适用的效率。

2. 社区服务处罚的适用对象

社区服务可以作为缓刑犯、假释犯和管制犯的执行内容之一。社区服务可以大大丰富缓刑、假释和管制考验监督内容，有利于犯罪人的矫正。我国现行刑法规定的缓刑、假释和管制考验监督内容基本只是形式上的规定，如遵守法律、限制活动等，没有积极的矫正措施。要求缓刑犯、假释犯和管制犯参加社区服务，可以促进犯罪人反省自身罪过并通过劳动树立社会责任感，从而真正在缓刑、假释和管制的考验期满后改过自新。要求缓刑犯、假释犯和管制犯参加社区服务，可以增加缓刑、假释和管制的刑罚属性，为缓刑、假释和管制犯的强度设置梯度。通过数量不等的社区劳动，来为缓刑、假释和管制的考验监督内容设置一个严厉性阶梯，从而对人身危险性不同和犯罪情节不同的犯罪人适用严厉程度不同的缓刑、假释和管制，大大增强缓刑、假释和管制的针对性和可操作性。缓刑犯、假释犯和管制犯参加社区服务，有利于增加刑罚执行机关对缓刑犯、假释犯和管制犯业余时间的社会控制，剥夺、限制或减少可能的犯罪机会或不良交往、不良接触机会；缓刑犯、假释犯和管制犯参加社区服务，刑罚执行在社区群众的直接监督下，增强了刑罚的现实威慑力，有利于社会公众建立犯罪与刑罚直接联系的观念，从而促进习惯性守法，强化犯罪禁忌。

所以，社区服务刑可以作为缓刑、假释和管制的考验监督内容之一，凡是具有劳动能力的缓刑犯、假释犯和管制犯都必须参加一定数量的社区服务刑。当然，作为刑罚执行内容的社区服务刑要与作为刑罚手段单独适用的社区服务刑有所区别，其社区服务内容要比作为刑罚手段单独适用的社区服务刑要轻，社区服务的时间要比作为刑罚手段单独适用的社区服务刑要短。

3. 替代罚金措施（罚金的易科措施）的适用对象

把社区服务刑作为罚金刑的替代措施，即国外刑法中经常适用的罚金易科制度。当罚金刑不能执行时，用何种刑罚来易科，各国刑罚规定不尽相同，但大都规定易科强制性劳动，也有易科自由刑的。例如，《俄罗斯联邦刑法典》第46条第5款规定："在被判刑人恶意逃避支付罚金时，可以用强制性工作、劳动改造或者扣押与所处罚金数额相当的财产代替罚金……"

笔者赞同设立罚金易科社区服务刑的制度，是基于以下两个原因：一是有些被判处罚金的犯罪人采用转移财产、抽逃资金或花光吃尽等办法来逃避刑罚的制裁，使罚金刑的判决成为一纸空文；二是有些被判处罚金的犯罪分子，其家徒四壁，对于数额较大的罚金，根本就不可能得到执行。所以对于不能缴纳罚金的罪犯，可以通过从事无偿的社区劳动来折抵罚金。易科社区服务刑的期限，应该根据尚未执行的罚金数额来决定。原则上，易科社区服务刑的期限内所创造的价值应该与未执行的罚金数额相当。

（三）社区服务刑的执行机构

社区服务刑的受刑人虽然是在社区从事公益性的劳动，但其劳动组织和工作安排、考核都应由有关管理部门来负责，作为一种刑罚的执行，必须有专门的司法机关来对他们进行执行和监督，否则就会失去严肃性和强制性。在国外，社区服务刑大都由社区矫正人员或缓刑官来负责监督执行。笔者认为，在我国，应当成立非监禁刑执行机构——社区矫正局，隶属于司法行政部门，专门负责对非监禁刑（包括社区服务刑）的罪犯进行执行和监督。机构中配备相应的执行管理人员——社区矫正官，同时建立健全的组织机构。

社区矫正对被矫正对象的自由、福利以及其他权益具有较大的影响，因此如果矫正工作者的自由裁量权过大而不受监督，将可能出现滥用职权、阶层歧视等破坏职务纯洁性的现象。这方面有美国的医疗模式、假释的反复为鉴，我们应当加强对社区矫正的工作程序、工作机制的研究，建立各种保护被矫正对象合法权益的申诉、告诉机制。提高社区服务刑工作过程中的公平性和公正性，必须加强对社区服务刑执行人员的日常工作中的训导和体制上的监督，同时从激励机制上鼓励、引导执法人员向良性发展。至于如何监督，笔者认为可以通过对服刑人员和社区人员的问卷调查，反馈执法工作人员的工作情况。

（四）社区服务刑的劳动场所和劳动内容及期限

由于社区服务的劳动应当在犯罪人的正常工作之外，并且不得与其他有偿工作产生竞争，所以社区服务刑的劳动场所一般都是非营利性单位，所提供的劳动项目也必须具备无偿性和公益性。在美国，罪犯是在一个非营利性、靠税收维持的机构内从事社区服务；在法国，社区服务是在公共机关、公共机构等公法法人或有资格实施公益劳动性质之过程的协会内进行；在意大利，社区服务是在国家、大区、省、市或护理、教育以及民事、环境、森林保护单位、组织、实体中实施的。

在我国，选择社区服务刑的劳动场所时也应当考虑其必须具有非营利性、公益性，所提供的劳动项目也应当具有无偿性。我国社区服务刑的相关实践探索也是遵循这一原则，一般是依托居委会、街道办事处、敬老院、街道社区医院、学校等非营利性或者社会福利单位建立社区服务刑的劳动考察基地。

让被判处社区服务刑的罪犯从事哪些工作，跟一个国家的经济社会发展水平、环境条件以及该国城市社区发展的状况紧密相关，不可能有统一的模式和工作种类。"英国罪犯的社区服务的项目主要包括：建设儿童游戏场、屋顶铺设及修理、燃烧垃圾、擦窗户、护送和帮助有心理障碍的儿童、拆卸工作、油漆和装饰、栽树、清扫树叶、打扫马路、清扫林区、搬移障碍物、搬运水泥和建材、园艺、建人行道、修复工作、砌砖、混凝土浇筑、泥土清除、砍树篱、照顾老夫妇、医院工作等。"①

关于我国社区服务刑工作种类的规定，笔者认为《刑法》在规定社区服务刑的工作内容上宜粗不易细，只作出原则性的规定即可。因为我国幅员辽阔、各地情况千差万别、经济发展不平衡、地区风俗差异较大，"一刀切"的模式不可取。笔者建议，《刑法》可以作如下规定："罪犯所从事的社区服务工作类型，主要包括当地政府或社区管理部门提供的具有社区公益性质的各种劳动项目，具体项目由各地方省（市）级人大常委会结合当地情况规定。"省级人大常委会可以参照国外立法，并结合当地的情况对具体项目作出规定。社区矫正过程中，矫正工作者应当根据被矫正对象的具体情况制订相应的改造保护计划，确定矫正方向和工作重点，同时根据情况的变化及时调整计划，以达到帮助被矫正对象重返社会的目的。

社区服务刑的期限，即判决罪犯参加社区服务的时间。各国对社区服务的期限规定不尽相同。《俄罗斯联邦刑法典》第 49 条第 2 款规定："强制性工作的期限为 60 小时至 240 小时，而每天服刑的时间不得超过 4 小时。"《法国刑法典》第 137－7 条规定："处监禁刑之轻罪法院得指令被判刑人犯为公法法人或有资格实施公共利益性质之工程的协会完成不付报酬的公共利益劳动，时间为 40 小时至 240 小时……" 根据荷兰 1981 年 2 月至 1983 年 5 月调查评估，社区服务劳动的时间大约在 260 小时以下。

笔者认为我国社区服务刑的劳动时间应当规定在 60 小时至 300 小时。罪犯

---

① Antony A. Vass (1990), Alternatives To prison: Punishment, custody and the community, London: Newbury Park, p. 116.

每天工作的时间不得超过4小时，每周劳动的时间不超过3天。因为社区服务的劳动主要应该在业余时间完成，以不影响罪犯在社会上的正常生活为原则。

(五) 不履行社区服务刑义务的法律后果

由于社区服务刑是在不剥夺自由的状态下进行，社区服务的完成情况完全取决于罪犯的自觉。如果罪犯在中途拒绝继续完成社区服务，则意味着罪犯对国家施加给他的惩罚负担的抗拒，意味着改造任务的失败。因此，必须对不完成社区服务的罪犯规定一定的补充制裁措施，这也是国家刑罚权实现过程中的补救措施。综观各国的立法规定，大致有以下两种做法：把未完成的社区服务刑变更为监禁执行，这是大多数国家的普遍做法；有的国家把不完成社区服务刑的行为规定为一种独立的犯罪行为，如《法国刑法典》把逃避社区服务刑的行为定罪为“妨碍刑事司法权威罪”，在葡萄牙被规定为“藐视法庭罪”。

笔者认为，犯罪人不按规定的时间到指定地点进行社区服务或者恶意逃避社区服务的，应当首先给予警告。警告后仍不履行社区服务义务的，可以加罚社区服务的时间。如果情节严重，或者犯罪人明确拒绝完成社区服务的，则将案件发回法院，由法官作出决定，撤销原来的社区服务刑的判决，重新判决，执行监禁刑，已经完成的社区服务可按比例折抵部分监禁刑。

结论

社区服务刑制度的引入使罚金刑更具可执行性，使得缓刑犯、假释犯和管制犯可以更好、更快地回归社会，使法官在对轻刑犯量刑时拥有更多的自由裁量权。尽管社区服务刑制度表现出多方面的优越性，但是将该制度引入我国刑罚体系需要一个循序渐进的过程，即社区服务刑制度与现有刑罚体系相互磨合的过程，社会需要逐渐接受和适应。

禁止令：保安处分刑法化的试金石

张　勇*

禁止令是我国刑法发展的一项重要制度创新。《刑法修正案（八）》对《刑法》第38条、第72条进行了修改，法院对于判处管制和宣告缓刑的罪犯，可以同时禁止犯罪分子在执行期间从事特定活动，进入特定区域、场所，接触特定的人。由于修改内容过于简单，最高人民法院、最高人民检察院、公安部、司法部出台了《关于对判处管制、宣告缓刑的犯罪分子适用禁止令有关问题的规定(试行)》(以下简称《规定》)。2011年5月1日《刑法修正案（八）》施行后不久，禁止令就出现在上海、江苏、浙江、河南等地法院的刑事判决中，适用案件涉及盗窃、挪用资金、贩卖毒品、交通肇事等，禁止令内容不一而足，然而，这些裁决是否真正体现了禁止令的实质精神和立法初衷，须加以深究。如何界定我国禁止令的法律性质，理解和把握禁止令的制度内容，合法又合理地实际适用和执行，是司法机关面临的一项新的重要课题。

一、禁止令的保安处分性质

世界各国刑法呈现出刑罚轻缓化和非监禁化的趋势，保安处分的刑法化成为其风向标。与国外成熟完善的保安处分体系相比，我国还没有建立保安处分制度，但也有着不少具有保安性质的处罚措施。近些年来，劳动教养的立法呼声很高，却"千呼万唤始未出"。而禁止令从《刑法修正案（八）》中"脱颖而出"，成为我国保安处分刑法化的一块"试金石"。禁止令的出现，是否意味着我国一直处于法律缺失状态的保安性处罚措施在刑法中得以"正名"？禁止令对于我国保安处分刑法化的意义何在？我国传统的一元化刑罚结构是否由此转向刑罚与保安处分并存的二元化结构？对此需要进一步探讨。

（一）保安处分与保安性处罚措施

在国外刑法理论中，保安处分是指由法院依据刑事法律的规定，以实施危害行为、具有人身危险性的犯罪分子为对象，以预防犯罪和保护社会为目的，以矫正、感化、医疗、禁戒等为手段，用以补充或者代替刑罚的矫治改善或者监禁隔

---

* 华东政法大学科学研究院副研究员，法学博士。

离的安全措施。作为一种刑事政策和刑法制度，保安处分不仅为西方国家刑法普遍接纳，并在相当程度上被视为刑法规范化、现代化的标志。① 关于刑罚与保安处分的关系，是新派和旧派争论最多的问题。旧派主张刑罚与保安处分二元论，而新派则主张刑罚与保安处分一元论，保安处分的理论发展也经历了从二元化到一元化的发展过程。然而，随着刑法学新旧学派的融合，基于人权保障和社会防卫双重价值的保安处分更多地满足了多元化的社会实践需求。20 世纪后半期，新的一元论者也认为，保安处分可以作为刑罚的补充或代替，与刑罚并科或选择适用；根据改善的效果，若刑罚有效则用刑罚，保安处分有效则用保安处分，二者并用有效则用二者。“在今天的欧陆国家以及东方的一些国家和地区，已经很难分清楚一元论还是二元论，而是两者相互渗透，相互影响，取长补短，合而为一。”②

在国内学界，对于保安处分的性质，刑法学界认识殊异，有的主张保安处分是行政措施性质的刑事处分；有的主张保安处分为刑法上的行政处分；也有的认为保安处分为行政性质的处分；但更多地主张保安处分是刑事制裁的一部分。③之所以出现理论分歧，原因就在于我国刑法尚未确立保安处分制度。各种具有保安性质和部分功能的处罚措施如劳动教养、少年管教、工读教育、强制医疗、强制戒除、强制治疗、强制留场作业、收容遣送、没收处分、吊销营业执照、禁止职业、撤销驾驶许可、注销城市户口等，散见于刑事、行政法律法规及政策文件中。与国外保安处分相比，我国保安性处罚措施的目的虽然也是预防犯罪与保护社会，也具有矫治改善与监禁隔离的功效，但欠缺刑法上保安处分所应具备的条件和特征，一是没有被系统、明确地规定于刑法或单行法律中，而且散乱无章，没有形成完整的体系；二是与刑罚一样关注行为的客观社会危害，不同程度地忽视对行为人的人身危险性予以评价；三是不构成与刑罚的直接关联，不能与刑罚并科、选科或代科适用；四是宣告者不是法院，而是行政执法人员等。因此，我国的保安性处罚措施充其量可认为其有若干保安性的特征，但不属于刑法意义上的保安处分。

（二）禁止令是刑法意义上的保安处分

国内外民事法律中也存在禁止令的法律形式。在英美法中，禁止令也称禁令、强制令，其肇始含义是停止侵权，是指在诉讼过程中，侵权明显成立的，法

---

① 参见屈学武：《保安处分与中国刑法改革》，载《法学研究》1996 年第 5 期。

② 参见徐久生：《保安处分新论》，中国方正出版社 2006 年版，第 18 页。

③ 参见翟中东：《保安处分适用的瓶颈及其解决》，载《法学论坛》2002 年第 6 期。

院要求侵权当事人实施某种行为或一系列行为，或禁止一定行为的命令。我国的临时禁止令属于程序法中的一项制度，规定于《专利法》、《商标法》、《著作权法》及配套性规范文件中。可见，民法上的禁止令实质上是在民事诉讼中的临时救济手段，与《刑法修正案（八）》规定的禁止令含义完全不同。

关于刑法中禁止令的性质，最高人民法院相关负责人在答记者问时指出："禁止令不是一种新的刑罚，而是对管制犯、缓刑犯具体执行监管措施的革新。"① 有人将禁止令界定为人民法院为了实现预防犯罪的目的，根据罪犯的犯罪事实，依法要求罪犯在管制、缓刑考验期内必须遵循的"义务"。② 实际上，根据《规定》第1条，禁止令既不是一个新的刑种，也不是一种新的非刑罚处罚方法，也不是一种非监禁刑的执行方式，也不仅仅是管制监督、缓刑考验的补充性义务，而是一种刑法意义上的保安处分。与国外保安处分的性质相同，都是一种刑事司法处分，即由刑法予以规定，由法院予以裁量宣告，适用刑事诉讼程序。在国外，保安处分大致有剥夺自由的保安处分、限制自由的保安处分、财产保安处分三类：（1）剥夺自由的保安处分，包括治疗监护、强制禁戒、强制治疗、强制工作、保安监禁、感化教育；（2）限制自由的保安处分，包括保护观察、更生保护、限制居住、驱逐出境、禁止出入特定场所、剥夺驾驶许可、禁止执业；（3）财产保安处分，包括善行保证处分、没收处分。③ 比较来看，我国的禁止令属于限制自由性质的保安处分。其中，《规定》第3条第1~3款规定的禁止进入某类区域、场所与禁止出入特定场所处分相类似；第四条规定的禁止接触某类人员、第3条第4款规定的禁止从事高消费活动与保护观察处分相类似；第5条规定禁止从事某项活动与禁止执业处分相类似。以下就禁止令与国外保安处分体系中尤为重要的保护观察制度进行比较。

所谓保护观察，亦称保护管束，"乃对于一定之犯人，不拘束其身体自由，仅令其遵守一定之事项，而由观护人予以适当之指导，于必要时予以援助，以期其改善与更生之处分"。④ 其包括消极监督和积极指导两方面：一方面，法院根据调查情况，对缓刑犯依个人情况差异确定其具体行为规则，即在保护管束期

① 《相关负责人就管制犯缓刑犯适用禁止令规定答问》，载中新网，http://www.chinanews.com/fz/2011/05-04/3015211.shtml。

② 陈鹏展：《对禁止令的理解与适用》，载中国法院网，http://www.chinacourt.org/html/article/201105/04/449934.shtml。

③ 参见张小虎：《论我国保安处分制度的建构》，载《政治与法律》2010年第10期。

④ 高仰止：《刑法总则精义》，台湾五南图书出版公司1986年版，第211~212页。

内，缓刑犯须遵守一定的事项，如需居住于一定的场所、定期向观护机构报告情况、未经批准不得离开指定地区；不得与不良素行者来往，不涉足容易诱发犯罪的不良场所等。另一方面，对缓刑犯提供必要的辅导和帮助，要求执行考验的机构或人员为缓刑犯尽可能提供膳宿、进行职业辅导、谋求职业、协调生存环境，帮助他们重返正常的社会生活。比较来说，我国的禁止令只有消极监督的一面，这一点与国外的保护观察制度存在重大差别。虽然《刑法修正案（八）》也规定了对判处管制、宣告缓刑的犯罪分子实行社区矫正，管制与缓刑的执行力度得以强化，但其重心仍然在消极监督方面，对管制犯、缓刑犯重新适应社会缺乏具体的应对措施。实际上，被判处管制和宣告缓刑的犯罪分子都属于轻刑犯，社会危害和人身危险性都不大，对其“辅助”、“保护”应重于“监督”、“管束”，尤其是对于青少年犯来说，更应当尽量慎用或少用禁止令。在适用和执行禁止令的同时，也应当着眼于积极教育改善，使犯罪分子放弃犯罪意图和不良习惯，消除其社会危险，而不能仅仅将禁止令视为消极的隔离排害的工具。另外，国外保护观察处分一般被认为可以作为其他保安处分的替代措施，如台湾“刑法”第 86 条 ~91 条规定，除了强制医疗情况特殊以外，其他的保安处分，如感化教育处分、监护处分、禁戒处分、强制工作处分，都可以以保护管束处分代替，不拘束受保安处分者身体自由，不将其送入特定处所加以拘束，而是将其融入社会，在社会生活中对其进行指导帮助并予以监督。我国可借鉴这种制度经验，将限制自由性质的禁止令在适当条件下替代劳动教养等剥夺自由性质的保安措施，以更有利于犯罪分子复归社会。

作为刑法意义上的保安处分，禁止令与刑罚之间的关系不能以“一元主义”或“二元主义”的角度进行严格界分。禁止令与判处的管制、宣告的缓刑之间属于并存、主辅、互补的关系。第一，禁止令在法院判处管制、宣告缓刑同时作出，并不附属于管制、缓刑制，而是与之同时并存且相互独立的。实践中，不能因过于强调禁止令的作用而将其与刑罚混淆，将刑罚所担负的预防犯罪任务由禁止令来替代。第二，禁止令与管制、缓刑在刑法地位上属于主辅关系，前者依存于后者、不能脱离后者而单独实施。也就是说，法院只有对被判处管制和宣告缓刑的罪犯才能适用禁止令，不能单独适用禁止令，也不能在判处其他刑罚时适用禁止令。第三，禁止令与管制、缓刑的功能是互补的。《刑法》第 39 条、第 75 条对罪犯在管制和缓刑考验期内应当遵循的一般性义务作出了明确规定，而禁止令是法官根据法律授权，结合案件具体情况，要求特定的罪犯在履行一般义务的基础上再履行一定的“补充性”义务。禁止令管制、缓刑的监督和考验内容进行了补充，强化了后者的执行力度，管制、缓刑的实施效果要靠禁止令的执行才能得以实现；反过来，禁止令的实施也要以刑罚强制威慑力进行保障，否则也难以执行和达到预防目的。

二、禁止令的人身危险性根据

禁止令的根据就是法院对行为人处以禁止令的条件或依据。作为一种保安处分，禁止令针对犯罪人的人身危险性而采取的防卫政策，在决定适用保安处分时，其目的仅仅且只能是为了预防具有特定危险的人实施犯罪，也即“适用保安处分只是为了使人们所担心的犯罪不致发生”，[①] 而并不追求威慑或一般预防目的。不可否认，保安处分也可以产生某种威慑作用，但如果为了追求这种威慑的效果，无限制地使用国家的强制力，就会有扩大适用、甚至滥用保安处分的危险，导致与适用保安处分的初衷相违背。当然，不同保安处分的具体适用条件是不同的，各自都有其特定的人身危险性根据及其评判标准。从禁止令的相关规定来看，其所适用的对象人身危险性较小，一般不会再次实施危害社会的行为，不需要剥夺其人身自由，但仍然必要对其人身自由进行适当的约束，以防止其危害社会。因此，在斟酌是否宣告禁止令时，要根据对犯罪分子的犯罪情况和个人情况的综合分析，准确判断其有无再次危害社会的人身危险性，进而作出决定，而不能片面依据其所犯罪行客观危害的大小决定是否适用禁止令。从立法精神看，禁止令的主要目的在于强化对犯罪分子的有效监管，促进其教育矫正，防止其再次危害社会。其禁止性规范的特性也决定了其主要功能在于防卫社会而非教育矫正。因此，应重点考虑行为人可能给社会安全和秩序带来的危险，而教育矫治的可能性因素则属于次要考虑的因素，但也不能完全忽视。

当然，适用保安处分有其自身的困难——人身危险性的判断过于主观，导致了各国的立法规定过于原则，人身危险性的可控性差，人权保障不足。我国目前未规定保安处分的重要原因在于人们对保安处分适用存在滥用权力的担忧，而将人格评估引入保安处分中，滥用保安处分的可能被大大降低。因此，解决好人身危险性评估问题是禁止令适用的关键所在，如德国刑法典就将人格作为评估人身危险性的根据，该法典第 67 条规定：处分要先于刑罚执行，法院可以根据处分目的的实现需要命令刑罚先于处分。但是法院可以根据行为人的人格作出变更。从人格角度把握人身危险性，一方面坚持从人格视角分析行为人的人身危险性大小，另一方面根据行为人人格的特殊表现，即行为人人格特殊性直接认定人身危

---

① ［法］卡斯东·斯特法尼等：《法国刑法总论精义》，罗结珍译，中国政法大学出版社 1998 年版，第 430 页。

险性有无。国外的人格评估主要针对需要进行治疗处分、禁绝处分、少年保护、保安监置的人。在我国，也有不少学者主张将人格引入保安处分，用人格去评估人身危险性。① 应当说，人格评估将会为我国保安处分的刑法化提供可行性根据和发展空间。

对于禁止令来说，其所适用的对象是被判处管制、宣告缓刑的犯罪分子，大多是具有典型犯罪人格的犯罪人，将人格引入禁止令适用当中，对需要适用禁止令的人进行人格调查和评估，应当是可行的。根据《规定》第2条的要求，法院宣告禁止令，应当根据犯罪分子的犯罪原因、犯罪性质、犯罪手段、犯罪后的悔罪表现、个人一贯表现等情况，充分考虑与犯罪分子所犯罪行的关联程度，有针对性地决定禁止令的适用。2009年"两院两部"《关于在全国试行社区矫正工作的意见》也指出，法院要依法充分适用非监禁刑罚和非监禁刑罚执行措施，对依法可能适用非监禁刑罚的被告人，在审理中可以委托司法行政机关进行审前社会调查，对拟判监外执行的被告人开展调查评估，在调查基础上提出是否适宜纳入社区矫正的建议，为法院适用非监禁刑罚提供参考依据。关于人格的评估方法，我国台湾学者的研究比较成熟，如苏俊雄将危险性、犯罪倾向性的预测方法归纳为：直觉预测法；统计预测法；临床学预测法。② 概括来说，应采取定性与定量相结合的评估方法。所谓定性评估实际上是一种经验评估，除了考虑前科因素，还应当考虑行为人的其他主要经历、生活环境、一贯表现等；所谓定量评估，是指有关司法人员借助于专门的科学测量方法测量行为人的人格，作为定性评估的客观验证依据。通过定性与定量方法有机结合，科学评估禁止令的适用对象是否是具有典型犯罪人格的人、是否是具有反社会人格的人、是否是具有病态人格的人、是否是存在人格障碍的人，以提高人身危险性的评估精度，③ 才能使禁止令得以正确适用和执行。

三、禁止令的基本原则

禁止令的基本原则就是贯穿和指导禁止令制定、适用和执行全过程的基本准则。各国刑事立法对禁止令的原则性规定并不相同，如意大利刑法典规定了保安处分的法定性原则，德国刑法典则规定了均衡性原则，国内学界对保安处分的适用原则也有不同的认识。综合分析，禁止令的基本原则应包括：法定性原则、必

① 参见翟中东：《保安处分适用的瓶颈及其解决》，载《法学论坛》2002年第6期。
② 参见苏俊雄：《刑法总论》，台湾大地印刷厂股份有限公司1995年版，第165页。
③ 参见翟中东：《保安处分适用的瓶颈及其解决》，载《法学论坛》2002年第6期。

要性原则、相当性原则。

（一）法定性原则

李斯特曾说："罪刑法定是刑事政策不可逾越的鸿沟。"法国刑法学家安塞尔也指出："社会防卫运动首先坚决维护罪刑法定原则，反对专断的行政处分……只有法官才有权宣布处罚，司法干预的同时要建立一种法定的诉讼程序。"① 国内也有学者认为，所谓保安处分的法定性原则，是指谁在何等条件下依照何种程序适用何种保安处分，均必须在法律中明确加以规定。我国台湾地区2006年修正"刑法"第1条规定："行为之处罚，以行为时之法律有明文规定者为限。拘束人身自由之保安处分，亦同。"保安处分法定原则是罪刑法定原则在保安处分领域的延伸和运用，其价值就在于"限制国家运用保安处分的公权力，防止保安处分的擅断和滥用，保障公民的权利"。② 对于禁止令来说，法定性原则也是其保持确定性和稳定性、保障公民基本人权的要求，避免牺牲公民权利去追求高度的预防效果。法定性原则要求禁止令的适用对象、适用条件、执行期限、法律后果、程序内容等都必须以成文法的形式明确规定。尽管禁止令的根据在于适用对象的人身危险性，必须以其犯罪行为为前提条件，即通过行为人的客观行为表现判断其人身危险性大小，而不能以预防犯罪为借口而突破法律的限制，完全不顾行为人有无客观的危害行为而任意适用处分措施，这是坚守罪刑法定基本原则的底线要求。

须指出，保安处分的法定性原则也不能完全等同于罪刑法定原则，由于保安处分的根据在于人身危险性，具有可变性和难预测性，其目的也在于教育和预防，因此保安处分的法定性是相对的，而不是绝对的。如我国台湾地区2006年的修正"刑法"虽然确立了法定主义原则，但并非将所有的保安处分措施都严格置于法定原则下，而是采用了较为灵活的方式：拘束人身自由的保安处分遵循法定主义，而非拘束人身自由的保安处分则可以灵活适用。对于刑法中的禁止令来说，也是如此，其虽不像刑罚那样具有强烈的惩罚性，但它同样涉及对人的自由或其他权利的剥夺。为了防止禁止令被滥用而危及人的权利和自由，立法应对禁止令的适用设置了比较严格的法定条件。另一方面，禁止令作为一种保安处分，其最终目的仍然在于对犯罪人改善教育和复归社会，该处分应当有利于受处分人对社会适应，不至于与社会脱节而再度犯罪。因此，在坚持法定主义的前提

---

① ［法］安塞尔：《新刑法理论》，卢建平译，香港天地图书有限公司1990年版，第51～52页。

② 陈立、陈晓明：《外国刑法专论》，厦门大学出版社2004年版，第618页。

下，禁止令还应具有相当的灵活性，可适用于纷繁复杂的各种情形以对症下药，否则很难达到特别预防和社会防卫的目的。

从禁止令的法定性原则出发，可进一步衍生出适用处分明确性原则和相对不定期原则。(1) 处分明确性原则，即刑事法律对禁止令的基本制度，诸如适用对象、适用条件、种类及使用和执行的程序等做出具体的、明确的规定，杜绝禁止令的滥用和法外实行禁止令。由于《刑法修正案（八）》对禁止令的规定过于原则，《规定》对禁止令的理解和适用作了较为全面、明确的规定。比如，将“禁止从事特定活动”细化为“禁止设立公司、企业、事业单位”、“禁止从事某些金融活动”、“禁止从事相关生产经营活动”和“禁止从事高消费活动”等；将“禁止进入特定区域、场所”细化为“禁止进入夜总会、酒吧、迪厅、网吧等娱乐场所”、“禁止进入举办大型群众性活动的场所”以及“禁止进入中小学校区、幼儿园园区及周边地区”等；将“禁止接触特定的人”明确为“禁止接触证人、被害人及其法定代理人、近亲属”、“禁止接触控告人、批评人、举报人及其法定代理人、近亲属”、“禁止接触同案犯”和“禁止接触其他可能遭受其侵害、滋扰的人或者可能诱发其再次危害社会的人”等。考虑到禁止令系新设制度，为了更好适应具体案件的复杂情况，《规定》还设置了“兜底条款”。对此模糊性规定，在配套性制度缺乏、实践经验不足的情况下，必须慎重地进行适用，不能任意进行扩大解释。对于有关法律法规已经明确禁止的内容，不能再通过禁止令的形式予以禁止，如不能作出“禁止吸食毒品”或作出“禁止驾驶机动车”的禁止令等。此外，《规定》在如何具体执行禁止令、如何监督禁止令实施方面仍规定得不够详细，可操作性不强，社区矫正组织、相关行政部门、生产经营单位及其他相关人员在执行禁止令上有哪些权利、承担何种法律义务、违反监督义务应如何追责也没有明文规定。显然，禁止令的实现仅靠强化被告人的自我报告义务是远远不够的，禁止令判决后的执行措施和程序也是必须加以明确规定的内容。(2) 相对不定期原则。前面指出，保安处分的法定性是相对的，其具体表现之一，罪刑法定主义严格排斥不定期刑，而国外立法中的保安处分并不排斥不定期刑（不定期处分)。在保安处分理论中，不定期原则是指刑法对保安处分期间不作明确规定，根据矫正、消除人身危险性的难易程度来确定受处分人应当适用的处分期间长短。不少国家刑法中的保安处分采取绝对不定期原则，对保安处分的上下限完全不作规定，法官依照其自由裁量权决定处分的期间。然而，罪刑法定原则的派生原则之一是排斥不定期刑，绝对不定期则有悖于处分相对法定主义。因此，《规定》第 6 条采取了相对不定期原则，规定了禁止令相对确定的期限。所谓相对不定期原则，是指刑法对保安处分的上限或者下限作出规定，法官在法定期限内裁量决定处分的期间。比较而言，相对不定期保安处分兼顾其灵活性和人权保障的需要，有效防止国家公权力极度膨胀，也不违背法定性原则。

（二）必要性原则

必要性原则又称为最后手段性原则，其基本含义是在一切非刑罚手段可以控制违法行为时，就不应当以刑法作为其反应方式。在保安处分的适用中，法官可以根据行为人的人身危险性的大小，决定是否对行为人适用保安处分。法官判断行为人的人身危险性也不是任意的，有其判断的尺度。国家不能为了法律效果的有效性和目的性，而没有限制的利用国家的强制力，最终达到防卫社会免受潜在的犯罪行为人的不法侵害的目的。[①] 例如，《德国刑法典》第 63 条、第 64 条就规定，只有当行为人在行为时无责任能力或限制责任能力，法官在对行为人及其行为进行综合考量之后，如果认为行为人还有继续实施违法行为因而对公众仍然具有危险性的，才可以科处行为人适当的保安处分。因此，对于禁止令来说，首先，只有在基于社会防卫和消除被处分人的人身危险性所必需，且为社会伦理所允许的前提下才能适用。在决定适用禁止令之前，应当优先适用教育治疗方法，在后者不能达到效果时，再考虑适用禁止处分。其次，由于禁止令依附于管制和缓刑，而管制和缓刑是非监禁刑，适用于罪行较轻的罪犯。根据罪责刑相一致原则，禁止令对罪犯自由、权利的限制应有限度，要与其刑事责任相适应、相匹配，不能对罪犯基本的权益过度限制，不能对其生产、生活造成重大影响，防止造成刑罚过度、过剩的局面。最后，法院作出禁止令时必须在法定的范围内充分考虑执行的实际需要和刑事司法的实际承受力，如果禁止令因没有可操作性而无法执行，或者因执行成本过高而难以执行，无法做到令行禁止，即使有利于预防犯罪，也不能作出此种禁止令。

（三）相当性原则

相当性原则又可称比例原则、适当处分原则、处分均衡原则，是指“为抗制犯罪所运用的法律手段须与其所保护的法益处于相当、对等的关系”。[②] 对于保安处分来说，相当性原则是指适用的保安处分的种类和轻重，必须与被科处保安处分之人的违法行为的性质、人身危险性程度、犯罪预防目的相适应、相均衡，或者说，作为针对行为人的特别危险性而提出的防卫措施，不得与其所欲防

① 参见徐久生：《德语国家的保安处分制度——理论、法律规定及实践》，载《中国监狱学刊》2007 年第 4 期。

② 林山田：《经济犯罪与经济刑法》（修订三版），台湾三民书局 1981 年版，第 101 页。

卫的危险程度及所预期的预防目的不成比例，以防止保安处分被人为地滥用于犯罪预防，任意侵犯人权。《德国刑法典》第62条明确规定了保安处分的适当性原则，“如判处矫正及保安处分与行为人的行为的严重性、将要实施的行为以及由行为人所引起的危险程度不相适应，不得科处”。依据相当性原则，禁止令的具体措施应与特定的犯罪危险人相适应，每一处分方式都有其特定的对象，每一犯罪分子都有与其相对应的处分方式。法院要全面权衡被处分人过去的和将来的人身危险的各种具体情节、事实及危害性，使受处分的严厉性不超出与之相适应的程度。同时，法院在作出保安处分时必须权衡犯人的前科种类、数目及其严重程度以及其未来可能的社会危险性，以使保安处分所加予受处分人的负担不会超出其行为的危险性，防止保安处分被人为地滥用于犯罪预防，任意侵犯人权。

四、禁止令的执行程序

国外刑法中的保安处分制度都有一套法定的诉讼程序。一般来说，保安处分的科处是通过普通刑事诉讼程序进行的。但对于限制或剥夺人身自由的措施，有些国家还规定了较为严格的程序，如在德国，保安监禁有自己的独立程序。在庭审过程中，被告人可以自己发表对案件的看法、提供有关证据。由州法院审理的，必须为被告人指定辩护人；对是否科处收容于戒除瘾癖机构尚存疑虑的，在陪审法庭审理时也应当为被告人指定辩护人。同样，被告人对保安处分判决不服的，也可以提出上诉。相对来说，我国保安性处罚措施的规定大都侧重于实体性内容，程序性规定相当薄弱。有的尽管做了程序性规定，但过于简单，且与司法程序的正当性要求相差甚远，从而使当事人的合法权益无法得到保障。

较之以前的保安性处罚措施，禁止令的执行程序制度有了较大改善。主要包括：（1）禁止令的执行主体。《规定》第9条明确规定，禁止令由司法行政机关指导管理的社区矫正机构负责执行。根据修正案的规定，禁止令是以管制的判决、缓刑的宣告为存在前提、并与之并存的，所适用的对象与社区矫正的对象是同一的，禁止令的实施内容可以看做是社会矫正工作的一部分，而司法行政机关作为社会矫正机关，在公安机关等各方面的协同配合下负责禁止令的执行，是最适合、也是可行的。同时，《规定》还规定了人民法院、人民检察院、公安机关、司法行政机关分工负责，互相配合，互相制约，以确保禁止令的相关内容落到实处，确保禁止令的正确适用，确保管制、缓刑等非监禁刑的执行效果。（2）禁止令的执行期限。《规定》第6条规定，禁止令的期限既可以与管制执行、缓刑考验的期限相同，也可以短于管制执行、缓刑考验的期限，但判处管制的，禁止令的期限不得少于3个月；宣告缓刑的不得少于两个月。判处管制的犯罪分子在判决执行以前先行羁押以致管制执行的期限少于3个月的，禁止令的期限不受前款规定的最短期限的限制，禁止令的执行期限从管制、缓刑执行之日起计算。《规定》第13条规定：被宣告禁止令的犯罪分子被依法减刑时，禁止令的期限可以相应缩短，由人民法院在减刑裁定中确定新的禁止令期限。（3）违反禁止令的处理。《规定》第11条规定：判处管制的犯罪分子违反禁止令，或者被宣告缓刑的犯罪分子违反禁止令尚不属情节严重的，由负责执行禁止令的社区矫正机构所在地的公安机关依照《中华人民共和国治安管理处罚法》第60条的规定处罚。《规定》第12条规定：被宣告缓刑的犯罪分子违反禁止令，情节严重的，应当撤销缓刑，执行原判刑罚。同时规定，违反禁止令具有下列情形之一的，应当认定为“情节严重”：3次以上违反禁止令的；因违反禁止令被治安管理处罚后，再次违反禁止令的；违反禁止令，发生较为严重危害后果的；其他情节严重的情形。此外，《规定》没有对禁止令的消灭制度作出规定。引起禁止令消灭的事由涉及处分执行完毕、缓刑期满、法院取消执行、诉讼时效、执行时效、赦免、犯罪消灭、被处分者死亡等。可以考虑今后对此加以完善，以使禁止令收到更好的实施效果。

余论：我国保安处分刑法化的将来

应当看到，禁止令只是我国保安处分刑法化的开端。相对于刑罚来说，保安处分关注行为人的人格特征，有针对性地对其进行矫治和改善，从而实现特殊预防目的，这方面有着刑罚所不能及的优势。作为世界刑法发展的优秀成果，保安处分应该被纳入我国刑事制裁体系，以更好地帮助我们矫正违法犯罪分子和维护社会治安。但从整体来看，我国保安性处罚措施大多数起源于政策，其内容也过于原则化，缺乏可操作性，而且过于注重隔离排害的功能，对于改善、复归社会的功能重视不够。同时，其相关立法或政策往往是就解决某一具体现象、问题或配合某一时期的任务而提出来的，各种措施之间缺乏有机联系和衔接协调，存在界限模糊或功能重叠问题，如劳动教养和收容教养、收容教养与工读教育等。针对以上问题，我国将来的刑事立法可考虑制定单行刑法或出台新的刑法修正案，系统规定包括禁止令在内的保安处分制度，将现有的保安性处罚措施纳入该制度体系当中，并充分借鉴国外立法加以补充完善，主要内容包括：保安处分的基本原则；人身危险性的评估；保安处分的宣告、执行、变更、消灭、时效；各项保安处分具体措施及其相应的内容、适用情形等。在此基础上，形成刑罚与保安处分并存的二元化刑法结构体系。

第五部分
量刑制度改革

实现量刑平衡的一个可能途径：量刑模式视角

汪明亮*

一、引言

量刑平衡，又称量刑均衡，是指法院在对犯罪人适用刑罚时，必须综合考虑影响量刑的诸要素，使之达到一种相对平衡状态。详言之，就是指法院在对犯罪人裁量刑罚时，要综合考虑各种量刑情节，并且对于同类案件（同罪名、同情节、同证据支持的犯罪）适用相同或相近的刑罚，从而使刑罚处于一种稳定并和所犯罪行相适应的状态。在一定意义上说，平衡与平等、和谐、统一相一致，而后者正是人类追求的一般的价值目标。① 从哲学意义上讲，没有绝对的平衡或不平衡，平衡只能由不平衡表现出来。量刑平衡也只能是相对平衡而非绝对平衡。量刑平衡包括三方面涵义：一是内部量刑平衡；二是横向量刑平衡；三是纵向量刑平衡。② 追求量刑平衡，是罪刑均衡原则的具体要求，也是实现刑法公正价值，最终实现刑事法治的必经之路。

量刑不平衡不仅违反了罪刑均衡原则，使得刑法公正价值难以实现，最终导致刑事法治缺失，而且还会败坏社会风气，滋生法官腐败，并在某种程度上助长罪犯的侥幸心理和抗拒心理，不利于预防犯罪。

所谓模式，原本指某种事物的标准形式或使人可以照着做的标准样式。笔者把量刑过程及其表现出来的样式称为量刑模式。③ 量刑模式关注的是影响法官量刑的各种因素，以及这些因素对量刑活动产生影响的过程。量刑模式可以分为两类：量刑法理学模式和量刑社会学模式。量刑模式理论的提出有着重要意义：其

---

* 复旦大学副教授，法学博士。

① 罗豪才、甘雯：《行政法的“平衡”及“平衡论”范畴》，载《中国法学》1996 年第 4 期，第 48 页。

② 参见汪明亮：《审判中的智慧：多维视野下的定罪量刑问题》，法律出版社 2006 年版，第 175 ~176 页。

③ 笔者曾提出定罪量刑模式理论，把定罪和量刑过程都包含其中。参见汪明亮：《定罪量刑社会学模式》，中国人民公安大学出版社 2007 年版，第 6 ~7 页。

不仅揭示了影响法官量刑的因素，还论证了这些因素在量刑过程中所起的作用，以及各因素间的作用机制，这就不仅使我们可以用多元的、动态的眼光看待量刑问题，加深量刑的理论研究，而且还可以使我们更好地把握量刑实质，从而理性地看待量刑不均衡现象和寻求可行的避免该现象发生的对策。①

量刑是国家刑罚权实现的重要方式。在现代法治国家，依法量刑是量刑的基本原则，是刑事法治的基本要求，也是实现量刑均衡，最终实现刑法平等的根本途径。然而，在量刑实践中，依法量刑原则并不能很好地发挥作用，量刑不均衡现象还大量存在。如何理解这种现象？如何量刑才能真正实现刑法平等？笔者认为，从量刑模式角度考察，量刑法理学模式不足以解释量刑不均衡现象；量刑社会学模式是导致量刑不均衡的原因，实现刑法平等的关键在于避免量刑社会学模式发生作用。

二、量刑法理学模式及量刑不均衡

量刑法理学模式，是指依照刑法条文规定，对已有的事实做出判定，并据此做出量刑结果的过程及其表现出来的样式。量刑法理学模式以刑法的明文规定为量刑根据，遵循罪刑法定、罪刑平等、罪刑均衡等现代法治原则。量刑法理学模式与现代法治的基本要求相吻合，是实现刑事法治的理想模式。

一方面，以成文法国家为例，如我国 1997 年《刑法》第 61 条规定："对犯罪分子决定刑罚的时候，应当根据犯罪的事实、犯罪的性质、情节和对社会的危害程度，依照本法的有关规定判处。"第 62 条规定："犯罪分子具有本法规定的从重处罚、从轻处罚情节的，应当在法定刑的限度以内判处刑罚。"；等等。又如，《德国刑法典》第 46 条规定："一、犯罪人的责任是量刑的基础，且应考虑刑罚对犯罪人将来社会生活产生的影响。二、法院在量刑时，应权衡对犯罪人有利和不利的情况。特别应注意下列事项：犯罪人的犯罪动机和目的，行为所表露的思想和行为时的意图，违反职责的程度，行为方式和犯罪结果，犯罪人的履历、人身和经济情况，及犯罪后的态度，尤其是为了补救损害所作的努力。三、属于法定犯罪构成事实的，可不予考虑。"② 再如，《日本刑法典》第 48 条规定，"刑罚应当根据犯罪人的责任量定。适用刑罚时，应当考虑犯罪人的年龄、性格、经历与环境、犯罪的动机、方法、结果与社会影响、犯罪人在犯罪后的态度

---

① 参见汪明亮：《定罪量刑社会学模式》，中国人民公安大学出版社 2007 年版，第 8 页。

② 《德国刑法典》，徐久生、庄敬华译，中国法制出版社 2000 年版，第 56～57 页。

以及其他情节，并应当以有利于抑制犯罪和促进犯罪人的改善更生为目的。死刑的适用应当特别慎重。”[①] 另一方面，以判例法国家为例，美国作为判例法国家的代表，以判例法作为其刑事法律的固有传统，但从20世纪70年代开始兴起的量刑制度改革运动却纷纷要求立法机关尽可能精确地规定刑罚量，以限制法官的自由裁量权利。在此背景下，美国联邦量刑委员会制定了所谓的“量刑指南”。美国的量刑指南旨在刑法法定框架内，对“罪”和“刑”作进一步的细化。该指南把所有犯罪划分为43级，每罪规定一个基本级，然后依据各种情节予以加减级数。个罪的级无固定位置，有的规定在上限，有的则在下限，如一级谋杀罪的基本级是43级，在具备明文列举的某一或某些从轻情节时，最低可减至33级。[②]

可见，以法治为目标的量刑法理学模式具有如下特点：第一，量刑的法理学模式建立在“法律本质即规则”[③] 的基本假设之上，量刑必须以刑法规定（量刑规则）为标准。第二，量刑法理学模式视刑法为从一个案件到另一个案件是不变的。它是刑法规定的，并且是所有的人都可以获得的，相同的案件事实会有相同的量刑结论。换言之，刑法是通用的，其量刑规则适用于所有案件。第三，量刑法理学模式视量刑规则为逻辑过程。对每一案件的刑罚裁量都是对刑法条文的运用，而且是逻辑决定结果。第四，量刑法理学模式强调同罪同罚，将量刑中的差别待遇（量刑不均衡）视为异常现象。

虽然量刑的法理学模式为量刑设定了“法定”的量刑规则，从理论角度看，如果严格依照该规则裁量刑罚，是会做到同罪同罚的，也即实现量刑均衡的。可是从实践角度看，量刑的法理学模式并不能完全发挥作用，刑法上相同的刑事案件（同罪名、同情节、同证据支持），常常得到不同的处理，这就是量刑不均衡。例如，基于同一犯罪事实的许霆恶意取款案，广州中级人民法院先后作出两判决：第一次判处许霆构成盗窃罪，处无期徒刑，剥夺政治权利终身，并处没收个人全部财产；第二次判处许霆构成盗窃罪，处有期徒刑5年，并处2万元罚金。[④] 又如，在美国，以谋杀罪为例，有些人被判处死刑，而另一些人则可能受到各种所有可能的判决：一些服罪的人受到了较轻的处罚，一些被判有罪者被缓

---

① 《日本刑法典》，张明楷译，法律出版社1998年版，第109~110页。

② 《美国量刑指南》，王世洲等译，北京大学出版社1995年版，第44页。

③ See H. L. A. Hart, The concept of law. Oxford: Clarendon Press, 1961.

④ 参见新浪新闻网，http://news.sina.com.cn/z/eyqkpwq/，2008年4月7日。

刑释放，一些被判短期监禁，一些被判5年、10年、20年或终身监禁。[1]

在刑法上没有差别的同类案件，为何不能得到相同量刑结果？对此，量刑法理学模式不足以解释。其实，除了刑法的技术性特征——量刑规则具体运用于实际刑事案件量刑过程之外，每一刑事案件还有其社会特征，如对立的双方当事人，一方或双方的支持者与干预者，量刑的法官等。这些人的社会性质构成了刑事案件的社会结构。可以说，每一刑事案件都是社会地位和关系的复杂结构，这一结构对于理解在刑法技术特征上相同的刑事案件的量刑结果的差异是关键的。案件的社会结构因素影响着刑事案件的量刑过程，这就是量刑社会学模式。

三、量刑社会学模式及其生成机制

量刑社会学模式，是指刑法条文规定之外的案件社会结构因素对量刑结果产生影响的过程及其表现出来的样式。量刑社会学模式认为，现行刑事立法赋予法官享有一定的量刑自由裁量权，该自由裁量权受诸多案件社会结构因素影响。由于同性质的具体案件社会结构不同或同一案件在不同诉讼阶段的社会结构不同，法官自由裁量权受其影响程度也不同，量刑不均衡现象由此而生。实现量刑公正的关键在于避免量刑社会学模式发生作用。

量刑社会学模式对量刑过程的分析得益于案件社会学理论的建立。案件社会学是法社会学的一个分支，其以具体的法律案件为分析对象。案件社会学的理论渊源可以追溯到法律写实主义运动，该运动是在19世纪末世纪之交时由美国律师发起的，持续了几十年之久。法律写实主义的核心观点是：法律的原则——规则和原理，本身并不足以预示和解释案件是如何判决的。法官和陪审团通常是根据他们的个人信念和情感来断案的，只是在实际上已经这样断案之后才到书面的法律中寻找合法的理由。案件社会学创造了一种新的法律模式，它完全不同于那种把法律描绘为法律条文的逻辑运用决定案件处理结果的法学模式。

现代刑法学量刑理论强调必须严格依照刑法规定量刑，即量刑法理学模式，该模式忽略了案件各方的社会特征。从量刑法理学模式角度看，在刑事案件中，谁偷谁，谁杀谁与量刑是不相干的。从被告人与被害人之间的关系看，谁贫穷，谁富贵；谁是白人，谁是黑人等，都是与量刑无关的。而在量刑社会学模式中，这些问题则是核心问题。量刑社会学模式主要阐明的是案件社会结构是如何预测和解释量刑结果的。例如，我们已经知道案件被害方、被告方的社会地位，他们之间的亲密程度，以及一方或双方的支持者及干预者等，这些因素决定并解释了

---

① See Donald Black, Sociological Justice, New York: Oxford University Press, 1989, p6.

量刑的过程是如何实施的，被告人究竟是被判处重刑还是轻刑等问题。

所以以案件社会结构为考察视角的量刑社会学模式具有如下特征：第一，量刑社会学模式关注的焦点是案件的社会结构，即谁是案件的参与者。第二，量刑社会学模式认为量刑过程是人们的行动，而不仅仅是法律的逻辑运用，如故意杀人罪的刑罚裁量，并不完全在于刑法规则的逻辑运用，而更取决于谁杀了谁等案件社会结构因素。第三，量刑社会学模式认为量刑规则是可变的，它随着案件各方社会特征的不同而存在差异。

案件社会结构不同是导致量刑不均衡的根本原因。从量刑社会学模式角度考察，案件社会结构因素主要包括：被害方与被告方的社会结构，支持者与干预者的社会结构及法官的社会结构等。刑法上性质相同的案件或同一案件在不同诉讼阶段的案件社会结构因素之间存在差异，该异质性社会结构影响了量刑结果，这就是量刑社会学模式的核心内容。

量刑社会学模式形成机制表现在四个方面：第一，法官量刑自由裁量权的存在是量刑社会学模式形成的前提。量刑自由裁量权不可避免地导致案件社会结构因素对量刑活动产生影响。第二，异质性案件社会结构因素影响了法官量刑自由裁量权是量刑社会学模式形成的关键。异质性案件社会结构因素主要包括：[①]（1）被害方、被告方。被害方与被告方是影响法官量刑自由裁量权的最基本的案件社会结构因素，它们的影响主要体现在两个方面：一是被害方与被告方的社会地位。二是被害方与被告方之间的关系距离。（2）支持者、干预者。支持者与干预者包括律师、公开其偏向立场的旁观者、证人等。与被害方、被告方的社会特征一样，支持者与干预者的社会特征具有同样的影响模式。（3）法官。除了被告方、被害方，支持者、干预者会影响法官量刑自由裁量权外，法官本身的社会特征也会影响量刑自由裁量权的行使。第三，异质性社会结构被法官感知。异质性案件社会结构只有被法官感知，才能影响法官自由裁量权，量刑社会学模式才会发生作用。因此，异质性案件社会结构因素被法官感知是量刑社会学模式形成的具体途径。第四，多种因素决定着法官受异质性社会结构影响程度。法官感知了案件异质性社会结构因素之后，决定其自由裁量权受社会结构影响程度的因素是多方面的。从微观上看，每个法官都存在个体差异（这里的个体差异又可以分两类：一是指生命意义上的个体法官之间的差异，二是指国家意义上的法官之间的差异），其自由裁量权受个体差异的影响；从宏观上说，影响法官个体

---

① 参见汪明亮：《定罪量刑社会学模式》，中国人民公安大学出版社2007年版，第29～37页。

差异的因素主要有法官情感、文化等多方面因素。其中，法官情感主要反映的是生命意义上的个体法官之间的差异；而文化等则主要反映的是国家意义上的法官之间的差异。①

四、量刑社会学模式避免途径

量刑社会学模式生成机制的分析表明，从案件的社会结构来预见和解释刑罚结果是如何被法官裁量的，看起来是不可思议的，因为它严重违反了刑法平等原则和量刑规则，是一种法律的歧视，是对刑事法治的破坏。然而，不可思议是不能阻止量刑社会学模式发挥作用的，像其他事物一样，刑罚裁量也会根据环境的变化而变化。刑罚裁量结果在某种意义上取决于它的社会意义。指望法官对案件社会结构事实视而不见，而仅仅按量刑规则去量刑是不现实的。刑法通过可预测的模式反映社会环境。但是，通过改变这些环境我们也可以改变刑罚裁量行为。怎样才能达到这一目的？怎样才能在量刑过程中减少不均衡？

笔者认为，既然在量刑过程中的不均衡是由于案件的社会结构造成的，那么我们所要做的就是要尽量消除社会结构差异所带来的影响，也即尽可能地避免量刑社会学模式发挥作用，其途径有三：一是重新设计案件的社会结构，尽量消除社会异质性；二是改变刑罚裁量过程，减少社会信息，尽量使量刑过程非社会特征化；三是改革刑事立法，尽量控制法官自由裁量权，使异质的法官面对异质的社会信息能够在最小化的范围内做出差异性刑罚裁量结果。

（一）尽量消除社会异质性

如前文所述，当案件的社会结构预示着该案件处理方式的时候，案件之间社会结构差异的异质性程度将决定案件量刑差异程度。如果某些案件的被害方与被告方之间的社会地位或亲密程度的差异不一样；或者，如果该案件一方（被害方或被告方）的支持者与干预者的社会特征不一致；又或者，具体量刑法官的社会特征不一致，那么即使在其他方面都很相类似（如行为人的主观罪过、造成的危害结果等），这些案件的量刑结果却会有很大的差异。也就是说：量刑不均衡是由于社会异质性造成的，即“法律差异是社会异质性的功能之一”。②

被害方与被告方之间的社会地位或亲密程度的差异不一样是导致量刑不均衡

---

① 参见汪明亮：《定罪量刑社会学模式》，中国人民公安大学出版社2007年版，第四章、第五章、第六章。

② See Donald Black, *Social control as a dependent variable*. page17 in Toward a General Theory of Social Control, Volume 1: Fundamentals, edited by Donald Black. Orlando: Academic Press, 1984.

的最为重要的原因。例如，比起有可鉴别的犯罪处理，对所谓的无受害者犯罪[①]的处理没有太大的差异。其中的一部分原因与受害者本身的社会特征存在的差异有关；有受害者犯罪中存在各种各样的社会差异。这不仅是因为在那些受害者中，由于各种纽带关系将其与侵害者连接在一起而存在社会异质性；而且还因为受害者与侵害者之间的社会关系界定了该案件的特征。[②] 因而，尽量消除被害方与被告方之间的异质性是避免量刑社会学模式发生作用的最为重要的途径。然而，消除被害方与被告方之间的异质性是非常困难的，这在司法实践中难以实现。因为被害方与受害方作为社会个体，其本身就是以异质的方式存在的。一方面，由于“人生而不平等”（所以法律上强调“法律面前人人平等”）；另一方面，由于“生而不平等”，在后天的社会化过程中，个体则更会以异质的方式存在，诸如阶级差异、贫富差异，等等。这是社会存在的必然现象，是不可避免的。同时，消除被害方与被告方之间亲密程度的差异也是不可能的，因为社会是普遍联系的，个体与个体之间不可避免地会发生相互联系，只是距离远近而已。

消除支持者与干预者的社会特征的异质性则是可行的。这里所说的消除支持者与干预者的社会特征的异质性，不是指让被害方与被告方的支持者与干预者的社会特征都趋于一致（这是不可能的，正如上文所述，社会个体是以异质的方式存在的），而是对具有社会特征异质性的支持者与干预者的行为进行约束，使之社会特征的异质性不会去影响量刑结果。笔者认为，具体做法可以是：第一，尽量消除律师社会特征的异质性。消除律师社会特征的异质性表现在对律师行为的约束：（1）律师不能进行广告宣传，不能对自己的学历、社会关系、社会兼职（头衔）等进行宣传（包括印在名片上）；（2）律师只能根据事实和法律并按照法律程序进行辩护，而不能向行政或党派首脑反映情况，以求得法外干预；(3) 律师不得召开所谓的专家论证会，以求得所谓的学者的支持；（4）律师不得借助媒体舆论的力量来对司法机关施加压力；等等。第二，消除公开其偏向立场的感兴趣的旁观者等支持者、干预者的异质性。具体做法：（1）禁止民愤者联名上书法院或政府部门，禁止民愤者针对刑事案件集会游行；（2）禁止法学专家（也包括其他专家及名人），以其独特的专业背景和社会地位出具专家意见；(3) 禁止官员对司法进行干预；（4）禁止新闻媒体对案件进行“倾向性”报道，媒体的报道必须客观，只介绍事实，而不能发表评论。第三，消除证人的

---

① 所谓无受害者犯罪（victimless crime），指的是没有明显被害人的犯罪，如卖淫犯罪、吸毒类犯罪等。

② See Donald Black, Sociological Justice, New York: Oxford University Press, 1989, p70.

异质性。主要做法是：（1）证人作证的时候，隐瞒其社会身份；（2）证人作证时尽可能以书面形式回答，而不要以语言形式回答。

消除法官社会特征的异质性是减少量刑不均衡现象的最主要因素。虽然不能彻底消除法官社会特征的异质性，但在一定程度上减少则是可行的。具体做法可以是：第一，尽量使法官的个人素质同质化：（1）从年龄上对法官进行限制，[①]规定从事法官职业必须达到一定的年龄要求，这样可以避免因年龄差异而导致刑罚裁量上的差异；（2）从学历上对法官进行限制，规定从事法官工作必须在通过司法考试资格的基础之上，还要有一定的学历文凭要求；（3）从经济上对法官进行限制，规定从事法官职业必须具有一定的经济基础和良好的经济信誉，禁止那些存在严重经济债务的人进入法官队伍。第二，尽量使法官与当事人保持同等距离。这是从约束业外活动的范围方面对法官进行限制，如《中华人民共和国法官职业道德基本准则》对法官的业外活动进行了约束……法官应当谨慎出入社交场合，谨慎交友，慎重对待与当事人、律师以及可能影响法官形象的人员的接触和交往，以免给公众造成不公正或者不廉洁的印象，并避免在履行职责时可能产生的困扰和尴尬……[②]第三，尽量使法官独立量刑，减少法官的上下级从属关系，从而增加不同级别（尤其是下级）法官量刑的权威性，并使之趋同。

（二）量刑非社会特征化

尽管可以通过尽量消除案件支持者、干预者以及法官的社会特征异质性来减少案件社会结构的异质性，但由于消除被害方与被告方之间的异质性是不可能的，因而消除案件社会结构的异质性也成为不可能。通过减少案件社会结构异质性不能完全避免量刑社会学模式发生作用。我们必须寻求避免量刑社会学模式发生作用的第二种途径，即量刑非社会特征化。

法官之所以对相同性质的案件给出不同的量刑结果，主要是受到案件社会结构的异质性影响。案件社会结构的异质性是如何被法官认知的呢？这主要是法官通过某种渠道了解了案件社会结构的异质性信息。如果法官没有了解到案件社会结构的异质性信息，就不会受这些社会信息干扰。案件社会结构异质导致量刑不均衡的先决条件是这些异质为法官所知。对此，可以通过“泊车罚单”现象予以解释。事实证明，警察对违章泊车者的处罚是公正的，也即一视同仁的，警察

① 这一点美国联邦法院规定得比较有特色，如美国联邦法院就是由9名年老的法官组成。根据美国宪法第3条规定，只要联邦法官能够“品行良好”（during good behavior），便可终身担任法官一职。

② 参见《中华人民共和国法官职业道德基本准则》第38条～第46条。

一般只是无一例外地对每一例违章泊车者开出罚单。当然这时驾车者的社会特征是完全不同的，那么警察却为什么没有开出歧视性的罚单呢？原因在于，违章泊车者都有一个共同的特征，即他们极少出现在法律处理过程的现场。在这种情况下，就社会层次而言，他们是隐性的。无论驾驶者的社会特征是什么，差异有多大，他们违反泊车规则时，社会身份一般是未知的。警察处理时，他们一般不在现场。警察唯一看到的只有汽车，而在大多数情况下，这对了解驾车者的社会特征起不了太大的作用。[①] 对违规泊车的处理过程中一视同仁而没有歧视，表明案件社会结构异质性的社会信息确实影响了量刑结果。如果在量刑过程中没有案件社会结构异质性社会信息的介入，那么无论案件本身有多大的不同，严格地说，只要他们性质一样，他们的处理结果就应该是相同的。[②] 只有被害方与被告方的社会特征被法官知道时，社会特征才会对量刑结果产生影响。泊车违章的无差异性处罚阐明了法社会学的另外一个规则：法律变量是社会信息的一项直接功能。[③]

在量刑过程中的任何一项歧视，无论是经济的、性别的等，都取决于量刑环境中案件社会结构异质性的社会信息量的多少。即使案件的社会性质是完全一致的，但它们所包含的社会信息仍然会使它们变得不一样并且导致量刑不均衡现象发生。例如，在某些案件中，如果被告人的犯罪记录（一种规范的信息）被法官及陪审团预先知道了，那么这些被告人在案件的审理过程中就会处于不利的地位。[④]

然而，按照量刑法理学模式，在法庭量刑过程中，不可避免地充满了有关被害方与被告方，以及相关人员的大量的案件社会结构异质性的社会信息。某些案件，如适用死刑案件的裁决，已经被证明是各种社会信息综合作用的结果。这些社会信息涉及被害方与被告方的身份地位、财产状况、个人爱好，以及支持者与

---

① 当然也有例外，如警察可以明显地判断出驾驶一辆崭新昂贵跑车的人社会地位要高于驾驶一辆又旧又破装载卡车的人。但是大量的汽车是同质的而且透露的社会信息相对较少。更为重要的是，由于不与违反泊车规则的人发生面对面接触，警察对于违反泊车规则的人的社会特征（如其社会地位、职业、婚姻等）比在像法庭那样面对面情景中被告人的社会特征了解得要少。

② 这里假设法官、律师等相关人员社会特征相似，并且是中立的。

③ See Donald Black, *Social control as a dependent variable.* page19 – 20 in Toward a General Theory of Social Control, Volume 1: Fundamentals, edited by Donald Black. Orlando: Academic Press, 1984.

④ See Donald Black, The Behavior of Law. New York: Academic Press, 1976, pp. 113 – 117.

干预者的态度等。大量的案件社会结构异质性的社会信息，尤其是在法庭上，使量刑不均衡成为可能。因此，避免量刑社会学模式发生作用的另一个重要途径就是，尽量避免在法庭上出现案件社会结构异质性的社会信息，即量刑非社会特征化。有多种方法可以实现量刑非社会特征化，其中有一些是可行的，而有一些则可能只是理论上的。

方法一：通过程序法的条文规定，将与该案件社会特征（社会结构异质性的社会信息）有关的证人证词和其他介绍排除在外。这样，法庭的社会信息就会降低。该程序法条文将具体规定哪些种类的社会信息是不允许出现的，如被害方和被告方的种族、财富、身份地位、受教育情况、以往经历等，以及被害方和被告方之间的关系。用不着大幅度地改变程序法的规定，我们就可以使大量的社会结构异质性的社会信息无法进入法庭。①

方法二：使最后做出刑罚判决的法官远离被害方与被告方的社会信息。通过这种方法，对罪犯的量刑结果都是在对被害方与被告方的社会信息一无所知的基础之上做出的。这将会在某种程度上消除量刑不均衡现象，尽管法官受到了其他社会信息的影响。

以上两种方法都是切实可行的，也是避免量刑社会学模式发生作用，减少量刑不均衡的重要途径。然而，不论程序法条文如何规定与该案件社会特征有关的证人证词和其他介绍排除在外，也不论法官在量刑时如何不考虑被害方与被告方的社会信息，但另一因素仍然不可避免地暴露了被害方、被告方及其他相关人员的社会特征，即他们本身的存在。因而，要想更彻底地使量刑非社会化，还必须采用第三种方法。由于第三种方法对现行的量刑法理学模式提出了挑战，与现行的法律规定的量刑程序相背，因此这种方法可能只是理论上的，在实践中是难以采用的。

方法三：把所有的当事人排除在法庭之外。因为仅仅从外表本身就透露了人们的许多社会特征，包括他们的种族、性别和年龄。另外，服装、珠宝首饰、发型等都泄露了当事人的社会信息，如他们所处在的社会阶层和生活方式。另外一种社会信息的来源是语言。每一个人所使用的词汇、语法、发音都暗示着其社会背景和社会地位。当事人陈述的方式，如自信程度和发言的冗长程度也同样发挥着这样的功能。尽管语言本身的社会意义得不到人们的承认，但言语的确定性程

① 实际上，在美国法庭，非社会特征化早已经不是新鲜事情了。例如，在美国，某些有关社会特征的信息将不允许作为证词。这是因为它们对案件本身无关紧要。一些所谓的保护法还禁止在法庭上对被害人盘问得过于详细。例如，不允许询问被强奸者的性生活史等。

度能增强或减少证词的可信性程度。[1] 仅仅只需要个人陈述就可以将社会信息带入法庭。因此，法庭量刑的彻底非社会特征化，不仅需要将某些特别的部分从证人证词中剔除出去，还需要将案件当事人拒斥在法庭之外。具体说，就是将控方、被告方、证人、律师完全排除在法庭之外，将控方的指控、被告方的辩护、证人的证词、律师的代理或辩护意见，以副本的形式，被书面提交到法庭，供法官审案参考。

（三）刑事立法根本性改革

然而即使是采取了上述第三种方法使法庭量刑彻底非社会化，这还不能彻底消除量刑过程中的歧视，量刑不均衡现象依然会存在。量刑不均衡还有一个来源，那就是法官本身。法官做出的刑罚判决反映了他们的社会特征，引入了另外一种社会差异，结果是刑罚裁量的法官要么倾向于过于严厉，要么倾向于过于宽容。前文虽然对消除法官社会特征的异质性作了技术上的设计，但这只能是在一定程度上的减少，而不可能是彻底性消除。那么如何才能彻底消除由于法官自身的异质性差异导致的量刑不均衡现象呢？

笔者认为，有两种方法可供选择，不过这两种方法都是建立在对现行刑事立法进行根本性改革的前提之上。这两种方法是：一是取消法官量刑自由裁量权（相对确定法定刑），推行绝对确定法定刑；二是取消法官本身，引入电脑量刑制度。

一方面，看取消法官量刑自由裁量权，也即在刑法中规定绝对确定法定刑，取消相对确定法定刑。众所周知，法官量刑自由裁量权，是相对罪刑法定主义的产物。以贝卡里亚为首的刑事古典学派曾主张绝对的罪刑法定主义，认为对某一犯罪的法定刑设置仅一种，且没有上、下限幅度。在此情况下，刑法典成了一纸对数表，法官只需要机械地、图解式地查对每一案情、每一情节、每一绝对确定法定刑并对号入座即可。然而，“法有限，情无穷”，这又要求刑罚必须考虑个别化，而绝对确定法定刑的做法，因不能有所区别地处断各种主客观交织的复杂案情而难免失却公平：要么是扩大了社会防卫、偏废了对公民个人权益的保护；要么是滥用个人保护权而偏废了刑法对社会权益的保护。正因为如此，在绝对罪刑法定主义理论影响下的欧洲大陆最早的资产阶级法典（1791 年的《法国刑法典》），还未即施行就在征求意见时遭到大部分法官的反对而被否决了，继后的 1810 年《法国刑法典》因此作了修改：将分则法定刑改作相对确定刑。据了解，

---

① See William M. O' Barr, Linguistic Evidence: Language, Power, and Strategy in the Courtroom. New York: Academic Press, 1982.

目前世界上绝大多数国家采用相对不确定刑的立法模式。法国1994年开始施行的新刑法，从形式上看，分则多数法定刑似乎没有刑期幅度或选择性刑种规定，好似唯一性的绝对确定刑立法模式（尤其是重罪）。[①] 但结合其总则规定可见，法国刑法分则实质上仍属有上限规定的更加严格的相对不定期法定刑。此外，日本刑法对青少年犯罪虽然有适用绝对不确定刑的规定，[②] 但日本刑法在总体上，仍属相对不确定刑的立法模式。也就是说，法官在一定范围内，对某一确定犯罪，有一定量刑裁量权。

可见，在刑事立法上取消相对确定法定刑，设立绝对确定法定刑，并以此来取消法官量刑自由裁量权，是不符合刑事立法发展方向的。因而也就不是我们所要选择的避免量刑社会学模式发生作用的方法。[③]

另一方面，引入电脑量刑制度。所谓电脑量刑，是借助于电脑的人工智能系统来决定量刑结果的一种量刑方法。电脑量刑方法是一种综合性量刑方法，它综合运用了现代系统论、控制论和信息论的研究成果，采用数学模型的方法和电脑技术，集法律有关规定和案件事实于一体。电脑量刑方法的关键是研制电脑量刑的系统。电脑量刑系统大致可以由以下几部分组成：第一，知识获取系统。把有关量刑的知识转换并加工为电脑的内部表示。第二，相关的数据库。其中包括法规数据库和判例数据库两大部分。法规数据库存储与定罪量刑有关的所有法律、法规、立法解释和司法解释。判例数据库主要储存典型案例。数据库可以由设计人员根据法律的废、改、立情况，经验的进一步积累和判例数量的增多，进行修改和补充。第三，推理判断网络，即把犯罪事实和所有与量刑有关的法定量刑情节、酌定量刑情节等整理归纳为千万个“如果出现这一情况，那就这么办”的形式表示的规则。这个过程一直继续下去，直到构成能处理任何一种排列组合形式的复杂的规则网络。第四，人机对话系统，即接受需要量刑的案情信息，输出

---

① 例如，新《法国刑法典》第225-8条规定，“使用酷刑或野蛮行为，实行淫媒谋利犯罪的，处无期徒刑并科3000万法郎罚金”；第227-2条规定，“遗弃15岁以下未成年人，致其身体受到毁伤或永久性残疾的，处20年徒刑；遗弃15岁以下的未成年人，造成其死亡的，处30年徒刑”。此规定从形式上看，完全是绝对确定刑的立法模式。

② 例如，立法上对某罪的法定刑规定为3~10年有期徒刑；法官对某少年犯的判决为服刑4~7年。该犯具体服刑多少年，要根据其服刑表现，由行刑当局最后确定。

③ 虽然取消相对确定法定刑，设立绝对确定法定刑，并以此来取消法官量刑自由裁量权，不是我们所要选择的避免量刑社会学模式发生作用的方法。但是，限制法官量刑自由裁量权的做法，则是一个比较现实的选择。参见汪明亮、顾婷：《失控与制约：量刑自由裁量权研究》，载《当代法学研究》2005年第3期。

量刑结果。

虽然在实践中已有电脑量刑的尝试,[①] 但完全实现电脑量刑也许还有很长的路要走。[②] 但是到了电脑能够处理指控、证词和挑选刑罚裁量方式时，这一天也就来临了。只要用同一种程序处理所有的刑事案件，那么量刑均衡就会发生，刑法平等就能够实现。

---

① 据报道，山东淄博市法院系统早在2004年就启动了刑事量刑数字化管理制度。法官在审判刑事案件时，只需将被告的犯罪情节输入电脑，并轻点鼠标，电脑就会根据相关法律条文，对该被告进行适当量刑。电脑量刑结果将作为法院判决的重要依据。参见《输入犯罪情节电脑来量刑》，载《南京晨报》2004年5月24日。

② 我国学界对电脑量刑多持谨慎态度，认为在电脑量刑方面不可急于求成。参见季卫东:《电脑量刑辩证观》，载《政法论坛》2007年第1期。

量刑中的“计量化”与“政策导向”评析

——以我国交通犯罪《量刑指导意见》的适用为例

陈珊珊*

因我国特殊的刑事司法场域，官方与民间在如何应对高风险社会下日益严峻的高犯罪率问题上已显捉襟见肘。作为典型过失犯罪的交通肇事犯罪，其所造成的人身伤亡率不亚于普通故意犯罪，“乱世用重典”、“惩治过失抽象危险犯”、“增设过失共同正犯”等具有民粹主义（Penal Populism）倾向的刑事立法观也因此有所抬头。① 从我国刑事立法增设醉酒驾驶罪、严罚交通肇事逃逸行为、过失犯罪成立准累犯等条款已能洞察到：千禧年后，随着各种不可预期的风险的来临，我国对交通犯罪的惩罚也呈现出“政治挂帅”、“民粹主义”与“量刑计量化”的趋势。

一、我国量刑规则中的“政策渗透”与“计量化”现象评析

为了规范法院量刑中的权重因素比例以实现量刑均衡，2010 年最高人民法院出台《人民法院量刑指导意见》，要求办案法官应当同时考量罪行的轻重与行为人的人身危险性，以实现“量刑的时空均衡”。虽然，“量化”思维与民粹主义倾向在交通犯罪量刑时均有所体现，但是否符合刑法的谦抑原则以及刑罚的社会功能却成疑问。

（一）风险社会下刑事政策因素对法官量刑的影响力分析

1. 民粹主义刑罚观的基本内涵与历史脉络

“民粹主义”（populism）一词源自拉丁文的“populus”，原意为一味迎合民意的投机行为与煽动行为。② 所谓“刑罚上的民粹主义”，则是指市民为防范犯

* 苏州大学法学院讲师，法学博士。

① 参见张明楷：《共同过失与共同犯罪》，载《吉林大学社会科学学报》2003 年第 2 期；郑延谱、邹兵：《试论过失共同正犯——立法论而非解释论之肯定》，载《中国刑事法杂志》2009 年第 7 期；刘崇亮：《风险社会视野下过失犯构成设置模式之思考》，载《中国人民公安大学学报》2010 年第 4 期。

② See Ronald F. Wrightt, *Rules for Sentencing Revolutions*, Yale Law Journal, Vol. 108, Issue 6 (April 1999), pp. 1355 – 1388.

罪风险，政治上主张加大惩罚力度，司法实践上则诉诸“自我管理、自我负责、自我应对”而构成集体安全，即主张市民社会应当对犯罪人积极应对（例如，对其隔离、监控与管理）。[①] 1986年德国社会学学者贝克（U. Beck）提出“风险社会”理论，认为现代社会中不可预期的风险与受害可能性将会使所有人生活在“文明的火山口”。[②] 一方面，拜科技进步、经济全球化与社会分工所赐，千禧年后我国机动车的保有量已有超越西方发达国家之势；另一方面，各项交通犯罪所造成的人员伤亡与财产损失不可低估。[③] 与欧美国家相比，我国交通肇事犯罪的概率以及所造成的风险代价有过之而无不及。为惩治日益严峻的交通犯罪，“乱世用重典”、“比照故意犯对过失犯量刑”、“严罚过失犯的抽象危险犯”等重刑化的刑事政策在我国刑事司法上并不鲜见。因车祸伤亡总人数与经济损失的不断增加，在交通犯罪的治理问题上，民间与官方已成为“想象的受害共同体”，通过入罪与重刑来惩治交通犯罪也因此成为民间与官方的共同立场。

如果正式的刑事司法不足以防范犯罪风险与矫正犯罪实现社会复归，民间的犯罪恐慌心理往往会加剧，民众也因此视己为“潜在受害人”。自20世纪六七十年代后，因欧美社会自身政治、经济与社会的动荡与演变，“应报刑”、“福利刑罚观”、“医疗模式刑事司法”在应对犯罪问题上均力所不及，民间对官方的犯罪治理效果产生相应的失望与恐慌情绪。[④] 在此背景下，希冀通过民间多元力量的介入与施展重新进行犯罪治理的呼声应运而生，民众主张犯罪议题应当有民间声音的表达，在刑事立法上对特定犯罪加重量刑，在刑事司法上则限制其部分诉讼权利与量刑裁量空间。

---

① 在民粹主义的刑罚观下，国家正式的刑罚如果不能实现罚当其罪与防范再犯，除了主张修法加重量刑之外，民众还会主张对犯罪人进行高密度的监控（例如，向社会发警告、假释期间安装追踪电子设备等）以便形成“集体安全”与稳定社会秩序。参见［美］大卫·葛兰：《惩罚与现代社会》，刘宗为译，台湾商周出版公司2006年版，第113页以下；许福生：《风险社会与犯罪治理》，台湾元照出版公司2010年版，第11页。

② “在发达的现代性中，财富的社会生产系统地伴随着风险的社会生产。”［德］乌尔里希·贝克：《风险社会》，何博闻译，译林出版社2003年版，第15页。

③ “拜科技之赐，我们的寿命及生活水准不断爬升，但是毋庸讳言，人们亦怀疑化学、电磁波、放射性及药品等，对人的身心健康有不良的影响，同时对于大企业、利益团体及政府机构有极高的不信任感。”参见简资修：《经济推理与法律》，台湾元照出版公司2006年版，第265页。

④ 参见李佳玟：《在地的刑罚·全球的秩序》，台湾元照出版公司2009年版，第198页。

2. 我国交通犯罪刑罚的"民粹化"倾向

我国交通犯罪刑罚适用中的民粹化倾向主要有以下体现：一是根据《刑法修正案（八）》的规定，"在道路上醉酒驾车与驾车追逐竞驶"的应当追究罪责，将特定的危险驾驶行为入罪化。刑法修正案是以"民生立法"为指导思想，即"对一些社会危害严重，人民群众反响强烈，原来由行政管理手段或者民事手段调整的违法行为，规定为犯罪"，"民生立法"其实反映了"犯罪议题的政治化"，也体现了民粹主义刑罚观。二是根据《人民法院量刑指导意见（试行稿）》"缓刑适用但书"之规定，交通肇事后如果被告人系"曾因交通肇事被判刑的"、"肇事后逃逸的"、"酒后、吸食毒品驾车的"等情形，不得宣告缓刑。该条款明显体现交通犯罪的"严罚化"，为消除民众的犯罪恐慌怀疑与不安心理，对上述交通犯罪行为人论处实刑较能避免再犯新罪以致危及公共安全的风险。三是根据《指导意见》之规定，如果"积极赔偿受害人经济损失的，综合考虑犯罪性质、罪行轻重、谅解的原因以及认罪悔罪的程度等情况，可以减少基准刑的20%以下"，以事故后的经济赔偿情况决定量刑固然可促使被告人积极赔偿以避免受害人因犯罪而陷入经济困境，但该规定不仅有违宪之嫌（平等权条款），也有违现代刑法的罪责均衡原则（不是以罪行作为量刑因素，而是以行为人事后的行为为量刑依据，有"行为人刑法"之嫌）。四是《指导意见》仍将行为人的"人身危险性"作为量刑依据，其似有违宪嫌疑。因为"人身危险性"包括现实危险与未来再犯风险，以未来的再犯可能性作为量刑依据，有违罪刑法定。但是为了消除民间对交通犯罪的恐慌感与维系社会治安，量刑规则仍确立了"人身危险性"作为量刑因素的合法性。由此可见，我国的交通犯罪刑罚体现了"犯罪议题政治化"与"民生立法"。

（二）交通肇事犯罪"计量化"量刑之评析

在《量刑指导意见》出台前，由于我国各地法院的量刑标准不一，不同案件中量刑裁量权的过度扩张导致民意的抵触与学界的批评，所以最高人民法院在对基层法院调研的基础上制定相对"整齐划一"的量刑规范。不过，从《量刑意见》中的量刑程式与量刑标准而论，"犯罪计量学"式的思维也渗透到具体的刑罚适用中。

1. 以"基准刑"确定"宣告刑"之质疑

我国目前是采用"起点刑—基准刑—宣告刑"的量刑步骤，再视具体量刑情节而决定刑罚适用。根据《量刑指导意见》的规定，如果基准刑的调节结果在法定刑幅度内，可以直接确定为宣告刑；如果基准刑调节结果在法定最低刑下的（具有减轻处罚情节），也可直接确定为宣告刑；如果基准刑调节结果在法定最低刑以上，可以法定最高刑为宣告刑。由于法院有权将“基准刑”视为“宣告刑”，在刑事司法实践中极易导致“基准刑”成为量刑中的“重中之重”，从而导致法院量刑上的教条化。以交通肇事犯罪而言，如果被告人同时有加重、从重量刑情节与从轻、减轻情节，依照“基准刑”的调整方法采取“同向相加、逆向相减”后，如果基准刑一旦确立，基准刑事实上与宣告刑非常接近。① 虽然《量刑指导意见》规定，法院根据案件具体情形如发现基准刑失当，合议庭法官仍有权在10%的量刑幅度内调整，但10%的裁量空间明显较为狭窄。例如，以江苏省法院《量刑细则》为例，在两起交通肇事案件中，被告人均系成年人且无前科记录，在交通事故中均负主要责任且造成两名受害人死亡一名受害人重伤的后果，判处刑罚原则上应当相等（基准刑为3年6个月），但是因受害人年龄、亲属关系、重伤等级、主要责任的比例在两起案件中均不相同，在“基准刑”相同的情况下宣告刑也基本相等可能有违刑罚公平。所以以基准刑来决定宣告刑的量刑程式并非“放之四海而皆准”。

2. 量刑情节的“计量”思维

《量刑指导意见》对于相当的量刑情节均有量化的规定，如“已满14周岁不满16周岁的人犯罪，可以减少基准刑的30%～60%；已满16周岁不满18周岁的未成年人犯罪，可以减少基准刑的10%～50%”。将刑法总则中各项法定减轻、从轻情节予以量化，不仅可以增加量刑的透明度与统一化，还可以防范法院的量刑失范化。与“电脑量刑”程式化所受诟病的原因相似，量刑情节被“计量化”后，不仅抑制了法官训练法律推理的能动性，还将会导致法官将不同类型、犯罪人不同状况在量刑上“一视同仁”却论处相同的宣告刑而难以实现刑罚的社会功能。根据《量刑指导意见》规定，凡属“退赃、退赔的，综合考虑犯罪性质、赔偿数额、赔偿能力等情况，可以减少基准刑的30%以下”，该条款在普通的盗窃罪等财产犯罪案件上有适用之余地，但在受贿罪、贪污罪等职务犯罪上也参照适用显属不当，不视案件的具体情节而赋予法官减轻刑罚权限，不仅会滋生“暗箱操作”，也有违我国刑法惩治职务犯罪的立法意图。再例如，“对于犯罪对象为未成年人、老年人、残疾人、孕妇等弱势人员的，可以增加基准刑的20%以下”，该规定授权法官在量刑程序中“保护弱势主体”，该立法意图虽

① 例如，交通肇事如属“致人重伤、死亡”的情形须加重量刑，犯罪后自首可以在40%幅度内减刑，最终基准刑确定为“3年”后，检察机关往往会在3～5年幅度内向法院提请“量刑建议”，我国法院则会以中间刑（4年）为准进行裁量，这事实上导致基准刑决定宣告刑。如果基准刑显失公正，宣告刑自然也因此受“株连”。

值得称颂，但不视具体情形而认定未成年人、老年人等均为“弱势主体”似显武断，此外以受害人情况来增加基准刑是否合乎刑法的谦抑原则尚需推敲（例如，间接故意犯罪与过失犯造成未成年人死亡的情形）。简言之，《量刑指导意见》既难以穷尽规定所有的量刑情节，也会导致法官机械、僵化地将量刑情节“量化”，也难以防范法官因量刑裁量空间的权限而恣意量刑。

二、我国交通肇事刑罚适用上的刑事政策分析

（一）重刑化刑事政策导向下的交通犯罪刑罚

我国“宽严相济刑事政策”目前可谓是“虚实不定”，刑事政策自身具有不确定性与易变性，刑事司法上如果缺乏正当程序的保障与司法自治、独立的配套制度支撑，“轻轻重重”的刑事政策极易与政治、民意、媒体舆情等因素在惩治交通犯罪上达成共识，在推动交通犯罪“入罪化”与“严罚化”问题上似功不可没。

1. “功利刑法”与“民生立法”的结合——“醉驾入刑”的背景因素分析

为应对交通肇事犯罪的多发与严重犯罪后果，在民间与官方的共同推动下，醉酒驾驶、飙车追逐竞技等“危险驾驶行为”被入罪化并科处以实刑，这固然有利于降低交通肇事犯罪率。然而从犯罪学与犯罪治理多元化的角度而言，醉酒驾驶等危险驾驶行为的犯罪预防与犯罪矫正其实有多种路径可供选择。例如，对醉酒驾驶犯罪人进行“附条件不起诉”、论处中间刑或社区服务刑等多元化的刑罚方法与非刑罚方法更易实现犯罪治理。我国目前对醉酒驾驶人科处“6个月以下拘役”而极少适用缓刑，不仅有违刑罚公平，也未必有利于犯罪矫正。简言之，因民间与官方在打击、应对交通犯罪上低效能的现实而将风险成本转嫁给“敢于试法”的犯罪行为人。从短期以观，我国难以通过行政处罚等非刑罚方法有效地防范交通事故的高发，将“醉酒驾驶”作为交通犯罪刑罚“改革的突破点”既消解民间对官方治理犯罪不力，也能从功利主义角度在一定时期降低醉酒驾车致人伤亡的犯罪率，维护交通秩序，还能借鉴欧美国家打击交通犯罪的经验以便“与国际接轨”。所以醉酒驾车入罪化在我国既能为民意所称颂，又能体现官方的“关注民生”姿态与展现犯罪治理上的成效。简言之，“危险驾驶行为”入刑化是“犯罪议题政治化”与吸收民意的双重结果。

2. 宽严皆失——我国交通犯罪刑罚现状的必要省思

从欧美国家惩治过失犯的刑事立法以观，将“肇事逃逸”作为加重量刑因素可论处最高15年有期徒刑的情况极为罕见，除非构成“不作为的故意犯”，

欧美主要国家对过失犯均普遍以5年有期徒刑以下刑罚论处。[①] 对于醉酒、吸毒等“不能驾驶”的危险驾驶行为，欧美国家虽对之入罪化，但其科处的刑罚却相较我国更轻，除公诉机关的不起诉决定外，法院论处以社区服务刑等论处中间处遇刑也较为普遍。此外，我国立法规定将“肇事后赔偿情况”作为量刑依据也不尽公平，因为犯罪人的经济能力如何与交通犯罪可能之间并无因果关系，将无力赔偿事实作为加重量刑因素，有违刑罚公平性。在犯罪统计学上，“轻罚”与犯罪率升高未必有因果关系。在量刑较轻的情况下，德国、美国等国的交通肇事犯罪率远远低于我国，其主要原因在于驾驶人安全驾驶意识的训练、警力配备与道路管理水准的提升。[②] 其实，降低交通犯罪率应当从扩充警力、严格驾校培训、提升道路安全管理系数等多元化的路径解决，而非以“乱世用重典”逻辑使犯罪行为人承担所有的风险责任，否则现代刑罚“轻缓化”的改革目标会举步维艰。

而对于教唆醉酒驾驶、吸毒驾驶、乘车人过失行为造成交通事故等情形，[③] 我国现行刑法与刑事司法往往相对“宽容”，“隐性交通犯罪”中的“犯罪黑数”也相当可观。例如，如果车辆所有人在“有认识过失”情况下怠于检查维护车辆，因他人驾驶该车辆而导致的事故往往仅追究驾车人罪责。

（二）我国现行立法限制法官量刑裁量权的原因分析

1. 计量化量刑盛行的原因分析

既然法院并非法律产品的“自动售货机”，法官量刑的过程也并非“电脑鼠标作业”，将量刑情节公式化无疑应当受到相应的批评。[④] 我国现实刑事司法之所以仍然盛行“计量化量刑”，其主要原因有：一是从表象来看，公式化、步骤

---

① 例如，《西班牙刑法》第565条规定：“任何人因为重大过失而犯下故意犯之罪行，将被处以六个月以上，六年以下自由刑。”根据德国刑法典，交通肇事罪最高刑不得高于5年有期徒刑。[德] Schuenemann：《过失犯在现代工业社会的捉襟见肘》，单丽玟译，载许玉秀、陈志辉编：《不移不惑献身法与正义——许乃曼教授刑事法论文选辑》，台湾新学林出版股份有限公司2006年版，第514页。

② 在我国，世俗的“酒文化”对醉酒驾驶率的影响力不可低估，酒场上如果能“豪饮”打通关或“门前清”酒量出众，不仅其自信心会爆棚且会被视做有“男子气概”或“女中豪杰”。如果官方能够从酒文化上进行引导，无疑有利于降低醉酒驾驶率。

③ 例如，甲男与其妻乙女驾驶车同行，在高速公路行车时乙女要求与驾驶人甲调情嬉戏，结果导致交通事故的发生，该案中司法机关往往仅对驾驶人甲论处罪责，而对过失造成交通肇事伤亡结果的乙往往不予追诉。

④ 参见季卫东：《电脑量刑辩证观》，载《政法论坛》2007年第1期。

化的量刑方法更能体现“科学主义”，可以假借“中立无私”来避免批评，简言之，自然科学的数理方法与实证方法影响至法律思维后，法律人往往会受“科学主义”影响认定司法过程也应当客观化、科学化；二是由于“科学主义”表面上回避了政治立场而标榜公正，法院将量刑公式化、数字化更能“虚实并用”，直接将重刑化的刑事政策体现在量刑上过于显露，而巧妙地运用“科学主义”思维在量刑中体现刑事政策则使受众虚实难辨；三是从“职场社会学”与“司法政治学”角度而言，承办案件法官不可能在“真空”中判决，其必须考虑政治因素与“职场气候”。如果像欧美法官那样，通过提升法律素养在量刑过程中运用法律推理与“刑法解释学”进行判决，将会使法官自身处于争议的中心。对我国法官而言，与其在判决书中对量刑理由进行详细论证，倒不如直接“援引量刑指导意见”不仅简便实用（“借用规则、撇清自我”是法官的办案策略之一），而且能够避免以后因量刑而受到上级问责；四是从最高人民法院寻求“试点”改革的角度而言，统一量刑规则规范量刑更能体现最高人民法院的“政治立场正确”与“保障民生”要求，做到“法律效果、社会效果、政治效果的统一”。

2. 限制法官量刑裁量权的可能产生的负效应

为限缩法官量刑裁量空间，《量刑指导意见》要求法庭根据犯罪情节采用“同向相加、逆向相减”方法决定基准刑。如果承办法官与合议庭认为基准刑过高或过低，其仅有10%以下的量刑裁量空间，否则必须交由审判委员会决定。但是从刑事司法的实际情形而言，除重大的复杂疑难案件外，法官请示审判委员会的意愿并不足，因为法院内部事实上有限制“逢案必请”的不成文制度，法官即使认定《量刑指导意见》有未尽之处，也往往会选择依法而判而不会向审判委员会请示。简言之，在现行法院内部关系未理顺的情况下，限缩法官的量刑裁量空间会促使承办法官消极量刑。事实上，“计量化”的思维已为基层法官所洞察，相当法官认为《量刑指导意见》规定的量刑幅度与量刑权重有失衡之处，量刑条款也存在“重复评价”之处。[①] 例如，以交通肇事后逃逸行为的量刑而论，《量刑指导意见》除提高“量刑起点”外，还规定法官有权根据财产损失数额、逃逸再次增加“基准刑”，同一罪行的重复评价只能导致“重罚化”。[②] 法官即使发现上述规定的失当之处，但仍会选择与“检察机关的量刑建议”保持

① 熊秋红：《中国量刑改革：理论、规范与经验》，载《法学家》2011年第5期。

② 张明楷：《责任主义与量刑原理——以点的理论为中心》，载《法学研究》2010年第5期。

基本一致。此外，限缩法官量刑裁量权更不利于提升法官训练法律思维与研修刑法解释学，只会促使法官视己为例行公事的"棋子"，选择"依法量刑"而回避刑罚适用的不公正问题。①

三、改革"数字化"量刑制度与防范刑事政策过度渗透的可行方案

有论者以美国版的《量刑指南》（Sentencing Guideline）来论证我国也应当大力推行量刑标准成文化，但中国版的《量刑指导意见》与美国联邦法院的量刑规则其实有本质上的不同。② 一方面，美式的《量刑指南》对法官只具有参照意义而不具强制效力，③ 我国的《量刑指导意见》却会因上下级法院事实上的行政关系而产生法律拘束力；另一方面，美国法院量刑程序必须遵守"正当程序"（Due Process）原则，即法官量刑必须是在保障被告对质辩护权（Confrontation）与"听审权"（Hearing）的前提下公正、透明地进行量刑，④ 以我国刑事诉讼现实的量刑程序而言，其公正性与透明性则相形见绌。

（一）提升法官的专业化水准与量刑程序的公正透明性

1. 提升法官的专业化水准与加速法律职业化的进程

如果法官能够在遵守宪法与权力分立原则的前提下，积极运用"刑法解释学"来实现量刑的均衡与公正，不仅有利于量刑规则的修正，也可避免在刑罚适用上的教条主义与墨守成规。但从我国现实的司法实务来看，法官因各种制度上的局限性以及司法外因素的影响而似显消极，其运用法律推理与刑法解释学适用刑罚的动力不足。未来的量刑改革必须是司法独立的深化与法官专业化水准同进并进的过程，如果不能提高法官司法的独立性与权威性，法官往往会在量刑问题上选择墨守成规。易言之，从保障法官的独立审判与提升法院的司法权威方是法院积极推动量刑改革的关键制度因素。例如，《量刑指导意见》规定："为索取合法债务、争取合法权益而非法扣押、拘禁他人的，可以减少基准刑的30%以下"，如果法官受过法律解释学训练，即能够从学理、立法意图、法条间关系

---

① 如果法官认定其量刑幅度符合《量刑指导意见》，被告人上诉的成功率会极低，除上下级法院事实上的行政隶属关系会影响改判率外，根据《量刑指导意见》而作的量刑结果即使不公正，被告也很难上诉成功。

② 参见汪怡飞：《中国式"量刑指南"能走多远》，载《政法论坛》2010年第6期。

③ See William W. Wilkins, *Sentencing Reform and Appellate Review*, äWashington and Lee Law Review, Vol. 46, Issue 2 (Spring 1989), pp. 429 - 446.

④ Ralph Henham, *Making Sense of the Crime* (*Sentences*) *Act* 1997, äModern Law Review, Vol. 61, Issue 2 (March 1998), pp. 223 - 235.

等方面分析该规定的失当之处而在个案量刑中拒绝适用。例如，对于交通肇事后的“和解”行为，法官如果从和解的意愿、动机与实际效果等各方面权衡利弊进行专业化思维，即会对《量刑指导意见》允许法院以刑事和解为由降低基准刑20%产生质疑。简言之，法官的专业化法律素养能够抑制不合理司法解释之适用，在量刑程序中养成良好的法律操守与专业素养是保障量刑公正的前提要件。

2. 量刑程序的“正当程序”之基本内涵

如果要实现量刑的合宪、合法性与公平性，除从宏观上的“统一实体化标准”进行司法管理外，从微观上的诉讼权利保障才是防范量刑失范的关键所在。在量刑公正与否的问题上，最有效的监督应当是诉讼监督，如扩充强制指定的范围、提升辩护人诉讼地位以及赋予被告人救济权利确保量刑的透明性与公正性。量刑的“正当程序”内涵至少应当有以下内容：（1）无论被告人是否认罪，均应当将定罪程序与量刑程序分离，以实现“量刑程序的相对独立性”。①（2）必须实现“实质上量刑辩论权”，法官除须“兼听”控辩双方量刑意见外，还须对可能影响量刑的事实进行职权调查。例如，要审查判断被告人是“真诚的悔罪和解”还是“迫于压力有预谋的认罪”，除公诉人举证外，在保障被告“听审权”的前提下，法庭的职权调查无疑是明辨有无的方法。（3）必须废除不合理的绩效考核制度，理顺诉审关系。在量刑考核机制上，我国检察机关、法院目前往往以公诉人“量刑建议”与“判决结果”之间的差异程序作为考核依据。例如，如果公诉人对交通肇事提请“三年以上五年以下有期徒刑”的量刑建议，法院如果判处“三年有期徒刑缓刑三年”，公诉机关因考评机制提起二审抗诉后，如果抗诉成功则会影响法院绩效考核（抗诉后如维持原判办案检察官会因此被问责）。（4）必须提高刑事被害人、证人的出庭率。法庭要在量刑中做到“兼听”，必须有相应的事实证据与出庭证人，否则法官难免会“臆测”案情与量刑事实。从现实来看，我国刑事诉讼中证人、受害人的出庭率极低，有些基层法院甚至不足1%，证人出庭不仅可以有效地避免审理程序的“卷宗化”与“例行公事”，还可为法官提供量刑上的佐证。（5）必须提高判决书的“专业水准”，要求法官量刑必须进行法律推理与列明量刑根据，“格式化”的判决书很难从中发现法官真实的量刑理由。

① 根据2010年最高人民法院《关于规范量刑程序若干问题的意见》第8条之规定，对于普通程序被告人认罪的案件，法庭简略定罪程序直接进入量刑的审理方式值得推敲，该规定的结果可能是“庭审走过场”。

（二）防范刑事政策对量刑的过度渗透

1. 刑法是刑事政策不可逾越的屏障

早在一百多年前，德国刑法学者李斯特就已提出“刑法是刑事政策不可逾越的屏障”、“刑法是犯罪人的大宪章”等现代刑法理念。[①] 以此而言，我国目前的量刑规范内容总体而言仍属“前现代”刑法。如前所述，《量刑指导意见》是将刑事政策渗透入量刑规范，以实现所谓“轻轻重重”的刑事政策。如果一面在刑法上宣称“罪刑法定”，另一方面却允许作为司法机关的最高人民法院恣意决定“量刑规范”，为刑事政策渗透入量刑程序提供便利，这会使刑法沦为刑事政策下的纯粹工具。从理想目标及学理而言，如果《量刑指导意见》与刑法条款的立法原意与具体要件相悖，法院应当成为“守法、护法”者而非盲目适用《量刑指导意见》，但现实中法官因“中国特色”的司法环境及法律专业素养上的不足难以担当“护法者”，但是也并非意味着法官在培养“刑法解释学”与确保刑罚公平、公正问题上无所作为。首先，《量刑指导意见》的制定者也考虑“因案而异”而给予法官一定的自由裁量权（10%的量刑幅度），法官如果能够有意识地培养专业水准完全有可能将量刑裁量权“用在刀刃上”；其次，在量刑情节的“证明标准”上，既然刑事诉讼未明确“证明度”，法官完全可参照欧美国家的“疑罪有利被告”原则，对于“从重、加重”的量刑情节不予认定而给予被告人较轻的刑罚；再次，法官仍然可依照刑法的“谦抑”思想、“禁止重复评价”、“量刑均衡”等刑法理念进行量刑。例如，《量刑指导意见》对交通肇事“逃逸”行为进行了双重评价（在刑罚上两次加重），法官完全可以根据《量刑指导意见》中的“可以”内涵而拒绝双重评价从重量刑。最后，《量刑指导意见》对于刑法各罪的量刑情节毕竟仅仅是“列举”，不可能穷尽所有罪名的量刑，那么未被列举的贪污、贿赂犯罪、抢夺罪、破坏环境犯罪等完全可以有更为灵活的量刑空间，只要法官恪守罪刑法定与罪刑均衡立场并有意识地训练法律推理，在个案中因案而异完全有可能实现刑罚的法定性与灵活性。

2. 法律推理与刑法解释学对量刑公正的意义——以“醉驾入刑”为例

《刑法修正案（八）》对《刑法》第133条交通肇事罪条款进行修正，将醉酒驾驶机动车的行为入罪化，法定刑为拘役。依照我国刑法缓刑适用规定，所有的未发生交通事故的“醉酒驾驶”行为均可适用，但从法律实证角度而言，我国法院判处缓刑的比率很低（往往低于10%），无疑体现了我国“重刑化”的

---

① 参见［德］克劳思·罗克辛：《刑事政策与刑法体系》，蔡桂生译，中国人民大学出版社2011年版，第3页。

刑事政策。但是教条化对所有醉酒驾驶行为论处实刑不仅会导致不同交通肇事行为量刑上的不均衡，还会有违刑法的谦抑原则与“无犯罪即无刑罚”原则。我国司法机关目前以80毫克/100毫升的标准来认定“醉酒”（抽血测试），但即使高于80毫克/100毫升也未必属“不能驾驶”状态，从欧美国家认定“醉酒”的标准而言，呼气测试或抽血测试结果只是判定醉酒的证明方式之一，判定醉酒与否还应当结合其他测试综合判断。例如，“平视眼球测试”（Horizontal Gaze Nystagmus）、官能协调检测、“红外线度谱器之等级分析”（Breath Analysis By Infrared Spectrometry）等。[①] 简言之，在醉酒状态下，至少应当区分“无法安全驾驶”、“相对不能驾驶”（血液中酒精含量在0.3‰~1.1‰）与“绝对不能驾驶”（血液中酒精含量在1.1‰以上）等不同程度，再视不同情形而决定定罪与量刑。[②] 如果属“相对不能安全驾驶”，必须结合其他检测判断行为人“驾车能力”，如果行为人认识能力与控制能力并无影响，则不得对之论罪。[③] 当血液中酒精含量在1.1‰以上，所有行为人驾车能力均会受影响，所以将俗称的“泥醉”（Volltrunken）行为视做抽象危险犯而在立法上入罪有其合理性。[④] 但是对于血液中酒精含量在0.3‰~1.1‰的驾车行为，也将其升级为“抽象危险犯”并禁止科处缓刑，这不仅体现了“行为人刑法”，更体现了立法者奉行“重刑化刑事政策”片面追求“一般预防”而忽视“特殊预防”的思维。所以如果法官将《刑法修正案（八）》的“醉酒驾驶”区分为相对不能安全驾驶与绝对不能安全驾驶，前者以诉讼上的“证据事实推定”处理，后者以“立法推定”定罪量刑，完全可以发挥法官的“主观能动性”避免刑罚的过度扩张。从被告方辩护策略而言，既然所有的证据法上的“不利推定”均可推翻，只要被告方能够举证证明其“驾车能力未受饮酒量”影响（血液中酒精含量在0.3‰~1.1‰时），即能从诉讼证明上免除罪责。

---

① 施文森：《论酒醉驾车之责任及其由保险转嫁之可行性》，载《月旦法学杂志》2009年第9期。

② 参见张丽卿：《酒醉驾车应属有罪》，载《台湾本土法学》2000年第3期。

③ 因个体差异，醉酒后人体对酒精的吸收能力与排泄能力均有所差异，在“微醉”状态下（血液中酒精含量在0.3‰~1.1‰），很多行为人的驾驶能力并不受影响。

④ 参见许泽天：《酒驾、肇事与弃逃的刑法三部曲》，载《月旦法学杂志》2011年第6期。

被害人参与量刑程序的困境与展望

张向东[*] 冯卫国[**]

“规范裁量权，将量刑纳入法庭审理程序”（简称“量刑规范化”）是中央确定的重大司法改革项目。我国的量刑规范化改革从实体和程序两个方面展开。目前，指导量刑规范化改革的两个规范性文件，即《人民法院量刑指导意见（试行）》（以下简称《量刑指导意见》）与最高人民法院、最高人民检察院、公安部、司法部、国家安全部《关于规范量刑程序的若干意见（试行）》（以下简称《量刑程序意见》）已于2010年10月1日起在全国全面试行。就量刑程序改革而言，其主要制度创新在于建立相对独立的量刑程序，并促进各诉讼主体广泛参与到量刑程序中，通过全面的量刑证据收集、量刑事实调查及量刑辩论，确保量刑活动的公开性、对抗性和民主化，进而推动量刑公正的实现。

被害人参与量刑程序是中国量刑程序改革的重要内容。需要正视的是，被害人对被告人量刑的关注是一种客观事实，即使不存在相对独立的量刑程序，即使法院不通知被害人到庭参加量刑程序，部分被害人为达到影响被告人量刑的目的，也会通过不同方式表达自己的诉求。“当前人民法院受理的刑事信访案件中，有相当一部分是被害人或其家属而不是被告人提出的，其所提主张基本上是要求对被告人给予较重的刑罚。”① 在此意义上，建立相对独立的量刑程序，确保被害人的量刑意见能够在量刑程序中得以充分表达，有助于缓解被告人与被害人之间的对立与紧张关系，也有助于修复因犯罪行为而遭到破坏的社会秩序，可以说，被害人参与量刑程序是加强社会管理创新的重大举措，它对于化解社会矛盾，促进社会和谐具有重要意义。

就目前被害人参与量刑程序的现状看，其效果令人担忧。《量刑程序意见》已在全国法院全面试行半年有余，一些地区甚至像江苏省等量刑规范化改革试点比较早的地区，一些基层法院至今还没有审理一起被害人参与量刑程序的案件，

---

* 最高人民法院刑三庭法官，法学博士。

** 西北政法大学教授，吉林大学法学院博士生导师。

① 参见熊选国主编：《〈人民法院量刑指导意见〉与“两高三部”〈关于规范量刑程序若干问题的意见〉理解与适用》，法律出版社2010年版，第432页。

目前即断定这项制度安排有落空的可能性为时尚早，但这种现象值得我们重视。当前，实务部门对被害人参与量刑程序还存在诸多模糊认识，如对于有明确被害人的刑事案件，法院在适用《量刑程序意见》审理时，是否应当全部通知被害人到庭参加诉讼？对哪一类案件的被害人，法院应该在开庭前听取其量刑意见？被害人量刑意见与检察机关量刑建议、被告人量刑意见是一种什么样的关系？被害人量刑意见与“被害人影响陈述”是什么关系？法院该如何正确对待被害人量刑意见？参与到量刑程序中的被害人知情权、参与权又该如何保障？目前的审判实践尚没有得出令人满意的答案，也正是对上述问题存在模糊认识，部分基层法院对被害人参与量刑程序采取了一种消极态度，除非被害人强烈要求参与到量刑程序中，法院不再积极予以通知，这就在事实上弱化了这项制度的价值和意义。

一、被害人参与量刑程序的现状及困境

当前，被害人参与量刑程序在实践中遇到了一些问题：在侦查阶段，公安机关更多是从侦查角度获取被害人的陈述，对被害人陈述的与量刑有关的情节不注重甚至疏于调查、固定；在审查起诉阶段，检察机关由于“没有充分保障被害方的量刑知情权，且对与被害方有关的量刑信息缺乏全面关注，从而限制了被害方充分参与量刑过程”。[①] 在审判阶段，法院通知被害人参与量刑程序具有一定的随意性，加之相当一部分被害人缺少诉讼代理人的帮助，即使参与到量刑程序中，也不能有效、充分表达量刑意见，从而整体上制约了该项制度试行的效果。当前，被害人参与量刑程序的现状及困境主要表现在以下几个方面：

（一）被害人参与量刑程序的启动机制不完善，量刑程序参与度不高

根据我国刑事诉讼法的规定，公诉案件的被害人是当事人，依法有权参加法庭审理活动，在法庭辩论阶段，经审判长许可，可以对证据和案件情况发表意见，被害人“发表意见”，当然包括对量刑问题发表意见。但是，在量刑程序改革前，对于被害人没有提起附带民事诉讼的公诉案件，绝大多数法院没有通知被害人参加诉讼，这就使得刑事诉讼法的上述规定没有得到有效落实。量刑程序改革后，《量刑程序意见》明确规定了被害人可以参与量刑程序，提出量刑意见，

---

① 北京市人民检察院第一分院课题组：《量刑监督存在的问题及完善》，载《中国刑事法杂志》2011 年第 3 期，第 106 页。

但就当前改革效果看，被害人对量刑程序的参与度不高，[①] 如2009年6月至2010年2月，陕西省咸阳市秦都区法院适用量刑规范化方法审理案件共160件、232人。其中，被害人出庭的案件共32件，出庭率仅为20%，[②] 这与被害人密切关注被告人量刑结果的现实形成鲜明对照。这种“理想”与“现实”的背离显然是一系列因素共同作用的结果，其中，被害人参与量刑程序机制不完善是关键因素之一，由于《量刑程序意见》未明确被害人参与量刑程序的启动方式，实践中，有的法官认为某一个或者某一类案件可以通知被害人参与量刑程序的，便予以通知；有的法官认为无需通知的，便不予通知，具有一定的随意性。此外，被害人的知情权、参与权、辩论权等均缺少法律规范的有效保障，公检法三机关对此又没有足够重视，使得部分想参与量刑程序的被害人也非常容易错失机会，除非被害人时刻“紧盯”案件的进展。

（二）“被害人影响陈述”与被害人量刑意见混同，影响了被害人参与量刑程序的效果

“被害人影响陈述”（Victim Impact Statement，VIS）是英美法系国家量刑程序中的一项重要制度，它是指“被害人就犯罪对其身体、精神、经济等方面造成的影响作出全面陈述，从而为法庭量刑提供参考”。[③] 被害人量刑意见是被害人根据被告人的犯罪事实向人民法院提出的判处被告人一定刑罚的建议。《量刑程序意见》明确规定了被害人在量刑程序中可以提出量刑意见，却未就“被害人影响陈述”加以规定，但这并不意味着审判实务中不存在“被害人影响陈述”。在“两高三部”《量刑程序意见》试行前，一些先行尝试量刑程序改革的基层法院已对“被害人影响陈述”有所涉及。例如，湖北省《武汉市江汉区人民法院量刑程序指导意见》规定：“被害人及其诉讼代理人到庭参加诉讼的，可以向法庭提交量刑事实证据，并接受质证。”[④] 被害人在向法庭提交的量刑事实证据中，除了包括证明被告人具有特定从宽、从严量刑情节的证据外，显然也包括“被害人影响陈述”，事实上，只要法庭允许被害人提交量刑事实证据，便不

---

① 参见四川省高级人民法院、四川大学课题组：《深入实证调查 积极探索量刑程序改革》，载《人民法院报》2011年2月24日，第8版。

② 参见2010年3月26日陕西省高级人民法院《关于全省量刑规范化试点工作的总结报告》。

③ 康黎：《英美法系国家量刑程序中的“被害人影响陈述”制度介评》，载《环球法律评论》2010年第6期，第130页。

④ 2009年12月29日武汉市江汉区人民法院第38次审判委员会讨论通过了《武汉市江汉区人民法院量刑程序指导意见》，并决定自2010年1月1日起施行。

能阻止被害人提交"被害人影响陈述"。但是，由于我国刑事诉讼理论及审判实践均对"被害人影响陈述"未予以足够重视，量刑程序改革对该问题也未涉及，实务部门对"被害人影响陈述"与被害人量刑意见的关系也存在模糊认识，影响了被害人参与量刑程序的效果。关于两者的界分，下文将作详尽的论述。

（三）被害人量刑意见的质量有待提高

与"被害人影响陈述"不同，被害人量刑意见重在依法说理。就当前现状看，由于被害人对量刑规范化试行工作不了解，即使法院告知其可以参与量刑程序，被害人因受文化水平、法律知识的限制，对量刑方法、量刑步骤以及庭审程序较为陌生，提出的量刑意见通常较为简单，质量有待提高。例如，被害人当庭发表的量刑意见，通常是"请求法院对被告人从轻处罚"或者"请求法院对被告人从严惩处"，很少就被告人所应判处的刑期提出具体的依法有据的意见，这几乎是绝大多数被害人参与量刑程序、发表量刑意见的共同现象。

当被害人在法庭辩论中通过口头或者书面的方式表示谅解被告人并请求对被告人从轻处罚时，此种较为简单的量刑意见基本不存在大的问题。首先，此种量刑意见与被告人的诉求一致，被告人与被害人不会亦不必就量刑问题再行辩论；其次，它为法庭裁量刑罚创造了积极条件，依据《量刑指导意见》的规定："对于取得被害人或其家属谅解的，综合考虑犯罪的性质、罪行轻重、谅解的原因以及认罪悔罪的程度等情况，可以减少基准刑的20%以下。"这便意味着，只要被害人当庭表示谅解被告人，法官便可以结合案件的具体情况依法有据地减少被告人一定的刑罚量，此时，被害人发表量刑意见，无需再就犯罪行为对其造成的损害及量刑理由加以阐明。

但审判实践中，更为常见的是被害人基于复仇心理或者其他因素，要求严惩被告人，甚至发表量刑意见，即要求对被告人"顶格"判刑。例如，在杨某故意伤害一案中，杨某致被害人轻伤乙级，杨某具有自首情节，且已赔偿被害人的损失，而被害人具有过错，依据量刑规范化方法量刑，对杨某可以适用管制刑，但被害人仍继续提出赔偿要求，达不到其要求，则要求法院判处杨某"实刑"。本案中，被害人提出的量刑意见显然过重，并声称"不赔偿就要求法院判实刑，不判实刑就上访"，由于其量刑意见没有依法说理，人民法院在不采纳其意见时，又增加了有针对性作释明工作的难度，案结事不了。

（四）被害人量刑意见、检察机关量刑建议及被告人量刑意见的关系不明

《量刑程序意见》除了建立相对独立的量刑程序外，还赋予被告人、被害人平等参与量刑程序，提出量刑意见的机会。此外，又引入了检察机关量刑建议制度，这就决定了审判实践中不得不妥善处理三者的关系。有观点指出：被告方、

被害方一旦提出各自的量刑意见，就意味着在量刑审理程序将具有公诉方、被告方与被害方三方独立参与的诉讼构造。诉讼三方都通过行使诉权，来对法院的量刑裁判权施加积极有效的影响。法院可以同时听取三方各自建议的量刑种类和量刑幅度，并审视各自所提供的量刑理由，最终形成量刑裁决。① 这当然是一种理想的状态，但审判实践中更为常见的是：三方的意见均不一致，且存在较大分歧，法院该如何处理三者的关系？

以被告人张某强奸一案，张某持刀在被害人居住的集体宿舍对被害人进行威胁，将被害人强奸，并造成被害人轻微伤。检察机关量刑建议是4～5年，被告人量刑意见是3～4年，被害人认为检察机关量刑建议过轻，要求严惩被告人。法院最终判处被告人有期徒刑4年2个月。宣判后，被害人认为被告人量刑过轻，害怕被告人很快出狱后对其施行报复，表示要搬家躲避。在类似这样三方量刑建议和意见存在较大分歧的案件中，希冀法院最大限度地吸纳三方的量刑建议和意见，并最终形成三方均接受的裁决结果显然是不切实际的。此时便需要妥善处理被害人量刑意见、检察机关量刑建议及被告人量刑意见的关系。

传统观点认为，“如果在法庭上出现了被害人或者是被害人的代理人与公诉人要求法庭定罪处刑意见不一致的情况，毫无疑问，法庭应当以公诉意见为主，而不能够考虑被害人及其诉讼代理人提出了定什么罪，处什么刑的意见，或者说主要应当考虑公诉人的意见”。② 一些审判实务部门也提出被害人量刑意见往往带有强烈的感情色彩，含混不确定，担忧赋予被害人提出量刑意见的权利会导致权利的失衡，③《量刑程序意见》匆匆引入了三方参与量刑程序，却没有明确三方在量刑程序中的关系，实践操作中则存在诸多困惑，影响了案件的审理效果。

二、“被害人影响陈述”与被害人量刑意见

（一）一份“材料”引发的思考

前文已指出，“被害人影响陈述”不同于被害人量刑意见，但两者的差异并未引起我国理论部门和实务界的足够重视。《量刑程序意见》也仅宏观地明确当事人“可以提出量刑意见，并说明理由”，但审判实务中该如何操作，是作出明确区分，还是将两者一体考虑？值得探讨深入。以被告人尚某某故意伤害案为例

---

① 陈瑞华：《论相对独立的量刑程序》，载《中国刑事法杂志》2011年第2期，第9页。

② 张军、姜伟、田文昌：《刑事诉讼：控·辩·审三人谈》，法律出版社2001年版，第310页。

③ 参见2010年3月23日天津法院开展量刑规范化试点工作总结。

进行分析：

被告人尚某某为发泄对前夫窦洪某的怨恨，产生报复窦洪某之妻的女儿被害人窦丽某（时年10岁）的恶念。2008年9月3日13时许，尚某某携带事先准备好的瓶装硫酸，来到山东省某小学院内，将硫酸泼在该校学生窦丽某的面部、颈部、胸部等处，致窦丽某右眼毁损失明、外鼻缺失、口唇上翻，面部、颈部、胸腹部及四肢疤痕形成，构成重伤，系二级伤残。①

本案一审期间，被害人窦丽某向一审法院提交了一份“材料”。内容是：“尚某某用瓶子装硫酸，哄骗我说是果汁，让我喝，我说不喝后，尚某某用硫酸泼到我脸上、身上，使我身心遭受严重的创伤。家人为给我治病花完了所有的钱，连亲戚朋友也都借遍了。可尚某某一分钱的医药费也没有给。我还是个孩子，我多想治好病再和我的伙伴一起上学、读书，可我现在的状况生不如死。她还不如杀了我。我受够了。我恳求法官不要让坏人活在世上。她一点悔改之心都没有，我不想悲剧以后再发生，坚决要求判处尚某某死刑。”需要探讨的是：上述“材料”具有什么属性？是证明犯罪事实的被害人陈述（证据）？还是量刑证据材料？如果是量刑证据材料，是否包含“被害人影响陈述”和被害人量刑意见？笔者认为，被告人提交的该份“材料”同时具有证明犯罪事实的定罪证据属性，也包含着“被害人影响陈述”和被害人量刑意见的内容。“我身心遭受严重的创伤。家人为给我治病花完了所有的钱……我还是个孩子，我多想治好病再和我的伙伴一起上学、读书，可我现在的状况生不如死。她还不如杀了我。我受够了”属于“被害人影响陈述”，而“坚决要求判处尚某某死刑”则属于被害人量刑意见。尽管我国理论和实务中均未对“被害人影响陈述”展开深入探讨，但司法实践中类似上述情况的被害人陈述则比较常见，还有的被害人通过信函的形式向法官表达犯罪行为对其造成的伤害和影响，在量刑程序改革的时代背景下，此种现象值得关注。

（二）“被害人影响陈述”的产生及发展

“被害人影响陈述”是被害人权利运动不断孕育、努力的结果。从世界范围看，传统的刑罚目的主要在于报应及预防。换言之，即通过惩罚犯罪以维护抽象的法秩序，而不是满足个案被害人的诉求，如果说刑罚裁量恰巧满足了个案被害人对被告人量刑的诉求，那也仅系刑罚裁量衍生的后果之一。“被害人的实际损害被化为抽象法益，刑事审判仅在乎是否能达成抽象的正义。在犯罪事件中最直接受到侵害的犯罪被害者，不仅被当做刑事追诉的工具，更经常在追诉过程中遭

---

① 参见最高人民法院（2010）刑三复23447215号刑事裁定书。

受国家机关的冷漠对待，在法庭外受到被告的威胁，或是在法庭上受到被告律师的羞辱。”[①] 20世纪五六十年代，伴随着美国黑人民权运动的成功，美国社会的其他弱势群体，诸如同性恋、残疾人、原住民、罪犯等也开始抗议长期以来受到的不公平待遇。在这股思潮影响下，20世纪70年代，被害人权利运动兴起，[②] 在这一时代背景下，美国联邦最高法院通过一系列判例，逐步赋予被害人以更多的程序性权利，其中即包括“被害人影响陈述”。[③] 其后，该制度流行于其他判例法地区，英国、加拿大、澳大利亚、新西兰、我国香港地区等都采纳了“被害人影响陈述”。

近些年，大陆法系一些国家也通过修改刑事诉讼法进一步完善对被害人权利的保障。在日本，21世纪初司法改革前，被害人除作为“证人”接受询问外，并没有机会在法庭上就被告人的刑罚陈述自己意见的机会。2000年，日本修改了刑事诉讼法，规定被害人可以发表意见，在杀人罪的被害人死亡的场合，其配偶、双亲、兄弟姐妹也可以请求“陈述其被害心情以及有关本案的意见”，法官要听取被害人及其家属的“被害心情”，[④] 这就在事实上引入了“被害人影响陈述”制度。

（三）“被害人影响陈述”与被害人量刑意见的关系

关于“被害人影响陈述”与被害人量刑意见的关系，国外量刑理论中存在较大争议。肯定说认为，“被害人影响陈述”可以包含被害人量刑意见。认为被害人作为案件的直接利害关系人理应有独立于公诉人的权利参与他自己案件裁决的制作过程，并就事实和法律问题发表自己的见解，被害人的量刑意见正是从

---

① 李佳玟：《在地的刑罚·全球的秩序》，台湾元照出版公司2009年版，第182～183页。

② 美国学者Stephan Schafer将被害人在刑事政策上的地位划分为三个时期，即（1）古代至中世纪止的“被害人黄金时期”，此时期基于以眼还眼，以牙还牙等对等式复仇观念，被害人居于刑事司法中的核心地位；（2）从中世纪至近代为止的“被害人衰退期”，此时期刑事司法体系着重于犯罪者的改善更生，而忽犯罪被害者之存在；（3）第二次世界大战后至今的“被害人复活期”，此时期随着被害者学的发展，导致新的被害人刑事司法的到来。参见许福生：《犯罪被害人保护政策之回顾与展望》，载《月旦法学》2010年第3期，第6～7页。

③ “被害人影响陈述”在美国刑事司法体系中的确立过程。参见李佳玟：《在地的刑罚·全球的秩序》，台湾元照出版公司2009年版，第183页；刘军：《被害人参与量刑的理论与实践》，载《法学论坛》2009年第11期，第68～69页。

④ 张华：《论日本量刑制度对我国之借鉴意义》，载《河北法学》2011年第1期，第184页。关于此问题的详尽论述，可参阅陈光中：《21世纪域外刑事诉讼立法最新发展》，中国政法大学出版社2005年版，第13、144、150、154页。

“被害人影响陈述”中自然延伸而出，两者密切相关，无法将它们截然分开。否定说认为，“被害人影响陈述”仅限于犯罪影响的事实性陈述，因此绝对禁止被害人对被告人品格及量刑发表个人意见，认为量刑不应以被害人主观意见为依据。①

我国也有学者主张对两者作出明确区分，② 笔者认为，“被害人影响陈述”与被害人量刑意见的区别是明显的，将两者作出区分有助于保障被害人的合法权益，确保其有效地参与量刑程序，也有助于法官刑罚裁量。申言之，两者的区别如下：

第一，两者分属于不同的范畴。“被害人影响陈述”属于事实范畴，具有证据属性，这就决定了“被害人影响陈述”要发挥作用，必须在法庭调查阶段出示，并经质证，法庭对其审查重点在其客观性、真实性等；被害人量刑意见属于价值范畴，是被害人对被告人是否应该从宽、从严处罚，在多大程度上从宽、从严处罚以及所应判处的刑期作出的评判，法庭审查的重点是其合法性、合理性。

第二，两者作出的依据不同。“被害人影响陈述”完全是被害人对犯罪行为对其造成损害及影响的陈述，陈述的内容与被害人独特的人格、性格、精神倾向及心理倾向密切相关，德国学者指出：“被害人对于犯罪行为的反映是一种高度个别化的过程。也就是说，被害人在犯罪行为后的反应以及他们因此产生的需求很可能完全不相同……被害人在受到犯罪行为之后，可能的‘输出’反应是想报复、希望犯罪者受处罚、导致心灵创伤、损害修复、对事件做出解释、希望大事化小等，依犯罪被害人的个性及客观条件，而有各式各样不同的输出反应，而那些无法事先预见的反应会让被害人自己和周遭的人无法想象。”③ 被害人的量刑意见则应当建立在客观事实基础之上，且应依法有据，违背事实、不依法作出的量刑意见，当然不能被法庭采纳。

第三，两者形成的阶段不同。“被害人影响陈述”通常是在量刑程序开始之前形成，一般在侦查阶段、审查起诉阶段、庭审前形成，既可以由侦查人员、公

---

① 康黎：《英美法系国家量刑程序中的“被害人影响陈述”制度介评》，载《环球法律评论》2010 年第 6 期，第 135 页。

② 有论者指出：“‘被害人影响陈述’通常仅限于犯罪影响的事实陈述，不包括被害人对量刑发表的个人意见。”参见赵志梅：《论被害人对量刑程序的有效参与》，载《北京师范大学学报（社会科学版）》2011 年第 1 期，第 116 ~ 117 页。

③ 格尔德·德拉特：《聚焦被害人！——被害人援助之德国经验》，载台湾废除死刑推动联盟主编：《死刑存废的新思维：社会安全、狱政革新、被害人保护》，元照出版公司 2009 年版，第 79、82 页。

诉人员依据被害人的陈述而作出，也可以由被害人直接完成；被害人量刑意见则以被害人在法庭辩论阶段提出的意见为准。

第四，两者的功能不同。“被害人影响陈述”在于作为量刑证据帮助法庭查明犯罪行为对被害人造成的影响，从根本上而言，它有助于法庭查明犯罪行为的社会危害性，从而辅助法官准确裁量刑罚。有论者指出，“被害人影响陈述”能从被害人个体角度具体、生动地反映犯罪危害性，有利于法官科学、全面地评估犯罪，从而为刑罚的准确适用奠定基础。[①] 被害人量刑意见的功能在于有效拓展量刑辩论的广度和深度，增加量刑程序的对抗性、参与性，并最终帮助法官量刑。

三、量刑意见与量刑建议

《量刑程序意见》第4条规定：“在诉讼过程中，当事人和辩护人、诉讼代理人可以提出量刑意见，并说明理由。”这意味着量刑意见的提起主体，不仅仅包括被告人及其辩护人，也包括被害人及其诉讼代理人，相应地，量刑意见也表现为两种形式，即被害人量刑意见和被告人量刑意见。此外，《量刑程序意见》第3条第1款规定：“对于公诉案件，人民检察院可以提出量刑建议……”依据此种制度安排，量刑程序中至少有三方可分别提出相应的量刑意见或者建议。下面分别论述其关系：

（一）被害人量刑意见与被告人量刑意见

正确处理被害人量刑意见与被告人量刑意见，首要前提是正确处理量刑程序中被害人与被告人之间的关系。传统刑事诉讼程序理念，侧重于对被告人权利的保障，疏于对被害人权益的维护。随着被害人权利运动及恢复性司法的深入发展，被害人在刑事诉讼中的地位才有较大转变。我国刑事诉讼法明确赋予了被害人以当事人地位，体现在量刑程序中就是应当保障被害人与被告人均能够参与到量刑活动中，允许他们提交相关证据，给予双方充分的机会阐明各自的意见和理由。[②]

---

① 康黎：《英美法系国家量刑程序中的“被害人影响陈述”制度介评》，载《环球法律评论》2010年第6期，第135页。也有论者认为，“被害人影响陈述”的作用一方面是被害人的发泄，另一方面是作为法官对犯罪的危害性进行判断的一个事实依据。参见赵志梅：《论被害人对量刑程序的有效参与》，载《北京师范大学学报（社会科学版）》2011年第1期。

② 参见熊选国主编：《〈人民法院量刑指导意见〉与“两高三部”〈关于规范量刑程序若干问题的意见〉理解与适用》，法律出版社2010年版，第432页。

实践中，出庭的被害人往往是因为在民事赔偿中未达成和解，要求严惩被告人的被害人，故其对被告人的量刑更为关注，并在庭审过程中也经常就被告人的刑期发表量刑意见。笔者认为，法庭应该对被害人、被告人的量刑意见给予同等对待，鉴于被害人量刑意见可能受到情绪的影响，那么法官在判断被害人量刑意见时，除非抑制自身情感，否则就可能会判处明显过重的刑罚。但我们也不要忘了，现代刑事法的一个重要目的是安抚被害人的情绪，“国家作为法益及和平秩序的维护者，具有责无旁贷的任务去追诉犯罪并处罚犯人，以恢复因犯罪而受损的法和平性”。① 法官须谨记：现代法治国家在强制被害人及其亲属放弃私力报复的同时，也承担起惩罚犯罪、确保法庭不会判以过宽惩罚的职责，否则便有损刑事司法制度的权威，但法官亦不应该因被害人义愤填膺而草率行事，判处被告人严厉的刑罚，在被害人量刑意见和被告人量刑意见冲突的情形，法官在同等对待的同时，需要在这两者之间求取平衡。

（二）被害人量刑意见与检察机关量刑建议

量刑建议是人民检察院对提起公诉的被告人，根据犯罪的事实、性质、情节和对于社会的危害程度，依法向人民法院提出的判处被告人一定刑罚的建议。实践中，被害人量刑意见与检察机关量刑建议有时候是一致的。例如，被害人在量刑程序中发表量刑意见，请求对被告人从轻处罚，② 而检察机关在形成量刑建议时恰巧也充分考虑了被害人的意见，两者一般不会发生抵触。但审判实务中两者不一致甚至存在较大分歧的情形也较为常见，“在公诉实践中经常遇到的主要问题是：被害人对起诉书认定的事实或情节提出异议；被害人对起诉书认定的案件性质提出异议，大多表现为认为罪行认定过轻；被害人对是否追究同案人的刑事责任与公诉人意见不一致；被害人对物质损失赔偿数额提出异议，多表现为对数额估计过高”。③

笔者认为，被害人量刑意见与检察机关量刑建议存在分歧是由于被害人与公诉人在刑事诉讼活动中所扮演的角色和承担的职责不同决定的。被害人作为案件当事人参与到量刑程序中，必然受个人主观情感的影响，有些被害人具有强烈的报复情绪，甚至明确要求严惩被告人，因此相当一部分被害人所提量刑意见带有强烈的感情色彩；检察机关在整个刑事诉讼中，不仅承担着控诉职能，还负有维

---

① 林钰雄：《刑事诉讼法》（上册），中国人民大学出版社2005年版，第39页。

② 这样的情况通常发生在被害人积极赔偿被害人损失，并获得被害人谅解的场合。

③ 参见刘孟海、赵刚、陈莉：《审查起诉中如何听取被害人意见》，载《检察日报》2010年5月25日第3版。

护事实真相、保障被告人权利的职责。有观点指出："检察官不仅在法律上、道德上有澄清事实真相的义务，也不应从事有碍于发现事实真相的行为……检察官维护事实真相的义务来自于几个方面。最重要的一点是因为检察官扮演着正义守护者的角色。"① 在这个角色下，检察官不是、也不应该是片面追求打击罪犯的追诉狂，而是依法言法，客观公正的守护人，有利不利一律注意。② 基于此种角色，检察机关的量刑建议"在实体上应当以事实为根据、以法律为准绳，坚持罪刑法定、法律面前人人平等、罪责刑相适应的基本原则，根据犯罪的事实、性质、情节和对社会的危害程度；在程序上，要根据承办人提出意见、部门负责人审核、检察长或检察委员会决定的规定"。③ 经过层层把关，检察机关量刑建议便具有了客观化特点。量刑建议的上述特点决定了检察机关并不能完全代表被害人的利益。由此，让被害人参与到量刑程序中，当庭发表量刑意见才具有程序上、实体上的双重价值。从裁判角度看，只有"确保庭审各方充分参与，才能确保量刑庭审质量，确保人民法院在充分查明量刑事实和吸收各方提出的量刑意见的基础上作出均衡的量刑裁判。"④ 笔者也认为，两者的不一致对于法官裁量刑罚更具有积极意义。

在检察机关量刑建议与被害人量刑意见不一致的情况下，该如何处理两者之间关系？笔者认为，从检察机关角度看，应该坚持"权力尊重权利"原则，这也是对检察机关量刑建议与被害人量刑意见关系的准确定位。在此基础上，需进一步分析的是，负有客观义务的检察机关在提出量刑建议时是否应充分考量、吸收"被害人影响陈述"？答案是肯定的，"被害人影响陈述"代表着被害人利益，最终也是量刑证据材料的重要组成部分。"如果检察机关单纯追求社会公益而忽略被害人的具体权利需求，那显然不符合刑事正义的原则。"⑤ 因此，检察机关在提出量刑建议时需要充分考虑"被害人影响陈述"，至于检察机关在充分考虑了"被害人影响陈述"后作出的量刑建议仍与被害人量刑意见不一致甚至冲突的，则应交由法庭裁决。

---

① 葛斯曼等：《检察官维护事实真相之义务》，载《政大法学评论》（台湾），第116期，第311~312页。

② 参见林钰雄：《检察官论》，法律出版社2008年版，第8页。

③ 朱孝清：《论量刑建议》，载《中国法学》2010年第3期，第15页。

④ 四川省高级人民法院、四川大学课题组：《深入实证调查 积极探索量刑程序改革》，载《人民法院报》2011年2月24日，第8版。

⑤ 蔡国芹、赵增田：《公诉过程中如何保障被害人权利》，载《检察日报》2010年12月15日，第3版。

四、完善被害人参与量刑程序制度之展望

（一）全面履行告知义务，保障被害人对参与量刑程序的知情权

被害人作为刑事诉讼程序的主要当事人之一，理应对侦查、起诉、审判享有全面的知情权。从量刑程序改革的角度看，被害人只有享有全面的知情权，才能有效参与到量刑程序中，这也是量刑程序改革的初衷。具体而言，在审查起诉阶段，人民检察院应保障被害人对量刑程序的知情权。我国《刑事诉讼法》第139条规定，人民检察院审查案件，应当听取被害人、被害人委托的人的意见。但是该规定在司法实践中，由于被害人对自己享有的诉讼权利不知悉，即使人民检察院听取被害人的意见，也大多围绕案件事实进行，与量刑有关的信息既未引起人民检察院的足够重视，被害人也无从表达。笔者认为，人民检察院在受到移送审查起诉的案件材料后，应及时告知被害人所享有的量刑方法的权利，并应听取被害人就案件量刑所提出的口头或者书面意见，这也是人民检察院提出正确的量刑建议的前提性工作。

在审判阶段，应建立并完善起诉书副本、量刑建议书、被告人量刑意见书等送达被害人制度。我国刑事诉讼法规定，法院决定开庭审判后，应当将人民检察院的起诉书副本至迟在开庭10日以前送达被告人，但却没有关于将起诉书送达被害人的规定。从完善量刑程序改革角度，法院应及时将以上文书送达被害人，并确保被害人能够在开庭前掌握有关量刑信息。对难以送达相关文书的被害人，法院可根据实际情况决定是否送达。在庭审中，法官应当行使释明权，告知被害人在量刑程序中享有的权利。对于判决结果，法院应该保证被害人的知情权。

（二）建立并完善“被害人影响陈述”制度

从世界范围看，在实行定罪程序与量刑程序分离的英美法系国家，通常都建立了“被害人影响陈述”制度，并使其在量刑程序中扮演重要角色。个别大陆法系国家，为了实现诉讼民主化，也允许被害人参与量刑程序中，并就犯罪行为对其造成的影响加以陈述。

中国量刑程序改革的核心思路是引入检察机关量刑建议，赋予包括被害人在内的诉讼当事人在量刑程序中发表量刑意见权利，并建立相对独立的量刑程序，

但却未对“被害人影响陈述”加以规定。[1] 需要指出的是，一些先行尝试量刑程序改革的法院已经在一定程度上引入了“被害人影响陈述”。例如，江苏省泰州市中级人民法院会同泰州市人民检察院等部门制定的《量刑程序指导意见》规定：“法庭调查中，在查明定罪事实后，应对被告人的量刑事实进行调查，分别查明对被告人从重、从轻、减轻或免除处罚的法定或者酌定量刑情节。量刑事实的调查按照以下顺序进行：(1) 公诉人、自诉人举证；(2) 被害人陈述；(3) 被告人及其辩护人举证；(4) 出示庭前综合评估报告、调查笔录。(2)、(4) 并非量刑事实调查阶段的必要内容。但是，如果被害人到庭参加诉讼或者有庭前综合评估报告、调查笔录的，应当在这一阶段进行调查。”其中，庭前综合评估报告、调查笔录等，就其性质而言，即为“被害人影响陈述”。笔者认为，未来的量刑程序改革应高度重视并借鉴“被害人影响陈述”制度。

（三）进一步明确被害人参与量刑程序的启动方式

《量刑程序意见》在第4条中明确规定了被害人在诉讼过程中可以提出量刑意见，但被害人该如何参与到量刑程序中来？审判实务中有较大的随意性。笔者认为，在确保被害人对量刑程序知情权的前提下，可以有两种方式启动被害人参与量刑程序：其一，被害人主动申请参加量刑程序的，法院应予以同意并做好相关准备工作；其二，法院通知被害人参与量刑程序。在此情形，法院应该尊重被害人的选择权，被害人拒绝参与量刑程序的，法院应予以认可。

值得探讨的是，法院通知被害人参与量刑的案件范围该如何厘定？如果以案件中有具体被害人为标准，那么在《量刑指导意见》试行的15个常见罪名中，绝大多数罪名都有具体的被害人。据统计，2009年全国法院审结的一审刑事案件中，仅交通肇事罪、故意伤害罪、强奸罪、抢劫罪、盗窃罪5个常见的通常有具体被害人的刑事案件即占一审刑事案件的60.92%。[2] 如果法院均一一通知被害人参与量刑程序，现阶段看来较为困难。一些地方法院在量刑程序改革尝试中

① 有观点认为，“被害人影响陈述”制度已逐渐成为当今世界刑事司法发展的一种趋势。在我国，近年随着“刑事和解”和“量刑程序改革”的积极推行，被害人参与量刑的方式和途径便成为当今中国刑事司法中一个亟待解决的问题，希冀英美法系国家的“被害人影响陈述”制度能对我国的“量刑程序改革”有所启示和借鉴。参见康黎：《英美法系国家量刑程序中的“被害人影响陈述”制度介评》，载《环球法律评论》2010年第6期，第139页。

② 依据最高人民法院研究室对2009年人民法院审理刑事案件情况的统计。

明确规定了对于特定类型的案件，法院应该征求被害人的意见。[①] 鉴于当前法院在被害人参与量刑程序中扮演着关键角色，今后在完善《量刑程序意见》时，应进一步明确参与量刑程序的被害人的范围。依据当前司法现状，法院对以下两类案件的被害人一般应该予以通知：第一，侵犯公民人身权利的案件；第二，在本地区有重大影响的案件且有具体被害人的案件。

（四）完善被害人参与量刑程序的庭审模式

《量刑程序意见》建立了相对独立的量刑程序，依据该程序，在法庭调查阶段，先查明定罪事实，再查明量刑事实；在法庭辩论阶段，先辩论定罪问题，再辩论量刑问题。被害人参与量刑程序后，其参与程度和参与方式以及在庭审中扮演的角色，实践中存在各种各样的尝试。例如，武汉市江汉区人民法院在对被害人参与量刑程序的探索中，根据庭审的不同阶段，让被害人分别“扮演”不同的“角色”：在法庭调查阶段对定罪事实的调查部分，被害人作为控方“辅助者”，在公诉人就起诉书指控的犯罪事实对被告人进行讯问之后，经审判长准许，被害人可以就公诉人讯问的情况进行补充性发问；在举证部分，被害人作为“证人”的身份，可以就案件事实经过进行陈述；在法庭辩论阶段，被害人则被视为“当事人”，可以就被告人的量刑问题发表意见，表达自己内心感受。[②] 被害人在整个刑事诉讼过程中都是案件当事人，根据庭审不同阶段，让被害人“扮演”不同角色，既缺乏充足的法律依据，又容易导致审判实务上的混乱。首先，“被害人影响陈述”属于量刑证据范畴，如果是在庭审前制作，则应该在法庭调查阶段向法庭提交、并接受质证，如果被害人当庭陈述，也应就陈述笔录进行质证；其次，被害人量刑意见应该在法庭辩论阶段，与被告人量刑意见、检察机关量刑建议一同展开辩论，各自说明其理由。需要指出的是，如果“被害人影响陈述”与被害人量刑意见在同一份量刑材料中出现时，如上文所举例的被告人尚某某故意伤害一案中被害人窦丽某向一审法院提交的“材料”，在法庭调查阶段，可以就该材料的“被害人影响陈述”部分举证、质证，对于该材料中的量刑意见部分，则在法庭辩论阶段进行辩论。

---

① 例如，江苏省姜堰市人民法院、人民检察院、司法局联合制定的《规范量刑程序指导意见（试行）》第5条规定：“刑事案件的被害人有权就被告人的量刑提出建议，对于受到人身伤害的被害人，一般应当征求其意见。”该意见第8条进一步规定：“对于侵犯生命健康权的案件，被害人可以向法院提出量刑建议。法院立案后应向被害人送达起诉书副本，并征求被害人对被告人的量刑意见。”

② 参见胡新桥、涂莉、刘莹：《武汉明晰被害人出庭参与量刑身份》，载《法制日报》2010年5月20日，第1版。

（五）刑事诉讼法的修改应为被害人参与量刑程序预留空间

现行刑事诉讼法在充分考虑被害人在刑事诉讼中所处的特殊地位及被害人与刑事案件的特殊利害关系基础上，明确规定了被害人的当事人地位，赋予了被害人诸如申请回避权、委托诉讼代理权、提起附带民事诉讼权、受到不法侵害时的举报与控告权等权利，但是正如学者所言：刑事案件的被害人作为一方当事人，对其权益的保护性规定过于狭隘和抽象，对被害人的权利保障并不十分理想。[①] 量刑规范化改革目前已在全国全面试行，根据安排，《量刑程序意见》将在试行一段时间后进行全面修改，并最终形成有中国特色的量刑程序制度。目前，刑事诉讼法的修改也正在稳妥推进，将量刑程序改革的既有成果纳入其中也势在必行。鉴于此，刑事诉讼法的修改也应该充分维护被害人在量刑程序中的权益，并为被害人有效参与量刑程序预留空间。

① 参见石时态、张坤世：《刑事被害人权利保护机制之反思与完善》，载《中国刑事法杂志》2010 年第 12 期，第 73 页。

缓刑制度的修改缺陷及其完善

宣炳昭[*]　裴坤坤[**]

一、缓刑的定义及适用条件

按照《刑法修正案（八）》，可以将缓刑定义如下：对于被判处拘役、3 年以下有期徒刑的犯罪人，根据其犯罪情节和悔罪表现，如果暂缓执行刑罚确实没有再犯罪的危险并且对所居住社区无重大不良影响，就可以规定一定的考验期，暂缓刑罚的执行；如果犯罪人在考验期内遵守一定条件，原判刑罚就不再执行。

根据刑法相关条文的规定，适用缓刑必须符合以下条件：

1. 缓刑只适用于被判处拘役或者 3 年以下有期徒刑的犯罪人。其针对的刑种仅限于拘役、有期徒刑（仅限 3 年以下）两种，除此之外的不适用缓刑。而且，此时的刑罚属于宣告刑，而不是法定刑或执行刑。

2. 根据犯罪人的犯罪情节和悔罪表现，适用缓刑确实没有再犯罪的危险并且对所居住社区无重大不良影响。犯罪情节、悔罪表现、再犯罪的危险性是基于法律理由，而对所居住社区无重大不良影响则是基于政策理由。在对犯罪分子是否宣告缓刑中，必须对上述四个条件逐一进行论证，综合考量是否宣告缓刑。

3. 必须不是累犯和犯罪集团的首要分子。累犯是因故意犯罪被判处一定的刑罚，在刑罚执行完毕或者赦免以后，5 年内又故意犯罪的人。① 累犯的主观恶性深，人身危险性大，凡是累犯，一律不适用缓刑。首要分子包括犯罪集团的首要分子和聚众犯罪的首要分子。犯罪集团的首要分子，是有组织犯罪中起组织、策划、指挥作用的犯罪分子，是刑法打击的重点所在，故对其不能适用缓刑。

4. 不满 18 周岁的人、怀孕的妇女和已满 75 周岁的人，应当宣告缓刑。此规定属应当型规定。在量刑过程中，属于上述三类主体，只要符合缓刑的适用条件，司法机关没有选择的余地，必须予以适用缓刑。不满 18 周岁的人，心智尚未成熟，具有较强的可塑性，对其适用缓刑，可以使未成年犯罪人认罪伏法，真

---

* 西北政法大学教授。

** 西北政法大学刑法学硕士研究生。

① 马克昌：《刑罚通论》，武汉大学出版社 2007 年版，第 401 页。

心悔过，符合国家针对未成年犯罪人的刑事政策和刑罚宽缓化的发展趋势；而且，一旦对未成年犯罪人实施收监改造，很可能造成交叉感染，不利于刑罚特殊预防实现，不利于未成年犯罪人脱胎换骨、尽快回归社会。怀孕的妇女、已满75周岁以上的老人，由于身体机能的明显下降，再犯危险性较低，再加之宽严相济刑事政策的考虑，对其也适用缓刑。

二、缓刑制度的变化

相较于1997年刑法的规定，《刑法修正案（八）》对缓刑的修改主要体现在以下几个方面：

1. 将缓刑的适用条件进一步明晰化。除了考虑犯罪情节、悔罪表现、再犯危险性以外，还要考虑宣告缓刑是否对所居住社区产生重大不良影响。是否产生重大不良影响，需要根据社区环境（包括犯罪人家庭环境），联系犯罪人所犯之罪与社区环境的关系，进行客观判断。只要适合在其所居住的社区实行社区矫正的，就应该认为符合宣告缓刑对居住社区没有重大影响。需要注意的是，社区少数居民反对缓刑适用的，不能认为是对所居住社区有重大不良影响。

2. 将缓刑适用的例外条件扩大到犯罪集团的首要分子。犯罪集团的首要分子，由于其罪行严重，适用缓刑，达不到刑罚预防犯罪的目的。

3. 对于不满18周岁的人、怀孕的妇女和已满75周岁的人这三类特殊主体，只要符合缓刑的适用条件，应当适用缓刑，而非可以适用缓刑。对此三类主体宣告缓刑，不仅维护了人民的法感情，也体现了刑罚的宽缓化和人性化。

4. 对于宣告缓刑的犯罪人，可以根据犯罪情况，同时禁止犯罪分子在缓刑考验期限内从事特定活动，进入特定区域、场所，接触特定的人。这是《刑法修正案（八）》增加规定的人民法院判决中的禁止令。对于宣告缓刑的犯罪人，由于对其人身自由在一定程度上有所约束，犯罪人仍然有可能利用有限的自由去从事特定的活动，进入特定的区域、场所，接触特定的人，继续从事违法犯罪活动，造成危害社会的结果。禁止令的规定，防患于未然，最大程度的杜绝其继续从事违法犯罪的可能性，使其再犯可能性降到最低，积极弥补缓刑可能引起的消极后果。

5. 增加了社区矫正的内容，不再特定化到“由公安机关考察，所在单位或者基层组织予以配合”。现实生活中，公安机关相较于法院、检察院，职能范围广，工作量大，没有多余的警力、精力再去考察缓刑犯罪人，即使考察也大多停留在形式上。至于所在单位和基层组织，由于其权力有限，再加之适用积极性不高，也都多流于形式。增加社区矫正的内容，将对缓刑犯罪人的考察制度化、明确化，有利于考察的实际进行，真正实现对犯罪人适用缓刑的目的。

6. 对于缓刑的撤销，除了违反法律、行政法规或者国务院公安部门有关缓刑的监督管理规定外，增加了违反人民法院判决中的禁止令内容。该规定与76条的新规定相配套适用，上文提及，不再赘述。

三、缓刑制度的缺陷

缓刑制度的修改变化，符合刑法的发展方向和现代社会的发展脉络。笔者认为，缓刑制度在以下几个方面依然存在缺陷：

1. 对所居住社区产生重大不良影响与否的具体判断标准模糊不清，可操作性不强，容易影响缓刑的正确适用。对所居住社区产生重大不良影响，是适用缓刑的一个刚性条件，而是否对所居住社区产生重大不良影响则是一个柔性评判标准，不同地域、不同时间、不同社区、不同环境（包括治安环境、人文环境等）可能会有不同。司法机关如何综合考量，缺乏统一规定，加之学界认识分歧，可能导致缓刑的适用范围和程度难以把握。

2. 已满75周岁的老年人，应当适用缓刑，但在其构成累犯的情况下，存在冲突。

根据《刑法》第72条的规定，可知：（1）累犯不适用缓刑的规定，属于法律的应当型规定。（2）不满18周岁的人、怀孕的妇女和已满75周岁的人，如果符合上述缓刑的适用条件，亦属于法律的应当型规定，应当宣告缓刑。（3）根据《刑法》第65条的规定，未成年犯不构成累犯。但是，怀孕的妇女和已满75周岁的老年人则不在此列。

那么这就产生了一个矛盾和冲突，即已满75周岁的老年人或怀孕的妇女，在构成累犯的前提下，如果符合缓刑的适用条件，是应该适用缓刑，还是不应该适用缓刑？根据《刑法》第72条的新规定，因为其构成累犯，所以不应当适用缓刑；但其又是已满75周岁的老年人或怀孕的妇女，符合缓刑的适用条件，又应当适用缓刑。这种情况在实践中存在的可能性或许很小，但理论上却不能排除，所以这个矛盾和冲突是客观存在的，在现有立法上如何进行解决，值得研究。

3. 社区矫正的刑法化，为缓刑的考察提供了制度化、明确化的运用机制。但是，社区矫正目前仅仅存在于法律规定上，现实中缺乏相应的明细性规定，适用上存在很大的障碍和困难。社区矫正的具体实施机关、社区矫正的具体内容、社区矫正的具体实施方式尚未进行细化，能否得到落实，不流于形式，还需作出立法上的进一步努力。

四、缓刑制度的完善

1. 对所居住社区产生重大不良影响的具体认定标准，结合学界的具体研究和相关的典型案例，进行归纳总结，出台相关的司法解释，对其进行明确的规定，限制司法机关的随意适用，使缓刑制度的目的真正得到实现。在现有立法和司法解释没有明确的情况下，司法机关在适用过程中应该深入调查，听取各方面的意见，忌以偏概全，防主观随意，避免适用缓刑的消极效果大于积极效果。

2. 针对已满75周岁老年人和怀孕的妇女既因生理状况应适用缓刑，又可能构成累犯而不应适用缓刑的矛盾和冲突，笔者认为可以从以下三个方面着力予以解决：

（1）刑事立法上予以明确化。可以通过立法修改或立法解释的方式将上述两类主体必须适用缓刑明确限制于初次犯罪，对于上述两类主体的累犯是不适用缓刑。这样既顾全了《刑法》第72条的规定，又不对累犯制度的适用产生不利影响。之所以将其限定初次犯罪，理由在于：（a）犯罪人再次犯罪，说明了其主观恶性较深，初次犯罪的惩治没有实现刑罚的目的，因此有必要对其收监进行改造。（b）没有再犯危险性的判断，具有一定的阶段性，此时不具有再犯危险性不代表彼时没有再犯的危险性，社会环境的复杂性，使再犯危险性具有暂时性的特征。（c）对所居住社区不产生重大不良影响的判断，必然结合犯罪人所犯的具体罪行，如果涉及的不是对人身权利的侵犯，那么社区居民的判断必然带有先天不足的特性，再加之标准上的缺失，也亦会产生偏差。

（2）司法解释上予以明确化。法律的修改，在立法尚未作出修改或解释的情况下，可以通过司法解释先对这种情况具体进行规定。可以出台相应的司法解释，对这种冲突和矛盾进行梳理和合理化的安排，在现有法律框架内，使缓刑制度和累犯制度并行不悖，保证具体法律内部体系的完备性和统一性。

（3）在现有法律框架下，结合案件的具体情形，对应不应当缓刑进行综合衡量：在立法没有明确化也没有相关司法解释进行指导的前提下，针对这种情况的可能出现，司法人员不能为了回避立法冲突和矛盾而将该制度弃而不用，那法律无疑形同虚设。完全可以结合案件的具体情形，对构成累犯的这两类特殊主体，从社会预防和人民的感情出发，对适不适用缓刑进行综合衡量，积极推动刑罚预防目的的实现。

3. 关于刑法规定中的社区矫正问题，笔者认为可以做以下尝试：

（1）制定专门的社区矫正法律法规，对社区矫正的具体实施机关、社区矫正的基本内容、社区矫正的实施方式等进行立法明确化，为社区矫正的适用做好前提准备工作。

(2) 制定与社区矫正配套适用的法律法规，对社区矫正进行各方面的监督，对社区矫正的效果进行科学化考量，明确实施机关的责任，使社区矫正制度真正得到贯彻落实。

(3) 提高广大居民（尤其是犯罪人所居住社区的居民）的法制观念，对社区矫正有较为明确的认识和理解，使社区矫正在适用过程中尽可能减少各方面阻力，积极发动群众对犯罪人进行有效的监督和规范，使缓刑制度真正达到立法者的立法目的。

第六部分
刑罚执行制度改革

罪犯劳动与监狱经济问题探析

柳忠卫*

一、罪犯劳动与监狱经济问题的由来

组织罪犯参加生产劳动古已有之。中国最早有文字记载的组织罪犯劳动始于商朝，《史记·殷本纪》中就有关于商朝组织罪犯从事筑城修路的记载，① 而西周时更是把组织罪犯参加劳动作为其监狱制度——“圜土之制”的主要内容。西方国家有文字记载的组织罪犯劳动的历史要比中国晚得多，大致开始于16世纪末期。② 罪犯劳动问题与刑罚观念和监狱功能密切相关，准确地说是与刑罚观念密切相关，因为监狱功能也决定于刑罚观念。奴隶制和封建制时期，主流的刑罚观是惩罚、报复和威吓，由此决定监狱的功能就是拘禁和关押，劳动是惩罚罪犯的手段，因而这时期罪犯的劳动就是苦役。在前资本主义时期，虽然自由竞争的市场经济决定了自由的价值，并建立了以自由刑为中心的刑罚体系，但刑事古典学派关于刑罚的基本观念仍然是报复和威慑，监狱的功能是拘禁，劳动是惩罚罪犯的手段。罪犯劳动的价值和内容发生根本变化，是19世纪中期刑事近代学派思想占据主导地位以后。刑事近代学派认为犯罪主要不是个人自由意志决定的，而是由社会、环境和遗传等因素共同决定的，因而主张对罪犯进行改造，使其再社会化。刑事近代学派思想指导下的罪犯劳动不再是惩罚罪犯的手段，而是矫治罪犯的方法，是罪犯再社会化的渠道之一。由此决定罪犯的劳动不再是毫无

* 山东大学法学院教授，博士生导师，主要研究方向是刑法学、刑事政策学和刑事执行法学。

① 我国汉朝著《尚书传》的孔安国曾说：“傅氏之岩在虢虞之界，通道所经，有涧水坏道，常使胥靡刑人筑护此路。”虢、虞是古地名，在今山西平陆县东北，傅岩就在虢、虞交界之处，有条通道通达这里。从中条山上流下来的一条条涧水汇成溪流，经过这里注入黄河。每当夏季，一旦山洪暴发，道路常被洪水冲坏。为了修复这条道路，保持它的畅通无阻，当时常常调出一些监狱的囚犯到这里筑路维护。参见张凤仙、刘世恩、高艳编：《中国监狱史》，群众出版社2004年版，第20~21页。

② 由于资料的原因，笔者没有找到西方国家早期组织罪犯劳动的资料，这个时间是笔者根据现有资料推算出来的，不一定准确。

价值和意义的惩治性劳动，而是能为社会创造价值的有效益的社会劳动，也成为自己重回社会创造条件的习艺性劳动。

从罪犯劳动的源流来看，若以劳动的内涵来界分，中外监狱史上大致存在四种不同的罪犯劳动：[①] 第一种是苦役劳动，这种劳动以折磨、摧残罪犯为目的，在中国奴隶社会和封建社会以及西方国家的中世纪都普遍存在这种劳动。第二种是惩治性劳动，这种劳动以惩罚罪犯为目的，劳动纯粹是惩罚罪犯的手段。例如，1791 年英国议会颁布的《教养法》规定，劳动是惩罚犯人的一种手段，教养所中，不论男性或女性、年老体弱和身强力壮的青年都必须以自己的体力所能及的最大限度，从事最艰苦、最具有奴役性的非生产劳动，如反复踩转轮圈、推转磨盘、滚动石块等。这种机械的、不断重复的、笨重的劳动，对犯人不仅是肉体上的摧残，而且是精神上的折磨。[②] 第三种是营利性劳动，这种劳动主要出现在 17、18 世纪原始积累时期的资本主义国家。当时由于圈地运动的影响，大批失地农民涌入城市，由此导致犯罪率上升。为解决城市人口问题和犯罪问题，监狱被政府纳入了市场经济的轨道。感化院、习艺所对罪犯进行惩罚的方式和内容都是以资本的原始积累为背景的，强迫罪犯从事工业劳动成了资本主义生产链条上的一个环节。罪犯们在监狱中的手工工场里忍受着极端恶劣的劳动条件，服从资本主义血腥的纪律，成了机器的附属物。[③] 第四种是矫治性劳动，这种劳动以矫治罪犯、使其再社会化为宗旨，内容包括具有社会意义和经济效益的劳动和对罪犯进行职业训练的习艺性劳动，现代世界各国组织罪犯进行的劳动绝大多数都是矫治性劳动。

新中国对罪犯的改造始于 20 世纪 50 年代初期。新中国监狱制度建立之初就把劳动作为改造罪犯的基本手段。中国把劳动作为改造罪犯基本手段的根本原因是毛泽东关于改造罪犯的基本理论，他从马克思劳动创造人的基本观点出发，认为应当把组织罪犯进行生产劳动作为改造罪犯的一个基本手段。新中国成立初期中国领导人决定组织罪犯劳动的另一个深层原因是新中国成立初期国家贫困，民生凋零，大批普通百姓尚且不得温饱，更不用说养活一大批罪犯坐吃闲饭了。从指导思想和行刑目的上说，中国的罪犯劳动从新中国成立之初就应当是矫治性劳动，但由于特殊的政治经济形势，当时的罪犯劳动除了改造的目的之外，还有营

---

① 这里关于罪犯劳动分类的提法参考了张晶先生的观点，但加入了笔者自己的思考。参见张晶：《关于监狱工作科学化的再思考》，载《犯罪与改造研究》2003 年第 12 期。

② 参见潘华仿主编：《外国监狱史》，社会科学文献出版社 1995 年版，第 5 页。

③ 参见金鉴主编：《监狱学总论》，法律出版社 1997 年版，第 142～143 页。

利的目的，因而中国监狱的罪犯劳动可以说是政治目的与经济目的并存，而且这种状况一直延续到现在。其实，关于组织罪犯劳动的政治目的与经济目的关系问题不但中国存在，凡是组织罪犯劳动的国家都存在这样的问题，只不过程度不同、对监狱运行的影响大小不同而已。从20世纪初到1940年，美国监狱押犯增长了174%，新的监狱随之建立，监狱生产得以迅速发展，这一时期被称为“美国监狱的工业时代”。[①] 但美国监狱生产自一开始就遭到了来自社会竞争者的反对，其主要理由是在开放的市场销售犯人生产产品是不公平竞争，因为监狱是靠税收来支持，监狱生产还排挤了无罪的工人工作就业的机会。在社会的强大压力下，美国国会通过两个控制和限制监狱生产的法律。1929年通过了The Hawes－Cooper Act（《哈沃斯·库伯法案》），其主要内容是：所有的罪犯生产的产品，无论是成品还是半成品（用于消费、出售、贮藏）运输进入美国任何州和地区，需要经过这些州生效的法律的许可，除了罪犯在缓刑、假释期间生产的产品、除了联邦监狱的产品被用于联邦政府的除外；1933年通过了Ashurst－Sumners Act，原则上禁止州与州之间运输监狱产品，如经特别许可出州，要求所有产品必须贴上监狱名称的标签。[②] 到1940年，美国所有的州议会都通过了关于禁止监狱产品进入社会市场公开销售的法律。由于多种因素的影响，从1885年到1979年的近百年间，州监狱从事生产的比例从90%降到10%，1983年低于10%；联邦监狱犯人从事生产的比例1983年是33%。[③] 控制与限制罪犯劳动的后果是犯罪激增趋势与监狱劳动总量锐减之间矛盾突出，从而导致监狱爆满且许多罪犯无所事事甚至无事生非，暴力事件频频发生，监狱秩序颇为混乱。为了摆脱这种困境，美国和一些发达资本主义国家近年来不得不采取两种方式解决监狱问题：[④] 一是允许私营监狱代替国家收押一部分罪犯，减轻国家监狱的压力；二是将罪犯作为廉价劳动力出租给资本家，使资本家赚取巨额利润。由于监狱产品不得进入市

---

① 参见潘国和、罗伯特·麦尔主编：《美国矫正制度概述》，华东师范大学出版社1997年版，第128页。

② 参见潘国和、罗伯特·麦尔主编：《美国矫正制度概述》，华东师范大学出版社1997年版，第132页。

③ 参见潘国和、罗伯特·麦尔主编：《美国矫正制度概述》，华东师范大学出版社1997年版，第133页。

④ 目前美国监狱生产有6种模式，与私营企业或者私营雇主有关的有3种，分别是合同制、计件制和出租制；与政府部门有关的监狱生产模式也有3种，分别是公共劳动制、政府结算制和政府使用制。参见吴宗宪：《美国的监狱生产与罪犯劳动》，载《中国监狱学刊》1998年第1期。

场，因此监狱内的罪犯从事一些非盈利性的简单生产，诸如制作公路标牌、汽车牌照、办公室用具等，相当一部分罪犯则只能坐吃闲饭混刑度日，连这种简单的生产都难以安排。①

由此可见，只要监狱组织罪犯进行有效的社会劳动必然产生经济效益，有经济效益就会有改造与生产的矛盾，也就会涉及对他们之间矛盾的处理与解决，只不过在不同的国家或地区，这种矛盾的表现及解决方式不同而已。在美国，罪犯劳动问题表现为监狱生产对资本家利润和普通工人就业的影响，由此出现一个两难现象：如果允许监狱产品进入市场与社会产品竞争，则会损害资本家和普通工人的利益，导致资本家和工会的强烈反对；如果禁止监狱产品进入市场，则大多数罪犯就会因无事可做而混刑度日，罪犯再社会化的目的就会成为空中楼阁。从美国目前的司法实践看，其采取的措施首先是考虑社会强势阶层的利益，在此前提下，再考虑罪犯的再社会化问题。与美国不同的是，中国民众对监狱产品采取的是一种较为宽容的态度，因而在中国监狱产品是否与民争利不是一个问题。中国罪犯劳动的主要问题在于由于监狱经费体制的原因，在相当的时期内，监狱生产成为监狱经费的主要来源，由此导致了监狱生产对经济利益的强烈追求，并引发一系列其他问题，这就是罪犯劳动与监狱经济问题的由来。

二、中国监狱罪犯劳动存在的基本问题

（一）监狱经费问题

一般地说，罪犯劳动与监狱经济密切相关，因为只要是有社会价值和意义的劳动就会产生经济效益。但罪犯劳动与监狱经费并没有直接的关联，因为监狱经费由国家保障这是世界各国的通行做法，也是监狱作为国家刑罚执行机关的一个必然结果。从严格意义上讲，监狱经费问题不属于行刑制度的范畴，但由于中国监狱制度的特殊性，使得我们在考察监狱制度的时候，不得不考虑监狱经费问题，它是一切行刑制度得以存在与发展的物质基础。没有它一切行刑制度都只能是空中楼阁。由于特殊的历史原因，中国监狱经费长期以来绝大部分来源于监狱生产，这在计划经济时期，投入、供应、生产、销售全部依靠国家计划的情况下，监狱生产还可以创造部分收入以维持正常运转，许多监狱企业甚至长期巨额盈利。但改革开放以后，随着经济体制改革的不断深入，尤其是在市场经济体制逐步建立和完善起来的形势下，监狱生产的固有劣势：技术简单、产品档次低，

① 参见［美］理查德·霍金斯、杰佛里·P. 阿尔珀特：《美国监狱制度——刑罚与正义》，孙晓雳、林遐译，中国人民公安大学出版社1991年版，第157页。

劳动力素质差、地理环境恶劣、历史欠账多等问题充分暴露出来。随着这些负效应的逐渐释放，监狱生产也江河日下，一年不如一年，从20世纪90年代初出现亏损至今，监狱系统经营亏损挂账已达十几亿元，生产连年不景气，全行业大面积亏损，使监狱系统在1992年前后甚至出现了前所未有的大量拖欠干警工资、罪犯生活费等问题。[①] 1992年，山东聊城监狱亏损565万元，年底新班子上任时，该监狱在银行里只有622元现金，3200名罪犯的伙房里只剩下40袋面粉，不够一天的口粮，家属区的电被停了，干警子女晚上无法在电灯下做作业，全监狱670名干警有70名调走，且绝大多数是大中专毕业的年轻干警，监狱几乎到了无法维持的崩溃的边缘。[②] 黑龙江省六三农场曾连续39个月未发干警工资，严重影响了罪犯的改造。为了解决这一问题，1993年国务院第17次总理办公会议纪要和1995年初《国务院关于进一步加强狱政管理和劳动教养工作的通知》从干警经费、罪犯生活费、狱政建设投资、基建投资等方面确定了监狱财政保障体制和投资保障体制的主要内容和原则框架。虽然从表面上看，监狱经费问题似乎已得到基本解决，但实际上并非如此。1991年到1993年，监狱的三项主要业务经费"劳改业务费、劳改事业费、行政经费"的财政拨款不足50%；1994年，监狱三项经费支出为48.6亿元，其中财政拨款为23.4亿元，占48.1%。[③] 1991年到1993年，全国监狱系统累计完成生产投资规模41.7亿元，其中央安排的基本建设贷款为17.2亿元，占41.2%；1994年，全国监狱系统完成生产投资规模21.6亿元，在所完成的投资规模中，约有40%的资金由监狱生产单位自筹；1991年到1994年，狱政基本建设等非生产性投资总额为15.7亿元，国家（地方）拨款7.8亿元，仅占49.5%。[④] 由此可见，在1993年国务院第17次总理办公会议纪要颁布前后，不论是财政保障体制还是投资保障体制基本上没有大的变化，因而监狱经费问题并没有得到根本的解决。

1994年底颁布的《监狱法》从法律上明确规定了监狱的财政保障体制和投资保障体制。《监狱法》第8条第1款规定："国家保障监狱改造罪犯所需经费。监狱的人民警察经费、罪犯改造经费、罪犯生活费、狱政设施经费及其他专项经

---

① 张秀夫主编：《中华人民共和国监狱法讲话》，法律出版社1995年版，第119页。

② 参见高文：《山东省监狱系统三年改革实践的调查报告》，载《犯罪与改造研究》2001年第2期。

③ 张秀夫主编：《中华人民共和国监狱法讲话》，法律出版社1995年版，第127页。

④ 张秀夫主编：《中华人民共和国监狱法讲话》，法律出版社1995年版，第127~128页。

费，列入国家预算。"《监狱法》颁布之后，整个监狱系统的人们欢呼雀跃，认为监狱经费问题从此彻底解决了。但现实却给人们兜头泼了一盆冷水。据统计，在《监狱法》颁布后一年左右的时间里，全国有1/3的省份全额解决了监狱经费问题，1/3的省份部分解决，另有1/3的省份根本没有解决。

2003年1月31日，国务院下发了《国务院批转司法部关于监狱体制改革试点工作指导意见的通知》（以下简称《指导意见》），决定从2003年起，在黑龙江省、上海市、江西省、湖北省、重庆市和陕西省进行监狱体制改革试点工作。《通知》指出，监狱体制改革的主要任务，就是要建立"两个双轨运行"机制，即监狱刑罚执行管理与生产经营管理双轨运行、执法经费支出与监狱生产收入双轨运行的机制；实行"三个分开"，即监企分开、收支分开、监社分开，逐步实现"全额保障、监企分开、收支分开、规范运行"的监狱体制改革目标。监狱体制改革的目标之一就是要实现监狱经费的全额保障，但目前所谓的全额保障仅仅是最低标准的全额保障，如果市场和其他因素发生变化，连最低标准的保障也难以维持。例如，罪犯生活标准是按2002年的物价水平制定的，而现在由于物价上涨因素，这个标准已无法维持罪犯的正常生活水平。以湖北省为例，2002年罪犯生活费是1100元，试点全额保障后拨款标准为1800元，增加了63%，但同时大米单价2002年是0.71元，2003年下半年就涨到1.26元；猪肉则从每斤4元涨到5.5元，[①] 仅因物价上涨而造成的罪犯生活费提高，湖北省每年的经费缺口就达2400万元。[②] 除罪犯生活费外，其他经费也有不同程度的缺口。[③] 截止到目前，全国大多数监狱仍没有完全解决监狱经费问题，监狱生产仍是监狱经费

---

① 这是2003年的统计数字，2007年由于各种因素的影响，猪肉价格已涨到每斤13~14元。

② 参见陈志海：《关于监狱体制改革试点问题的调研报告》，载《犯罪与改造研究》2006年第3期。

③ 江西省警察业务装备消耗费，财政拨款标准是每人400元/年，而实际需要是每人800~1000元/年；湖北省警察医疗费财政拨款每年人均80元，而实际支出高达人均2800~3000元/年；江西省监狱警察经费财政拨款是每人21500元/年，实际支出为每人22000元/年；黑龙江省的监狱警察经费财政拨款为每人26500元/年，但哈尔滨监狱每月经费缺口为50万元，七台河监狱每年经费缺口为600万元。同时，在基本支出经费提高的情况下，其他专项经费的支出则大大减少。以狱政设施费为例，江西省的42072多米的监狱围墙中，不达标的围墙就有33304米，占总数的79.16%，危险围墙3538米，占8.41%。这些狱政设施的修缮没有专项经费是无法进行的。参见陈志海：《关于监狱体制改革试点问题的调研报告》，载《犯罪与改造研究》2006年第3期。

的重要或主要的来源。可以说，监狱经费问题过去是，今后相当长的时期内仍将会是制约监狱工作的关键问题，这个问题不从根本上加以解决，中国现代监狱行刑制度的建立就会成为海市蜃楼，可望而不可即。

（二）监狱任务的错位与罪犯劳动的异化问题

监狱经费保障不足造成的第一问题是监狱根本任务的错位。从理论上讲，监狱的根本任务是通过对罪犯实行惩罚与履行相结合，教育和劳动相结合的原则，将罪犯改造成守法公民。但由于没有足够的经费保障，使得监狱不得不把大量的精力和人力用于搞监狱生产。因为只有搞好监狱生产，争取好的经济效益，监狱才能生存。否则，监狱将难以为继。因此，在监狱工作中搞好生产才是第一位的任务，这实际上也就是中国监狱工作中争论了几十年的“改造第一”还是“生产第一”的问题，这个问题从20世纪50年代中国监狱制度建立之初就存在争论到现在也没有解决。笔者认为，中国监狱实际工作中从来就没有把改造放在第一位，而一直是把生产放在第一位。虽然现在主管部门修改了监狱工作方针，不再提“第一”还是“第二”的问题，但不争论不等于说问题就不存在了、解决了。只要监狱经费问题存在，监狱就永远走不出“生产第一”的误区，监狱的根本任务就永远不会在实践中得以实现。

监狱经费保障不足导致的第二个问题是罪犯劳动的异化。劳动作为改造和矫治罪犯的手段，并不是我国监狱特有的，而是国际上的通行做法。罪犯通过劳动，可以矫正恶习、磨炼意志并学会生产技能。但在我国现行体制下，由于监狱经费问题的存在，罪犯的劳动被异化了，由改造罪犯的主要手段演变成监狱获得经济效益的主要方式。监狱在组织罪犯劳动时，首先或主要考虑的不是如何通过劳动来改造罪犯、培养其谋生技能，而是考虑如何利用罪犯劳动来增强监狱的经济效益。在这种思维模式下，有些监狱出现了强制罪犯超时间、超体力劳动的情况，个别监狱甚至发生有的罪犯因过度劳累而引发其他疾病死亡的情况。

（三）监狱企业的性质和定位问题

从我国监狱工作的实际状况看，改造罪犯所需要的劳动岗位，90%以上由监狱生产提供，监狱生产是劳动改造罪犯的主要表现形式，而监狱企业则是劳动改造工作的主要组织形式。目前，我国共有监狱674所，押犯156万人，在职监狱警察28万人，在职职工21.4万人，刑满留场（厂）就业人员3万人；全国监狱系统共有企业1280家，其中直接安排罪犯劳动改造的企业903家，共提供罪犯劳动岗位97万个；监狱生产涉及工业、农业、服务业、加工业4大门类及机械、建材、矿山等27个行业，固定资产总额500多亿元。[①] 在传统的计划经济体制下，监狱与企业是一体的，同时发挥政治和经济的双重功能，由此导致了许多弊端，因而也成为监狱体制改革中的重点和难点问题。根据国务院《指导意见》的精神，监狱体制改革试点的目标之一就是要实现监企分开，但要真正实现监企分开，却又存在许多难以说明和无法解决的问题。首先，监狱企业从性质上应当是国有独资公司，应该按照公司法的有关规定进行组建、运作和规范，应该建立完整的公司治理结构。按照公司法的规定，公司是具有独立人格的经济组织，公司以其全部资产对外独立承担责任，公司没有上级主管单位，行政机关不能办公司。但《指导意见》却规定监狱国有独资公司是属于监狱局领导下的公司。其次，国家公务员不得兼任公司的董事、监事、经理。而实际上试点中监狱国有独资公司的董事、监事、经理都是人民警察和国家公务员。最后，也是最关键的问题，监狱国有独资公司既然是公司、企业，按照公司法的规定组建、规范、运作，那么追求经济效益就应当是监狱企业的根本的和主要的目标，而监狱则是要追求改造罪犯的政治目标和社会效益。在监企分开双轨运行的模式下如何实现政治目标和经济目标、社会效益与经济效益的统一又成为难以解决的问题。

与监狱企业性质和定位密切相关的是监狱企业人员的身份和地位问题。监企分开后，在监狱企业工作的人员属于什么身份，是企业职工还是继续保留公务员和警察身份，是监狱体制改革中最为敏感的问题，也是划到监狱企业工作的职工最为关心的问题。[②] 根据国务院《指导意见》的要求，到试点企业工作的人员是根据“人随事走，其待遇、编制不变”的原则，以委派的方式到监狱工作的，即被派到公司工作的人员，仍然属于监狱在编人员，其警察公务员的身份不变，工资待遇不变，在监狱仍保留相应的职级，并且规定一定的过渡期。在过渡期结束后，可以自行选择去留问题，愿意回监狱工作的，由监狱安排工作；愿意继续留在公司工作的，由公司安排，但不再保留警察身份。但这样一来，势必带来以下两个问题：第一，由于国家公务员和企业职工待遇的差别，也由于中国官本位而造成的两者之间社会地位的巨大反差，相信只有极少数人会选择放弃公务员和人民警察的职位而选择留在监狱企业，那么试点结束后监狱企业的管理就会成为一个棘手的问题；第二，监狱企业的工作人员一方面要负责罪犯生产劳动的管

---

① 参见张高平：《监狱体制改革的核心：建立与劳动改造罪犯相适应的监狱生产管理体制》，载《犯罪与改造研究》2006年第8期。

② 参见陈志海：《关于监狱体制改革试点问题的调研报告》，载《犯罪与改造研究》2006年第3期。

理，另一方面也要对罪犯进行管理、教育和改造，可以说他们是双重身份，履行双重职责。在试点期间由于同时保留国家公务员和人民警察身份，因而对罪犯的管理、教育和改造不是问题。但试点结束后，留在监狱企业的人员不再保留国家公务员和人民警察身份，但他们的工作性质和内容基本没有变化，在这种情况下他们对罪犯进行管理、教育、改造的法律依据在哪里？如果他们不履行职责或者滥用职权，又该如何处理？

（四）罪犯劳动报酬问题

相当长时期以来，中国监狱对给予罪犯劳动报酬一直持否定态度，主要原因有三：一是把罪犯劳动作为改造罪犯的手段，同时也是罪犯赎罪的一种方式，认为劳动是罪犯的法定义务，无偿劳动理所当然；二是我国监狱无偿向罪犯提供饮食、被服、医疗、教育等生活和改造必需的物品、条件和少量的零用钱，认为这就相当于罪犯的劳动报酬，因而不必再向罪犯支付劳动报酬；三是在市场经济条件下许多监狱企业生产经营不景气甚至出现亏损，没有能力向罪犯支付劳动报酬。强制无偿劳动改造罪犯的方式曾被认为是我国监狱管理的特色之一，由于我国几十年来极低的重新犯罪率和监狱企业良好的经济效益（改革开放之前监狱系统曾长期向国家财政上交大量经费），这种劳动改造方式被普遍认为是一种先进的刑罚执行制度。① 但目前，这种以强制无偿劳动为特征的罪犯劳动改造方式存在以下问题：第一，强制无偿劳动不符合市场经济条件下的劳动价值观和现代自由刑的基本法理。市场经济条件下最基本的劳动价值观是自愿有偿，现代自由刑理论认为剥夺自由就是对罪犯惩罚的全部内容。罪犯虽然被剥夺了人身自由，但并不影响其有权选择监狱机关提供的劳动项目和参加劳动后索取报酬的权利。② 第二，我国《监狱法》第72条明文规定："监狱对参加劳动的罪犯，应当按照有关规定给予报酬……"但监狱法颁布实施已10多年了，我国既没有建立统一的罪犯劳动报酬制度，各地方监狱在司法实践中也较少支付罪犯劳动报酬，这是对监狱法的公然的违反，既不利于维护监狱法的权威，也有违现代法治的基本精神和理念。有学者认为，我国监狱无偿向罪犯提供饮食、被服、医疗、教育等生活和改造必需的物品、条件和少量的零用钱以及罪犯资金就是罪犯的劳动报酬。但问题在于，罪犯的饮食、被服、医疗、教育等生活和改造必需的物品、条

① 参见甦著：《关于变革劳动改造方式的几点思考》，载《犯罪与改造研究》2000年第3期。

② 参见甦著：《关于变革劳动改造方式的几点思考》，载《犯罪与改造研究》2000年第3期。

件和少量的零用钱与罪犯劳动没有必须联系，不是罪犯劳动的结果，因为所有罪犯包括不参加劳动的老弱病残罪犯也都享有这些待遇。罪犯生产劳动所得的资金应当说具有劳动报酬的性质，但一方面这种奖励不能反映罪犯劳动的全部成果，另一方面罪犯资金制度不具有普遍性，有的监狱实施有的监狱不实施，因而很难说它是一项具有普适效力的法律制度。第三，罪犯劳动给予报酬是国际社会的通行做法。联合国《囚犯待遇最低限度标准规则》第 76 条规定："对囚犯的工作，应订立公平报酬的制度。"① 世界上绝大多数国家的监狱法或者刑事执行法都规定罪犯劳动应当给予劳动报酬，如《德国刑罚执行法》第 43 条规定，犯人从事分配的劳动或者辅助性劳动的，应当给予报酬；②《意大利共和国监狱法》第 22 条规定："根据实际提供劳动的数量和质量以及囚犯劳动的工种，对各类劳动人员确定报酬，该报酬额平均不超过同业工人工资的 2/3"③；《芬兰共和国刑事监禁法》第 26 条规定："劳动报酬应当按照从事劳动所消耗的时间或者劳动成果付给。为了确定劳动报酬，应当根据劳动的要求、难度、专业技术和劳动所要求的职业训练等因素，对劳动进行分类。"④ 目前明确在法律中规定罪犯劳动没有报酬的国家是日本，《日本监狱法》第 27 条明确规定："劳动的收入应全部归国库所有"；但同时规定，"在监者进行劳动，可依命令的规定发给资金"。⑤ 日本监狱法关于罪犯劳动报酬归国库的规定在世界刑事执行立法中可以说是绝无仅有的，但近年来，日本虽然仍坚持罪犯劳动收入全部归国库的做法，但对罪犯的劳动奖金则有松动的趋向，奖金数量呈逐年增长的态势，这可能是一种不得已而为之的顺应历史潮流的改革。⑥

---

① 程味秋、[加] 杨诚、杨宇冠编：《联合国人权公约和刑事司法文件汇编》，中国法制出版社 2000 年版，第 196 页。

② 参见中华人民共和国司法部编：《外国监狱法规汇编》（二），社会科学文献出版社 1988 年版，第 277 页。

③ 中华人民共和国司法部编：《外国监狱法规汇编》（二），社会科学文献出版社 1988 年版，第 273 页。

④ 中华人民共和国司法部编：《外国监狱法规汇编》（四），社会科学文献出版社 1989 年版，第 154 页。

⑤ 参见中华人民共和国司法部编：《外国监狱法规汇编》（二），社会科学文献出版社 1988 年版，第 354～355 页。

⑥ 参见杨殿升、张金桑主编：《中国特色监狱制度研究》，法律出版社 1999 年版，第 350 页。

三、中国监狱罪犯劳动改革的基本思路与发展模式

（一）罪犯劳动应遵循的基本原则

1. 劳动是改造罪犯的基本手段。劳动在改造罪犯中的积极功能和作用已为我国几十年的监狱司法实践所确证，我国相关刑事法律也明确规定劳动改造是改造罪犯的基本手段。因此，无论何时、何地和何种情况下，也无论罪犯情况如何变化，劳动作为改造罪犯基本手段的法律地位都不能变。在确定劳动改造是改造罪犯的基本手段的法律地位的同时，还应注意对劳动改造手段的合理定位，即劳动改造是改造罪犯的基本手段之一而不是全部手段，要使罪犯顺利地实现再社会化，除了要运用劳动改造的手段以外，还要运用教育改造、狱政管理、心理矫治等多种改造罪犯的手段和方法。不能过分夸大劳动改造在罪犯改造中的地位和作用。

2. 不得把劳动作为惩罚罪犯的手段。劳动改造与苦役劳动的根本区别就在于前者以罪犯复归社会为目的，因而劳动是改造罪犯的手段，后者以关押惩罚为目的，因而劳动是惩罚罪犯的方式之一。现代世界各国基本法治国的刑罚目的，都把罪犯劳动作为罪犯再社会化的手段之一，严禁把劳动作为惩罚罪犯的方式。联合国《囚犯待遇最低限度标准规则》第 71 条（1）规定："劳动不得具有折磨性质。"①《西班牙监狱组织法》第 26 条第 1 款规定：劳动不得作为折磨和惩罚犯罪的手段。②《阿根廷共和国国家监所法》第 54 条规定："监所中的劳动是一种处遇，而不是附加的惩罚。"③《意大利共和国监狱法》第 20 条规定："监狱劳动不具有惩罚性并支付报酬。"④ 我国监狱法没有明确规定罪犯劳动不具有惩罚性，但监狱法关于罪犯劳动和罪犯权利的相关规定都明确表明我国监狱的罪犯劳动不是惩罚罪犯的手段，如《监狱法》第 70 条规定："监狱根据罪犯个人情况，合理组织罪犯劳动……" 上述规定都表明我国监狱的罪犯劳动是改造罪犯的手段而不是惩罚罪犯的方式。

---

① 程味秋、［加］杨诚、杨宇冠编：《联合国人权公约和刑事司法文献汇编》，中国法制出版社 2000 年版，第 195 页。

② 中华人民共和国司法部编：《外国监狱法规汇编》（一），社会科学文献出版社 1988 年版，第 373 页。

③ 中华人民共和国司法部编：《外国监狱法规汇编》（一），社会科学文献出版社 1988 年版，第 395 页。

④ 中华人民共和国司法部编：《外国监狱法规汇编》（二），社会科学文献出版社 1988 年版，第 272 页。

3. 有劳动能力的罪犯必须参加劳动，这是执行刑罚的内容，也是罪犯的法定基本义务。我国《监狱法》第69条规定："有劳动能力的罪犯，必须参加劳动"；《刑法》第46条规定："被判处有期徒刑、无期徒刑的犯罪分子，在监狱或者其他执行场所执行；凡有劳动能力，都应当参加劳动，接受教育和改造。"根据我国刑法、监狱法的规定，有劳动能力的罪犯，必须参加劳动，因而参加劳动是我国罪犯的法定义务，必须履行。有劳动能力的罪犯如果不愿参加劳动，监狱可以强制其参加，这是由罪犯劳动义务的本质所决定的。罪犯劳动与普通公民劳动不同，普通公民的劳动是宪法规定的一项公民权利，由权利的性质所决定，普通公民可以参加劳动也可以不参加，参不参加劳动完全凭公民个人的意愿。但罪犯劳动却具有义务和权利的双重性质，罪犯劳动的义务性决定了其参加劳动的强制性，罪犯劳动的权利性决定了监狱机关应当发给其劳动报酬、保障劳动安全和其他合法权益。就罪犯来说，其劳动的义务性远远超过了权利性。关于是否应当强制罪犯劳动，世界各国由于价值观不同，因而刑事执行立法对此有不同的规定。以加拿大为代表的一些西方国家，遵循意志自由原则，认为罪犯劳动应当在完全自愿的情况下进行，不得强迫罪犯劳动。日本有关法律规定只有那些判决时负有劳动义务的惩役犯在监狱服刑期间必须参加劳动，而那些判决时不负劳动义务的监禁犯在监狱服刑期间可以自愿参加劳动。英国、西班牙、阿根廷等国家的刑事执行法律规定罪犯必须参加劳动，如《英国监狱法规汇编》（二）第1152条规定："囚犯每天必须参加有益的劳动"；①《西班牙监狱组织法》第26条规定："劳动是犯人的权利和责任，是改造犯人的根本手段"；②《阿根廷共和国国家监所法》第55条规定："劳动对于被监禁者来说是强制性，"第56条规定："如果犯人没有正当理由而拒绝劳动，将被看做是严重违反纪律，并受到纪律制裁。"③ 由此可见，罪犯劳动是自愿劳动还是强制劳动完全取决于一国占统治地位的劳动价值观和由此决定的相关法律对于罪犯劳动的规定，认为强制罪犯参加劳动是侵犯罪犯人权的观点是没有根据的。

4. 罪犯应当参加有价值和效用的劳动，即罪犯的劳动应当具有社会意义和

---

① 中华人民共和国司法部编：《外国监狱法规汇编》（二），社会科学文献出版社1988年版，第161页。

② 中华人民共和国司法部编：《外国监狱法规汇编》（一），社会科学文献出版社1988年版，第272页。

③ 中华人民共和国司法部编：《外国监狱法规汇编》（一），社会科学文献出版社1988年版，第395页。

经济效益，而不应当是没有任何效用和价值的无效劳动。强调罪犯劳动的有效性，可以增强罪犯与社会的联系及对社会的归属和依赖感，认识到自己劳动的价值，增强回归社会的自信心。

（二）监狱经费改革应贯彻全额保障、监企分开的原则

监狱经费问题是中国监狱最主要和最根本的问题，也是长期以来制约中国监狱发展的瓶颈问题，这个问题一天不解决，所谓中国监狱改革发展的一切美妙构想都是空中楼阁。监狱经费问题的存在，一方面是国家经济尚不发达的原因，另一方面而且更重要的是国家的政策和观念的原因。如果说新中国成立之初国家让监狱搞生产、自给自足是不得已而为之，因为当时国家财政经济确实困难，那么新中国成立都60多年了，国家的财政状况比当时不知好了多少倍，现在仍然强调种种理由而拖欠监狱经费是说不过去的。为什么其他国家机关，如政府、军队、公安、法院等都不存在这个问题，而唯独监狱就存在呢？说到底是决策机关没有真正重视这个问题，总认为监狱还过得去，殊不知基层监狱的人民警察付出了怎样的劳动与艰辛！他们名义上是国家公务员，是人民警察，可他们却从没有享受与这些称谓相对应的待遇。他们每天工作十几个小时，却连工资都拿不全，甚至拿不到。在社会主义市场经济的今天，让吃不上饭的监狱人民警察去从事如此艰辛的工作，我们的决策者们于心何忍？从另一个角度讲，法律是国家意志的体现，法律一经制定，就具有约束力，一切政党、国家机关、社会团体必须严格执行。现在的问题是国家制定了法律，同时它自己又不执行，法律的严肃性何在？权利受到侵害的监狱及其人民警察们是否可以对中央及地方政府提起行政诉讼，要求政府履行法定义务，依法维护自己的合法权益呢？果真如此，那真是中国监狱的黑色幽默，也是整个国家的悲哀。值得欣慰的是，国家目前已经认识到监狱经费问题对于监狱改革和发展的重要性，这次中央确定的监狱体制改革的核心任务之一就是“全额保障”。从目前全国监狱体制改革试点单位监狱经费运行情况看，虽然都不同程度地存在这样或那样的问题，但总体情况良好，如果按照这种思路和趋势运行下去，相信制约中国监狱发展的最关键的问题——监狱经费问题彻底解决的日子已为期不远。

中国监狱改革与发展的另外一个瓶颈问题就是监企分开问题。在解决监狱经费问题以后，监企分开具备了一个基本的前提。因为如果监狱企业负担着解决监狱经费的任务，那么监狱与企业就永远不可能分开。但在监狱经费全额保障的前提下，监企分开仍然存在许多疑难问题需要解决，我们认为，要真正实现监企分开，必须通过立法解决以下问题：

（1）监狱企业的性质问题。我们认为，监狱企业是依法为劳动改造罪犯提

供劳动场所和生产手段的特殊企业，是监狱改造罪犯工作的重要组成部分。因此，监狱企业的法律依据既不是企业法，也不是公司法，而是监狱法；监狱企业的主要任务是通过劳动改造将罪犯改造成守法公民，而不是以营利为主要目的；监狱企业的主要劳动力是罪犯。上述因素决定了监狱企业虽然名为企业，但实际上与社会一般企业根本不同，因此应当实行特殊管理，享受特殊政策，并应特别立法。①

（2）监狱企业管理人员的法律地位问题。本次监狱体制改革对监狱企业管理人员的身份采取了模糊处理的办法，即目前仍然是监狱人民警察和公务员身份，过渡期结束后，监狱企业人员即与监狱分开，不再是公务员，现有人员去留自愿。我们认为，无论何时，监狱企业管理人员也都要保留人民警察和国家公务员身份。这不仅是因为监狱企业的特殊性质，而主要是因为监狱企业的管理人员要承担教育改造罪犯的职责，如果他们不是监狱人民警察和国家公务员，他们就没有相应的职责和权利，他们对罪犯的管理、教育和改造就丧失了法律的根据。

（3）监狱是否应当参与市场竞争。以美国为代表的西方国家考虑到资本家的利益，不允许监狱生产参与市场竞争，不允许监狱产品进入市场。我国有也有学者认为监狱生产先天不足，缺乏市场竞争的条件，因而主张监狱生产要退出市场竞争，专门进行公共产品的生产，并且产品由政府回购。但问题在于，一方面，罪犯劳动应当是有社会意义的有效劳动，只有产品进入市场，得到市场的认可并在竞争中胜出，罪犯的劳动才算得到社会的承认，也才是有社会意义的、有价值的劳动。另一方面，我国有 156 万罪犯，而政府能提供的公共劳动毕竟有限，如此一来，势必会出现许多罪犯无所事事的局面，不但不利于罪犯管理，而且无法实现罪犯再社会化的目标。因此，应当鼓励有竞争能力的监狱参与市场竞争，让罪犯切身体验市场经济的规律和法则，实现其劳动价值，分享劳动成果。对于缺乏市场竞争能力的监狱企业，可以考虑安排政府公共产品的生产，也可以搞来料加工、来件装配等劳动形式。

（4）监狱企业应否营利。既然是企业，当然就应当营利，否则就不能称之为企业。但监狱企业与社会企业的最大不同是，社会企业营利是第一目标，所有的工作都要围绕营利来进行；而监狱企业改造罪犯是第一目标，所有的工作都要围绕改造罪犯来进行。但监狱企业在改造罪犯的前提下，也要努力实现营利。监狱企业不营利，意味着参与市场竞争的失败，也意味着罪犯的劳动没有得到社会

① 参见张高平：《监狱体制改革核心：建立与劳动改造罪犯相适应的监狱生产管理体制》，载《犯罪与改造研究》2006 年第 8 期。

的承认；同时，监狱企业不营利，监狱法规定的罪犯的劳动报酬就会因没有物质基础而无法实现。因此，监狱企业不应当把营利作为自己的第一位的工作目标，但应当尽最大努力实现营利。

（三）建立合理的罪犯劳动报酬制度

建立罪犯劳动报酬制度，让罪犯从劳动中获得实际利益，有利于激发罪犯劳动的积极性、主动性，体会劳动意义的价值，罪犯在劳动中也能创造价值，使其感觉到自己是一个有用的人，从而培养他们自食其力的意识；[①] 有利于减轻罪犯的家庭负担，也可以为其积蓄出狱后的生活费或就业基金。[②] 我国相关法律、法规虽然没有关于罪犯劳动报酬的具体规定，但有些地方的监狱管理机关或者监狱自己尝试建立了罪犯劳动制度，如北京市监狱管理局自2002年年初开始实施《关于给予罪犯劳动报酬的暂行规定》，在全国首先将罪犯参加劳动应得报酬以法规形式确定下来。《关于给予罪犯劳动报酬的暂行规定》对给予劳动报酬的范围、条件以及分配原则和分配办法都做了明确的规定：狱中凡是“直接从事生

---

① 罪犯劳动报酬制度对于罪犯充分认识自己的个人价值意义重大。北京市监狱一名罪犯在看过监狱在楼道里张贴的“一季度罪犯劳动报酬一览表”后，激动地说：“我也是劳动者了，在监狱里我也能挣钱了。”北京市第二监狱服刑人员李某，于1992年因犯有诈骗罪，被判处有期徒刑12年，目前已经在监狱度过了8年改造生活。今年4月，他第一次拿到了监狱发给他的劳动报酬共计130元。在全市各监狱名列前茅。李某说，从经济状况来说，他并不很需要这点钱。但是，监狱发给他的时候他从心里高兴。因为这是他自己的劳动所得，他没有想到自己在监狱里的劳动改造也能体现自己的价值，也能获得政府的承认。

② 北京第二监狱服刑罪犯张某因为犯有盗窃和受贿罪被判处死刑，缓期两年执行。由于他在狱中积极参加劳动改造，认罪伏法，多次被减刑，目前余刑只剩下了8年多。张某说，入狱十几年来，他是亲身感受着监狱发展变化的。去年，市监狱局有关领导到监狱搞调研，当时提出有可能给罪犯以相对稳定的劳动报酬，他没有想到这么快就成为现实了，这对于张某来说，有如及时雨，极大地缓解了他的经济困难。张某入狱以后，爱人离他而去，剩下80多岁的老母亲和当时尚未成年的女儿。虽然现在女儿已经长大成人，大学毕业并参加了工作。但是，他的老母亲还需要他的照顾。过去，按照现实表现，张某每个月的零用钱是180元，但是实际上他每个月只花50元。他说，自己犯了罪，不能照顾家人了，所以他尽最大努力减轻家人的负担，除了一些必需的日用品，他基本不花钱。张某在狱中的劳动表现一向良好，经常获得监狱等各级的奖励。每次他都能获得监狱发给的奖金。去年他曾拿了90元钱，是全监狱最多的。今年监狱开始实行劳动报酬制度，第一次发放他拿到了130元。他说，这样他就可以不要家人给他存钱了，如果省着点儿花，他还可以拿出一部分贴补家里。张某的家人听说监狱发放劳动报酬的事，简直有点不相信：“你们还发‘工资’？”资料来源：《北京青年报》2002年8月8日。

产劳动的罪犯；为保证生产劳动正常进行，从事生产管理、设施维修和维护劳动现场秩序的罪犯；在食堂、卫生和其他服务性岗位劳动的罪犯”都在给予劳动报酬的范围。罪犯能够获得劳动报酬的条件是：“已取得劳动上岗资格，并进行劳动计分考核的；在生产劳动中未发生因违反纪律规定，受到警告及警告以上处分的；遵守安全生产规定，未发生因故意违章，造成安全生产事故的；完成劳动生产任务、保证产品质量，残、次、废品率不超过规定指标的。”劳动报酬具体的分配办法是：（1）按件计酬；（2）按效益计酬；（3）按劳动技能确定专业技术等级，按等级计酬；（4）按超定额累计计酬；（5）按岗位计酬。规定中要求各监、所可按一种或数种办法进行计酬。全市第一季度发放劳动报酬达18万元，获得劳动报酬的罪犯占全部参加劳动罪犯的98%。全市罪犯获得劳动报酬最高的达150元，最少的则只有0.64元。[①] 目前我国福建、甘肃等省也建立了罪犯劳动报酬制度。

考虑到罪犯的自制能力一般都比较弱，因此罪犯劳动报酬制度应对罪犯劳动报酬的管理作出明确规定，这也是许多国家的通行做法，如《比利时监狱规则》第66条、第67条和第68条规定，监狱犯人劳动产品收入的4/10作为利润上缴国家，所余6/10作为储备金；扣除的储备金份额不得随便运用，这个份额的一半为犯人的劳役金，在犯人出狱时或出狱后某个时期交给犯人，另一半则作为犯人被拘禁期间支出的福利费；司法部长可以决定是否抽取劳役金的一半用于下列开支——帮助有急需的犯人家属，替犯人付债，用于为犯人重新安排工作或其他利益的费用。[②]《阿根廷共和国国家监所法》第66条规定，犯人劳动的收入将按下列比例进行分配：（1）根据判决规定，收入的10%要用于赔偿因犯罪造成的损失和损害；（2）根据民事法律，35%用于生活费；（3）25%用来支付被监禁者在监所的开销；（4）30%用作被监禁者的私人钱款。[③] 我们应当借鉴国外监狱法规的有关规定，明确规范罪犯劳动收入的分配比例：（1）罪犯劳动收入的20%用于赔偿罪犯因犯罪而给国家和社会造成的损失，有具体被害人的案件，应当赔偿被害人；（2）罪犯劳动收入的30%作为储备金，在罪犯释放时一并发给，作为罪犯出狱之初的生活费或者再就业资金；（3）罪犯劳动收入的20%作为家

---

① 资料来源：《北京青年报》2002年8月8日。

② 参见中华人民共和国司法部编：《外国监狱法规汇编》（四），社会科学文献出版社1989年版，第193页。

③ 参见中华人民共和国司法部编：《外国监狱法规汇编》（一），社会科学文献出版社1988年版，第397页。

庭补助金，由监狱直接支付给罪犯的亲属；没有亲属或者家庭确实不需要则转为储备金；（4）罪犯收入的20%由罪犯自由支配，享受自己的劳动成果。

（四）建立与市场经济相适应的罪犯职业技能培训制度

罪犯再社会化的关键是出狱后可以自食其力，在市场经济体制下，罪犯职业技能的培训尤为重要。市场经济是竞争经济，其结果是优胜劣汰。随着我国社会主义市场经济的进一步发展，就业竞争逐年加剧，失业人员增多，许多大学毕业生都难以找到称心如意的工作。在正常人找工作都很困难的情况下，有过前科的刑释解教人员就业的困难和压力更可想而知了。因此，罪犯职业技能培训的核心和关键就是要全面提高市场经济条件下罪犯和劳教人员的就业竞争能力。市场经济形势下虽然就业竞争激烈，但也存在很多契机。在市场经济形势下企业和单位更加注重利润和效益，因而更加看重的是人的能力而不仅仅是学历，具有一技之长的人员在用人市场是非常受欢迎的。目前罪犯职业技能培训要特别注意两点：一是将职业技能培训与服刑劳教人员在监所内的劳动结合起来；二是将职业技能培训与市场需求结合起来，市场需要什么技术就培训什么技术。这样一来，服刑劳教人员大都学到了市场急需的各种技术，大大提高了就业竞争能力，回归社会后很受社会企业和其他单位欢迎。在提高罪犯在市场经济条件的就业竞争能力方面，青岛市司法局的经验值得关注。为提高素质技能教育培训的针对性和实用性，切实帮助服刑劳教人员掌握1～2种谋生技能，青岛市司法局下辖的监狱在单独开办各类技能教育培训班的基础上，积极与各区市司法局开展联合技能培训，根据监狱生产需要和社会就业情况共同确定教育培训科目、对象和内容，实现了监狱生产技能培训与社会就业技能培训的有机结合。目前，狱所单独开办机械加工、财会等培训24个专业，31个班；狱所与社会联合开办养殖、种植、电脑等18个专业，14个班，3880人获得各类国家承认的学历、资质和职业资格证书，使有接受能力服刑劳教人员的培训率达到100%。例如，2005年9月，青岛监狱与即墨市司法局签订了《联合帮教协议书》，在罪犯出监教育期间签订协议，等罪犯刑释后免费提供17个专业的职业技能培训，提供就业需求信息，让罪犯在服刑期间就能解决就业问题。截至2007年4月，有16名罪犯与即墨市司法局签订了《职业技能培训及就业意向书》；与黄岛司法局达成意向对本区籍罪犯实行委培制，现有45名黄岛籍罪犯参加了家电维修等职业班的学习。2006年9月21日，黄岛区创业技能培训宣讲团到监狱举办“创业技能培训讲座”，60余名黄岛籍罪犯接受了培训。

论我国刑法中的限制减刑

刘德法*

2011年5月1日施行的《刑法修正案（八）》，为了弥补我国刑罚体系"死刑过重，生刑偏轻"的结构性缺损，在取消13种犯罪的死刑后，不但将有期徒刑并罚的最高刑期由原来的20年加长至25年、无期徒刑减刑后实际执行的期限由10年提高至13年，而且新规定了死刑缓期执行期满后减为无期徒刑的实际执行期限不能少于25年，缓期执行期满后减为25年有期徒刑的，实际执行不能少于20年，这使得我国刑罚结构在整体上更趋合理。同时，《刑法修正案（八）》第4条第2款规定："对被判处死刑缓期执行的累犯以及因故意杀人、强奸、抢劫、绑架、放火、爆炸、投放危险物质或者有组织的暴力性犯罪被判处死刑缓期执行的犯罪分子，人民法院根据犯罪情节等情况可以同时决定对其限制减刑。"对于该条规定中的"人民法院根据犯罪情节等情况可以同时决定对其限制减刑"，我们称之为限制减刑，在理论上如何界定其性质，司法实践中如何准确适用，都是一个全新的问题，需要进行深入的研究，以科学地指导刑事司法实践。

一、限制减刑的性质

根据《刑法》第50条第2款之规定，限制减刑，是指对于判处死缓的累犯以及其他严重犯罪被判处死缓的犯罪分子，人民法院根据其犯罪情节、人身危险性等情况，可以在作出裁判的同时决定对其死刑缓期执行期满后的减刑幅度进行一定限制的刑罚制度。限制减刑是法院在一审或二审判决中单独宣告的，不同于在判决生效执行过程中对原判刑期的裁定缩短，它不是根据罪犯在改造中的表现对生效判决的刑罚所作出的变更，而是根据犯罪分子在审判之前的犯罪情节和人身危险性所作出的减刑限制。因此，限制减刑，尽管其在实质内容上属于减刑问题，但它不属于对原判刑罚判决生效后的行刑制度，而属于对死缓罪犯刑罚的判决内容，其性质应当属于死缓制度的范畴。事实上，从刑法规定的形式上看，《刑法修正案（八）》第4条新增加的关于死缓罪犯的限制减刑规定，被作为

---

* 郑州大学法学院教授，法学博士，河南省特聘教授。兼任中国刑法研究会理事、河南省刑法研究会常务副会长。

《刑法》第50条的第2款，其内容属于死缓期满后的一种处理结果，这种有关限制减刑的内容是一种提示性规定，其目的一是为了与2011年修正的《刑法》第78条第2款第3项相衔接，即“人民法院依照本法第五十条第二款规定限制减刑的死刑缓期执行的犯罪分子，缓期执行期满后依法减为无期徒刑的……”，减刑后实际执行的刑期“不能少于25年，缓期执行期满后依法减为25年有期徒刑的，不能少于20年”。这就将死缓被告人的限制减刑纳入到判决的内容中，限制了执行阶段对死缓犯的减刑幅度。二是要拉开死缓被告人与无期徒刑、有期徒刑并罚实际执行刑期的距离，避免死刑缓期执行期满减刑后实际执行的刑期少于甚至等于无期徒刑、有期徒刑并罚减刑后实际执行的刑期，真正实现罪责刑一致的原则。1997年7月26日，最高法院《关于办理减刑、假释案件具体应用法律若干问题的规定》第9条第1款规定，死缓罪犯在死刑缓期执行期间，如果确有重大立功表现，2年期满以后，减为15年以上20年以下有期徒刑；该条第2款规定“对死刑缓期执行罪犯经过一次或几次减刑后，其实际执行的刑期，不得少于12年（不含死刑缓期执行的2年）”，而原来法律规定无期徒刑减刑后实际执行的刑期不得少于10年，即不得少于10年但可以高于10年，因此从理论上讲，死缓犯减刑后实际执行的刑期可能等于或少于无期徒刑的实际执行期限。从死刑宣告到实际执行的12年刑期，对于死缓犯的实际刑罚效果表现为“名重实轻”，而对无期徒刑而言则可能是“名轻实重”。为了从根本上改变这种实际刑罚轻重无序的局面，《刑法修正案（八）》不但将无期徒刑减刑后实际执行的刑期限制为不少于13年，而且将死缓罪犯减刑后的实际执行刑期限限制为不少于25年或20年，这就保证了死缓罪犯与无期徒刑、有期徒刑并罚的实际执行期限的年限差距。

根据《刑法》第78条之规定，我国刑法中的减刑，是指对判处管制、拘役、有期徒刑、无期徒刑的犯罪分子，根据其在刑罚执行期间的悔改或立功表现，从而由法院裁定缩短原判刑期的制度。减刑是我国刑法所特有的一项刑罚执行制度，死缓也是我国独有的死刑执行方式，与之相应的，对死缓被告人限制减刑的规定必然独具中国特色。限制减刑与减刑，虽然在实质内容上都涉及原判刑罚的变更问题，在程序上也是由人民法院组成合议庭进行审理后作出的选择性结果（即都是“可以”而非“应当”适用），但二者却有着根本的差异：（1）适用范围不同。减刑可以适用于所有被判处管制、拘役、有期徒刑、无期徒刑的犯罪分子，包括死刑缓刑执行期满后减为无期徒刑、有期徒刑再次减刑的情形。限制减刑，只可以适用于被判处死刑缓期执行的累犯以及因故意杀人、强奸、抢劫、绑架、放火、爆炸、投放危险物质或者有组织的暴力性犯罪被判处死刑缓期执行的犯罪分子。显然前者的适用范围大于后者。（2）适用程序不同。减刑是由法院以裁定的形式作出的，而限制减刑则由法院以一审或二审判决形式决定适用，而且人民法院对被判处死刑缓期执行的被告人所作的限制减刑决定，应当在判决书主文部分单独作为一项予以宣告。（3）法律性质不同。减刑属于刑罚执行制度，它是定罪量刑活动的自然延伸，是对原判刑罚的执行变更。对死缓犯的限制减刑，则属于死缓制度的内容，它是原判决书主文的一部分独立内容，是对死缓罪犯执行过程中减刑的一种特殊限制。（4）适用的时间不同。减刑裁定作出的时间在判决生效后的刑罚执行阶段，是对罪犯适用的。限制减刑作出的时间在审判阶段，是对刑事被告人适用的。（5）适用的根据不同。减刑的根据是罪犯在执行过程中的改造效果和悔罪表现，是对现实改造情况的评价。限制减刑的根据是被告人已实施犯罪的情节以及由犯罪事实所表现出的被告人人身危险性程度，是对未来再犯可能性的预测。

根据以上分析，对于《刑法》第50条第2款规定的内容，依法只能称之为限制减刑，而不能称为对减刑限制。后者指的是在死缓判决生效后并交付执行的过程中，对缓期执行2年期满后减为无期徒刑或25年有期徒刑的再减刑的实际执行期限的限制，而不是对死缓罪犯期满后的处理结果的限度要求。减刑限制，只能是针对死缓后的无期徒刑或25年有期徒刑实际执行最低年限的规定，这不属于对死缓被告人的限制减刑范畴。

二、限制减刑的适用条件

对死缓被告人的限制减刑，在我国刑法中是一个全新的规定，但它又是涉及被告人人身权利的刑罚制度，适用准确则可以有效地预防再犯，发挥刑罚的威慑作用，用之不当则可能堵塞被告人在执行中的自新之路，也会给执行场所改造罪犯工作带来不必要的困难。因此，必须依法严格把握适用限制减刑的实体条件。

1. 适用限制减刑的对象必须是被判处死刑缓期执行的累犯以及因故意杀人、强奸、抢劫、绑架、放火、爆炸、投放危险物质或者有组织的暴力性犯罪被判处死刑缓期执行的犯罪分子

对于适用对象中的具体范围问题，我们认为其中的累犯不受前后罪性质的影响，只要应当受死刑缓期执行的刑罚宣告即可适用限制减刑。对于其中“故意杀人、强奸、抢劫、绑架、放火、爆炸、投放危险物质”的犯罪，是指特定的罪名还是具体犯罪行为，目前没有明确的司法解释。根据2002年7月24日全国人大法工委《关于已满14周岁不满16周岁的人承担刑事责任范围问题的答复意见》的精神，相对负刑事责任年龄的人实施了第17条第2款以外的犯罪行为，

只要该行为包含有故意杀人、强奸、抢劫等行为，如拐卖妇女儿童而故意造成被害人死亡的，依据刑法是应当追究其刑事责任的。因此，《刑法》第50条第2款中规定的"故意杀人、强奸、抢劫、绑架、放火、爆炸、投放危险物质"，应当是具体的犯罪行为，而不是具体的罪名，如被告人在拐卖妇女儿童的过程中，奸淫被拐卖的妇女的；或者以出卖为目的，绑架妇女儿童的，虽然认定被告人的犯罪性质是拐卖妇女儿童罪，该罪虽也不在第50条第2款规定的罪名中，但其中包含了强奸、绑架行为，可能被判处死刑缓期执行，在判决中依法是可以对其决定限制减刑的。其中的"有组织的暴力性犯罪"，首先要明确哪些是有组织犯罪。在我国刑法分则规定的罪名中，由首要分子组织他人实施的必要共同犯罪形式，就是有组织犯罪，对于其中起组织、领导、指挥作用的首要分子，直接按照刑法分则的规定进行处罚。有组织犯罪的范围应当包括：分裂国家罪，煽动分裂国家罪，武装叛乱、暴乱罪，颠覆国家政权罪，煽动颠覆国家政权罪，组织越狱罪，聚众冲击国家机关罪，聚众斗殴罪，暴动越狱、持械劫狱罪，聚众冲击军事禁区罪，聚众扰乱军事管理区秩序罪，组织、领导、参加黑社会性质组织罪，组织、领导、参加恐怖活动组织罪以及其他以犯罪集团形式实施的其他犯罪。①其次，要明确暴力犯罪的含义。一般认为，"暴力犯罪是指行为人故意以强暴手段，侵害他人的人身和公私财产，依法应当受到刑罚处罚的行为"。②据此，可以将"有组织的暴力性犯罪"界定为：首要分子故意组织他人实施以强暴手段侵害他人人身或公私财产的必要共同犯罪。对于应当判处死刑缓期执行的被告人，通常是有组织暴力性犯罪的组织、领导、指挥者或在有组织犯罪中起主要作用的积极参加者。例如，积极参加黑社会性质组织，并且故意伤害致人死亡的犯罪分子，其既非组织、领导者，所犯罪行也非第50条第2款明示或包含的具体犯罪行为，但却属于参与"有组织的暴力性犯罪"而应判处死缓的被告人，依法就可以判决限制其减刑的幅度。有必要指出的是，这里的"有组织的暴力性犯罪"，一是要与第50条第2款明示的故意杀人、强奸、抢劫、绑架等犯罪，在性质上应属于具有相当性的严重暴力性犯罪，而排除可能判处死缓的非暴力性犯罪；二是宣告刑是死刑缓期执行并需要限制减刑的被告人。

2. 适用限制减刑的前提是被告人被判处死刑缓期执行

对于管制、拘役、有期徒刑、无期徒刑的减刑，我国刑法都有一定限度的限制。例如，刑法第78条规定对判处管制、拘役、有期徒刑的，减刑后实际执行

---

① 参见赵辉：《组织犯及其问题研究》，法律出版社2007年版，第13页。

② 叶高峰主编：《中国暴力犯罪对策研究》，法律出版社1998年版，第12页。

的刑期不能少于原判刑期的1/2，判处无期徒刑的，不能少于13年。但这都属于减刑制度的内容，不包括死刑缓期执行在内。限制减刑只能适用于被宣判死缓的被告人，它是我国死缓制度的组成部分，是对死缓罪犯缓期执行期满减刑后实际执行刑期的限制。

3. 限制减刑的实质条件是被告人的犯罪情节、人身危险性等决定其具有的再犯可能性

对死缓被告人将来能否限制减刑，是法院在作出死缓判决时的一个选择性内容。2011年修正的《刑法》第50条第2款规定“……人民法院根据犯罪情节等情况可以同时决定对其限制减刑。”而不是对所有被判处死缓的累犯或其他严重犯罪分子都“应当”限制减刑。那么如何理解和把握法律规定的“犯罪情节等情况”就成为至关重要的问题，它也是决定是否需要判决限制减刑的实质性条件。关于限制减刑的实质性条件，《刑法修正案（八）》使用的是笼统的“犯罪情节等情况”，很不具体，无法把握。2011年4月25日公布的最高人民法院《关于死刑缓期执行限制减刑案件审理程序若干问题的规定》（以下简称《规定》）第1条将其解释为“犯罪情节、人身危险性等情况”，虽依旧模糊，但却给我们提示一个考虑问题的思路，即在把握限制减刑的实质条件时应从主客观两个方面进行考察，既要看被告人所犯罪行的性质、造成的实际危害结果、犯罪手段等决定犯罪社会危害性程度的客观情节，还要看犯罪前后及犯罪过程中被告人犯罪的动机、一贯表现、刑罚宣告时的年龄、犯罪的意志、犯罪后的悔罪态度等决定其人身危险性程度的情节。根据这些主客观情节，如果认为死缓被告人的犯罪较重、改造难度大、有较大再犯可能性的，在宣告其死缓时，就可以同时决定其缓期期满减刑后实际执行的年限或幅度。仅就刑罚宣告时被告人的年龄而言，假如被告人的年龄当时已经达到75周岁，按照法律规定的实际执行刑期不少于20年或25年，再加上死刑缓期执行的2年，该罪犯刑满出狱的年龄就已经97岁或102岁，应该说已经失去了再犯的能力，对其即使判处死缓，也没有必要再决定限制减刑了。相反，如果被告人被宣告死缓时年仅20周岁，其出狱时的年龄可能时42岁或47岁，显然仍具有较大的犯罪能力和人身危险性，法院根据情况可以限制其减刑。由于被判处死缓的被告人情况各异，表征其客观危害和人身危险性的情节复杂多变，立法和司法解释文本不可能为其列举出详细的情节清单，在把握限制减刑的实质条件以及是否决定限制减刑、限制幅度等方面，就赋予了法官较大的自由裁量权。为了限制法官的自由裁量权，有必要制定严格的程序予以规范，这也是最高人民法院发布的《规定》所体现的主要意义。

4. 宣告限制减刑必须受制于死缓缓刑期满减刑后实际执行的最低期限

根据2011年修正的《刑法》第78条第2款第3项的规定，人民法院依照《刑法》第50条第2款规定限制减刑的死刑缓期执行的犯罪分子，缓刑执行期满后减为无期徒刑的，减刑后实际执行的期限不能少于25年，缓期执行期满后减为25年有期徒刑的，不能少于20年。从此规定可以看出，刑法只是限制了死缓期满减刑后最低的实际执行期限，而没有对最高执行期限作出限制。但是，从法律规定的整体精神理解，对死缓被告人缓期期满减刑后的最高实际执行期限，可以分两种情况确定：（1）死缓执行期满后减为无期徒刑的，实际执行的刑期不能少于法定的25年，最高期限可以决定为30年、40年或50年等。例如，法院可以决定某被告人死缓期满减刑后的实际执行刑期为40年。（2）死缓执行期满后减为25年有期徒刑的，实际执行的刑期不能少于法定的20年，最高期限虽然法律没有做出限制，但从减刑后的有期徒刑最高期限25年看，法院决定死缓被告人实际执行的最高刑期就是25年。例如，法院在判处被告人死缓时，可以决定罪犯在执行时即使具有重大立功表现，也可将其减刑后实际执行期限决定为21、22、23、24或25年。针对这两种情形减刑后的最高实际执行期限，法官对第一种情况的自由裁量余地明显大于第二种情况。但是，即使对于第一种情况，法院也不能决定对死缓期满减刑后的罪犯进行终身监禁。

关于对死缓被告人限制减刑的限制幅度，法院既可以在判决书中确定一个具体的数值，如死缓罪犯缓期期满后，因确有重大立功表现而减为25年有期徒刑的，在判决书中可以确定其实际执行的刑期是24年；也可以在判决书中决定一个具有上下限的刑期段，如对于死缓罪犯缓期期满减为无期徒刑的，可以决定其实际执行的期限为25～30年。由于法院在审判时决定限制减刑只是对被告人未来悔罪表现的一种预测，而此时不能确定被告人将来在执行时是否会有重大立功表现，即无法判定死刑缓期期满后是被减为无期徒刑还是25年有期徒刑，因此法院在判决中确定一个死缓期满减刑后实际执行的绝对刑期是不科学的，而应当决定一个相对确定的刑期幅度。例如，法院在判决中可以决定被告人缓期期满减刑后实际执行的年限为25～30年。在判决中决定一个相对确定的执行刑期的幅度，既可以照顾到死缓罪犯期满后不同的减刑情况，又可以提高罪犯改造自新的信心和积极性，有利于执行机关开展监狱管理、改造教育工作。

另外，根据2011年5月1日最高人民法院关于《〈中华人民共和国刑法修正案（八）〉时间效力问题的解释》第2条的规定，对于2011年4月30日以前犯罪，判处死缓的，原则上适用修正前的《刑法》第50条，即不能对其减刑后的执行期限作出限制。但是，被告人具有累犯情节，或者所犯之罪是《刑法修正案（八）》第4条规定的犯罪，罪行极其严重，根据修正前刑法判处死缓不能体现罪刑相适应原则，而根据修正后刑法判处死缓同时决定限制减刑可以罚当其罪的，适用修正后《刑法》第50条第2款的规定。

三、限制减刑的适用程序

正如前述，限制减刑的适用，关系到刑事被告人的实体权利，是对被告人不利的司法判决，由于法律的授权幅度大，法官对实际执行的最高刑期具有较大余地的自由裁量权，有必要在程序上予以限制，并给予被告人一定的救济权。根据最高人民法院的《规定》，法院对死缓罪犯决定限制减刑时应当遵循以下程序：

1. 限制减刑与死缓判决同时宣告

《规定》第7条规定："人民法院对被判处死刑缓期执行的被告人所作的限制减刑决定，应当在判决书主文部分单独作为一项予以宣告。"此规定具有以下含义：（1）对死缓罪犯的限制减刑，应当适用判决的形式，是判决主文的组成部分。（2）限制减刑，属于宣告刑的一部分内容，是附随死缓制度的一种限制性判决。（3）限制减刑内容，与死缓判决一并予以宣告，使用的法律文书及宣告的时间应当是一致的。（4）同时宣告但应将限制减刑的内容，在判决主文中应当单独列明。

2. 被告人对限制减刑的判决享有上诉权

《规定》第2条规定："被告人对第一审人民法院作出的限制减刑判决不服的，可以提出上诉。被告人的辩护人和近亲属，经被告人同意，也可以提出上诉。"减刑限制是对被告人实体权利的限制，对不利于被告人的判决内容，法院应当告知被告人对此判决内容有权提起上诉。一案中有两名以上被告人被判处死缓限制减刑的，如果只有部分被告人对此提起上诉，那么二审法院对其他没有提出上诉的被告人应当一并予以审理。在一审法院的审判过程中，公诉机关在提出量刑建议时，应当有权建议对死缓罪犯限制减刑，对于一审法院没有采纳该量刑建议的，公诉机关也应当享有抗诉的权利，但《规定》却没有对此予以明确，公诉机关可以根据刑事诉讼法的规定行使该项诉讼权利。

3. 对限制减刑的判决，被告人享有上诉不增加的权利

对此，《规定》对上级法院的裁决权作出了较为详细的限制：（1）可以撤销原审法院对被告人限制减刑的判决。高级人民法院审理或者复核判处死刑缓期执行并限制减刑的案件，认为原判对被告人判处死刑缓期执行适当，但判决限制减刑不当的，应当改判，撤销限制减刑。（2）上级法院不得变相增加对被告人的限制减刑。高级人民法院审理判处死刑缓期执行没有限制减刑的上诉案件，认为

原判事实清楚、证据充分，但应当限制减刑的，不得直接改判，也不得发回重新审判。确有必要限制减刑的，应当在第二审判决、裁定生效后，按照审判监督程序重新审判；高级人民法院复核判处死刑缓期执行没有限制减刑的案件，认为应当限制减刑的，不得以提高审级等方式对被告人限制减刑。（3）对于死刑判决，如果改判为死缓，可以依法决定限制减刑。高级人民法院审理判处死刑的第二审案件，对被告人改判死刑缓期执行的，如果符合《刑法》第 50 条第 2 款的规定，可以同时决定对其限制减刑。一案中两名以上被告人被判处死刑，最高人民法院复核后，对其中部分被告人改判死刑缓期执行的，如果符合《刑法》第 50 条第 2 款的规定，可以同时决定对其限制减刑。（4）在复核中认为需要改判死缓的，或认为死缓应限制减刑的，可以通过发回重审增加减刑限制。最高人民法院复核死刑案件，认为对被告人可以判处死刑缓期执行并限制减刑的，应当裁定不予核准，并撤销原判，发回重新审判；高级人民法院复核判处死刑缓期执行没有上诉、抗诉的案件，认为应当改判死刑缓期执行并限制减刑的，可以提审或者发回重新审判。

4. 对死缓被告人限制减刑的判决，应当组成合议庭

《刑事诉讼法》第 19 条规定，可能被判处无期徒刑、死刑的普通刑事案件，属于中级人民法院管辖的第一审案。第 147 条规定，中级人民法院审理第一审案件，应当由 3 人组成合议庭进行；人民法院审判上诉和抗诉案件，由审判员 3 ~ 5 人组成合议庭进行。第 202 条规定，最高人民法院复核死刑案件，高级人民法院复核死缓执行的案件，应当由审判员 3 人组成合议庭进行。因此，无论一审判处死缓并限制减刑，还是二审法院或最高人民法院对死刑改判死缓并限制减刑的，其判决都必须由合议庭进行。

四、余论

限制减刑，作为我国刑法中一项全新的刑罚制度，对于加大对严重犯罪分子的惩罚和改造力度，缓解自由刑与死刑衔接的脱节程度，拉大死缓与无期徒刑、有期徒刑并罚实际执行刑期之间的差距，充分发挥刑罚的执行效果，具有积极的功能效用。但是，该项刑罚制度的实际效果和应用价值，还需要在司法实践中不断地进行检验，尤其需要对其适用的实质条件进行界定，程序设计上也需要严格规范，以压缩法官的自由裁量空间，使这项刑罚制度充分发挥对死缓罪犯的特殊预防功能，实现对罪犯有效管理、教育改造的目的。

以实体变革促程序公正

——我国减刑程序改革的另一条路径

张亚平*

近年来，减刑案件中的徇私舞弊现象不断发生，引发人们对减刑程序公正性的深切关注。当前，减刑由刑罚执行机关提出申请，法院组成合议庭审查裁定，这一程序难以保证减刑的公正性。鉴于此，有学者对减刑程序进行了深刻检讨，并提出多种完善建议。但是，这些建议仅在现有程序基础上进行修补，难以实质性地解决其中存在的问题，因而也不能真正实现减刑的公正性。笔者在此不揣冒昧，建议借鉴法国的信用减刑制度，以实体变革促进程序公正。

一、从减刑的性质到减刑程序的性质——减刑程序问题的根源

减刑的性质和减刑程序的性质是减刑程序问题的根源，对此问题进行准确界定，是反思及再建我国减刑制度及其程序的基本出发点。

（一）减刑性质之争

关于减刑的性质，存在两种相互对立的观点，即原判刑罚的变更以及刑罚执行的变更。

第一种观点认为，减刑是对原判决所确定的刑罚的变更。例如，有学者认为："减刑是指对被判处管制、拘役、有期徒刑、无期徒刑的受刑人，在刑罚执行期间，依法减轻其原判刑罚的制度。"① "减刑在性质上属于刑罚的变更，而非刑罚执行方式的变更，其是对终身判决的修改……"② 另一种观点认为，减刑不是对原判决确定的刑罚的变更，而是对刑罚执行方式的变更。有学者认为："减刑是根据罪犯在服刑中的悔罪表现而依法减少原判确定的刑期的执行期限，但并不意味着对原判量刑的改变，不是对罪犯改判减轻处罚……因此减刑是刑罚执行

---

* 河南大学犯罪控制与刑事政策研究所研究员，法学院副教授，法学博士。

① 马克昌主编：《刑罚通论》，武汉大学出版社1999年版，第604页。

② 王伟：《对减刑性质和程序的理论思考及对策建议》，载《新疆社会科学》2004年第2期。

的变更，是刑罚执行方式的变更。”① “减刑的实质是对刑罚的变通执行方式，而不是对原判刑事判决的更改，明显属于行刑手段，应是刑罚执行制度。”②

笔者认为，减刑是对原判刑罚的变更，而非刑罚执行方式的变更。众所周知，减刑是指对判处管制、拘役、有期徒刑、无期徒刑的犯罪分子，在刑罚执行期间，如其认真遵守监规，接受教育改造，有悔改表现或者有立功表现时，适当减轻其刑罚的制度。可见，减刑就是将原判决所确定的刑罚予以缩减（无期徒刑减为有期徒刑虽是刑种的变更，但实质上也是刑期的缩减），这当然是对原判决的变更。

第二种观点认为，减刑是刑罚执行方式的变更，这与减刑的实质内容相差甚远，笔者对此难以认同。减刑仅仅是将原判刑期适当缩减，而并没有改变刑罚的执行方式。因刑期缩短而提前释放的，并不需要再接受其他形式的刑罚执行。即使如有些学者所言，对减刑增设考验期制度，即在与所减刑期相等的期限内，对犯罪分子进行一定的考验，责令其遵守特定义务，这种对犯罪人释放后的考验也不是刑罚的执行，因此附考验期的减刑也不是刑罚执行方式的变更。这一点上减刑与假释不同，假释是刑罚执行方式由监狱行刑变更为社区矫正，因而可以说假释至少包括了刑罚执行方式的变更。

但是需要指出的是，减刑与改判不同。改判是因为原判决认定事实或者适用法律有误，因而依照法定程序对案件进行重新判决。改判的前提必须是原判决认定的事实或者适用的法律有误，因而导致原判决本身就是错误的。改判以后，原判决就丧失其法律效力，而被新的判决所替代。而在减刑的情况下，原判决并没有错误，认定事实依然正确，适用法律依然准确。之所以需要对原判决进行适当变更，是因为在刑罚执行过程中，犯罪人再犯罪的危险性已经发生改变，因而原判刑期已不再合适，需要适当调整。另外，基于刑事政策的考虑，减刑还有利于鼓励犯罪人积极接受教育改造，早日回归社会。鉴于此，将减刑称为刑罚的“调整”可能比刑罚的“变更”更恰当。③

（二）减刑程序性质之争

减刑由刑罚执行机关提请人民法院裁决，在此程序运作过程中，既有作为行政机关的刑罚执行机关的参与，也有作为司法机关的人民法院的参与，这就使这

---

① 张文学：《刑罚执行变更理论与实务》，人民法院出版社 2000 年版，第 172 ~ 173 页。

② 陈敏：《减刑制度比较研究》，中国方正出版社 2001 年版，第 134 页。

③ 法语为 aménagement de la peine，其中 aménagement 为“整理，布置”之意；英语为 penalty adjustment，其中 adjustment 为“调整”之意。

一程序到底是行政程序还是司法程序产生了一定争论，这一争论也影响到减刑程序的具体运作。

一种观点认为，减刑程序在性质上属于司法程序，而非行政程序，因此“减刑的实施是一项审判上的司法行为”。[①]“减刑是审判权，而非行刑权。”[②]另一种观点基于“刑罚执行变更说”，认为减刑实质上是对刑罚变通执行方式，并非减少原判刑期，也不是对原判决的更改，而是减少了原判决的执行，因此减刑不是审判的组成部分，而完全是一种刑罚执行方式。[③]

在笔者看来，我国当前的减刑程序虽带有一定的司法属性，但是实质上是行政性质，因为在整个减刑过程中，真正处于支配地位的是刑罚执行机关，而非法院。按照司法部《监狱提请减刑假释工作程序规定》，减刑程序大致是，各监区分别提前制订下一年度的减刑计划，并按照计划，制作减刑材料，报狱政科（处）初审，狱政科初审通过后，交监狱减刑工作会议讨论通过，再制作《提请减刑建议书》，并将材料提交至中级以上人民法院，人民法院组成合议庭进行书面审理后作出减刑裁定。而人民法院组成合议庭对案件进行审理，仅仅是材料审核，很少对监狱方面呈报的材料之真伪性提出质疑，绝大多数情况下只是“照章办事”。[④]因此，减刑程序形式上是司法审理程序，实质上是行政报批程序。究其实，这一程序缺少司法程序所必需的参与性、对抗性、公开性、救济性等本质特征。

二、减刑程序改革若干建议及评析

我国当前行政报批性的减刑程序难以实现减刑的准确性，难以保证减刑的公平公正，难以防止减刑过程中的腐败现象。为此，有学者试图提出改革或者完善建议，这些建议角度不同，但是其共同点在于增加减刑程序的参与性、对抗性和公开性。

（一）诉讼化改造

鉴于当前减刑程序虽由人民法院审理，但是并无控诉方，且审理形式为书面审查，服刑罪犯和犯罪被害人没有机会参与其中，检察机关的监督也滞后、软

① 马克昌主编：《刑罚通论》，武汉大学出版社1999年版，第604页。

② 陈敏：《论减刑权的性质及其归属》，载《犯罪与改造研究》1998年第2期。

③ 李豫黔：《我国减刑制度司法实践的反思和探讨》，载《中国监狱学刊》2003年第3期。

④ 于同志、陈伶俐：《论减刑程序的正当化》，载《中国刑事法杂志》2006年第3期。

弱，有些学者提出了减刑程序诉讼化的改革思路。按照这一思路，减刑程序应当由服刑罪犯提出申请，由监狱行刑机关收集准备相关材料，并报送检察机关，由检察机关向相应的人民法院提起公诉。在此诉讼过程中，不仅服刑罪犯、监狱机关、检察机关得参与其中，而且其他与减刑有利害关系的人，尤其是原犯罪被害人也可以参与到该诉讼过程中，并就是否减刑发表自己的意见，或者提供相关证据。[①] 这种程序设计的思路是通过开庭审理的方式，实现司法程序的参与性和对抗性，以程序正义的理念实现减刑的公平公正。

然而，这种“看起来很美”的诉讼化程序，其实践可行性却让人怀疑。当前，我国法院普遍存在案多人少的问题，而减刑案件却又数量众多，如果对所有的案件都按照一般的诉讼程序审理裁定，法院必然无力应对。例如，安顺市2002年1月至2004年4月的两年三个月的时间内，共减刑5289人，[②] 平均每月减刑156人，去掉节假日，几乎是每个工作日要办理10人左右的减刑案件。并且这还是每天都办理，案件不积压、不集中办理的情况。如果按照论者设计的诉讼化程序审理裁定的话，合议庭就需要事前阅卷，了解案情，甚至到监狱了解犯罪人的改造及表现情况，为开庭审理提供必要的依据。否则，即便是开庭审理，也必然和封闭式的阅卷审理效果相同。并且，如果按照论者设计的这种诉讼化程序，申请减刑是罪犯的权利，则每一个罪犯都愿意申请减刑，不论其是不是具备减刑的条件，执行机关都要为其申请收集准备材料，提交检察机关审查起诉。这样，减刑案件必然会爆炸式增加，不仅法院，监狱、检察机关必然都将陷入无休止的减刑案件的审查过程中。可能有人会说，监狱机关需要确定一定的条件，只有当罪犯达到该条件，才能有资格申请减刑。笔者也相信，即便是按照这种诉讼化的程序，赋予罪犯提请减刑的权利，也不可能没有任何条件的限制，但问题是，为罪犯申请减刑设定一定条件，这与由监狱机关直接提请减刑还有什么区别呢？

实际上，所谓的减刑诉讼程序与一般意义上的诉讼具有根本的不同。减刑是“权力享受型的程序运作过程”，“与剥夺权利的程序运作过程是不能相提并论的”。[③] 国家规定严格的诉讼程序，其核心意义在于保障被追诉者不受国家强制

① 彭海青：《我国减刑程序的诉讼化回归路径初探》，载《中国司法》2007年第8期；陈永生：《中国减刑、假释程序之检讨》，载《法商研究》2007年第2期。

② 朱怀义：《减刑假释工作中出现的问题及对策》，载《人民检察》2005年第16期。

③ 卞建林、张国轩：《刑事诉讼制度的科学构建》，中国人民公安大学出版社2009年版，第89页。

力的随意侵犯，而非在于为追诉他人提供制度依据。对犯罪人进行侦查、起诉、审判，是一个剥夺权利的程序运作过程，在这一过程中，如果没有严格的程序保障，犯罪人的正当权利“经常会受到诸多强制措施或强制行为的限制，使得其自由权和财产权处于不完整的状态”。[①] 当然，没有诉讼程序的严格保障，也难以获得实体的正当结果。而在减刑过程中，服刑的罪犯本身已经被关押，不存在因为程序问题而被错误地采取强制措施的可能。另一方面，一般意义上的诉讼程序中，存在利益相互对立的诉讼双方，双方在案件事实和适用法律上对席辩论，而法院则居中裁判。而在所谓的减刑诉讼程序中，几乎所有的诉讼参与人，甚至包括检察机关和法院，都朝一个方向努力，即试图表明罪犯应当获取减刑。唯一可能例外的犯罪被害人，由于对服刑犯在刑罚执行期间的表现一无所知，也无法与其他参与方形成“两造对抗”的程序效果。

（二）选择性开庭审理

鉴于对所有减刑案件都开庭审理的诉讼化改造模式在实践中具体落实的困难，实践中出现了一种选择性开庭审理的改造模式。根据不同标准，这种模式又有两种具体做法：一种是根据案件所涉及当事人的重要性程度和原犯罪案件本身的严重性程度而开庭审理；另一种是因对减刑裁定存有异议而开庭审理。

第一种开庭审理的模式由最高人民法院在贯彻宽严相济刑事政策时所提出。最高人民法院在《关于贯彻宽严相济刑事政策若干意见》中明确规定，对于职务犯罪案件，尤其是原为县处级领导干部罪犯的减刑、假释案件，要一律开庭审理。同时，对于故意杀人、抢劫、故意伤害等严重危害社会治安的暴力犯罪分子，有组织犯罪案件中首要分子和其他主犯，以及其他重大、有影响案件的罪犯的减刑、假释，原则上也要开庭审理。[②] 第二种模式的选择标准在于是否对减刑有异议，即对拟减刑案件进行公示，经过公示，对减刑有异议的案件开庭审理，否者则无需开庭审理。

第一种模式是最高人民法院的制度性做法，这一模式从贯彻宽严相济的刑事政策角度，将有重要影响及危害严重的犯罪的犯罪人的减刑开庭审理，体现了对危害严重的犯罪的犯罪人以及职务犯罪的犯罪人减刑时更加慎重的政策，尤其是原为县处级以上领导职务的犯罪人，犯罪前一般都有一定的社会地位，更容易利用其在职时所形成的社会关系为自己减刑进行“活动”，因此也更容易出现徇私舞弊减刑的情况。因此，对这两种犯罪人减刑时，以开庭的方式审理裁定，更有

① 付磊：《论减刑程序发展的两个方向》，载《烟台大学学报》2010 年第 3 期。

② 最高人民法院《关于贯彻宽严相济刑事政策若干意见》第 43 条。

利于维护法律的威慑效果，更有利于限制减刑过程中的暗箱操作现象，更有利于查明犯罪人是否具备减刑的条件。但是，应当看到，最高人民法院规定对此两类犯罪人的减刑开庭审理，只是从贯彻宽严相济刑事政策的角度出发，出于限制其减刑的目的，并非为了以公开、透明的程序而实现减刑的公平公正。对于其他服刑的罪犯，则并不以此程序开庭审理，因而就不能做到对所有罪犯一视同仁，公平对待。更重要的是，在实践中这种开庭审理的减刑程序依然是“走过场”。例如，根据杭州中级人民法院的做法，在审理减刑、假释案件的过程中，由监狱机关宣读减刑建议书，由服刑罪犯陈述自己的表现及对减刑、假释后的保证，监狱提供的同监犯人的证言，证明该罪犯平时表现好，具备减刑、假释的条件。① 其他地方的做法也基本类似。在这种程序中，由于没有利益相互对抗的双方，检察机关仅仅承担“旁听”的角色，对监狱机关提出的减刑建议及相关证据仅仅是形式上的监督，而并没有实质性地对证据进行审查，只能一厢情愿地相信监狱机关提供的所有证据都是真实的。至于监狱机关提供的证人，实际上也“只会投赞成票”，不可能提出其他不同的意见，因为监狱机关必定不会让反对减刑建议的人担任证人；同时，被指定作证的人也必定与服刑的罪犯非常熟悉，在没有利益冲突的情况下，他也不会作对其减刑不利的证明。

对经过公示而有异议的案件开庭审理，在理论上有不少学者强力推荐，在实践中有不少地方积极探索。应当说，这种模式强调减刑的公开性，因而会大大减少暗箱操作的空间，并且由于有异议的减刑案件毕竟是少数，因此这种模式对减刑案件的开庭审理起到了很好的过滤作用，增加了减刑程序诉讼化改造的现实可能性。但是笔者认为，这种模式仍然潜在地存在一定的缺陷，对此将在下文“公示听证程序”进行分析，此不赘述。

（三）成立减刑委员会

这一观点认为，为了保障减刑的公正、公平，各级监狱及其主管部门应当成立专门的负责减刑、假释的机构，可称为减刑、假释委员会。监狱内部的减刑委员会负责收集整理相关证据材料，并向上一级的减刑委员会提请减刑建议。上一级减刑委员会分别设于各地监狱主管部门，他们负责对监狱的减刑建议进行审核，决定是否减刑。这一观点认为，减刑不是审判权，不应当交由法院组成合议庭审理裁定。由于减刑权是行政权，只能由行政机关行使，因此应当在相应的行政机关组成专门负责减刑的机构，这样既能保证行政机关执法的效率，又可以通

---

① 王莉、李敏：《杭州首次开庭审理职务犯罪减刑、假释案件》，载 http://zjnews.zjol.com.cn/05zjnews/system/2011/05/17/017528222.shtml(2011-6-14)。

过利益无涉的第三方决定减刑而保证减刑的公平、公正。

然而，这种设计除了在性质上与法院组成的合议庭似乎有差别以外，实质上基本相同。其致命缺陷还在于，真正负责刑罚执行，可能更了解罪犯表现情况的人不能实质性地决定减刑，而没有实质参与刑罚执行，不可能真正了解犯罪人表现情况的人却最终决定是否减刑。法院组成合议庭裁定减刑这一制度中所具有的缺陷，在这一设计中都可能再现。如果不实质性地改变减刑程序，或者从根本上改变减刑的实体规定，那么将减刑权交给谁行驶，结果都将是相同的。

（四）加强检察监督

这一主张认为，检察机关是法律监督机关，理当对刑罚执行进行监督，包括刑罚执行过程的变更。但是在当前的制度下，检察监督的空间非常有限，监督方式陈旧、落后，缺乏规范的监督程序，监督手段匮乏。为此，论者提出，检察机关对减刑、假释程序监督的职能应加以完善，并具体提出以下完善措施：赋予检察机关对减刑、假释程序启动的审核；规定检察机关在刑罚执行监督过程中的调查职能；改革现有减刑、假释程序，拓宽检察机关在减刑、假释程序中的参与渠道；强化检察机关实施刑罚执行监督的具体手段。[①] 应当承认，多一层监督就会少一些恣意，但是笔者仍然认为，检察机关的监督并不能实质地改变目前减刑中存在的徇私舞弊，司法不公现象。

与法院书面、秘密审理一样，检察机关对减刑的监督也只是书面监督，其效果必然与法院书面审理减刑案件相同。如果服刑的罪犯因为有立功表现或者有重大立功表现而获得减刑的，检察机关对这种立功或重大立功进行调查取证或许可能，但是实践中因立功或者重大立功而获取减刑的毕竟只是少数，绝大多数的减刑是因为犯罪人“认真遵守监规，接受教育改造，确有悔改表现”，对于犯罪人是否真的“确有悔改表现”，[②] 检察机关不可能随时跟踪对犯罪人的教育改造，因此也只能是对监狱机构对犯罪人平时表现的记录材料进行“监督”，但是笔者相信，减刑过程中果真有舞弊的，仅从材料上很难发现问题。如果像论者所建议的那样，为了拓宽检察机关参与渠道，应当对当前的减刑程序进行改革，改革的方向也是诉讼化，即“像一般案件审理程序那样，实行法庭调查和证据出示，贯彻直接、言辞原则，在法庭调查过程中允许检察机关就减刑、假释的事实、证

① 刘方：《检察机关对减刑、假释程序监督的立法完善》，载《西南政法大学学报》2010年第1期。

② 确有悔改表现由于无法具体认定，所以并不十分科学，实践中各地监狱多是通过累计积分的形式，认定犯罪人是否“确有悔改表现”。

据进行询问和发言等”。[①] 并进行公开审理，允许当事方聘请律师。但是，如前所述，这种诉讼化的改造势必因效率问题而难以在实践中贯彻执行。

有学者认为，为了加强检察机关的减刑监督权，应当赋予检察机关程序启动权，取消执行机关的直接减刑建议权。[②] 笔者认为，这种做法势必颠覆行刑机关与检察机关的角色定位，在实践中根本行不通。让检察机关提请减刑，不可能比监狱提请减刑委员会提请减刑更有利于实现减刑的公正、公平，且不说这种做法使得减刑程序的效率大打折扣。

（五）当事人参与

减刑过程中的当事人参与，既包括服刑的罪犯主动参与减刑，也包括让原犯罪被害人参与对服刑的罪犯的减刑。当事人参与的程序设计，其基本理念还是增加对减刑的监督，增强减刑的参与性、公开性；同时，由于当事人的参与，更能促进减刑的可接受性。并且，赋予犯罪人申请减刑的权利，还可以有效避免个别情况下应当减刑而不减刑的现象，这是前述几种程序设计的建议所无法实现的。

但是，笔者认为，让当事人参与减刑程序，仍然难以实质性地避免当前减刑制度中存在的问题。

犯罪被害人参与减刑程序，可以加强对减刑的监督，但问题是，减刑的根据不是犯罪人原来的犯罪事实及情节，而是犯罪人在刑罚执行过程的悔改表现或者立功表现，而犯罪被害人对这些情况无从掌握，当然也无法确定犯罪人是否应当减刑。从本能上说，被害人不愿意让犯罪人减刑，但是他又无从获得不应当减刑的证据，所以被害人参与减刑，最终也只能是一个“旁观者”，不可能实质参与到减刑的决定程序中。

相反，犯罪人总希望自己多获减刑，因此赋予其减刑申请权，最大意义就是可以避免应当减刑而不减刑的现象，然而，即使立法对此不予规定，实践中犯罪人也会积极主动向监狱机关申请减刑，如果监狱机关故意打压，不予减刑的，犯罪人可以随时向监所检察机构报告。而实际情况是，如果犯罪人过度争取自己的权利，可能会被认为不老实接受改造，不具有悔改表现，反而不利于其减刑。另一方面，如果让犯罪人向监狱机构提出减刑申请，不可能具有实质意义，因为决定是否减刑的权力在监狱机构；如果按照诉讼化程序，让犯罪人向法院申请减

① 刘方：《检察机关对减刑、假释程序监督的立法完善》，载《西南政法大学学报》2010 年第 1 期。

② 蔡杰、肖伟：《减刑程序中检察参与机制的缺失与构建》，载《人民检察》2007 年第 20 期。

刑，如前所述，这种制度必将导致效率低下而不具有现实可行性。

（六）公示听证程序

这是实践中探索减刑程序改革中最常见的做法，[①] 这种模式下，裁决法院一般主动将对减刑裁决在罪犯服刑的生活和劳动场所公示，在公示期间对减刑裁决有异议的，合议庭将以听证会的形式对异议进行处理，或者以诉讼化的审理模式对异议案件进行开庭审理；如果没有异议，就视为减刑正当。由于这种模式涵盖的两个关键要素——公示和听证——暗合了程序公正的两大标准：参与和公开，大大增强了减刑的公正性和可接受性，因此受到学者的普遍肯定。[②] 笔者也相信，如果在继续维持当前减刑的基本制度的前提下，增加公示听证程序应当是最优化的选择。

然而，笔者仍然吹毛求疵地认为，这种模式并非全无缺陷。首先，这种模式并不能避免该减刑而未获得减刑的情况发生。当然，这并不是该一模式的主要缺陷，因为这一缺陷可以很容易通过赋予当事人的申请减刑权而得以化解。其次，这种公示制度表面上是将减刑的异议权交给公众（同监狱的其他犯罪人），并试图以此增加减刑的参与性和公开性，但实际的效果可能并不能如制度设计者所期盼的那样，因为中国人向来奉行明哲保身的处世哲学，如果不是因为减刑指标的限制，其他犯罪人对减刑的罪犯是否具备减刑的条件，是否应当获得减刑，一般不愿意过多干涉，即使发现减刑过程中有弄虚作假的情况，他们一般也不愿意向有关机关反应情况，因为这并没有涉及其自身的利益。并且他们知道，所公示的减刑实际上都是监狱最初决定的，他们向其他机关，如审理法院或者监所检察机构反应情况，势必会“得罪”监狱的管教干警，这对自己并没有什么好处。最后，正如前述对“诉讼化改造”所存问题的分析，即使对部分案件有人提出异议，合议庭以听证会或者诉讼化审理的形式对案件进一步处理，也并不能达成实质性的公正。

---

① 如安徽省高级人民法院《关于执行〈最高人民法院关于办理减刑、假释案件具体应用法律若干问题的规定〉实施细则》规定：“办理减刑、假释案件的人民法院应当建立审理减刑、假释案件裁前公示制度”，“裁前公示应在罪犯服刑的生活和劳动场所，采用张贴公告的形式进行，公示时间一般为三天。”厦门市中级人民法院也曾通过《减刑、假释案件公示听证制度》，载厦门法院网：http://www.xmcourt.gov.cn/pages/ContentView.aspx?CmsList=84&CmsID=7。

② 付磊：《论减刑程序发展的两个方向》，载《烟台大学学报》2010年第3期。

三、另一种改革路径：法国信用减刑制度之借鉴

以上分析表明，我国目前的减刑程序本欲以权力制衡模式实现刑罚执行权与刑罚变更权的分离，然而这却导致真正了解犯罪人是否具有减刑的实质条件的人不能决定减刑，而不了解犯罪人是否具备减刑实质条件的人却通过阅卷的形式决定减刑，并且这种封闭式的减刑操作模式极易导致徇私舞弊的发生。鉴于此，我国学者及实务部门积极探索减刑程序的改革措施，主要在于增加减刑程序的公开性和参与性。然而，就目前所提出的改革主张，都或多或少存在缺陷。笔者认为，不论如何，刑罚只要是由监狱机构执行，那么按照我国这种“先考察后减刑”的减刑模式，实质上的减刑决定权只能是监狱机构，无论要求提交多少材料，无论组成多少人的合议庭，法院只能根据监狱机构的考察结果审理裁定是否减刑。即使赋予犯罪人申请减刑的权利，即使是在程序中引入检察机关的监督，即使是规定完善的救济程序，也难以从实质上改变现有制度框架下减刑的种种弊端，因为只有监狱机构日常的考察才有可能——也只是有可能——知道犯罪人是不是“确有悔改表现”，其他任何机构的事后介入，只能是书面上的形式审查。因此，仅以程序上的修补对我国减刑程序进行改革很难有实质上的突破，要想改变这种状况，必须从根本上改革我国当前的减刑制度。对此，法国信用减刑制度或许可以给我们提供启示和借鉴。

法国的信用减刑（le crédit de réduction de peine）是2004年3月9日通过的2004－204号“使司法适应犯罪变化法”（Perben II 法）中所规定的新的减刑制度，这一减刑制度取代了此前的普通减刑制度。

信用减刑的原理在于推定犯罪人在刑罚执行期间会表现良好，从而事前即给予减刑，如果犯罪人在刑罚执行期间没有不良表现，就按照刑罚交付执行之初确定的减刑后的日期释放。也就是说，这种减刑是自动的。但犯罪人最终能否实际获得减刑，还需看其是否有“不良表现”（mauvaise conduite）。没有不良表现，则按照最初确定的日期释放；否则，将撤回对其减刑所赖以建立的信用，再收监执行同等期限的监禁。刑罚能减轻多少，要根据宣告判决中的刑罚期限进行计算，所得的结果是固定的。这与原来的普通减刑不同，原来的普通减刑的减刑幅度要由刑罚执行法官在法定的限度内自由裁量确定，具体能减多少并不确定。

根据《法国刑事诉讼法》第721条之规定，信用减刑的基础是判决宣告的剥夺自由刑的刑期，而与所判决的犯罪性质无关。如果一人被宣告数个剥夺自由刑，则每一个判决宣告分别计算减刑，然后再进行相应的并合。监狱机构的书记员负责减刑的具体计算，并及时通知犯罪人。如果一人被宣告数个剥夺自由刑，

则每一个判决宣告分别计算减刑，然后再进行相应的并合。监狱机构的书记员负责减刑的具体计算，并及时通知犯罪人。第一年减刑3个月，以后每年减刑两个月。刑期不足1年，每月减刑7天，但总期限不得超过两个月。刑期不足1月，不享有信用减刑。累犯也享有信用减刑，但是第一年为两个月，以后每年均为1个月，不足1年，每月5天，但总期限不得超过1个月。

犯罪人如果有不良表现，则需要撤回其减刑。撤回信用减刑有两种情况。其一，为刑罚执行过程中的撤回。在刑罚执行过程中，刑罚执行法官可以根据监狱机构的领导或者检察官的申请，审查决定撤回信用减刑，也可以在特定情况下，直接撤回信用减刑，而不经过监狱机构及检察官的申请。其二，为刑罚执行完毕之后撤回信用减刑。刑罚执行完毕之后相当于信用减刑的期限内，犯罪人又实施重罪或者轻罪而被判决有罪的，原判决法院决定撤回信用减刑，重新执行等量的监禁刑。

四、我国减刑程序改革：以实体变革促程序公正

信用减刑引入我国，关键是解决观念上的问题，即犯罪人尚未经过监狱改造就减轻其刑罚，其正当性何在？这也是这种制度在法国受到质疑的主要原因。尤其是最近几年，法国右翼势力主政，主张严厉的刑事政策，加上最近几年，法国犯罪形势严峻，累犯率有增无减，再对犯罪人如此随意地减刑，当然会受到不少批评。如果法国执政党人民运动联盟（UMP）的发言人F. 勒弗布维尔（Frédéric Lefebvre）声称："自动减刑原则应当被取消。"①

笔者认为，如果认为减刑制度具有其理论正当性的话，则信用减刑制度就有其存在的可能性。近代以来，刑罚观念已基本走过了纯粹的报应刑和目的刑之争，并合主义刑罚观念占据支配地位。并合主义也称刑罚的相对报应主义，即在报应主义的基础上，要实现刑罚预防犯罪的目的。② 在刑罚的不同阶段，报应与目的的分配也不是完全相同的。M. E. Mayer认为，刑罚在与立法者、法官、监狱执行官的关系上，可以分为刑罚的法定、刑罚的量定与刑罚的执行三个阶段，各个阶段的刑罚指导理念分别是：报应、法的确证与目的刑。③ 因此，如果说在刑罚的制定及量定阶段主要是以报应主义为基础的话，在刑罚的执行阶段则主要

---

① Laurence de Charette. Récidive: les remises de peine automatiques en question, Figaro, 17 novembre 2009.

② 张明楷：《新刑法与并合主义》，载《中国社会科学》2000年第1期。

③ 张明楷：《外国刑法纲要》，清华大学出版社1999年版，第16页。

是追求预防犯罪、矫正犯罪人的目的。为此目的，刑罚的执行方式可以更加灵活多样，既可以在监狱中对犯罪人进行教育改造，也可以在社会上对其进行社区矫正；既可以按照量定的刑罚全部执行，也可以在刑罚执行过程中根据犯罪人危险性的变化而适当调整执行期限。

现在，很少有人再质疑减刑的正当性问题，世界上多数国家也都设有减刑或类似于减刑的制度。但是，与一般减刑不同的是，信用减刑是在犯罪人尚未经过刑罚执行就提前给予其减刑的允诺，换言之，这种减刑并不需要犯罪人的悔改表现或者说"良好表现"，只要犯罪人在后来的刑罚执行过程中没有"不良表现"，就可以兑现其减刑允诺。那么这种只要"不坏"就可以获得减刑的制度是否正当呢？对此，笔者认为，在现代法治社会，法律只希望每一个人能遵守法律，而不强求人人都能做道德楷模；只关注人的"不良行为"，而不关心人的"良好行为"。法律不应该成为塑造道德的工具，对犯罪人也应当如此。因此，只要犯罪人在刑罚执行过程中不违反监管纪律规定，不再实施新的犯罪，就表明犯罪人已经能够融入社会，是正常的"社会人"了。[①] 当然，这只是对犯罪人最基本的要求，并不影响对其有良好表现时的奖励，也即在信用减刑的基础上，还可以配以"重返社会的真挚努力"基础上的额外减刑以及立功基础上的特别减刑。[②]

不仅如此，信用减刑具有一般减刑制度无法比拟的优势：一是犯罪人在入狱之初即可预见自己出狱的时间。由于这种信用减刑的计算方式是固定的，因而执行机关在判决确定后交付执行时，即可计算出减刑的幅度及出狱的日期，并通知犯罪人。当然，还需告知犯罪人，该减刑的信用将在其有不良表现时，予以全部或部分撤回。犯罪人事先清楚其出狱日期，心理上就会有一个预期，无疑有利于其再社会化的努力。二是增加减刑操作的透明度。因为信用减刑是"自动的"，任何被判处剥夺自由刑的人在判决交付执行之时，均享有这种减刑，因而对每一个犯罪人都是公平的。是否减刑不需要司法官或狱政管理人员的具体审查，因而就从制度设计上使操作更加透明，减少司法腐败的可能。即使后来在决定是否撤回减刑信用时，对是否有"不良表现"的认定也更加简单明了。三是有效减少

① 其实，对这一问题，理论上存在权利说与奖励说（恩赐说）之争。我国学者多认为，减刑是对表现良好的犯罪人的奖励，认为"不坏"就可以减刑，不符合减刑的作用机制，不能促进罪犯改造，反而会助长混刑期的现象，与减刑制度的初衷相违背。参见陈敏：《减刑制度比较研究》，中国方正出版社 2001 年版，第 99 页。

② 张亚平：《法国减刑制度的最新发展》，载赵秉志主编：《刑法论丛》（第 26 卷），法律出版社 2011 年版。

监狱人口。这正如法国国民议会议员华尔兹曼在其受司法部长委托所作的关于“Perben II”法的适用的报告中所说：取消信用减刑，就需要建新监狱。[①] 四是减少监狱管理人员的工作量，提高其工作效率。正面考察犯罪人的悔改表现不仅难以做到客观公正，而且工作量非常繁杂；但是如果反过来，考察犯罪人是否有不良表现，则相对来说要简单得多。

以上分析表明，借鉴法国信用减刑制度，在我国构建先减后撤的减刑制度具有理论上的可行性和制度上的优越性，不仅如此，通过这种实体上的制度重构，可以轻易克服当前我国减刑程序中的种种弊端，真正通过程序的诉讼化而实现减刑的公平公正。

信用减刑实质上是基于犯罪人的信用而给予的减刑允诺，正常情况下，这种允诺得以兑现，但是当犯罪人有不良表现时，则撤回其信用减刑。给予信用减刑是自动的，因而人人都是平等的，并不需要复杂的程序；只有当撤回信用减刑时，才有可能侵犯犯罪人的权利，因而需要建立严格的程序，以程序正义的理念实现减刑的公平公正。无疑，诉讼化的程序最有利于这一目标的实现，并且只有在信用减刑制度下，减刑程序的诉讼化才具有实质意义。

第一，信用减刑下的程序围绕是否应当撤回减刑而展开，这种程序才是“剥夺权利的程序运作过程”，符合诉讼程序的实质要求。第二，这种程序中存在利益相互对抗的诉讼双方，一方是服刑的罪犯，另一方是撤销减刑的监狱机构或者其他刑罚执行的监督机构。第三，双方具有相互对抗的诉讼“焦点”，并且围绕这一“焦点”展开辩论。在这一诉讼程序中，服刑的罪犯试图证明自己并没有实施不良行为，不应当被撤回其减刑；而其相对方则试图证明罪犯实施了不良行为，依法应当撤回其减刑。第四，这种程序允许其他相关机构和人员参与，并且起到实质的监督作用，如检察机关或者原犯罪被害人，因为他们有明确的监督目标，并就案件的基本事实进行监督。第五，审理法院能真正居中裁判。在这种程序中，法院不能和监狱一个声音说话，当然也不能受检察机关左右，更不可能一边倒地支持服刑的罪犯，而是根据请求，就案件争议的事实进行判断，并就如何适用法律进行裁决。第六，由于被撤回减刑的情况只是少数，因而这种诉讼化的程序在效率上是可能的。

---

① Jean－Luc Warsmann, Rapport n°2378 sur la mise en application de la loi du 9 mars 2004 [R], déposé le 15 juin 2005, p. 37.

◇ 第六部分　刑罚执行制度改革 ◇

我国刑法中假释实质条件适用之实践困境及解决

——基于《刑法修正案（八）》对假释修正的样本分析

董邦俊*

一、《刑法修正案（八）》中假释规定之疏解

佩特森有句名言："你不可能在监禁状态下培育一个人的自由（意志）。"[①] 假释是对被判处有期徒刑、无期徒刑的犯罪分子，在执行一定刑期之后，因其遵守监规，接受教育和改造，确有悔改表现，不致再危害社会，而附条件地将其予以提前释放的制度。假释将符合特定条件的服刑人员提前予以释放，使其在受到相关机关考验下恢复正常的社会生活，它是行刑社会化的重要形式，有利于弥补监禁刑的弊端，[②] 如有利于罪犯的革新与回归，节约司法资源等。假释的实质条件是指罪犯在服刑期间的行为表现状况以及通过行为表现和其他因素而反映出来的能适应社会的一种倾向或趋向。[③] 各规定假释制度的国家都十分重视对假释实质条件的把握，因为该条件是假释成立并被批准的基础，是考察假释批准合理性的依据；假释条件的设置也告诫被批准假释的人员要规范自己的行为，自觉改恶从善。假释作为刑罚执行制度之一，其目的在于促进罪犯改造和回归，最终达到减少犯罪、维护社会稳定的效果。尽管假释制度具有悠久的发展历史并为世界多数国家广泛重视和普遍适用，在我国假释制度的发展亦有百年历史，但这项力倡刑罚个别化和刑罚人道、体现教育刑精神的制度并没有因为法治建设的推进而得到切实的贯彻。自《大清新刑律》颁布以来，[④] 我国的假释制度经过了批判性的继承，逐步从政府规章以及最高人民法院批复走向立法定型。

刑法学界一般认为，我国假释的实质条件是，在刑罚执行期间，认真遵守监

* 中南财经政法大学教授，法学博士。

① 程汉大、李培锋：《英国司法制度史》，清华大学出版社 2007 年版，第 478 页。

② 高铭暄、马克昌：《刑法学》，北京大学出版社 2007 年版，第 339 页。

③ 柳忠卫：《假释制度比较研究》，山东大学出版社 2005 年版，第 159 页。

④ 1912 年的《中华民国暂行新刑律》承袭了《大清新刑律》的规定，在《中华民国刑法》中也对假释作了规定，以后在北洋政府和国民党政府的刑事立法中都明确了假释制度。

规，接受教育改造，确有悔改表现不致再危害社会。但对累犯以及因杀人、爆炸、抢劫、强奸、绑架等暴力性犯罪被判处10年以上有期徒刑、无期徒刑的犯罪人，不得假释，这被称之为假释的消极条件。[①] 虽然我国刑法对假释的条件规定了实质条件与消极条件，但假释制度并没有因此而被司法机关广泛适用，在司法实践中障碍重重，谨小慎微。由于重刑主义思想的深远影响，“杀人者死、伤人者刑”的报应观念具有强烈的社会效应，对于犯罪的宽宥缺乏群众基础。再加上刑罚执行中暴露出的腐败行为频发，使得这项因人制宜、奖惩分明的制度在实践中黯然失色。于是，最高人民法院设定了假释率，地方法院也是“依葫芦画样”规定比例以限制假释的适用。我国1997年刑法对假释增加了条文规定，在假释的程序以及考验期内的考验内容都有了可操作性的规定。但是基于向保护社会倾斜的刑法机能观的影响，在立法与司法上仍然具有限制假释适用的倾向。现行刑法增加了对累犯和严重暴力犯不得假释的例外，并且对假释规定了严格的撤销条件，除了1979年刑法规定的“再犯新罪”之外，增加了“发现漏罪”和“违法行为”等规定。对于行刑机关主要是监狱来说，其改造质量面临着多方面的质疑，到底是将其打造成改造罪犯，使其成为善良人的熔炉还是将其变成培养罪犯的温床，这是令监狱长期以来惴惴不安的困局，重新犯罪问题使执行机关不断面临着现实而又无法抗拒的风险。面对此种风险和西方非监禁刑取得的成功及其在我国（如社区矫正）的不断推进，监狱缺乏应对风险的信心和抗压能力，社会对监狱的认同感存在严重的缺失，监狱可以说“内外交困”。少用假释，多搞监禁，这是防止释放者再犯后责任追究的金科玉律，因此假释制度的适用因为多方的作用而蹒跚不前。

近代刑事人类学派的开山鼻祖龙勃罗梭在其著作《犯罪人论》中用充满感情的笔调写道：“获得自由是一种梦想，囚犯总是为此而思虑。如果他们看到有一条比逃跑更保险和更可及的阳关大道，他们会立即奔向那里；他们做好事仅仅是为了获得自由，但他们毕竟是在做好事。不断重复的运动会变成第二种本性，它可能使人养成习惯。”[②] 因此，对假释制度需要进行认真研究，而不能因噎废食限制其适用。这就需要完善相关法律增强其可操作性，强化实践以提供假释的适用率，以此推进我国刑罚执行的人道化和个别化，提升改造效果。正是基于这一考虑，2011年通过并实施的《刑法修正案（八）》对假释制度进行了大幅度

---

① 马克昌主编：《刑法学》，高等教育出版社2003年版，第307～308页。

② ［意］切萨雷·龙勃罗梭：《犯罪人论》，黄风译，中国法制出版社2000年版，第352页。

修正，对假释的条件进行重新界定。依据《刑法修正案（八）》的规定，被判处有期徒刑的犯罪分子，执行原判刑期1/2以上，被判处无期徒刑的犯罪分子，实际执行13年以上，如果认真遵守监规，接受教育改造，确有悔改表现，没有再犯罪的危险的，可以假释。如有特殊情况，经最高人民法院核准，可以不受上述执行刑期的限制。对犯罪分子决定假释时，应当考虑其假释后对所居住社区的影响。《刑法修正案（八）》对1997年刑法关于假释的禁止性规定予以保留，即对累犯以及因故意杀人、强奸、抢劫、绑架、放火、爆炸、投放危险物质或有组织的暴力性犯罪被判处10年以上有期徒刑、无期徒刑的犯罪分子，不适用假释的规定。此次修正案关于假释规定的内容可以分为以下几个层次：

首先，关于刑期的规定更加合理化。此次刑法修正案对假释犯刑期条件的设置作了大幅度调整，使刑罚制度对犯罪分子的处理更加科学和严密，体现了宽严相济的刑事政策精神。这次修正案对无期徒刑的假释犯实际应负刑期的规定较1997年刑法规定更加严格，由10年提高到13年。对犯罪分子所判的刑种与刑期是与其行为的社会危害性相适应的。贝卡里亚指出："刑罚不仅应该从强度上与犯罪相对称，也应从实施刑罚的方式上与犯罪相对称。"① 假释的思想基础之一就在于特殊预防主义，也就是要通过教育改造，使犯罪认真反思，改恶从善，促进其回归社会。根据特别预防主义，只要犯罪人的内心性格已改恶从善，则刑罚的目的已经达到，即可不必再执行刑罚。② 因此，对于假释的实施，不仅要遵守基本的前提条件，即遵守纪律、接受改造，而且要对社会危害性严重的犯罪分子赋予更长的服刑限度，使其接受更多的法律、道德以及文化技术等方面的教育，促进其善良品格的形成。这种体现特殊预防主义的教育刑思想在我国周代《康诰》中有明确的体现，"明德慎罚"与"刑兹无赦"即是用刑的指针，也就是说要德主刑辅，重视教化；而对于"元恶大罪"要从严处理。因此，修正对无期徒刑实际应负刑期的提高具有合理性，这种区别对待、注重特殊预防的思想在数罪并罚规定上也得到体现，我国数罪并罚的最高刑期的上限提高到25年。

其次，此次修正案对假释禁止性规定的范围进一步扩大。《刑法修正案（八）》第16条规定，"对累犯以及因故意杀人、强奸、抢劫、绑架、放火、爆炸、投放危险物质或者有组织的暴力性犯罪被判处10年以上有期徒刑、无期徒刑的犯罪分子，不得假释"。而我国1997年刑法规定，对累犯以及因杀人、爆炸、抢劫、强奸、绑架等暴力性犯罪被判处10年以上有期徒刑、无期徒刑的犯

---

① ［意］贝卡里亚：《论犯罪与刑罚》，黄风译，中国法制出版社2002年版，第71页。

② 赵秉志：《刑法总论问题探索》（第3卷），法律出版社2004年版，第556页。

罪分子，不得假释。通过前后立法比较可以看出，此次刑法修正案将实施放火、投放危险物质、有组织的暴力性犯罪被判处十年以上有期徒刑、无期徒刑的犯罪分子纳入禁止性规定的范围，明确对此类严重暴力犯罪的严厉的否定评价和从严管教的决心。由于多次犯罪、严重危害公共安全犯罪、有组织的暴力犯罪以及严重的侵犯人身安全的犯罪行为已经突破了社会可容忍的界限，也是我国立法与司法要极力防控的犯罪行为，规定此类犯罪分子不适用假释体现了"当严则严"的价值取向。而相关禁止性条款明确规定了不可以适用假释的犯罪类型，操作性强。

再次，将罪犯假释后对社区产生的影响作为决定是否假释的附加条件。《刑法修正案（八）》要求相关机关对犯罪分子决定适用假释时，应当考虑其假释后对所居住社区的影响，考虑社会对相关服刑人员重返自由的社会反应。这一全新的规定是在考虑到社区群众正常生活秩序不受破坏的情况下做出的，被假释者毕竟与其他社区新增成员存在一定差别，如果其不能稳妥地融入社区，则可能会导致重新违法犯罪进而破坏社区的和谐与安宁。法律是一个变量。它可以增减，在一种条件下比在另一种条件下要多。法律的量可以用多种方式测定……法律样式也是个变量。根据社会生活中比较普遍存在的社会控制的样式，可以观察到几种法律样式。这些社会控制的样式有刑罚……对不轨行为的界定方式，并有各自的对策。每种样式也都有各自的语言和逻辑。[①] 因此，假释地做出需要考虑社区影响，而这种决定就依赖于刑罚执行机关和审判机关对于罪犯主客观情况的综合判断与预测，视具体情况做出假释与否的决定。

最后，对假释的实质条件进行修正。根据《刑法修正案（八）》，假释的实质性条件是"确有悔改表现，没有再犯罪的危险"，修正了1997年刑法中"假释后不致再危害社会的"的规定。我国刑法典规定的假释实质条件是容易产生争议和实践中操作无序的方面，并且因为可操作性差需要立法修正完善。"假释后不致再危害社会的"从客观主义角度出发，关注的是犯罪人犯罪行为、服刑期限以及改造表现等，而对罪犯的危险性格或者说其认知、情感、意志等因素欠缺考虑。但是，从认知到情感，再从情感到意志，是一条基本的、不可分割的人类自控行为的流水线。因此，不能仅考虑到其客观情形，而无视主观人格等方面的因素。所以《刑法修正案（八）》对假释本质条件进行了修正。假释的结果是要将正在服刑人员从原来的监禁状态改为非监禁状态，相关假释的部门也心有芥

---

① ［美］布莱克：《法律的运作行为》，唐越、苏力译，中国政法大学出版社1994年版，第4~5页。

蒂，因为罪犯并没有服刑完毕，所以设置了一定考验期。而服刑的过程也是一个将服刑人员社会危害性降低的过程，犯罪分子所要承担的刑事责任和应受到的处罚总是和其所实施的犯罪行为及其所体现出的人身危险性相一致的。对于未服刑完毕的服刑人员而言，其人身危险性并没有完全消除，让一个具有人身危险性的犯罪分子重返社会难免会给社会带来隐患，故立法上要求罪犯“没有再犯罪的危险”。既然服刑人员社会危害性的降低是在服刑的过程中实现的，那么一个刑期尚未届满的服刑人员的社会危害性怎么会消失呢？按照行刑个别化思想，每一个服刑者都存在个体上的差异，其社会危害性是不同的，即使其被判处同样的刑罚。每一个服刑人员的个体差异性还体现在：个人对教育改造的接受程度的不同。因此，出现部分服刑人员在刑期届满前就丧失社会危害性的现象，对于这部分服刑人员基于刑罚目的的实现考虑，给他们以一种较轻的刑罚处遇，同时让他们在接触社会的同时增强自已在完全回归社会时的适应和生存能力。但是，这种理论上的美好假设并没有在实践中开出鲜艳的花朵。

行刑社会化是刑事法治文明和刑罚结构改革的必然趋向，《刑法修正案（八）》对假释的修正无疑对此具有积极的推动作用，并使假释更好地贯彻宽严相济的刑事政策精神。霍姆斯大法官说：“法律的生命不在于逻辑，而在于经验。”① 对假释实质条件的设定需要考虑刑罚执行的现实，要对刑法中的假释的适用情况进行考察，重新审视“不致危害社会”这一实质存在的弊端，以便更好地理解《刑法修正案（八）》对假释实质条件修正的原因。虽然《刑法修正案（八）》确定了“没有再犯罪的危险”的标准，如何判断“没有再犯罪的危险”，如何使罪犯在考验期内的行为与执行机关和司法机关作出的判断相一致仍存在现实的困难，这值得我们进行思考。

二、“不致再危害社会”之实践困境反思

假释的实质条件是决定对服刑人员是否适用假释的前提，尽管不同的国家都对假释的适用规定了不同的条件，但大多强调罪犯在服刑期间“确有悔改表现”。除了“确有悔改表现”之外，各国还确定了其他的条件。我国自 1979 年刑法颁布以来，一直坚持“确有悔改表现，不致再危害社会”的标准，直到《刑法修正案（八）》颁布实施。《刑法修正案（八）》确立了“确有悔改表现，没有再犯罪的危险”作为假释裁定必备条件。那么新的修正案对刑法中的假释

① ［美］斯蒂文·J. 伯顿编：《法律的道路及其影响——小奥利弗·温德尔·霍姆斯的遗产》，张芝梅、陈绪刚译，北京大学出版社 2005 年版，第 2 页。

实质条件修正的动因在哪？这需要我们对刑法典中的“不致再危害社会”的规定进行反思，以此推进对假释条件修正规定的认识。

（一）理想化的预测结果欠缺可操作性

根据最高人民法院于1997年出台的《关于办理减刑、假释案件具体应用法律若干问题的规定》仅仅对“不致再危害社会”进行了粗略界定，而没有对“不致危害社会”的认定标准进行规定。据此《规定》，“不致危害社会”是指罪犯在服刑期间一贯表现好，确已具备本《规定》第1条第1项所列情形，不致违法、重新犯罪的，或者老年、身体有残疾的（不含自伤自残），并丧失作案能力的。“丧失作案能力”是一种行为能力的判断，相对而言就有一定的客观性和可操作性，同时其符合“不致再危害社会”的条件，因为不能实施危害社会的犯罪行为的人当然不会再危害社会。故“不致危害社会”是对罪犯客观外在表现的处理，而非一种预测。对不能实施犯罪的人没有必要再对其适用监禁刑，将其作为假释的对象是合理的。但是“不致违法、重新犯罪”是一种判断和预测，这意味着相关的机构要对罪犯被释放后可能实施的行为进行评估。“连一个一般公民我们都难以保证其不实施违法行为，更何况是一个还未出狱的罪犯呢?”[①] 人是社会性的动物，人的行为受到社会多种因素的作用以及个体的兴趣、爱好以及自控能力等多方面因素的影响。马克思在《关于费尔巴哈的提纲》中指出：“人的本质并不是单个人所固有的抽象物。在其现实性上，他是一切社会关系的总和。”因此，进行再犯预测具有自身的参考价值，它需要综合多方面因素对服刑人员进行全方位评价，综合的因素越多对服刑人员就有更多的把握，但对其评价准确性不能绝对化，因为在设计评价依据时，可能考虑了无关的因素或者高估了非关键因素，而忽视了评价体系中相对重要的因素应有的作用，从而影响评价结果的科学性。即使评价的结果相对科学，也不能将其作为唯一的依据。因为人毕竟不是一台可以缜密计算和精确操控的机器，一个针对一般特征的主体的评价结果对于特定的人或者说处于特定情景之下的人而言，难以精准地预测其行为性质与类型。所以以“不致再危害社会”或者“不再具有社会危害性”作为假释设置的条件存在操作上的困难。

（二）“不致再危害社会”的误判责任难以明确

有学者在进行假释制度设计时做出了如下的表述，如果简单地把假释犯重新违法犯罪的责任归诸监狱的假释建议或者法院裁定，显然是不客观的。因此，应明晰假释司法风险责任，实事求是地分析对待假释犯重新违法犯罪现象。只要监

---

① 参见柳忠卫：《假释撤销条件比较研究》，载《现代法学》2006年第1期。

狱在考核和呈报假释建议书的过程中能严格依法定条件和程序办理，法院能依法裁定，即使罪犯出监后又违法犯罪，也不应归责于监狱和法院。① 这就产生一个悖论，既要认可相关判断的科学性，又要考虑相反结果产生的正当性；既要求相关决定产生效力，又不要求做出决定的相关司法人员承担责任。这给相关人员推卸责任提供了借口，也给司法腐败提供了温床。

评价结果形成后，其法律效力的界定也是问题。如果赋予其司法上的评判效力，则当实践证明这种评判是有误的，即被假释的服刑人员释放后有犯罪的情形出现时，对服刑人员的处理依照刑法规定，撤销假释、重新收监。问题在于，做出再犯预测有误后，对相关评估机构或者个人如何处理？即使是给予最轻微的行政上的处理也是相关机构所无法承受的，因为其评价结果在现实中往往会被证明有误。如果不给予相关评价机构以处罚，就会纵容相关机构的违法行为，最终一个防控犯罪的举措却成为违法腐败犯罪的平台；或者取中间的状态，在一次评估失误后不给予处罚、几次评估失误再给予处罚，但这就可能造成效率违法现象。刑法执行中所面对的服刑人员都是违法犯罪分子，他们因为形形色色的犯罪行为而入罪、最终接受法律的处罚，这些人中有严重的贪污腐败分子、有集团犯罪的参与人，还有恶性事件的制造者，他们可能拥有大量的财产或者有不为人知的背景，他们极有可能利用自己掌握的资源引诱、威胁甚至恐吓相关的评估人员，评估本身也就是一项工作，在没有政治化色彩的参与下就是一种谋生的手段，当相关评估人员受到引诱和威胁时，他的抵御能力是需要考量的。而我们严肃、公正的刑罚执行制度不能建立在少数人意志和品质的基础上，要防止涉及假释的服刑人员的社会危害性被人为地缩小化或者扩大化，类似于我们目前严格限制正常人被精神病化的现象发生。权力和责任是相对应的，在没有以及无法明确相关人员责任的情况下，就不能赋予其权力，否则可能导致专断和滥用，特别要对涉及他人重大利益的事项上更应该谨慎。

（三）过于严格的规定使假释和减刑适用不均衡

根据我国刑法规定，对于服刑人员在服刑期间“确有悔改表现的”可以适用减刑。而适用假释，不仅罪犯要有悔改表现，还强调“不致再危害社会”。如果罪犯仅仅具有悔改表现，是不符合假释条件的。仅从实质条件的设置上看，假释的相关规定比减刑要严格。我国刑法将罪刑均衡作为一项基本原则，但假释制度减刑制度在条件和结果上的设计违反了这种均衡。我国的减刑制度仅以“确

① 湖北省监狱局课题组：《监狱刑罚执行制度的完善与创新——以构建和谐社会为视角》，载《河南司法警官职业学院学报》2008 年第 3 期。

有悔改表现”为适用的条件，而减刑适用结果是相关服刑人员刑期的确定减少，无需再对已被减少的刑期继续服刑，而且是减则减之，没有后续的监督措施。而假释制度的适用是在“确有悔改表现”的基础上，附加“不致再危害社会”的规定；且符合假释条件的服刑人员必须继续服刑，因为假释仅仅是假释放而已，被假释的服刑人员仍然要受到监管，其人身自由会受到限制。根据刑法规定，被假释的犯罪分子，在假释考验期限内，有违反法律、行政法规或者国务院有关部门关于假释的监督管理规定的行为，尚未构成新的犯罪的，应当依照法定程序撤销假释，收监执行未执行完毕的刑罚。有了紧箍咒，假释人员必须严格要求自己，而不像减刑释放人员，可以像正常人一样生活。由此看来，相对于减刑和假释人员的刑罚处遇，假释的条件规定更加严格。

（四）假设预测结果科学而相关执行行为与执行理念相悖

对于假释的服刑人员而言，被假释并不等于其所受刑罚的终结，假释只是一种虚假的释放，形散而神不散，相关服刑人员被释放后仍然要受到执行机关的监控，仍然在接受改造、在服刑，只是服刑的方式有了变化而已。按照目前的教育刑的观念，刑罚实施的目的不在于报应而在于预防，要通过刑罚的执行实现对犯罪的控制和罪犯的再社会化。一个已经被确认为“不致再危害社会”的人，因为已经不具有再犯罪的危害性了，则没有必要再对其继续执行刑罚。但是“不致再危害社会”只是我国相关服刑人员获得假释的条件，相关服刑人员被批准假释后，按照假释制度规定仍然要对其执行刑罚。这与现代教育刑观点和行刑个别化的观念不符。当然，这是从一个谬论归结到了另一个谬论。

（五）“不致再危害社会”的要求与假释制度本身自相矛盾

在我国现行的假释制度下，对于将要被假释者而言，还应让其在受到相关机关管束和监视之下恢复正常的社会生活，用以培养服刑人员在无须监视的情况下在自由社会里的生活能力，以此来判断在没有执行机关管束的情况下服刑人员能够控制自己的行为而不再犯罪的能力。这说明相关部门在决定让部分服刑人员用适用假释刑罚时，并不能确定其再次犯罪的可能性已经消失，其再犯罪的可能性还要在假释的执行过程中予以了解和确定。所以假释制度本身并不要求被假释者达到“不致再危害社会”的条件。强行要求将“不致再危害社会”作为假释的成立条件是对假释制度的一种误读，也不符合假释制度设立的自身逻辑。

（六）严格的条件规定使我国假释率持续走低

假释体现了行刑社会化的理念，是将执行监禁刑的罪犯从矫正机构中依法、有条件地释放的重要途径。假释鼓励罪犯改过自新、补救量刑偏差，有利于实现罪犯回归社会追求，并在一些国家的司法实践中取得了良好的行刑效果。据统计，美国年均65%以上的假释犯未违反假释，再犯新罪者平均不到13%，[①] 加拿大90%的假释犯在假释考验期内没有重新犯罪，99%的假释犯未犯暴力型犯罪。[②] 正是因为假释良好的行刑效果，使得假释在世界范围内得以广泛运用。根据戈麦·纽曼在犯罪与刑事司法全球报告中的统计，1994年美国的假释率最高，为157.88，芬兰为106.87，瑞典、加拿大、俄罗斯、韩国等分别为62.29、46.43、21.67、13.35。[③] 在美国，1995年假释罪犯占到当年监禁罪犯总人数的1/2，而且从1980年到2000年美国的假释罪犯人数一直处于上升势头，到2000年达到了725537人（1995年为700174人）。[④] 加拿大1992～1993年度联邦矫正机构罪犯的假释率为36.2%，[⑤] 1995～2001年全国监狱假释罪犯占在押罪犯总数的比例分别是：2.3%、2.68%、2.93%、2.07%、2.13%、2.25%、1.43%。[⑥]

我国刑法规定"不致再危害社会"作为假释的实质性要件，它在假释的裁决中起到决定作用。从前期的司法实践情况看，审判人员认为假释法定条件中的"确定有悔改表现"、"不致再危害社会"很难把握与预测，而尽量少用假释。执行机关害怕假释多了，发生的事故多，影响改造质量评估而不愿意运用假释，有的执行机关甚至不用假释。考虑到减刑后的服刑人员仍然处于羁押状态，由于其活动的能力和范围受到一定的限制，相对于重返社会的状态再次犯罪或者再犯严重犯罪的可能性大大减小，而用减刑代替假释，以达到少犯、不犯错误，避免承担把关审核不严的责任。这导致相关的执行机关和裁决机关，对假释均采取消极回避的态度。又由于"不致再危害社会"的操作性不强，容易引发腐败，负责假释监督的检察机关害怕监督任务落实不了，也反对多适用假释，有些部门甚至将暂停假释作为防止腐败的途径。"宁可多关一天，绝不轻易假释"，也成为相关机构和人员对于假释的一贯态度，而我国较低的假释率就是这种思想在实践中的践行。据一个长期在监狱部门工作的同志统计，近十年来，我国每年假释的人数占服刑人数的1%左右，假释比例过低。而且这1%的比例基本都是在罪犯减刑剩余刑期不足5个月时，此时再适用减刑不易操作的情况下，才对罪犯适用假释出狱的。这时罪犯可能相对于减刑来说，占不到5个月的"便宜"。从这位司

---

① 李贵方：《自由刑比较研究》，吉林人民出版社1992年版，第335页。

② 杨诚译：《加拿大联邦矫正系统的概况》，载《上海警苑》2000年第3期。

③ 参见吴宗宪等：《非监禁刑研究》，中国人民公安大学出版社2003年版，第403页。

④ 参见吴宗宪等：《非监禁刑研究》，中国人民公安大学出版社2003年版，第401页。

⑤ 《加拿大刑事法典》，卞建林等译，中国政法大学出版社1999年版，第498页。

⑥ 韩玉胜主编：《刑事执行制度研究》，中国人民大学出版社2007年版，第375～376页。

法工作者的表述中，我们可以看出办案人员对假释的理解和执行上存在偏差。假释并不是让服刑人员占便宜，而是一种非监禁的执行方式，它也是符合条件的服刑人员的一种权利，减少假释的适用实际上牺牲了罪犯的合法权益。

针对我国假释率偏低的现象，部分地区的司法机关也努力细化相关的操作条件和流程试图达到提高假释率的效果，如北京、陕西等地的执行机关一直在进行提高假释率的尝试。为了使假释后不再犯罪的标准明确化，上海市监狱局专门研制出罪犯心理素质量表和再犯预测量表，要求监管场所对所有提请假释的罪犯均进行再犯预测，并将测试结果作为是否对其适用假释的参考依据。但由于再预测的结果的法律地位具有不确定性，法院对此一概不予采信，作为履行刑罚执行监督职责的检察机关也处于两难境地。法院的拒绝采信行为是一种负责任的审慎的态度，而监狱部门积极的设立相关标准也是一种尽职的表现，但却导致刑罚执行监督机关在对假释的监督上无所适从。所以目前我国假释率偏低的现象并不是相关执行机关、裁决机关、检察机关的不作为，我国假释率偏低的根源在于假释成立的实质性条件规定。

三、假释实质条件规定之实践运行构想

合理的决策需要知识，并要在各种可选方案中作有意识的选择。为了做出合理的选择，必须了解各种可选的方案。① 针对我国假释适用率低的情况，我们应反思我国假释实质条件设置的不合理之处，参考其他国家相关规定，对我国的假释制度进行适度调整。《刑法修正案（八）》对假释实质条件的修正就是对借鉴他国经验和反思我国立法与司法实践的基础上做出的调整，其目的就是要使其更具可操作性，以提高假释的适用率，最终使假释的制度价值得以发挥，并遏制操作中可能发生的腐败现象。但是，立法是抽象的、概括的，如何使抽象的法律术语落实到实践之中仍然是需要我们考量的问题。

（一）假释条件规定之域外经验

由于每个国家对假释制度有不同的具体规定，对影响假释制度发挥作用的诸因素的看法不同，在假释的实质性条件的规定上着眼点也就不同。对此笔者进行简要分析。

1. 关注服刑人员服刑期间的表现

由于假释制度的功能之一是激发服刑人员改造的积极性，而服刑人员改造的

---

① ［德］柯武刚、史漫飞：《制度经济学——社会秩序与公共政策》，韩朝华译，商务印书馆2000年版，第64页。

积极性在刑罚生效后就只能根据其在服刑期间的表现来判断。所以服刑人员服刑期间的表现在假释的条件中有所体现。《瑞士联邦刑法典》规定："其在执行期间行状良好，并可认其于获释后亦能保持此一良好之行为。"[①]《日本刑法》第28条规定服刑人须"有悔悟之状"才能假释，但这一标准不好把握，1974年日本颁布了《有关假释与保护观察规则》第32条对假释适用的服刑表现条件予以细化，包括悔悟之情、更生之意欲、无再犯之虞等。[②] 现行《意大利刑法典》第176条第1款规定，假释可适用于"服刑至少30个月并已服所判刑罚的一半，所剩刑期不超过5年"，而且在刑罚执行期间"确有悔改表现"的服刑人。[③]《韩国刑法》第74条规定，假释须以服刑人"悔改情况显著"为条件。根据《美国模范刑法典》，被判处1年以上不定期监禁刑的罪犯，如果行为良好和重视履行义务，则可以减少所负监禁刑期，并确定具有假释资格的日期。[④] 我国刑法也将"认真遵守监规，接受教育改造"作为假释的条件之一，它是假释的前提。诚如笔者在前文所述，如果服刑人员在监禁的状态下尚不能遵守纪律、接受改造，就无法想象其在恢复自由后的自律程度；而一个不遵守监规、不服从改造的人的悔过程度和再犯的危险性都是值得关注的。为了使假释能够发挥其应有的价值和功能，必须考虑服刑人员在服刑期间的表现。

2. 关注个人的生活能力和适应社会的能力

巴西和奥地利都将服刑人员可以寻得正当的职业作为假释的前提条件。[⑤] 服刑人员的谋生能力对于其正常融入社会极为重要，因为一个没有合法收入、无法自力更生的人，很有可能在生活窘迫下再次犯罪。此外，根据《法国刑事诉讼法》第729条的规定，对犯罪人的假释除了满足刑期方面的条件之外，必须具有"重返社会的严格保障"。这不是指服刑人的良好服刑表现，而是指被判刑人获得了社会再安置的前景，包括取得工作证和居留证、取得由刑罚执行法官或容

---

① 陈兴良：《刑法适用总论》（下）（第2版），中国人民大学出版社2006年版，第591页。

② 参见丁道源：《中外假释制度之比较研究》，台湾"中央文物供应社"1987年版，第322页。

③ 《意大利刑法学原理》，陈忠林译，法律出版社1998年版，第371页。

④ 《美国模范刑法典及其评注》，刘仁文、王伟等译，法律出版社2005年版，第258页。

⑤ 参见陈兴良：《刑法适用总论》（下）（第2版），中国人民大学出版社2006年版，第591页。

留机构签发的负担证明，以及承担返回部队的义务，等等。[①] 这一点是与我国刑法规定的假释条件明显不同的。对于假释的人员而言，其不具备自力更生的能力，很有可能走上再次犯罪的道路。李斯特指出，“最好的社会政策就是最好的刑事政策”，所以各国都在致力于提高低收入者的待遇，这也是减少犯罪现象、保持社会稳定的重要途径。但是，将其作为假释的条件似乎忽视了假释的目的。假释是一种以非监禁的方式执行刑罚，这种非监禁的方式使得被假释人员可以接触社会，并在假释机关的帮助下重新适应社会，同时，在一定程度上培养和提高其谋生的技能，增强其社会适应力。罪犯被假释的过程是一个提高能力的过程，而将一个后期要努力完成的目标作为前期成立的条件将造成不同社会地位者的不同对待，不利于使假释制度在服刑人员中的平等适用。而这种做法也使得相关机关对假释人员的后期帮扶工作重视不够，认为工作技能的提高是服刑人员自己的事情，不利于假释功能的发挥。

3. 关注被害人损失的修复

服刑人员服刑的原因在于其先前的犯罪行为给社会和被害人造成了损害。所以当决定对服刑人员以一种人性化、更轻微的方式来执行刑罚时，必须考虑到被害人损失的补偿与修复。意大利和巴西刑法都规定被假释者必须履行因犯罪行为而产生的民事义务。义务的承担体现了服刑人员对自己行为负责任的态度，在使得受害人的相关损失在一定程度上得到修复的同时，可以在一定程度上体现服刑人员的悔过情况。犯罪是对社会的侵害，在有被害人的案件中直接体现为对被害人的侵害，被害人损失的修复就是对社会关系的修复。在我国刑事附带民事判决执行率较低的情况下，要求服刑人员积极履行赔偿义务并将其作为可以假释的条件有利于督促服刑人员履行民事义务，弥补受害损失，减少犯罪伤害，修复社会关系。在这方面我国相关司法机关在减刑问题上采取一些积极的措施，[②] 虽然其被称为“花钱买刑”而遭受公众质疑，但是其良好的社会效果已经得到证实。当然，将民事赔偿作为假释条件可能引起的不同经济实力而受刑处遇不同。实践中可以根据犯罪人实际财产状况具体把握，对能履行民事赔偿而拒不赔偿的则不适用假释。当然，如果加害人以积极的方式弥补受害人的损失，则可以将其作为

---

① 朱华荣、莫洪宪主编：《各国刑法比较研究》，武汉出版社 1995 年版，第 36 页。

② 山东蓬莱法院和莱阳监狱联合建立“赔偿减刑”制度规定：“服刑人员在监管改造期间，如果能积极赔偿被害方的损失，可以获得减刑。”该规定自 2009 年 3 月颁布，仅一个月时间就使得两起被拖了 3 年的刑事案件的被害方获得赔偿而相关案件服刑人员也因积极赔偿而获得减刑，使相关受损的社会关系在一定程度上得到修复。

悔过情节，而加大服刑人员可能被假释和减刑的概率。

4. 关注社会的承受能力

德国刑法中虽然没有明确规定假释制度，但是《德国刑法典》第 57 条规定的“有期自由刑余刑的缓刑”类似于我国刑法中规定的假释制度。根据德国刑法典的规定，适用缓刑须是所判刑罚已执行 2/3，但至少已执行两个月并且这样做有利于公共安全利益且经过本人同意。[①] 澳门刑法规定，对于会影响法律秩序和社会安宁的罪犯分子不得假释。要求法院在决定假释时，考虑假释可能引起的社会效果并且照顾到居民的心理反应。[②] 对此，我国《刑法修正案（八）》也规定：“对犯罪分子决定假释时，应当考虑其假释后对所居住社区的影响。”犯罪行为特别是严重危害公共安全的犯罪行为、有组织的暴力犯罪行为、严重的危害人身安全等方面的犯罪行为因其危害性大、打击面广或是手段残忍，超出了公众的容忍限度，在很大程度上无法被公众谅解。所以在设计假释条件时，社会承受能力是必须考虑的因素。

（二）假释实质条件之修正及其合理运行

通过前文关于其他国家和地区假释条件立法分析可以看出，各国对假释条件的规定并不一致。有的国家关注罪犯的悔过，有的国家重视罪犯社会适应能力，而有的国家注重罪犯回归之后对社区的影响或者说社会的承受能力等。我国刑法修正案对假释实质条件进行了修正，将“不致再危害社会”改为“没有再犯罪的危险”，如此修改对司法实践会产生怎样的影响需要全面的认识。

1. “没有再犯罪的危险”之双面评价

“没有再犯罪的危险”是一种特殊的司法判断，是“不致再危害社会”标准的调整。诚如笔者前文所述，假释是要将一个尚在服刑期间的服刑人员放归社会，相关服刑人员必须满足一定条件。被假释人员享受了较轻刑罚处罚的待遇，则其必然要与其他的服刑人员有不同之处，这个不同显然就是可以被假释的服刑人员的社会危害性降低，社会危害性降低到无需再采用监禁的方式对其进行管理和惩罚的程度。早在古典学派时期就有了罪刑法定原则等基本原则，这对于防止封建社会的擅断起到了重要的作用，这意味着行为人要为自己的行为负责，而无需承受法律之外的对自由、财产等权利的剥夺。对于已经服刑完毕的犯罪分子而言，其人身自由是不可侵犯的，被假释者可以享有人身自由不是因为其先前的行

① 《德国刑法典》，徐久生、庄敬华译，中国方正出版社 2004 年版，第 23～24 页。

② 参见赵秉志主编：《中国内地与澳门刑法之比较研究》，中国方正出版社 2000 年版，第 300～301 页。

为不具有社会危害性，而是其本身所具有的自控能力使其人身危险性较缺乏自控能力的犯罪者更小。因此，被假释者与社会上没有违法犯罪的人相比是有所不同的。首先，在社会上处于自由状态的人是不用受到假释机关监管的，而被假释者在假释期间是要受到执行人员和社区监管的。其次，虽然被假释者已经改过甚至达到行为良好的状态，但是立法的标准还需要通过司法裁定来贯彻，需要进一步检验被假释者的人身危险性。被假释者假释条件的符合性需要相关机构来判断的，但这种判断难免会有一定的误差，则需要一定的机构进行监管，防止因误差而给社区造成恶劣影响、破坏社会治安稳定。再次，被假释者本身还在服刑的过程中，而服刑是对其先前犯罪行为的惩罚，被批准假释的人员已经因为假释制度的存在而享受人性化的刑罚处遇，这是刑罚个别化的价值体现。所以以“没有再犯罪的危险”作为评判标准并不是过高的要求。而根据《刑法修正案（八)》关于假释撤销的规定：被假释的犯罪分子，在假释考验期限内，有违反法律、行政法规或者国务院有关部门关于假释的监督管理规定的行为，尚未构成新的犯罪的，应当依照法定程序撤销假释，收监执行未执行完毕的刑罚。《刑法修正案(八)》将假释的实质条件中的“不致再危害社会”修正为“没有再犯罪的危险”，使得司法机关对犯罪人适用假释的判断更加关注主客观方面的统一，重视到了犯罪人的人身危险性。使假释的实质条件不再是一个绝对的判断，这样就考虑到在假释决定做出后可能出现的一些特殊情形，该规定包涵对再次犯罪的危险的预测，考虑到罪犯被假释后可能出现的不确定性。

但是，事实上，“没有再犯罪的危险”与“不致再危害社会”同样是一个较为抽象的预测性规定。因为其评价的对象为现实的人，但由于社会是不断发展的，人也是不断变化的；社会矛盾的聚集，人们压力的增大引起性格和行为方式的变化，都是在日常生活中持续发生、不断出现的现象。而这种受偶发性和突发性事件的影响而导致犯罪的现象并不罕见。近年就有“偶然性强奸”的判决出现，该判决因为引起了公愤而被取消，但是这个事件却告诉我们，人的未来行为是很难判断和预知的，一个各方面都表现良好的人也会做出让人瞠目结舌的事情。药家鑫案件之所以引起轰动，并不是持刀杀人行为的罕见，而是因为其身份，一个在人们潜意识里应该与暴力杀人事件无关的大学生身份。前国际货币基金组织（IMF）总裁卡恩，作为法国总统的热门人选，却因为“性侵犯”而官司缠身。所以对于人的行为的预测，只能是一个概率，而不能是一个绝对的结果。因此，如果说“不致再危害社会”就是一个确切的结果，不符合对于人的行为进行预测的规律；那么“没有再犯罪的危险”同样存在判断与执行上的困难。既然我们不能保证一个正常人，一个从未服刑的违法者不再犯罪，也不能保证一个服刑人员在出狱后不再犯罪。对于司法机关而言，即使是主观的判断也需要一个相对确定的依据，而即使一个在一定时期内没有再犯罪的危险者也难保其过了特定时期之后不再犯罪，故在司法实践中存在对再犯危险判断的风险。此外，在刑法修正时，最高司法机关有学者也对此提出了质疑，犯罪分子如果在今后成为刑事犯罪嫌疑人，这个犯罪分子能否以法院曾认定他没有再犯罪的危险为依据抗辩公诉机关的指控呢？因此，即使刑法修正案对假释实质条件进行了修正，但是该修正规定在实践中执行的效果恐怕仍难保障。

2. 引入以“善良公民”为中心的“再犯评估”系统

根据前文所述，笔者认为，虽然我们已经确立了“没有再犯罪的危险”标准，但是其术语表述较为抽象同样不利于司法运行。但是，西方法律格言有云：“法律不是嘲笑的对象。”既定的立法是司法的准绳与行动的指南，任何人也不能因为法律的漏洞或者法律的抽象性与概括性而曲解法律、扭曲法律的精神；抽象的、晦涩的逻辑推演对法律的正当性的价值判断也往往有空中楼阁之嫌。美国著名法学家博登海默认为：“法律是一个带有许多大厅、房间、凹角、拐角的大厦，在同一时间里想用一盏探照灯照亮每个房间、凹角和拐角是极为困难的，尤其是技术知识和经验受到局限的情况下，照明系统不适当或至少不完备时，情形就更是如此了。”① 因此，立法的抽象性与概括性等问题是客观存在的，它需要刑法解释及能动的司法来实现既定的使命。针对《刑法修正案（八）》中假释条件设定的条件，要使其能够在司法实践中有效地适用需要引入“再犯评估”系统，目前的“再犯”评估系统并没有一个确切的标准。笔者认为，为了落实“没有再犯罪的危险”要求，在判断中可以采取以“善良公民”的标准为核心构建来“再犯评估”系统，即认为被假释者在假释考验期内能够尽一个善良公民的义务。按照法学理论，所谓“善良公民”（良好公民）是指遵守公序良俗，并应该在社会生活中尽谨慎的注意义务。公序良俗是指公共秩序和善良风俗，公共秩序包括各种法律和法规，而善良风俗是指人们应当遵循的基本道德规范，是对法律没有明确规定而行为人理应遵守规范的补充。谨慎的注意义务是指，按照行为人现有的知识条件、身体条件在处理事务中所能够达到的注意，对于超出其自身条件的部分行为人无需负责。故根据服刑人员对于相关指标的符合性来判断其是否可以达到假释的条件。当然，借鉴其他国家的立法，我们在预测时也须考虑到罪犯的生活能力、社会适应性以及社会承受能力（对社区的影响）等因素。

---

① ［美］埃德加·博登海默：《法理学：法律哲学与法律方法》，邓正来译，中国政法大学出版社 2004 年版，第 217 页。

笔者认为，以“善良公民”为中心的“再犯评估”系统具有一定的可行性。

“善良公民”意味着对被假释者未来行为的预测，看其未来的行为是否可以符合遵纪守法、并尽到谨慎注意义务的要求。当然，司法实践中可能会存在故意隐藏自己真实想法并且在服刑期间表现得规规矩矩以争取假释，但被假释后又重新犯罪。这也是执行机关的工作人员最为担心和不愿看到的。关于这个问题，笔者认为可从以下三个方面来看待：首先，从服刑人员的主观心理状态来看，一个有意隐藏自己想法和掩饰自己行为的服刑人员，其本身对自己行为是拥有自控力的，一个拥有自控力的人可以防止一些因失控而发生的犯罪行为；而其行为又反映其对自由的渴望，说明自由刑对该服刑人员是有威慑力的，则其可能因为惧怕自由刑的再次施加而规范自己的行为。从恢复自由目的的单纯性看，如果服刑人员是为了解决未了的恩怨而意图出狱，这也是非教育改造能够达到的。在目前的教育刑刑罚理念中，主张刑罚的执行不仅仅是一种惩罚的过程，还是一个教育的过程。在教育过程中主张将被害人以及受影响的社区工作人员引入，并参与对服刑人员的教育，其中服刑人员的表现也可以作为参照依据。根据《刑法修正案（八）》的规定，服刑人员如果要获得假释必须要“考虑其假释后对所居住社区的影响”。而且目前我们已经采用高科技手段参与刑罚执行，可以对服刑人员在假释前作心理测试，对于心理异常者要及时进行咨询和治疗。其次，从假释的禁止性规定来看，严重危害社会的暴力犯罪已经被排除在假释可允许的范围之外，以防止被假释人员对社会稳定的破坏。《刑法修正案（八）》规定了假释的消极条件：对累犯以及因故意杀人、强奸、抢劫、绑架、放火、爆炸、投放危险物质或者有组织的暴力性犯罪被判处十年以上有期徒刑、无期徒刑的犯罪分子，不得假释。最后，从假释考察期的制度完善来看。假释本身是一种刑罚的执行制度，并不是简单地将犯罪分子提前释放。减刑制度直接将服刑人员的刑期缩短，而被假释的服刑人员并没有因为被假释而减少刑期，只是服刑方式上有所变化而已。从假释制度的设计看，服刑人员在假释期间的人身自由是受到严格限制的，各国都设定了在假释期间相关服刑人员不同于正常人的行为规范。我国法律也设置了服刑人员在假释考验期的行为规范，只是由于对非监禁刑的重要性认识不足，对于相关刑罚执行的投入不够，而在具体的实施中产生偏差，相关制度落实不到位。可喜的是，《刑法修正案（八）》正式确立了社区矫正在假释考验期中的法律地位，将其纳入我国的行刑体系中，并在全国范围内普遍使用。因此，只要我们完善社区矫正制度并积极采取有效措施将相关制度贯彻和落实，加大对假释考察期间的监管力度，就可以在一定范围内控制假释人员再次犯罪的危险。

(三) 假释实质条件贯彻之保障机制

1. 预测机构和流程的设置

首先，要成立专门的机构负责对服刑人员是否符合“善良公民”的标准进行预测。考虑到工作上的便利和我国的现实条件，可以把相关预测机关设置在执行机关内部，以方便假释工作的开展。但是，要加大检察机关对预测工作的监督。其次，为了防止评估中的腐败和被操纵，要求评估人员非专门化。评估机构人员不具有专门的评估资格，主要从事材料收集和整理工作，并且要定期轮换。再次，为了保证评估的科学性，要求设置评估专家库。专家库按专业分组，由各学科、工作在高校和科研机构的专业人员组成，各专业根据专家水平选聘小组长若干。在评估机关有评估需要时，随机抽取相关专家进行评估。最后，预测流程的设计。按照“一事二评，组长审定”的原则进行。一个案件的同一事项必须要由两名专家进行评估，如果评估结果一致则可以通过，如果评估结果有较大差异，则请专家小组的组长进行第三评，最终采纳专家组组长的评定建议。整个评估的过程采取匿名的方式，并且实行封闭的模式，在评估期间相关的评估专家被集中且不得外出。

2. 预测误差责任的承担

由于预测本身也是一种权力，而预测的结果直接影响到假释的决定及服刑人员的待遇。预测误差的责任则是不得不探讨的一个问题。“上天从没有赋予一个人任何权力，若非同时让他肩负相对的责任。”① 以规范制约权力是经过验证的通行的法治路径，故对于服刑人员危险性格的预测行为的规制也必须有一个合理的架构。

一方面，关于决定有误的判断。由于假释的基础是相关服刑人员社会危害性降低，没有再犯罪的危险，如果相关的服刑人员仅仅是违反了关于假释人员的管理规定，而未实施犯罪行为，则假释评估者就没有责任。假释的目的是使服刑人员能够更好地融入社会，因此当假释考验期满，服刑人员已经成为自由人。这时刑罚已经执行完毕，则该假释人员与正常执行刑罚的人员并无区别。因为根据《刑法修正案（八）》规定，假释考验期满，就认为原判刑罚已经执行完毕，并公开予以宣告。由于我国刑法并没有规定服刑届满人员重返社会再次犯罪的，要追究相关执行机关的责任。所以在假释期满，服刑人员重新回归社会后，相关人员再次犯罪的，不追究评估者的责任。

---

① No man was ever endowed with a right without being at the same time saddled with a responsibility. ——Gerald W. Johnson.

另一方面，责任承担的限度。确定评估人员的评估有误的责任必须要明确几个方面。一是要考虑相关人员因评估行为所可能获得的收益，如果评估人员的评估工作并不能获得较大的收益时，要求其承担过大的责任只能使相关评估人员望而却步。按照笔者先前的设计，评估的专业人员是随机抽取的，即他们是专家但评估并不是其专门的工作，只是一种兼职。目前，在国家财政并没有对于假释的评估加大投入的情况下，评估专家的评估费用应该是按人头收取。而评估往往涉及不同专业领域，所以要不同专家同时测评，而每个专业因为单个服刑人员的评估费用是有限的，所以其承担的责任也是有限的。二是评估工作量的大小。由于社会情况复杂，目前我国在押犯人的数字也是庞大的，而对于这些在押犯人而言，除了《刑法修正案（八)》中规定的罪名的罪犯，其他服刑人员都有可以被假释的权利。所以要对这些人全部评估，其工作量是非常巨大的，在这种情况下工作难免疏漏。由于需要假释案件数量巨大，即使是很小的比例也可能产生巨大的数字。在这种情况下，不能要求相关评估人员承担过分的责任。所以对于评估人员因为评估行为而承担责任的认定上，可参照公务人员的考评行为进行。可以采取达到一定比例降低薪酬，或者取消其评估资格。相关腐败现象的预防还有待于预测机构和流程设置的规范。